SERMÕES ALEMÃES

Dados Internacionais de Catalogação na Publicação (CIP)
(Câmara Brasileira do Livro, SP, Brasil)

Eckhart, Mestre, 1260-m. 1327
Sermões alemães / Mestre Eckhart ; tradução e introdução de Enio Paulo Giachini. – Petrópolis, RJ : Vozes, 2024.

Título original: Die Deutschen Werke
ISBN 978-85-326-6874-5

1. Filosofia medieval 2. Sermões 3. Teologia medieval I. Título.

24-202985 CDD-252

Índices para catálogo sistemático:

1. Sermões : Cristianismo 252
Eliane de Freitas Leite – Bibliotecária – CRB 8/8415

Mestre Eckhart

Tradução e introdução de Enio Paulo Giachini

Revisão de tradução dos Sermões 1 a 60 de Marcia Sá Cavalcante Schuback

Revisão de tradução e glossário dos Sermões 61 a 105
de Hermógenes Harada

Apresentação de Emmanuel Carneiro Leão

Tradução brasileira feita a partir da versão alemã *Die Deutschen Werke*, confrontando-a com o texto da versão do alemão medieval (*Mittelhochdeutsch*). Também serviram de apoio e consulta os textos da tradução francesa, *L'étincelle de l'âme* (1998) e *Die au-delá de dieu* (1999), traduzidos e apresentados por Gwendoline Jarczyk e Pierre-Jean Labarrière (Paris; Albin Michel).

Rua Frei Luís, 100
25689-900 Petrópolis, RJ
www.vozes.com.br
Brasil

Editoração: Natalia Machado
Diagramação: Editora Vozes
Revisão gráfica: Fernando Sergio Olivetti da Rocha
Capa: Eduarda Ribeiro

ISBN 978-85-326-6874-5

Este livro foi originalmente publicado em dois volumes pela Editora Vozes, em coedição com a Editora da Universidade de São Francisco (Edusf).

Este livro foi composto e impresso pela Editora Vozes Ltda.

Sumário

Siglas, 21
Primeira apresentação, 23
Segunda apresentação, 29
Introdução, 41

Sermão 1 .... **65**
Intravit Jesus in templum et coepit eicere vendentes et ementes
[Jesus entrou no templo de Deus, expulsou todos os que lá vendiam e compravam]
(Mt 21,12)

Sermão 2 .... **72**
Intravit Jesus in quoddam castellum et mulier quaedam, Martha nomine, excepit illum in domum suam
[Jesus entrou em uma aldeia, e uma mulher, chamada Marta, recebeu-o em sua casa]
(Lc 10,38)

Sermão 3 .... **78**
Nunc scio vere, quia misit dominus angelum suum
[Agora sei verdadeiramente que o Senhor mandou o seu anjo]
(At 12,11)

Sermão 4 .... **82**
Omne datum optimum et omne donum perfectum desursum est
[Toda a dádiva excelente, todo o dom perfeito vem do alto]
(Tg 1,17)

Sermão 5a **87**
In hoc apparuit caritas dei in nobis, quoniam filium suum unigenitum misit deus in mundum ut vivamus per eum
[Nisto se manifestou a caridade de Deus para conosco, em que Deus enviou o seu Filho Unigênito ao mundo, para que por Ele tenhamos a vida]
(1Jo 4,9)

Sermão 5b **92**
In hoc apparuit caritas dei in nobis
[Nisto se manifestou a caridade de Deus para conosco]
(1Jo 4,9)

Sermão 6 . . . . **96**
Justi vivent in aeternum
[Os justos viverão para sempre]
(Sb 5,16)

Sermão 7 . . . . **103**
Populi eius qui in te est, misereberis
[Em ti o órfão encontra compaixão]
(Os 14,4)

Sermão 8 . . . . **106**
In occisione gladii mortui sunt
[Foram passados ao fio da espada]
(Hb 11,37)

Sermão 9 . . . . **110**
Quasi stella matutina in medio nebulae et quasi luna plena in diebus suis lucet et quasi sol refulgens, sic iste refulsit in templo dei
[Como a estrela da manhã, no meio da névoa, como a lua resplandecente no plenilúnio, e como um sol brilhante, assim luziu no templo de Deus]
(Eclo 50,6-7)

Sermão 10 . . . . **117**
In diebus suis placuit deo et inventus est iustus
[Agradou a Deus e foi encontrado perfeito e justo]
(Eclo 44,16-17)

Sermão 11 . . . . **124**
Impletum est tempus Elizabeth
[Completou-se para Isabel o tempo]
(Lc 1,57)

Sermão 12 . . . . **129**
Qui audit me non confundetur
[Aquele que me ouve não será confundido]
(Eclo 24,30)

Sermão 13 . . . . **134**
Vidi supra montem Sion agnum stantem etc.
[E olhei; e eis que o Cordeiro estava de pé sobre o monte de Sião]
(Ap 14,1)

Sermão 13a 138

Sermão 14 . . . . **140**
Surge illuminare Hierusalem etc.
[Levanta-te e resplandece!]
(Is 60,1)

Sermão 15 . . . . **145**
Homo quidam nobilis abiit in regionem longinquam accipere regnum et reverti
[Um homem nobre foi para um país distante tomar posse de um reino, para depois voltar]
(Lc 19,12)

Sermão 16a **150**

Sermão 16b **151**
Quasi vas auri solidum ornatum omni lapide pretioso
[Como um vaso de ouro maciço, ornado de toda a casta de pedras preciosas]
(Eclo 50,10)

Sermão 17 . . . . **156**
Qui odit animam suam in hoc mundo etc.
[Quem aborrece a sua vida neste mundo]
(Jo 12,25)

Sermão 18 . . . . **160**
Adolescens, tibi dico: surge
[Jovem, eu te ordeno, levanta-te]
(Lc 7,14)

Sermão 19 .... **164**
Sta in porta domus domini et loquere verbum
[Põe-te em pé, à porta da casa do Senhor, e prega aí estas palavras]
(Jr 7,2)

Sermão 20a **168**
Homo quidam fecit cenam magnam
[Um homem fez uma grande ceia]
(Lc 14,16)

Sermão 20b **173**
Homo quidam fecit cenam magnam etc.
[Um homem fez uma grande ceia]
(Lc 14,16)

Sermão 21 .... **178**
Unus deus et pater omnium etc.
[Um só Deus e Pai de todos]
(Ef 4,6)

Sermão 22 .... **183**
Ave, gratia plena
[Deus te salve, cheia de graça]
(Lc 1,28)

Sermão 23 .... **189**

Sermão 24 .... **194**

Sermão 25 .... **198**
Moyses orabat dominum deum suum etc.
[Moisés suplicava ao Senhor, seu Deus]
(Ex 32,11)

Sermão 26 .... **203**
Mulier, venit hora et nunc est, quando veri adoratores adorabunt patrem in spiritu et veritate
[Mas vem a hora, e já chegou, em que os verdadeiros adoradores adorarão o Pai em espírito e verdade]
(Jo 4,23)

Sermão 27 207
Hoc est praeceptum meum ut diligatis invicem, sicut dilexi vos
[O meu preceito é este: amai-vos uns aos outros, como eu vos amei]
(Jo 15,12)

Sermão 28 212
Ego elegi vos de mundo
[Eu vos escolhi]
(Jo 15,16)

Sermão 29 217
Convescens praecepit eis, ab Ierosolymis ne discederent etc.
[Estando à mesa com eles, ordenou-lhes que não se afastassem de Jerusalém]
(At 1,4)

Sermão 30 222
Praedica verbum, vigila, in omnibus labora
[Prega a palavra, vigia, suporta os trabalhos]
(2Tm 4,2.5)

Sermão 31 227
Ecce ego mitto angelum meum etc.
[Eis que mando o meu anjo]
(Ml 3,1s.)

Sermão 32 231
Consideravit semitas domus suae et panem otiosa non comedit
[Vigia o andamento da sua casa, e não come o pão ociosa]
(Pr 31,27)

Sermão 33 235
Sancti per fidem vicerunt regna
[Pela fé conquistaram reinos]
(Hb 11,33)

Sermão 34 237
Gaudete in domino, iterum gaudete etc.
[Alegrai-vos incessantemente no Senhor; outra vez digo, alegrai-vos]
(Fl 4,4)

Sermão 35 240
Si consurrexistis cum Christo, quae sursum sunt etc.
[Se ressuscitastes com Cristo, buscai as coisas que são lá de cima]
(Cl 3,1)

Sermão 36a 244
Steti Iesus in medio discipulorum et dixit: pax etc.
[Jesus pôs-se no meio deles e disse-lhes: "A paz!"]
(Jo 20,19)

Sermão 36b 248
Venit Jesus et stetit in médio
[Jesus pôs-se no meio]
(Jo 20,19)

Sermão 37 251
Vir meus servus tuus mortuus est
[Meu marido, teu servo, morreu]
(2Rs 4,1)

Sermão 38 255
In illo tempore missus est angelus Gabriel a deo: ave gratia plena, dominus tecum
[Foi enviado por Deus o Anjo Gabriel: Deus te salve, cheia de graça; o Senhor é contigo]
(Lc 1,26.28)

Sermão 39 262
Justus in perpetuum vivet et apud dominum est merces eius etc.
[Os justos viverão para sempre; a sua recompensa está no Senhor]
(Sb 5,16)

Sermão 40 266
Beatus vir qui in sapientia morabitur
[Bem-aventurado o homem que permanece constante na sabedoria]
(Eclo 14,22)

Sermão 41 270
Qui sequitur iustitiam, diligetur a domino
[O que segue a justiça é amado pelo Senhor]
(Pr 15,9)
Beati, qui esuriunt, et sitiunt iustitiam: quoniam ipsi saturabuntur
[Bem-aventurados os que têm fome e sede da justiça, porque serão saciados]
(Mt 5,6)

Sermão 42 276
Adolescens, tibi dico: surge
[Jovem, eu te ordeno, levanta-te]
(Lc 7,14)

Sermão 43 280
Adolescens, tibi dico: surge
[Jovem, eu te ordeno, levanta-te]
(Lc 7,14)

Sermão 44 285
Postquam completi erant dies, puer Jesus portabatur in templum. Et ecce, homo erat in Jerusalem
[Depois que se completaram os dias, levaram-no a Jerusalém. Havia então em Jerusalém um homem]
(Lc 2,22.25)

Sermão 45 290
Beatus es, Simon Bar Iona, quia caro et sanguis etc.
[Bem-aventurado és, Simão Bar-Jona, porque não foi a carne e o sangue...]
(Mt 16,17)

Sermão 46 295
Haec est vita aeterna
[A vida eterna é esta]
(Jo 17,3)

Sermão 47 298
Spiritus domini replevit orbem terrarum etc.
[O Espírito do Senhor enche o universo]
(Sb 1,7)

Sermão 48 302

Sermão 49. . . . . **305**
Beatus venter, qui te portavit, et ubera, quae suxisti
[Bem-aventurado o ventre que te trouxe, e os peitos a que foste mamentado]
(Lc 11,27)

Sermão 50. . . . . **314**
Eratis enim aliquando tenebrae
[Outrora éreis trevas]
(Ef 5,8)

Sermão 51. . . . . **317**
Haec dicit dominus: honora patrem tuum etc.
[Honra teu pai e tua mãe]
(Ex 20,12)

Sermão 52
Beati pauperes spiritu, quoniam ipsorum est regnum caelorum
[Bem-aventurados os pobres de espírito, porque deles
é o Reino dos Céus]
(Mt 5,3). 322

Sermão 53. . . . . **328**
Misit dominus manum suam et tetigit os meum et dixit mihi etc. Ecce constitui te super gentes et regna
[O Senhor estendeu a sua mão, tocou-me na boca e disse-me: [...] eis que te constituo hoje sobre as nações e sobre os reinos]
(Jr 1,9s.)

Sermão 54a 331

Sermão 54b **335**
Haec est vita aeterna, ut cognoscant te, solum deum verum, et quem misisti, Iesum Christum
[A vida eterna é esta: que te conheçam a ti como o único Deus verdadeiro, e a Jesus Cristo, a quem enviaste]
(Jo 17,3)

Sermão 55..340
Maria Magdalena venit ad monumentum etc.
[Maria Madalena conservava-se na parte de fora do sepulcro]
(Jo 20,11)

Sermão 56..344
Maria estava em pé, junto do túmulo, e chorava
(Jo 20,11)

Sermão 57..346
Vidi civitatem sanctam Ierusalem novam descendentem de caelo a domino etc.
[Vi a cidade santa, a nova Jerusalém, que descia do céu, de junto de Deus]
(Ap 21,2)

Sermão 58..351
Qui mihi ministrat, me sequatur, et ubi ego sum, illic et minister meus erit
[Se alguém me quer servir, siga-me, e, onde eu estou, estará ali também o que me serve]
(Jo 12,26)

Sermão 59..355

Sermão 60..360
In omnibus requiem quaesivi
[Entre todos busquei um lugar de repouso]
(Eclo 24,11)

Sermão 61..364
Misericordia domini plena est terra etc.
[A terra está cheia da graça do Senhor]
(Sl 32,5)

Sermão 62..368
Got hât die armen gemachet durch die rîchen
[Deus fez os pobres através dos ricos]
(cf. Pr 22,2)

Sermão 63
Man liset hütt da haimê in der epistel
[Lê-se hoje em casa na epístola] 372

Sermão 64
Die sele die wirt ain mit gotte vnd nit veraint
[A alma se torna um com Deus, e não unida]............................ 376

Sermão 65..**378**
Deus caritas est et qui manet in caritate in deo...
[Deus é caridade; quem permanece na caridade, permanece em Deus]
(1Jo 4,16)

Sermão 66..**382**
Euge serve bone et fidelis, quia super pauca fuisti fidelis, intra in gaudium domini tui
[Está bem, servo bom e fiel, já que foste fiel em poucas coisas, entra no gozo de teu senhor]
(Mt 25,21)

Sermão 67..**388**
Got ist die minne, und der in der minne wonet, der wonet in gote und got in im
[Deus é o amor, e quem mora no amor, mora em Deus, e Deus nele]
(1Jo 4,16)

Sermão 68..**392**
Scitote, quia prope est regnum dei
[Sabei que está próximo o Reino de Deus]
(Lc 21,31)

Sermão 69..**397**
Modicum et jam non videbitis me
[Um pouco, e já não me vereis]
(Jo 16,16)

Sermão 70..**403**
Modicum et non videbitis me etc.
[Um pouco, e já não me vereis]
(Jo 16,16)

Sermão 71 407
Surrexit autem Saulus de terra apertisque oculis nihil videbat
[Saulo levantou-se da terra e, tendo os olhos abertos, não via nada]
(At 9,8)

Sermão 72 414
Videns Iesus turbas, ascendit in montem etc.
[Vendo Jesus aquelas multidões, subiu a um monte]
(Mt 5,1)

Sermão 73 419
Dilectus deo et hominibus, cuius memoria in benedictione est. Similem illum fecit in gloria sanctorum
[Amado de Deus e dos homens; a sua memória está em bênção. O Senhor fê-lo semelhante em glória aos santos]
(Eclo 45,1-2)

Sermão 74 423
Dilectus deo et hominibus, cuius memoria in benedictione est. Similem eum fecit in gloria sanctorum
[Amado de Deus e dos homens; a sua memória está em bênção. O Senhor fê-lo semelhante em glória aos santos]
(Eclo 45,1-2)

Sermão 75 429
Mandatum novum do vobis, ut diligatis invicem, sicut dilexi vos etc.
[Dou-vos um novo mandamento: que vos ameis uns aos outros, assim como vos amei]
(Jo 13,34s.)

Sermão 76 433
Videte qualem caritatem dedit nobis pater, ut filii dei nominemur et simus
[Considerai que amor nos mostrou o Pai em querer que sejamos chamados filhos de Deus!]
(1Jo 3,1)

Sermão 77 439
Ecce mitto angelum meum
[Eis que mando o meu anjo]
(Ml 3,1)

Sermão 78..**443**
Missus est Gabriel angelus etc.
[Foi enviado por Deus o Anjo Gabriel]
(Lc 1,26-27)

Sermão 79..**445**
Laudate caeli et exultet terra. Ego sum lux mundi
[Cantai, céus; regozija-te, terra. Eu sou a luz do mundo]
(Is 49,13; Jo 8,12)

Sermão 80..**448**
Homo quidam erat dives
[Havia um homem rico]
(Lc 16,19)

Sermão 81..**451**
Fluminis impetus laetificat civitatem Dei: sanctificavit tabernaculum suum Altissumus
[As correntes de um rio alegram a cidade de Deus, o tabernáculo mais santo do Altíssimo]
(Sl 45,5)

Sermão 82..**457**
Quis, putas, puer iste erit? Etenim manus domini cum ipso est
[Quem virá a ser este menino? Porque a mão do Senhor era com ele.]
(Lc 1,66)

Sermão 83..**461**
Renovamini spiritu
[Renovar-vos no vosso espírito]
(Ef 4,23)

Sermão 84..**465**
Puella, surge
[Menina, levanta-te]
(Lc 8,54)

Sermão 85..**468**
Puella, surge
[Menina, levanta-te]
(Lc 8,54)

Sermão 86 . . . . **470**
Intravit Iesus in quoddam castellum etc.
[Jesus entrou em uma aldeia]
(cf. Lc 10,38-40)

Sermão 87 . . . . **479**
Ecce, dies veniunt, dicit dominus, et suscitabo David germen iustum
[Eis que vêm dias, diz o Senhor, em que suscitarei a Davi um gérmen justo]
(Jr 23,5)

Sermão 88 . . . . **482**
Post dies octo vocatum est nomen eius Iesus
[Depois que se completaram os oito dias, foi-lhe posto o nome de Jesus]
(Lc 2,21)

Sermão 89 . . . . **483**
Angelus domini apparuit
[O anjo do Senhor apareceu]
(Mt 2,19)

Sermão 90
Sedebat Iesus docens in Templo
[Jesus estava sentado no Templo e ensinava] 485

Sermão 91 . . . . **492**
Voca operarios, et redde illis mercedem suam
[Chama os operários e paga-lhes o salário]
(Mt 20,8)

Sermão 92 . . . . **497**
Cum sero factum esset
[Chegada a tarde]
(Jo 20,19)

Sermão 93 . . . . **499**
Quae est ista, quae ascendit quase aurora
[Quem é esta, que vai caminhando como a aurora quando se levanta?]
(Ct 6,9)

Sermão 94 . . . . **504**
Non sunt condignae passiones huius temporis
[Os sofrimentos do tempo presente não têm proporção]
(Rm 8,18)

Sermão 95 . . . . **508**
Os suum aperuit Sapientiae
[Abre a sua boca com sabedoria]
(Pr 31,26)

Sermão 96 . . . . **517**
Elisabeth pariet tibi filium
[Isabel te dará um filho]
(Lc 1,13)

Sermão 97 . . . . **520**
Qui manet in me
[O que permanece em mim]
(Jo 15,5)

Sermão 98 . . . . **523**
Nisi granum frumenti cadens in terram mortuum fuerit
[Se o grão de trigo, que cai na terra, não morrer]
(Jo 12,24)

Sermão 99 . . . . **525**
Laetare sterilis, quae non p[a]ris
[Alegra-te, ó estéril, que não dás à luz]
(Gl 4,27)

Sermão 100 . . . . **528**
Et quaerebat videre Iesum, quis esset
[Procurava conhecer de vista Jesus]
(Lc 19,3)

Sermão 101
Dum medium silentium tenerent omnia
[Um profundo silêncio envolvia todas as coisas] 531

Sermão 102 . . . . **540**
Ubi est, qui natus est rex iudeorum?
[Onde está o rei dos judeus, que acaba de nascer?]
(Mt 2,2)

Sermão 103 . . . . **547**
Cum factus esset Iesus annorum duodecim
[Quando chegou aos 12 anos]
(Lc 2,42)

Sermão 104 . . . . **554**
In his, quae patris mei sunt, oportet me esse
[Devo ocupar-me nas coisas de meu Pai]
(Lc 2,49)

Sermão 105
Eu disse num sermão 569

Glossário comentado, 577
Referências, 625

Siglas

BGPhMA – Beiträge zur Geschichte der Philosophie des Mittelalters
CCSL – Corpus Christianorum – Series latina
CSEL – Corpus Scriptorum Ecclesiasticorum Latinorum
DW – Deutsche Werke (obras alemãs)
LW – Lateinische Werke (obras latinas)
PG – Migne, Patrologia Graeca
PL – Migne, Patrologia Latina
PTS – Patristische Texte und Studien

Primeira apresentação

A partir da segunda metade do século XIII, a Idade Média começa a perder substância histórica. É o chamado outono medieval. Com a morte do Imperador Frederico II em 1250, o Sacro Império Romano-germânico vai perdendo cadência e entra em progressiva decadência. Os últimos Staufer desaparecem na Itália: Manfredo morre em 1266 na Batalha de Benevento, e Conradino é decapitado em Nápolis em 1268. A unidade do Império desaba. Com Rodolfo de Habsburgo em 1273 e com a Casa de Luxemburgo em 1310, o poder histórico deixa de ser universal e passa a fundar-se no domínio territorial.

Na França, Felipe o Belo (1268-1314) contesta, em princípio, o poder do papa, Bonifácio VIII, e instaura na prática a autonomia nacional. Em 1302 convoca para Notre-Dame a primeira reunião dos "Estados Gerais", visando cercar-se do apoio de todas as forças nacionais. É nessa ocasião que o grande teólogo franciscano João Duns Escoto fica fiel ao papa contra o rei.

O papa responde a Felipe com a Bula *Unam Sanctam* e ameaça o rei de excomunhão. Com esta, todos os súditos do excomungado ficam desobrigados de obediência. É uma tentativa vã. Excomunhão já não é princípio de ordem incontestável. Para ter força, requer o universalismo medieval, que já perdeu vigor. Em consequência, a excomunhão se torna inócua, uma arma que já não tem o poder de outrora. Assim, aos 7 de setembro de 1303, Felipe manda render o papa em Anagni. Uma prisão simbólica. Marca o começo do fim do poder universal do papa. Em 1309, Clemente V transfere a Sede Apostólica de Roma para Avignon, no sul da França. As duas maiores instituições medievais, o Papado e o Império, perdem a áurea de um poder universal incontestável. A terceira grande instituição do universalismo cristão, o sistema feudal e cavaleiresco, declina junto com o Império e o Papado.

Um pouco por toda parte vai mudando a maneira de sentir a vida e viver o mundo. O ar que se respira já não é a atmosfera da criação de Deus, presente continuamente em toda criatura. A organização vertical e hierarquizada por instâncias perde fôlego social e histórico, deixa de ser aceita espontânea e tranquilamente na prática das ações e dos comportamentos. O homem medieval começa a desacreditar que as instituições em vigor e a ordem vigente sejam modelos e paradigmas criados por Deus, quer direta, quer indiretamente.

Começa o esboroamento dos princípios de ordem do cristianismo, e no vazio restante vai instalando-se a burguesia, com o espírito de lucrar e de tirar vantagem de tudo, o espírito burguês.

Toda essa perda de cadência das forças históricas ainda foi acentuada e fortalecida pouco mais tarde pelo surto da "morte negra", em meados do século XIV. É a peste assolando de novo a Europa, provocada pelo bacilo de Yersin e veiculada pela pulga do rato. Trata-se de uma epidemia de rápido contágio e alta mortandade. Entre 1346 e 1353, a Peste Negra devastou a Europa, fazendo desaparecer cidades inteiras, com a morte de milhões de vítimas.

Nessas condições, não foi difícil o homem medieval sentir-se sem continente, em transição de paradigma, de passagem para um outro mundo. Os velhos padrões desvaneceram e os novos parâmetros ainda não se consolidaram. É momento de desorientação e angústia. Os modelos se extinguiram, os valores se gastaram e os princípios ficaram sem força. Predomina um estado fluido, elástico e maleável. Abre-se uma fenda histórica com um intervalo de mundos. É tempo de transformação não apenas de modos e maneiras de viver, de formas e matizes de relacionamento, mas sobretudo de estruturas e princípios. É dia de libertação de tudo que se desgastou, mas também momento de aventuras, de riscos e ousadias. Nos interstícios, encontram espaço as esperanças mais díspares e as experiências mais desencontradas. Nas universidades, outros tantos baluartes do universalismo medieval junto com o Papado e o Império, com o feudalismo e o artesanato, o realismo dos universais sofre os primeiros abalos do nominalismo. Nas cidades alemãs cresce a força das tentativas de mudanças sociais. Entre o povo surgem sempre novas seitas e emergem por toda parte movimentos religiosos diversos e opostos entre si, mas idênticos todos em contestar a mediação institucional da Igreja e em reivindicar autonomia para indivíduos e grupos. Nos mosteiros e nos conventos, tanto nos masculinos como nos femininos, grassa profunda inquietação. A religiosidade herdada e as formas tradicionais de piedade já não satisfazem as demandas pessoais de um contato vivo e imediato com Deus. Grande é a sedução de correntes esotéricas e proféticas. Reina uma atmosfera trabalhada por inquietações de toda sorte e eivada de fermento revolucionário.

Foi nesse ambiente monástico e secular, eclesiástico e leigo, nesse clima de mudanças e transformações para nova parusia de Cristo que nasceu, pensou e morreu Mestre Eckhart de Hochheim, originário da Turíngia. Tornou-se o pensador por excelência da chamada "mística renana" ou "mística especulativa". Com a experiência do pensamento criador, deu em sua vida e obra o mesmo encaminhamento à confiança da fé que a mensagem ontológica de Cristo trouxera e sempre traz em novas parusias no advento de toda época histórica. Foi o João Batista da parusia moderna de Cristo. No cumprimento dessa tarefa, abriu o horizonte e deu o impulso para toda a evolução, tanto das muitas línguas como da unidade de todo pensamento moderno.

Nasceu pelos anos 1260, numa cidade da Turíngia com o nome de Tambach, ao sul de Gotha. Logo cedo, provavelmente em 1275, entra para a Ordem dos Frades Pregadores em Erfurt. Durante o período de formação distingue-se pela piedade e inteligência e é logo enviado, lá pelos anos de 1285, para o Studium Generale de Colônia, na Renânia, fundado por Santo Alberto Magno. Há pouco haviam falecido os dois maiores luminares dos dominicanos, Santo Tomás de Aquino e Santo Alberto Magno, um em 1275 e o outro em 1280. No ambiente universitário estão ainda vivas as marcas da atividade e do ensino de ambos; em Paris, correm a todo vapor as controvérsias sobre a obra de Santo Tomás, com a censura de algumas doutrinas pelo Arcebispo Estevão Tempier de Paris.

Em 1293-1294, Eckhart torna-se *lector sententiarum* na Sorbonne, bacharel em Teologia, obrigado pelos estatutos da universidade a comentar os *Livros das sentenças* de Pedro Lombardo. É na Páscoa desse ano que Eckhart pronuncia, como *lector sententiarum*, um dos seus primeiros sermões latinos. Entre 1294 e 1298, é superior do convento de Erfurt e, em 1298, torna-se vigário-geral da Turíngia. Em 1302, retorna a Paris, onde completa sua formação superior, obtendo o título de *magister sacrae theologiae*, título este que vai substituir seu nome e torná-lo conhecido simplesmente como Mestre Eckhart. Na qualidade de *magister actu regens*, dirige, então, a cátedra da universidade reservada aos estrangeiros.

O capítulo geral de Besançon em 1303 divide a Ordem dos Frades Pregadores na Alemanha em duas grandes províncias, a Província da Saxônia e a Província da Teutônia. Eckhart é eleito superior provincial da Saxônia e retorna assim de Paris para sua terra natal. Num período de sete anos, de 1303 a 1310, Eckhart dirige e administra nada menos do que 47 conventos masculinos e 9 femininos, num território que se estende do Mar do Norte até a Boêmia, com poderes de reformador. É a esse tempo que remonta o famoso lema de sua prática e atividade religiosa: para reformar é necessário transformar o espírito a fim de não deformar!

A fama de reformador lhe valeu ser enviado de novo a Paris no período de 1311-1313 como *magister actu regens* pela segunda vez, fato excepcional na história da universidade, só ocorrido antes com seu confrade Santo Tomás de Aquino.

Na volta à Teutônia, vigário do ministro-geral da Ordem, Eckhart passa dez anos, de 1314-1324, em Estrasburgo com jurisdição para os mosteiros femininos. É justamente nesse ambiente renano, desde a Alsácia até a Suíça, que a pregação e influência espiritual de Eckhart mais se fizeram sentir. A grande maioria de seus sermões alemães remonta a esse período, sobretudo nos conventos femininos.

Desde 1322, ensina Teologia no Studium Generale de Colônia, onde, em 1326, por iniciativa do Arcebispo Henrique de Virneburg, abre-se um processo canônico de heresia contra Eckhart. Por ironia da Providência, é justamente esse processo, a estender-se até a Cúria Papal em Avignon, que vai constituir a alavanca para a divulgação universal e a interpretação criativa de todo seu pensamento de mestre da mística especulativa em todo o Ocidente. Eckhart passa os dois últimos anos de vida às voltas com o processo em Avignon, onde vem a falecer entre julho de 1327 e abril de 1328, antes da bula de condenação *In Agro Dominico*, curiosamente divulgada apenas na Diocese de Colônia, do Arcebispo Henrique de Virneburg. Por isso, Guilherme de Ockham, um franciscano inglês, também em Avignon respondendo a processo de acusação, desconhece, em suas referências a Avcardus Theutonicus, a condenação do Papa João XXII.

Os sermões alemães aqui apresentados em tradução para o português formam, junto com os tratados, a parte alemã de suas obras. Tanto os tratados como os sermões não se destinam apenas, nem de preferência, a filósofos, teólogos e místicos, mas ao pensamento, à fé e à experiência de todo o povo de Deus. Pensador é todo homem, crente é todo homem, místico é todo homem, embora não sejam sempre da mesma maneira, nem de qualquer maneira, mas da sua maneira, da maneira de cada um. Por isso o escândalo de muitos, ao verem Mestre Eckhart endereçar suas mais profundas reflexões das profundezas de Deus na alma humana a todos os homens, só se compara com o "escândalo do Cristo crucificado", de que fala São Paulo na Primeira Carta aos Coríntios 1,23. Escândalo não somente se dá. Escândalo também se cria. E aqui no caso de Eckhart trata-se de um escândalo maior ainda, porque criado por cristãos de fé e seguidores de Jesus Cristo. Nós, póstumos epígonos, nem sempre percebemos a confiança com que as Escrituras Sagradas foram destinadas e explicadas ao povo de Deus, tanto aos letrados como aos iletrados, tanto aos alfabetizados como aos analfabetos. Dentro do mistério da fé, todos nós somos rudes pastores, e somente a confiança da fé nos sustenta e nos alimenta a fé na própria fé.

Emmanuel Carneiro Leão
Rio de Janeiro, Natal de 2005.

Segunda apresentação

A mística de Eckhart em Eckhart

Aqui e agora, nós nos descobrimos no meio de um desafio. É o desafio de encontrar em Mestre Eckhart a mística de Mestre Eckhart. Trata-se de um desafio que nos convida a deixar ser nossa experiência radical de simplesmente viver.

Uma das mulheres mais místicas e eróticas de todos os tempos é marrana, Santa Teresa d'Ávila. Disse, certa feita, que a experiência mística é "*rara hora et pauca mora*": um instante raro e fugaz. Exige o tempo todo de meditação e horas favoráveis de desapego. E, não obstante, a mística não é questão de tempo, mas de ser "na espera do inesperado", nas palavras milenares de Heráclito de Éfeso. Para tanto, é indispensável muita persistência e pouca impaciência. São Paulo diz que é na paciência que se chega ao espírito.

Mística é força arcaica em todo homem, vigor livre de criação. Não é necessário pertencer à religião e, muito menos, a uma determinada religião, para ser místico, embora, ao longo da história, as religiões tenham produzido as mais conhecidas experiências e construído as mais antológicas metáforas da mística. É que a mística não constitui uma entre muitas outras possibilidades da condição humana. Mística é toda a condição humana, em todos os homens. Sem ela não se dá religiosidade de raiz e, sem religiosidade de matriz ontológica, não pode haver esse fenômeno histórico chamado religião. Por isso, ninguém aprende a ser místico. A mística vive e vivifica todo encontro e/ou desencontro entre os homens. A mística acontece sempre e para sempre, em cada empenho de ser e em todo desempenho de não ser. Pelo simples fato de termos sido criados, todos nós somos e não somos místicos, em nossa vida e existência, em nossa maneira de ser e viver. E o somos e não o somos de modo tão radical que, quase sempre, nem percebemos a presença provocante da mística em tudo que fazemos e/ou deixamos de fazer, em tudo que somos e/ou deixamos de ser. O homem, em cada um de nós, antes de ser e para ser qualquer coisa, antes de entrar e para entrar em qualquer relacionamento, antes de lançar-se e para lançar-se em qualquer empreendimento, já sempre é e tem de ser o que busca e se esforça por obter. Por isso, em qualquer hora, tanto outrora, como agora e a toda hora, já soou o instante e a vez da mística.

Mas como é que sabemos de tudo isso?

Ora, nós o sabemos e não sabemos com um "saber só de experiência feito". Nós o sabemos e não sabemos no sabor de todo gosto de ser que sentimos. Nós o sabemos e não sabemos em todo desgosto de não ser o que pretendemos. Na doçura e no prazer, na amargura e na dor, um *élan* incontentável nos atropela o senso, e domina tanto o que temos e não somos, como o que não temos mas somos, como o que nem somos nem temos.

É que realizamos sempre um empenho de viver e morrer a todo instante. Porque nascemos um dia, nascemos todo dia. Porque morreremos um dia, morremos cada dia, a todo instante. Viver, humanamente, consiste, assim, em libertar-se sempre de novo para esse esforço de ser e de não ser. Propiciando-nos as condições de possibilidade de viver, a mística se dá, como penhor, o penhor de todos os nossos empenhos e desempenhos. Nela se concentra todo o desafio de nossa existência de seres finitos, isto é, de seres que têm a graça de receber dos outros e do "Não Outro" as virtualidades de sua própria humanidade.

Nesse penhor, encontra-se a unidade da união do mundo com seu princípio, da criatura com o Criador. Trata-se da experiência primordial, uma experiência íntima, sem intermediários, entre Deus e o homem, nos próprios vãos e grotões de ser. É que toda experiência da unidade de uma união já supõe, *a priori*, separação, já inclui pluralidade. Por isso, o três é o número exordial, o numerador de toda relação, a fonte de qualquer numeração. No três temos, indissolúvel e consubstancialmente conjugados, o um, o dois, e a união do um com o dois. Três, nos diz Mestre Eckhart (LW IV, Sermão 29), não é a soma de um mais dois. O três é a integração viva, vital e circularmente simultânea da unidade de um + um + um, unidade esta que não sofre, mas viceja e se alegra com e na Trindade, pela difusão da bondade de sua união. É a fecundidade ontológica do bem: *Bonum est diffusivum sui* – o bem é difusivo de si mesmo. Não é o bem que é trino. É a Trindade que é o bem. Assim como se dá circulação da unidade na Trindade, assim também se dá circulação da Trindade na unidade. O Bem da unidade circula eterno e incriado, para dentro, na Trindade, e se comunica temporal e livremente, para fora, na criação. É a unidade da Trindade que nos cria. Eckhart nos diz, junto com toda a experiência cristã – *ad extra ex tribus*: toda atividade para fora é criadora, vem e vive do três.

Para nós, pós-modernos de hoje, cada vez mais próteses da técnica e filhos da razão na ciência, trabalhados sorrateiramente por pulsões inconscientes e movidos por impulsos desconhecidos, o caminho mais longo e penoso é aquele que nos leva para o ser de nós mesmos, para o que nos é mais íntimo e profundo. Tão íntimo que nós o somos, sem, na maioria das vezes, nem sequer saber que não vem de nós. Santo Agostinho nos lembra, numa formulação lapidar: "*Tu eras interior intimo meo et superior summo meo*" (*Confissões* III, 6) – o mistério de Deus é para mim mais íntimo do que meu íntimo, o que Kant chamou de transcendental. O mistério de Deus está acima de tudo que me transcende, o que, desde Platão, se diz ser "algo que, de longe, excede a essência das coisas, em poder e majestade" (*República* VI, 509 b 9).

Em nossa caminhada pela vida, experimentamos muita coisa, procuramos em todo vestígio, buscamos sempre o melhor, antes de nos apercebermos da mística de toda experiência. É que, desde sempre, já somos sua propriedade e estamos em seus domínios. Somente muito raramente e de modo implícito lhe pressentimos a força de mistério, pois mística só se dá na medida em que se retira, só acontece enquanto foge e se retrai. Nem sabemos mesmo o que nos ocorre e se passa conosco. Assim, por exemplo, num grande desespero da alma, quando todo peso desaparece da vida e se obscurece todo sentido, surge, então, a mística em nossa experiência. Talvez apenas insinuada numa retração tênue que vibra em profusão de sentimentos e bruxuleia numa confusão de percepções, para, logo, se esboroar. Numa grande esperança do coração, quando tudo se transfigura e nos parece atingir, pela primeira vez, como se fosse mais fácil perceber-lhe a ausência e o não ser do que lhe sentir a presença e o ser, emerge e se apresenta, então, num toque misterioso, a mística da experiência. Numa depressão da vida, quando distamos, igualmente, de esperança e desespero e a banalidade de todo dia estende um vazio onde se nos afigura indiferente, se há ou não há experiência, a mística explode, então, no barulho de um silêncio angustiante. Em qualquer caso, a mística nunca se dá, nem no conteúdo, como um quê, *aliquid*, nem no processo, como um *qua*, isto é, como *aliquod*, um modo de experiência.

Nas *Confissões*, Santo Agostinho pergunta a si mesmo: O que é que eu amo, quando digo que amo a Deus? E a resposta é sempre: Eu não amo, mas, perdido no amor, eu sou amado pelo amor. Nós raramente nos damos conta de que não somos nós que amamos, quando amamos. É o amor que nos ama, nos leva e nos faz amar o que amamos. Essa é a vigência da mística em toda experiência. Tal é também a mística de Eckhart em Eckhart.

Realcemos, aqui e agora, o vigor de sua presença, deixando repercutir, em nosso esforço de pensar, alguns traços místicos de seus *Sermões alemães*, cuja versão brasileira a Editora Universitária São Francisco e a Editora Vozes acabam de lançar.

Na mística e para a mística de toda experiência, tudo que podemos fazer é não fazer, em todo nosso fazer. É deixar o fazer nos fazer. Eckhart denominou essa atitude de "deixar ser", *sein lassen*, cuja força e poder de vigência ele chamou de *Gelassenheit*, que, em português, poderíamos invocar como a atitude de serenidade e/ou desapego, de disponibilidade e/ou desprendimento, de despojamento e/ou tranquilidade. É a partir e dentro dessa atitude que, originariamente, sempre experimentamos o mundo, o homem, Deus, em nós mesmos e nos outros.

Mas como é que o homem, o mundo e Deus se dão e se apresentam no deixar ser místico de uma serenidade tranquila e despojada, disponível e desprendida? Deixar, deixar de, deixar ser – que há de mais banal e corriqueiro na vida de todo o dia do que uma atitude dessas?

A mãe diz para a criança arteira: Deixe de brincar com fogo! O pai diz para a filha adolescente: Deixe de cavilação! De quem entrou para o mosteiro, ou do anacoreta, que foi para o deserto, costuma-se dizer que deixou o mundo. Nesses casos, deixar, *lassen*, é verbo transitivo, e significa renunciar, abandonar. Prevalece, então, o lado negativo do fenômeno de deixar, ao menos aparentemente. Trata-se do aspecto mais claro e evidente, embora menos essencial e decisivo na experiência de deixar. Pois esta só se completa e conclui se, implícita ou explicitamente, se acrescentar ser, deixar ser, como no apelo que, muitas vezes, se faz a um adulto invasivo: Deixe a criança ser criança! Não que o adulto possa impedir a criança de ser criança. É que o adulto se incomoda tanto com ele ser criança que tenta e busca não ser criança na criança.

Deixar ser remete não apenas para uma renúncia, mas para a vigência de ser e não ser, aquém de toda intervenção da parte do sujeito. A renúncia não vive primordialmente de rejeição, mas se alimenta de aceitar transformação. O lema de reformador de Eckhart é ontológico: tendo de reformar-se sempre, o homem deve transformar-se para não se deformar. A mística é, pois, a negação da negação – sem estardalhaço até mesmo no estardalhaço –, mas na serenidade tranquila de deixar ser o ser que se dá no sendo que se é. Deixando ser, a serenidade se torna disponível e, nessa disponibilidade, encontra-se com o mundo, com Deus, com o homem, justamente naquilo que eles mesmos são em si, para si e por si mesmos. Segundo Mestre Eckhart, na mística penetramos onde já sempre estamos, nos arcanos ônticos, ontológicos e místicos da serenidade, vivendo, como "a rosa, sem porquê". Pois, então, vai-se abolindo o sentido transitivo e passivo e aparecendo o sentido criativo de deixar ser.

No deixar ser radical de Deus, homem e mundo, a pergunta "quem é que deixa ser quem?" é uma pergunta sem sentido, uma vez que deixar ser inclui em si deixar de agir, pois deixar ser já não é atividade de um sujeito sobre um objeto a partir do interesse de um poder. Tudo, portanto, se deixa ser, mas não há nada que pratique o deixar ser. Na raiz mística da experiência, é sempre o nada que reina em todo deixar ser. E no nada não somente se ultrapassa e supera toda negação pela negação, como, sobretudo, não há possibilidade alguma nem de afirmar, nem de negar, nem de negar a negação. Reina radical desprendimento, puro despojamento, total disponibilidade. Ser livre de, a independência, e ser livre para, a criação, mergulham ambas e desaparecem na imensidão de uma tranquilidade sem vontade, nem desejo de nada, sem imagem nem representação de coisa alguma. Eckhart diz, então, que vigora, completa e perfeita, "a limpidez da serenidade", *die Ledigkeit der Gelassenheit*.

Na serenidade, toda experiência caminha sempre para inscrever-se nas peripécias e vicissitudes das ações e reações de nosso comportamento, tanto conosco mesmos, como com tudo o mais. Nessa caminhada, a serenidade atravessa três níveis, integrados, de busca de si mesma em si mesma: o nível ôntico, o nível ontológico e o nível místico. Todavia, não se trata de três níveis separados que se excluíssem e distinguissem um do outro. São três níveis que se incluem e se identificam, em todo fazer e/ou deixar de fazer dos homens. Compreender e viver essa integração é compreender e viver a mística de Eckhart em Eckhart.

1º nível: o nível ôntico é o desprendimento com total desapego. Trata-se do despojamento da pobreza. Eckhart forja a palavra "*abegescheidenheit*" que, no alemão moderno, se diz *Abgeschiedenheit*. É uma palavra derivada, por prefixação e sufixação, do verbo *scheiden*, cindir, dividir, separar. O prefixo *ab* designa clivagem, tanto no sentido de desfazer-se de alguma coisa, *abetuon*, como no sentido de afastar-se, desviar-se, *abekere*. O sufixo, *heit*, designa a condição, o estado e a atitude. No uso transitivo, o verbo, *abscheiden*, significa isolar, e, no uso intransitivo, ir-se embora, morrer. No alemão de hoje, o uso intransitivo significa, quase sempre, morrer. Assim, o poeta Georg Trakl dedicou um famoso poema a um amigo morto com o título de: *Gesang des Abgeschiedenen* [Canto do falecido]. Eckhart consagrou todo um tratado a esse nível ôntico da experiência mística de serenidade, cujo título é precisamente: *Abgeschiedenheit*, serenidade, desapego. Num sermão, intitulado *In diebus suis placuit Deo et inventus est iustus* (Eclo 44,16), prega Eckhart: "Se o espírito conhecesse a pura serenidade do desprendimento, já não se voltaria para nenhuma coisa, mas inclinar-se-ia e haveria de permanecer no completo desapego da serenidade".

Tudo que somos em nossos afazeres é puro vir a ser vida em realizações. O desapego nos é dado na ordem e como ordem de todo relacionamento conosco e com os outros. Tal desprendimento de todas as coisas, porém, nem rejeita, nem nega, mas acolhe o ser de Deus em toda criação. Por isso o desprender-se não destrói nada, não rejeita coisa alguma, vem do nada e vai para o nada.

Muito bem! Todavia, como é para se entender concretamente tanto despojamento?

Um poeta japonês do século XVII (1644-1694), Tetsuo Bashô, poderá nos valer. Ele compôs um famoso haiku a partir de uma experiência ôntica da serenidade em 15 sílabas de um verso que o velho Suzuki trouxe para o Ocidente. O haiku fala de Nazuna. Nazuna é uma pequenina flor silvestre que se encontra por toda parte no campo. Diz o verso, na citação de Suzuki:

> *Yoku mireba*
> *Nazuna hana saku*
> *Kakine kana*

Suzuki traduziu:

> Quando olho atentamente,
> Vejo florir a nazuna,
> Ao pé da sebe
> (Suzuki; Fromm; Martino, 1960, p. 9).

A partir da mística de Eckhart, talvez se pudesse dizer num português tosco e desajeitado:

> No desapego do desprendimento,
> sou e não sou nazuna ao pé da sebe.

Bashô é poeta e, como todo poeta, é místico dos seres da natureza. É tão desprovido de apego que se sente em uníssono com o ser da natureza e de tudo que é natural. Essa identificação da natureza com a natureza se avivou em Bashô quando descobriu uma pequenina flor, brilhando, sem vontade nem desejo de nada, ao pé de uma velha sebe. O poeta sente o profundo mistério de a vida ser vida, no esplendor insignificante de uma flor silvestre. É um exemplo da experiência de desapego e desprendimento da serenidade em que vive a mística de Eckhart.

No século XVII, alguém, na Silésia, fez a mesma experiência mística de Bashô. João Scheffler (1624-1677), *doctor philosophiae et medicinae*, médico de profissão e místico de vocação, vivia na Silésia uma geração antes de Leibniz. Estudioso de Mestre Eckhart, escreveu uma obra de poesia mística, publicada em 1657, com o título: *Der Cherubinische Wandersmann. Sinnliche Beschreibung der vier letzten Dinge* [O peregrino querubínico. Descrição sensível dos quatro novíssimos], e publicou, com o pseudônimo de Ângelus Silesius, o *Mensageiro da Silésia*. Os quatro novíssimos são, na experiência cristã: morte, juízo, inferno, paraíso. O número 289 dos poemas traz o título *Ohne Warum*, “Sem porquê”. O verso diz:

> *Die Ros' ist ohn' Warum.*
> *Sie blühet, weil sie blühet.*
> *Sie acht' nicht ihrer selbst.*
> *Fragt nicht, ob man sie siehet*!
>
> [A rosa é sem porquê.
> Floresce ao florescer.
> Não olha p'ra seu buquê.
> Nem pergunta se alguém a vê!]

O desapego do desprendimento, no entanto, não aparece por acaso, nem se dá, de quando em vez, nas peripécias de nossa experiência na e com a vida. É o vigor místico de todo ser. Por isso, ao despojar-se e para poder despojar-se, a serenidade remete para a fonte, de onde ela mesma já vem, remete para o ontológico no próprio seio ôntico dos seres. É o segundo nível.

2º nível: a serenidade ontológica. Como todo bom escolástico, Eckhart desenvolveu grande produção literária. Pretendia escrever uma obra monumental em três partes, *Opus tripartitum*. A primeira parte seria o *Opus propositionum* [Obra das proposições]. Desta só se encontrou até agora a *Prima propositio*: *Esse est Deus*. A segunda parte seria o *Opus quaestionum* [Obra das questões], da qual ainda não se encontrou nenhum manuscrito. A terceira parte seria o *Opus expositionum* [Obra das exposições]. Dessa parte, dispõem-se de grandes comentários aos livros bíblicos do Gênesis, do Êxodo e da Sabedoria e ao quarto evangelho, bem como de um grande comentário ao Pai-nosso, junto com esquemas de vários sermões em latim. Pois bem, no *Prologus generalis in opus tripartitum*, Eckhart discute o ontológico de todo ôntico. Na Primeira Proposição, formula o primeiro integrante de toda sua mística, com três palavras apenas: *Esse est Deus*, ser é Deus. É um dos integrantes fundamentais da mística eckhartiana. O outro integrante é o mesmo e reside na dinâmica inesgotável de realização que todo real recebe, continuamente, de Deus. Eckhart o desenvolveu numa interpretação mística do versículo 21 do capítulo 24 do livro deuterocanônico Eclesiástico: *Qui edunt me, adhuc esuriunt* – "Aqueles que se nutrem de mim, ainda têm fome". Eckhart resumiu toda a mística de qualquer experiência nesta fórmula pregnante: *Omne ens edit Deum utpote esse* – Todo sendo, tudo que é e está sendo, se alimenta de Deus enquanto e na medida em que é e está sendo, isto é, na medida de ser.

Santo Tomás tinha dito antes de Eckhart: *Deus est ipsum esse* – "Deus é o próprio ser". Eckhart inverteu a frase, que, invertida, trai e revela toda a profundidade ontológica do ôntico. Tudo que não é Deus não é. Essa distinção de ser e não ser deve-se compreendê-la estritamente, senão não se compreende o ser de nenhum sendo. Ora, a forma mais estrita de compreensão é vivida e acontece sempre na identificação da identidade. Eu só compreendo, em profundidade, uma coisa quando me identifico e sou com ela. É a lição mística que nos deixou Parmênides e que está na base de toda e qualquer experiência de vida. Eckhart a expressou nas seguintes palavras: "Todas as criaturas são puro nada. Não digo que sejam insignificantes, pequenas, nulas, ou qualquer outra coisa assim. Elas são um puro nada", acentua o sermão, *Omne datum optimum et omne donum perfectum dersursum est* – Todo dom ótimo e todo dado perfeito vem do alto (Tg 1,17). Entre o criado e o incriado não há diferença, mas o abismo é total, o abismo do nada. Somente Deus é ser, toda criatura é um sendo que tem de receber o ser de Deus; é alhures, portanto, que lhe vem a vida, a inteligência ou qualquer outra possibilidade. Em si mesma é, pois, nada. Para a metafísica escolástica, a perfeição da criatura é, analogicamente, a mesma do Criador, variando, apenas, o modo de ser e dar-se, que é, radicalmente, diferente. A identidade de perfeição conota uma diversidade de apropriação, segundo a analogia de atribuição. Mas, aqui, Eckhart não concorda com toda a escolástica, negando, completamente, a analogia de qualquer matiz, de atribuição, de predicamentação, ou de proporcionalidade. *Esse est Deus*! Assim, não há para Eckhart nenhum ser próprio do criado. Todo criado é um sendo, algo que é e está sendo, dentro de limites ontológicos. Toda criatura recebe o ser de empréstimo, *ze borge*, como se expressa Eckhart no *Livro da divina consolação*. É que uma criatura se nutre do ser de Deus e, por isso mesmo, quanto mais absorve, tanto mais carece de ser. Em qualquer sendo, o ser e todos os seus transcendentais não são senão Deus.

Uma das maneiras mais escondidas de se apresentar o vigor dessa tranquilidade serena da mística está na radicalidade de todo perdão. Quem realmente perdoa em todo e qualquer perdão é sempre Deus. Nos atos de perdoar reverbera e repercute a presença de Deus. Em Deus, perdoar não é ato, é ser. Num pequeno ensaio, *On cosmopolitanism and forgiveness*, Jacques Derrida fala de um paradoxo para a lógica e o bom-senso: "Parece-me necessário começar com o fato de que, sim, o imperdoável existe. Não é essa a única coisa a perdoar? A única coisa que requer perdão? Não se pode, ou melhor, não se deve perdoá-lo; só existe perdão se existir e onde existir o imperdoável" (Derrida, 2001, p. 30-33). Para a mística cristã em geral e de Eckhart, em especial, dá-se justamente o contrário: só há perdão por não haver o imperdoável. É o sentido místico do Salmo 22 que o Homem de Nazaré rezou, alto e bom som, na cruz, antes de entregar o espírito a Deus: *Eli, Eli lama sabactani* – Deus meu, Deus meu, por que és Tu absoluto abandono?

Trata-se do auge de todo empenho de ser e desempenho de não ser. É a experiência radical na convivência do nada de um com o outro pelo mistério da iniquidade de que fala São Paulo. Foi também esse apelo do nada no mal e na maldade que nos chegou há pouco tempo, numa apóstrofe atrevida do Papa Bento XVI: "Onde estavas, Deus meu, em todos os *Auschwitz* da miséria humana?" Essa palavra do papa não é uma palavra de dúvida na presença de Deus no mal radical. Na fé não há dúvida. Só há fidelidade e/ou infidelidade. Pela infidelidade, o fiel é tentado a escusar-se do mal radical, estornando as ações más de sua conta e transferindo-as para a conta de Deus: quem pecou em Auschwitz não foi o homem, foi Deus, pois Deus se omitiu e permitiu, com sua ausência, que o homem cometesse crimes contra a humanidade. Para a mística, é justamente uma atitude destas, de transferir o homem para Deus, que, ao longo do tempo, tem possibilitado todos os Auschwitz da história humana. A redenção da desumanidade nos homens está no perdão, que retoma a dinâmica de futuro. Se houvesse o imperdoável, já não haveria futuro. E sem futuro, não se daria tempo. O passado teria absorvido futuro e presente e destruído, assim, todo o tempo. *Ora tempus fugit*, o tempo não se deixa prender nem congelar. É a experiência mística que se faz em toda experiência e que T.S. Eliot formulou num de seus famosos *Quatro quartetos*:

> Tempo presente e tempo passado estão talvez ambos vigentes em tempo futuro. E tempo futuro contido em tempo passado. Se assim todo tempo está eternamente vigente, todo tempo é irredimível.

3º nível: a serenidade mística. O terceiro nível de integração de todo sendo no ser de Deus é a serenidade mística. A mística de Eckhart em Eckhart traz o vigor de união da unidade de Deus, a deidade. Em toda diferença e diferenciação, vive, numa intensidade infinita, a deidade de Deus, na pluralidade sem fim de todas as coisas. No Sermão 22, ele insiste: “Em sua suprema pureza, a haste tenra e frágil retorna para a unidade do ser de Deus, de onde tudo provém”.

A unidade de todas as coisas tem sua raiz nessa deidade. A unidade é como a deidade, mais fundamental do que o ser e seus transcendentais. A divindade perfeita de Deus reside na unidade. Se assim não fora, Deus não seria Deus. Conclusão do sermão: “Deus está todo inteiro em tudo, no bem e no mal, no ser e no não ser”.

Para levar-nos até as fronteiras extremas da serenidade, Eckhart a põe no mistério da dinâmica da vida. No *Comentário ao Êxodo*, ele nos diz:

> Viver é uma fervura (*exsitio*), um borbulhar incessante em que o ser fermenta, se agita e transborda, derramando-se sobre si mesmo, despejando-se em tudo que a vida é, antes de viver. Por isso é que a vida da Trindade é a criação da vida fora da Trindade.

Viver está em jorrar livremente a necessidade de ser o ser que se é. No Sermão 5 em latim Eckhart fala a partir da serenidade mística da vida na vida: “Fosse possível perguntar sem fim à vida ‘o que é viver e por que vida?’, a resposta seria sempre a unidade da vida no viver, a identidade de vida e viver: Vivo porque vivo, vivo por e para viver". A vida retira do profundo de seu próprio ser vida o ser de todo viver. Por isso não é preciso ir procurar o fundo da vida. Toda sua profundidade é somente viver. É a experiência do viver a vida que levou Nietzsche à ambiguidade de dizer num jogo de palavras em alemão: "*Wer den Grund sucht, geht zu Grunde*". A partir da serenidade mística, poder-se-ia talvez jogar em português: quem procura o fundo da vida não tem profundidade de viver e afunda. Assim a mística de Eckhart em Eckhart já antecipou em 200 anos o poema "Sem porquê", do *Mensageiro da Silésia*: a vida vive sem porquê, vive por viver sempre em Deus a vida de Deus.

Em 1301, faleceu o rei da Hungria. Só e abandonada, a Rainha Inês conheceu a fome e a necessidade. Descalça e em trapos caminhou a pé até Viena, em busca de auxílio junto ao pai, imperador da Áustria. Só que logo lhe morre também o pai, assassinado, e ela volta para a miséria. Foi para a Rainha Inês, na graça do desapego, que Eckhart escreveu uma das joias da literatura mística cristã, livro conhecido como *Buch der goetlichen Troestung* [Livro da divina consolação]. Desprendida de todo apego, Inês pode tornar-se agora rainha de um outro reino. No reino da maior de todas as virtudes, no desapego de qualquer ser, por já sempre estar apegada à deidade. No final do Tratado, Mestre Eckhart escreve: "Para quem olha uma vara dentro d'água, a vara aparece torta. Fora d'água aparece reta". A água é um elemento tão grosseiro que só deixa aparecer o visível. O ar, elemento mais diáfano, mostra também o invisível. É com os olhos do ar que poderemos ver a mística do ser de Deus em todos os seres.

Emmanuel Carneiro Leão
Salvador, 17 de novembro 2006.

Introdução

Vida e obra

O nascimento de Eckhart deu-se no ano de 1260 em Tambach, perto de Gotha, na Turíngia. Provavelmente com apenas 14 anos já ingressara na Ordem dos Pregadores (dominicanos). Não há muita precisão nas informações sobre a vida do mestre, principalmente do começo e fim de sua vida. Talvez não seja acaso que faltem as informações historiográficas principais sobre ele, que deve ter feito o noviciado em Erfurt, no ano de 1274. Em 1277 inicia o estudo das artes, supostamente em Paris (*trivium* e *quadrivium*), seguindo seus estudos formativos não se sabe ao certo em que cidade; em 1286 encontra-se no Studium Generale de Colônia para estudar teologia. Esse instituto fora fundado pelo grande mestre dominicano Alberto Magno. Após a conclusão dos estudos internos da Ordem, foi ordenado sacerdote. No ano de 1293-1294 está em Paris, na qualidade de *lector sentenciarum*, comentando o *Livro das sentenças* de Pedro Lombardo.

> Aos 18 de abril, na Páscoa, começa a vida datável de Eckhart, onde é aprovado o frade dominicano Ir. Eckhardus como *lector sententiarum* da Faculdade de Teologia. A tarefa desse leitorado é “ler” as “sentenças”, ou seja, explanar e explicar (interpretar) o manual acadêmico de Teologia, os *libri quatuor sententiarum* de Pedro Lombardo. Desse trabalho surgem os comentários às *Sentenças*, via de regra a primeira obra-mestra de um professor de Teologia. Esse Eckhart parece não ter sobrevivido (Ruh, 1989, p. 19).

Em 1294 é convocado pelo provincial da Teutônia, Dietrich von Freiberg, para assumir o cargo de prior do convento de Erfurt e de vigário (vice-provincial) da Província da Turíngia. Foi essa dupla atividade que permitiu a Eckhart manter diversos relacionamentos; ali dirige o convento e ensina, iniciando as visitas aos conventos da região. Em diálogo com os irmãos sobre questões teológicas, escreve o livro *Reden der Unterweisung*

[Conversações espirituais], escrito vernacular, o que denotava já a preocupação eckhartiana de ensino mesmo aos iletrados, ou aos que não tinham acesso ao latim. Mais tarde Eckhart irá ser acusado de tentar ensinar temas de maior envergadura a iletrados, o que não deixa de ser verdade. A decisibilidade de afirmações que aparecem condensadas em uma única frase, às vezes, exige a concentração e a invocação de todas as forças intelectivas do humano e até sua capitulação. Com relação a isso, Eckhart irá afirmar, no "*Das Buch der götlichen Tröstung*" (Eckhart, 1963a, p. 497):

> Um mestre pagão, Sêneca, diz: "Deve-se falar de coisas grandes e elevadas com sentidos grandes e elevados e com alma elevada". Também se dirá que não se deve falar e escrever essas tais teorias para pessoas iletradas. A isso eu digo que se não devemos ensinar (instruir) pessoas iletradas, então jamais alguém será ensinado, e nesse caso pessoa alguma jamais poderá ensinar ou escrever. Pois ensinam-se os iletrados por isto: para que de iletrados se tornem letrados. Se nada houvesse de novo, nada se tornaria velho. "Os que são sadios", diz Nosso Senhor, "não precisam de medicina" (Lc 5,31). É para isso que existe o médico, para curar os doentes. Mas se existe quem não compreenda retamente essa palavra, o que pode fazer aquele que expressa essa palavra que é reta? São João anunciou o Evangelho aos crentes e também a todos os não crentes, para que se tornem crentes, e, no entanto, inicia seu evangelho com o que de mais elevado um homem pode pronunciar aqui sobre Deus; e muitas vezes também as suas como as palavras de Nosso Senhor não foram retamente compreendidas.

Essa "indistinção" é característica do modo de ser, da ontologia eckhartiana. Em si mesmas, todas as criaturas nada são. Daí poderem e deverem ser tratadas todas, sem distinção, igualmente como tal. Esse modo "sem modo" caracteriza também a biografia de Eckhart.

Após intensa atividade a serviço direto da Ordem, vamos encontrá-lo novamente em Paris em 1302, onde, pelo seu trabalho anterior de leitor das sentenças, obteve o direito de um cargo como *magister sacrae theologiae*, na cátedra ocupada anteriormente por Alberto Magno e Tomás de Aquino. Como *magister actu regens*, junto com a participação nas *disputationes*, tinha o encargo de explicitar textos bíblicos. São dessa época as seguintes proposições para discussão eckhartianas:

a) *Utrum in Deo sit idem esse et intellegere.*
b) *Utrum intelligere angeli, ut dicit actionem, sit suum esse.*
c) *Utrum laus dei in patria sit nobilior eius dilectione in via.*

Em 1303 está de volta a Erfurt e acaba eleito provincial da recém-criada Província da Saxônia. A província abrangia à época o norte da Alemanha e a Holanda, englobando 47 conventos.

Em 1307 é nomeado vigário-geral da Boêmia, com a missão de examinar, corrigir, dar indulto (de castigos), confirmar e reformar, e isso de convento em convento, de província em província, tanto na direção como na cabeça e nos membros. Também durante esse tempo negociou diversos terrenos, pleiteou espaços e fundou diversos mosteiros femininos.

Desonerado das funções de provincial em 1311, vemo-lo novamente encarregado da cátedra de Paris. Esse segundo magistério na mais famosa universidade do Ocidente era uma marca característica que até o presente só havia sido concedida a Tomás de Aquino.

Não deixa de estar presente nas intenções da Ordem a utilização de sua habilidade e inteligência para fazer frente às disputas teológicas parisienses com os franciscanos, que à época estavam muito acirradas. Se de um lado sua vocação muito mais mística do que polemista contribuiu para deixar Paris, de outro estava sua submissão e entrega ao serviço maior da Ordem, que o chamava novamente para uma missão específica.

Foi-lhe dado o encargo de cuidar e supervisionar os mosteiros femininos do sul da Alemanha, morando em Estrasburgo. Nessa época contavam-se na Teutônia 65 mosteiros femininos. Foi dado a Eckhart, sobretudo, o encargo de orientar a espiritualidade potencialmente perigosa das mulheres "místicas" e direcioná-las a um caminho reto.

Foi em 1323 que o geral da Ordem enviou-o para Colônia para ensinar Teologia no Studium Generale. Paralelo a essa atividade, Eckhart pregava nos mosteiros das dominicanas em Santa Gertrudes, das cistercienses em S. Mariengarten e das beneditinas em S. Machabaeorum.

Uma vida pautada, portanto, no serviço, colocando todo seu engenho e prontidão à disposição do cuidado. Talvez por isso que as sementes que plantava prosperavam. Foi provavelmente com olhos grandes sobre essa prosperidade intelectual e mesmo material, sua e da Ordem dos Pregadores, que o bispo de Colônia Heinrich von Virneburg dá início a um processo inquisitorial contra Eckhart, um processo ferrenho, aguerrido, torpe, que acaba levando-o diante da comissão papal, perturbando causticamente os últimos anos de sua existência.

Sobre a ortodoxia dos escritos

Em 1326, o bispo de Colônia Heinrich von Virneburg inicia um processo acusando Eckhart de ser suspeito de heresia. No mesmo ano Eckhart admite que algumas afirmações podem soar de um modo um tanto "raro e sutil", prontificando-se a refutá-las caso fossem comprovadas falsas. Defende, no entanto, a ortodoxia de seus escritos e pregações diante da Tradição, da Escritura e da autoridade. Os inquisidores compilaram mais de cem frases de Eckhart "suspeitas" e passíveis de heresia, a pedido insistente do referido bispo. Diante deles, Eckhart defende-se, afirmando: "Posso até errar, mas não ser um herege. Pois o primeiro refere-se à compreensão, o segundo à vontade" (Eckhart, *Verteidigungsschrift*, cf. I n. 80).

Por quatro ou cinco vezes Eckhart é intimado a esclarecer cada vez novas e reiteradas afirmações de seus escritos e pronunciamentos. Suas explanações encerram-se com um *Notandum*, onde pode-se ler:

> Por fim, gostaria de observar: como em cada uma das frases que eu preguei, ensinei e escrevi aparece claramente a ignorância e a estreiteza daqueles que procuram deslocar isso, assim, também nas declarações supracitadas se mostra a verdade do que eu disse e escrevi.
>
> O erro dos opositores consiste diretamente nisto, considerar como falso[1] tudo que não compreendem, e considerar esse desvio de imediato como uma heresia – enquanto só se constitui em heresia e em herege a permanência obstinada num erro, como dizem o direito e os mestres (Eckhart, *Verteidigungsschrift*, cf. I n. 106.128).

Já cansado de tanto defender-se, parte para a ofensiva e apela para que seu processo seja transferido diretamente para a competência papal, que se encontrava à época em Avignon. No dia 13 de fevereiro de 1327, após proferir um sermão na igreja dos dominicanos de Colônia, faz ler, em latim, diante do povo, uma *protestatio*, a qual ele próprio traduz para o alemão.

> Eu, Mestre Eckhart, doutor da sagrada teologia, apelando para o testemunho de Deus, declaro diante de todos que, tanto quanto me foi possível, sempre abominei todo e qualquer erro na fé e todo desvio na conduta da vida, uma vez que erros dessa natureza contradiriam e ainda contradizem meu *status* acadêmico e meu estado monacal. Por esse motivo, na medida em que algo de errado possa ser encontrado nesse sentido, eu refuto o que escrevi, falei ou preguei, privada

---

1. *Verkehrt* = perverso, invertido.

> ou publicamente, onde e quando possa ter sido, imediata ou mediatamente, seja por considerar mal ou pelo desvio do sentido: eu refuto isso aqui, publicamente, diante de vós todos e de cada um, que estais aqui agora reunidos, porque quero considerar isso, de agora em diante, como não dito ou não escrito, também e sobretudo porque percebo que fui malcompreendido: como se eu tivesse pregado (por exemplo) que foi meu dedo minguinho que fez tudo. Eu não pensei nem jamais disse isso, como soam as palavras, mas eu as disse dos dedos do Menino Jesus. E então há um algo na alma pelo qual, se toda a alma fosse assim, deveria ser considerada como incriada: junto com os colegas doutores, só considero isso como verdadeiro, se a alma segundo sua essência fosse intelecto. E também jamais disse, a partir do meu saber, nem sequer fui da opinião de que haja algo na alma, o que fosse quem sabe uma parte da alma, ao mesmo tempo incriada e incriável, porque assim a alma estaria constituída do criado e do incriado. Antes, foi bem o contrário que escrevi e ensinei, desde que alguém não (venha e) declare que incriado e não criado signifiquem a mesma coisa que não criado em e por si, mas criado por acréscimo (*hinzugeschaffen*). Com exceção de todas (essas formulações retas), eu corrijo e refuto, como disse (inicialmente), e tanto no geral como no particular, e sempre que for útil irei corrigir e refutar tudo que não possuir um sentido totalmente salutar (Ruh, 1989, p. 182; Denifle, 1886, p. 417-687).

Assim, é em Avignon que se desenrola a segunda fase do processo, durante os anos de 1327 a 1329. Em virtude desse processo, Eckhart encontra-se em Avignon. Aos 27 de março de 1329, a comissão papal, junto com o Papa João XXII, expõe a público a Bula *In Agro Dominico*. Das 28 frases de Eckhart julgadas pela comissão, 17 foram condenadas como heréticas e 11 como suspeitas de erro.

Foi no decurso desse processo que, em virtude de estar já bastante doente ou de ter sido acometido por um enfarto cardíaco, provavelmente já não tendo a quem recorrer, Eckhart fez sua passagem. Não há qualquer informação segura sobre local, data e causa. Foi enterrado ali no cemitério dos dominicanos.

Alguns traços do pensamento de Mestre Eckhart

Dividir o pensamento eckhartiano em temas tais como ética, ontologia, antropologia e outros é uma arbitrariedade. Em Eckhart, cada sermão busca atingir sempre o todo, fazer com que e deixar que Deus seja gerado na alma humana. Em cada sermão, o pensamento especulativo de Eckhart parte e desemboca na unidade, no Um. Ousamos, mesmo assim, propor alguns temas do pensamento do mestre, como introdução aos sermões.

O conhecer

Escolhemos dois textos para mostrar sumariamente a concepção eckhartiana de conhecer.

> A alma possui algo em si, uma "centelha" da discursividade[2], que jamais se apaga, e é nessa "centelha", como a parte mais elevada do ânimo, que colocamos a imagem da alma; em nossa alma há também um conhecimento voltado para as coisas exteriores, ou seja, um conhecimento sensível e compreensivo; é um conhecimento que se dá em comparações e em discursos, e que nos oculta aquele [outro conhecimento] (Sermão 76).

> [Mas] como é que somos "filhos de Deus"? Pelo fato de possuirmos *um* ser com Ele. Por isso, para que conheçamos alguma coisa do fato de sermos filhos de Deus, devemos **distinguir entre conhecimento exterior e interior**... e esse conhecimento é [acontece] sem tempo e sem espaço, sem "aqui" e sem "agora". Nessa vida todas as coisas são um, umas com as outras, todas as coisas são tudo, e tudo em tudo e totalmente unido (Sermão 76).

Na alma há dois tipos de conhecimento. Um conhecimento interior que é uma discursividade, chamado de centelha que jamais se apaga. E um conhecimento voltado para as coisas exteriores que implica a subdivisão entre sensibilidade e compreensão. Podemos elencá-los assim: conhecimento sensível, conhecimento compreensivo e conhecimento espiritual. Os primeiros dois estão, segundo Eckhart, no mesmo nível de ser: voltados para fora, para as coisas exteriores, voltados para as pontas terminais, acabadas e mais apagadas da realidade. Seu grau e sua eficiência de unificação (aproximação-distanciamento) sempre só atingem resultados, produtos, efeitos, acidentes. É um conhecimento cujo "ser" está sempre remetido a e na constante dependência de seu objeto. Importante nesse tipo de conhecimento é sempre estabelecer uma medição, pois é conhecimento quantitativo. Porque uma medição é sempre um conhecimento mediato, precisa da mediação. E porque sua vigência está atrelada à mensuração do mais e do

2. Eckhart (1973, p. 279): *redelicheit*.

menos, o padrão a partir do qual mede é sempre aproximativo e lhe é dado sempre de empréstimo.

Há, no entanto, outro tipo de conhecer na alma, chamado de centelha da discursividade (integridade). Não é propriamente um conhecimento no sentido de uma capacidade cognoscente que se dirige e busca completar-se num objeto conhecido. Esse conhecer sempre é tudo, apesar de cintilar e vir à luz só raramente, de repente, e no mesmo instante ocultar-se, como a faísca, a chispa, o raio, a centelha. Na escuridão do conhecimento sensível e compreensivo, o acender-se do conhecer do fundo da alma abre e fecha tudo num instante, sob uma luz absolutamente nova e viva.

O conhecer espiritual conhece sem tempo e sem espaço, sem "aqui" e sem "agora". O conhecer no tempo e no espaço implica mutabilidade, setorização e particularização. O conhecer espiritual conhece sempre o todo, porque se descobre pertencente e sendo o todo. O exemplo que Eckhart apresenta para ilustrar esse conhecer espiritual é muito comum em seus sermões e refere-se à relação e pertença intrínseca de cada elemento no todo. O pé, se pudesse falar, diria que o olho lhe pertence tão bem e mais propriamente estando localizado na cabeça do que se estivesse no próprio pé. É assim que o falar está diretamente implicado no ouvir do outro. Como diz Agostinho, no *De catechizandis rudibus*, quem ouve fala naquele que está falando, e quem fala ouve em quem está ouvindo. Para o conhecimento espiritual, a posse, o atingimento do conhecido sempre já se deu, porque renuncia a possuí-lo, a localizá-lo no tempo e no espaço. No tema do conhecimento, dentro da ontologia propriamente da identidade, só é possível dar-se saber por uma proximidade absoluta entre Deus e alma. O modo de ser do amor ou o modo de ser espiritual é o modo da unidade, o modo de ser de Deus, do Um. Ali, a alma descasca e desliga totalmente tudo que não é Deus, e ama e é totalmente tudo que é Deus. Ama com o amar que é o próprio Deus.

> Há uma diferença entre coisas espirituais e coisas corpóreas. Toda e qualquer coisa espiritual pode morar em outra; mas nenhuma coisa corpórea pode morar em outra... Todo anjo está tão plenamente noutro com toda sua alegria, com todo seu deleite, com toda sua bem-aventurança, como está em si mesmo; e todo anjo está em mim com toda sua alegria e com toda sua bem-aventurança, e Deus mesmo com toda sua bem-aventurança, e no entanto eu não **conheço** isso (Sermão 65).

O homem

Epistemologia e antropologia, cristologia e ética eckhartianas têm como médium – princípio, fim e percurso – receber/alcançar o dom máximo de Deus: Ele mesmo. Esse "Ele mesmo" é ao mesmo tempo si mesmo e comporta em si todos os bens de todos os santos e homens que um dia já existiram e um dia existirão na face da terra (Sermão 5b). Isso tudo lhe é dado como seu próprio.

> Se alguém quer alcançar essa dádiva de receber em igual modo esse bem e a natureza humana comum e igualmente próxima de todos os homens, então é necessário que estejas do mesmo modo na sociedade humana, não estando mais próximo de ti do que de um outro, assim como na natureza humana não há nada de estranho, nem mais distante nem mais próximo. Deves amar, estimar e tratar todos os homens como a ti mesmo. O que acontece a um outro, seja algo ruim ou bom, deve ser para ti como se te acontecesse (Sermão 5a).

A tarefa do homem de criar unidade consiste em aproximar e identificar, atuar e ser. A "antropologia" eckhartiana obedece ao mesmo princípio verticalista e único. O ser humano é tudo e nada ao mesmo tempo. Em dignidade encontra-se acima dos anjos, de tal modo que em seu mais próprio, no fundo mais íntimo da alma humana, nenhum anjo pode entrar, nem o próprio Deus pode entrar ali enquanto possui nomes (Trindade). Mas ao mesmo tempo, enquanto criado, em nada se distingue das outras criaturas. Em si mesmo, o homem é nada. Eckhart comenta a concepção aristotélica de homem: "Um homem é alguém a quem foi atribuída 'forma', e esta dá-lhe ser e vida em comum com todas as criaturas" (Sermão 15). É a definição clássica: o homem é um animal racional. Ele tem em comum o existir com as criaturas não dotadas de vida (minerais); a vida e o ser, com as criaturas dotadas de vida (vegetais e animais); e razão, com as criaturas dotadas de razão (anjos). O que definiria o homem, segundo esse conceito, é essa forma, que lhe dá especificidade e o faz participar das formas originárias de todas as criaturas. Eckhart diz que "essa é a mais elevada explicitação que Aristóteles conseguiu determinar ao 'homem'". Eckhart, ele mesmo, afirma que "'*homo*' significa o mesmo que 'um homem' a quem se atribui 'substância', que lhe dá ser e vida e um ser dotado de razão"[3]. Mas o que caracteriza

---

3. "Um tal homem assim dotado de intelecto é aquele que apreende a si mesmo com o intelecto e é em si mesmo desprendido de todas as matérias e formas. Quanto mais desprendido de todas as coisas e voltado para dentro de si mesmo, quanto mais claramente conhece todas as coisas em si mesmo, com seu intelecto, sem voltar-se para fora, tanto mais é ele um 'homem'" (Sermão 15).

o homem não é a forma que lhe possibilita participar e ter comunhão com todas as criaturas, ser de certo modo o mediador onde todas as criaturas, os entes se encontram. O que o caracteriza é ser/poder ser em si mesmo "**desprendido** de todas as matérias e formas". É isso que faz com que possa se destacar e ganhar definição. Estar desprendido e livre de todas as formas e matérias possibilita ao homem ser sua originariedade primeira, ser ele próprio "como era quando ainda não era". É o que aparece no Sermão 1. Diz-se que quando esse templo, o homem, em seu fundo da alma, onde é imagem e semelhança de Deus, se torna livre de todos os impedimentos, da ligação ao eu e da nesciência, "então brilha tão belo e esplende tão claro por sobre tudo e através de tudo que Deus criou, que ninguém pode lhe ir ao encontro com igual esplendor, a não ser unicamente o Deus incriado". É aqui que reside sua unicidade. Nada pode igualar-se a ele, nesse templo, onde está desprendido de tudo. Eckhart atribui tal dignidade ao homem, nesse nível do ser de Deus, que "mesmo os anjos mais elevados só se igualam a esse templo da alma nobre até um certo grau, mas não plenamente". A dignidade do homem não provém em ser microcosmo, o lugar de manifestação de todo ente. Mas no desprender-se de tudo, "quando alcança a luz sem mistura, a alma percute para dentro do seu nada, no nada, tão distante do seu algo criado que, pela sua própria força, não pode por nada retornar ao seu algo criado...", mas "Deus, com sua incriabilidade, coloca-se sob o nada da alma e mantém-na no seu algo".

> "*Homo*", "o homem", significa o mesmo que "aquele que é de terra" e quer dizer "humildade". A terra é o inferior dos elementos e encontra-se no meio e está totalmente envolvida pelo céu e recebe toda a influência do céu (Sermão 44).

A terra é o mais baixo dos elementos, o ínfimo. Seu próprio é despojar-se de forma e matéria. Aqui é ser barro, terra, o elemento primeiro, o mais baixo. Nele tudo repousa no fundo da terra, onde está postada a sustentação de toda criatura; dali todo e qualquer movimento e crescer recebe seu impulso. Nela todo e qualquer movimento de queda, fracasso é acolhido. Toda diversidade e riqueza do mineral (pedras preciosas etc.), do vegetal (cores, frutos e flores) e do animal dependem dela. Nas palavras de Rilke: *Frag die Erde, sie wird dir antworten was Farbe ist* [Pergunta à terra, ela irá te responder o que é cor]. Se o homem estiver posicionado nessa altura será inundado pela graça. Ele diz que nesse influxo da graça imediatamente eleva-se a luz do intelecto.

> Por isso, a pequena palavra que vos tenho proposto diz: "Deus enviou seu Filho Unigênito ao mundo". Isto não deveis compreender em vista do mundo exterior, como Ele conosco comeu e bebeu: deveis compreendê-lo em referência ao mundo *interior*. Tão verdadeiramente como o Pai em sua natureza simples gera naturalmente seu Filho, assim também, em verdade, gera-o no mais íntimo do Espírito, e isso é o mundo interior. Aqui o fundo de Deus é meu fundo e o meu fundo é o fundo de Deus. Aqui, vivo do meu próprio, como Deus vive do seu próprio (Sermão 5b).

O dever

A concepção das criaturas como sendo nada orienta também o pensamento da ética eckhartiana. Se as criaturas nada são, não há o que fazer pela atuação do empenho ético para vir a ser o que se deve ser. Por outro lado, como já é sempre de antemão o ser, mesmo que não tenha ciência disso, o homem não precisa querer e buscar e operar um dever ser, mas apenas aceitar aquilo que já sempre foi. A ideia tradicional de ética é a de demonstrar a diferença ontológica entre ser e dever ser, indicando caminhos de aproximação e superação dessa diferença (virtudes).

> É só porque nem tudo já é como deve ser que pode existir algo como leis e exigências morais e, com isso também, bem e mal. Se o próprio ser já é o bem, e se tudo que é já é ser no sentido mais excelso, sendo esse ser pleno e indiviso, toda proposição da ética tradicional se esvai (Rombach, 1965, p. 188).

Enquanto é, tudo que é é o ser. Mas, em si mesma, toda e qualquer criatura nada é, inclusive o homem.

> Encontra-se gente que Deus saboreia de *um* modo; não, porém, de outros modos. Essa gente quer possuir a Deus inteiramente <só> em *um* modo da devoção e não em outro. Tudo bem, que seja assim!... Mas isto está inteiramente invertido. Quem deve acolher direito a Deus, deve tomá-lo por igual em todas as coisas, tanto na aflição quanto no bem-estar, tanto nas lágrimas quanto nas alegrias. Em toda parte, para ti, Ele deve ser igual (Sermão 5a).

É o que se chama de equanimidade. Equânime diz de equilíbrio, harmonia, concórdia, mas literalmente diz de ânimo igual. Ânimo, quiçá, não como estado de ânimo, pronto e à mão, mas como sopro vital, fonte de inspiração, vida, sustentação e gosto, sentido de vida. Ânimo e vida falam o mesmo.

Ânimo igual em tudo não diz de uma igualitação, um nivelamento chapado e raso que de fora estabelece uma lei e ordem, obrigando cada diferença a encaixar-se nessa classificação e enquadramento uniforme. Ânimo igual fala de um elementar, o mais comum e universal sopro essencial que tudo perpassa por dentro, criando identidade, florindo vida, resguardando toda riqueza intacta das diferenças e distinções do mundo da vida cotidiana. "Com os animais tenho em comum a sensibilidade; com as plantas, a vida; e o ser com todas as coisas."

"Assim, não deveis vos prender a nenhum *modo*, seja qual for, pois Deus não é em nenhum modo, não é nem isso nem aquilo." É preciso "sair de tudo que é pessoal e desejar o bem igualmente a todos, sem distinção". Em Eckhart se dá uma universalização do desejo do bem a tudo e a todos. Essa identificação com o elementar não é uma despersonalização, que comporta tudo numa "imagem abstrata como numa comparação". Ao contrário, sair de tudo que é pessoal diz sair da ligação ao eu, do eu egoísta para adentrar e mergulhar no mais abissal da natureza plena, *ins Weite* e *ins Breite* (na amplidão e na vastidão), num mergulho de identificação do próprio mais próprio e único.

> Pois, verdadeiramente, se alguém presumir, em interioridade, em devoção, em doce arrebatamento e em agraciação especial de Deus, receber mais do que ao lado do fogão ou na estrebaria, ele então não faz senão como se pegasse a Deus, enrolasse sua cabeça com um manto e o empurrasse por debaixo de um banco. Pois quem busca a Deus em um <determinado> *modo*, toma o modo e perde a Deus, que está oculto no modo (Sermão 5b).

Pelo intelecto o homem alcança o conhecimento que lhe é dado alcançar. Ele lhe revela que nelas mesmas as criaturas são puro nada, ou seja, em si mesmas "são" só e simples remissão, dependência mútua. Essa percepção é a base de onde Eckhart encontra sustentação para a ideia de que todos os entes recebem tratamento igual, não diferenciado, equilibrado. Essa não distinção não é falta de interesse, mas interesse equânime, interesse de estar e ser dentro do fluxo remissivo da criação, na clarividência de um movimento único, total. Significa dizer que aqui reside a encruzilhada do pensamento eckhartiano; é responsabilidade humana a eleição de uma das vias.

No Sermão 62, ouvimos uma variante dessa ética.

> Um homem não deve procurar nada de nada, nem conhecimento, nem saber, nem interioridade, nem piedade, nem repouso, mas somente a vontade de Deus. A alma que é reta, como deve ser pela

> justiça, não deseja que Deus lhe dê toda sua deidade, e isso a consolaria tão pouco como se Ele lhe desse uma mosca... Seja repouso, conhecimento ou o que for, fora da vontade de Deus, isso [tudo] é por si mesmo e é nada. Mas quem busca somente a vontade de Deus, o que flui dali ou se revela, ele deve recebê-lo como dádiva de Deus e jamais considerar e especular se isso é por natureza ou por graça, ou de onde provém ou de que modo é. Com nada disso deve se preocupar. Esse está direito e deve ter uma vida cristã modesta, e não deve visar a um fazer extraordinário. Só uma coisa deve-se receber de Deus, e o que acontecer [depois] deve-se recebê-lo como o melhor para nós, extinguindo qualquer medo de, nesse despojamento, sofrer algum impedimento interior ou exterior. O que quer que faça, se encontrar em si o amor de Deus, isso será suficiente.

Analisando com vagar os sermões, vemos o constante uso da palavra *sollen* (dever). Um homem nada *deve* procurar. Isso não contradiz o que se afirmou. Na ordem do operar não pode não haver dever e querer. Mas é só na vontade de Deus que todas as coisas são. Todo dever, portanto, é um deixar (*lassen*) que cada coisa seja o que é na vontade do Criador. O homem não se dá conta do tesouro que se encontra nele. Quando Eckhart diz que é preciso sair, exteriorizar-se (*sich entäussern*), expropriar-se de seu querer, isso talvez deva ser compreendido no sentido de cumprir até o fim o chamado imanente ao querer, abrindo-o sempre de novo para a inutilidade de suas produções e criando o espaço do nada, do vazio, para acolher a iminência de novo envio, o que significa não uma repetição do envio, mas uma disponibilização para identificação com quem envia.

A ética em Eckhart não é um prolongamento nem sequer uma disciplina dentro da teologia ou da metafísica. Isso porque ética, para Eckhart, não é um fazer, uma responsabilidade positiva do homem como tal, no sentido de estabelecer normas, um padrão de conduta e um parâmetro axiológico e teleológico. O Deus de Jesus Cristo, o único que se mostra como média final (*Endmass*), é sem modo, sem nome. "Deus não é bom", Deus não é o bem, pois lhe seria inerente uma comparação de mais e menos, e isso é um modo humano de atribuir valor a uma realidade. A atitude negativa, portanto, do *lassen*, *abscheiden*, *ausgehen* etc. não diz primeiramente de um esvaziamento da força do atuar, mas de uma ineficiência desse atuar junto às fontes nascivas do ser. Assim, a ética é antes um deixar de fazer.

É que guardar só a vontade de Deus e tê-lo em vista faz com que se confie a atuação à "inspiração primeira". E isso jamais irá ser "o que dá na telha". Agostinho dizia a respeito disso: "Ama e faze o que quiseres". Aqui talvez, nesse intenso e constante contato consigo mesmo, com o fundo de si mesmo, que Eckhart chama de fundo d'alma, onde se dá a unidade com a deidade, onde Deus e homem são um, possa surgir o que se congrega no conceito de espontaneidade. *Spontan*, nas vias da liberdade, é o que vai por si, o que é, vive, respira e atua estando sempre em seu elemento próprio, é o impulso de estar em casa por toda parte. Antes de ser uma atitude de laxismo, isso é uma atenção e cuidado (cura) intensificados, e que podem se cristalizar, segundo o texto de Eckhart, num "costume". "Não ter que ponderar a todo instante como se daria o primeiro passo." Esse tema é muito caro também a Pascal. Na percepção aguda e límpida da condição humana, do homem jogado no limite de seu nada, ele, o homem, só pode apegar-se à fé, à confiança. Mas fé, talvez, também seja apenas um dom, uma graça de graça. E, em não a possuindo, a atitude da atuação é pender o autômato, dobrar a máquina na direção do sol nascente como fazem os girassóis, que assim se assemelham ao próprio sol. "*Plier la machine*", envergar a maquinaria de todo atuar, afazer e deixar de fazer na direção do ser, da fonte; fazer como se... Assim, pode-se seguir a primeira inspiração e seguir em frente, e então "chega-se aonde se deve, e isso está direito". Nossa familiaridade, o hábito, o já ser-no-mundo é fundamentalmente estranhamento, desinstalação, estar-a-caminho, numa palavra, *abnegação*. "O filósofo é sempre um desabituado, o que se comporta como estranho no lugar em que habita" (Cavalcante Schuback, 2004, p. 43). *Plier la machine* significa, então, nessa visão, adquirir o hábito de desabitar, de "habitar o aberto, o campo da possibilidade das infinitas construções humanas...", *ins Weite*, *ins Breite*, na amplidão e na vastidão.

Cristo

> A Palavra eterna não assumiu *este* ou *aquele* homem, mas assumiu uma *natureza* humana livre, indivisa, que ali era pura, sem traços individuais; pois a forma simples da humanidade é sem traços individuais. E, por isso, porque ao ser assumida, a natureza *humana* foi tomada pela Palavra eterna de modo simples, sem traços individuais, a imagem do Pai, que é o Filho eterno, tornou-se <igualmente> a imagem da natureza humana. Pois é tão verdadeiro Deus ter-se feito homem, como também o é o homem ter-se tornado Deus. E assim, pois, a *natureza humana* foi transformada em imagem, tornando-se

> a *imagem divina*, que é a imagem do Pai. Portanto, se deveis ser um filho, é necessário que vos separeis e vos afasteis de tudo quanto traz diferenciação em vós. Pois, para a natureza <humana>, o homem <particular> é um acidente; e, por isso, afastai-vos de tudo que é acidente em vós, e assumi-vos segundo a *natureza* humana livre, indivisa. E porque a mesma natureza, segundo a qual vos tomais, tornou-se Filho do Pai eterno em consequência de ter sido assumida pela palavra eterna, assim vos tornareis filho do Pai eterno com Cristo, por vos tomardes segundo a mesma natureza, que lá <no Cristo> Deus tornou-se homem. Por isso, cuidai para não vos tomardes como sendo de algum modo *esse* homem ou *aquele* homem, mas tomai-vos segundo a *natureza* humana livre e indivisa. Por isso: se deveis ser *um* Filho, apartai-vos de todo *não*, pois <o> *não* cria diferença. Como assim? Considerai! Que tu não sejas *aquele* homem, esse não cria diferença entre ti e *aquele* homem. E, portanto: se quereis ser sem diferença, então afastai-vos do não. Pois há na alma uma força separada do não, e como ela nada tem em comum com coisa alguma, nela nada há a não ser somente Deus: nessa força *Ele* brilha sem encobrimento (Sermão 46).

O homem (*homo*) é barro, húmus. É o que está desprendido de todas as formas e matérias, torna-se o elemento básico. É no movimento de discrição, de decrescimento de todas as criaturas que devém o que era. "Assim, pois, se quiserdes ser *um* filho, deveis separar-vos e retirar-vos de tudo que causa diversidade em vós", não tomando a si como *esse* ou *aquele* homem singular, mas o homem como natureza.

Cristo *é* todos os homens e todo homem *pode* ser Cristo. A universalidade do evento Cristo não se restringe a um fato histórico chamado cristianismo, nem a uma ou outra instituição. A historicidade desse evento lança raízes e vem à luz na própria humanidade do homem, que é divina.

Como pensa Eckhart o evento Cristo? A manifestação de Cristo à humanidade implica também, necessariamente, o fato de o homem se tornar Deus. Toda ontologia eckhartiana se dirige para a unidade, para alcançar o Um, simples, separado de toda diversidade. O pensamento do evento Cristo tem para Eckhart um significado muito especial e decisivo, pois por ele a história torna-se uma história divina. A história não evoluiu de pagã para sacra. Isso significa dizer que o evento Cristo não pode ser visto como um evento pontual, localizado dentro de uma escala evolutiva ou involutiva do tempo. A concepção de tempo no cristianismo é sempre unidade, é eternidade, como a completude dos tempos. O conceito de *eterno* em Eckhart se refere a uma dimensão que não é aspecto ou dimensão no sentido de medição. O Um só pode ser "medido" por ele mesmo. O Um enquanto eterno ou, se quiser, absoluto não tem proporcionalidade. A infinidade dos números não consegue medir a unidade como condição e base da numeração. Eterno em Eckhart pode ser idêntico consigo mesmo, e também idêntico com Um. Na cristologia de Eckhart, em princípio aparentemente negativa e despersonalizadora, não há privilégios nem graduações de ser nos moldes do mais e do menos, da proporcionalidade, e muito menos há igualdade, pois não pode haver igualdade nesse âmbito. Todo homem, nessa revelação, "é" a manifestação da natureza divino-humana.

> A Palavra eterna não assumiu *este* ou *aquele* homem, mas assumiu uma *natureza* humana livre, indivisa, que ali era pura, sem traços individuais; pois a forma simples da humanidade é sem traços individuais (Sermão 46).

O mundo (ordo)

Como é o conceito eckhartiano de mundo? Para nós, filhos da Modernidade, e portanto da ciência e do método, o conceito que representa maximamente a ideia de unidade é "mundo". Mas mundo para nós é mundo físico espaçotemporal. Mundo é a reunião da totalidade de entes, coisas, pensamentos e teorias dentro do espaço e do tempo. A reunião da diversidade espaçotemporal só pode se dar na subjetividade do *cogito*, na medida em que abstrai o qualitativo do mundo e passa a apreender o quantitativo como seu determinante básico. "*Die Mathesis universalis interpretiert die Welt aus sich selbst. Die Welt kommt erst als Welt hervor, insofern sie als quantitativ interpretiert ist*" (Rombach, 1965, p. 148)[4]. Uma das consequências desse saber é passar a interpretar o mundo como proporções e relações. O desdobramento do saber que sabe a si mesmo, em seus momentos, só pode sempre de novo e somente encontrar a si mesmo, só encontra o homogêneo. Por isso pode criar mundo. Esse criar pode mais apropriadamente ser descrito como medir, calcular, contar. Só é o mensurável, calculável, contábil, nas proporções do asseguramento do saber que sabe a si mesmo. Esse modo de mundo é diverso do modo de mundo qualitativo. No modo de mundo qualitativo, no tipo de encontro qualitativo, a real essência da

4. A *mathesis universalis* interpreta o mundo a partir de si mesma. O mundo só aparece como mundo na medida em que é interpretado como quantitativo.

coisa permanece abscôndita, não se mostra dentro do modo de abordagem mensurativa.

O conceito de unidade em Eckhart não pode ser quantitativo, foge da estruturação hierárquica do universo antigo e medieval. Existe uma gradação de nobreza das criaturas. Essa gradação, no entanto, não é vista comparativamente. A comparação entre uma criatura e outra é sempre relativa. Toda criatura é uma atuação do ser. A atuação interior entre as criaturas comporta uma tal implicação mútua de todas as criaturas, que cada uma já é sempre mundo. A ideia de universo, como versação do uno, diz que toda criatura é necessária para o todo, como ele é, e que nela o universo recebe um rosto, uma manifestação de seu todo. Na pedra o universo se mostra inteiro como pedra, na planta como planta, no animal como animal. Tudo está implicado com tudo. Há, no entanto, gradação de manifestação desse atuar. Quanto mais pura a atuação, tanto mais nobre, ou mais próxima do ser de Deus. Dizemos *mais próxima* porque enquanto força atuante ainda está na dependência do ser.

> O céu derrama sua força no sol e nas estrelas, e as estrelas derramam sua força no meio da terra [...]. Toda pedra preciosa e [toda] erva é um pequeno abrigo das estrelas, guardando em si uma força celeste. Assim como o céu derrama sua força nas estrelas, assim as estrelas derramam-na nas pedras preciosas e nas ervas e nos animais. A erva é mais nobre do que as pedras preciosas, pois possui uma vida que pode crescer. Ela desdenharia de crescer sob um céu material se não houvesse ali uma força espiritual da qual recebe sua vida. Assim como o mais inferior dos anjos derrama sua força no céu movendo-o e fazendo com que gire e opere, assim também o céu derrama sua força de uma maneira misteriosa em cada erva e nos animais. Por isso cada erva contém uma propriedade do céu e ela opera em redor de si circularmente como o céu. Os animais, porém, [em comparação] com as ervas elevam-se ainda mais e possuem uma vida animal *e* sensorial e permanecem, portanto, presos a tempo e espaço. Mas a alma, em sua luz natural e no que há de mais elevado nela, ultrapassa tempo e espaço e penetra na igualdade com a luz do anjo, operando pelo conhecimento com ele no céu (Sermão 54a).

Esse trecho do Sermão 54a mostra com bastante clareza a hierarquia de atuação. Na ordem do atuar estão implicadas, de certo modo, todas as criaturas. O modo de ser do mundo é atuar. Isso implica força, e esta sempre se mede e pode ser vista, constatada, na diversidade. Na unidade não há demonstração de força. Força é um conceito que pertence à ordem do mais e do menos. A lua só pode ter força pela sua atuação no mar, no crescimento das plantas e assim por diante. O desejo só pode ter força por estar sempre remetido para o objeto do desejo. Assim cada coisa só tem força nessa medida em que comporta em si uma busca de mais ou de menos. Essa remissibilidade é insaciável se medida de fora. Sua serenidade provém de poder conectar novamente seu atuar com seu ser. O conceito de força em Eckhart, portanto, se insere na ontologia da funcionalidade como uma caracterização do modo de "atuar" das criaturas na medida em que são remetidas para outras, dependentes e codependentes, numa remissão total para o todo das remissões. Se as forças, na ordem da remissão, podem ser caracterizadas conforme cada criatura, na sua capacidade de influir e exercer remissibilidade em outras criaturas, podem de certo modo ser medidas, significa que a concepção de universo, em Eckhart, pode comportar uma hierarquia de graus de atuação, mas não de graus de ser. "Em Deus uma mosca tem tanto ser quanto um anjo."

O céu derrama sua força no sol e nas estrelas, e estas derramam-na no seio da terra. As pedras preciosas e as ervas recebem em si a força das estrelas, dos astros. Essa talvez seja a ordem hierárquica das coisas materiais. Mas há outra ordem também, de outra via, a ordem espiritual. Nessa há uma outra gradação que parte das ervas, elevando-se até o intelecto no ser humano e nos anjos. Na ordem de nobreza, portanto, as ervas são superiores às pedras preciosas, pois possuem uma vida que pode crescer, e, se não fosse ali a presença de uma força espiritual de que recebe sua vida, a erva desdenharia da força material que recebe do céu para crescer. A atuação das ervas se dá também ao redor de si circularmente como o céu, ou seja, há também nas ervas esse círculo de remissibilidade para a rede de dependências mútuas das criaturas no seu todo. O seu ciclo de geração, nutrição, crescimento e reprodução, o seu ciclo de influência (força) nos e dos demais elementos do seu entorno etc.

Força aqui, tanto material quanto espiritual, é sinônimo de atuação. Por outro lado, a força dita espiritual também comporta graus de nobreza. Em comparação com as ervas, os animais possuem uma vida mais elaborada, sua força espiritual possui maior grau de independência e refinamento; aproximam-se mais da atividade pura que é o próprio ser. Na hierarquia de criaturas dessa ordem a força chama-se agora vida, que é um grau de concretização de espírito. A vida que os animais comportam tem um grau de elaboração muito superior se comparada com a das ervas e da pedra inerte, do ponto de vista da vida e do espírito. Os animais possuem vida animal *e* sensorial. Trata-se, portanto, de um grau de concretização do atuar do espírito com um refinamento de força extraordinariamente mais nobre se comparado com as ervas e pedras preciosas. Sua autonomia na cadeia das criaturas comporta a locomoção espacial, elas comportam um grau de espírito [alma] animado e sensorial. Nos animais, todo o universo, tanto o material quanto o espiritual, já tem *anima* e sensibilidade. Os animais não são seres entre muitos seres, privilegiados com as faculdades de ter *animus* e poderem sentir, por terem certa faculdade de demonstrar alegria, tristeza, fidelidade, irascibilidade, mansidão etc. e por disporem dos cinco sentidos. Nos animais, a força de atuação chamada espírito revela um grau de acordado, um nível de refinamento e de aproximação à pureza do atuar absoluto que reúne e congrega a totalidade de universo subanimal. Os animais, no entanto, permanecem presos a tempo e espaço. Seu ser depende sempre dessa remissibilidade para a diversidade de momentos que cria o movimento e o lugar de tempo e espaço. Estão remetidos ao número, comportam em si um não, uma remissão para o poder-ser, para o vir-a-ser, para com uma procedência. Nas palavras do próprio Eckhart no Sermão 54a: "Mas a alma, em sua luz natural e no que há de mais elevado nela, ultrapassa tempo e espaço e penetra na igualdade com a luz do anjo, operando, pelo conhecimento, com ele no céu". É somente esse algo que se encontra no fundo da alma, a centelha da alma, que pode adensar a totalidade da atuação da vida. "Eu já disse muitas vezes e volto a repetir, no fundo da alma há um algo, uma centelha, um burgo... que é tão igual à deidade que é inacreditável." Esse o conceito que preenche o coração e a boca de Eckhart em seus sermões e com o qual sempre de novo está às voltas. "Se compreendêsseis isso, já não dependeríeis de sermão." Quem compreendesse esse fundo de alma, ninguém mais precisaria lhe dizer o que seja bem-aventurança. Esse fundo da alma compreende a doçura e o encanto da mística de Eckhart e é ao mesmo tempo o mais decisivo e sublime, e no entanto é o que há de mais "distante", quiçá, segundo ele, justamente por sua extremada proximidade, máxima simplicidade e infinita gratuidade. No topo dessa hierarquia não há topo. Não há passagem para o decisivo da *scintila animae*. Ser como o "topo" dessa hierarquia é a atualidade plena da atuação. Ali já não há atuação para fora de si, já não há remissibilidade, esse ato puro é tal por comportar tudo em si e de nada depender para além e fora de si. "Ali eu era o que queria e queria o que eu era." Por isso que só o ser pode ser ato puro e absoluto. Só por isso o ser [Deus] pode ser tudo ou ser nada. Ou seja, na atuação da força, Deus é nada, o que vale dizer, na linguagem de Eckhart: as criaturas são nada; no ato de ser, Deus é sempre tudo em cada manifestação de seu ser. Só por isso Eckhart diz que no ser não há diferença nem gradação de ordens de nobreza. Esse movimento ascendente/descendente da pirâmide não significa um itinerário de crescimento espiritual de antemão estabelecido que se deva percorrer como estágios de conquista, passagem e ultrapassagem. Cada estágio já é tudo que se pode ser. O ser tanto é pleno na pedra quanto no homem.

> Deus dorme na pedra
> Respira na planta
> Sonha no animal
> E desperta no homem

Esse poema indiano, ilustrativo, pode ser trazido para perto do universo ontológico eckhartiano, ou seja, os níveis de despertar cristalizados aqui em etapas que a razão estabelece para apreensão, como pedra, planta, animal, homem e Deus são graus de adensamento da atuação. Em cada grau sempre está presente o todo do universo da força, não como soma de partes, mas como força remissiva uno-múltipla. Na identidade de atuar e ser, no entanto, dá-se, sempre e somente, unidade.

Uma nota sobre a pesquisa e edição das obras de Eckhart

No decorrer dos dois últimos séculos, diversas incursões já foram feitas para a edição das obras de Eckhart. Dentre as principais, podem-se destacar:

ECKHART, M. *Deutsche Predigten und Traktate*. Edição de Joseph Quint. Munique: Hanser, 1963.

ECKHART, M. *Werke I*. Edição de Niklaus Largier. Frankfurt am Main: Deutscher Klassiker, 1993a.

ECKHART, M. *Werke II*. Edição de Niklaus Largier. Frankfurt am Main: Deutscher Klassiker, 1993b.

KOCH, J.; QUINT, J. (ed.). *Meister Eckhart*: Die deutschen und lateinischen Werke. Stuttgart: Kohlhammer, 1936s. Publicado pela Deutsche Forschungsgemeinschaft.

PFEIFFER, F. (ed.). *Deutsche Mystiker des 14. Jahrhunderts*. Vol. 2: Meister Eckhart. Aalen: Scientia, 1962.

Foi a partir de 1936 que a Deutsche Forschungsgemeinschaft decidiu-se pela pesquisa, tradução e edição crítica das obras completas de Eckhart. Quint, nas obras alemãs, e Koch, nas latinas, deveriam apresentar textos de tal modo estáveis e confiáveis para servir de referência a toda e qualquer outra publicação ou contato com as obras de Eckhart. A publicação foi assumida pela Editora Kohlhammer.

As obras de Eckhart são divididas tradicionalmente em dois blocos distintos: obras latinas e obras alemãs. A edição das obras latinas (*Lateinische Werke* – LW) compreende seis volumes, traduzidos e editados por diversos autores, sob a coordenação de Josef Koch. Compreende escritos com um estilo mais escolar e formal, produzidos por Eckhart no ambiente universitário, no clima das disputas, dos comentários e das grandes sínteses. Nem por isso essas obras deixam de apresentar um cunho particularmente pessoal do mestre. As obras alemãs (*Deutsche Werke* – DW) compreendem cinco volumes:

Volume I (Sermões 1-24),

Volume II (Sermões 25-59),

Volume III (Sermões 60-86),

Volume IV,1 (Sermões 87-105),

Volume IV,2 (Sermões 106-128),

Volume V (Tratados: Liber Benedictus I: *Daz buoch der götlîchen troestunge*, II: *Von dem edeln menschen*; *Die rede der underscheidunge*; *Von abegescheidenheit*).

Os volumes I, II, III e V foram traduzidos e editados por Joseph Quint. O volume IV,1 foi editado por Steer.

Em relação aos latinos, é bem distinta a situação dos textos alemães. Diversamente das obras latinas, as obras alemãs apresentam acentuada dificuldade de publicação por causa do grande número de manuscritos, exigindo pesquisa crítica de fontes. À época em que Quint assumiu a coordenação da edição crítica das obras alemãs, existiam por volta de 150 manuscritos a serem comparados. Após criteriosa e exaustiva busca nas bibliotecas da Alemanha e fora dela, somaram-se mais de 200 manuscritos. A certa altura da pesquisa, chegou-se a julgar a existência de mais de 300 manuscritos. Mas há que se considerar que pelo menos 90% desses são extremamente fragmentários, contendo, muitas vezes, apenas pequenas frases e trechos dos textos de Eckhart. Das obras alemãs, pode-se ter uma imagem mais objetiva e precisa apenas dos tratados *Buch der göttlichen Tröstung* (com 4 manuscritos), *Sermo vom edlen Menschen* (com 3 manuscritos), *Reden der Unterweisung* (com 44 manuscritos) e *Von Abgeschiedenheit* (com 32 manuscritos). Dos 86 sermões iniciais editados por Quint, apenas os números 2 e 45 possuem o mais amplo testemunho, com 22 e 21 manuscritos; 33 sermões apresentam entre 10 e 20 testemunhos e o restante, menos que 10.

Em 1939-1940, Quint foi convocado novamente para o serviço militar e acabou-se extraviando muito do material coletado para a pesquisa. Com seu retorno, o trabalho seguiu adiante e o primeiro volume foi editado em 1958.

Os trabalhos de edição foram interrompidos em 1976 com a morte de seu editor, Joseph Quint, contando com os volumes I, II, III e V, e só foram retomados em 1983 por Georg Steer, auxiliado por Wolfgang Klimanek e Freimut Löser. No ano de 2003 já estava disponível também na editora o volume IV,1.

O principal critério adotado por Quint para a publicação foi a autenticidade. Contrariamente às obras latinas, que até o presente contam com 14 manuscritos encontrados, os sermões e tratados alemães jamais foram reunidos como "livros", e nem sequer eram subscritos por Eckhart. Para provar a autenticidade destes, o primeiro critério foi fornecido pelo escrito de defesa ou de justificação (*Verteidigungsschrift* ou *Rechtfertigungsschrift*), no qual Eckhart toma posição diante das acusações ou suspeita de heresia que lhe foram impingidas por uma comissão inquisitorial de Colônia. Também servem como material comprobatório a bula do Papa João XXII *In Agro Dominico* e o parecer da comissão de teólogos de Avignon.

Quando esse material não se prestava para comprovar a autenticidade nem se encontrava correspondência na obra dos sermões latinos, procedeu-se a um exame crítico das indicações contidas nos próprios manuscritos, por critérios de estilo e conteúdo, sondando a certeza ou probabilidade de ser ou não autêntico o referido sermão.

Nesse sentido, Quint procedeu em primeiro lugar a uma definição da autenticidade dos sermões, formulou então um texto-base do original (alemão medieval) e por fim fez a versão dos textos para o alemão moderno.

Em 2002, mudou-se um tanto no conceito editorial e dividiu-se o volume IV em IV,1 e IV,2. O primeiro contém os sermões 87-105 e o outro volume, os sermões 106-128, do qual se diz que contém "*weitere Predigten, die als echt gesichert werden können*" (outros sermões que podem vir a ser assegurados como autênticos).

No que se refere aos sermões alemães, paralelamente à questão da autenticidade, quase não se especula sobre a época em que foram compostos. Assim, são geralmente divididos em três grupos: o primeiro em Erfurt por volta de 1294-1302, o segundo 1303-1311, e o terceiro 1313-1327, provavelmente na época de Colônia. Esses sermões eram proferidos nos conventos das dominicanas e das beguinas, aos confrades da Ordem e ao povo em geral. É bastante provável que os sermões se estendam por todo o período e região por que Eckhart passou. O que de modo geral se pode dizer e constatar, mesmo pelo conteúdo dos sermões, é que eram pregações feitas em vernáculo, ao povo em geral, a religiosas e religiosos, não importando o grau de instrução ou condição social. O que também não o impedia de, em cada sermão, em cada frase, em cada palavra, buscar reunir o que de mais elevado e sublime se possa pensar, falar ou calar de Deus e da deidade.

> O Pai celeste fala uma palavra e fala-a eternamente, e nessa palavra consuma todo seu poder, e nela expressa toda a sua natureza divina e todas as criaturas. A palavra jaz oculta na alma, de modo que dela nem se sabe e a ela nem se ouve, enquanto se não lhe cria audição na profundidade; ela, antes disso, não será ouvida; e muito mais, devem-se ir todas as vozes e todo o som e reinar um puro quiete, um silenciar (Sermão 19).

Sobre a presente tradução

O projeto que ora se apresenta para a língua portuguesa prevê a tradução e publicação, inicialmente, das obras alemãs completas e, posteriormente, também das obras latinas. Inicia-se com os sermões alemães.

É já bastante conhecida, em língua portuguesa do Brasil, a tradução dos tratados alemães de Eckhart, publicados pela Editora Vozes em 1983 junto com outros três sermões e algumas legendas do Mestre, sob o título *Mestre Eckhart: a mística do ser e não ter*, com coordenação e publicação de Leonardo Boff, e depois republicados na Coleção Pensamento Humano, pela mesma editora, em 1991, sob o título *O livro da divina consolação e outros textos seletos*, com acréscimo de mais três sermões.

A tradução que ora se apresenta foi feita a partir da versão alemã *Die Deutschen Werke* (Stuttgart: Kohlhammer, 1958, 1968), confrontando-a, sempre que possível e necessário, com o texto da versão do alemão medieval (*Mittelhochdeutsch*).

Também serviram de apoio e consulta os textos das traduções francesas, *L'étincelle de l'âme* (1998) e *Dieu au-delá de dieu* (1999), traduzidos e apresentados por Gwendoline Jarczyk e Pierre-Jean Labarrière.

Toda e qualquer tradução obedece a uma intencionalidade fundante. Não é diferente com a presente tradução. A fim de que não se caracterize como parcialidade que compromete o caráter ilibado de uma versão autêntica, é importante que se digam algumas palavras nesse sentido. Buscou-se assim, acima de tudo, a transparência do texto e sua coerência de conjunto. Pequenas dúvidas de tradução e interpretação foram dirimidas levando-se em conta o todo e o sentido maior dos textos. Também nem sempre foi possível conciliar precisão e simplicidade, o modo abrupto e direto de expor verdades "inefáveis", com a melhor semântica portuguesa. Em tais casos, sempre se optou pelo sentido do texto, mantendo muitas vezes a dureza expressiva e incisiva do dito.

Isso significa que, quando trazia o sermão a frase, a palavra, a decisibilidade de toda uma busca teológica, metafísica, mística, concentrando a imensidão desse(s) universo(s) no limite de palavra e frase, muitas vezes reportada a ouvidos bem pouco calejados com a formalidade dessas questões, aí Mestre Eckhart não "facilitava tanto" a tarefa de quem estava na escuta. Essa tarefa de superação incisiva, cada vez "minha" e inalienável, entende-se não ser missão desta tradução dificultar ou facilitar. É missão, sim, expor a questão proposta pelo autor o mais claramente possível.

Significa dizer com isso que, muitas vezes, não foi possível evitar certa literalidade dura e provocativa para o nosso vernáculo. No entanto, a fluência morna da leitura nem sempre leva para onde o sermão queria nos convocar. Isso, porém, não nos impediu de apresentar o texto da forma mais fluente e acessível possível.

Em certos trechos, porém, onde houver uma certa diferença de nuança entre o texto original e a sua versão para o alemão moderno, escolhemos para a tradução portuguesa o texto original, ou deixamos na versão em alemão moderno ou damos a nossa versão, que é já uma interpretação, assinalando, porém, a nota, em alemão, primeiro o original e depois a sua versão. Lá onde, na versão para o alemão moderno, se acrescentam em sinal de inclusão <...> palavras para suprir o que talvez faltasse no original, ou para seguir as exigências do modo de falar do alemão moderno, nem sempre assinalamos a omissão desses acréscimos, quando escolhemos o modo mais tosco do original. E, quando os acréscimos são óbvios, omitimos o sinal de inclusão <...>.

Foi ainda no sentido de melhorar o acesso ao texto que, oportunamente, se interpuseram notas explicativas de certas passagens, palavras ou de contextualização. Ao final do volume, como anexo, encontra-se um glossário de conceitos fundamentais dos sermões de Eckhart. Propõe-se um encaminhamento aproximativo à paisagem árido-viva dos sermões. Fica claro, no entanto, que se trata de um modo de acesso e não o único; nem sequer é recomendável como o melhor. O texto da tradução deve ficar de pé por suas próprias forças.

Muitos conceitos foram traduzidos simplesmente pela versão tradicional, mesmo que eivados de preconceitos, denotando ambiguidades, confundindo-se com correntes de pensamento etc., como é o caso de vocábulos como *Vernunft*, *Vernunftigkeit*, *Eigenschaft* e outros.

Um olhar mais de águia, que vislumbra o todo, dirime essas dúvidas de imediato.

Enio Paulo Giachini
Curitiba, janeiro de 2006.

Sermão 1

Intravit Jesus in templum et coepit eicere vendentes et ementes [Jesus entrou no templo de Deus, expulsou todos os que lá vendiam e compravam] (Mt 21,12)

Lemos no Santo Evangelho que Nosso Senhor entrou no templo e expulsou os que ali compravam e vendiam; e disse aos outros que ofereciam em pechincha pombas e coisas parecidas: "Levai isso embora, retirai-o para longe!" (Jo 2,16). Por que Jesus expulsou os que compravam e vendiam, e aos que ofereciam pombas apenas ordenou que esvaziassem o lugar? É que, em tudo isso, a sua única exclusiva intenção era querer ter o templo vazio, justamente como se quisesse dizer: "Tenho direito sobre esse templo, e nele quero estar só e reinar". O que isso quer dizer? O templo, no qual Deus, seguindo a sua vontade, quer poderosamente reinar, é a alma do homem. Deus a formou e criou justamente bem igual a si mesmo, como lemos ter Nosso Senhor dito: "Façamos o homem segundo nossa imagem e semelhança!" (Gn 1,26). E foi também o que Ele fez. Tão igual a si fez a alma do homem que, entre todas as esplêndidas criaturas por Ele maravilhosamente criadas, não há, nem no reino do céu nem sobre a terra, nenhuma que se iguale tanto a Ele, a não ser unicamente a alma humana. Por isso, Deus quer ter esse templo vazio, a ponto de ali não haver nada mais do que Ele só. Essa é a razão por que esse templo lhe agrada tanto, já que lhe é justamente tão igual e Ele se sente tão bem aconchegado nesse templo, sempre que nele só Ele se encontra.

Pois, atenção! Quem eram as pessoas que lá compravam e vendiam, e quem são elas ainda? Escutai, pois, com muita precisão! Agora, sem exceção, quero pregar, falando somente de *boas* pessoas. Desta vez, porém, quero mostrar quem eram e quem são ainda <hoje> aqueles que assim compravam e vendiam e que ainda o fazem, esses que Nosso Senhor enxotou e expulsou. E isso Ele o faz sempre ainda a todos que compram e vendem, ali nesse templo. Desses, não quer deixar nenhum, nem sequer um único, ali dentro. Vede, mercadores são todos eles, todos que se guardam contra pecados grosseiros, que gostariam de ser boas pessoas e que praticam suas boas obras para a honra de Deus, como jejuar, vigiar, rezar e toda a sorte de semelhantes boas obras, e o fazem, no entanto, a fim de que Nosso Senhor lhes dê algo em troca ou que Deus lhes faça algo que seja do agrado deles: todos esses são mercadores. Isso deve ser entendido assim, no sentido de grosseira descortesia[1], pois querem dar uma coisa em troca de outra e, deste modo, negociar com Nosso Senhor. Num tal comércio eles se iludem. Pois, se tudo o que possuem e são capazes de operar[2]; portanto, tudo que têm e tudo que operam de si e para si por Deus e para Deus[3]; se tudo isso dessem inteiramente sem reserva por Deus e para Deus, por tudo isso, mesmo assim, Deus não lhes estaria obrigado a dar ou fazer absolutamente nada, a não ser que o quisesse fazer livre e gratuitamente. Pois o que eles são, o são através de Deus, e o que possuem, o têm de Deus e não de si mesmos. Por isso, Deus não lhes deve absolutamente nada por suas obras e doações, a não ser que o quisesse fazer livremente e a partir da sua graça, e não por causa de obras nem de doações deles, pois dão do que não é seu e também operam não a partir de si mesmos, pois como diz o próprio Cristo: "Sem mim nada podeis fazer" (Jo 15,5). De fato, são gente inteiramente insensata os que querem negociar com Nosso Senhor. Da verdade, eles conhecem pouco ou nada. Por isso Nosso Senhor enxotou-os e expulsou-os para fora do templo. Luz e trevas não podem subsistir mutuamente. Deus é a verdade e uma luz em si mesmo. Quando então Deus entra nesse templo, expulsa dele a nesciência[4], isto é, as trevas, e se revela a si mesmo com luz e com verdade. Os mercadores, pois, se vão, quando a verdade é conhecida, e a verdade não deseja nenhum tipo de negócio. Deus não busca o que é seu; em todas as suas obras Ele é solto[5] e livre e as opera a partir de amor genuí-

1. O texto alemão diz *no sentido grosseiro*. Como, no relacionamento de *encontro com Deus*, confundir esse relacionamento de amor cortês e íntimo com negócio é uma grosseria, traduzimos *no sentido grosseiro* por *grosseira descortesia*.

2. Cf. glossário n. 19.

3. Cf. glossário n. 20.

4. Cf. glossário n. 18.

5. Aqui e em vários outros lugares o termo alemão é *ledig*. Cf. glossário n. 25.

no. Todo assim age também *o* homem que está unido a Deus; ele também permanece solto e livre em todas as suas obras, operando-as apenas para a honra de Deus, e não busca o que é seu, e isso Deus opera nele, no homem.

E, prosseguindo, digo mais: enquanto busca com todas as suas obras algo qualquer de tudo que Deus pode ou quer dar, o homem é igual a esses mercadores. Se queres ser totalmente solto, desprendido do mercantilismo, de modo que Deus te deixe nesse templo, então deves fazer tudo o que podes em todas as tuas obras puramente para o louvor de Deus, e ficar tão desligado delas como é desligado o nada, que não está nem aqui nem lá. Tu não deves cobiçar absolutamente nada por isso. Se operas assim, tuas obras são então espirituais e divinas, e os mercadores foram de uma vez por todas expulsos do templo e Deus está só ali dentro; pois esse homem tem em mente apenas Deus. Vede, é assim, nesse modo, que o templo está vazio de todos os mercadores. Vede, o homem que não tem em vista nem a si, nem algo qualquer, além de Deus somente, e tem em vista a honra de Deus, está verdadeiramente livre e solto, desprendido de todo mercantilismo em todas as suas obras e não busca o que é seu, assim como Deus é solto e livre em todas as suas obras e não busca o que é seu[6].

Falei também, além disso, que Nosso Senhor disse aos que ali ofereciam pombas: "Levai isso embora, retirai-o para longe!" A essa gente, Nosso Senhor não escorraçou, nem repreendeu muito, mas falou-lhe até com bondade: "Levai isso embora!", como se quisesse dizer: "Isso <certamente> não é mau, mas impede a pura[7] verdade". Toda essa gente são *boas* pessoas, fazem suas obras puramente só por causa de Deus e nisso nada buscam do que é seu, e, no entanto, fazem-nas com e por vontade própria[8], ligadas a tempo e a número, a antes e a depois. Nessas obras, essas pessoas estão impedidas <de alcançar> da melhor de todas as verdades, a saber, que elas

---

6. "O ideal do desprendimento e da liberdade, aqui proposto ao homem, não vem do imperativo ascético; procede inteiramente da igualdade intrínseca entre o homem e Deus, cujo agir e ser são desprendimento e liberdade" (Eckhart, 1998, p. 34, nota *).

7. Aqui e também em alguns outros lugares o termo alemão para os adjetivos *puro*, *limpo*, *mero* e às vezes *claro* é *lauter*. *Lauter* significa tudo isso que mencionamos, mas tem uma conotação, digamos, *sonora*. É aquela qualidade de um som que é límpido, afinado, claro e cheio, como o som afinado e vigoroso de clarim. É a tonância da pura afinação da plenitude da autoidentidade, portanto, da autenticidade. Cf. glossário n. 24, nota 25.

8. No alemão medieval o termo é *mit eigenschaft*. Quint o traduz para o alemão moderno como *Ich-Bindung*. Optamos por traduzir de acordo com a concepção da espiritualidade cristã tradicional por *vontade própria*.

deveriam ser livres e soltas como Nosso Senhor Jesus Cristo é livre e solto, e todo tempo, sem cessar e sem tempo, se concebe[9] de novo de seu Pai celeste, e no mesmo instante, sem cessar, perfeitamente de novo, gera a si com louvor cheio de gratidão, para dentro da sublimidade do Pai, em igual dignidade[10]. Todo assim deveria o homem ali estar, ele que quer se tornar receptivo à verdade suprema e nela viver, sem antes e sem depois, e sem impedimento por meio de todas as obras e de todas aquelas imagens das quais ele jamais se tornou ciente, solto e livre, concebendo novo o dom divino, neste instante e sem impedimento gerando-o de novo nessa igual luz, com louvor cheio de gratidão, em Nosso Senhor Jesus Cristo. Assim, estariam afastadas as pombas, isto é, o impedimento e a vontade própria, em todas aquelas obras que, aliás, são boas, nas quais o homem não procura o que é seu. É por isso que Nosso Senhor falou até com bondade: "Levai isso embora, retirai-o para longe!", como se quisesse dizer: São certamente boas, mas trazem consigo impedimento.

Quando esse templo se torna assim livre de todos os empecilhos, isto é, da vontade própria e da nesciência, então brilha tão belo e esplende tão puro e claro por sobre tudo <amplamente> e através de tudo <do princípio ao fim> que Deus criou, que ninguém pode lhe ir ao encontro com igual esplendor a não ser unicamente o Deus incriado. E em plena verdade: a esse templo ninguém é realmente igual a não ser somente o Deus incriado. Tudo que está abaixo dos anjos não se iguala, de modo algum, a esse templo. Mesmo os anjos, os mais elevados, só se igualam a esse templo da alma nobre até um certo grau, mas não plenamente. Que eles se igualem à alma em certa medida, isso vale para o conhecimento e o amor. Todavia, foi-lhes posta uma destinação[11]; para além da qual não podem ir. Mas a alma pode muito bem ultrapassá-la. Se uma alma – e, a propósito, a <alma> de um homem que ainda vivesse na temporalidade – estivesse na mesma altura que

---

9. No alemão conceber é *empfangen*. *Empfangen* significa propriamente *receber*. Daí, *empfänglich* pode ser traduzido por *receptivo* ou *conceptivo*.

10. "Liberdade e desprendimento, comuns ao homem, a Cristo e a Deus, Ele mesmo, são inteiramente retomados sob a ideia de uma geração que é produção de si e do outro como ao mesmo tempo idêntico e diferente" (Eckhart, 1998, p. 35, nota *).

11. O termo alemão é *zil* (*Ziel*). Não significa propriamente *fim*, *meta*, *objetivo*. Indica antes *a plenitude de identidade*, *o próprio*, *a consumação*, *o acabamento* ou *remate*, em suma, *a destinação*. Nesse sentido, *remate* não é limite que impede o crescimento e a plenitude do ser, mas sim *a medida plena* consumada de um ente. Aqui a *finitude*, *o finito* não é a carência ou privação da *infinitude*, *do infinito*, mas sim a *plenitude da identidade*, *o próprio*.

o mais elevado dos anjos, esse homem poderia, assim, sempre ainda, em sua possibilidade livre[12], alcançar imensuravelmente mais alto por sobre o anjo, a cada instante, de novo, sem número, isto é, sem modo e por sobre o modo dos anjos e de todo o intelecto[13] criado. Só Deus é livre e incriado, e por isso só Ele é igual a ela [a alma nobre] segundo a liberdade, não, porém, em vista da in-criaturidade[14], pois *ela* é criada. Quando alcança a luz sem mistura, a alma percute para dentro do seu nada, no nada, tão distante do seu algo criado que, pela sua própria força, não pode por nada retornar ao seu algo criado. E Deus, com a sua incriabilidade, coloca-se sob o nada da alma, mantendo-a no seu algo. A alma ousou tornar-se nada e também por si mesma não pode <de novo> alcançar a si mesma, tanto assim ela se esvaiu de si mesma antes de Deus ter-se colocado debaixo dela. Isso necessariamente deve ser assim. Pois, como eu dizia antes: "Jesus entrou no templo e expulsou os que ali compravam e vendiam e disse aos outros: 'Levai isso embora!'" – sim, vede, agora vou deter-me nesta pequena palavra: "Jesus entrou e começou a dizer: 'Levai isso embora!'", e eles o fizeram. Eis, então ali não havia ninguém mais do que só Jesus. E Ele começou a falar no templo. Vede, isso em verdade deveis saber: se um outro além de só Jesus quiser falar no templo, isto é, na alma, então Jesus se cala, como se não estivesse em casa. E Ele também não está em casa na alma, pois ela tem hóspedes estranhos com quem conversa. Mas se Jesus deve falar na alma, então ela deve ser só e ela mesma deve se calar, se é para ouvir Jesus falar. Pois bem, assim Ele entra e começa a falar. O que fala o Senhor Jesus? Fala o que Ele é. E o que é Ele, pois? É uma Palavra do Pai. Nessa mesma Palavra o Pai pronuncia a si mesmo e toda a natureza divina e tudo que Deus é, assim como Ele o conhece, e Ele o conhece como Ele é. E porque Ele é perfeito no seu conhecer e no seu poder, é também perfeito no seu falar. Ao falar a Palavra, Ele pronuncia a si e todas as coisas em uma outra pessoa e dá à Palavra a mesma natureza que Ele próprio tem, e na mesma Palavra pronuncia todos os seres espirituais dotados de intelecto como <essencialmente> *iguais* a

12. No texto, *in sînen vrîen vermügenne* (*In seinem freien Vermögen*) (em sua possibilidade livre). Possibilidade como *Vermögen* significa potência, poder no sentido da *necessidade de ser*, que não é outra coisa que *a dinâmica da plenitude da identidade de ser*. *Livre* é quando se é plenamente na total soltura de si, no seu próprio, de tal modo que se é com gosto, no sabor da sua identidade. É a necessidade livre do ser.

13. Cf. glossário n. 11.

14. *Ungeschaffenheit*; *Unerschaffenheit*.

essa mesma Palavra, segundo a "imagem", enquanto esta é imanente – *não*, porém, *iguais* a essa mesma Palavra em cada modo, enquanto essa Palavra *esplende*, portanto, na medida em que em cada modo ela tem um ser separado para si; mas elas <isto é, as imagens *que esplendem*> receberam a possibilidade de alcançar uma agraciada igualdade com a mesma Palavra. E a mesma Palavra, como é em si própria, o Pai a pronunciou totalmente, a Palavra e tudo que nela está.

E uma vez que o Pai *isto* falou, o que diz, pois, Jesus na alma? Como eu disse: o Pai fala a Palavra e fala na Palavra e nada mais. Jesus, porém, fala *na alma*. O modo do seu falar é aquele em que se revela a si mesmo e tudo que o Pai nele pronunciou, no modo como o Espírito é receptivo. Ele revela a soberania paterna no Espírito em igual poder imensurável. Quando o Espírito recebe esse poder no Filho e através do Filho, então torna-se Ele <mesmo> poderoso em todo o progresso, de sorte que se torna igual e poderoso em todas as virtudes e em toda a pureza perfeita; portanto, de tal modo que nem amor, nem dor, nem tudo que Deus criou no tempo pode perturbar o homem; antes ele ali permanece em pé, cheio de poder como numa força divina, perante a qual todas as coisas são pequenas e impotentes.

Em uma outra vez, Jesus revela-se na alma com uma sabedoria imensurável, que é Ele próprio. Nessa sabedoria o Pai se conhece a si mesmo, com toda a sua soberania paterna, assim como conhece aquela mesma Palavra que também é, sim, a própria sabedoria e tudo que nela é, assim como ela é Um. Quando essa sabedoria se une à alma, então lhe é tirada completamente toda a dúvida e todo o erro e toda a treva, e a alma é transposta numa luz pura, clara que é o próprio Deus, como diz o profeta: "Senhor, em tua luz conhecemos a luz" (Sl 35,10). Assim, na alma, Deus é conhecido com Deus; então a alma conhece a si mesma e todas as coisas com essa sabedoria, e essa mesma sabedoria a conhece com ele próprio; e, com a mesma sabedoria, a alma conhece a soberania paterna, na <sua> fecunda força de gerar e a esti-dade (*istikeit*) essencial[15], em unidade simples, sem qualquer diferenciação.

Jesus revela-se também com uma imensurável doçura e plenitude, que emana da força do Espírito Santo, e transborda e aflui para todos os corações acolhedores com plenitude e doçura de uma riqueza superabundante.

---

15. Na transcrição para o alemão moderno, *das wesenhafte Ur-Sein*. No original alemão medieval, *die weselîche istikeit*. Cf. glossário n. 7, nota 9.

Quando Jesus se revela com essa plenitude e doçura e se une à alma, com essa mesma plenitude e doçura, a alma flui para dentro de si mesma e a partir de si mesma e sobre si mesma e por sobre, para além de todas as coisas; flui no modo da graça, com poder sem mediação, em retorno à primeira origem[16]. Então, o homem exterior é obediente ao seu homem interior até sua morte e, assim, está em constante paz, todo o tempo a serviço de Deus.

Que Jesus possa vir também em nós e lançar fora todos os impedimentos, e abrir espaço livre e fazer-nos Um, assim como Ele, Um com o Pai e com o Espírito Santo, é *um* Deus, para que nós assim nos tornemos Um com Ele e permaneçamos eternamente. Para isso, ajude-nos Deus. Amém.

16. "Segundo o ensinamento habitual do Mestre Eckhart, é Deus que *flui* e retorna ao homem, de ele fazer a sua *aberta do retorno*. Aqui, é o fluir da alma 'para dentro da sua primeira origem' que exprime a aberta do retorno. O agir do homem é estritamente conforme ao do próprio Deus" (Eckhart, 1998, p. 40, nota *).

Sermão 2

Intravit Jesus in quoddam castellum et mulier quaedam, Martha nomine, excepit illum in domum suam

[Jesus entrou em uma aldeia, e uma mulher, chamada Marta, recebeu-o em sua casa]

(Lc 10,38)

Acabei de pronunciar, primeiro em latim, uma palavrinha, que está escrita no Evangelho e que, em nossa língua, soa assim: "Nosso Senhor Jesus Cristo subiu a um burgo e foi recebido por uma virgem que era uma mulher"[1] (Lc 10,38).

Prestai, pois, muita atenção a esta palavra: necessariamente deve ser assim, que fosse virgem, ela, a pessoa por quem Jesus foi recebido. Virgem diz o mesmo que homem livre de todas as imagens estranhas, tão livre como era quando ainda não era. Atenção, pois poder-se-ia perguntar: Um homem que nasceu e cresceu, entrando na vida intelectual, como pode ser tão vazio de todas as imagens como quando ele ainda não era? E, no entanto, ele sabe muitas coisas, coisas que são todas imagens. Como pode, então, estar vazio de imagens? Agora, atenção à instrução que vos quero expor! Suponhamos que eu tenha um intelecto[2] tão abrangente, de modo a se acharem nele todas as imagens concebidas, desde sempre, por todos os homens e <também> as que estão no próprio Deus; mas isso de tal modo que eu fosse para com elas tão livre da vontade própria a ponto de não ter me apropriado de nenhuma delas no fazer ou no deixar, com antes e com depois. Suponhamos, muito mais, que eu seja, no presente instante, livre e solto para a mais amada vontade de Deus e para realizá-la plenamente, sem

---

1. Cf. glossário n. 26.
2. Cf. glossário n. 11.

cessar. Então, nesse caso, em verdade eu seria virgem sem impedimento através de todas as imagens, tão certo como eu o era quando ainda não era.

E digo-vos ainda mais: o fato de o homem ser virgem não lhe tira absolutamente nada de todas as obras que já tenha realizado. Tudo isso <porém> deixa-o ser ali virginal[3] e livre, sem nenhum impedimento em relação à verdade suprema, assim como Jesus é solto e livre, e é virginal nele mesmo. Como dizem os mestres, o fundamental para a união é somente igual com igual, assim o homem deve ser serva, virgem, que deve receber o Jesus virginal.

Agora prestai atenção e observai com precisão! Se o homem permanecesse para sempre moça-virgem, dele não viria nenhum fruto. Para tornar-se fecundo é necessário que seja *mulher*[4]. "Mulher" é o nome, o mais nobre que se pode atribuir à alma, e é muito mais nobre do que "moça-virgem". Que o homem *conceba* Deus em si é bom, e nessa concepção é ele moça-virgem. Mas que Deus se torne nele fecundo, isso é bem melhor. Pois frutificar a dádiva é a única gratidão para com a dádiva. E ali o espírito é mulher, na gratidão que gera novamente, lá onde o espírito gera novamente a Jesus para dentro do coração paterno de Deus.

Muitas boas dádivas são concebidas na virgindade, mas não geradas em Deus novamente, com louvor de gratidão, na fecundidade da mulher. Essas dádivas se estragam e se reduzem a nada. Com elas o homem jamais se torna mais bem-aventurado nem melhor. Ademais, sua virgindade não lhe serve para nada, pois ele, além da sua virgindade, não é mulher, cheia de fecundidade. É nisso que está a perda. Por isso eu disse: "Jesus subiu a um burgo e foi recebido por uma moça-virgem que era uma mulher". Isso necessariamente deve ser assim como vos expus.

Os casados mal conseguem fazer mais do que *um fruto* por ano. Mas desta vez tenho em mente um outro tipo de "casados", a saber: os que, ligados ao eu, estão presos à oração, ao jejum, à vigília e a toda sorte de exercícios e mortificações exteriores. Chamo de um ano toda e qualquer vontade própria, em qualquer obra. Vontade própria te toma a liberdade de estar à disposição de Deus neste presente instante; de seguir unicamente a Ele na luz, com a qual te orienta a fazer e deixar na liberdade, na novidade, a cada instante: como se de outro modo tu nada tivesses, nada quisesses e nada

3. Cf. glossário n. 26.

4. Cf. glossário n. 26.

pudesses. Portanto: toda e qualquer vontade própria ou toda e qualquer obra proposital que te toma essa liberdade sempre nova, eis o que eu chamo agora de um ano; pois nesse um ano tua alma não faz nenhum fruto, sem antes ter executado a obra que iniciaste, estando preso ao eu. E não tens confiança, nem em Deus, nem em ti mesmo, a não ser que, antes, tenhas realizado a tua obra, que agarraste com vontade própria. Assim, não terás paz. Por isso, também, não carregas nenhum fruto, a menos que tenhas feito a tua obra. É *isto* que eu avalio como um ano, e o fruto, no entanto, é pequeno, porque nasceu da obra em vontade própria, não da obra em liberdade. A tais pessoas eu chamo de "os casados", porque estão presas à vontade própria. Trazem pouco fruto, e este, ademais, como disse, é pequeno.

Virgem que é mulher, isto é, livre e desprendida, sem vontade própria, está, todo o tempo, próxima de Deus e de si mesma, de modo igual. Traz muitos frutos e grandes, nem mais nem menos do que é o próprio Deus. É esse o fruto, e é esse o nascimento que a virgem-mulher traz à obra, todos os dias, cem vezes, mil vezes, sim, vezes sem fim, parindo, frutificando, do fundo do mais nobre abismo. Ou dito melhor ainda: em verdade, do mesmo abismo, de onde o Pai gera sua Palavra eterna, ela também, em coengendrando, torna-se fecunda. Pois Jesus, a luz e o resplendor do coração paterno – no dizer de São Paulo, glória e resplendor do coração do Pai, que, com poder, transluz o coração paterno (cf. Hb 1,3) – é unido a ela e ela a Ele. Unificada com esse Jesus, ela esplende e brilha como um Um único[5], como uma luz pura e clara no coração do Pai.

Muitas vezes já disse que há uma força na alma, a que não tange nem o tempo nem a carne; ela flui do espírito e permanece no espírito e é toda inteiramente espiritual. Nela, Deus é tão florescente e verdejante em toda a alegria e em toda glória, como Ele é em si mesmo. Ali é alegria tão cordial, tão incompreensivelmente grande que ninguém pode relatá-la exaustivamente. Pois, nessa força, o Pai eterno gera sem cessar o seu eterno Filho, de tal modo que ela coengendra o Filho do Pai e a si mesma como o mesmo Filho na força unitiva do Pai. Digamos que um homem possuísse todo um reino ou toda a riqueza da terra, mas que a doasse puramente por e para Deus[6] e se tornasse um dos homens mais pobres, vivendo nalgum canto da terra, e que Deus então lhe desse tanto a sofrer como jamais o per-

---

5. Eckhart (1958, p. 31): *ein einic ein*.

6. Cf. glossário n. 20.

mitiu a um homem e a tudo isso esse homem sofresse até sua morte; e se, então, Deus lhe deixasse, *por uma única vez*, apenas *num lance de olho* ver como Ele é nessa força: sua alegria seria tão grande que todo esse sofrer e toda essa pobreza teriam sido ainda pouco demais. Sim, mesmo que Deus depois nunca mais lhe desse o reino do céu, teria, porém, recebido uma recompensa grande demais, por tudo quanto sofrera; pois Deus é nessa força como no eterno instante. Se o espírito estivesse unido com Deus, todo o tempo nessa força, o homem não poderia envelhecer; pois o instante em que Ele criou o primeiro homem, o instante em que há de perecer o último homem e o instante em que eu estou falando, agora, são iguais em Deus e nada mais do que *um* instante. Vede, pois, esse homem habita em *uma* luz com Deus; por isso, não há nele nem sofrer nem sucessão de tempo, mas uma igual permanente eternidade. Em verdade, a esse homem lhe é tirado todo o estranhamento, e todas as coisas nele estão essencialmente. Por isso, não recebe nada de novo, seja de coisas futuras, seja de qualquer outro "acaso", pois mora em *um* instante novo em todo e qualquer tempo novo, sem cessar. Um tal senhorio divino está nessa força.

Há ainda uma outra força, também incorpórea. Ela flui do espírito e permanece no espírito e é toda inteiramente espiritual. Sem cessar, Deus incandesce, é ardente nessa força, com toda sua riqueza, sua doçura e delícia. Verdadeiramente, nessa força, a alegria é tão grande, o deleite tão incomensurável, que ninguém jamais pode expressá-lo exaustivamente ou revelá-lo. E volto a dizer, se houvesse alguém que aqui, num piscar de olhos, contemplasse verdadeiramente com a mente o deleite e a alegria que ali está – tudo que pudesse sofrer, tudo que Deus dele quisesse que ele tivesse sofrido, tudo isso lhe seria insignificante, sim, um nada; e digo ainda mais: ser-lhe-ia por completo alegria e aconchego.

Se queres bem saber, se teu sofrimento é teu ou de Deus, o reconhecerás no seguinte: se sofres por causa de ti mesmo, seja qual for o modo, esse sofrimento então te causa dor, te é difícil de suportar. Mas se sofres por Deus e só por e para Deus, esse teu sofrer então não te causa dor e não te é pesado, pois é Deus quem carrega o fardo. Em plena verdade: se houvesse um homem que quisesse sofrer por Deus e somente por e para Deus, e se se precipitasse sobre ele todo o mundo de sofrimento que a humanidade sofreu desde sempre e pesa sobre o mundo inteiro, tudo isso não lhe causaria dor, nem lhe seria peso, pois é Deus que suportaria a carga. Se alguém me colocasse um quintal sobre a nuca e se então uma *outra pessoa* o segurasse por sobre a *minha* nuca, eu carregaria com gosto, igualmente tanto cem como um, pois não me seria pesado, tampouco me causaria dor. Resumindo: seja o que for que o homem sofra por Deus e só por e para Deus, Deus torna isso leve e doce. Assim, pois, eu disse no início, por onde começamos o nosso sermão: "Jesus subiu a um burgo e foi recebido por uma virgem que era uma mulher". Por quê? Necessariamente devia ser assim, que ela fosse virgem e também mulher. Então eu vos disse que Jesus foi recebido; mas não vos disse <ainda> o que seja o "burgo"[7]. Assim, pois, agora quero falar sobre isso[8].

Falei em algumas ocasiões que há uma força no espírito, que é só livre. Noutras, disse que é guarda do espírito; depois, luz do espírito; e também que é uma centelha. Agora, porém, eu digo: não é nem isso nem aquilo. Entrementes, é um algo, elevado sobre isto e aquilo como o céu é sobre a terra. Por isso nomeio-o de um modo mais nobre do que jamais o tenho feito. E, no entanto, ele zomba, tanto de uma tal nobreza quanto do modo, e é elevado acima disso. É livre de todos os nomes e despido de todas as formas, totalmente solto e livre, como Deus é solto e livre em si mesmo. É tão plenamente um e simples como Deus é um e simples, de tal modo que não se pode de *modo* algum olhar ali dentro. Essa mesma força de que falei, na qual Deus é florescente e verdejante com toda a sua deidade e o Espírito em Deus, nessa mesma força o Pai gera seu Filho Unigênito tão verdadeiramente como em si mesmo, pois Ele vive realmente nessa força, e o Espírito gera junto com o Pai o mesmo Filho Unigênito e a si próprio como o mesmo Filho, e é o mesmo Filho nessa luz e é a Verdade. Se pudésseis conhecer com meu coração bem compreenderíeis, então, o que eu digo. É, pois, verdadeiro e é a própria Verdade que o diz.

Vede, e prestai atenção! Esse "burgozinho" na alma, de que vos falo e que tenho em mente, é de tal modo um e simples, elevado acima de todo o modo, que aquela força nobre de que vos falei não é digna de espreitar para dentro desse burgozinho, mesmo que seja uma única vez, <apenas> num piscar de olhos; e tampouco a outra força de que vos falei, na qual Deus incandesce e arde com toda a sua riqueza e com toda a sua delícia, jamais ousa espreitar ali para dentro: esse burgozinho é tão inteiramente um e

7. Cf. glossário n. 15.

8. "A modo de uma imagem, o pequeno burgo designa o lugar interior, para lá da vontade e do próprio intelecto, por cujo lugar o homem é Um com a deidade" (Eckhart, 1998, p. 48, nota *).

simples, e esse Um unitivo é tão elevado por sobre todo o modo e todas as forças, que nenhuma força ou nenhum modo jamais pode olhar ali dentro, nem sequer o próprio Deus. Em plena verdade e tão verdadeiramente como Deus vive: o próprio Deus jamais há de olhar ali dentro, nem jamais olhou, por um momento sequer, enquanto Ele existir no modo e na "propriedade" de suas pessoas. Isso é fácil de intuir, pois esse Um unitivo é sem modo e sem o próprio. E por isso: se um dia Deus quiser olhar ali dentro, isso deve lhe custar todos os seus nomes divinos e sua propriedade de pessoas. Tudo isso deve deixar, de uma vez por todas, lá fora, se quiser olhar ali para dentro. Antes, assim como é Um simples, sem qualquer modo e sem o próprio, Ele não é, nesse sentido, nem Pai nem Filho nem Espírito Santo e, no entanto, é um algo que não é nem isso nem aquilo[9].

Vede, assim como Ele é um e simples, assim vem para dentro desse Um, ao qual chamo aqui de burgozinho na alma, e não diversamente, de nenhum outro modo, pode Ele ali entrar. Mas só assim Ele chega ali e está dentro. Com *a* parte, a alma é igual a Deus. Senão, não. O que vos tenho dito é verdadeiro; disso tenho como testemunha a Verdade e dou-vos como penhor a minha alma.

Que sejamos assim um "burgozinho", ao qual Jesus suba e seja recebido e permaneça, em nós, eternamente, no modo como o tenho dito. A isso nos ajude Deus. Amém.

9. "Deus não pode gerar seu Filho na alma a não ser porque a alma, para lá de suas faculdades, é uma com a deidade, ela mesma para lá das pessoas" (Eckhart, 1998, p. 50, nota *).

Sermão 3

Nunc scio vere, quia misit dominus angelum suum [Agora sei verdadeiramente que o Senhor mandou o seu anjo] (At 12,11)

Quando Pedro foi libertado dos grilhões de sua prisão pelo poder do Deus Altíssimo, disse: "Agora sei verdadeiramente que Deus me enviou seu anjo e me libertou do poder de Herodes e das mãos dos inimigos" (At 12,11; cf. tb. Sl 17,1).

Invertamos, pois, essa palavra e digamos: porque Deus me enviou seu anjo, por isso conheço verdadeiramente. "Pedro" quer dizer conhecimento[1]. Também em outra ocasião eu já havia dito: conhecimento e mente unem a alma com Deus. Mente penetra no puro ser, conhecimento corre à frente, se adianta e abre passagem para que <ali> o Filho Unigênito de Deus seja gerado. Em Mateus, diz Nosso Senhor que ninguém conhece o Pai a não ser unicamente o Filho (Mt 11,27). Os mestres dizem que o conhecimento se atém à igualdade[2]. Alguns mestres dizem que a alma é feita de todas as coisas, pois tem o poder de conhecer todas as coisas[3]. Isso soa como tolice, mas é, porém, verdadeiro. Os mestres dizem: O que devo conhecer me deve ser plenamente presente e igualar-se ao meu conhecimento. Os santos dizem que no Pai está poder, no Filho igualdade e no Espírito Santo

---

1. "*Petrus*" quer dizer conhecimento (*besagt soviel wie*) não deve ser entendido como: a palavra "*Petrus*" significa conhecimento, quer no sentido de um simbolismo, quer no sentido de uma filologia primitiva. Talvez se possa ler a frase assim: São Pedro, ao confessar: "Tu és o Cristo, o Filho do Deus vivo", se revela na sua essência: ser conhecimento da nua e pura verdade. A interpretação de *Petrus* como *conhecimento* está inteiramente dentro da logicidade de uma evidência, haurida na própria experiência viva da coisa ela mesma chamada *conhecimento de Deus*. No nosso caso, *Petrus*, Pedro é a pura existência dessa evidência ontoteológica.

2. Cf. Aristóteles, *De anima* I c. 2, 404 b 17.

3. Cf. Aristóteles, *De anima* III c. 8, 431 b 21.

união. Porque o Pai é plenamente presente para o Filho e o Filho lhe é plenamente igual, por isso ninguém conhece o Pai senão unicamente o Filho.

Então Pedro diz: "Agora conheço verdadeiramente". Por que aqui se conhece verdadeiramente? É porque há uma luz divina que a ninguém engana. Por outro lado, porque ali se conhece despida e limpidamente, por nada velado. Por isso diz Paulo: "Deus habita numa luz, à qual não há acesso" (1Tm 6,16). Os mestres dizem: A sabedoria que aqui aprendemos, lá nos haverá de permanecer[4]. Paulo, porém, diz que ela passará (1Cor 13,8). Um mestre diz: Puro conhecimento, mesmo aqui <ainda> nesta vida, abriga em si mesmo tão grande prazer, que o prazer de todas as coisas criadas é bem um nada diante do prazer que o puro conhecimento em si comporta[5]. E, no entanto, por mais nobre que seja, o puro conhecimento não passa de um "acaso". Assim como uma palavrinha é tão pequena se comparada com o mundo inteiro, assim também é tão pequena toda a sabedoria aqui aprendida diante da verdade, nua e pura. Por isso, diz Paulo, ela passará. Mesmo se permanece, torna-se bem tola, como se fosse nada diante da verdade nua, que se conhece lá. A terceira razão por que lá se conhece verdadeiramente está nisto: as coisas que, aqui, vemos entregues à mutação, lá as conheceremos como imutáveis, as tomaremos como elas são, de todo indivisas, próximas umas das outras; pois o que aqui é longe, lá é próximo, porque todas as coisas são ali presentes. Lá, o que sucede no primeiro e no último dia é presente.

"Agora sei verdadeiramente que Deus me enviou seu anjo." Quando Deus envia à alma o seu anjo, ela se torna verdadeiramente conhecedora. Não é em vão que Deus encomendou a chave a São Pedro (cf. Mt 16,19), pois "*Petrus*" diz tanto como conhecimento <Mt 16,19>. Conhecimento, porém, tem a chave, abre, irrompe, atravessa todo o caminho e encontra Deus sem véu. Diz então à vontade, sua companheira, daquilo de que ele tomou posse, embora ele já antes tivesse tido a vontade <para isso>, pois o que eu *quero*, isto eu busco. O conhecimento se adianta. Ele é um príncipe e busca dominação do que há de mais sublime e mais puro e repassa-o à alma, e a alma à natureza, e a natureza a todos os sentidos corporais. No que tem de mais sublime e puro, a alma é tão nobre que os mestres não

4. Cf. Tomás de Aquino, *Summa Theologiae* I a q. 89 a. 5 e 6.

5. Aristóteles, *Ethica Nicomachea* VII c. 12, 1152 b 24.

sabem encontrar para ela um nome. Chamam-na de "alma"[6] enquanto é ela que dá vida ao corpo. Então os mestres dizem que de imediato à primeira erupção da deidade, onde o Filho irrompe do Pai, o anjo teria sido formado como o mais próximo, seguindo[7] Deus. É bem verdade que a alma é formada em suas partes mais elevadas, seguindo Deus. Mas o anjo é uma imagem mais próxima de Deus. Tudo o que há no anjo foi formado, seguindo Deus. É por isso que o anjo é enviado à alma para que a reconduza à mesma imagem, já que é seguindo essa imagem que ele se forma. Pois conhecimento flui da igualdade. E porque tem o poder[8] de conhecer todas as coisas, a alma não repousa jamais até chegar à primeira imagem, onde todas as coisas são um, e lá ela encontra repouso, isto é: em Deus. Em Deus nenhuma criatura é mais nobre do que a outra.

Os mestres dizem[9] que ser e conhecimento são totalmente um, pois o que não é, não se pode também conhecer; o que maximamente tem o ser se conhece também maximamente. E porque Deus tem um ser transbordante, transcende também todo o conhecimento, como foi dito anteontem no meu último sermão: a alma é configurada para dentro da primeira pureza[10], na impressão da pura essencialidade, onde ela degusta Deus antes que Ele se vista de verdade ou de cognoscibilidade, onde, pois, se despe toda possibilidade de nomear: lá, a alma conhece de modo o mais puro; lá, a alma acolhe o ser na plenitude da medida do ser. Por isso Paulo afirma: "Deus habita em uma luz para a qual não há nenhum acesso" (1Tm 6,16). Ele é um

---

6. Alma, *anima*, é o que anima, dá vitalidade, vida ao corpo.

7. A expressão alemã *nach Gott* pode significar *depois de Deus* ou também *segundo*, isto é, *conforme* Deus. Em vez de *segundo*, dissemos *seguindo* para deixar a conotação de *depois* e *conforme* na ambiguidade. Mas o que significa *depois de Deus*? Significa que Deus foi criado primeiro e logo depois anjos? Mas Deus assim "colocado" não é criatura, mas de algum modo referido a toda criação, portanto Deus enquanto *ad extra*. Cf. glossário n. 6.

8. No texto alemão, a palavra é *mügelicheit* (*Vermögen*). Indica capacidade, faculdade. *Vermögen* contém em si o verbo *mögen*, que significa *gostar* no sentido de degustar, a saber, fruir o gozo de receber, acolher algo como correspondente ao vigor da sua identidade. Do verbo *mögen* vem a palavra *Möglichkeit*, que significa possibilidade.

9. Cf. Tomás de Aquino, *S.Th.* I a q. 16 a. 3.

10. O texto alemão diz simplesmente *in die êrsten lûterkeit îngebildet* (*in die erste Lauterkeit eingebildet*). *Eingebildet*, particípio perfeito de *einbilden*, contém a palavra *ein* (*in* com acusativo em latim; para dentro) e *Bild* (figura, quadro, imagem). Aqui, *eingebildet* poderia se referir à imagem no sentido de configuração, como tomar corpo para dentro do puro vigor da primeira pureza (*Lauterkeit* = limpidez da afinação do clangor; cf. Sermão 1, nota 7), a qual como a limpidez na afinação com a percussão do irromper da deidade como "Deus" perfaz a alma como repercussão da infusão da primeira pureza. Cf. glossário n. 10.

habitar em-casa em sua própria e pura essencialidade, na qual não existe nada dependurado. O que tem acaso[11] deve ser afastado. Ele é um puro estar-assentado-em-si-mesmo, onde não há nem isto nem aquilo; pois o que é em Deus, é Deus. Um mestre pagão diz: As forças que pairam abaixo de Deus são pendentes em Deus e, ainda que subsistam puramente em si mesmas, elas são suspensas naquele que não tem começo nem fim; pois em Deus não pode incidir nada de estranho. Ele não pode receber num modo estranho nenhuma impressão estranha. Disso o céu seja testemunho.

Isso acontece assim: tudo que chega a Deus é transformado. Por mais ínfimo que seja, quando levado a Deus, evade-se de si mesmo. Para isso, tomai uma comparação: se tenho sabedoria, eu mesmo não sou essa sabedoria. Posso adquirir sabedoria, posso também perdê-la. Mas tudo que é em Deus é Deus. Não pode evadir-se dele. É transportado para dentro da natureza divina, pois a natureza divina é tão poderosa que tudo quanto nela se dá, ou será nela totalmente transferido ou ficará totalmente fora. E agora ouvi com admiração! Se Deus transforma em si coisas de assim tão pouco valor, o que acreditais que não faria com a alma, a qual Ele distinguiu com a imagem de si mesmo?

Que possamos chegar até lá, ajude-nos Deus. Amém.

11. Acaso, *zuoval* (*Zu-fall*), é tradução do latim *accidens* (*ad-cadens*). Acidente é o que não tem o modo de ser da substância (*ens in se*), mas cai sobre a substância e adere a ela, por não ter consistência própria e por isso mesmo ser mutável, necessitando ser-no-outro, portanto *ens in alio*.

Sermão 4[1]

Omne datum optimum et omne donum perfectum desursum est [Toda a dádiva excelente, todo o dom perfeito vem do alto] (Tg 1,17)

São Tiago diz na epístola: "A melhor dádiva e a melhor perfeição vêm do alto, do Pai das luzes" (Tg 1,17).

Agora prestai atenção! Isto, pois, deveis saber: há homens que se abandonam a Deus e buscam somente sua vontade com todo empenho. Seja o que for que Deus conceda a um tal homem, é o melhor. Estejas certo, como é certo que Deus vive, que isto necessariamente deve ser de tudo o melhor e, ademais, que não poderia haver um outro modo que fosse melhor. Pode ser também, no entanto, que uma outra coisa *pareça* melhor. Isso assim, porém, não seria para ti tão bom. Pois Deus quer justamente esse modo e não um outro, e *esse* modo deve ser necessariamente, para ti, o melhor. Seja <então> doença ou pobreza, fome ou sede, seja lá o que for, o que Deus te destina ou deixa de destinar, o que te dá ou deixa de dar, tudo isto é para ti o melhor. Seja que não tenhas das duas nenhuma, nem devoção nem interioridade, seja o que quer que tenhas ou não tenhas: coloca-te apenas direito para que em todas as coisas tenhas em mira a glória de Deus. E, então, o que for que Ele te fizer é o melhor.

A essa altura, poderias talvez dizer: De onde sei, se é ou não é vontade de Deus? Sabei: se algo não fosse vontade de Deus, também não haveria esse algo. Tu não tens nem doença, nem outra coisa qualquer, a não ser que o queira Deus. E porque sabes que é vontade de Deus, deverias nisso ter tanta complacência e satisfação, a ponto de não considerares nenhuma pena como pena. Sim, mesmo que chegando ao extremo do penar re-

1. Num dos manuscritos (BT) está anotado: *An sant Peters kettenfeyer* (na Festa de São Pedro em corrente).

cebesses algo qualquer do penar ou sofrer, então ainda estaria totalmente invertido. Pois é de Deus que deves recebê-lo como o melhor de tudo, porque necessariamente deve ser de todo o teu melhor. Pois o ser de Deus depende disso, de Ele querer o melhor. Por isso, também eu devo querê-lo, e nada deve agradar-me mais. Se, com todo empenho, quisesse agradar a uma pessoa e tivesse certeza de que a agradaria mais se eu vestisse uma roupa cinza no lugar de uma outra, por melhor que fosse, então não há nenhuma dúvida de que a roupa cinza deveria ser-me mais agradável e amável do que uma outra, por mais que esta fosse ainda melhor. Digamos, pois, que eu quisesse agradar a cada pessoa e soubesse que alguém gostasse de uma coisa em palavras e obras, então faria isso e não uma outra coisa. Pois, agora, examinai-vos em vós mesmos a quantas anda vosso amor! Se amásseis a Deus, nada vos poderia ser então mais aprazível do que o que a Ele mais agrada, do que a realização de sua vontade, sobretudo em nós. Por mais pesados que possam parecer pena e incômodo, se neles não tens um bem-estar também assim tão grande, não estás bem colocado.

Costumo repetir muitas vezes uma palavrinha que é também verdadeira. Clamamos todos os dias e gritamos no *Pai-nosso*: "Senhor, seja feita tua vontade" (Mt 6,10). E, quando sua vontade se cumpre, irritamo-nos, e sua vontade não nos satisfaz. No entanto, qualquer coisa que Ele fizesse deveria agradar-nos acima de tudo. Os que o aceitam como o melhor, permanecem em todas as coisas em perfeita paz. De tempo em tempo pensais e dizeis: "Ah, se as coisas tivessem sucedido de outro modo, seria melhor", ou: "Se as coisas não tivessem acontecido assim, teriam se dado, talvez, melhor". Enquanto assim te parecer, jamais terás paz. Tu deves aceitá-las como, de todo, o melhor. Eis o primeiro sentido dessa palavra da Escritura.

Há, ainda também, um outro sentido. Considerai-o com empenho! Ele <São Tiago> diz: "Toda dádiva". Somente o melhor e o mais alto são dons verdadeiros, e isto no sentido o mais próprio. Não há nada que Deus goste de doar com tanto prazer como *grandes* dádivas. Certa vez, aqui mesmo, disse que Deus até prefere perdoar grandes pecados do que os pequenos. E, quanto maiores, tanto mais os perdoa de bom grado e mais depressa. E assim se dá inteiramente com a graça, dádiva e virtude: quanto maiores, com tanto mais gosto Ele as dá. Pois é da sua natureza doar grandes coisas. E, por isso, quanto mais valiosas forem as coisas, tanto mais numerosas são elas. As mais nobres criaturas são os anjos. São puros espíritos e não possuem nenhuma corporeidade como tal. Deles há em maior número, superior à soma de todas as coisas corpóreas[2]. As grandes coisas chamam-se bem apropriadamente de "dádivas", e lhe <a Deus> pertencem de modo o mais próprio e o mais íntimo.

Como foi dito uma vez, o que pode ser expresso em palavras, no sentido mais próprio, deve vir de dentro para fora, e mover-se através da forma interior e não, ao contrário, de fora para dentro, mas sim: deve vir de dentro para fora. É que Ele vive bem propriamente no mais íntimo da alma. Lá todas as coisas te são presentes, vivendo e buscando no interior, e estão <lá> no melhor e no mais elevado. Por que não percebes nada disso? Porque lá não estás em casa. Quanto mais nobre é algo, tanto mais universal. O sentido, eu o tenho em comum com os animais, e a vida com as árvores. O ser me é ainda mais interior, eu o tenho em comum com todas as criaturas. O céu abrange tudo que está debaixo dele. Por isso é ele também mais nobre. Quanto mais nobres as coisas, tanto mais abrangentes e universais. O amor é nobre porque a tudo abraça[3].

Parece difícil o que Nosso Senhor ordenou: que devemos amar nossos coirmãos cristãos como a nós mesmos (Mc 12,31; Mt 22,39). Pessoas grosseiras na compreensão do sentido dizem geralmente que isso é pensado assim: devemos amá-los <os coirmãos cristãos> em vista do mesmo bem pelo qual amamos a nós mesmos. Não, isso não é assim. Devemos amá-los tanto quanto amamos a nós mesmos, e isso não é difícil. Se prestais atenção corretamente, o amor é mais prêmio do que mandamento. O mandamento parece difícil, o prêmio, porém, desejável. Aquele que ama a Deus como deve e lhe é necessário amá-lo, quer queira, quer não, e ama como o amam todas as criaturas, tem a obrigação de amar seu irmão como a si mesmo, alegrar-se com as alegrias do seu irmão como suas próprias alegrias, desejar tanto a honra do seu irmão como a sua própria e <amar> o estranho como seu familiar. E assim, nesse modo o homem está, todo o tempo, na alegria, na honra e no proveito; justamente assim como no Reino dos Céus, e tem mais vezes alegria do que se se alegrasse apenas com o seu próprio

---

2. Cf. Tomás de Aquino, *S.Th.* I a q. 50 a. 3.

3. O termo alemão aqui é como nas frases anteriores *umfassend*, *umfassender*. Somente nessa frase em que se fala do amor, traduziu-se *umfassen* por *abraçar*, para insinuar que para os medievais a *universalidade* não consiste na extensão lógica de abrangência generalizada, mas na intensidade da imensidão, profundidade e criatividade de ser, portanto, do vigor e da nobreza da liberdade de ser. Esta vem à fala como amor unitivo que tudo abraça: o Um unitivo. Cf. glossário n. 23 e 24.

bem. E sabe, em verdade: se a tua própria honra te trouxer mais felicidade do que a de um outro, isso então não está direito[4].

Sabe que se, de algum modo, sempre buscas o que é teu, jamais encontras a Deus, porque não buscas a Deus exclusivamente. Buscas algo com Deus e ages diretamente assim como se fizesses de Deus candeia, com a qual se procura uma coisa. Encontrada a coisa procurada, joga-se fora a candeia. Totalmente assim procedes: o que quer que com Deus procures é *nada*, seja o que for, utilidade, recompensa ou interioridade etc. Tu procuras um *nada*, por isso encontras também um *nada*. A única causa por que encontras um *nada* é por procurares um nada. Puro nada são todas as criaturas. Não estou a dizer delas que sejam de pouco valor ou simplesmente um algo qualquer: elas são puro *nada*. O que não tem ser é nada. As criaturas todas não têm ser, pois o seu ser depende da presença de Deus. Se Deus, apenas só por um instante, desviasse sua face das criaturas, elas seriam aniquiladas. Por vezes tenho dito, e isto também é verdadeiro: quem ajuntasse o mundo inteiro a Deus, nada mais teria do que se tivesse só a Deus. Sem Deus, as criaturas não têm mais <ser> do que uma mosca teria sem Deus, exatamente por igual, nem mais nem menos.

Agora, pois, ouvi uma palavra verdadeira! Se um homem doasse mil marcos de ouro para construir igrejas e mosteiros, teria feito uma grande coisa. Quem, no entanto, pudesse considerar mil marcos como nada teria dado muito mais. Este teria feito muito mais do que aquele. Quando Deus criou todas as criaturas, eram de tão pouco valor e tão estreitas que nelas Ele não se podia mover. A alma, no entanto, Ele a fez de tal modo igual a si mesmo e tão à sua própria imagem, a fim de poder doar-se à alma; pois qualquer outra coisa que Ele lhe desse, ela a consideraria como um nada. Deus deve doar a si mesmo a mim como próprio, do mesmo modo como Ele pertence a si mesmo, ou se não, nada se me é partilhado [como tal] e nada me diz respeito. Quem quiser recebê-lo assim totalmente, deve deixar a si e ter-se expropriado totalmente do que é seu. Deste modo, se recebe de Deus tudo que Deus possui, estando inteiramente pronto para tornar-se próprio como Deus o tem para si mesmo, e como o têm Nossa Senhora e todos os que estão no reino do céu: isto pertence a eles assim de maneira igual e própria. Os que igualmente se expropriaram e deixaram a si mesmos, estes receberão também o igual e não menos.

---

4. No original alemão medieval está: *sô ist im unrecht*.

E finalmente o terceiro ponto em nosso texto da Escritura: "do Pai das luzes". A palavra "Pai" nos lembra a filiação e a palavra "Pai" se refere a um puro gerar, significando o mesmo que: a vida de todas as coisas. O Pai gera seu Filho no conhecer eterno, e inteiramente assim o Pai gera seu Filho na alma como em sua própria natureza, e gera-o à alma, como seu próprio, e o seu ser depende de Ele gerar seu Filho na alma, seja-lhe isso amável ou doloroso. Uma vez perguntaram-me o que fazia o Pai no céu. Então respondi: Ele gera seu Filho, e esse fazer causa-lhe tanto prazer e lhe agrada tanto que Ele jamais faz outra coisa a não ser gerar seu Filho, e os dois junto florescem o Santo Espírito. Onde o Pai gera seu Filho em mim, ali eu sou o mesmo Filho e não um outro; decerto, em nosso ser-homem, nós somos diferentes, mas lá eu sou o mesmo Filho e não um outro. "Onde somos filhos, ali somos legítimos herdeiros" (Rm 8,17). Quem conhece bem a verdade, sabe muito bem que a palavra "Pai" traz em si um puro gerar e um ter filhos. Por isso, aqui nós somos filhos e somos o mesmo Filho.

Agora reparai ainda nesta palavra: "Eles vêm do alto". Não faz muito tempo, eu vos disse o seguinte: quem quiser receber do alto precisa estar necessariamente embaixo, em direita humildade. E sabei em verdade: quem não estiver totalmente embaixo dele não lhe é partilhado nada e também não recebe nada, por mais insignificante que isso também possa ser. Se de algum modo tens em mira a ti mesmo ou a qualquer outra coisa ou pessoa, assim não estás embaixo e também nada recebes; mas se estiveres totalmente embaixo, então tu recebes também plena e perfeitamente. A natureza de Deus é doar, e seu ser depende de Ele se nos doar, se estivermos embaixo. Se não estivermos embaixo e nada recebermos, fazemos-lhe violência e o matamos. E se não podemos fazer isso a Ele mesmo, acabamos fazendo-o a nós mesmos e à medida que nos atinge. Para doar-lhe tudo como propriedade sua, cuida de abaixar-te sob Deus em verdadeira humildade e elevar a Deus em teu coração e em teu conhecer. "Deus, Nosso Senhor, enviou seu Filho ao mundo" (Gl 4,4). Uma vez falei justamente aqui nesse lugar: Deus enviou seu Filho à alma, na plenitude dos tempos, quando esta tiver ultrapassado todo o tempo. Quando a alma estiver vazia do tempo e do espaço, então o Pai envia seu Filho à alma. É isto, pois, o que significa a palavra: "A melhor dádiva e a melhor perfeição vêm do alto, do Pai das luzes".

Que o Pai das luzes nos ajude a estarmos preparados para receber a melhor de todas as dádivas. Amém.

Sermão 5a

In hoc apparuit caritas dei in nobis, quoniam filium suum unigenitum misit deus in mundum ut vivamus per eum [Nisto se manifestou a caridade de Deus para conosco, em que Deus enviou o seu Filho Unigênito ao mundo, para que por Ele tenhamos a vida] (1Jo 4,9)

Fala São João: "Nisto se nos manifestou o amor de Deus para conosco: em ter Ele enviado ao mundo seu Filho, para que vivamos por Ele e com Ele" (1Jo 4,9), e assim a nossa natureza humana foi elevada acima de toda medida, porque o Altíssimo[5] veio e assumiu a si a natureza humana.

Um mestre diz: Quando penso que a nossa natureza foi elevada acima das criaturas e está assentada no céu, acima dos anjos, e é por eles adorada, devo-me, então, alegrar, do mais profundo do coração. Pois Jesus Cristo, meu amado Senhor, fez minha propriedade tudo que Ele possui em si[6]. Diz <o mestre> também que o Pai, em tudo que um dia concedeu ao seu Filho Jesus Cristo na natureza humana, o fez pensando antes em mim e me amou mais do que a Ele, e o concedeu antes a mim do que a Ele. Mas como assim? Deu-o a Ele por mim, pois eu o necessitava[7]. Por isso, seja o que for, em tudo quanto lhe deu, me tinha em vista, e o deu a mim tão bem como o deu a Ele. E, aqui, não excetuo nada, nem união nem santidade da deidade nem qualquer outra coisa. Tudo que um dia lhe deu na natureza humana, não me é mais estranho nem mais distante do que a Ele, pois Deus não pode dar

---

5. Quint assinala: "O texto aqui certamente está deteriorado e com lacunas" (Eckhart, 1958, p. 77, nota 1).

6. Cf. Tomás de Aquino, *S.Th.* III a q. 57 a. 5.

7. O texto alemão diz: *wann es waz mir not* (*denn mir tat es not*), isto é, *pois isto se fez a mim necessário. Not* é uma necessidade de suprema indigência.

<somente> pouco; deve dar tudo ou nada. Seu dom é plenamente simples e perfeito, sem divisão; não no tempo, sempre de novo <somente> na eternidade. Disto, estejais tão certos como é certo que eu vivo: se é assim que devemos dele receber, devemos, então, na eternidade, ser elevados acima do tempo. Na eternidade todas as coisas são presentes. O que é acima de mim, me é tão próximo e tão presente como aquilo que é aqui, junto a mim; e lá receberemos de Deus o que dele devemos ter. Deus também nada conhece fora dele, pois seu olho está voltado só para Ele mesmo. O que Ele vê, o vê inteiramente em si mesmo. Por isso Deus não nos vê quando estamos em pecado. Daí: à medida que nele somos, nos conhece Deus, isto é: à medida que somos sem pecado. E todas as obras que Nosso Senhor um dia efetuou, para mim Ele as deu como minhas, de tal sorte que não me são menos meritórias do que minhas próprias obras que eu realizo. Toda sua nobreza é própria e próxima, igualmente, a todos nós, a mim e a Ele. Por que então não a recebemos como igual? Ah! é isso o que deveis compreender! Se alguém quer alcançar essa dádiva de receber em igual modo esse bem e a natureza humana comum e igualmente próxima de todos os homens, então é necessário que tu estejas, do mesmo modo, na sociedade humana, não estando mais próximo de ti do que de um outro, assim como na natureza humana não há nada de estranho, nem mais distante nem mais próximo. Deves amar, estimar e tratar todos os homens como a ti mesmo. O que acontece a um outro, seja algo ruim ou bom, deve ser para ti como se te acontecesse.

Então, eis o segundo sentido: "Ele enviou-o ao mundo". Ora, <por esse termo> queremos compreender o grande mundo, o qual e no qual[8] os anjos contemplam. Como devemos ser? Devemos ser lá com todo nosso amor e com todo nosso desejo, como diz Santo Agostinho[9]: O homem se torna o que ele ama, no amor. Devemos então dizer que o homem, em amando a Deus, torna-se Deus? Isso soa descrença. No amor que uma pessoa doa,

---

8. O alemão diz: *die grossen wellt verstón, do die engel insehend* (*die grosse Welt verstehen, in die die Engel schauen*), compreender o grande mundo, para dentro do qual os anjos contemplam <num movimento de ir para>. Realidades como *mundo*, *ser*, *céu*, *Deus*, *alma* etc. não podem ser compreendidas, propriamente, se as representamos como coisa-objeto, pois são *horizonte* e ao mesmo tempo o ente concreto que vem à luz a partir e dentro do respectivo horizonte. Para indicar essa estruturação da constituição do ente no seu horizonte, usa-se muitas vezes um verbo, como *contemplar*, que tem a sua mira "sobre" determinada realidade, mas nessa mira se faz presente o fundo a partir e dentro do qual se dá um tal olhar. Nesse sentido, *contemplar o mundo* e *no mundo* (em direção, para dentro de: *in* com acusativo): *o qual* e *no qual*.

9. Agostinho, *In Epist. Ioh.* tr. II n. 14.

não há dois, mas <somente> um e união. No amor, sou mais Deus do que eu, em mim, sou eu mesmo. Assim, fala o profeta: "Eu disse, vós sois deuses e filhos do Altíssimo" (Sl 82,6). Que o homem, desse modo, possa tornar-se Deus no amor, isso soa estranho. E, no entanto, é verdadeiro na verdade eterna. Nosso Senhor Jesus Cristo o comprova[10].

"Ele enviou-o ao mundo." *Um* dos significados do *mundum* é "puro". Atenção! Deus não tem lugar mais próprio do que um coração puro e uma alma pura. Ali o Pai gera seu Filho, como o gera na eternidade, nem mais nem menos. O que é um coração puro? É puro o que foi isolado e separado de todas as criaturas, pois todas as criaturas mancham, porque elas são um nada. Pois o nada é privação e mancha a alma. Todas as criaturas são um puro nada. Nem os anjos nem as criaturas são um algo. As criaturas têm[11] tudo em tudo[12] e mancham, pois são feitas de nada. Elas são e eram nada. O que é contrário e cria desgosto a todas as criaturas é o nada. Se colocasse uma brasa ardente em minha mão, ela me causaria dor. Isso vem somente do "não", e se fôssemos livres do "não", então não seríamos impuros.

E agora: "nós vivemos nele" com Ele. Não há nada que se deseje tanto como a vida. O que é minha vida? O que é movido de dentro, a partir de si mesmo. O que é, porém, movido de fora, não vive. Se vivemos, pois, com Ele, devemos também de dentro cooperar com Ele, de modo a não operarmos de fora. Devemos, pois, antes, ser movidos a partir do que vivemos, isto é: por Ele. Nós podemos e devemos operar agora, porém, a partir do que nos é próprio, a partir de dentro. Se é, pois, para viver nele ou por Ele, então Ele deve ser o nosso próprio e nós devemos operar a partir do nosso próprio. Assim como Deus opera todas as coisas a partir do que é seu próprio e através de si mesmo, nós <também> devemos operar a partir do que é próprio, que é Ele em nós. Ele é total e plenamente nosso próprio e nele todas as coisas são nosso próprio. Nele, tudo que possuem todos os anjos e todos os santos e Nossa Senhora me é próprio e não me é mais estranho nem mais distante do que aquilo que eu mesmo possuo. Nele, todas as coi-

10. No original alemão medieval está: *hatt es*. Quint observa: *es*, isto é, *a união de deidade e de humanidade. A expressão é fortemente elíptica e certamente não deverá ser originária* (Eckhart, 1958, p. 80, nota 2). Quint transcreve para o alemão moderno: *beweist es*.

11. Ter, em latim *tenere* e *habere*, em alemão *haben* (que parece não ter ligação filológica direta com o latim *habere*), na ideia de possuir, segurar, manter, ter à mão, colado, junto a si, independente de suas referências filológicas, não poderia estar dizendo: presença colante, pegajosa que tudo impregna de "cabo a rabo": *tudo em tudo*?

12. Cf. glossário n. 16.

sas me são igualmente próprias. E se devemos chegar a esse próprio, de sorte que todas as coisas sejam o nosso próprio, então precisamos tomá-lo de igual modo em todas as coisas, em uma, não mais do que em outra, pois Ele é igual em todas as coisas.

Encontra-se gente que Deus saboreia de *um* modo, não, porém, de outros modos. Essa gente quer possuir a Deus inteiramente <só> em *um* modo da devoção e não em outro. Tudo bem, que seja assim!... Mas isso está inteiramente invertido. Quem deve acolher direito a Deus, deve tomá-lo por igual em todas as coisas, tanto na aflição quanto no bem-estar, tanto nas lágrimas quanto nas alegrias. Em toda parte, para ti, Ele deve ser igual. Se tu, sem disso ser culpado por pecado mortal, não possuis nem devoção nem seriedade; se tu, justamente por isso, porque não possuis nem devoção nem seriedade, pensas que <também> não possuis a Deus, e se, portanto, isso te causar dor, então agora, justamente *isso* é <tua> devoção e <tua> seriedade. Assim, não deveis vos prender a nenhum *modo*, seja qual for, pois Deus não é em nenhum modo, não é nem isso nem aquilo. Por isso, fazem-lhe injustiça os que o tomam desse modo. Tomam o modo, não, porém, a Deus. Por isso, guardai esta palavra: tende em vista e procurai pura e somente a Deus. Sejam quais forem os modos que sucedam, estai totalmente satisfeitos com eles. Pois a vossa mira deve estar dirigida puramente só a Deus e a nada mais. O que então vos agrada ou desagrada, isto está direito, e sabei que, se não for assim, tudo está invertido. Empurram a Deus por debaixo de um banco os que querem ter tantos modos. Que sejam choros, suspiros e muitas outras coisas do gênero: tudo isso não é Deus. Se algo sobrevier, aceitai-o, e estai satisfeitos; se não vier, ficai novamente satisfeitos e aceitai o que Deus vos quer dar nesse instante, e permanecei todo o tempo em humilde aniquilamento e rebaixamento de si[13], e deveis

---

13. Termos como *aniquilamento* ou *rebaixamento de si* ou *auto-humilhação* são ouvidos na sua tonância religioso-ascético-moral, digamos, atribuída historiograficamente como característica dos medievais. Assim, pode ser que deixemos de observar que no aniquilamento ocorre a palavra nada (Ver*nicht*ung, A*niqui*(*nihil*)lamento). Nada e Ser se referem à dimensão ontoteológica. No rebaixamento, humilhação ocorrem as palavras *baixo* (Selbst*ernieder*ung, Re*baixa*mento) e *húmus* (chão fértil; *humi*lhação). Se lermos esses sermões a partir de uma mira, cuja tonância é religioso-ascético-moral, talvez não sejam muito interessantes para nós hodiernos. Mas é também possível auscultar esses textos, tentando escutar a tonância ontoteológica das palavras como Nada, Ser, Deus, abaixo, acima, tentando ler os textos não a partir de uma pré-compreensão preestabelecida da tonância religioso-ascético-moral, mas, pelo contrário, começar a compreender o que é religioso, ascético e moral dentro do eco do que Mestre Eckhart tenta nos dizer com termos como Ser e Nada. Cf. glossário n. 9 e 16.

pensar que sois para sempre indignos de qualquer bem que Deus vos possa causar, se Ele quiser. Assim foi explicitada a palavra escrita por São João: "Nisso se nos manifestou o amor de Deus"; se fôssemos assim, esse bem seria revelado em nós. Que nos fique oculto, disso nada mais é culpado a não ser nós mesmos. *Nós* somos a causa de todos os nossos impedimentos. Guarda-te de ti mesmo, assim terás guardado bem. E se é assim que não o *queremos* aceitar, Ele <no entanto> para isso nos escolheu. Se *não* o aceitamos, deveremos nos arrepender e muito seremos, por isso, repreendidos. Que não cheguemos ali onde esse bem é recebido, isso não está nele, mas em nós[14].

---

14. Sermão 5a é a primeira versão; 5b a segunda. São versões paralelas. Nessa primeira versão 5a falta a oração final.

Sermão 5b

In hoc apparuit caritas dei in nobis
[Nisto se manifestou a caridade de Deus para conosco]
(1Jo 4,9)

"Nisso se manifestou e se nos tornou visível o amor de Deus, por Deus ter enviado ao mundo seu Filho Unigênito, para que vivamos com o Filho e no Filho e pelo Filho" (1Jo 4,9). Todos, pois, que não vivem pelo Filho não estão em tudo isso verdadeiramente bem.

Digamos que, em certo lugar, havia um rico monarca que tinha uma bela filha. Ele a confiou ao filho de um homem pobre. Com isso, todos da sua estirpe se elevam e enobrecem. Diz, pois, um mestre[1]: Deus se tornou homem e com isso todo o gênero humano foi elevado e enobrecido. Nós podemos, sim, nos alegrar que Cristo, nosso irmão, por sua própria força, subiu acima de todos os coros dos anjos e está sentado à direita do Pai. Esse mestre falou corretamente, só que, na verdade, eu não daria muito por isso. De que me serve ter um irmão que fosse, lá, rico, e eu ali um pobre homem? De que me serve ter um irmão que fosse, lá, um sábio, e eu ali um tolo?

Vou dizer uma outra coisa, e uma bem mais decisiva: Deus não apenas se tornou homem, mas muito mais: Ele assumiu a natureza humana.

Os mestres[2] dizem em geral que, em sua natureza, todos os homens são igualmente nobres. Eu, porém, digo, segundo a verdade: Todo o bem que todos os santos, Maria, a Mãe de Deus, e Cristo, segundo sua humanidade, possuíram, é *meu* próprio nesta natureza. Mas poderíeis me perguntar: Já que, nesta natureza, possuo tudo que Cristo pode oferecer segundo a sua humanidade, de onde vem, pois, que exaltamos a Cristo e o veneramos como Nosso Senhor e nosso Deus? Vem do fato de Ele nos ter sido um

1. Cf. Tomás de Aquino, *S.Th.* III a q. 57 a.
2. Cf. Tomás de Aquino, *II Set.* d. 32 q. 2 a. 3.

mensageiro de Deus e de nos ter trazido a bem-aventurança. A bem-aventurança, que Ele nos trouxe, era *nossa*. Lá onde o Pai gera seu Filho na mais íntima profundidade, ali dentro se acha imersa, em estado de suspensão, também esta natureza. Esta natureza é Um e simples. É bem possível que *aqui* algo possa expiar para fora e que algo possa se dependurar[3], mas isto não é esse Um.

Eu vou dizer algo mais, e mais grave: Quem quiser estar de imediato na nudez desta natureza deve ter saído de tudo que é pessoal, de tal modo a, com prazer, desejar o bem a quem se encontra do outro lado do mar e a quem ele jamais viu, do mesmo modo que deseja com prazer o bem a quem está ao seu lado e é amigo de confiança. Enquanto desejas o bem à tua pessoa mais do que ao homem a quem jamais viste, não estás bem em verdade contigo, e tu ainda não viste esse fundo simples nem sequer por um instante. Podes, porém, até ter visto a verdade numa imagem abstrata como numa comparação: isto, porém, não era o melhor.

Em segundo lugar, deves ser de puro coração, pois só é puro *o* coração que aniquilou tudo que tem caráter de criatura[4]. Em terceiro lugar, deves estar livre do "não". Pergunta-se: O que queima no inferno? Os mestres dizem geralmente: O que faz queimar no inferno é a vontade própria. Eu, porém, digo segundo a verdade que é o "não" que queima no inferno. Vejamos, pois, uma comparação! Tomo um carvão em brasa e o coloco em minha mão. Se dissesse que é o carvão que queima minha mão, estaria lhe fazendo muita injustiça. Se é para dizer justamente o que me queima, então: é o "não" que faz queimar, pois o carvão tem algo em si que a minha mão não tem. Ei-lo, é exatamente esse "não" que me queima. Se, porém, a minha mão tivesse em si tudo o que o carvão é e pode efetivar, ela assim teria totalmente a natureza do fogo. Se alguém tomasse então todo o fogo que até agora já queimou e o despejasse sobre minha mão, o fogo não po-

---

3. *Hie mac wol etwaz ûzluogen und iht zuohangen.*

4. Quint coloca esta frase: "Em segundo lugar, deves ser de puro coração [...] que tem caráter de criatura" em paralelismo com a frase do Sermão 5a "Ele enviou-o ao mundo". Um dos significados de "*mundum*" é "puro". E observa: "O presente texto não pode ser completo nem originário, já que nada indica que o pregador nesse trecho esteja entregue a discorrer sobre o *mundum* do texto da Escritura, cuja significação ele transforma em *mundum* = puro, como se torna claro no trecho correspondente da versão 5a. Assim, também, parece ser certo que o trecho do final desse sermão onde se diz 'todas as coisas foram feitas do nada; por isso, sua verdadeira origem é o nada' pertence a essa nossa frase de cima, atrás da 'que tem caráter de criatura'" (Eckhart, 1958, p. 88, nota 2).

deria causar-me dor. Igualmente afirmo: Deus e todos que estão na contemplação de Deus têm, na bem-aventurança verdadeira, algo em si que não possuem aqueles que estão separados de Deus. É então esse "não" que atormenta as almas que estão no inferno, mais do que a vontade própria ou outro fogo qualquer. Pela verdade eu digo: Tanto quanto de "não" adere a ti, tanto quanto és imperfeito. Assim, se quiserdes ser perfeitos, deveis ser então livres do "não".

Por isso, a pequena palavra que vos tenho proposto diz: "Deus enviou seu Filho Unigênito ao mundo". Isto não deveis compreender em vista do mundo exterior, como Ele conosco comeu e bebeu: deveis compreendê-lo em referência ao mundo *interior*. Tão verdadeiramente como o Pai em sua natureza simples gera naturalmente seu Filho, assim também, em verdade, gera-o no mais íntimo do Espírito, e isso é o mundo interior. Aqui o fundo de Deus é meu fundo e o meu fundo é o fundo de Deus. Aqui, vivo do meu próprio, como Deus vive do seu próprio. A quem já viu, seja apenas por um instante, esse fundo, mil marcos cunhados de ouro vermelho são <tanto> como uma falsa mealha. A partir desse fundo íntimo deves operar todas as tuas obras, sem porquê. Em verdade eu digo: Enquanto fazes tuas obras por causa do Reino dos Céus ou por causa de Deus ou por causa de tua bem-aventurança eterna, <portanto> a partir de fora, não estás verdadeiramente bem-ajustado acerca de ti mesmo. Quem sabe, a gente bem poderia te aceitar assim. Isto, porém, não é o melhor. Pois, verdadeiramente, se alguém presumir, em interioridade, em devoção, em doce arrebatamento e em agraciação especial de Deus, receber mais do que ao lado do fogão ou na estrebaria, ele então não faz senão como se pegasse a Deus, enrolasse sua cabeça com um manto e o empurrasse por debaixo de um banco. Pois quem busca a Deus em um <determinado> *modo*, toma o modo e perde a Deus, que está oculto no modo. Quem, porém, busca a Deus *sem* modo, apreende-o como Ele é em si mesmo; e um tal homem vive com o Filho e é a vida ela mesma. Quem pelo espaço de mil anos perguntasse à vida: "Por que vives?" – se ela pudesse responder, não diria outra coisa a não ser: "Eu vivo por*que*[5] vivo". Isso vem porque a vida vive do seu próprio fundo e emana a partir do seu próprio. Por isso vive sem porquê, justamente por viver <para> si mesma. Quem, pois, perguntasse a um homem verdadeiro,

5. Em alemão temos *ich lebe dar umbe daz ich lebe* (*Ich lebe darum*, dass *ich lebe*). Essa conjunção *dass* indica a pura facticidade "*que se vive*". Assim o *que* do "por*que*" indica a facticidade do ser simplesmente, na vigência, na força que se vive.

que opera a partir do seu próprio fundo: "Por que operas tuas obras?" – se quisesse responder direito, não diria outra coisa a não ser: "Eu opero por*que* opero".

Onde termina a criatura, ali começa a ser Deus. Ora, Deus cobiça de ti nada mais a não ser que saias de ti mesmo, segundo teu modo de ser criatural, e deixes Deus ser Deus em ti. A menor de todas as imagens de criatura que, porventura, se forme em ti é tão grande quanto é grande Deus. Por quê? Porque te impede o acesso a um Deus *completo*. Justamente ali onde entra essa imagem <em ti>, ali Deus deve retrair-se, e toda sua deidade. Onde, porém, essa imagem sai, ali entra Deus. Deus deseja tanto que saias, por ti mesmo, do teu modo de ser criatural, como se toda a sua bem-aventurança se constituísse nisso. Pois então, caro homem, o que te prejudica se permites a Deus que Deus seja Deus em ti? Sai totalmente de ti mesmo por Deus e para Deus, pois assim Deus sai totalmente de si próprio por e para ti. Quando ambos saem de si, o que ali permanece é um simples Um singular. Nesse Um, o Pai gera seu Filho na fonte mais íntima. Lá floresce o Espírito Santo e lá jorra em Deus uma vontade, que pertence à alma. Enquanto a vontade está intacta de todas as criaturas e de toda a criaturidade, a vontade é livre. Cristo fala: "Ninguém vem ao céu a não ser aquele que veio do céu" (Jo 3,13). Todas as coisas foram feitas do nada; por isso, sua verdadeira origem é o nada, e, enquanto essa vontade nobre se inclina às criaturas, ela flui com as criaturas em seu nada.

Agora surge uma questão: se essa vontade nobre se esvai a tal ponto de jamais poder novamente retornar. Os mestres afirmam geralmente que ela jamais retorna, à medida que flui com o tempo. Eu, porém, digo: Seja quando for, sempre que essa vontade, seja <só> por um instante, retorna de si mesma e de toda a criaturidade para sua origem primeira, então a vontade está <de novo> em pé em sua maneira justa e livre e é livre; e nesse instante terá recuperado todo o tempo perdido.

Muitas vezes as pessoas me dizem: "Orai por mim!" Eu penso então: "Por que saís? Por que não permaneceis em vós mesmos e vos agarrais em vosso próprio bem? Pois trazeis toda a verdade essencialmente em vós".

Que nós, em tal maneira, possamos permanecer verdadeiramente no interior, que possamos possuir toda a verdade imediatamente, sem diferenciação, na justa bem-aventurança! Para isso ajude-nos Deus. Amém.

Sermão 6
Justi vivent in aeternum
[Os justos viverão para sempre]
(Sb 5,16)

"Os justos viverão eternamente, e sua recompensa está junto a Deus" (Sb 5,16). Observai, agora, em todo seu direito, o sentido dessa palavra. Embora ele também possa soar singelo e óbvio, merece, no entanto, muita atenção e é bom inteiramente. "Os justos viverão." Quem são os justos? Um escrito diz: "Justo é aquele que dá a cada um o que é seu"[1]; aqueles que dão a Deus o que é de Deus e aos santos e aos anjos o que é deles e ao próximo o que é dele.

De Deus é a *honra*. Quem são os que honram a Deus? São os que deixaram totalmente a si mesmos e, de modo algum, nada buscam do que é seu em nenhuma coisa, seja o que for, grande ou pequeno; não veem nada abaixo nem acima de si, nem ao seu lado nem em si mesmos; que não procuram bem, honra, conforto, prazer, utilidade, nem interioridade, nem santidade, nenhuma recompensa nem mesmo o Reino dos Céus e que se tornaram exteriores a tudo isso, a tudo que é seu. Dessas pessoas Deus recebe honra. E elas honram a Deus, no sentido próprio, dando a Deus o que é de Deus.

Aos anjos e aos santos deve-se dar *alegria*. Oh, maravilha das maravilhas! Pode um homem nesta vida dar alegria àqueles que estão na vida eterna? Sim, de verdade! Cada santo experimenta um imenso prazer e uma inefável alegria por toda boa obra. E é tão imensa a sua alegria diante de um bom querer e de um bom desejo que nenhuma boca consegue exprimir e nenhum coração consegue explicitar toda essa alegria. Por que é assim?

1. Cf. *Institutiones* do Imperador Justiniano, século VI: "Os preceitos do direito são estes: viver honestamente, não prejudicar a outrem e dar a cada um o que é seu" (*Ins.* I, 1).

Porque os santos amam a Deus tão inteiramente, tão além de todas as medidas, e o amam com tanto direito que, para eles, a honra de Deus é mais amável do que a sua própria bem-aventurança. E não apenas os santos e os anjos mas, ainda mais, o próprio Deus tem nisso tanto prazer, justamente como se fosse sua própria bem-aventurança, e disso depende seu ser, sua satisfação e seu bem-estar. Agora, pois, notai com atenção! Se quiséssemos servir a Deus unicamente pela grande alegria que experimentam os que estão na vida eterna e o próprio Deus, poderíamos fazê-lo com muito gosto e com todo empenho.

Devemos também prestar auxílio àqueles que estão no purgatório e incentivo <bom exemplo> aos que ainda vivem.

Alguém assim é justo de um modo. Mas são justos num outro sentido os que recebem todas as coisas de Deus como iguais, sejam quais forem, grandes ou pequenas, amáveis ou dolorosas, e até mesmo como inteiramente iguais, sem mais, sem menos, umas como as outras. Se de algum modo estimas uma coisa mais do que a outra, isso não tem o seu direito[2]. Tu deves tornar-te exterior à tua própria vontade.

Recentemente, veio-me à mente um pensamento: se Deus não quisesse como eu quero, eu então quereria como Ele quer. Muita gente quer ter a sua própria vontade em todas as coisas; isso é mau, nisso incide erro[3]. Outras pessoas são um pouco melhores: elas querem certamente o que Deus quer e nada querem contra a vontade dele; se, porém, estivessem doentes, quereriam que a vontade de Deus fosse a de eles estarem sadios. Essas pessoas preferem, portanto, que Deus antes queira conforme a vontade delas do que ela conforme a vontade dele. Aqui é preciso aceitar, mas isso não está direito[4]. Os justos não têm absolutamente nenhuma vontade; o que Deus quer, isso tudo lhes vale como igual, por maior que seja a desgraça.

Os homens justos levam tão a sério a justiça que, se Deus não fosse justo, a isso, em Deus, não dariam a mínima atenção, não levando nada disso em conta[5]. Ficam em pé, tão firmes na justiça, e tornaram-se para si

---

2. O texto no original alemão medieval diz: *Wigest dû daz ein iht mêr dan daz ander, sô ist im unrecht*. A versão em alemão moderno diz: *Schlägst du das eine irgendwie höher na als das andere, so ist es verkehrt*.

3. No alemão medieval está: *dar in vellet gebreste*. Na versão moderna: *es steckt ein Makel darin*.

4. No alemão medieval está: *Man muoz ez vertragen, im ist aber unrecht*.

5. O texto alemão diz: *sie enahteten eine bône niht ûf got* (*sie nicht die Bohne auf Gott achten würden*). "Porque cada feijão em particular não tem quase nenhum valor – feijão é usado muitas

mesmos tão exteriores que não levam em conta nem as penas do inferno nem as alegrias do Reino dos Céus, nem qualquer outra coisa. Sim, mesmo se a justiça implicasse todo o penar que atormenta os que estão no inferno, tanto homens como demônios, e todo o tormento que já se sofreu ou que se há de sofrer na terra, os justos não dariam a mínima importância a isso; eles estão em pé, firmes em Deus e na justiça. Ao homem justo nada é mais penoso e difícil do que o que é contrário à justiça, isto é, o fato de ele não ser igual[6] em todas as coisas. Como assim? Se uma coisa pode alegrar os homens e uma outra perturbá-los, então eles não são justos. Antes, se por um tempo se alegram, então eles são alegres em todos os tempos; se são mais alegres num tempo e menos num outro tempo, então nisso são injustos. Quem ama a justiça sustenta-se nisso com tanta firmeza, que o que ele ama é o seu ser; nenhuma coisa consegue retirá-lo desse sustento e ele não dá atenção a mais nada. Santo Agostinho diz que "a alma, lá onde ela ama, é mais verdadeira do que lá onde ela anima"[7]. Não obstante nossa palavra da Escritura soar singela e compreensível para todos, e, mesmo assim, só poucos compreenderem o que nela se trata, ela é verdadeira. Quem compreende a doutrina da justiça e do justo compreende tudo que eu digo.

"Os justos viverão." De todas as coisas nada é tão amável e desejável quanto a vida. E ademais, nenhuma vida é tão má e tão árdua que o homem não queira viver. Um escrito diz: Quanto mais algo se aproxima da morte mais é cheio de penúrias. Assim também, por pior que seja, a vida quer sempre ainda viver. Por que comes? Por que dormes? Para que vivas. Por que buscas bem ou honra? Tu o sabes muito bem. Mas: Por que vives? Por e para a vida e, no entanto, não sabes por que vives. A vida é tão desejável em si mesma que é desejável por si mesma. Mesmo os que estão no inferno, no tormento eterno, não quereriam perder sua vida. E nem os demônios nem as almas, pois sua vida é tão nobre que eflui imediatamente de Deus na

---

vezes como dinheiro de brincadeira – a palavra *feijão* servia desde o século XIII para expressar nulidades" (cf. *Trübners Deutsches Wörterbuch*, vol. I, verbete *Bohne*). Em português temos a expressão: *pouco estou me lixando com isso*.

6. Quint transcreve o texto original do alemão medieval *niht glîch ist* para o alemão moderno *nicht... gleich <mütig> ist*.

7. Animar significa dar a alma. Alma significa propriamente vida, vitalidade, vigor. Cf. Eckhart, no *Comentário sobre São João*: "E, segundo isso, otimamente diz Agostinho que a alma está mais verdadeiramente onde ama do que onde anima" (*In Joh*. n. 469). A nota 4 de Jarczyk e Labarrière observa: "Essa citação não pôde ser reencontrada nos escritos de Agostinho" (Eckhart, 1998, p. 281).

alma. Por a vida efluir assim imediatamente de Deus, por isso eles querem viver. O que é vida? O ser de Deus é minha vida. Se, pois, a minha vida é o ser de Deus, então o ser de Deus deve ser meu e a esti-dade (*isticheit*) de Deus, minha esti-dade[8], nem mais nem menos.

Eles vivem eternamente "junto a Deus", totalmente iguais *junto* a Deus, nem abaixo nem acima. Operam todas as suas obras junto a Deus e Deus junto a eles. São João diz: "A Palavra era junto a Deus" (Jo 1,1). Ela era plenamente igual e ali, ao seu lado, nem abaixo nem acima, mas igual. Quando Deus criou o homem, fez, pois, a mulher da costela do varão para que ela fosse a ele igual. Não a fez nem da cabeça nem dos pés, para que ela em relação a ele não fosse nem mulher nem varão[9], mas igual. Assim, também a alma justa deve ser igual *junto* a Deus e ao seu lado, totalmente igual, nem abaixo nem acima.

Quem são esses que são, desse modo, iguais? Os que são iguais a nada, somente esses são iguais a Deus. A essência divina é igual a nada[10], nela não há imagem nem forma. Às almas que, desse modo, são iguais a elas o Pai dá de igual a igual e não lhes retém nada. Em verdade, o que o Pai pode efetivar, Ele o dá a essa alma desse mesmo modo, desde que ela não se iguale a si mais do que a um outro ser e não deva estar mais próxima de si do que de outro. Não deve desejar nem cuidar de sua própria honra, do que lhe é útil e de tudo que é seu mais do que o de um estranho. Nada do que é de um outro qualquer lhe deve ser estranho nem distante, seja o que for, mau ou bom. Todo amor deste mundo está edificado sobre o amor-próprio. Se *o* houvesses deixado, terias deixado o mundo inteiro.

O Pai gera seu Filho igual a si mesmo na eternidade. "A Palavra era junto a Deus, e Deus era a Palavra" (Jo 1,1) – ela era o mesmo, na mesma natureza. A respeito disso digo ainda: Ele gerou-o em minha alma[11]. Não

---

8. *Isticheit*; *Wesenheit*. Cf. glossário n. 7, nota 9.

9. No lugar de *dass sie weder unter noch über ihm wäre* (para que ela não fosse nem embaixo nem em cima), na transposição para o alemão moderno, está no texto original do alemão medieval: *daz si im waere weder vrouwe noch man* (para que ela não lhe fosse nem mulher nem varão). Quint observa que a diferença entre o texto no alemão medieval e no alemão moderno vem da escolha das variantes existentes nos manuscritos (Eckhart, 1958, p. 107, nota 1). Antes Quint escolheu o manuscrito com a variante que está vertida para o alemão moderno. Hoje ele acha que a variante colocada como texto por ele mesmo na edição dos sermões de Eckhart em alemão medieval é mais originária.

10. Cf. glossário n. 16.

11. *In mîner sele*; *aus meiner Seele*.

somente ela é junto a Ele e Ele junto a ela como iguais, mas Ele é nela[12]; e o Pai gera seu Filho na alma no mesmo modo como Ele o gera na eternidade e não diversamente. Ele tem de fazê-lo, quer isso lhe agrade ou o faça sofrer. O Pai gera seu Filho sem cessar, e eu digo ainda mais: Ele gera a mim como seu filho e como o mesmo Filho[13]. E digo ainda mais: Ele gera a mim não apenas como seu filho; Ele gera a mim como a si mesmo e gera a si mesmo como a mim, como seu ser e como sua natureza[14]. Na fonte mais íntima, ali eu broto no Santo Espírito; ali há *uma* vida e *um* ser e *uma* obra. Tudo que Deus opera, isto é um; por isso, Ele gera a mim como seu Filho, sem nenhuma diferença. Meu pai carnal não é propriamente meu pai, mas sim, apenas com uma pequena parcela de sua natureza, e eu estou separado dele: Ele pode estar morto e eu viver. É por isso que o Pai celeste é na verdade meu pai, pois eu sou seu filho e tudo que tenho o tenho dele, e sou o mesmo Filho e não um outro. Porque o Pai opera <apenas> *uma* obra, por isso põe-me em obra como seu Filho Unigênito, sem nenhuma diferença.

"Seremos plenamente transformados e mudados em Deus" (2Cor 3,18). Escutai uma comparação! Inteiramente assim como no sacramento, o pão é mudado no corpo de Nosso Senhor: assim, por mais numerosos que sejam os pães, tornam-se, no entanto, somente *um* corpo – da mesma maneira, se todos os pães se transformassem em meu dedo, esse não seria mais do que

12. Aqui Eckhart afirma a igualdade entre o Pai que gera o Filho na alma e a alma que é gerada como filho. E então, depois dessa afirmação potencializa mais ainda a radicalização dessa igualdade como identidade na Unidade. Não se trata, pois, de exclusão da igualdade em relação à unidade, mas inclusão (Eckhart, 1958, p. 109,1s).

13. Diz o texto original no alemão medieval: *Er gebirt mich sînen sun und den selben sun*. Literalmente seria: Ele me gera seu filho e o mesmo Filho. O *als* (como) é deixado fora para indicar uma igualação toda própria. *Als* destaca um aspecto e nele delimita o abismo de imensidão, plenitude e a generosidade da doação gratuita da filiação. O Pai me gera seu filho, e assim sou o mesmo Filho, enquanto sou gerado por Ele, nele e com Ele.

14. Nessa frase e nas quatro frases anteriores, a saber, no trecho: "O Pai gera seu Filho sem cessar [...] como seu ser e como sua natureza", o verbo *gerar* vem com a conjunção *como* (*als*) na versão para o alemão moderno. Segundo o original alemão medieval, Eckhart não usa o termo *als* (como). O *als* é deixado fora para indicar uma *igualação toda própria*. É que *als* destaca um aspecto e nele delimita o abismo de imensidão, plenitude e a generosidade da doação gratuita da e na filiação. Se deixarmos ser o abismo da liberdade de doação na gratuidade do desprendimento da deidade, poderemos talvez dispensar todos esses senões e cuidados de delimitação no ser filho no Filho, na ab-soluta acolhida do Pai a nosso respeito a partir e dentro da dinâmica da filiação divina. Assim, p. ex., na última frase diz: "*Ich spriche mêr: er gebirt mich niht aleine sînen sun, mêr: er gebirt mich sich und sich mich und mich sîn wesen und sîn natûre*". Traduzido literalmente seria então: "Eu digo mais: Ele não somente gera me seu filho, mais: ele gera me se e se me e me sua essência (ou ser) e me sua natureza". Cf. glossário n. 4, 5, 6, 7, 13 e 14.

um dedo. Se de novo o meu dedo se transformasse no pão, este seria tanto quanto aquele. O que se transforma em um outro, torna-se um com ele. Inteiramente assim nele serei transformado, de tal modo que Ele me põe em obra como seu ser, <certamente> como um, e como *igual*[15]. E é verdade que junto ao Deus vivo não existe nenhuma diferença.

O Pai gera seu Filho sem cessar. Quando o Filho é gerado, não recebe nada <mais> do Pai, pois tem tudo; quando, porém, está *sendo* gerado, recebe do Pai. Em vista disso, assim como nada devemos desejar de um estranho, também nada devemos desejar de Deus. Nosso Senhor disse a seus discípulos: "Não vos chamei de servos, mas de amigos" (Jo 15,14s.). O que deseja qualquer coisa do outro é "servo", e o que recompensa é "senhor". Outro dia fiquei pensando se eu queria receber ou desejar algo de Deus. Quero ponderar muito bem sobre esse ponto, pois, se recebesse <alguma coisa> de Deus, então seria abaixo de Deus, como um servo, e Ele, no dar, como um senhor. Assim, porém, não deve ser conosco na vida eterna.

Uma vez eu disse justamente aqui, neste lugar, e é também verdade: se o homem promove ou absorve algo que vem de fora de si mesmo, isso assim não está direito. Não devemos conceber e considerar Deus como fora de cada um de nós, mas como o meu próprio e como o que está *em cada um de* nós; ademais não devemos servir nem operar por algum porquê,

---

15. Sobre o texto "Ele me põe em obra como seu ser, como um, *não* como igual" (dass er mich als sein Sein wirkt, <und zwar> als eines, *nicht* als *gleiches* = daz er würket mich sîn wesen ein unglîch), Quint, na nota, diz que o texto que vem da tradição dos manuscritos não é *unglîch* (*nicht als gleiches*), mas sim *und gelîch* ou *und glîch* (Eckhart, 1958, p. 111). Baseado na tradução do texto feito pelos censores dos sermões de Eckhart (Théry, 1926, p. 242; Pelster, 1935, p. 1118, art. 20; Denifle, 1886, p. 638, art. 10), onde em lugar de *und glîch* está *non simile*. E também argumenta que: "Eckhart rejeita, pois, no contexto todo a igualdade a favor da unidade". E em Eckhart (1958, p. 107, nota 2) diz: "Eckhart rejeita em todo esse contexto o conceito de igualdade tanto para Deus como para os justos, porque igualdade inclui em si o conceito de número, da dualidade ou pluralidade: mas o ser de Deus e o ser dos justos, assim também do relacionamento entre ambos, descansa sobre unidade, como as exposições de Eckhart sobre o nascimento do Filho no justo na página 109, 1s, acentuam expressamente". Não poderia ser, porém, que a igualdade está intimamente ligada com a unidade, quando se trata da dinâmica da processão das pessoas divinas na Santíssima Trindade, portanto, na vida *ad intra* da intimidade de Deus e da dinâmica da difusão do amor gerativo de Deus no ato da filiação divina *ad extra* (mistério da Encarnação = Criação) no qual através de, em, por e para o Filho somos realmente filhos de Deus? Cf. Nicolau de Cusa, *De docta Ignorantia*, a importância do conceito de igualdade que parte da matemática para se ampliar numa compreensão da igualdade num sentido mais vasto, mais profundo e mais originário, referida ao universo e sua criação como mistério da Encarnação de Deus no Filho. Aqui ficamos com o texto transmitido pelos manuscritos que diz: *daz er würket mich sîn wesen ein und glîch*: Ele opera em mim seu ser, um e *igual*.

nem por Deus, nem pela própria honra, nem por um algo que esteja fora de nós, mas unicamente por e pelo que em nós é o próprio ser e a própria vida em nós. Muita gente simples imagina que deveria ver a Deus de tal modo que Ele estivesse lá e ela aqui. Para Deus não é assim. Deus e eu, nós somos *um*. Pelo conhecer, recebo Deus para dentro em mim; pelo amor, ao contrário, eu entro em Deus. Muitos dizem que a bem-aventurança não está no conhecer, mas somente na vontade. *Estes* não estão direito. Pois, se ela estivesse apenas na vontade, então não seria um[16]. O operar e o devir, porém, são um. Se o carpinteiro não opera, também a casa não vem a ser. Onde o machado descansa, descansa também o devir. Deus e eu, nós somos um nesse operar: Ele opera, e eu venho a ser. O fogo transforma em si o que se lhe acrescenta, transformando esse acréscimo em sua natureza. Não é a madeira que nela transforma o fogo, mas antes o fogo nele transforma a madeira. Assim também nós somos transformados em Deus, de tal modo que o conheceremos como Ele é (1Jo 3,2). São Paulo diz: Assim conheceremos: justamente, eu a Ele, como Ele a mim, nem menos nem mais, simplesmente de modo igual (1Cor 13,12). "Os justos viverão eternamente e sua recompensa é junto a Deus" – totalmente assim, de *modo igual*.

Que amemos a justiça por ela mesma e amemos a Deus sem porquê. Para isso, ajude-nos Deus. Amém.

16. Em Eckhart (1958, p. 114, nota 1) se diz: "Sobre a controvérsia se é a razão ou a vontade o supremo princípio beatífico [...] Eckhart dá prioridade à razão [...] em referência à capacidade de possibilitar a união e a unidade do homem com Deus". Cf. glossário n. 12.

Sermão 7
Populi eius qui in te est, misereberis
[Em ti o órfão encontra compaixão]
(Os 14,4)

O profeta fala: "Senhor, tem piedade do povo que está em ti" (Os 14,4). Nosso Senhor respondeu: "Tudo o que é enfermo eu o farei são e o amarei de boa vontade[1]".

Eu tomo a palavra da Escritura: "O fariseu desejava que Nosso Senhor comesse com ele" e mais ainda: "Nosso Senhor disse à mulher: '*Vade in pace*, vai em paz'" (Lc 7,36.50). É bom quando se vem da paz para a paz, é digno de louvor; mas, apesar disso, é falho. Devemos *correr* para dentro da paz, não devemos *começar* na paz. Deus <Nosso Senhor> quer dizer: devemos ser transferidos e empurrados para dentro da paz e devemos *terminar* na paz. Nosso Senhor disse: "Somente em mim tereis paz" (Jo 16,33). O quanto se é e está em Deus, tanto se é e está em paz. Se seu (ser) algo está em Deus, tem paz; se seu (ser) algo está fora de Deus, não tem paz[2]. São João diz: "Tudo que nasceu de Deus vence o mundo" (1Jo 5,4). O que nasceu de Deus procura paz e corre para dentro da paz. Por isso disse Ele: "*Vade in pace*, corre para dentro da paz". O homem que está correndo e se acha em contínua corrida para dentro da paz, esse é um homem "celeste". O céu percorre constantemente o seu curso e, em correndo, busca paz.

---

1. No original alemão medieval é *williclîche* = espontaneamente. "Espontâneo é o que consiste todo ele na liberdade da vontade" (cf. Alberto Magno, *In XII prophetas minores*, Borgnet, XIX, p. 120b). Segundo Quint, a tradição manuscrita dá, em vez de *williclîche*, *billîche* e também *minneklichen* (Eckhart, 1958, p. 117, nota 1). Segundo Quint, essas duas variantes ou seriam corruptas ou leitura equivocada de *williclîche*.

2. *Ist sîn iht in gote, daz hât vride; ist sîn iht ûz gote, daz hât unvride*. Em alemão moderno: *Was irgend von einem in Gott ist, das hat Frieden; ist dagegen etwas von einem ausserhalb Gottes, so hat es Unfrieden*. Entendemos *Iht* aqui como o modo de ser criatura, o algo, onde se reúne o nada da criatura, cujo "ser" lhe é primordialmente doado de empréstimo; enquanto recolhido em Deus tem paz e repouso. Cf. Eckhart (1963b, p. 290s.): "Pois o tanto que estás em Deus [...] pois onde não tens paz, ali necessariamente não deves ter paz, visto que a falta de paz vem da criatura e não de Deus".

Agora prestai atenção! "O fariseu desejava que Nosso Senhor comesse com ele." O alimento que como une-se de tal modo com meu corpo como meu corpo se une com minha alma. Meu corpo e minha alma estão unidos em um ser, não como num operar, <não, portanto> como a minha alma se une ao olho no operar, isto é, no fato de que ele vê; assim também o alimento que eu como une-se à minha natureza no *ser*, e não no operar. Isso mostra a grande união que devemos ter com Deus no *ser*, não porém no operar. É por isso que o fariseu pediu a Nosso Senhor que comesse com ele.

"*Phariseus*" significa: alguém que está separado e não conhece nenhum limite. Todo o acessório da alma deve ser totalmente desprendido. Quanto mais nobres as forças, mais fortemente elas desprendem. Certas forças estão tão acima do corpo e tão separadas que operam descascando e cindindo completamente! Um mestre disse uma bela palavra: O que <apenas por> uma vez toca o corpóreo jamais alcança lá dentro. Em segundo lugar <"fariseu" significa> que é preciso desprender-se, retrair-se e recolher-se. Disso se pode inferir que um homem iletrado pode alcançar e ensinar o saber[3] <só> por amor e por desejo. Em terceiro lugar <"fariseu"> significa que não se deve ter nenhum limite, que não se deve estar fechado nem jamais apegado em nenhuma parte e que, uma vez transportado para dentro de Deus pelas forças que são completamente desprendidas, deve transferir-se de tal modo para dentro da paz que nada <mais> se conhece da falta de paz. Por isso disse o profeta: "Senhor, tem *misericórdia* do povo que está em ti".

Um mestre diz: A obra mais elevada que Deus já operou em todas as criaturas é misericórdia. O que há de mais secreto e mais velado, isso que Deus jamais pôs em obra nem mesmo nos anjos, é alçado para dentro da misericórdia, na verdade, na obra da misericórdia, como ela é em si mesma e como é em Deus. Seja o que for que Deus ponha em obra, o primeiro irromper é <sempre> misericórdia, <e em verdade> não aquela na qual Ele perdoa aos homens seus pecados e na qual um homem se compadece do outro; antes <o mestre> quer dizer muito mais: a *mais elevada* obra que Deus opera, isso é misericórdia. Um mestre diz: A obra <da> misericórdia é tão essencialmente aparentada com Deus que, embora verdade e riqueza e bondade nomeiem a Deus, indicando graus diversos, a obra *mais elevada* de Deus é, porém, misericórdia, e significa que Deus transpõe a alma para o mais elevado e o mais puro que ela pode receber: para a amplidão, para o

3. *Kunst, Wissen*. Cf. glossário n. 1.

mar, para um mar insondável[4], lá onde Deus opera misericórdia. Por isso diz o profeta: "Senhor, tem piedade do *povo* que está em ti".

Que povo está em Deus? São João fala: "Deus é o amor, e quem permanece no amor, esse permanece em Deus e Deus nele" (1Jo 4,16). Embora São João diga que o amor une, o amor, porém, nunca transporta para dentro de Deus; em todo caso, o amor dá aderência ao <já unido>. O amor não une, de modo algum; ele adere e liga o que <já> é unido. Amor une no agir, não, porém, no ser. Os melhores mestres dizem que a mente descasca completamente, captando a Deus desnudado, como Ele é em si mesmo, ser puro. O conhecer irrompe através da verdade e da bondade, lançando-se sobre o ser puro e apreendendo a Deus desnudado, como Ele é sem nomes. Eu <porém> digo: Nem o conhecer nem o amor unem. O amor apreende a Deus mesmo, enquanto Ele é bom, e se Deus se ausentasse do nome "bondade", o amor jamais iria longe. O amor toma Deus sob uma pele, sob uma roupagem. Isso a mente não faz; a mente toma a Deus como Ele é nela conhecido. Ela, no entanto, jamais pode apreendê-lo no mar do seu abismo insondável. Eu digo: Por sobre esses dois, <sobre o> conhecer e <o> amor, eleva-se a misericórdia[5]; no mais altaneiro e no mais puro que Deus pode operar, assim Deus põe em obra misericórdia.

Um mestre diz uma bela palavra: Existe algo na alma, que é secreto e velado, que está bem acima de onde irrompem as forças, bem acima da mente e da vontade. Santo Agostinho diz: Assim como é inefável onde o Filho irrompe do Pai, na primeira irrupção, assim também há, acima do primeiro irromper, algo totalmente secreto, no qual irrompem mente e vontade. Um mestre que falou da alma, no modo mais excelente, afirma que a totalidade do saber[6] humano jamais consegue penetrar o que é a alma no seu fundo[7]. <Compreender> o que seja a alma, a isso pertence um saber[8] sobrenatural. Não sabemos, pois, de onde as forças saem da alma para as obras. Sabemos certamente um pouco disso, mas é bem pouca coisa. O que seja a alma no seu fundo, disso ninguém sabe nada. O que se pode saber sobre isso deve ser sobrenatural, deve proceder da graça: assim Deus põe em obra misericórdia. Amém.

4. Tomás de Aquino, *S.Th.* I a q. 21 a. 4.

5. Cf. glossário n. 13 e 14.

6. Cf. glossário n. 1.

7. Agostinho, *De Genesi ad litteram* VI c. 29 n. 40.

8. Cf. glossário n. 1.

Sermão 8

In occisione gladii mortui sunt
[Foram passados ao fio da espada]
(Hb 11,37)

Lemos a respeito dos mártires que "morreram pela espada" (Hb 11,37). Nosso Senhor falou a seus discípulos: "Felizes sois vós que assim sofreis por meu nome" (Mt 5,11; 10,22).

Diz-se, pois: "Eles estão mortos". Que "eles estão mortos" significa, em primeiro lugar: tudo que se sofre neste mundo e nesta vida tem um fim. Santo Agostinho diz: Todo penar e toda obra sofrida tem um fim, mas a recompensa de Deus é eterna. Significa, em segundo lugar: devemos ter-nos presente que toda essa vida é mortal, que não devemos temer nenhum tormento e nenhuma exaustão que nos possam atingir, pois tudo isso tem um fim. Em terceiro lugar, que devemos nos comportar como se estivéssemos mortos, para que assim não nos toque nem prazer nem pesar. Um mestre diz: Nada pode tocar o céu. E isso quer dizer: celeste é *o* homem para quem todas as coisas valem tão pouco que nem sequer conseguem tocá-lo. Um mestre pergunta: Se as criaturas são tão nulas, como é, no entanto, possível que tão facilmente consigam desviar o homem de Deus? Será que a alma, com todo o seu pouco vale mais do que o céu e todas as criaturas!? E ele responde: É porque o homem presta pouca atenção a Deus. Se prestasse a Deus a atenção que deveria, seria quase impossível que o homem chegasse um dia a cair. É um bom ensinamento que o homem deva comportar-se neste mundo como se estivesse morto. São Gregório afirma que ninguém pode possuir a Deus em abundância a não ser quem, pela raiz, está morto para este mundo.

O quarto ensinamento <porém> é de todos o melhor. Diz-se que "eles estão mortos". <Mas> a morte dá-lhes um ser. Um mestre diz: A natureza não destrói nada sem dar <por isso> algo melhor. Quando o ar se torna fogo, dá-se então algo melhor; mas quando o ar se torna água, isso então é uma destruição e uma aberração. Se a natureza <já> faz isso, Deus o faz então ainda mais: jamais destrói sem dar <por isso> algo melhor. Os mártires foram mortos e perderam uma *vida*, mas receberam um *ser*. Um mestre diz que o mais nobre é ser e viver e conhecer. Conhecer é mais elevado do que viver ou ser, pois, conhecendo, se tem viver e ser. Em contrapartida, porém, viver é mais nobre do que ser ou conhecer, como a árvore que *vive*, enquanto a pedra tem um ser. Se, porém, tomarmos novamente o ser na sua pureza e claridade como em si mesmo é, então ser é mais elevado do que conhecer e viver; pois, nisso de ter ser, se tem conhecer e viver[1].

Eles perderam uma vida e encontraram um ser. Um mestre diz que nada é tão igual a Deus como ser, à medida que algo tem ser, é igual a Deus. Um mestre diz: Ser é tão puro e tão elevado que tudo que Deus é, é um ser. Deus não conhece nada mais do que ser, Ele não sabe nada mais do que ser, ser é seu cerne. Deus não ama nada mais do que seu ser, não pensa em nada mais do que seu ser. Eu digo: Todas as criaturas são um ser. Um mestre diz que certas criaturas são tão próximas de Deus e possuem tanto da luz divina impressa em si que emprestam ser a outras criaturas. Isso não é verdade, pois ser é tão elevado e tão puro e tão aparentado com Deus que ninguém pode emprestar ser a não ser somente Deus em si mesmo. A essência mais própria de Deus é ser[2]. Um mestre diz: Uma criatura bem pode doar *vida* a uma outra criatura. Justamente por isso tudo que de algum modo *é* está fundado unicamente apenas no *ser*. Ser é um primeiro nome. Tudo que é carente é des-caso do ser. Toda nossa vida deveria ser um ser. À medida que nossa vida é um ser, ela é em Deus. À medida que nossa vida está inclusa no ser, ela é aparentada com Deus. Por mais insignificante que seja uma vida, quando tomada enquanto é ser, é, pois, mais nobre do que tudo que ganhou vida. Estou certo disso: se uma alma conhecesse <mesmo apenas> a mínima coisa que possui ser, dela não se afastaria de novo, nem por um instante. A mínima coisa que se conhece <como> em Deus – sim, mesmo

1. Cf. Tomás de Aquino, *S.Th.* I a q. 4 a. 2 ad 3; Agostinho, *De libero arbitrio* II c. 3 n. 7; cf. glossário n. 3; Eckhart (1958, p. 130, nota 1), em que é citada sua obra latina *In Joh.* n. 63 (LW, vol. 3, p. 52,1s); op. cit. n. 141, n. 500, e a *Quaestio, Utrum in deo sit idem esse et intelligere?* n. 6 (LW, vol. 5, p. 42,8s).

2. O texto em alemão medieval diz com concisão: *Gotes eigenschaft ist wesen* (O próprio de Deus é Ser).

que se conhecesse <apenas> uma flor, enquanto ela tem um ser em Deus –, isso é mais nobre do que todo o mundo. A mínima coisa que é em Deus, enquanto é um *ser*, é melhor do que se alguém *conhecesse* um anjo.

Se o anjo se voltasse ao conhecer das criaturas, tornar-se-ia então noite. Santo Agostinho diz: Se os anjos conhecem as criaturas *sem Deus*, isso assim é uma luz vespertina; se, porém, conhecem as criaturas *em Deus*, isso é uma luz matinal. Se <novamente> eles conhecem a Deus como Ele com pureza é um ser em si mesmo, isso é o luminoso meio-dia[3]. Eu digo: O homem deveria compreender e conhecer que o ser é tão nobre assim. Nenhuma criatura é tão pouco a ponto de não desejar o ser. As lagartas, quando caem das árvores, sobem, arrastando-se por uma parede a fim de conservar seu ser. Tão nobre assim é o ser. Exaltamos o morrer em Deus para que Ele nos transponha para um ser que é melhor do que vida: um ser no qual nosso viver vive, no qual nosso viver se torna um ser. O homem deve se dar de boa vontade à morte e morrer, a fim de que lhe seja partilhado um ser melhor.

Muitas vezes me digo que madeira é melhor do que ouro; isso é bastante estranho. Enquanto possui um ser, uma pedra é mais nobre do que Deus e sua deidade sem ser, caso fosse possível retirar-lhe o ser. Uma vida na qual coisas mortas tornam-se vivas, sim, na qual a própria morte torna-se uma vida deve ser bem forte. Para Deus nada morre. Nele, todas as coisas vivem. "Eles estão mortos", diz a Escritura sobre os mártires, e são transpostos para uma vida eterna, para aquela vida onde o viver é um ser. Devemos estar mortos até a raiz para que nem amor nem sofrimento nos toquem. O que se deve conhecer, deve-se conhecer em sua causa. Jamais se pode conhecer retamente uma coisa em si mesma se não se conhecer essa coisa em sua causa. Um conhecer jamais pode ser verdadeiro quando não se conhece algo em sua causa manifesta. Assim também a vida jamais pode ser plena se não for conduzida à sua causa manifesta, na qual o viver é um ser que recebe a alma, quando esta morre até a raiz para que vivamos naquele viver onde viver é um ser. Um mestre nos explica o que nos impede de nisso permanecermos constantes, ao dizer: É porque tocamos o tempo. O que toca o tempo é mortal. Um mestre diz: O curso do céu é eterno[4]; é bem verdade que o tempo provém dele, mas isso acontece no des-caso.

---

3. Cf. Tomás de Aquino, *S.Th.* I a q. 58 a. 6 ad 2; Agostinho, *De Gen. ad litt.* 1. IV c. 23 n. 40.
4. Cf. Agostinho, *Conf.* XII.

No seu curso <mesmo>, porém, o céu é eterno, nada sabendo do tempo, e isso indica que a alma deve ser colocada num puro ser. A segunda coisa <que impede> é quando algo comporta uma oposição. O que é oposição? Amor e sofrimento, branco e preto estão em oposição e não têm nenhuma consistência no *ser*.

Um mestre diz: A alma foi dada ao corpo para ser purificada[5]. Quando separada do corpo, a alma não tem nem intelecto nem vontade: ela é um, ela não poderia dispor da força para voltar-se para Deus; ela certamente os tem <intelecto e vontade> no seu fundo e na sua raiz; não, porém, no seu operar. A alma é purificada no corpo, para que recolha o que está distraído e disperso. Quando o que os cinco sentidos dispersaram retorna para a alma, ela adquire uma força onde tudo se torna um. Por outro lado, a alma é purificada no exercício das virtudes, isto é, quando a alma se eleva a uma vida que é unida. A limpidez da alma consiste em ser purificada quando passa de uma vida dividida e ingressa numa vida que é unida. Tudo aquilo que está dividido em coisas inferiores será unido quando a alma se elevar para uma vida sem nenhuma oposição. Quando a alma chega na luz do intelecto, nada sabe de oposição. O que decai dessa luz cai na mortalidade e morre. Em terceiro lugar, a limpidez da alma consiste em estar inclinada para nada. O que tem inclinação para qualquer outra coisa morre e não pode ter consistência.

Nós pedimos a Deus, nosso querido Senhor, para que nos ajude a sair de uma vida dividida e entrar numa vida que é um. Para isso, ajude-nos Deus. Amém.

5. Avicena, *De anima*, 1ª parte, c. 5, fólio 6ra: "O vínculo da alma com o corpo [...] está ordenado para que o intelecto contemplativo seja consumado, santificado e purificado".

Sermão 9

Quasi stella matutina in medio nebulae et quasi luna plena in diebus suis lucet et quasi sol refulgens, sic iste refulsit in templo dei [Como a estrela da manhã, no meio da névoa, como a lua resplandecente no plenilúnio, e como um sol brilhante, assim luziu no templo de Deus] (Eclo 50,6-7)

Como estrela da manhã em meio à névoa, como lua cheia em seus dias, como sol esplêndido, assim brilhou esse homem no templo de Deus (Eclo 50,6-7).

Tomo, pois, a última palavra: "templo de Deus". O que é "Deus", e o que é "templo de Deus"?

Vinte e quatro mestres reuniram-se e quiseram conversar sobre o que seria Deus[1]. Encontraram-se num tempo marcado e cada qual disse a sua palavra. De suas palavras escolho aqui duas ou três. O primeiro disse: Deus é algo perante o qual todas as coisas mutáveis e temporais são nada, e tudo que possui ser é mínimo diante dele. O segundo disse: Deus é algo necessariamente acima do ser. Em si mesmo não precisa de ninguém. Dele, porém, precisam todas as coisas. O terceiro disse: "Deus é um intelecto que ali vive no conhecimento unicamente dele mesmo"[2].

Deixo de lado a primeira e a última palavra e falo da segunda, a saber: que Deus é algo que deve ser necessariamente acima do ser. O que possui ser, tempo ou lugar não toca em Deus. Ele é bem acima. <É verdade que> Deus é *em* todas as criaturas enquanto possuem ser, e, no entanto, Ele é

1. Eckhart se refere a *Liber 24 philosophorum* do Pseudo-Hermes Trismegistus, ed. por Denifle e Baeumker, in: *Festgabe z. 70. Geburtstag Georg Freiherrn von Hertlings*, p. 17-40.

2. Essa terceira citação entre aspas remete ao livro mencionado na nota 1.

bem *acima*. Justamente com aquilo com que é *em* todas as criaturas, Ele é, pois, *bem acima*. O que ali é um em muitas coisas deve ser necessariamente *acima* das coisas. Certos mestres acreditaram que a alma estivesse apenas no coração. Isso não é assim, e grandes mestres erraram a esse respeito. A alma é toda e sem divisão, plenamente no pé, no olho e em cada membro. Se tomo um espaço de tempo, este então não é nem o dia de hoje nem o dia de ontem. Mas se tomo o *instante*, este então contém em si *todo* o tempo. O instante em que Deus criou o mundo é desse tempo tão próximo como o instante em que eu agora falo, e o dia do último juízo é desse instante tão próximo como o dia que era ontem[3].

Um mestre disse: Deus é algo que opera ali em eternidade, indiviso em si mesmo; não precisa da ajuda de ninguém, nem de instrumento, e permanece em si mesmo, sem nada precisar. Mas dele precisam todas as coisas e para Ele as coisas convergem como para a sua última meta. Essa meta final não tem nenhum modo determinado, transborda o modo e se faz ao largo. São Bernardo diz: <O modo de> amar a Deus é um modo sem modo[4]. Um médico que quer curar um doente não tem nenhum <determinado> modo de saúde, de *quão* saudável ele quer tornar o doente. Certamente tem um modo *com o qual* quer torná-lo são. Mas *quão* saudável quer fazê-lo, isso é sem <determinado> modo. A medida é: tão sadio quanto o médico o possa fazer. De *como* devemos amar a Deus, para isso não há <determinado> modo: amar tanto quanto podemos, é isto o *sem* modo.

Cada coisa opera no <seu> ser; nenhuma coisa pode operar para além do seu ser. O fogo não pode operar a não ser na madeira. Deus opera acima do ser, na imensidão, onde pode mover-se; Ele opera no não-ser. Antes que houvesse ser, Deus operava, operava ser, quando ainda não havia ser. Mestres insensatos, de rude compreensão, dizem que Deus é um puro ser. Ele é tão elevado acima do ser como o anjo mais elevado é acima de uma mosca. Se eu chamasse Deus de um ser, diria algo tão incorreto como chamar o sol de pálido ou de preto. Deus não é nem isso nem aquilo. E um mestre afirma: Quem, pois, acredita ter conhecido a Deus, e que, com isso, teria conhecido alguma coisa, esse não conheceu a Deus. Quando, porém, eu disse que Deus não é um ser e que é *acima* do ser, não lhe recusei o ser, antes, nele eu elevei o ser. Ao lançar o cobre no ouro, o cobre haverá de encontrar-

---

3. Cf. Tomás de Aquino, *S.Th.* I a q. 10 2 ad 4.

4. Cf. São Bernardo, *De diligendo Deo* c. 1 n. 1 e c. 6 n. 16.

-se ali num modo mais elevado do que em si mesmo. Santo Agostinho diz: Deus é sábio sem sabedoria, é bom sem bondade, é poderoso sem poder[5].

Pequenos mestres[6] ensinam na escola que todos os seres são divididos em dez modos de ser, recusando a Deus todos os modos. Nenhum desses modos de ser toca a Deus, mas Deus também não carece de nenhum deles. O primeiro modo de ser, que possui o máximo de ser e no qual todas as coisas recebem seu ser, é a substância; e o último, que possui o mínimo de ser, chama-se relação, e em Deus esse modo é igual ao maior de todos, igual ao que possui o máximo de ser: em Deus os modos têm uma imagem originária igual. Em Deus as imagens originárias de todas as coisas são *iguais*; mas elas são imagens originárias de coisas *desiguais*. Em Deus, o anjo supremo, a alma e a mosca possuem uma imagem originária *igual*. Deus não é nem ser nem bondade. A bondade prende-se ao ser e não alcança nada além do ser; pois, se não houvesse nenhum ser, não haveria nenhuma bondade e o ser é ainda mais puro do que a bondade. Deus não é bom, nem melhor nem o melhor. Quem, pois, dissesse que Deus é bom, lhe faria tanta injustiça quanto se chamasse de preto o sol.

Entrementes diz o próprio Deus: "Ninguém é bom a não ser somente Deus" (Mc 10,18). O que é bom? É bom o que se compartilha[7]. Chamamos de bom ao homem que se compartilha e é útil. É por isso que um mestre pagão diz: Um eremita não é nem bom nem mau nesse sentido, porque não se compartilha nem é útil. Deus é o máximo compartilhamento. Nenhuma coisa se compartilha a partir do seu próprio, pois todas as criaturas não são a partir de si mesmas. Tudo o que elas compartilham receberam-no de um outro. Elas também não se dão a si mesmas. O sol dá seu brilho e, no entanto, fica estável no seu lugar; o fogo dá seu calor, mas permanece fogo. Deus, porém, compartilha *o que é seu* porque é a partir de si mesmo que Ele é o que é, e em todos os dons que concede Ele se dá sempre primeiramente a si mesmo. Ele se doa como Deus, como Ele o é em todos os seus dons, à medida que há disposição em quem gostaria de recebê-lo. São Tiago diz: "Todas as boas dádivas emanam de cima, do Pai das luzes" (Tg 1,17).

---

5. Cf. Agostinho, *De Trinitate* 1. V c. 1 n. 2.

6. Provavelmente se refere aos *baccalaurii theologiae*, os que ensinavam os elementos da filosofia, por exemplo, as categorias de Aristóteles, para os iniciantes na escolástica.

7. A palavra alemã para *compartilhar* é *mitteilen* e diz também *comunicar*. Conota, portanto, a acepção de *se dar*, *se doar*.

Quando tomamos Deus no ser, tomamo-lo em seu átrio, pois o ser é seu átrio, onde habita. Mas onde Ele é, pois, em seu templo, onde resplandece como santo? *Intelecto*[8] é "o templo de Deus". Em nenhum lugar Deus habita tão propriamente como em seu templo, no intelecto, como disse aquele outro mestre: Deus é um intelecto que ali vive no conhecer unicamente de si mesmo, in-sistindo apenas em si mesmo, lá, onde nada jamais o tocou; pois ali Ele é só em seu silêncio. No conhecer de si mesmo, Deus conhece a si mesmo em si mesmo.

Tomemos agora <o conhecer>, como é na alma, que possui uma gotinha de intelecto, uma "centelha", um "rebento". Ela <a alma> possui forças que operam no corpo. Ali há uma força, com ajuda da qual o homem digere; ela opera mais à noite do que de dia; em virtude dela o homem adquire peso e cresce. A alma tem também uma força no olho; por ela o olho é tão sutil e refinado que não toma as coisas no seu rudimento, como são em si mesmas; elas devem ser antes filtradas e refinadas no ar e na luz; isso se dá assim porque <o olho> tem a alma junto de si. Há uma outra força na alma, com a qual ela pensa. Essa força representa[9] em si as coisas que não são presentes, de tal forma que conheço essas coisas tão bem como se as visse com os olhos, e ainda melhor, pelo pensamento, posso muito bem tornar presente uma rosa <também> no inverno – e com essa força a alma opera no não-ser, seguindo nisso a Deus, que opera no não-ser.

Um mestre pagão diz: A alma que ama a Deus toma-o sob o véu de bondade. As palavras até aqui citadas são todas ainda palavras de mestres pagãos, que conheceram apenas numa luz natural; ainda não cheguei às palavras dos mestres santos, que conheceram numa luz muito mais elevada. Ele diz, portanto: A alma que ama a Deus toma-o sob o véu de bondade. A mente, porém, tira de Deus o véu da bondade e o apreende despido de bondade, de ser e de todos os nomes.

Eu disse na escola[10] que a mente é mais nobre do que a vontade, embora ambas pertençam a essa luz. Então numa outra escola um mestre afirmou

---

8. Cf. glossário n. 11, 12 e 24.

9. A representação aqui não é a representação em uso na psicologia e teoria de conhecimento. O termo alemão *Vorstellung*, *vor-stellen*, indica uma força criativa do pro-duzir, de fazer vir à presença.

10. Talvez se refira a uma das *disputationes* realizadas durante a estadia de Eckhart em Paris (1310-1311). *Disputatio* era uma espécie de debate (*disputatio* ordinária, uma reunião quinzenal entre professor e alunos para aprofundar temas das preleções; *disputatio generalis* ou *communis* ou *de quolibet*, debate solene público realizado duas vezes por ano – no Advento e na Quaresma –

que a vontade é mais nobre do que a mente, pois a vontade toma as coisas como elas são em si mesmas; a mente, porém, toma as coisas como elas são na mente. Isso é verdade. Um olho é em si mesmo mais nobre do que um olho pintado na parede. Eu, porém, digo que mente é mais nobre do que vontade. A vontade toma Deus sob a roupagem da bondade. A mente apreende Deus pura e simplesmente, despido de bondade e de ser. Bondade é uma roupagem sob a qual Deus se esconde, e a vontade toma Deus sob essa roupagem da bondade. Se não houvesse nenhuma bondade em Deus, minha vontade não haveria de querer a Deus. Alguém que quisesse vestir um rei no dia de sua coroação, e o vestisse com roupas cinza, não o teria vestido bem. Não é por Deus ser bom que sou bem-aventurado. <Também> não quero jamais desejar que Deus me faça bem-aventurado: com sua bondade, pois Ele não quereria por nada fazer tal coisa. Somente por isso sou bem-aventurado: porque Deus é intelecto e conheço isso[11]. Um mestre diz: É do intelecto de Deus que depende inteiramente o ser do anjo. Perguntamos onde estaria mais propriamente o ser da imagem: no espelho ou naquilo de que procede? Está mais propriamente naquilo de que procede. A imagem está em mim, de mim, para mim. Enquanto o espelho estiver exatamente contraposto à minha face, a minha imagem está ali dentro; se some o espelho, dissipa-se a imagem. O ser do anjo depende disso, que lhe seja presente a mente divina, na qual ele se conhece.

"Como uma estrela da manhã no meio da névoa." Dirijo a mira dos meus olhos para a palavrinha latina *quasi*, que significa "como"; as crian-

---

sobre temas mais gerais, em que poderia haver confronto entre diferentes escolas teológicas). Segundo Jarczyk e Labarrière, "o representante da 'outra escola' poderia ter sido o ministro-geral franciscano Gonsalvus de Balboa, que na sua *quaestio* '*Utrum laus dei in pátria sit nobilior eius dilectione in via*?' polemiza a concepção de Eckhart" (Eckhart, 1998, p. 283, nota 11).

11. Talvez a discussão aventada em certos manuais de História da Filosofia Medieval, principalmente de inspiração franciscana, em que se contrapõe à pretensa tendência "racionalista" de Tomás a tendência boaventuriana de acentuar o "coração" e, escotista, de dar prioridade à vontade, esteja num nível especulativo bem enfraquecido, se observarmos o que Mestre Eckhart diz da *mente* e do *pensar*. *Mente* e *pensar* (também razão, intelecto, inteligência) e muitas vezes o *conhecer* e *conhecimento* devem ser entendidos como indicativos da autoidentidade de Deus como sendo *Abgeschiedenheit* (desprendimento-liberdade) e da autoidentidade do que é o próprio do homem enquanto filho de Deus, portanto da sua *Abgeschiedenheit*, onde, no *desprendimento da liberdade*, o homem é igual a Deus e Deus igual ao homem. Assim os termos como *razão*, *intelecto*, *inteligência*, *mente*, *vontade*, devem ser entendidos a partir da *Abgeschiedenheit* (Deus nu) e não vice-versa. Ao falarmos do intelecto, da mente de Deus ou da vontade de Deus nós o vestimos com a compreensão que temos a partir da psicologia ou da teoria do conhecimento acerca das faculdades do homem: intelecto, vontade e sentimento.

ças na escola chamam-na de "advérbio". Isso é o que eu tinha em vista em todos os meus sermões. O que de mais próprio se pode enunciar de Deus é "Verbo" e "Verdade". Deus chamou a si mesmo de um "Verbo"[12]. São João falou: "No princípio era o Verbo" (Jo 1,1) e com isso ele <ao mesmo tempo> sugeriu que nós devemos ser um "advérbio" junto a esse Verbo. É como Vênus, a "estrela livre", segundo a qual se nomeou a "sexta-feira"[13]. E Vênus possui muitos nomes. Quando ela aparece antes do alvorecer e nasce antes do sol, chama-se "estrela da manhã"; mas quando ela segue o sol, de modo que o sol se põe antes dela, chama-se então "estrela da tarde"; às vezes segue seu curso acima do sol, às vezes abaixo dele. Mais que todas as estrelas, ela está sempre igualmente próxima do sol; ela nunca está mais distante ou mais próxima do sol, nem mais nem menos, e com isso mostra que um homem que quer chegar ali deve ser sempre próximo e em presença de Deus, de modo que nada pode distanciá-lo de Deus, nem felicidade, nem infelicidade, nem criatura alguma.

E o texto da Escritura diz ainda: "Como uma lua cheia em seus dias". A lua exerce domínio sobre toda a natureza úmida. Ela jamais fica tão próxima do sol como quando é cheia e quando recebe sua luz imediatamente do sol. Mas, pelo fato de estar mais próxima da terra do que qualquer outra estrela, a lua tem duas desvantagens: ser pálida e manchada, e perder sua luz. Em nenhum momento ela é tão forte como quando é mais distante da terra, pois é então que arremessa o mar para mais distante; quanto mais decresce tanto menos pode impelir o mar. Quanto mais elevada acima das coisas terrenas, tanto mais forte é a alma. Quem nada mais conhecesse a não ser as criaturas não precisaria pensar em nenhum sermão, pois toda criatura é plena de Deus e é um livro. O homem que quer chegar até esse ponto – e é

---

12. Gramaticalmente *o Verbo* é substantivo. Mas aqui na sua acepção é verbo, portanto nós devemos ser advérbios.

13. Sexta-feira é, no alemão, *Freitag* (*frei* = livre; *Tag* = dia). *Frei*, proveniente da palavra germânica *frija*, que indica o estado de uma pessoa que não traz ao pescoço a argola de escravo, e é cidadão livre. *Frija* encontra na palavra *prijás* no hindu antigo sua correspondência, que significa amável, caro, desejável, e como substantivo, o amante, esposo, também a esposa, filha, mulher de origem nobre. Assim se chamou a deusa, esposa do deus germânico Wotan, de *prija*. *Freitag* poderia assim significar o dia da deusa *prija*. *Freitag* (Frija-tag) seria então correspondente germânico do dia de Vênus (*aphrodítes heméra* em grego) que em latim se diz *Veneris*, indicando o Planeta Vênus. Daí sexta-feira em francês é *vendredi*, em italiano *venerdi*. O nome do planeta foi sentido sempre como nome da deusa Vênus. Os germânicos então buscaram a sua deusa correspondente a Vênus, a saber, *prija*, esposa do deus Wotan: Dia da *prija*, ou da *frija*, *Freitag*, sexta-feira. Daí também a estrela de *frija* é "der *freie* Stern".

para lá que converge todo o sermão – deve ser como uma estrela da manhã: sempre na presença de Deus e sempre "junto" <dele> igualmente próximo e elevado acima de todas as coisas terrenas, e deve ser um "advérbio" junto ao "Verbo".

Há uma palavra proferida: o anjo, o homem e todas as criaturas. Há uma outra palavra, pensada e proferida, pela qual se torna possível que eu me represente algo. Há, porém, ainda uma outra palavra, que é ali não proferida e não pensada, que jamais vai para fora; antes, permanece eternamente naquele que a diz. Ela é no Pai que a profere, sem cessar no ser recebida e permanecendo imanente. Mente é continuamente operante para dentro; e quanto mais sutil e mais espiritual é algo, tanto mais forte opera para dentro; e quanto mais forte e mais sutil é a mente, tanto mais com ela se torna unido e mais uno o que ela conhece. Isso não se dá, porém, com as coisas corpóreas que, quanto mais fortes, tanto mais operam para fora. A bem-aventurança de Deus <porém> reside na introversão do intelecto voltado para o um[14], onde a "palavra" permanece imanente. Ali a alma deve ser um "advérbio" e operar *uma* obra com Deus a fim de criar sua bem-aventurança no conhecer suspenso em si mesmo: no mesmo, onde Deus é bem-aventurado.

Que nós possamos ser todo o tempo um "advérbio" junto a esse Verbo; para isso nos ajude o Pai e esse mesmo Verbo e o Espírito Santo. Amém.

---

14. "Na introversão da mente voltada para o um" é no alemão *inwertwürkunge der vernünfticheit* (*im Einwärtswirken der Vernunft*). *Einswärts* pode significar *voltado para dentro – ein* oposto a *aus* –, mas no caso também significa *voltado para o um – ein*(*s*). Cf. glossário n. 22, 23 e 24.

Sermão 10

In diebus suis placuit deo et inventus est iustus
[Agradou a Deus e foi encontrado perfeito e justo]
(Eclo 44,16-17)

Essa palavra que disse em latim está escrita na epístola e pode ser dita de um santo confessor. Na nossa língua soa assim: "Em seus dias ele foi achado interiormente[1] justo; em seus dias, ele agradou a Deus" (Eclo 44,16-17). A justiça, ele a encontrou interiormente. Meu corpo é mais em minha alma do que minha alma em meu corpo. Meu corpo e minha alma são mais em Deus do que são em si mesmos; justiça, porém, é a causa de todas as coisas na verdade. Como diz Santo Agostinho[2]: Deus é mais próximo da alma do que ela de si mesma. Na verdade, a proximidade entre Deus e a alma não conhece nenhuma diferença. O mesmo conhecer em que Deus conhece a si mesmo é o conhecer de todo espírito desprendido e não outro. A alma recebe seu ser imediatamente de Deus; por isso, Deus é mais próximo da alma do que ela de si mesma; por isso, Deus é no fundo da alma, com toda sua deidade.

Um mestre pergunta, então, se a luz divina flui para dentro das forças da alma de modo tão puro como é no ser [da alma], já que a alma tem o seu ser imediatamente de Deus e as forças emanam imediatamente do ser da alma. Luz divina é por demais nobre para formar algum tipo de comunidade com as forças: pois com relação a tudo o que toca ou é tocado, Deus é

1. O texto latino da Escritura cita na entrada a palavra latina *inventus*, que significa *achado, encontrado*. Eckhart a traduz para o alemão medieval *inne vunden*, que significa *fundado interiormente*. Quint observa: "Eckhart traduz o *inventus* do texto da Escritura por *fundado interiormente* para usá-lo a favor do propósito de dar asas à consideração sobre o fundo da alma, aliás uma praxe de tradução, muitas vezes exercida por ele, de interpretação subjetiva" (Eckhart, 1958, p. 161, nota 2).

2. Cf. Agostinho, *Enarrationes in Psalmos* LXXIV n. 9.

distante e estranho. E porque tocam e são tocadas, as forças perdem sua virgindade[3]. Nelas, a luz divina não pode brilhar. Pelo exercício e clareamento podem, contudo, tornar-se receptivas. A esse respeito diz um outro mestre que às forças é dada uma luz igual à [luz] interior. Certamente, *iguala-se* à luz interior, mas *não é* a luz interior. Dessa luz lhes <isto é, às forças> advém uma impressão, de modo que se tornam receptivas à luz interior. Um outro mestre diz que todas as forças da alma, operantes no corpo, morrem junto com o corpo, exceto o conhecimento e a vontade: somente estes permanecem na alma. <Certamente> as forças que operam no corpo morrem, não obstante continuem a subsistir em sua raiz.

São Filipe disse: "Senhor, mostra-nos o Pai e isto nos basta" (Jo 14,8). Mas ninguém chega ao Pai a não ser pelo Filho (Jo 14,6). Quem vê o Pai vê o Filho (Jo 14,9), e o Espírito Santo é o seu amor mútuo. A alma é tão simples em si mesma que sempre só pode apreender no presente *uma* imagem. Quando apreende a imagem da pedra, não apreende a imagem do anjo e, quando apreende a imagem do anjo, simultaneamente, não apreende no ser presente nenhuma outra; a alma deve, contudo, também amar a imagem que ela apreende. Se ela apreendesse mil anjos, seria tanto como dois anjos, e no entanto ela não apreenderia mais do que um único anjo[4]. O homem deve, no entanto, unificar a si mesmo. São Paulo diz: "Agora que

---

3. *Magetuom*; *Jungfräulickeit*. Cf. glossário n. 26.

4. Aqui parece estar em uso a seguinte pressuposição: se a alma percebe uma pedra, ela a percebe como um caso dos indivíduos da espécie "substância-não-viva", que na escala da composição das substâncias compostas (espécie = gênero inferior + diferença específica) da árvore porfiriana é o "gênero ínfimo substância" (material). Nesse caso uma pedra é 1 pedra; e mais 1 seriam 2 pedras etc. Para o pensamento medieval, essa região das substâncias compostas se refere aos entes sensíveis, cuja intensidade do ser é "menor" do que os entes da região das substâncias simples (entes espíritos, dotados do conhecer e querer = liberdade) que se potencializam em diferentes esferas da participação ascendente do *ser como tal* que é o próprio Deus (*Deus est suum esse*). Assim os anjos, que são espíritos, não podem ser percebidos a modo de 1 + 1 + 1 etc., a modo de indivíduo que é um caso entre outros casos que são subsumidos debaixo da espécie como composição de gênero + diferença específica. Por pertencer à região das substâncias simples, cada anjo não é indivíduo 1 (1 + 1 + 1 etc., mil, milhões etc.), mas sim *espécie*, portanto *universal*, isto é, uma totalidade própria nela mesma de diferentes intensidades da presença do ser. Por isso, enquanto a alma está vendo 1 pedra, nesse modo de ver a pedra não percebe o anjo que é espécie, portanto, "todo um uni-verso", isto é, totalidade una, centrada, virada ao uno. Por isso, quando a alma percebe 1 anjo ou 2 anjos, ou 1.000 anjos, 1 é igual a 2, e 2 igual a 1.000, enquanto se considera o anjo, a substância simples como indivíduo. A alma nesse modo de ver 1 + 1 + 1 não vê o anjo, pois anjo só pode ser percebido no seu ser próprio que é ser-espécie, isto é, totalidade una, uni-verso próprio, portanto, um único, singular, isto é, não indivíduo, mas todo um mundo de dimensão própria, isto é, numa intensidade do ser mais elevada.

fostes libertados de vossos pecados, assim vos tornastes servos de Deus" (Rm 6,22). O Filho Unigênito libertou-nos de nossos pecados. Agora, porém, Nosso Senhor diz de maneira mais precisa do que São Paulo: "Eu não vos chamei de servos, chamei-vos muito mais de meus amigos". "O servo não conhece a vontade de seu senhor", mas o amigo sabe tudo que seu amigo sabe. "Tudo que ouvi de meu Pai, eu vo-lo anunciei" (Jo 15,15) e tudo que o meu Pai sabe, eu também o sei, e tudo que eu sei, vós o sabeis; pois eu e meu Pai temos *um único* espírito. O homem que sabe tudo que Deus sabe é um homem sabedor de Deus[5]. *Esse* homem compreende a Deus em seu ser próprio, em sua unidade própria, em sua presença própria e em sua verdade própria: com um tal homem, tudo está direito. Mas o homem que não está acostumado com coisas interiores não sabe o que é Deus. É como um homem que guarda vinho na sua adega, sem ter provado nem mesmo tentado provar o vinho. Ele não sabe que o vinho é bom. Assim acontece também com as pessoas que vivem na nesciência[6]: não sabem o que é Deus e, no entanto, acreditam e imaginam viver. Tal saber não procede de Deus. Um homem deve ter um saber límpido e claro da verdade divina. O homem que em todas as suas obras possui um anseio reto, nele o *começo* desse seu anseio é Deus e a *execução* do anseio é <novamente> o próprio Deus e a límpida natureza divina, e ele <seu anseio> *termina* na natureza divina, nele mesmo.

Ora, um mestre diz que não há nenhum homem tão tolo a ponto de não desejar a sabedoria. Mas por que não nos tornamos sábios? Há muitas razões para isso. A mais importante é que o homem deve atravessar e ultrapassar todas as coisas e também ir além da causa de todas as coisas. Mas isso começa a aborrecer o homem. Em consequência, o homem permanece no seu estreitamento. Se sou rico, nem por isso já sou <também> sábio. Mas quando a essência da sabedoria e sua natureza formam-se em mim e sou a própria sabedoria, então sou um homem sábio.

Certa vez, eu disse num mosteiro: A imagem própria da alma é onde nada se forma, nem exterior nem interiormente, a não ser o que Deus Ele mesmo é. A alma tem dois olhos, um interior e outro exterior[7]. O olho *interior* da alma é aquele que olha o ser e recebe seu ser imediatamente de

5. Em alemão *ein got-wizzender mensche* (um homem-em-sabendo-Deus).

6. Em alemão *unwizzenne*. Cf. glossário n. 18.

7. Cf. Agostinho, *In Joh.* tr. 13 n. 3.

Deus: é a obra que lhe é própria. O olho *exterior* da alma é aquele que está voltado para todas as criaturas, apreendendo-as no modo de imagem e no modo de atuação de uma força. O homem que se encontra, porém, voltado para dentro em si mesmo, conhecendo a Deus no fundo propriamente divino, este está liberto de todas as coisas criadas e fechado em si mesmo sob o verdadeiro fecho da verdade. Como eu disse um tempo atrás, no dia da Páscoa, Nosso Senhor veio a seus discípulos, a portas fechadas; assim também se dá com o homem que está liberto de toda a estranheza[8] e de toda criaturidade. Nesse homem, Deus simplesmente não *entra*; <muito mais>, Ele *é* essencialmente dentro.

"Em seus dias ele agradou a Deus." Quando falamos "em seus dias", há ali mais do que apenas *um* dia: <a saber> o dia da alma e o dia de Deus. Os dias que passaram há seis ou sete dias e os dias que transcorreram há 6 mil anos estão tão próximos ao dia de hoje como foi o dia de ontem. Por quê? Porque ali o tempo é sempre como num instante presente. Porque o céu se move, o dia acontece pelo primeiro percurso orbital do céu. Lá se dá, num instante, o dia da alma e, em sua luz natural, essa em que todas as coisas são, ali, o dia é *total*: assim, dia e noite são um. O dia de Deus é, por sua vez, onde a alma está no dia da eternidade, num instante essencial. Aí o Pai gera seu Filho Unigênito num instante presente e a alma renasce em Deus. Tantas vezes que ocorrer esse nascimento, tantas vezes a alma gera o Filho Unigênito. Por isso, há muito mais dos filhos que as virgens engendram do que dos filhos que as mulheres engendram, pois aquelas geram para além do tempo, na eternidade (cf. Is 54,1). Seja qual for o número de filhos gerados pela alma na eternidade, deles, porém, não há mais do que *um único* filho, pois isso acontece <justamente> para além do tempo, no dia da eternidade[9].

O homem que vive nas virtudes está direito, pois como disse, oito dias atrás, as virtudes estão no coração de Deus. Quem vive e opera na virtude

---

8. Cf. no alemão medieval de Eckhart, é *anderheit*, alteridade; no alemão atual da transcrição de Quint, *Fremdheit*, ser-estrangeiro. Nicolau de Cusa, para dizer a ab-soluta alteridade de Deus usa a expressão *Non-aliud* (não-outro). A ab-soluta alteridade de Deus na sua deidade é tão outra que dele não se pode dizer que é outro, isto é, é tão próprio Ele mesmo que nem sequer se pode dizer dele que é outro.

9. No século XVII diria Angelus Silesius (pseudônimo de Johann Scheffler, 1624-1677): "Gott der Vater hat nur einen Sohn, und derselbe sind wir alle in *Christo*" (o Deus Pai tem apenas um filho, e nós todos o somos em Cristo), citação tirada de Eckhart (1998, p. 284-285, nota 13); Silesius (1994, p. 18).

está direito, está bem. Quem nada busca do que é seu, nem em alguma coisa, nem em Deus, nem nas criaturas, esse habita em Deus e Deus nele habita. Para um homem assim, é prazeroso deixar e menosprezar todas as coisas, pois o seu prazer é conduzir todas as coisas à máxima plenitude. São João diz: "*Deus caritas est*" – "Deus é amor", e o amor é Deus, "e quem habita no amor habita em Deus e Deus nele habita" (1Jo 4,16). Quem habita assim em Deus, esse encontrou uma boa morada e é um herdeiro de Deus. Este, em quem Deus habita, tem junto de si dignos companheiros. Um mestre diz que à alma Deus deve conceder um dom, pelo qual ela é movida para coisas interiores. Um mestre diz que a alma é tocada imediatamente pelo Espírito Santo, pois no amor em que Deus ama a si mesmo, nesse amor ama Deus a mim, e a alma ama a Deus no mesmo amor no qual Ele ama a si mesmo; se, porém, não houvesse esse amor, onde Deus ama a alma, então não haveria <também> o Espírito Santo. É no calor e no florescer do Espírito Santo que a alma ama a Deus.

Agora um dos evangelistas escreve: "Este é meu Filho amado, no qual sinto agrado" (Mc 1,11). O segundo evangelista, porém, escreve: "Este é meu Filho amado, no qual todas as coisas me agradam" (Lc 3,22). E então escreve o terceiro evangelista: "Este é meu Filho amado, no qual eu sinto agrado em mim mesmo" (Mt 3,17).

Tudo que agrada a Deus, agrada-lhe em seu Filho Unigênito; tudo que Deus ama, Ele o ama em seu Filho Unigênito. Ora, o homem deve viver de tal modo que seja um com o Filho Unigênito e que ele próprio seja o Filho Unigênito. Entre o Filho Unigênito e a alma não há nenhuma diferença. Entre o servo e o senhor o amor jamais vem a ser igual. Enquanto sou servo, sou bem distante do Filho Unigênito e a Ele desigual. Se eu quisesse contemplar a Deus com meus olhos, com aqueles olhos com os quais vejo a cor, não estaria agindo direito, pois esse <contemplar> é temporal; ora, tudo que é temporal é distante de Deus e lhe é estranho. Se tomarmos tempo, e mesmo que seja apenas em mínima porção, no "instante", é <ainda> assim mesmo tempo e subsiste em si mesmo. Enquanto o homem tem tempo, espaço, número, multiplicidade e quantidade, ele não está bem ali e Deus lhe é distante e estranho. Por isso, Nosso Senhor nos diz: Quem quer tornar-se meu discípulo deve deixar a si mesmo (Lc 9,23); ninguém pode ouvir minha palavra nem meu ensinamento se não tiver deixado a si mesmo. Em si mesmas, todas as criaturas são nada. Por isso eu disse: Afastai-vos do nada e abraçai um ser perfeito, no qual a vontade é justa. Quem deixou toda sua vontade, saboreia meu ensinamento e ouve a minha palavra. Um mestre diz que todas as criaturas recebem seu ser imediatamente de Deus; por isso, é assim com as criaturas, que elas, segundo a sua justa natureza, amam mais a Deus do que a si mesmas. Se o espírito conhecesse seu puro ser desprendido, não mais poderia se inclinar para nenhuma coisa, tendo bem mais de persistir no seu puro ser desprendido. Por isso se diz: "Em seus dias, ele lhe agradou".

O dia da alma e o dia de Deus são diferenciados. Onde a alma se encontra em seu dia natural, ali conhece todas as coisas para além do tempo e do espaço; <ali> nenhuma coisa lhe é distante ou próxima. Por isso eu disse que nesse dia todas as coisas são igualmente nobres. Eu disse também certa vez que Deus cria o mundo *agora*, e nesse dia todas as coisas são igualmente nobres. Se disséssemos que Deus criaria o mundo ontem ou amanhã, estaríamos nos portando como tolos. Deus cria o mundo e todas as coisas num instante presente, e o tempo que é passado, há mil anos, é tão presente e próximo de Deus como o tempo que é agora. O Pai gera seu Filho Unigênito na alma, que está em um instante presente, e, no mesmo nascimento, a alma renasce em Deus. É *um único* nascimento: tantas vezes ela <a alma> renasce em Deus, tantas vezes o Pai gera seu Filho Unigênito nela.

Eu falei de uma força na alma. Em sua primeira irrupção ela não apreende Deus enquanto Ele é bom nem enquanto Ele é a verdade. Essa força penetra até o fundo e continua a procurar, apreendendo Deus em sua unidade e em sua solidão; ela apreende a Deus em seu deserto e em seu fundo próprio. Por isso ela não permite que nada a satisfaça; continua a procurar pelo que seja Deus em sua deidade e na propriedade de sua própria natureza. Diz-se que nenhuma união é maior do que a união pela qual as três pessoas são *um* Deus. Por conseguinte, nenhuma união seria maior do que a união entre Deus e alma. Quando a alma recebe um beijo da deidade, então ela está em total perfeição e bem-aventurança; então é abraçada pela unidade. No primeiro toque, onde Deus tocou e toca a alma, como in-criada e incriável, a alma torna-se, segundo o toque de Deus, tão nobre como o próprio Deus. Deus a toca segundo Ele mesmo. Numa outra ocasião preguei em latim. Era o dia da Trindade. Falei o seguinte: A diferenciação[10] provém da unidade, <refiro-me a> a diferenciação na Trindade.

10. O termo alemão é "*underscheit*" e significa propriamente "diferencialidade" ou "diferenciabilidade", "o caráter do ser-diferença".

A unidade é a diferenciação e a diferenciação é a unidade. Quanto maior a diferenciação, maior a unidade, pois é <justamente> isso a diferenciação sem diferença. Mesmo que houvesse ali mil pessoas, nada mais haveria do que unidade. Quando Deus contempla a criatura, dá-lhe com isso seu ser; quando a criatura contempla a Deus, recebe com isso seu ser. A alma possui um ser intelectivo, cognitivo[11]; por isso: onde Deus é, ali também é a alma, e onde a alma é, ali é Deus.

Diz-se então: "Ele foi achado *interiormente*". É *interior* aquilo que mora no fundo da alma, no mais íntimo da alma, na mente, que não sai e não olha para nenhuma coisa <exterior>. Lá todas as forças da alma são igualmente nobres; aqui "ele foi achado interiormente justo". É justo o que é igual, tanto no prazer como na dor, tanto na amargura como na doçura, e para quem nenhuma coisa se interpõe de modo a impedi-lo de se achar um na justiça. O homem justo é um com Deus. A igualdade é amada. O amor sempre ama o igual; por isso, Deus ama o homem justo como igual a si mesmo.

Que no dia, no tempo da mente, no dia da sabedoria, no dia da justiça e no dia da bem-aventurança, estejamos ali dentro. Que para isso nos ajude o Pai e o Filho e o Espírito Santo. Amém.

---

11. *Ein vernünftic bekennelich wesen; ein vernünftiges, erkennendes Sein.*

Sermão 11
Impletum est tempus Elizabeth
[Completou-se para Isabel o tempo]
(Lc 1,57)

"O tempo se completou para Isabel, e ela deu à luz um filho. João é seu nome. Então disseram: Que maravilha há de vir dessa criança? Pois a mão de Deus está com ela" (Lc 1,57.63.66). Num escrito se diz: O maior de todos os dons é que nós sejamos filhos de Deus, e que Ele gere em nós seu Filho (1Jo 3,1). A alma que quer ser filha de Deus não deve gerar nada em si. E naquela em que o Filho de Deus deve nascer, não deve ser gerado nenhum outro. O maior anseio de Deus é gerar. Nada lhe satisfaz, a não ser que gere seu Filho em nós. Também a alma de modo algum se satisfaz se o Filho de Deus nela não nascer. E então brota mesmo a graça, a graça é mesmo derramada. A graça não *opera*; o seu *devir* (*tornar-se*) é sua obra. Ela emana do ser de Deus e flui para o ser da alma, mas não para as forças.

Quando tinha se completado o tempo, nasceu então "graça"[1]. Quando é a plenitude do tempo? Quando não há mais nenhum tempo. A "plenitude do tempo" é quando, *no* tempo, tivermos posto na eternidade o nosso coração e quando todas as coisas temporais em nós estiverem mortas. Eu disse em certa ocasião: Não se alegra *todo* o tempo quem se alegra *no* tempo. São Paulo diz: "Alegrai-vos em Deus todo o tempo" (Fl 4,4). Alegra-se todo o tempo quem se alegra acima e fora do tempo. Diz um escrito: Três coisas impedem o homem de conhecer a Deus. A primeira é o tempo, a segunda a corporalidade, a terceira a multiplicidade[2]. Enquanto essas três estiverem em mim, Deus não é em mim nem opera em mim de modo próprio. Santo

1. Eckhart aqui segue a opinião de que o nome Iohannes significa "aquele em quem é a graça".

2. Cf. Sermão 12, em que Eckhart enumera os três empecilhos, mas colocando o tempo no último lugar.

Agostinho diz: É por causa da ansiedade da alma que ela quer agarrar e possuir muitas coisas, saindo assim em busca do tempo, da corporalidade e da multiplicidade e perdendo justamente o que possui. Pois, à medida que o "mais, e cada vez mais" está em ti, Deus jamais pode morar nem operar em ti. Se Deus deve entrar, essas coisas devem sempre sair, a não ser que tu as possuísses de uma maneira mais elevada e melhor, de modo que a multiplicidade tivesse se tornado Um em ti. Então, quanto mais multiplicidade houver em ti, tanto mais unidade haverá, pois uma se transformou na outra.

Eu disse uma vez: A unidade une toda a multiplicidade, mas a multiplicidade não une a unidade. Se nos elevarmos acima de todas as coisas e tudo que está em nós for também elevado, nada então nos oprime. O que está abaixo de mim não me oprime. Se eu buscasse puramente só a Deus, a modo de nada haver acima de mim a não ser Deus, nada então me seria pesado e eu não me perturbaria tão rápido. Santo Agostinho diz: Senhor, quando me volto para ti, me é retirado todo peso, sofrimento e tribulação. Quando damos um passo para além do tempo e das coisas temporais, somos livres e alegres todo o tempo, e assim se dá a "plenitude do tempo"; nascerá em ti então o Filho de Deus. Eu disse numa certa ocasião: Quando se completou o tempo, Deus enviou seu Filho (Gl 4,4). Se em ti nascer alguma outra coisa que não o Filho, então não tens o Espírito Santo e a graça não opera em ti. Origem do Espírito Santo é o Filho. Se não existisse o Filho também não existiria o Espírito Santo. O Espírito Santo não pode haurir sua emanação nem seu florescer a não ser unicamente do Filho. Onde o Pai gera seu Filho, ali o Pai lhe dá tudo o que Ele tem no seu próprio ser e na sua natureza. Nessa doação jorra o Espírito Santo. Assim, é também a intenção[3] de Deus o doar-se completamente a *nós*. De igual modo, como quando o fogo quer tomar a madeira e ser por sua vez tomado pela madeira, encontra primeiro a madeira como o que não lhe [ao fogo] é igual. Por isso, é preciso tempo. O fogo começa por aquecer e fazer arder <a madeira>, fazendo-a depois fumegar e estalar, porque esta lhe <a madeira ao fogo> é desigual; e então, quanto mais quente se tornar a madeira, tanto mais silenciosa e calma ela se torna, e quanto mais se tornar igual ao fogo, tanto mais se torna pacífica,

3. No alemão medieval é *meinunge*, transposto por Quint no alemão atual para *Streben*.

até tornar-se toda e inteira fogo. Se o fogo deve assumir em si a madeira, então toda desigualdade deve ser expulsa[4].

Pela verdade que é Deus: se colocas o olho em alguma coisa a não ser somente em Deus ou se buscas alguma outra coisa do que Deus, então a obra que operas não é tua nem, por certo, de Deus. Aquilo que visas como fim em tua obra, isto é a obra. O que opera em mim é meu Pai e eu sou-lhe submisso. É impossível existirem na natureza dois pais; na natureza deve haver sempre apenas *um* pai. Quando as outras coisas estiverem fora e "plenificadas", então acontece esse nascimento. Aquilo que plenifica toca em todas as extremidades e não falta em nenhum lugar; tem largura e comprimento, altura e profundidade. Se possuísse altura, mas não possuísse largura nem comprimento nem profundidade, não seria pleno[5]. São Paulo diz: "Pedi para que possais compreender, com todos os santos, qual é a largura, a altura, o comprimento e a profundidade" (Ef 3,18).

Esses três elementos significam três tipos de conhecimento. Um é sensível: o olho alcança longe as coisas que estão fora dele. O segundo é racional e é bem mais elevado. O terceiro refere-se a uma nobre força da alma, que é tão elevada e tão nobre que capta a Deus em seu ser desnudado e próprio. Essa força não tem algo de comum com nada; do nada ela faz algo e tudo. Ela nada sabe do ontem nem do anteontem, do amanhã nem de depois de amanhã, pois na eternidade não há nem ontem nem amanhã, ali há, <muito mais, apenas> um instante presente; o que foi há mil anos e o que há de vir daqui a mil anos, isso é ali presente, <assim como> o que está do outro lado do mar. Essa força apreende Deus em seu vestiário. Um escrito diz: Nele, mediante Ele e por Ele (Rm 11,36). "Nele", isto é, no Pai, "mediante Ele", isto é, no Filho, "por Ele", isto é, no Espírito Santo. Santo Agostinho diz uma palavra que soa completamente desigual a essa, embora lhe seja totalmente igual: Não é nenhuma verdade o que não mantém contida em si toda a verdade[6]. Aquela força abarca todas as coisas na verdade. Para essa força nada está encoberto. Um escrito diz: Os homens devem andar com a cabeça descoberta e as mulheres com a cabeça coberta (1Cor 11,6-7). As "mulheres" são

---

4. Cf. Tomás de Aquino, *De Ver.* q. 26 a. 1; cf. São João da Cruz, *Subida do Monte do Carmelo*, 1. II c. 8; *Noite escura*, 1. II c. 10.

5. No alemão medieval é *sô envulte ez niht*. Transposto por Quint para o alemão atual: *so würde es nicht füllen*.

6. Cf. Agostinho, *De lib. arb.* 1. II c. 12 n. 33.

as forças inferiores que devem ser encobertas. O "homem", porém, é aquela força que deve ser nua e descoberta.

"Que maravilha há de vir dessa criança?" Recentemente eu disse uma palavrinha a algumas pessoas, que talvez estejam aqui também presentes: Não há nada tão encoberto que não deva ser descoberto (Mt 10,26; Lc 12,2; Mc 4,22). Tudo que é nada deve ser deposto e deve ser encoberto, de tal modo que jamais deve ser ainda pensado. Do nada, nada devemos saber e, com o nada, nada devemos ter em comum. Todas as criaturas são um puro nada. O que não é nem aqui nem ali, e onde se dá o esquecimento de todas as criaturas, ali é plenitude de todo ser. Eu disse outrora: Em nós nada deve estar encoberto, nada que não coloquemos inteiramente a descoberto para Deus e que não lhe demos completamente. Onde quer que nos possamos encontrar, seja na capacidade ou na incapacidade, seja no amor ou na dor, tudo para o que nos inclinamos, de tudo isso devemos despojar-nos. Na verdade: se lhe <a Deus> colocamos tudo a descoberto, Deus por sua vez nos põe a descoberto tudo que Ele possui, não nos encobrindo nada de tudo que Ele nos pode oferecer, nem sabedoria, nem verdade, nem intimidade, nem deidade, nem qualquer outra coisa. Isso é tão verdadeiramente verdadeiro como o fato de Deus viver, conquanto nós lhe coloquemos tudo a descoberto. Se não colocamos para Ele tudo a descoberto, não é de surpreender que *também* Ele não nos ponha tudo a descoberto. Pois deve ser exatamente igual: nós a Ele como Ele a nós.

É lamentável que certas pessoas se considerem tão elevadas e até um com Deus, embora ainda não se tenham abandonado, permanecendo ainda presas, no amor e na dor, a coisas insignificantes. Elas estão muito distantes daquilo que pensam ser. Anseiam por muitas coisas e querem também muito. Afirmei em certa ocasião: Quem busca o nada, a quem pode reclamar se encontra o nada? Encontrou o que buscou. Quem busca algo ou aspira a alguma coisa busca ou aspira a nada, e quem pede por alguma coisa recebe o nada. Mas quem não busca nada e a nada aspira a não ser puramente apenas a Deus, para ele Deus põe tudo a descoberto e doa tudo que Ele escondeu no seu divino coração para que isto lhe seja tão próprio como é próprio de Deus; nem mais nem menos, uma vez que anseia imediatamente apenas por Deus. Qual é a surpresa se o doente não sente o sabor da comida e do vinho? É que não percebe nem o vinho nem a comida no seu próprio gosto. A língua tem uma cobertura e um revestimento com o qual percebe, e este é amargo conforme a natureza doente, própria da doença. Não alcança o ponto em que pode degustar. Para o doente, a comida é amarga, e com razão, pois deve ser amarga quando adere a esse revestimento e cobertura. Se não se retira essa camada de permeio, essa saburra, nada pode ter um sabor próprio. Enquanto não se remove a saburra, Deus não pode ter para nós o sabor do seu próprio, e <então> nossa vida nos é, muitas vezes, angustiada e amarga.

Eu disse uma vez: As virgens[7] seguem imediatamente o cordeiro para onde ele for (Ap 14,4). Aqui algumas são <realmente> virgens, ao passo que outras apenas pretendem ser virgens. As que são verdadeiras virgens seguem o cordeiro para onde ele for, no amor e na dor. Muitas seguem o cordeiro quando ele caminha na doçura e no conforto; mas, quando caminha no sofrimento, desconforto e tribulação, dão meia-volta e não o seguem mais. Deveras, essas *não* são virgens, por mais que aparentem sê-lo. Alguns dizem: Oh, Senhor, eu posso bem lá chegar, em honra, riqueza e conforto. Por certo! Se o cordeiro *assim* viveu e *assim* nos precedeu, alegro-me então que vós o sigais do mesmo modo; as verdadeiras virgens, no entanto, vagam atrás do cordeiro por estreitos e planuras, para onde quer que vá.

Quando "se completou o tempo", nasceu então "graça". Que todas as coisas se completem em nós, para que a graça divina nasça em nós. Que para isso Deus nos ajude. Amém.

---

7. Cf. glossário n. 26.

Sermão 12
Qui audit me non confundetur
[Aquele que me ouve não será confundido]
(Eclo 24,30)

A eterna sabedoria do Pai fala a palavra que disse em latim, significa: "Quem me ouve, esse não se envergonha" – se sente alguma vergonha, então é a vergonha de sentir vergonha. "Quem opera em mim, esse não peca. Quem me revela e me irradia, esse terá a vida eterna" (Eclo 24,30-31). Dessas três palavrinhas que proferi, cada uma seria suficiente para um sermão.

Em primeiro lugar, quero falar sobre o que a sabedoria eterna diz: "Quem me ouve, esse não se envergonha". Quem deve ouvir a eterna sabedoria do Pai, esse deve estar dentro, deve estar em casa e deve ser Um, pois só então pode ouvir a sabedoria eterna do Pai.

São três as coisas que nos impedem de ouvir a palavra eterna. A primeira é corporalidade, a segunda multiplicidade, a terceira é temporalidade. Se o homem tivesse ultrapassado essas três coisas, habitaria na eternidade e habitaria no Espírito e habitaria na unidade e no deserto, e lá ouviria a palavra eterna. Agora, fala Nosso Senhor: "Ninguém ouve minha palavra nem meu ensinamento a não ser que tenha deixado a si mesmo" (Lc 14,26). Pois, quem deve ouvir a Palavra de Deus, deve ter-se abandonado inteiramente. O mesmo que assim ouve é o mesmo que ali é ouvido na palavra eterna. Tudo que o Pai eterno ensina é seu ser e sua natureza e toda sua deidade: isso Ele nos revela de uma vez por todas em seu Filho Unigênito, ensinando-nos que somos esse mesmo Filho. Ao homem que assim tivesse saído de si mesmo, de tal modo que fosse o Filho Unigênito, a ele seria próprio o que é próprio ao Filho Unigênito. O que Deus opera e ensina, tudo isso Ele opera e ensina em seu Filho Unigênito. Deus opera todas as suas obras para que sejamos o Filho Unigênito. Quando Deus vê que somos o Filho

Unigênito, Ele se precipita e se lança ao nosso encontro com tanta veemência, agindo exatamente como se seu ser divino se lhe fosse despedaçar e quisesse tornar-se nada em si mesmo, a fim de nos revelar todo o abismo da sua deidade e a plenitude do seu ser e da sua natureza; Deus se apressa para ser totalmente o nosso próprio, assim como é o seu próprio. Aqui Deus tem prazer e deleite em plenitude. Esse homem está no conhecer de Deus e no amor de Deus, tornando-se nada mais do que o que Deus mesmo é.

Se amas a ti mesmo, então amas a todos os homens como a ti mesmo. Enquanto amas um único homem menos do que a ti mesmo, jamais tiveste verdadeiramente afeição por ti mesmo – se não tens amor a todos os homens como a ti mesmo, em um homem todos os homens: e esse homem é Deus e homem. Com um tal homem que ama a si mesmo e ama a todos os homens como a si mesmo tudo está direito, tudo está bem. Muita gente diz assim: Tenho mais amor pelo meu amigo, que me faz o bem, do que por outra pessoa. Isso não está direito; está incompleto. Todavia, deve-se aceitá-lo como no caso daqueles que viajam pelo mar e que mesmo velejando a meio-vento (ou a meia-vela) conseguem atravessá-lo. Assim se dá com as pessoas que têm mais amor a uma pessoa do que a outra; isso é natural. Se eu a amasse tão bem como a mim mesmo, qualquer coisa que então lhe ocorresse, seja para a alegria ou para o sofrer, seja morte ou vida, ser-me-ia tão bem acolhido como quando ocorresse a mim como a ela, e isso seria verdadeira amizade.

Por isso diz São Paulo: "Quereria estar eternamente separado de Deus por causa do meu amigo e por causa de Deus" (Rm 9,3). Separar-se por um instante de Deus é estar separado eternamente de Deus; mas separar-se de Deus é sofrimento infernal. O que tem em mente São Paulo, ao dizer que gostaria de estar separado de Deus? Alguns mestres perguntam se São Paulo estava somente a caminho da perfeição ou já se encontrava em plena perfeição. No meu entender, ele se encontrava em plena perfeição, pois do contrário não poderia ter dito o que disse. Quero interpretar essa palavra de São Paulo, que diz: Gostaria de estar separado de Deus.

O mais elevado e o extremo que o homem pode deixar é deixar Deus por Deus e para Deus. São Paulo deixou Deus por e para Deus; deixou tudo que podia tomar de Deus, tudo que Deus lhe podia dar e tudo que podia receber de Deus. Ao deixar tudo isso, deixou Deus por e para Deus e assim lhe *restou* Deus como Deus é em si mesmo em sendo, não no modo de seu ser recebido ou adquirido, mas no vigor do ser[1] que Deus é em si mesmo. Ele jamais deu algo a Deus, nem jamais recebeu algo de Deus; é um Um e uma pura e clara união. Aqui o homem é um verdadeiro homem e nesse homem não incide nenhum sofrer, como tampouco pode incidir no ser divino; como já disse muitas vezes, existe algo na alma, que é tão aparentado com Deus, que é um e não unido. É um, não tem com nada algo comum nem sequer com qualquer coisa criada. Tudo que é criado é nada. Esse um é distante e estranho a toda criaturidade. Se o homem fosse inteiramente assim, ele seria plenamente in-criado e incriável; se tudo que é corpóreo e deficiente fosse concebido assim na unidade, então nada mais seria do que a própria unidade. Se me encontrasse nesse ser por um único instante <apenas>, faria tão pouco caso de mim mesmo como de um verme do esterco.

A todas as coisas Deus dá igualmente, e assim enquanto fluem de Deus elas são iguais; sim, anjos e homens e todas as criaturas fluem de Deus como iguais, do seu primeiro eflúvio. Quem, pois, tomasse as coisas no seu primeiro eflúvio, tomaria todas as coisas como iguais. Se elas <pois, já> são tão iguais no tempo, são em Deus e na eternidade ainda mais iguais. Tome-se em Deus uma mosca, ela é em Deus mais nobre do que o mais sublime anjo em si mesmo. Assim, pois, todas as coisas são iguais em Deus e são o próprio Deus. Aqui nessa igualdade, Deus experimenta tanto prazer que transvasa totalmente sua natureza e seu ser para dentro de si mesmo nessa igualdade. Isso lhe é tão prazeroso como quando alguém solta um cavalo num campo verde, todo plano e parelho; seria da natureza do cavalo soltar-se totalmente, saltando pelo campo com toda sua força; isso seria para ele um prazer e conforme à sua natureza. Assim também é para Deus prazer e felicidade quando encontra igualdade. É prazer para Deus soltar totalmente sua natureza e seu ser na igualdade porque Ele é mesmo a igualdade.

Agora coloca-se uma questão relacionada aos anjos: Os anjos que aqui junto de nós habitam, nos servem e nos guardam, será que eles têm, de algum modo, menor igualdade nas suas alegrias do que aqueles que estão na eternidade? Estarão eles de algum modo diminuídos porque operam guardando-nos e servindo-nos? Eu afirmo: Não, de modo algum![2] Sua alegria e sua igualdade não são por isso nada menores; pois a obra do anjo

1. Cf. glossário n. 7, nota 9.

2. Cf. Tomás de Aquino, *S.Th.* I q. 64 a. 4 ad 3.

é a vontade de Deus, e a vontade de Deus é a obra do anjo; por isso ele não tem impedimentos em sua alegria, nem em sua igualdade nem em suas obras. Se Deus ordenasse ao anjo que subisse numa árvore e apanhasse lagartas, ele estaria pronto a recolher dali as lagartas, e isto seria sua ventura e seria vontade de Deus.

O homem, pois, que está assim na vontade de Deus não quer outra coisa do que Deus é e do que é vontade de Deus. Se estivesse doente, não quereria estar são. Toda dor é para ele alegria, toda diversidade é simplicidade e unidade, por estar inteiro na vontade de Deus. Sim, mesmo que isso implicasse sofrimentos infernais, para ele isso seria alegria e ventura. Ele é vazio de si e exterior para si e deve estar vazio de tudo que deve receber. Se meu olho deve ver a cor, deve então estar vazio de todas as cores. Se vejo cor azul ou branca, é o ver do meu olho que vê a cor – o que vê e o que é visto com o olho são assim o mesmo. O olho com que vejo Deus é o mesmo olho com que Deus me vê; meu olho e o olho de Deus são *um* olho e *um* ver e *um* conhecer e *um* amar[3].

O homem que assim se encontra no amor de Deus deve estar morto para si mesmo e para todas as coisas criadas, de modo que atente tão pouco para si mesmo como atenta para alguém que se encontra a mil milhas de distância. Um tal homem permanece na igualdade, permanece na unidade e permanece plenamente igual; nele não incide nenhuma desigualdade. Esse homem deve ter deixado a si mesmo e todo esse mundo. Se existisse um homem a quem pertencesse todo esse mundo e ele o deixasse por e para Deus de maneira tão simples como o recebeu, a ele Nosso Senhor devolveria todo esse mundo e mais a vida eterna. E se existisse um outro homem que, nada mais possuindo do que boa vontade, pensasse: Senhor, se esse mundo fosse meu e se eu possuísse um outro mundo e ainda mais um outro – assim seriam três deles – e ainda assim dissesse: Senhor, quero deixar esses mundos e a mim mesmo da maneira mais simples como de ti os recebi – a esse homem Deus daria <então> o mesmo tanto como se o homem houvesse doado tudo com sua própria mão. Um outro homem <porém> que não tivesse absolutamente nada de material ou espiritual para deixar ou dar, esse deixaria do modo mais excelente. Quem totalmente, por

3. Cf. Hegel (1983, p. 148), que diz ter encontrado num dos sermões de Eckhart a seguinte frase: "*Das Auge, mit dem mich Gott sieht, ist das Auge, mit dem ich ihn sehe; mein Auge und sein Auge ist ein*" (O olho com o qual Deus me vê é o olho com o qual eu o vejo; meu olho e seu olho é um).

um instante <apenas>, deixasse a si mesmo, a ele tudo seria dado. Se, ao contrário, um homem tivesse deixado por vinte anos a si mesmo e, mesmo que por um só instante se retomasse, este jamais teria deixado a si mesmo. O homem que deixa e foi deixado, sem nunca mais olhar, nem por um instante sequer, o que deixou, permanecendo constante, imóvel em si mesmo e imutável – só ele é *o* homem sereno.

Que Deus e a sabedoria eterna nos ajudem a permanecermos assim constantes e imutáveis como o Pai eterno. Amém.

Sermão 13

Vidi supra montem Sion agnum stantem etc. [E olhei; e eis que o Cordeiro estava de pé sobre o monte de Sião] (Ap 14,1)

São João viu um cordeiro, em pé, sobre o Monte Sião. Tinha, junto a si, em pé, 144 mil pessoas que traziam em sua fronte escritos o seu nome e o nome de seu Pai. Ele afirmou que teriam sido todas virgens e teriam cantado um cântico novo, que ninguém pôde cantar a não ser elas, e que elas teriam seguido o cordeiro para onde quer que ele fosse (Ap 14,1-4).

Os mestres pagãos dizem que Deus ordenou de tal maneira as criaturas que cada vez uma está sobre as outras, e as mais elevadas tocam as inferiores e estas as superiores. O que esses mestres disseram com palavras veladas, um outro mestre disse abertamente, afirmando que a corrente de ouro é a natureza pura e límpida, elevada a Deus, que não sente nenhum sabor do que esteja fora dela e que apreende a Deus. Cada uma <das criaturas> toca a outra e a mais elevada colocou seu pé no vértice da cabeça da mais inferior. Todas as criaturas tocam a Deus, mas não segundo a sua criaturidade[1]. E o que é criado deve ser rompido, se o bem deve desabrochar. A casca deve se partir para o grão desabrochar. Tudo isso visa a um crescimento-transmutação[2] (con-crescimento), pois o anjo sabe que, <se está>

1. O termo alemão é *geschaffenheit*.

2. Traduzimos *entwachsen* por crescimento-transmutação. O verbo alemão *entwahsen* (*entwachsen*) compõe-se de *ent* + *wachsen*. *Wachsen* significa crescer, aumentar, avolumar, entumecer. O prefixo *ent*, entre inúmeros significados, conota *surgimento*, no sentido de que de algo nasce, surge, brota um novo ser que uma vez nascido se põe *diante* do ser, do qual surgiu como "contra-posto" ou "ante-posto" (*anti* grego, *ante* latim) enquanto um ser novo, transmutado. Assim, o surgir de uma nova vida, de um novo ser que con-cresce, como que irrompendo de dentro da sua matriz para fora, se diz em alemão *entwachsen*.

fora dessa pura natureza, não tem mais ser do que essa madeira; sim, sem essa natureza o anjo não tem mais<ser> do que tem uma mosca sem Deus.

Ele <São João> diz: "Sobre o monte". Como deve acontecer para que se chegue a essa clara pureza? Aquelas pessoas eram virgens, estavam em cima da montanha, eram fiéis[3] ao cordeiro e, tendo renegado todas as criaturas, seguiam o cordeiro para onde quer que ele fosse. Muitas pessoas seguem o cordeiro enquanto as coisas lhes vão bem; mas quando as coisas não andam segundo sua vontade, então retrocedem. Não é nesse sentido que se pensa, pois São João diz: "Elas seguiam o cordeiro para onde quer que ele fosse". Se és uma virgem e és fiel ao cordeiro a ponto de renegar todas as criaturas, então segues o cordeiro para onde quer que ele vá; e não assim, que te desfaças, quando te cresce o sofrimento causado por teus amigos ou por ti mesmo em consequência de uma tentação qualquer.

Ele diz: Estavam "em cima". O que está em cima não sofre por causa do que está embaixo. Sofre somente quando em cima dele tem algo mais alto do que ele. Um mestre descrente diz: Enquanto o homem estiver junto a Deus, é impossível que sofra. O homem que está no alto, que renegou todas as criaturas, para ser fiel a Deus, esse não sofre; mas, se <no entanto> tivesse que sofrer, seria então atingido o coração de Deus.

Estavam "sobre o Monte Sião". "Sião" significa o mesmo que "contemplar"; e "Jerusalém", "paz". Como eu disse recentemente em Sankt Mariengarten[4]: Esses dois obrigam a Deus; se os tens em ti, Ele é obrigado a nascer em ti. Quero <apenas> vos contar, pela metade, uma estória: Nosso Senhor caminhava certo dia em meio a uma grande multidão. Veio então uma mulher e falou: "Se eu pudesse tocar a orla da sua veste, ficaria curada". Então Nosso Senhor disse: "Fui tocado". "Deus nos guarde!", disse São Pedro, "como podes afirmar, Senhor, que foste tocado? Uma grande multidão se acotovela em volta de ti e te comprime" (cf. Lc 8,43-45).

Um mestre afirma que vivemos da morte. Para se poder comer galo ou vitela, estes devem primeiro estar mortos. Deve-se tomar sobre si o sofrimento e seguir o cordeiro tanto na dor como na alegria. Os apóstolos tomaram sobre si igualmente dor e alegria; por isso, tudo que sofreram era-lhes doce; a morte era-lhes tão amável como a vida (Fl 1,20).

---

3. O termo alemão é *angetraut*, fiel, confiado, mas também prometido (noivo), desposado. O alemão original medieval é *getrûvet* = *angetraut*. É antônimo de *entrûvet* = "*entfremdet*" (alienado, "estranhado").

4. Mosteiro de dominicanos em Estrasburgo.

Um mestre pagão coloca as criaturas iguais a Deus. A Escritura diz que devemos tornar-nos iguais a Deus (1Jo 3,2). "Igual", isso é mau e enganador. Se eu me faço igual a outro homem e se encontro um homem que me é igual, então esse homem se comporta como se fosse eu; e ele não o é e engana. Muita coisa iguala-se ao ouro; nesse igualar-se mente e não é ouro. Também todas as coisas se dão como iguais a Deus e assim mentem, pois todas elas não são iguais a Deus. A Escritura diz que devemos ser iguais a Deus. Ora, um mestre pagão, que chegou a isso <a esse conhecimento> por meio de uma intuição <apenas> natural, diz: Deus pode suportar tão pouco o igual como não pode suportar não ser Deus. Igualdade é algo que não existe em Deus; existe, muito mais, o ser-Um na deidade e na eternidade; igualdade, porém, não é Um. Se eu fosse Um, seria então não igual. Não há nada de estranho na unidade; há apenas ser-Um na eternidade e não há ser-igual[5].

Ele diz: "Traziam seu nome e o nome de seu pai inscritos em sua fronte". O que é nosso nome e o nome de nosso pai? Nosso nome é: que nós devemos ser gerados; e o nome do pai é: gerar, onde a deidade resplandece a partir da pureza primordial, que é uma plenitude de toda pureza, como eu disse em Sankt Mariengarten. Filipe disse: "Senhor, mostra-nos o Pai, isso nos basta" (Jo 14,8). Em primeiro lugar, com isso se quer dizer que devemos ser pai; em segundo lugar, que devemos ser "graça", pois o nome do Pai é: gerar; Ele gera em mim sua imagem-semelhança. Quando vejo uma comida e ela me apetece, surge dali um desejo; ou quando vejo um homem que me é igual, então dali surge uma afeição. É bem assim: o Pai celeste gera em mim sua imagem-semelhança e da igualdade surge um amor, isto é o Espírito Santo. O pai é quem gera o filho naturalmente; quem ergue a criança da água batismal não é seu pai. Boécio afirma: Deus é um bem silenciosamente estável na quietude que move todas as coisas[6]. Sendo constante, Deus movimenta todas as coisas. Há algo muito feliz que, permanecendo imóvel em si mesmo, move, persegue e coloca todas as coisas em movimento, para que retornem para lá de onde fluíram. E quanto mais nobre uma coisa, mais estável seu percurso. O fundo originário persegue todas elas. Sabedoria, bondade e verdade acrescentam algo; o Um nada acrescenta a não ser o fundo do ser.

---

5. Cf. glossário, n. 22, 23 e 24.

6. Boécio, *De Consolatione Philosophiae* 1. III poesia IX.

Agora ele diz: "Em sua boca não foi encontrada nenhuma mentira" (Ap 14,5). Enquanto possuo a criatura e a criatura a mim, a mentira ali está, e disso nada foi encontrado em sua boca[7]. Louvar boas pessoas é sinal de um homem bom. Se um homem bom me louva, sou verdadeiramente louvado; se, pelo contrário, um homem mau me tece louvores, estaria então sendo ultrajado. Mas se um homem ruim me ultrajar, na verdade fui louvado. "Do que está cheio o coração, disso fala a boca" (Mt 12,34). Gostar de falar de Deus sempre foi sinal de um homem bom, pois as pessoas gostam de falar daquilo com que estão lidando. Aqueles que lidam com trabalhos manuais gostam de falar de trabalhos manuais; os que lidam com sermões gostam de falar de sermões. Um homem bom não gosta de falar de outra coisa a não ser de Deus.

Há uma força na alma, da qual já falei muitas vezes – se a alma fosse totalmente assim, então ela seria in-criada e incriável. Mas não é assim[8]. Com a parte restante <de seu ser>, ela tende ao tempo e adere ao tempo, e <com> isso ela toca a criaturidade e é criada – <é> a mente: para essa força nada é distante, nada é exterior. O que está além do mar ou mais distante que mil milhas é para a alma tão propriamente conhecido e presente como este lugar, onde estou. Essa força é uma virgem e segue o cordeiro para onde quer que ele vá. Essa força apreende a Deus totalmente com toda simplicidade, em seu ser essente[9]; ela é Um na unidade, não igual na igualdade[10].

Que Deus nos ajude para que isso nos aconteça. Amém.

---

7. Cf. Agostinho, *Conf.* 1. X c. 41 n. 66.

8. Em Eckhart distinguimos na alma uma "realidade" que é *a sua mais íntima e abissal identidade como filho de Deus, o ser Um com Deus em Jesus Cristo*. Nessa identidade, nesse ser "igual" a Deus "essa força" na alma é Um na unidade. "Com a parte restante" não posso falar de igualdade na igualdade com deidade, pois uma tal fala reduziria o próprio de Deus, a deidade, ao ser, cujo modo de ser está alheio, alienado desse ser na filiação. Mas se a fala parte de e permanece no ser da unidade, Um, na filiação, então não é contraditório falar de igualação. Com outras palavras, nesse caso, a compreensão do que seja igual e igualação é orientada a considerar *igualdade*, no ser da doação do Um, como *einsîn*, dentro da questão da diferença existente em Eckhart, de Deus (deus) e deidade, como expressão da implicação da deidade no mistério da encarnação. Cf. glossário n. 22 e 23.

9. No alemão medieval *in sînen istigen wesene*; no alemão atual *in seinem wesenhaften Sein*.

10. *Niht glîch mit der glîcheit*; *nicht gleich in der Gleicheit*. Cf. glossário n. 22.

Sermão 13a[11]

São João, numa visão, viu um cordeirinho em pé sobre o Monte Sião, e junto dele 44 <em vez de 144 mil>, que não eram terrenos e não portavam o nome *mulher*. Eram todos virgens e estavam bem junto ao cordeiro e, para onde o cordeiro se voltava, para lá o seguiam e cantavam com o cordeiro uma canção especial. Traziam seu nome e o nome de seu Pai na fronte, inscritos em sua testa (Ap 14,1-4).

Diz, pois, João, que viu um cordeirinho em pé sobre o monte. Eu digo que o próprio João era o monte sobre o qual viu o cordeirinho: quem quer ver o cordeiro divino deve ser ele mesmo o monte e alcançar o mais elevado e o mais puro do seu ser. Por outro lado, ele afirma que viu o cordeirinho em pé sobre o monte. Ora, o que quer que se encontre em pé sobre um outro toca com sua parte inferior a parte superior da coisa inferior. Deus toca todas as coisas sem ser Ele mesmo tocado. Sobre todas as coisas, Deus é um "insistir" em si mesmo, e este seu estar-em-si-mesmo sustenta todas as criaturas. Todas as criaturas têm um superior e um inferior; isso Deus não tem. Deus está sobre todas as coisas, jamais sendo tocado por algo. Todas as criaturas buscam sempre fora de si mesmas, uma na outra, o que elas <mesmas> não têm; Deus não faz isso. Deus nada busca fora de si mesmo. O que todas as criaturas têm, isso Deus tem em si de uma vez por todas. Ele é o chão, o círculo de todas as criaturas. É bem verdade que uma criatura existe antes da outra ou, pelo menos, uma nasce da outra. Mesmo assim, uma não dá à outra o seu <próprio> ser; ela retém algo do que é seu. <Mas> Deus é um simples "in-sistir", um "assentar-se" em si mesmo. Quanto mais

---

11. Cf. Eckhart (1958, p. 223). A autenticidade deste sermão não está plenamente assegurada. Segundo Quint, é possível que o texto deste Sermão 13a conserve rudimentos de uma pregação que Eckhart pronunciou sobre o mesmo trecho de Apocalipse do Sermão 13. O Sermão 13a pode ser assim um "sermão paralelo", com trechos consonantes com os do Sermão 13. O sermão, no fim, está incompleto.

uma criatura, seguindo a nobreza de sua natureza, se assenta em si mesma, tanto mais se apresenta para fora. Uma pedra simples, um tufo, não se declara mais do que ser uma pedra. Uma pedra preciosa, porém, possuidora de grande força, por in-sistir e se assentar em si mesma, ergue ao mesmo tempo a cabeça e espreita <por sobre si mesma> para além. Os mestres dizem que nenhuma criatura possui tão grande "assentamento" em si mesma como corpo e alma, e <por isso> também nada tem <ao mesmo tempo> um tão grande transcender-a-si-mesmo como a alma em suas partes superiores.

Então ele diz: "Vi um cordeiro em pé". Podemos daqui tirar quatro[12] bons ensinamentos. O primeiro: o cordeiro dá comida e vestuário e o faz de boa vontade; e isto deve ser um estímulo para compreendermos que recebemos tanto de Deus e que Ele nos mostra isso tão bondosamente; isso deve forçar-nos a nada buscar em nossas obras a não ser seu louvor e sua honra. O segundo: o cordeirinho estava em pé. É tão bom quando um amigo "está em pé" "junto" de seu amigo. Deus está em pé junto a nós, e Ele permanece em pé junto a nós, constante e imóvel.

E ele diz: Muitos estavam em pé junto dele; cada um deles trazia, inscritos na fronte, seu nome e o nome de seu Pai. Pelo menos, o nome de Deus deve estar inscrito em nós. Devemos trazer a imagem de Deus e sua luz deve brilhar em nós, se quisermos ser "João"[13].

---

12. Eckhart promete quatro bons ensinamentos. Só menciona dois. Certamente o texto não está completo.

13. Cf. Sermão 11, nota 1: o nome João referido à graça.

Sermão 14
Surge illuminare Hierusalem etc.
[Levanta-te e resplandece!]
(Is 60,1)

Essa palavra que disse em latim está escrita na epístola lida na missa. O Profeta Isaías diz: "Surge, Jerusalém, eleva-te e sejas iluminada" (Is 60,1). Aqui, deve-se compreender um tríplice sentido. Rogai a Deus por graça!

"Surge, Jerusalém, eleva-te e sejas iluminada." Os mestres e os santos concordam em que a alma possui três forças, com as quais se iguala à Trindade. A primeira força é a memória[1]. Por memória indica-se um saber misterioso e oculto; ela designa o Pai. A outra força chama-se *intelligentia*. Ela é um presentificar[2], um conhecer, uma sabedoria. A terceira força chama-se vontade, um fluxo do Santo Espírito. Não vamos nos deter nesse assunto. Pois aqui ele não é nenhuma novidade[3].

"Surge, Jerusalém, eleva-te e sejas iluminada." Os outros mestres se manifestam, dividindo também a alma em três partes: chamam a força suprema de força irascível; eles comparam-na ao Pai. Ela se encontra constantemente na luta e ira contra o mal. A ira ofusca a alma, e o amor[4] [...].

---

1. Em alemão medieval *gehochnysse*, em alemão atual *Gedächtnis*.

2. Eckhart (1958, p. 231): *intgegenwordicheit*, transposto para alemão moderno *Vergegenwärtigung*, cf. nota 2, referindo-se a Tauler (Vetter, 1910, p. 426,9), menciona a palavra *entgegenwerdicheit = praesentialitas*. Na tradução preferiu-se *presentificar* para manter a ideia do movimento de vir à presença.

3. Essa divisão tripla das forças da alma em memória (Pai), inteligência (Filho) e vontade (Espírito Santo) é formulação e esquema agostiniano, na época usual, da doutrina trinitária. Em Eckhart esse esquema não é tão usual. Nele ocorre mais a divisão dupla: inteligência e vontade.

4. Cf. Eckhart (1958, p. 231, notas 4 e 5), em que Quint observa que aqui certamente o texto está incompleto e corrupto. À força irascível deveriam seguir as duas outras forças, a saber, *concupiscibilis* (*begerunge*, cobiça, desejo) e *rationalis* (*bescheidenheit*, *verstendicheit*, discrição, compreensão). Como no caso de irascível, relacionada ao Pai, se relacionariam respectivamente ao Filho e ao Espírito Santo.

A primeira força se efetua no fígado, a segunda no coração, a terceira no cérebro [...][5]. A primeira jamais descansa até chegar ao mais alto; se houvesse algo mais alto do que Deus, ela então não quereria a Deus. A outra só se satisfaz com o que é o melhor de tudo; se houvesse algo melhor do que Deus, ela então não quereria a Deus. A terceira só se satisfaz com um bem; se houvesse algo melhor do que Deus, ela então não quereria a Deus. Ela não repousa em nenhum outro lugar, a não ser num bem estável, *no qual está implícito todo o bem, de modo que nele todo o bem <é> Um-ser?*[6] O próprio Deus não repousa ali, onde Ele é o começo de todo ser; Ele repousa lá, onde é <igualmente> fim e começo de todo ser.

"Jerusalém" quer dizer o mesmo que uma "altura", como eu disse no <mosteiro> de Mariengarten: "Ao que é alto dizemos: 'Desça!' Ao que é baixo dizemos: 'Suba!'" Se és baixo e eu fosse acima de ti, então eu deveria descer a ti. Assim faz Deus: se te humilhas, Deus desce do alto e vem em ti. A terra é o que há de mais distante do céu. Ela se encolhe num canto e, envergonhada, gostaria de fugir de um canto a outro do belo céu. <Mas> qual seria então seu refúgio? Se foge para baixo, chega ao céu; se foge para cima, também não lhe pode escapar. O céu a acossa num canto, nela imprime sua força e a faz fecunda. Por quê? O supremo flui para o ínfimo. Uma estrela está acima do sol: é a estrela suprema que é mais nobre do que o sol; <com sua luz> ela flui para o sol e o ilumina, e toda luz que o sol possui, ele a possui dessa estrela. O que significa, pois, que o sol não brilha tão bem à noite quanto de dia? Significa que o sol, ele mesmo, a partir de si, não tem força; que no sol haja uma certa deficiência, podeis ver bem <nisso> que em uma extremidade ele é escuro e, à noite, a lua e as estrelas tomam-lhe a luz, impelindo-a para outros lugares; então ele brilha em outros sítios, em outro país. Aquela estrela <suprema> flui <com sua luz> não somente no sol, mas ela flui através do sol e através de todas as estrelas, e flui na terra e a faz fecunda[7]. Totalmente assim se dá com o homem bem humilde,

5. Cf. Eckhart (1958, p. 231, nota 6; p. 232, nota 1), em que Quint constata que o texto está corrupto e há lacunas. Por isso aqui, na transposição do texto do alemão medieval para o alemão atual, Quint omite a frase incompleta que diz: "*Got der hait eynen [ge]gegen natoirlichen kreich, dat* [...]" (Deus conduz uma guerra contra a natureza...).

6. No alemão medieval está: *in deme alle goit besloissen is, dat sy an in einne wesen*. Transcrito para o alemão moderno temos: *in dem alle <einzelnen> "Gut" beschlossen sind, so dass sie in ihm eins sind.*

7. Quint confessa não saber de onde Eckhart tem essa opinião acerca do sol (Eckhart, 1958, p. 234, nota 2). Sugere conferir Empédocles, em: Diels, H. *Die Fragmente der Vorsokratiker*, 5.

que se sujeitou a todas as criaturas e se sujeita a Deus: em sua bondade, Deus não deixa de derramar-se plenamente nesse homem; Ele é obrigado a isso e deve fazê-lo necessariamente. Se queres, pois, ser alto e elevado, então deves ser baixo, <distante> do fluxo do sangue e da carne, pois uma raiz de todos os pecados e de todas as mágoas é o orgulho escondido e dissimulado, e dele não se segue outra coisa do que sofrimento e dor. A humildade, ao contrário, é uma raiz de todo o bem e... segue-a[8].

Eu disse em Paris, na escola <na universidade> que todas as coisas se consumariam no homem retamente humilde. O sol <na comparação acima> corresponde a Deus. O supremo, em sua deidade insondável, responde ao ínfimo, na profundidade da humildade. O homem verdadeiramente humilde não precisa pedir a Deus, ele pode mandar em Deus, pois a altura da deidade só tem olhos para a profundidade da humildade, como disse no <mosteiro> de *Makkabäern*[9]. O homem humilde e Deus, isso é Um; o homem humilde tem tanto poder de Deus quanto tem poder de si mesmo, e tudo que é nos anjos é próprio desse homem humilde; o que Deus opera, isso opera o homem humilde, e o que Deus é, isso é ele: *uma* vida e *um* ser; e por isso disse nosso amado Senhor: "Aprendei de mim, que sou manso e humilde de coração" (Mt 11,29).

Se um homem fosse verdadeiramente humilde, Deus deveria ou perder toda sua deidade e dela expropriar-se totalmente, ou derramar-se e fluir totalmente no homem. O pensamento ocorreu-me ontem à noite. A altura de Deus jaz em minha baixeza: onde eu me rebaixasse, ali Deus seria elevado. "Jerusalém será iluminada", diz a Escritura e o profeta (Is 60,1). Ontem à noite, porém, pensei: Deus deveria ser *abaixado*[10], não em absoluto, mas

---

ed., editado por W. Kranz, vol. 1, p. 288,31 A 30. Empédocles ensinava que o sol, segundo a sua natureza, não era fogo, mas sim reflexo do fogo.

8. Em alemão medieval, *Also is de oitmodicheit eyne wortzele alles goiden inde dar an volgende is.* Em alemão atual: *Die Demut hingegen ist eine Wurzel alles Guten, und* [...] *folgt ihr nach.* Quint observa que após o *e* (raiz de todo bem *e*) falta algo (Eckhart, 1958, p. 235, nota 1).

9. Cf. Eckhart (1958, p. 235, nota 3; p. 372). Trata-se provavelmente de um mosteiro de beneditinas na cidade de Colônia.

10. No alemão medieval está *inthoeget*, isto é, *enthöht. Ent-höhen* (*hoch, Höhe*). Diríamos talvez "des-altado", "des-altura". *Ent-* no entanto nem sempre conota um "de-" privativo. Antes, pode evocar um surgimento, num nascer totalmente novo que dá ou restitui ao que vem à luz, vem a ser, a sua própria nascividade. Assim esse a-baixamento de Deus restituiria então ao Deus da experiência mística a sua própria identidade, a sua própria altura, e pode nos levar a uma "des-methafisicação" da deidade, colocando-nos ao mesmo tempo na questão da *essência* da metafísica. *Ent-höhen* pode também dizer ex-altado, ex-altar, perder altura, inclinar-se.

antes, *interiormente*, e isso <esse abaixamento pela interiorização> diz tanto quanto "Deus abaixado", o que me agradou tanto que o escrevi no meu livro. Isso quer dizer: "Deus abaixado", não em absoluto, mas *interiormente*, para que *nós* sejamos *elevados*. O que era em cima tornou-se interior. Tu deves ser interiorizado, partindo de ti mesmo para dentro de ti mesmo, para que Ele seja *em* ti, não assim que tomemos algo do que está sobre nós; devemos, antes, tomá-lo em nós, de nós <mesmos> para dentro de nós mesmos.

São João diz: "Aos que o receberam, deu-lhes o poder para se tornarem filhos de Deus. Os que são filhos de Deus não nasceram da carne nem do sangue, mas sim, de Deus", não <porém> para fora <isso significa: de Deus para fora>, mas, antes, para dentro[11]. A amada Nossa Senhora diz: "Como pode ser isso de eu tornar-me mãe de Deus? Ali falou o anjo: O Espírito Santo virá em ti do alto" (Lc 1,34s.). Davi falou: "Hoje eu te gerei" (Sl 2,7). O que é "hoje"? – Eternidade. Gerei-me eternamente a mim <como> a ti, gerei-te eternamente a ti <como> a mim. Do mesmo modo, não é suficiente ao homem nobre, humilde o fato de ser ele o Filho Unigênito, a quem o Pai gerou eternamente: ele quer ser também Pai e entrar na mesma igualdade com a paternidade eterna, e gerar aquele de quem eu sou eternamente gerado, como eu disse no <mosteiro> Mariengarten; ali Deus vem ao seu próprio. Trans-apropria-te de Deus, assim Deus é teu próprio, como Ele é próprio a si mesmo. O que é gerado em mim e para mim, isso permanece; Deus jamais se separa do homem, para onde quer que o homem <também> se volte. O homem pode desviar-se de Deus; por mais distante de Deus que o homem alcance chegar, Deus permanece e espera por ele e se lhe coloca no caminho, antes que ele o saiba. Se queres que Deus seja o teu próprio, então tu deves ser o seu próprio, assim como minha língua ou minha mão <são o meu próprio>, de modo que posso fazer com ele o que eu quero. Assim como nada posso fazer sem ele, também ele nada pode fazer sem mim. Queres, pois, que Deus seja assim o teu próprio, então faz-te próprio a Ele e nada conserva em teu pensar a não ser Ele; assim Ele é começo

---

11. No original alemão medieval está simplesmente *neit ey mer in* = transcrito para o alemão atual *nicht <aber> hinaus <das heisst: aus Gott heraus>, vielmehr hinein*. Cf. Eckhart (1958, p. 238, nota 1; 1998, p. 289, nota 13): *neit ey mer in*. Segundo Quint, pode ser que o texto seja aqui corrompido. O mais provável é que ele queria dizer: "O homem não procede de Deus à maneira natural do Filho em relação ao Pai, mas o fato de *nascer de Deus* é realidade tão bem interior a Deus como ao homem".

e <igualmente> fim de todo teu operar, assim como sua deidade consiste nisso, que Ele é Deus. O homem que assim em todas as suas obras nada pensa nem ama a não ser a Deus, a ele Deus dá sua deidade. Tudo que o homem opera [...][12] <isso atua Deus>, por outro lado, minha humildade dá a Deus sua deidade. "A luz brilha nas trevas, mas a luz nada apreendeu das trevas" (Jo 1,5); isso significa: Deus não é apenas começo de todas as nossas obras e do nosso ser; Ele é <muito mais> também fim e repouso para todo ser.

Que aprendamos de Jesus Cristo a lição sobre a humildade. Para isso nos ajude a todos juntos Deus Pai e Filho e Espírito Santo. Amém. *Deo gratias.*

---

12. Quint observa que há lacuna no texto (Eckhart, 1958, p. 240, nota 5). Ele conjetura que a frase originariamente teria sido: *allet, dat der mynsche wirket, dat wirket got, want myne oitmodicheit geit gode syne gotheit* (tudo que o homem opera, ali opera Deus, pois minha humildade dá a Deus sua deidade).

Sermão 15

Homo quidam nobilis abiit in regionem longinquam accipere regnum et reverti [Um homem nobre foi para um país distante tomar posse de um reino, para depois voltar] (Lc 19,12)

Essa palavra está escrita no Evangelho e em nossa língua significa: "Havia um homem nobre que saiu para terra estranha", longe de si mesmo, "e voltou para casa mais rico" (Lc 19,12). Num evangelho lemos, pois, que Cristo disse: "Ninguém pode ser meu discípulo a não ser que me siga" (Lc 14,27) e tenha deixado a si mesmo e nada tenha retido para si. E uma tal pessoa possui tudo, pois nada possuir é tudo possuir. Mas submeter-se a Deus com desejo e coração e colocar, de uma vez por todas, sua vontade na vontade de Deus e não lançar nenhum olhar para o criado[1]: quem, *assim*, tivesse "saído" de si mesmo, seria devolvido a si mesmo de modo bem próprio.

Bondade em si, bondade[2], isso não pacifica a alma [...][3]. Se Deus me desse algo *sem* sua vontade, eu não o consideraria: pois o mínimo que Deus me dá *com* sua vontade, isso me faz feliz.

Todas as criaturas fluíram da vontade de Deus. Se eu pudesse desejar somente a bondade de Deus, então essa vontade seria tão nobre que o Espírito Santo dali fluiria imediatamente. Todo bem flui da superabundância da bondade de Deus. Sim, mas a vontade de Deus, para mim, só tem sabor na unidade, onde, a favor da bondade de todas as criaturas, é o repouso de

---

1. Eckhart (1958, p. 244, linha 10): *die geschaffenheit*; transcrito para o alemão atual = *das Geschaffene*.

2. Eckhart (1958, p. 244, linha 12): *Gueti in sich, gueti*; transcrito para *Gutheit in sich, Güte*.

3. Eckhart (1958, p. 244, linhas 12-14; cf. nota 6): *si loket der seele vnd[er] si bestát, vnd lúget her us. gut beraitschaft in alles, das gut ist in ainer gemainsami, vnd gnad beliebet bi der bigerung.*

Deus, onde ela <a bondade> repousa e tudo que já recebeu ser e vida, como em seu fim último: lá deves amar o Espírito Santo como Ele é na unidade, não em si mesmo, mas lá onde, junto com a bondade de Deus, Ele só tem sabor na unidade, onde toda bondade eflui da superabundância da bondade de Deus. Um tal homem "volta para casa mais rico" do que quando "saiu". Quem *assim* tivesse "saído" de si mesmo seria devolvido a si mesmo no sentido mais próprio. E tudo que ele deixou na multiplicidade ser-lhe-á restituído integralmente na simplicidade, pois encontra a si mesmo e todas as coisas no instante presente da unidade. E quem assim tivesse "saído" retornaria a casa muito mais nobre do que quando "saiu". Um tal homem vive numa liberdade solta e pura nudez, pois não precisa envolver-se com nenhuma coisa, nem assumi-la, nem pouco nem muito; pois tudo que é o próprio de Deus é o seu próprio.

O sol corresponde a Deus: a suprema parte da sua profundidade insondável responde ao ínfimo, na profundidade da humildade[4]. Sim, por isso o homem humilde não precisa pedir <a Deus>, mas pode muito bem lhe ordenar, pois a altura da deidade só tem olhos para a profundidade da humildade; pois o homem humilde e Deus são Um e não dois. Esse homem humilde tem tanto poder de Deus como tem poder de si mesmo; e todo o bem que há em todos os anjos e em todos os santos é o seu próprio, como é o próprio de Deus. Deus e esse homem humilde são totalmente Um e não dois; pois o que Deus opera, isto ele também opera e o que Deus quer, isto ele também quer; e o que Deus é, isto *ele* também *é*: *uma* vida e *um* ser. Sim, por Deus! se esse homem estivesse no inferno, Deus deveria ir a ele no inferno e o inferno deveria ser para ele um reino do céu. Ele <Deus> *deve* necessariamente fazer isso; seria obrigado a *dever* fazer isso; pois ali esse homem é o ser divino e o ser divino é esse homem. Pois, aqui, na unidade de Deus e do homem humilde acontece o beijo, pois a virtude que ali se chama humildade é uma raiz no fundo da deidade, para dentro da qual está plantada, a fim de ter o seu ser unicamente no eterno Um e jamais em nenhum outro lugar. Na escola (na universidade), em Paris, eu disse que todas as coisas seriam plenificadas no homem perfeitamente humilde. E por isso digo que nada pode prejudicar nem desencaminhar o homem retamente humilde, pois não há coisa alguma que não fuja do que poderia re-

4. O texto original é defeituoso. Quint diz: "Eu melhorei e traduzi o texto corrompido" (Eckhart, 1958, p. 488). Eckhart (1958, p. 246, linhas 9-10): *Die sine antwurtend got nach sinem hoechsten tail in seiner grundlosen tieffi in siner tiefen der demuetikait.*

duzi-la a nada: disso fogem todas as coisas criadas, pois em si mesmas elas nada são. E por isso o homem humilde foge de tudo que pode desviá-lo de Deus. Por isso eu fujo do carvão <ardente>, porque ele poderia reduzir-me a nada, pois ele gostaria de roubar-me meu ser.

E [ele] disse: "Um homem saiu"[5]. Aristóteles começou um livro e <nele> queria falar sobre todas as coisas[6]. Agora prestai atenção ao que Aristóteles diz do "homem". "*Homo*" significa o mesmo que "um homem" a quem foi conferida <uma> "forma", e <ela> lhe dá ser e vida em comum com todas as criaturas, com as racionais e irracionais[7]: ser e vida irracional, com todas as criaturas corporais e ser e vida racional, com os anjos. E ele <Aristóteles> diz: Assim como todas as criaturas com <suas> imagens originárias <ideias> e formas são apreendidas, conforme o intelecto, pelos anjos e os anjos com seu intelecto conhecem cada coisa por si – o que proporciona ao anjo um tão grande prazer que seria uma maravilha para quem jamais o tivesse experimentado nem degustado –, totalmente assim o homem conhece com seu intelecto as imagens originárias e as formas de todas as criaturas em sua diferenciação[8]. É isso que Aristóteles atribui ao "homem" para que o homem por meio disso seja "homem", para que ele conheça todas as imagens originárias e formas: por meio disso um homem é "homem". E essa é a mais elevada interpretação pela qual Aristóteles conseguiu determinar um "homem".

Agora também eu quero apresentar o que seja "um homem". "*Homo*" diz o mesmo que "um homem" a quem foi conferida <uma> "substância", e <ela> lhe dá ser e vida e um ser dotado de intelecto. Um tal homem assim dotado de intelecto é aquele que apreende a si mesmo com o intelecto e é em si mesmo desprendido de todas as matérias e formas. Quanto mais desprendido de todas as coisas e voltado para dentro de si mesmo, quanto mais claramente conhece todas as coisas em si mesmo, com seu intelecto, sem voltar-se para fora, tanto mais é ele um "homem".

---

5. *Und sprach*; *Und <er> sprach*. Aqui quem falou foi Lucas. Por isso, o que segue, "um homem saiu", está referido à frase inicial do Evangelho de Lucas, citado no início do sermão.

6. Aristóteles, *Metaphysica* lambda c. 8.

7. Cf. Eckhart (1958, p. 249,4-5): *mit redlichen vnd mit vnredlichen*. Jarczyk e Labarrière: "Trata-se da capacidade ou incapacidade de empreender uma argumentação" (Eckhart, 1998, p. 290, nota 7).

8. Cf. Tomás de Aquino, *S.Th.* I q. 57 a. 2.

E agora pergunto: Como pode ser <porém> que ser-desprendido do conhecer conhece, sem forma e sem figura, em si todas as coisas, sem voltar-se para fora e sem transformação de si mesmo? Eu digo: Isso vem de sua simplicidade; pois quanto mais limpidamente desprendido for de si mesmo em si mesmo, tanto mais simplesmente o homem conhece toda multiplicidade em si mesmo e permanece imutável em si mesmo. Boécio diz: Deus é um bem imutável, serenamente assentado em si mesmo, intocado e imóvel e movendo todas as coisas[9]. Um conhecimento simples é tão puro em si mesmo que conhece imediatamente o ser divino, puro e despido. E nesse influxo <do ser divino> recebe <a> natureza divina totalmente como os anjos – no que os anjos experimentam grande alegria. Para poder ver um anjo, se quereria estar mil anos no inferno. Esse conhecer é tão límpido e tão claro em si mesmo que tudo que víssemos nessa luz tornar-se-ia um anjo.

Agora prestai atenção que, nesse livro chamado *Metafísica*[10], Aristóteles fala dos espíritos puros. O mais elevado dos mestres que em algum tempo se pronunciou sobre as ciências naturais fala desses puros espíritos, dizendo que eles não são forma de nenhuma coisa e que recebem o seu ser fluindo imediatamente de Deus; e assim eles também refluem de volta para dentro e recebem o efluxo de Deus imediatamente, acima dos anjos, e contemplam o puro ser de Deus sem distinção. A esse límpido e puro ser, Aristóteles chama de um "quê"[11]. Isso é a coisa mais elevada que Aristóteles jamais disse a respeito das ciências naturais, e nenhum outro mestre jamais poderá dizer algo mais elevado e para além disso, a não ser que fale no Espírito Santo. Agora eu digo que esse "homem nobre" não se satisfaz com o ser que os anjos apreendem sem forma e ao qual pendem imediatamente; a ele unicamente satisfaz o Um unitivo.

Aliás, outrora também, já falei do primeiro começo e do último fim. O Pai é um começo da deidade, pois Ele compreende[12] a si mesmo em si

---

9. Boécio, *De Consol. Phil.* 1. III poesia IX.

10. Aristóteles, *Metaph.* lambda c. 8. Eckhart (1958, p. 251, nota 3): Na Escolástica medieval, com a denominação *puros espíritos* (*abgeschaidenen gaiste*) se pensava nas *substâncias separadas ou simples*, que eram identificadas muitas vezes com os anjos.

11. *Que* é em latim *quid*. Refere-se à definição da substância, *quod quid erat esse* (*tó ti ên eínai*), o cerne de uma coisa (Eckhart, 1958, p. 251, nota 4).

12. A palavra alemã para compreender é *begreifen*. *Greifen* conota pegar, prender, agarrar, daí *compreender*. *Begriff* que vem do *begreifen* é conceito, usualmente entendido como uma imagem mental da coisa. Só que em português *conceito* vem de *conceber*. Diz respeito, portanto, à *concepção*, à gestação.

mesmo. Dele procede a Palavra eterna, permanecendo dentro, e o Espírito Santo flui de ambos, permanecendo dentro, e <o Pai> não o *gera*, pois Ele é, permanecendo dentro, um *fim* da deidade e de todas as criaturas, dentro, no qual é um puro repouso e um descanso de tudo que um dia ganhou ser. O começo é para o último fim, pois no último fim repousa tudo aquilo que um dia cada ser dotado de intelecto recebeu. <O fim último> do ser são as trevas ou o não-conhecimento da deidade abscôndita, ao qual a luz brilha; "mas as trevas não compreenderam" (cf. Jo 1,5). É por isso que Moisés falou: "Aquele que ali é me enviou" (Ex 3,14), aquele que ali é sem nome, que é uma negação de todos os nomes e que jamais recebeu um nome. E por isso o profeta falou: "Na verdade, tu és o Deus escondido" (Is 45,15) no fundo da alma, onde o fundo de Deus e o fundo da alma são *um* fundo. Quanto mais a ti se procura, tanto menos a ti se encontra. Tu deves procurá-lo assim que não o encontres em nenhum lugar. Se *não* o procuras, então o encontras.

Que nós assim o procuremos, para que permaneçamos eternamente junto dele. Para isso ajude-nos Deus. Amém.

Sermão 16a

Um mestre diz: Se toda a mediação entre mim e esse muro sumisse, eu estaria então *junto* ao muro e outrossim não estaria *no* muro. Não é <porém> assim com coisas *espirituais*, pois <nelas> uma está sempre *na* outra. O que ali recebe é o que é ali recebido, pois não recebe mais nada do que a si mesmo. Isso é sutil[1]. A quem isso compreende, já se pregou o suficiente. No entanto, <ainda> um pouco sobre a *imagem*[2] da alma.

Há muitos desses mestres cuja opinião é de que essa imagem nasceu da vontade e do conhecimento, <mas> não é assim; eu digo que essa imagem é muito mais uma expressão de si mesma, *sem* vontade e *sem* conhecimento. Eu quero vos propor uma parábola. Coloca-me um espelho diante de mim: quer queira, quer não queira, *sem* vontade ou *sem* conhecimento de mim mesmo, retrato-me no espelho. Essa imagem não procede do espelho nem de si mesma; muito mais e sobretudo, funda-se naquilo de que tem seu ser e sua natureza. Quando o espelho me é retirado, não me retrato por mais tempo no espelho, pois eu mesmo sou essa imagem.

Ainda uma outra parábola. Quando um ramo brota de uma árvore, leva consigo tanto nome quanto essência da árvore. O que ali brota é o <mesmo> que ali dentro permanece, e o que ali dentro permanece é o <mesmo> que ali brota. Assim <portanto> o ramo é uma expressão de si mesmo.

De todo assim digo da imagem da alma: o que ali sai é o <mesmo> que ali dentro permanece, e o que ali dentro permanece é o <mesmo que o> que ali sai. Essa imagem é o Filho do Pai, e essa imagem sou eu mesmo, e essa imagem é a <sabedoria>. Sobre isso Deus seja louvado, agora e para sempre. Amém. Não se aflija quem isso não compreende.

---

1. Eckhart (1958, p. 258,9): *subtijll*; p. 491,5: *schwierig*.

2. Cf. glossário n. 10.

Sermão 16b

Quasi vas auri solidum ornatum omni lapide pretioso [Como um vaso de ouro maciço, ornado de toda a casta de pedras preciosas] (Eclo 50,10)

Disse uma palavrinha em latim, que lemos hoje na epístola. Ela pode ser aplicada a Santo Agostinho e a toda alma boa e santa: como as almas que se igualam a um vaso de ouro maciço e sólido ornado de toda espécie de pedras preciosas (Eclo 50,10). Que não possamos caracterizar os santos com *uma* única comparação, tem raiz na sua nobreza; por isso os comparamos com as árvores e com o sol e a lua[1]. Por isso Santo Agostinho está sendo comparado aqui a um vaso de ouro maciço e sólido ornado de toda espécie de pedras preciosas. Isso pode ser dito verdadeiramente de toda alma boa e santa, que deixou todas as coisas e as acolhe lá onde elas são eternas. Quem deixa as coisas enquanto acaso, as possui lá, onde elas são um puro ser e eternas.

Todo vaso possui duas características[2]: recebe e contém. Vasos espirituais são diferentes dos corporais. O vinho está no barril, mas o barril não está no vinho nem o vinho está no barril, quer dizer, na aduela; pois se ele estivesse no barril – quer dizer, na aduela –, não se poderia bebê-lo. Diverso é o vaso espiritual. Tudo que ali dentro se recebe está *no* vaso e o vaso está em tudo que se recebe, pois é o próprio vaso. Tudo que o vaso espiritual recebe é da sua natureza. É da natureza de Deus doar-se a cada alma boa; e é da natureza da alma receber a Deus; e isso se pode afirmar com referência ao que a alma pode apresentar de mais nobre. Ali a alma carrega a imagem divina e é igual a Deus. Não pode haver nenhuma imagem sem

1. Cf. missal da Ordem dos Pregadores (dominicanos), epístola na Festa de Agostinho.

2. Eckhart (1958, p. 264,4): *zwei dinc an im* = p. 492: *zweierlei <Kennzeichen>*.

igualdade, mas é possível que haja igualdade sem imagem. Dois ovos são igualmente brancos e, no entanto, um não é a imagem do outro, pois o que deve ser imagem do outro deve ter vindo da natureza do outro e deve ter nascido dele e ser-lhe igual.

Toda imagem tem duas propriedades: a primeira é receber seu ser imediatamente daquilo do qual é a imagem, para além de toda vontade[3], pois tem uma procedência natural e irrompe da natureza como o ramo brota da árvore. Colocado diante do espelho, o rosto *deve* ali refletir-se numa imagem[4], queira ou não. Mas a *natureza não* se forma na imagem do espelho; o que se forma no espelho é muito mais isto, ou seja, a boca e o nariz e os olhos e a configuração toda do rosto. Mas isto Deus reservou apenas para si mesmo, a saber, onde quer que Ele forme sua imagem, sua natureza e tudo o que Ele é e pode oferecer, forma totalmente ali dentro, para além de toda vontade; pois a imagem é condição para a vontade[5] e a vontade segue a imagem, e a imagem tem da natureza a primeira irrupção, puxando para dentro de si tudo que a natureza e o ser possam apresentar; e a natureza se extravasa plenamente na imagem permanecendo, no entanto, inteiramente em si mesma. Assim os mestres não colocam a imagem no Espírito Santo, antes a colocam na pessoa intermediária, já que o Filho significa a *primeira* irrupção da natureza; é por isso que, em sentido próprio, *Ele* se chama uma imagem do Pai. Já o Espírito Santo, este é <muito mais> apenas uma floração do Pai e do Filho, possuindo assim *uma* natureza com ambos. A vontade, no entanto, não é um mediador entre a imagem e a natureza; nem o conhecer, nem o saber, nem a sabedoria podem aqui ser um mediador,

---

3. Eckhart (1958, p. 265,10): *obe dem willen*; p. 492: *unwillkürlich*.

4. Eckhart (1958, p. 266,3-6): refletir-se ali numa imagem = *ab-gebildet*; se forma na imagem = *erbildet*; se forma = *erbildet*; forma = *erbildet*. Em todas essas variantes de *formar* imagem, formar etc., no alemão medieval é usado o verbo *erbilden*. Quint transcreve uma vez esse *erbilden* como *abbilden*. *Er-bilden* conota uma ação originária (*er*) que se chama *bilden*. Neste está a palavra *Bild*, que costumamos traduzir como *quadro*, *imagem*, *configuração*, *forma*. No entanto, tanto a palavra *forma* (em latim) como *Bild*, *bilden*, parecem contar uma compreensão que se refere à criatividade que se dá nas obras da existência artística (no sentido originário, e não já reduzido à estética). Aqui não se trata de cópia, reprodução, figuração, mas sim de *vir à fala*, da *concreção*; da *concepção*, *tornar-se obra*, sim, *gerar a si mesmo como prolongamento de si mesmo*, portanto, em gerando o filho, se gerar nele como na "imagem e semelhança" (*igualdade*) de si mesmo: *er-bilden*. Cf. Eckhart (1998, p. 290, nota 5): *erbildet* – "Trata-se, pois, da imagem de si mesmo que Deus forma dentro da alma".

5. Eckhart (1958, p. 266,8): *wan daz bilde vürsetet dem willen*; p. 492: *denn das Bild setzt dem Willen ein Ziel*. O verbo *vûrsetet*, *vürsetzer*, o Dicionário Lexer dá como correspondente latino *prepositor*, em alemão, *vorsätzlich*.

pois a imagem divina irrompe da fecundidade da natureza sem mediação alguma. Se, porém, há aqui um mediador da sabedoria, ele é então a própria imagem. Por isso, o Filho na deidade é chamado de sabedoria do Pai.

Deveis saber que a imagem simples de Deus, impressa na alma, no mais íntimo da natureza, foi recebida imediatamente; e o que há de mais interior e mais nobre na natureza <divina> forma-se imagem de modo totalmente próprio na imagem da alma. Nisso nem a vontade nem a sabedoria são um mediador, como mencionei acima: se a sabedoria *for* um mediador, então ela é a própria imagem. Aqui Deus é imediatamente na imagem e a imagem é imediatamente em Deus. Contudo, Deus é de maneira muito mais nobre na imagem do que a imagem em Deus. Aqui a imagem não assume Deus no seu modo de ser criador, mas no seu modo de ser racional, e o mais nobre da natureza <divina> forma-se de modo totalmente próprio na imagem. Essa é uma imagem natural de Deus que Deus imprimiu naturalmente em todas as almas. Mais não posso conceder à imagem. Se concedesse à imagem ainda alguma coisa, então deveria ser o próprio Deus; mas com Ele não é assim, pois então Deus não seria Deus.

A segunda propriedade da imagem deveis reconhecer[6] na igualdade da imagem. Prestai aqui especial atenção a dois pontos. Em primeiro lugar: a imagem não é a partir de si mesma, nem <em segundo lugar> é para si mesma. De igual modo é a imagem recebida no olho: ela não procede do olho, não tem nenhum ser no olho, mas é inerente e depende unicamente daquilo do qual é imagem. Por isso, não é a partir de si mesma nem é para si mesma, procedendo propriamente daquilo do qual é imagem, pertencendo-lhe totalmente, dele tomando seu ser, pois é o mesmo ser.

Agora, ouvi-me com toda atenção! Embora talvez existam outros, deveis considerar quatro aspectos ao se buscar compreender propriamente o que seja uma imagem. Uma imagem não é a partir de si mesma nem é para si mesma; procede muito mais daquilo do qual é imagem, pertencendo-lhe com tudo que é. O que é estranho àquilo do qual a imagem é imagem não pertence à imagem nem dela procede. Uma imagem forma seu ser imediatamente apenas daquilo do qual é imagem, e tem *um* ser com ele e é o mesmo ser. Não falei aqui de coisas que devem ser expostas <exclusivamente> na escola; pode-se muito bem expô-las também como ensinamento no púlpito.

---

6. Eckhart (1958, p. 269,1): *merken*; p. 493: *erkennen*.

Perguntais muitas vezes como deveis viver. Isto vós deveis aprender a conhecer com dedicação aplicada. Vê, tu deves viver exatamente como aqui foi dito a respeito da imagem. Tu deves ser a partir dele <Deus> e para Ele e não deves ser a partir de ti e para ti e a ninguém deves pertencer. Ontem, quando vim para este mosteiro, vi sobre um túmulo salva[7] e outras ervas; pensei então comigo: aqui jaz um amigo muito querido de alguém, e é por isso que ele ama tanto mais essa porção de terra. Quem tem um amigo muito querido ama tudo o que lhe pertence e não gosta de nada que vai contra o seu amigo. Um exemplo disso podeis ver no cão, que é <apenas> um animal irracional. É tão fiel ao seu senhor que odeia tudo o que vai contra o seu dono. Gosta de quem é amigo de seu dono, e nisso não considera nem riqueza nem pobreza. Sim, se houvesse um pobre cego que fosse afeiçoado ao seu senhor, ele lhe teria mais amor do que a um rei ou a um imperador que fosse contra o seu senhor. Digo-vos na verdade que se fosse possível a um cão ser infiel a seu senhor com a metade de seu ser, então ele deveria odiar-se a si mesmo com a outra metade.

Há pessoas, no entanto, que se queixam de não terem interioridade, nem devoção, nem doçura, nem consolação especial de Deus. Tais pessoas, em verdade, ainda não estão indo bem, com retidão; pode-se deixá-las passar, mas isto não é o melhor. Digo em verdade: Enquanto em ti se formar algo que não seja a palavra eterna ou algo que espreita fora da palavra eterna, por melhor que isso seja, não se está verdadeiramente com algum direito (ou com alguma retidão). Por isso, unicamente só é um homem justo[8] aquele que anulou (ou nadificou) todas as coisas criadas e está em pé, voltado sem desvios, com olhar direto para a palavra eterna, espelhando-se e refletindo-se na justiça. Um tal homem recebe lá onde o Filho recebe e é o próprio Filho. Uma passagem da Escritura diz: "Ninguém conhece o Pai a não ser o Filho" (Mt 11,27), e por isso, se quereis conhecer a Deus, não deveis ser apenas iguais ao Filho, deveis ser o próprio Filho.

Muitas pessoas, porém, querem ver a Deus com os mesmos olhos com que veem uma vaca, e querem amar a Deus como amam uma vaca. Amas

---

7. Segundo o Dicionário Aurélio, "erva da família das labiadas (*Salvia officialis*), nativa na região mediterrânea, usada como medicinal, de folhas lanceoladas e belas flores azuis, agrupadas em racemos alongados".

8. O adjetivo *justo* em alemão é *gerecht*. Na palavra *ge-rechet*, está a palavra *recht* que significa reto, correto e também direito (lado direito e lado avesso). Retidão é um modo de ser muito caro aos medievais. Cf. glossário n. 21.

uma vaca por causa do leite e do queijo, e por causa do teu próprio proveito. Desse modo comportam-se todas aquelas pessoas que amam a Deus por causa de riqueza exterior ou de consolo interior. Elas, porém, não amam propriamente Deus e sim o próprio proveito. Sim, digo em verdade: Tudo para que diriges teu empenho, não sendo o próprio Deus em si mesmo, jamais pode ser tão bom a ponto de não ser para ti nunca um empecilho para alcançares a verdade suprema.

E como falei acima: assim como Santo Agostinho é comparado com um vaso de ouro, fechado embaixo e aberto em cima, vê, é assim que tu <também> deves ser. Se queres ficar ao lado de Santo Agostinho, e na santidade de todos os santos, teu coração deve estar fechado para todas as coisas criadas, e tomar a Deus como Ele é em si mesmo. Por isso os homens são comparados às forças superiores, porque estão todo o tempo com a cabeça descoberta; e as mulheres são comparadas às forças inferiores, porque a cabeça está todo o tempo encoberta. As forças superiores, elevadas sobre o tempo e o espaço, tomam sua origem imediatamente no ser da alma; e por isso são comparadas aos homens, porque eles estão todo o tempo com a cabeça descoberta. É por isso que sua obra é eterna. Um mestre diz que todas as forças ínfimas da alma, em igual medida que tocam tempo e espaço, perderam sua pureza virginal e nunca mais podem ser totalmente despidas e peneiradas de modo a poderem alcançar as forças superiores; no entanto, bem lhes é partilhada a cunhagem de uma imagem igual[9].

Deves ser "sólido e firme", isto é, deves te manter igual no amor e na dor, na felicidade e na infelicidade e deves ter em ti o "quilate de todas as pedras preciosas"; isto é: que todas as virtudes estejam conclusas em ti e de ti <e>manem essencialmente. Deves atravessar e ultrapassar todas as virtudes e tomar a virtude somente naquele fundo originário onde ela é um com a natureza divina. E na medida em que estás unido à natureza divina mais do que o anjo, nessa mesma medida ele deverá receber através de ti. Que Deus nos ajude a tornar-nos Um. Amém.

9. Cf. Avicena, *De an.* p. 4 c. 2 (18vb). Eckhart (1958, p. 275,11-12): *in wirt aber wol gegeben ein glîchez bilde einer îngedrücketheit*; p. 495: *wohl aber wird ihnen die Einprägung eines <jenes> ähnlichen Bildes zuteil.*

Sermão 17

Qui odit animam suam in hoc mundo etc.
[Quem aborrece a sua vida neste mundo]
(Jo 12,25)

Eu disse em latim uma palavra que Nosso Senhor diz no seu Evangelho: "Quem odeia sua alma neste mundo guarda-a para a vida eterna" (Jo 12,25).

Nessa palavra, prestai agora atenção ao que Nosso Senhor pensa, ao dizer que devemos odiar a alma. Quem ama sua alma nessa vida mortal, e como ela é nesse mundo, perde-a na vida eterna; mas quem a odeia, como ela é mortal e nesse mundo, resguarda-a para a vida eterna.

Por duas razões Ele diz "alma". Segundo um mestre, a palavra "alma" não se refere ao fundo e não atinge a natureza da alma. Por isso diz um mestre: Quem escreve sobre coisas em movimento, não toca na natureza nem no fundo da alma. Quem deve nomear a alma, conforme a simplicidade, a pureza e a nudez, como ela é em si mesma, não pode encontrar para ela nenhum nome. Chamam-na de alma e isto é o mesmo que chamar alguém de marceneiro; pois não o nomeamos como homem, nem como Henrique nem propriamente segundo seu ser, mas segundo o seu fazer. É o que pensa Nosso Senhor aqui: quem ama a alma na pureza, que é a natureza simples da alma, odeia-a e é seu inimigo nessa roupagem <terrena>; odeia-a e está triste e perturbado por ela estar tão longe da pura luz que ela é em si mesma.

Nossos mestres dizem: A alma se chama um fogo por causa da força, do calor e do brilho que nela existe. Outros dizem que ela é uma centelha de natureza celeste. Outros dizem que ela é uma luz. Há os que dizem que ela é um espírito e outros que é um número. Como não encontramos nada tão límpido e puro como o número, queriam nomear a alma com algo que fosse límpido e puro. Nos anjos há número – fala-se de um anjo, dois anjos. Também na luz há número. Por isso nomeiam a alma com o que há de mais límpido e puro e, no entanto, ainda não tocam a alma até o fundo. Deus, que é sem nome – Ele não tem nome –, é indizível e a alma no seu fundo é igualmente indizível como Ele é indizível.

Há mais uma razão para dizer que a odeia. A palavra que nomeia a alma refere-se à alma como ela é na prisão do corpo, e por isso ele acha que a alma, com todo aquele ser dela mesma – o qual ela pode ainda fazer objeto de seu pensar –, encontra-se ainda na sua prisão. Lá, onde ela ainda lança um olhar para as coisas inferiores e por meio dos sentidos ainda puxa algo de fora para dentro de si, ali de imediato a alma se torna estreita; pois palavras não podem dar nome a nenhuma natureza que esteja acima delas.

Há três causas[1] pelas quais a alma deve odiar a si mesma. A primeira: enquanto ela for *minha* devo odiá-la, pois, enquanto minha, ela não é de Deus. A segunda: porque minha alma não está plenamente colocada, plantada e re-fletida em Deus. Agostinho diz: Quem quiser que Deus seja o seu próprio deve primeiro tornar-se o próprio de Deus, e isso deve necessariamente ser assim[2]. A terceira causa é: se a alma saboreia a si mesma com o sabor de como ela é alma e Deus lhe tem sabor *com a alma*, isso não está direito. Deus deve lhe ter sabor nele mesmo, pois Ele é todo e de uma vez acima dela[3]. É por isso que Cristo disse: "Quem ama sua alma a perde" (Jo 12,25).

O que da alma é desse mundo ou espreita para dentro desse mundo, e onde algo é tocado[4] por ela e olha para fora, isso tudo ela deve odiar. Um mestre diz que, no seu mais alto e mais puro, a alma está acima do mundo. Nada pode atrair a alma para dentro deste mundo, a não ser unicamente o amor. Ademais, ela tem um amor natural, dirigido para o corpo. Tem também um amor volitivo, que ela nutre para com a criatura. Um mestre diz que, em sua natureza, a alma tem tão pouco a ver com tudo o que está neste mundo como o olho tem a ver com o canto e o ouvido com a cor. Por isso nossos mestres das ciências da natureza afirmam que o corpo está muito

---

1. Eckhart (1958, p. 286,1): *sache*; p. 497: *Gründe*.

2. Quint afirma não saber onde está essa citação em Agostinho (Eckhart, 1958, p. 286, nota 2). E acrescenta que Nicolau de Cusa menciona a mesma citação no seu sermão n. 12 (*Cód. Vatic. lat.* 1244 f. 16va).

3. *Alzemâle*; *völlig*.

4. Eckhart (1958, p. 287): *begriffen*; p. 497: *berührt*.

mais na alma do que a alma no corpo. Assim como o tonel mais contém o vinho do que o vinho o tonel, assim a alma mais contém o corpo do que o corpo a alma. O que a alma ama nesse mundo, disso ela está despida em sua própria natureza. Um mestre diz: Pertence à natureza e à perfeição natural da alma que ela lá se torne em si mesma um mundo do ser dotado de inteligência, onde Deus nela formou as imagens originárias de todas as coisas[5]. Quem, aliás, afirma que alcançou a sua natureza, deve encontrar em si todas as coisas formadas na pureza, como elas são em Deus; não como elas são em sua própria natureza, mas como são em Deus. Nenhum espírito, nenhum anjo toca o fundo da alma nem a natureza da alma. Ali dentro, ela encontra o primeiro, o começo, onde Deus irrompe com sua bondade em todas as criaturas. Lá a alma toma todas as coisas em Deus, não na pureza, como elas são na sua pureza natural, mas na pura simplicidade, como elas são em Deus. Deus fez todo esse mundo como que de carvão. A imagem de ouro é mais sólida do que a de carvão. Assim <também> todas as coisas na alma são mais puras e mais nobres do que neste mundo. Comparando-se com o ouro <porém>, a matéria de que Deus fez todas as coisas é menos valiosa do que o carvão. Quem quer fazer um vaso toma um pouco de terra; este é seu material, com o qual trabalha. Dá-lhe então uma forma, que está nele <mesmo> e que é mais nobre do que matéria. Aqui penso que todas as coisas são incomensuravelmente mais nobres no mundo do ser dotado de inteligência, que é a alma, do que neste mundo; do mesmo modo como a imagem talhada e gravada em ouro, assim são as imagens de todas as coisas simples na alma. Um mestre diz que a alma tem em si a possibilidade de nela serem impressas as imagens de todas as coisas[6]. Um outro diz que a alma jamais alcança a sua pura natureza, a não ser que encontre em si todas as coisas formadas no mundo do ser dotado de inteligência, o qual é inconcebível; nenhum pensamento chega até lá. Gregório[7] diz: O que falamos das coisas divinas deve ser dito gaguejando, já que o devemos expressar em palavras.

Só uma palavrinha ainda dita pela alma e, então, nada mais: "Vós, filhas de Jerusalém, não me olheis que sou escura! O sol me bronzeou, e os filhos

5. No seu comentário ao Gênese (q. 26 n. 115), Eckhart atribui essa opinião a Avicena "no livro X da sua *Metafísica*" (na realidade *Liber de Philos*. Prima, IX c. 7); cf. Eckhart (1998, p. 291, nota 6).

6. Aristóteles, *De anima* III c. 5, 430 a 14.

7. Gregório, *Moralia in Iob* 1. XX c. 32, PL 76,174.

de minha mãe voltaram-se contra mim" (Ct 1,5). A alma se refere aos filhos do mundo e lhes diz: O que me ilumina e me toca, vindo do sol, a saber, do prazer do mundo, isso torna-me sombria e escura. O escuro não é uma cor perfeita; possui algo de luminoso, mas também algo de sombrio. Seja o que for que a alma pense ou opere com suas forças, isto é, porém, uma mistura, por mais luz que haja na alma. É por isso que ela diz: "Os filhos de minha mãe voltaram-se contra mim". Os filhos são todas as forças inferiores da alma; elas todas lutam e combatem contra a alma. O Pai celeste é nosso <verdadeiro> pai e a Cristandade é nossa mãe. Por mais bela e mais ornada que seja, e útil com suas obras, tudo, porém, é ainda imperfeito. Por isso ele fala: "Ó, tu, a mais bela entre as mulheres, sai e vai embora!" (Ct 1,7). Este mundo é como uma mulher, pois ele é fraco. Mas por que então diz: "*A mais bela* entre as mulheres?" Os anjos são mais belos, embora estejam bem acima da alma[8]. Por isso ele diz: "A mais bela" – em sua luz natural[9] –, "afasta-te e vai embora", sai deste mundo e afasta-te de tudo para o que ainda tende a tua alma. E seja onde for que ela <a alma> ainda toque, a isso ela deve odiar.

Pedi ao querido Nosso Senhor que odiemos nossa alma sob a roupagem na qual ela é *nossa* alma e a conservemos para a vida eterna. Que para isso Deus nos ajude. Amém.

8. Recordemos o que o Sermão 1 diz acerca da excelência da alma desprendida na sua finitude diante dos anjos.

9. Eckhart (1958, p. 293,1): *natiulîchen lichte*; p. 498: *natürlichen <Vernunft-> Licht*.

Sermão 18

Adolescens, tibi dico: surge [Jovem, eu te ordeno, levanta-te] (Lc 7,14)

Nosso Senhor ia para uma cidade chamada Naim e com Ele o povo e também os discípulos. Ao aproximar-se da porta da cidade, saía o enterro de um jovem morto, filho único de uma viúva. Nosso Senhor dirigiu-se ao funeral, tocou a maca onde jazia o morto e disse: "Jovem, eu te digo, levanta-te!" O jovem se ergueu e, na força da igualdade <nele imanente> <com a palavra eterna = Cristo>, começou imediatamente a falar que foi ressuscitado pela palavra eterna (Lc 7,11-15).

Digo-vos, pois: "Ele ia para a cidade". A cidade é *a* alma, que está bem-ordenada, fortificada e protegida de toda deficiência e que exclui toda multiplicidade, que é unânime e bem solidificada na salvação de Jesus, e está murada e cingida com a luz divina. Por isso fala o profeta: "Deus é um muro ao redor de Sião" (Is 26,1). A sabedoria eterna fala: "Logo[1], igualmente tornarei a repousar na cidade consagrada e santa" (Eclo 24,15). Nada repousa e une mais do que o igual; por isso todo igual é imanente, estando junto de uma proximidade. Consagrada é a alma onde nenhuma criatura, mas apenas Deus, encontra repouso. Por isso ele diz: "Logo, igualmente, na cidade consagrada e santa tornarei a repousar". Tudo que é santo procede do Espírito Santo. A natureza nunca queima etapas; opera sempre erguendo-se primeiro do mais baixo para cima, até o mais alto[2]. Os mestres dizem que o ar jamais se torna fogo, se antes não se tornou fino e quente. O Espí-

1. O termo alemão aqui é *gleich*. Significa literalmente *igual, igualmente*. Significa também *em breve, logo*. Aqui em Eckhart, *em breve, logo* parece incluir *igual, igualmente* por conotar *de imediato, sem demora e mediação, disposto corpo a corpo, de igual para igual na disponibilidade de Deus*.

2. Cf. Aristóteles, *De Partibus Animalium* IV c. 5 (lambda 681 a 12s).

rito Santo acolhe a alma e a purifica na luz e na graça, atraindo-a para o alto mais alto. Por isso Ele diz: "Logo igualmente tornarei a repousar na cidade santa". À medida que a alma repousa em Deus, nela repousa Deus. Se ela nele repousa <apenas> em parte, nela Ele repousa em parte. Se nele ela repousa toda, inteiramente, nela Ele repousa todo, inteiramente. Por isso fala a sabedoria eterna: "Logo igualmente, *em breve*, tornarei a repousar de novo".

Os mestres dizem que as cores amarela e verde se juntam mutuamente, uma na outra, no arco-íris, com medida tão igual que nenhum olho tem visão suficientemente aguçada para poder perceber <a transição>. Assim, com igual medida opera a natureza igualando-se à primeira irrupção. A essa primeira irrupção os anjos igualam-se <ainda> de tal modo que Moisés sobre isso não ousou escrever, por levar em conta a capacidade de compreensão das pessoas fracas que acabariam adorando <os anjos> de *tanto* que eles se igualam à primeira irrupção. Um mestre bem eminente[3] diz que o supremo anjo dos "espíritos" <inteligências> é tão próximo à primeira irrupção e tem em si tanto da igualdade e do poder divinos que *ele* criou não só o mundo inteiro, mas também os anjos que estão abaixo dele. Aqui está uma boa lição, de que Deus é tão elevado, tão puro e tão simples que Ele opera na sua suprema criatura, e que esta opera pelo poder dele, assim como um senescal opera pelo poder do rei e rege o seu país. Ele afirma: "Logo e igualmente tornarei a repousar na cidade santa e consagrada".

Há pouco falei sobre a porta pela qual Deus se difunde para fora: essa porta é a bondade. O ser, porém, é o que se mantém em si mesmo e não se difunde para fora, mas para dentro[4]. Isto é por sua vez unidade, aquilo que se mantém em si mesmo como um, separado de todas as coisas sem se comunicar para fora. A bondade é, porém, aquilo em que Deus se difunde para fora, comunicando-se a todas as criaturas. O ser é o Pai, a unidade é o Filho com o Pai, a bondade é o Espírito Santo. O Espírito Santo acolhe, pois, a alma, a "cidade santificada", no que é o mais puro e mais alto, elevando-a para dentro da sua origem[5], isto é, o Filho, e o Filho carrega-a adiante, para dentro da *sua* origem, isto é, para dentro do Pai, para o fundo,

---

3. Eckhart (1958, p. 300, nota 2): Eckhart se refere a Avicena, *Metaphysicae* IX 4 (f. 105 ra); cf. Tomás de Aquino, *S.Th.* I q. 47 a. 1.

4. Eckhart (1958, p. 301,7): *ez smilzet in*; p. 500: *es schmilzt ein*.

5. Em alemão, a palavra é *Ursprung*. Literalmente significa (*Ur*) originário, (*Sprung*) salto = salto originário.

para o primeiro, onde o Filho tem o seu ser, onde a sabedoria eterna "logo e igualmente torna a repousar, na cidade consagrada e santificada", no imo mais interior.

Agora ele diz: "Nosso Senhor ia para a cidade de Naim". Naim significa o mesmo que "um filho de pomba", significa simplicidade. A alma jamais deve repousar na força possibilitante[6] até tornar-se totalmente Um em Deus. <Naim> significa também "um fluxo de água", e quer dizer: o homem não deve mover-se para pecados e falhas. "Os discípulos" são a luz divina que deve inundar a alma em um fluxo. "A grande multidão" são as virtudes, sobre as quais falei recentemente. A alma deve ascender com ardente desejo nas grandes virtudes e nelas transcender em muito a dignidade dos anjos. Lá <então> aproxima-se da "porta", isto é, do amor e da unidade; perto da "porta", onde se carregava para fora o morto, o jovem, filho de uma viúva. Nosso Senhor dirigiu-se ao funeral e tocou a maca onde jazia o morto. Como Ele se dirigiu e como Ele tudo tocou, por enquanto deixarei isto de lado, mas não que Ele disse: "Jovem, levanta-te!"

Era o filho de uma viúva. O marido estava morto e por isso também o filho estava morto. O único filho da alma é a vontade e todas as forças da alma; elas todas são Um no mais íntimo da mente[7]. A mente é o marido, na alma. E uma vez que o marido está morto, também o filho está morto. É a esse filho morto que Nosso Senhor diz: "Jovem, eu te digo, levanta-te!" A palavra eterna e viva, em que vivem todas as coisas e que todas as coisas conserva, proferiu a vida dentro do morto, "e ele se ergueu e começou a falar". Quando a palavra fala na alma e a alma responde na palavra viva, o filho ganha vida na alma.

Os mestres perguntam o que é melhor: Será a força das ervas, a força das palavras ou a força das pedras? Deve-se deliberar qual delas escolher. As ervas têm grande força. Vi uma serpente lutando com uma doninha. A doninha saiu correndo, trouxe uma erva, enrolou-a em alguma outra coisa e jogou-a sobre a serpente que se partiu ao meio e ali ficou morta. O que deu à doninha essa esperteza? O fato de saber da força contida na erva[8]. Aqui está realmente uma grande sabedoria. Palavras também têm grande força; poder-se-iam operar milagres com palavras. Todas as palavras têm a

6. Eckhart (1958, p. 303,3):*in der mügelîchenkraft*; p. 500: *in der vermögenden Kraft*. Cf. Sermão1, nota 12.

7. Eckhart (1958, p. 304,7): *vernünfticheit*; p. 500: *Vernunft*. Cf. glossário n. 11.

8. Aristóteles, *De animalibus* IX t. XX (teta c. 6 612, XX).

força da primeira palavra. Pedras também têm grande força pela igualdade que as estrelas e a força do céu ali operam. <E> porque o igual pode tanto no igual, a alma deve se elevar em sua luz natural para o que é o mais alto e o mais puro, de modo a adentrar a luz do anjo e com a luz do anjo penetrar na luz divina e assim estar entre as três luzes na bifurcação dos caminhos, na altura onde as luzes confluem[9]. Lá a palavra eterna lhe profere a vida; lá a alma ganha vida e responde na palavra.

Que também nós, assim, cheguemos a responder na palavra eterna.

Para isso, ajude-nos Deus. Amém.

9. Eckhart (1958, p. 307,2): *zesamen stôzent*; p. 501: *zusammenstossen*. O verbo propriamente significa *entrechocar-se*; parece, pois, indicar a dinâmica da convergência e ao mesmo tempo da expansão no en-contro, na identidade da diferença e na diferença da identidade. Seria algo como o olho, o centro do furacão, no movimento simultâneo centripetal e centrifugal.

Sermão 19

Sta in porta domus domini et loquere verbum
[Põe-te em pé, à porta da casa do Senhor, e prega aí estas palavras]
(Jr 7,2)

Fala Nosso Senhor: "Coloca-te no portal da casa de Deus, anuncia e proclama a palavra" (Jr 7,2). O Pai celeste fala uma palavra e a fala eternamente. Nessa palavra, Ele consuma todo seu poder, nela expressando toda a sua natureza divina e todas as criaturas. A palavra está oculta na alma, de modo que dela nem se sabe e a ela nem se ouve, enquanto não se lhe criar na profundidade uma escuta: antes disso, ela não será ouvida. E não só isso. Todas as vozes e todo o som devem desaparecer para assim reinar uma quietude pura, um quieto silenciar. Sobre isso não quero mais falar agora.

Então: "Coloca-te no portal!" Os membros de quem ali se encontra estão coordenados. Essa palavra quer dizer que a parte suprema da alma deve estar erguida, firmemente disposta. Tudo o que está ordenado deve ordenar-se sob o que está acima de si. Todas as criaturas não agradam a Deus se a luz natural da alma, essa pela qual recebem seu ser, não lhes atravessar com o seu brilho[1] e se a luz do anjo não atravessar com o seu brilho a luz da alma, preparando-se e tornando-se harmoniosa para que nela a luz divina possa atuar (operar). Pois Deus não atua em coisas corpóreas, atua <muito mais apenas> na eternidade. Por isso a alma deve recolher-se e elevar-se e ser um espírito. Lá atua Deus, lá todas as obras agradam a Deus. A Deus só agrada uma obra quando *lá* se opera.

Então: "Coloca-te no portal na casa de Deus!" A "casa de Deus" é a unidade do seu ser! O que é um mantém-se o mais possível todo e inteiro um[2]. Por isso, a unidade encontra-se junto de Deus, mantendo-se Deus

1. Eckhart (1958, p. 313,4): *überschîne*; p. 502: *überglänzt*.

2. Eckhart (1958, p. 314,2): *Daz ein ist, daz heltet sich aller beste al ein*; p. 502: *Was Eins ist, das hält sich am allerbesten ganz für sich allein*.

reunido sem nada lhe acrescentar[3]. Lá se assenta no que lhe é mais próprio[4], no seu *esse*, totalmente em si, em nenhum lugar fora de si mesmo. Mas onde Ele se funde, Ele se difunde. Sua efusão é sua bondade, como afirmei recentemente no contexto do tema conhecimento e amor. O conhecer desprende, pois o conhecer é melhor do que o amor. Mas dois é melhor do que um e o conhecer traz em si o amor. O amor se alucina e se amarra à bondade. No amor fico retido "no portal", e o amor seria cego se não houvesse nenhum conhecer. Também uma pedra tem amor, e seu amor busca o fundo <da terra>. Se fico preso à bondade na primeira efusão, e tomo a Deus enquanto é bom, tomo "o portal", mas não Deus. O conhecer é assim melhor, pois *guia* o amor. O amor desperta, porém, o desejo, o anelo[5]. O conhecer, ao contrário, não acrescenta nenhum pensamento. O conhecer desprende, separa-se, adianta-se e toca a Deus, como Ele é, nu, apreendendo-o unicamente em seu ser.

À tua casa, onde te louvamos, Senhor, convém "que seja santa" e que seja casa de oração "ao longo dos dias" (Sl 93,5). Não me refiro aos dias aqui <aos dias terrenos>: quando digo "longo sem ser longo", é isso, pois, a <verdadeira> longitude; "uma largura sem largura", eis a <verdadeira> largueza. Quando digo "todo tempo", penso: acima do tempo e, mais ainda, totalmente acima do aqui, como disse há pouco; lá, onde não há nem aqui nem agora.

Uma mulher perguntou a Nosso Senhor onde se deveria rezar. Nosso Senhor disse então: "Virá o tempo e esse tempo já é agora, quando os verdadeiros adoradores adorarão no espírito e na verdade. Porque Deus é um espírito, por isso deve-se rezar no espírito e na verdade" (Jo 4,23-24). O que a verdade, ela mesma, é, isso nós não somos. Certamente somos <também> verdadeiros, mas nesse ser verdadeiro há uma parte de não verdade. Deus, porém, não é assim. Na primeira irrupção, na qual a verdade <pura e plena> irrompe e surge, a alma deve estar no "portal da casa de Deus", deve anunciar e proclamar a palavra. Tudo que há na alma deve falar e louvar, e a voz ninguém deve ouvir. No silêncio e no repouso – como falei recentemente daqueles anjos que estão sentados junto de Deus no coro da sabedo-

---

3. Eckhart (1958, p. 314,3): *heltet got zesamen und enleget niht zuo*; p. 502: *hält zusammen und legt nichts zu*.

4. Eckhart (1958, p. 314,4): *in sînem naehsten*; p. 502: *in seinem Eigensten*.

5. Eckhart (1958, p. 315,5): *meinunge*; p. 503: *Verlangen*.

ria e do fogo[6] –, lá Deus fala para dentro da alma e se expressa totalmente na alma. Lá, o Pai gera seu Filho e tem tanto prazer e tanto amor na palavra que jamais cessa de dizer a palavra, todo o tempo, isto é, acima do tempo. Condiz com nossas exposições dizer: "À tua casa bem convém santidade" e louvor e que ali nada haja a não ser o que te louva.

Nossos mestres dizem: O que louva a Deus? – A igualdade. Assim, pois, louva a Deus tudo quanto na alma é igual a Deus; o que de algum modo é desigual a Deus não louva a Deus; isso é assim como um quadro que louva seu mestre, pois o mestre imprimiu no quadro toda a arte resguardada em seu coração, fazendo-o totalmente a ele tão igual. Essa igualdade do quadro louva sem palavra o seu mestre. O que se pode louvar com palavras ou rezar com os lábios é de pouco valor. Pois Nosso Senhor falou certa vez: "Vós rezais, mas não sabeis o que estais a rezar. Ainda virão aqueles que sabem rezar verdadeiramente, esses que haverão de adorar meu Pai no espírito e na verdade" (Jo 4,22-23). O que é a oração? Dionísio[7] diz: Oração é um caminho da mente para Deus[8]. Um pagão diz: Onde é espírito e unidade e eternidade, ali Deus quer atuar. Onde carne é contra espírito, destruição[9] contra unidade, tempo contra eternidade, ali Deus não atua; Ele não se dá bem com isso. Muito mais, todo prazer e toda satisfação, alegria e bem-estar que se pode ter aqui <na terra> – tudo isso deve ir embora. Quem quiser louvar a Deus, deve ser santo e recolhido, ser um espírito e em nenhum lugar ser exterior[10]; ao contrário, deve ser imediatamente[11] elevado para a eternidade, para além de todas as coisas. Não me refiro <apenas> a todas as criaturas que foram criadas, mas a tudo que Ele poderia ter criado, se o

---

6. Sabedoria seria querubim; fogo, serafim (Eckhart, 1958, p. 317, nota 2).

7. Eckhart (1998, p. 292, nota 8): Na realidade, não se trata de Dionísio, mas de João Damasceno (*De fide orthodoxa* III c. 24). Cf. também Tomás de Aquino, *S.Th.* IIa IIae q. 83 a. 2 e IIIa q. 21 a. 1.

8. Eckhart (1958, p. 318,12): *ein vernünftic ûfklimmen in got*; p. 503: *Ein Aufklimmen zu Gott in der Vernunft*.

9. Eckhart (1958, p. 319,3): *zerstoerunge*; p. 503: *Zerstreuung*; cf. Eckhart (1958, p. 319, nota 2), em que Quint observa que em vez de *zerstoerunge* (destruição) um manuscrito tem *zerströwung* (diversidade). Como *diversidade* ou *multiplicidade* é contrária à unidade, haveria preferência em favor dessa variante se não houvesse o fato de todos os outros manuscritos terem *zerstoeunge*. Ficamos aqui com o texto original *zerstoerunge*, interpretando a *destruição* como *desolação*, isto é, aniquilação total do sentido do ser.

10. Eckhart (1958, p. 319,6): *ûz sîn*; p. 503: *draussen sein*.

11. Eckhart (1958, p. 503): o texto alemão diz *gleich*; e Quint escreve *gleich* entre aspas: "*gleich*".

quisesse; para além de tudo isso a alma deve chegar[12]. Enquanto <ainda> houver alguma coisa acima da alma e enquanto <ainda> houver algo diante de Deus que não seja Deus, ela jamais chega ao fundo, "no longo dos dias".

Agora fala-nos Santo Agostinho[13]: "Quando a luz da alma, na qual as criaturas recebem seu ser, as atravessa com seu brilho, a isso ele chama de uma manhã. Quando a luz dos anjos atravessa a luz da alma com seu brilho, incluindo em si a luz do anjo, a isso ele chama de uma meia-manhã. Davi diz: A senda do homem justo cresce e sobe até o pleno meio-dia" (Pr 4,18). A senda é bela e agradável, prazerosa e familiar. Ademais, quando a luz divina atravessa com seu brilho a luz dos anjos e quando a luz da alma e a luz dos anjos se incluem, chama-se a isso de meio-dia. É quando o dia alcança o mais alto, o mais longo e o mais perfeito, quando o sol está no zênite e derrama seu brilho sobre as estrelas e as estrelas derramam seu brilho sobre a lua, de modo que tudo fica ordenado sob o sol. Inteiramente assim a luz divina incluiu em si a luz dos anjos e a luz da alma, de modo que tudo está ordenado e disposto em direção ao alto, e assim louva-se a Deus na totalidade de cada vez. Ali não há nada que não louve a Deus. Tudo está igual a Deus. Quanto mais igual, tanto mais pleno de Deus, e se louva a Deus na totalidade de cada vez. Nosso Senhor disse: "Hei de morar convosco, em vossa casa" (Jr 7,3.7).

Rogamos a Deus, ao amado Nosso Senhor, que more aqui conosco, para que com Ele possamos morar eternamente. Para isso, ajude-nos Deus.

Amém.

---

12. Eckhart (1958, p. 319,9): *dar über sol diu sele komen*; p. 503: *darüber muss die Seele hinauskommen.*

13. Agostinho, *Sermo* XXXVI n. 370s.

Sermão 20a

Homo quidam fecit cenam magnam
[Um homem fez uma grande ceia]
(Lc 14,16)

São Lucas escreve-nos em seu evangelho: “Um homem havia preparado um jantar ou uma ceia” (Lc 14,16). Quem a preparou? “Um homem.” O que significa o fato de chamá-la de ceia? Assim entendeu um mestre: significa um grande amor, pois Deus não admite ninguém que não lhe seja familiar. Significa, em segundo lugar, como devem ser puros os que se deliciam com essa ceia. Ora, só há noite se antes houver um dia inteiro. Se não fosse o sol, jamais haveria dia. Quando o sol se levanta, dá-se a luz da manhã; depois ele brilha mais e mais, até chegar o meio-dia. De igual modo, a luz divina irrompe na alma, para iluminar mais e mais as forças até que se torne meio-dia. De modo algum faz-se dia espiritualmente na alma se ela não recebeu uma luz divina. Significa, em terceiro lugar, que se alguém, seja quem for, quiser receber dignamente essa refeição, deve vir à noite. Sempre, quando a luz deste mundo se esvai, é noite. Como diz Davi: “Ele ascende rumo à noite e seu nome é: o Senhor” (Sl 67,5). E assim, Jacó: Quando se fez noite, deitou-se e dormiu (Gn 28,11). É o repouso da alma. Ceia significa, em quarto lugar, <a palavra da Escritura> como disse São Gregório[1], que depois dela não segue mais nenhuma refeição. Essa refeição é tão doce e tão deliciosa para aquele a quem Deus a oferece que ele não tem mais nenhum prazer com outra comida. Santo Agostinho[2] diz: Deus é de tal feitio que quem o apreende jamais encontra repouso em outra coisa. Santo Agosti-

1. Gregório Magno, *Homiliae in Evangelia* II hom. 36 n. 2.

2. Agostinho, *Conf.* I c. 1.

nho[3] diz ainda: Senhor, se Tu te retiras de nós, dá-nos então um outro tu, ou jamais encontraremos repouso; não queremos nenhum outro a não ser a ti. Assim diz um santo que uma alma amante de Deus o obriga a tudo que ela quer, enfeitiçando-o inteiramente, de tal modo que Ele nada lhe pode negar daquilo que Ele é. Ele se retirou n*um* modo e deu-se num *outro*; retirou-se como Deus e homem e deu-se como Deus e homem: um outro si mesmo em um vaso íntimo-familiar[4]. O santo dos santos de um grande santuário não se deixa tocar nem ver sem o véu. Por isso Ele se vestiu com a roupagem da figura do pão[5], assim como o alimento corporal transforma-se pela minha alma, a ponto de não haver na minha natureza nenhum cantinho que ali dentro não esteja unido. Existe uma força na natureza que separa e expulsa o mais grosseiro. O mais nobre, porém, isto ela arrebata para o alto, de maneira que em nenhum lugar, nem mesmo a ponta de uma agulha possa ficar sem estar unida. O que comi 14 dias atrás está tão unido à minha alma como o que recebi no seio de minha mãe. Assim é com quem recebe de modo puro esse alimento; torna-se tão verdadeiramente uno com ele como carne e sangue são um com minha alma.

Havia "um homem", ele não tinha nome, pois esse homem é Deus. E a respeito da causa primeira, um mestre disse que ela seria mais elevada do que a palavra. A insuficiência encontra-se na linguagem. Vem do elã transbordante da pureza de seu ser <de Deus>. Sobre as coisas só podemos falar de três modos: em primeiro lugar, por meio do que está *acima* das coisas; em segundo lugar, por meio da igualdade das coisas; em terceiro, por meio da atuação das coisas. Quero fazer uma comparação. A força do sol puxa para cima a seiva mais nobre, da raiz aos ramos, e realiza a floração; ela, porém, permanece acima disso. Também assim atua a luz divina na alma. Aquilo onde a alma expressa Deus não guarda em si nada da própria

3. A origem dessa citação é incerta. Jarczyk e Labarrière acham que é ajuntamento de várias passagens de *Confissões* (Eckhart, 1998, p. 188, nota 6); Quint sugere conferir *Conf.* XIII c. 8 (Eckhart, 1958, p. 327, nota 4).

4. Eckhart (1958, p. 328,4): *er nam sich got und menschen und gap sich got und menschen einen anderen sich in einem verborgenen vezzelîne*; p. 505: *er entzog sich als Gott und Menschen und gab sich als Gott und Menschen als ein anderes Sich in einem geheimen Gefäss.* A palavra *verborgen* significa oculto, secreto, escondido; mas conota ao mesmo tempo *protegido, coberto de proteção e cuidado*; e a palavra *geheim* (*Geheimniss* = mistério; *ge* = concentração, intensificação, ajuntamento, recolhimento; *Heim* = lar, "em casa"), a proximidade e familiaridade tão próxima, mais próxima do que eu a mim mesmo: portanto, lar, em casa.

5. Eckhart (1958, p. 328,6): *glîchnisse dês brotes.*

verdade do seu ser; de Deus, ninguém, em sentido verdadeiro, *pode* enunciar o que Ele é. De vez em quando se diz que uma coisa é igual a outra. E como em si todas as criaturas contêm de Deus tão pouco como quase nada, também sobre Ele não podem nada revelar. De um pintor, que criou um quadro perfeito, reconhece-se no quadro a sua arte. Mesmo assim, não é possível ali reconhecê-la plenamente. Todas as criaturas <juntas> não podem expressar a Deus, pois são incapazes de apreender o que Ele é. Esse Deus e homem <pois> preparou a ceia, aquele homem inenarrável, para o qual não há palavras. Santo Agostinho[6] afirmou: O que se diz de Deus, isso não é verdadeiro; mas o que dele *não* se diz, isso é verdadeiro. Seja o que for que se diga que Deus é, Ele não o é. O que dele *não* se diz, Ele o é, mais propriamente do que disso que se diz que Ele seja. Quem preparou essa ceia? "Um homem": *o* homem que assim é Deus. E diz o Rei Davi: "Ó Senhor, como é grande e múltipla a tua refeição e o gosto da doçura que preparaste para aqueles que te amam, não <porém> para aqueles que têm medo de ti" (Sl 31,20). Quando Santo Agostinho[7] refletia sobre esse alimento, experimentou um sobressalto de horror e o alimento perdeu o sabor. Ouviu então bem junto de si uma voz, vinda do alto: "Eu sou um alimento para gente adulta, cresce e torna-te adulto e toma-me como alimento. Não deves, porém, te iludir, pensando que me transforme em ti; <antes> és tu que em mim serás transformado". Quando Deus atua na alma, o que nela há de desigual purifica-se e elimina-se pelo fogo abrasador. Pela verdade, a mais pura! A alma penetra em Deus mais do que qualquer alimento em nós; mais ainda, a alma é transformada em Deus. Existe uma força na alma que separa o que é mais grosseiro e se une com Deus: é a centelha da alma. A minha alma torna-se um com Deus, ainda mais do que o alimento com o meu corpo.

Quem preparou esse banquete? "Um homem." Sabes qual é o seu nome? *O* homem que é sem nome. Esse homem enviou seu servo. Diz então São Gregório[8]: São os pregadores, esse servo. Num outro sentido, esse servo são os *anjos*. Em terceiro lugar, como *me* parece, esse servo é a centelha da alma, criada por Deus e que é uma luz, impressa do alto e uma imagem da natureza divina, que combate de todos os modos contra tudo que não é

6. Agostinho, *De Trin.* VIII c. 2 n. 3, PL 42,948.

7. Agostinho, *Conf.* VII c. 10 n. 16.

8. Gregório Magno, *Hom. in Evang.* XXXVI, 2.

divino. Não se trata de uma *força* da alma, como pensavam alguns mestres. É antes totalmente inclinada para o bem, e isso de tal maneira que mesmo no inferno estaria inclinada para o bem. Os mestres dizem: Essa luz é de tal natureza que possui um ímpeto combativo[9], sendo chamada de *synteresis*, que significa um unir e um afastar. Tem duas atividades. Uma é defesa ferrenha contra tudo que não é puro. A outra atividade é o estar sempre atraída para o bem – isto é impresso sem mediação na alma –, mesmo naqueles que estão no inferno. Por isso é uma *grande* ceia.

E falou a seu servo: "Vai e chama que venham os convivas; pois tudo está preparado" (Lc 14,17). A alma recebe tudo que Ele é. O que a alma deseja já está preparado. Tudo que Deus dá já foi sempre concebido no devir; seu devir é nesse instante novo e fresco e inteiro num eterno instante. Um grande mestre[10] diz assim: Algo que vejo purifica-se e espiritualiza-se em meus olhos, e a luz que atinge meus olhos jamais chegaria na alma se não fosse aquela força acima dela. Santo Agostinho[11] diz que a centelha está bem mais dentro da verdade do que tudo quanto o homem pode aprender. Uma luz arde. Costuma-se dizer que uma luz acende a outra. Para que isso aconteça, necessariamente o que <já> está queimando deve estar acima. Como acontece com a chama que tremula para baixo e acende quando alguém toma uma vela mal-apagada, ainda com pavio em brasa e cinza e intumescente, e a levanta de encontro a uma outra. Diz-se que um fogo acende o outro. A isso contradigo. Um fogo acende a si mesmo. O que deve acender um outro deve estar necessariamente acima dele como o céu: não arde, é frio, e não obstante acende o fogo e isso se dá pelo toque dos anjos. Assim também a alma se prepara pelo exercício. Assim a alma se acende de cima para baixo. Isso acontece pela luz dos anjos.

Agora ele diz ao servo: "Vai e chama que venham os convivas; pois tudo está preparado" (Lc 14,17). E um deles falou: "Comprei um sítio, não posso ir" (Lc 14,18). São aquelas pessoas que de algum modo ainda estão presas às preocupações. Essas jamais haverão de provar dessa ceia. Um outro falou: "Comprei cinco juntas de bois" (Lc 14,19). Penso que essas cinco juntas se referem, bem entendido, aos cinco sentidos; pois assim como cada sentido é bipartido, também a língua é em si mesma dupla. Por isso,

9. Eckhart (1958, p. 333,5): *daz ez iemermê ein kriegen hât*; p. 507: *dass es ein beständiges Streben hat.*

10. Aristóteles (Eckhart, 1958, p. 335,5, nota 3).

11. Referência incerta ao texto de Agostinho (Eckhart, 1958, p. 336,1, nota 1).

como disse anteontem, quando Deus falou à mulher "traze-me teu marido", ela respondeu: "Não tenho marido". Disse-lhe, então: "Tens razão; já *tiveste* cinco e o que tens agora não é teu marido" (Jo 4,16-18). Isso quer dizer: os que vivem segundo os cinco sentidos jamais, em verdade, provarão desse alimento. Um terceiro falou ainda: "Esposei-me, não posso ir" (Lc 14,20). Quando voltada para Deus, a alma é inteiramente varão. Quando se volta para baixo, ela passa a chamar-se mulher. Quando a gente reconhece Deus em si mesmo e o procura no que nos é familiar, a alma é o varão. Na antiga aliança era proibido a um homem vestir roupas de mulher ou à mulher, roupas de homem. A alma é, pois, varão, quando entra em Deus simplesmente sem mediação. Quando, porém, de algum modo espreita para fora, então ela é mulher.

Assim, o Senhor falou: "Em verdade, jamais haverão de provar do meu alimento" e disse ao servo: "Sai pelas ruelas estreitas e extensas, ao longo dos cercados e pelas largas estradas" (Lc 14,21.23-24). Quanto mais estreito, mais extenso. "Ao longo dos cercados": certas forças são "cercadas"[12] num determinado lugar. Com a força com que vejo não ouço, e com a força com que ouço não vejo. Assim se dá com as outras forças. Enquanto a alma é toda e inteira em cada membro, uma certa força não está ligada a parte alguma.

O que é, pois, "o servo"? São os anjos e os pregadores. Como *a mim*, porém, me parece, o servo é a centelha. E ele falou ao servo: "Vai até junto aos cercados e incita a entrar esses quatro tipos de gente: cegos e paralíticos, inválidos e doentes. Em verdade, nenhum outro, jamais, provará da minha ceia".

Que releguemos os três pretextos <acima mencionados> e nos tornemos "varão". Para isso, ajude-nos Deus. Amém.

---

12. Eckhart (1958, p. 338,4): *verziunet*; p. 508: *verzäunt*.

Sermão 20b

Homo quidam fecit cenam magnam etc.
[Um homem fez uma grande ceia]
(Lc 14,16)

Um homem preparou um jantar, uma grande ceia (Lc 14,16). Quem dá um banquete pela manhã convida todo tipo de gente; para a ceia, no entanto, convidam-se pessoas de alta consideração, pessoas que amamos, amigos íntimos.

No dia de hoje, na Cristandade, celebra-se o dia da Ceia[1], que Nosso Senhor preparou para seus discípulos, seus amigos íntimos; preparou, quando lhes deu seu corpo santo por alimento. Esse é o primeiro ponto.

Um outro sentido da ceia: antes que chegue a noite, deve haver a manhã e o meio-dia. A luz divina se levanta na alma e cria a manhã. Na luz, a alma se alça para a vastidão e a altura do meio-dia. Depois segue a noite.

Agora vamos falar da noite em outro sentido. Quando a luz some, faz-se noite; quando o mundo todo se desprende da alma, é noite, e a alma alcança então o repouso. E do jantar, diz São Gregório[2]: Quando se come pela manhã, segue-se, depois, outra refeição; depois do jantar, porém, não se segue mais nenhuma refeição. Quando, na ceia, a alma degusta o alimento e a centelha da alma é tomada pela luz divina, não mais necessita então de nenhum alimento e nada mais procura fora de si, mantendo-se totalmente na luz divina. Santo Agostinho[3] diz: Senhor, se tu a ti retiras de nós, dá-nos então um outro tu; em nada fora de ti encontramos satisfação, pois nada queremos mais do que a ti. Nosso Senhor retirou a si de seus discípulos como Deus e homem e se lhes deu de novo como Deus e homem, mas

1. Eckhart (1958, p. 342,5): *der âbentwirtschaft*; p. 509: *des Abendmahles*.

2. Gregório Magno, *Hom. in Evang.* II hom. 36 n. 2.

3. Cf. Sermão 20a, nota 3.

de outro modo e forma diferente. É assim também onde se acha uma valiosa relíquia sagrada: não se permite que, exposta, seja tocada ou vista abertamente; colocamo-la em redoma de cristal ou em coisa parecida. Também assim fez Nosso Senhor, quando se deu como um outro si mesmo. Na ceia, Deus se dá a si mesmo com tudo que Ele é a seus queridos amigos. Deus se dá a si mesmo como alimento, com tudo que Ele é, a seus queridos amigos.

Santo Agostinho[4] se horrorizou diante desse alimento; disse-lhe então, no espírito, uma voz: "Eu sou um alimento dos adultos; cresce e torna-te maior e toma-me por alimento! Tu <porém> não me transformas em ti, mas serás transformado em mim". Da comida e bebida, que tomei há 14 dias, uma força da minha alma tirou o que havia de mais puro e fino, levando-o para o meu corpo e unindo-o com tudo que há em mim. E isso de tal modo que não há uma mínima parte em mim que não se tenha unido com ele, mesmo a mais ínfima, essa que mal conseguiria tocar a ponta de uma agulha. É verdadeiramente tão um comigo como o que foi concebido no seio de minha mãe, quando a vida me foi infundida num começo. Quando a força do Espírito Santo toma o mais puro, o mais fino e o mais alto, a centelha da alma, levando-a para o alto em chama, no amor, acontece o mesmo que posso dizer acerca da árvore: a força do sol tira na raiz da árvore o mais puro e o mais fino, puxando-o para cima até o galho onde lá se torna floração. Assim também a centelha na alma é levada inteira para o alto na luz e no Espírito Santo e elevada para dentro da origem primeira, tornando-se totalmente unida com Deus. Desse modo, não só tende como se torna inteiramente una com Deus num sentido ainda mais próprio do que o alimento o é com meu corpo, sim, muito mais, tanto mais quanto ele é mais puro e mais nobre. Por isso ele diz: "uma *grande* ceia". E Davi: "Senhor, como é grande e múltipla a doçura e o alimento que ocultaste a todos que têm medo de ti" (Sl 31,20). Para quem recebe com medo, o alimento jamais terá gosto próprio[5]. Devemos, pois, recebê-lo com amor. Por isso, uma alma que ama a Deus convence-o de tal modo que Ele deve doar-se a ela inteiramente.

E diz São Lucas: "Um homem ofereceu uma grande ceia". Esse homem não tinha nome, a par dele não havia um igual; esse homem é Deus. Deus não tem nome. Um mestre pagão diz que nenhuma língua é capaz de pro-

4. Agostinho, *Conf.* 1. VII c. 10 n. 16.

5. Eckhart (1958, p. 345,8): *eigentlîche*; p. 510: *wirklich*.

nunciar uma palavra adequada sobre Deus por causa da alteza e pureza do seu ser. Ao falarmos da árvore, falamos por meio de coisas que estão acima dela, como o sol, que atua na árvore. Por isso, em sentido próprio, não se pode falar de Deus, pois não há nada <mais> acima de Deus e Deus não tem causa. Em segundo lugar, falamos das coisas por meio de igualdade. Assim, em sentido próprio, não se pode falar de Deus, porque nada lhe é igual. Em terceiro lugar, fala-se das coisas por meio de suas atuações: quando se quer falar da arte[6] do mestre, fala-se do quadro que pintou; o quadro revela a arte e a maestria do mestre. As criaturas, todas elas, são por demais insignificantes para revelar a Deus; diante de Deus, todas juntas são um nada. Por isso, nenhuma criatura pode externar uma única palavra sobre Deus em suas obras. Assim, diz Dionísio[7]: Todos os que querem expressar a Deus estão errados, pois dele nada enunciam. <Mas> os que *não* o querem expressar estão certos, pois nenhuma palavra pode expressar a Deus; Deus enuncia a si mesmo em si mesmo. É por isso que Davi falou: "Nós havemos de contemplar essa luz na tua luz" (Sl 35,10). Lucas diz: "Um homem". Ele é "um" e é um "homem", e a ninguém igual, a pairar acima de tudo.

"O Senhor enviou seus servos" (Lc 14,17). São Gregório[8] diz que esses "servos" seriam a Ordem dos Pregadores. *Eu* falo de um outro servo, que é o anjo. Ademais, queremos falar de um servo, a respeito do qual já falei diversas vezes; trata-se do intelecto no círculo <extremo> da alma, onde ele toca a natureza dos anjos e é uma imagem de Deus. Nessa luz a alma forma comunidade com os anjos e também com aqueles decaídos no inferno, que guardaram, no entanto, a nobreza da sua natureza. Ali está essa centelha, simplesmente, em pé, sem sofrimento, erguida no ser de Deus. Ela (a alma) iguala-se também aos anjos bons que constantemente atuam em Deus, esses que recebem em Deus e em Deus recebem[9] e em Deus reconduzem de volta todas as suas obras, recebendo de Deus a Deus e em Deus. A esses anjos bons iguala-se a centelha do intelecto, criada por Deus sem mediação, uma luz que paira sobranceira, imagem da natureza divina, criada por Deus. É essa luz que a alma carrega em si. Os mestres dizem que

6. Eckhart (1958, p. 346,11): *wîsheit*; p. 510: *Kunst*.

7. Dionísio Areopagita, *De caelesti hierarchia* c. 2 § 3.

8. Gregório Magno, *Hom. in Evang.* II hom. 36 n. 2.

9. Eckhart (1958, p. 348,6): *nement in gote*; p. 510: *aus Gott*.

há uma *força* na alma, chamada *synteresis*; isso, porém, não é assim. *Synteresis* significa algo todo tempo dependente de Deus, e jamais querendo o mal. <Mesmo> no inferno está inclinada para o bem. É algo que combate, na alma, tudo que não é puro nem divino e constantemente convida para aquele festim.

Por isso, ele diz: "Enviou seus servos, para que viessem; pois tudo está preparado" (Lc 14,17). Ninguém precisa perguntar *o que* se recebe no corpo de Nosso Senhor. A centelha que está sempre pronta para receber o corpo de Nosso Senhor se acha sem cessar no ser de Deus. Deus se dá à alma sempre de novo num tornar-se contínuo. Ele não diz: "*Se tornou*" ou "*há de* tornar-se", sendo continuamente novo e fresco, como num incessante tornar-se.

Por isso, ele diz: "Tudo está, pois, preparado".

Agora, um mestre[10] diz que uma força se estende acima do olho, mais vasta do que o mundo inteiro, mais vasta do que o céu. Essa força toma tudo que é trazido pelos olhos, e o leva para cima, para dentro da alma. Ao que se opõe um outro mestre e diz: Não, isso, irmão, não é assim. Tudo que mediante os sentidos é levado para dentro daquela força não chega a alcançar a alma; antes, se purifica, prepara e dispõe a alma para que, de modo puro, possa receber a luz dos anjos e a luz divina. Assim, ele diz: "Tudo está, pois, preparado".

Mas os convidados não vieram. O primeiro diz: "Comprei um sítio, não posso ir" (Lc 14,18). Por *sítio* compreenda-se tudo que é terreno. Enquanto a alma possui em si algo de terreno, não vem ao banquete. O segundo disse: "Comprei cinco juntas de bois; não posso ir, preciso vê-los" (Lc 14,19). As cinco juntas de bois são os cinco sentidos. Cada sentido é bipartido[11], são <portanto> cinco juntas. Enquanto a alma segue os cinco sentidos, jamais virá ao banquete. O terceiro falou: "Desposei-me, não posso ir" (Lc 14,20). Já o disse muitas vezes: o intelecto[12] é varão na alma. Se a alma, com o intelecto, é diretamente virada para cima, para Deus, então é "varão" e é um e não dois; mas se a alma se volta para baixo, é então "mulher". Com um pensamento e com um olhar para baixo ela se veste de mulher; também *esses* não vêm ao banquete.

---

10. Refere-se a Aristóteles, cf. Eckhart (1958, p. 349,10, nota 4).

11. Eckhart (1958, p. 350,9): *Na ieglîchem sinne sint zwei*; p. 511: *Jeder Sinn ist zweigeteilt*.

12. Eckhart (1958, p. 351,2): *Vernünfticheit*; p. 511: *Vernunft*.

E Nosso Senhor nos diz uma palavra de peso: “Em verdade, vos digo: Nenhum desses provará jamais da minha refeição”. Falou então o Senhor: “Saí às estradas, estreitas e largas”. Quanto mais recolhida, tanto mais estreita e quanto mais estreita, tanto mais larga é a alma. “E ide ao longo dos cercados e pelas largas estradas.” Uma parte das forças da alma está “cercada”, amarrada aos olhos e aos outros sentidos. As outras forças são livres, soltas e não impedidas pelo corpo. Todas elas, juntas, convidam todos, convidam os pobres, os cegos, os aleijados e os doentes. Esses, sim, entrarão no banquete e ninguém mais (Lc 14,21-24). Por isso diz São Lucas: “Um homem preparou uma grande ceia” (Lc 14,16). Esse homem é Deus e não tem nome.

Que nós cheguemos a esse festim. Para isso, ajude-nos Deus. Amém.

Sermão 21

Unus deus et pater omnium etc.
[Um só Deus e Pai de todos]
(Ef 4,6)

Essas palavras em latim, que acabo de pronunciar, foram ditas por São Paulo na epístola: "Um Deus e Pai de todos, abençoado acima de todos e por todos, e em todos nós" (Ef 4,6). Do Evangelho, tiro uma outra palavra, dita por Nosso Senhor: "Amigo, sobe mais, vem mais para cima" (Lc 14,10).

Na primeira palavra, em que fala "um Deus e Pai de todos", Paulo silencia uma pequena palavra que carrega em si mudança[1]. Quando diz: "*Um* Deus", pensa com isso que Deus é *Um* em si mesmo e desprendido de tudo. Deus não pertence a ninguém e ninguém pertence a Ele; Deus é Um. Boécio[2] diz: Deus é Um e não se modifica. Tudo que já criou, Deus criou como submetido à mudança. Todas as coisas, assim como são criadas, carregam em seus ombros a mutabilidade.

Isso quer dizer que devemos ser um em nós mesmos e desprendidos de tudo, e sempre imóveis devemos ser um com Deus. Fora de Deus não há nada a não ser apenas o nada. É impossível, por isso, que em Deus, de algum modo, possa sobrevir mudança ou modificação. O que busca fora de si um outro lugar, esse se modifica. Deus <porém> tem em si todas as coisas em uma plenitude; por isso não procura nada fora de si mesmo, mas só na plenitude, como é em Deus. Nenhuma criatura pode compreender como Deus carrega em si tudo isso.

Um segundo ensinamento está ainda contido quando ele diz: "Pai de todos, bendito és tu". *Essa* palavra carrega em si um momento de mudança. Ao dizer "Pai", também aí somos pensados. Se é nosso *Pai*, então somos

1. Eckhart (1958, p. 357,7): *daz treget in im ein anderunge*; p. 513: *das ein Wandlungsmoment in sich beschliesst*. Cf. também ali nota 1, onde se observa: "A palavrinha (*wörtelîn*), que aqui é silenciada e traz em si uma mudança (*ein anderunge*), isto é, contém em si o conceito de mutabilidade (*Wandelbarkeit*), só pode ser a palavra 'é', não está no texto latino da epístola nem na tradução alemã".

2. Boécio, *De Consol. Phil.* L. III poesia IX.

seus *filhos*, e assim tanto honra como injúria, a Ele demonstradas, nos atinge o coração. Quando a criança descobre como ela é cara ao pai, ela sabe por que deve levar uma vida tão pura e inocente. Por essa razão também devemos viver em pureza, pois diz o próprio Deus: "Bem-aventurados os puros de coração, pois verão a Deus" (Mt 5,8). O que é pureza de coração? É pureza de coração o que é separado e desprendido de todas as coisas corpóreas e é recolhido e reservado em si mesmo[3], e o que então, dessa pureza, se lança para dentro de Deus, e lá é unido. Davi diz: São puras e inocentes *as* obras que dali efluem e são consumadas na luz da alma; aquelas, porém, as que permanecem bem dentro e no espírito e não vêm para fora são ainda mais inocentes. "Um Deus e Pai de todos."

A outra palavra é: "Amigo, sobe mais, vem mais para cima". De duas, faço uma. Quando ele diz "amigo, sobe mais, vem mais para cima", isso é um diálogo[4] da alma com Deus, em que lhe foi respondido: "Um Deus e Pai de todos". Um mestre diz: Amizade se acha na vontade. Enquanto se acha na vontade, não une. Ademais, como já disse também em outro lugar: Amor não une; une quiçá na atuação; não, porém, no ser. Por isso o amor apenas diz: "*Um* Deus", "sobe mais, vem mais para cima". Pois somente a pura deidade pode entrar no fundo da alma[5]. Mesmo o anjo supremo, por mais próximo e familiar que seja de Deus e por mais que tenha em si de Deus – o seu atuar é sempre em Deus, ele é unido com Deus, no ser e não no atuar, ele tem uma permanência íntima em Deus e um contínuo ali-permanecer-junto dele: verdadeiramente é uma maravilha *quão* nobre é o anjo; apesar disso, porém, ele não pode entrar na alma. Um mestre diz: Todas as criaturas que têm diferença não são dignas que o próprio Deus nelas atue. A alma em si mesma, ali, onde é acima do corpo, é tão pura e tão tênue que nada recebe a não ser apenas a deidade nua, pura. E mesmo assim Deus não pode ali entrar, a não ser que lhe seja retirado tudo que lhe foi acrescentado. Por isso ela recebeu a resposta: "*Um* Deus"[6].

---

3. Eckhart (1958, p. 359,3): *geslozzen in im selben*; p. 513: *verschlossen in sich selbst*. O fechamento aqui parece conotar o pensamento de *guardado, reservado* na autoidentidade, no sentido de um *jardim fechado*; cf. *hortus conclusus* em Cântico dos Cânticos 4,12.

4. Eckhart (1958, p. 360,1): *ein kôsen der sêle mit gote*; p. 514: *ein Zwiegespräch der Seele mit Gott*.

5. Cf. Eckhart (1958, p. 360,5): *In den grunt der sêle enmac niht dan lûter gotheit*; p. 514: *In den Grund der Seele kann nichts <gelangen> als die lautere Gottheit*.

6. Jarczyk e Labarrière, no rodapé, observam: "A deidade nua, límpida não tem acesso ao fundo da alma, a não ser que se despoje do que se ajunta a ela: da sabedoria, bondade e verdade, não menos da determinação das pessoas divinas (cf. Sermão 2)" (Eckhart, 1998, p. 203, nota *).

São Paulo diz: "*Um* Deus". *Um* é algo mais puro do que bondade e verdade. Bondade e verdade nada acrescentam. Acrescentam, sim, no pensamento; quando é pensado, então acrescenta. Um, ao contrário, nada acrescenta, onde Ele <Deus> é em si mesmo[7], lá Ele é antes de efluir no Filho e no Espírito Santo. Por isso ele diz: "Amigo, vem mais para cima". Um mestre[8] afirma que um é um negar do negar[9]. Se digo "Deus é bom", isso então junta algo <a Deus>. Um <ao contrário> é um negar do negar e um denegar do denegar[10]. O que significa "Um"? Significa aquilo a que nada se ajunta. A alma recebe a deidade como ela é em si apurada, onde nada <lhe> é acrescentado, onde nada é pensado <de acréscimo>. Um é um negar do negar. Todas as criaturas carregam em si uma negação; uma nega ser a outra. *Um* anjo nega que seja um outro <anjo>. Deus, porém, tem um negar do negar; Ele é Um e nega tudo o mais, pois nada é fora de Deus. Todas as criaturas são em Deus e são a própria deidade dele, e isso significa a plenitude, como eu dizia acima. Ele é um Pai de toda a deidade. Digo *uma* deidade porque lá ainda nada eflui e nada é tocado ou pensado. Que eu negue de Deus algo – que negue de Deus a bondade, por exemplo, em verdade não posso negar absolutamente nada de Deus –, pois negando algo de Deus apreendo algo que Ele *não* é; justamente *isso* é o que deve ser evitado. Deus é *Um*, é um negar do negar[11].

---

7. Deus, em sendo Um, não eflui nas criaturas, mas antes eflui no Filho e no Espírito Santo. Isso significaria que Um não coincide *tout court* com "uma natureza", na doutrina usual da Santíssima Trindade, em que a atuação de Deus na criação é atribuída à natureza divina. Aqui parece mostrar-se a distinção feita por Eckhart entre *Deus* e *deidade*. Efluir no Filho e no Espírito Santo se refere ao Um no sentido da deidade, e pertence assim ao *ser* do Um. É a dinâmica própria interna da força unitiva no retraimento abissal da *Minne-Abgeschiedenheit* (amor-desprendimento); ao passo que a criação está referida ao Deus (deus), enquanto o ser de Deus não é tido no que é o seu próprio, na soltura do desprendimento. A anterioridade do Um do seu efluir no Filho e no Espírito Santo deve ser provavelmente entendida como a dinâmica interna do próprio Um, e no entanto ali é que está a diferença toda própria na identidade absoluta da deidade. Cf. glossário n. 4, 13, 14 e 22.

8. Cf. Tomás de Aquino, *Quodlibet* X q. 1 a. 1 ad 3.

9. Eckhart (1958, p. 361,10): *versagen dês versagennes*; p. 514: *Verneinen des Verneinens.*

10. Eckhart (1958, p. 363,1): *ein versagen des versagennes und ein verlouen des verlougennes*; p. 514: *ein Verneinen des Verneinens und ein Verleugnen des Verleugnens.*

11. "Que eu negue de Deus algo, [...] nisso eu não posso em verdade, absolutamente, nada negar de Deus. Nisso, portanto que eu nego de Deus algo, apreendo algo que Ele não é; justamente isso é o que deve ser retirado para longe. Deus é Um, é um negar do negar." Nessa afirmação está resumida a explicação do que significa quando em Eckhart falamos de *teologia negativa*.

Um mestre[12] diz: A natureza do anjo não aciona nenhuma força e nenhum operar, ela só sabe de Deus[13]. Do que há de diverso, disso os anjos nada sabem[14]. Por isso ele disse: "*Um* Deus, Pai de todos"; "amigo, vem mais para cima". Certas forças da alma recebem de fora, como o olho: por mais sutil que seja a sua recepção e por mais que se possa fracionar o que é grosseiro, ainda assim toma-se algo de fora, o que indica um intencionar ao aqui e agora. O entendimento e o intelecto[15], porém, descascam tudo e recolhem o que não conhece nem o aqui nem o agora; *nessa* imensidão o intelecto toca a natureza do anjo. No entanto, mesmo assim, ele recebe dos sentidos; o intelecto recebe dos sentidos aquilo que os sentidos introduzem de fora para dentro. Isso a vontade não faz; nesse ponto a vontade é mais nobre do que o intelecto. A vontade não recolhe em nenhum outro lugar a não ser no puro entendimento, onde não há aqui nem agora. Deus <Nosso Senhor> quer dizer: por mais alta, por mais pura que seja a vontade, ela deve elevar-se ainda mais. É uma resposta quando Deus diz: "Amigo, sobe mais adiante para cima, pois assim a honra te será partilhada" (Lc 14,10).

A vontade quer bem-aventurança. Perguntaram-me qual a diferença existente entre graça e bem-aventurança. Graça, como a experimentamos aqui, nesta vida, e bem-aventurança, que possuiremos mais tarde na vida eterna, relacionam-se mutuamente entre si como flor e fruto. Mesmo quando a alma é toda e inteiramente graça, e em tudo que nela se encontre nada reste em que a graça não atue nem realize, mesmo assim, nem tudo, assim como está na alma, chega à atuação, no sentido de que a graça realize tudo o que a alma deve atuar. Disse certa vez em outro lugar: A graça não realiza nenhuma obra. Ela apenas derrama em cheio todo o adorno na alma. Isso é a plenitude no reino da alma. Eu digo: A graça não une a alma com Deus, ela é muito mais uma consumação. Sua obra é levar a alma de volta para Deus. Aí a flor torna-se-lhe fruto[16]. Querendo assim a bem-aventurança

---

12. Cf. Tomás de Aquino, *S.Th.* I a q. 112 a. 1c.

13. Eckhart (1958, p. 364,6): *si enwizze niht dan got aleine*; p. 514: *wobei sie nicht ausschliesslich nur um Gott wisse.*

14. Eckhart (1958, p. 364,4): *Swaz anders ist, sie enwizzen niht dâ von*; p. 514: *Was es sonst gibt, davon wissen sie nichts.*

15. Eckhart (1958, p. 365,1): *Aber verstantnisse und vernünfticheit*; p. 515: *Das Erkennen aber und die Vernunft.*

16. Eckhart (1958, p. 367,5): *Dâ wirt ir diu vruht von dem bluomen*; p. 515: *Dort wird ihr die Frucht aus der Blüte zuteil.*

e ser com Deus, a vontade é desse modo puxada para o alto. Numa vontade assim tão pura, Deus se insinua para dentro e, na mesma medida em que o intelecto toma a Deus do modo mais puro em que Ele é a verdade, nessa mesma medida Deus se insinua no intelecto. Mas como Deus incide na vontade, ela deve ir mais alto, para cima. Por isso ele diz: "Um Deus", "amigo, sobe mais alto, para cima".

"*Um* Deus": nisso, que Deus é Um, realiza-se a deidade de Deus. Eu digo: Deus jamais poderia gerar seu Filho Unigênito se Ele não fosse Um. Disso, que Deus é Um, Ele haure tudo que põe em obra nas criaturas e na deidade. Digo mais: Unidade, somente Deus a tem. O modo próprio de Deus é unidade. É disso que Deus retira seu ser Deus, pois, do contrário, não seria Deus. Tudo que é número depende do Um. Já o Um de nada depende. A riqueza, a sabedoria e a verdade de Deus são de todo e inteiramente Um em Deus; não é apenas Um, é unidade. Deus tem tudo que Ele tem no Um. Nele, o Um é. Os mestres dizem que o céu gira para trazer todas as coisas ao Um; por isso o céu corre tão veloz. Deus tem toda plenitude como Um. A natureza de Deus depende disso e a bem-aventurança da alma é que Deus é Um: é seu adorno e sua honra. Ele disse: "Amigo, sobe mais, para o alto, pois assim a honra te será partilhada". Que Deus é Um, isso honra e adorna a alma. Deus faz assim como se Ele fosse um somente para agradar à alma, e como se Ele se enfeitasse, por fim, para fazer com que a alma se encante somente por Ele. Por isso o homem quer ora uma, ora outra coisa; exercita-se ora na sabedoria, ora no cultivo da arte. Por não possuir o *Um*, a alma jamais chega ao repouso, até que tudo se torne Um em Deus. Deus é Um; *isso* é a bem-aventurança da alma e seu adorno e seu repouso. Um mestre diz: Em *todas* as suas obras Deus tem em mente todas as coisas[17]. A alma é todas as coisas[18]. O que, abaixo da alma, há de mais nobre, de mais puro e de mais elevado em todas as coisas, isso Deus derrama na alma tudo de uma vez. Deus é tudo e é Um.

"Um Deus, Pai de todos", ajuda-nos a nos tornarmos assim Um com Deus. Amém.

---

17. Eckhart (1958, p. 370): *got meint in allen sînen werken alliu dinc*; p. 516: *Gott hat in Allen seinen Werken alle Dinge im Auge.*

18. Cf. Aristóteles, *De anima* C c. 8, 431 b 21.

Sermão 22
Ave, gratia plena
[Deus te salve, cheia de graça]
(Lc 1,28)

Essa palavra, que vos pronuncio em latim, está no Santo Evangelho e em nossa língua significa: "Bendita és tu, cheia de graça, o Senhor é contigo!" (Lc 1,28). O Espírito Santo descerá do altíssimo trono e virá a ti, da luz do eterno Pai (Lc 1,35; Tg 1,17; Sb 18,15).

Três coisas devem ser aqui conhecidas. A primeira: a pequenez[1] da natureza do anjo. A segunda: que [o anjo] considerou-se indigno de chamar pelo nome a Mãe de Deus. A terceira: falou, não apenas a ela, mas a uma grande multidão. A toda boa alma que suspira por Deus eu digo: Se Maria não tivesse gerado Deus espiritualmente primeiro, Ele jamais teria sido por ela gerado corporalmente. Uma mulher disse a Nosso Senhor: "Bem-aventurado o seio que te carregou". E disse então Nosso Senhor: "Bem-aventurado não apenas o seio que me carregou; bem-aventurados são os que ouvem e guardam a Palavra de Deus" (Lc 11,27-28). É mais precioso a Deus que Ele seja espiritualmente nascido de cada virgem[2] ou de cada boa alma, do que ter sido gerado corporalmente por Maria.

Isso nos faz entender que devemos ser um único Filho, aquele que o Pai eternamente gerou. Quando o Pai gerou todas as criaturas, gerou-me, sim, a mim, e efluí juntamente com todas as criaturas; e, no entanto, permaneci dentro, no Pai. Inteiramente assim como a palavra que falo agora: em primeiro lugar, ela brota em mim, a seguir demoro-me junto à imagem[3], e em

1. Eckhart (1958, p. 375,6): *kleinheit*; p. 517: *Niedrigkeit*.

2. Cf. glossário n. 26.

3. Eckhart (1958, p. 376,10): *sô ruowe ich ûf dem bilde*; p. 517: *verweile ich bei der Vorstellung*. Cf. glossário n. 10.

terceiro lugar eu a expresso e todos vós a apreendeis. Assim como, em sentido próprio, a palavra permanece em mim, assim também permaneci no Pai. No Pai estão as imagens originárias de todas as criaturas. Essa madeira aqui tem uma imagem originária espiritual em Deus. Esta não é somente intelectual, mas é puro intelecto[4].

O bem, o maior de todos os bens, do qual Deus deixou o homem participar, foi o de ter se tornado homem. Assim quero contar-vos uma estória, que casa bem com o caso. Era uma vez um homem rico e uma mulher rica. A mulher sofreu um acidente e perdeu um olho. Ela ficou muito aflita. Aproximando-se dela, o marido disse: "Mulher, por que estás tão aflita? Não te aflijas tanto por ter perdido um olho". Ela falou: "Marido, o que me aflige não é ter perdido o olho. O que mais me perturba é pensar que por isso haverás de me amar menos". Então, ele disse assim: "Mulher, eu te amo". Logo depois ele furou o próprio olho e, aproximando-se da mulher, disse: "Para que creias que te amo, fiz-me igual a ti; também eu tenho ainda só um olho"[5]. Assim é o homem: como o homem mal podia acreditar que Deus o amasse tanto, Deus "furou um olho seu" e assumiu a natureza humana. Isso significa: "Tornou-se carne" (Jo 1,14). Nossa Senhora disse: "Como pode isso suceder?" Então o anjo falou: "O Espírito Santo virá a ti, descendo" (Lc 1,34-35; Sb 18,15; Tg 1,17).

"*In principio*" (Jo 1,1). "Nasceu-nos um menino, foi-nos dado um Filho" (Is 9,6), uma criança segundo a pequenez da natureza, um filho segundo a eterna deidade. Os mestres[6] dizem: Todas as criaturas atuam para querer gerar e querem tornar-se iguais ao Pai. Um outro mestre diz: Toda causa eficiente age em vista da sua meta final, a fim de encontrar descanso e repouso em suas metas finais. Um mestre diz: Todas as criaturas atuam de acordo com a sua pureza primeira e a sua mais alta perfeição. O fogo como fogo não acende. É tão puro e fino que não queima: a natureza do fogo é bem mais acender e infundir para dentro da madeira ressequida a sua natureza e sua claridade, segundo a sua mais alta perfeição. O mesmo

---

4. *Intelecto* aqui é tradução de *Vernunft*. *Puro intelecto* seria, pois, *reine Vernunft* (cf. o uso da palavra *Vernunft*, p. ex., em Kant, *Kritik der reine Vernunft*). *Vernunft* vem do verbo *vernehmen*, que significa: receber em acolhida. Ao passo que *intelecto*, *intellectus*, vem do *intelligere*, que significa *inter-legere*, a saber, ler entre (linhas). Cf. glossário n. 11 e 12.

5. Nicolau de Cusa utilizou essa história, em duas diferentes versões ampliadas, na sua pregação. Cf. Koch (1936-1937, p. 46s.).

6. Cf., p. ex., Tomás de Aquino, *Summa Contra Gentiles* III c. 21.

fez Deus. Criou, de acordo com a sua altíssima perfeição, a alma, e nela derramou toda a sua claridade na pureza primeira, permanecendo, contudo, isento de mistura.

Eu disse recentemente num certo lugar: Deus não teria criado todas as criaturas se não tivesse gerado primeiramente algo, que era[7] incriado, que trazia em si as imagens[8] de todas as criaturas[9]. Isso é a centelha, como disse anteriormente no mosteiro de Sankt Makkabäer[10], se ainda podeis lembrar-vos. Essa centelha é tão aparentada com Deus que ela é um Um único[11], intacto, que carrega em si as imagens[12] de todas as criaturas, imagens[13] sem imagens e imagens para além das imagens.

Ontem, na escola[14], entre grandes teólogos[15], tratou-se de uma questão. "Admira-me – disse eu – que a Escritura seja tão cheia de conteúdos e que, no entanto, ninguém possa ir ao fundo da menor das palavras que ela contém." E *vós* me perguntais, já que sou um filho único, que o Pai celeste eternamente gerou, se eu tenho sido filho eternamente em Deus, e eu vos respondo: sim e não; sim – como filho, na medida em que o Pai me tem gerado eternamente; não, porém, filho in-gênito[16].

---

7. Eckhart (1958, p. 380,6): *waere*; p. 518: *war*.

8. Eckhart (1958, p. 380,7): *bilde*; p. 518: *Urbilder*.

9. Quint observa que a frase "quando Deus criou todas as criaturas, não tivesse Ele gerado primeiramente algo, que seria incriado, que trazia em si as imagens de todas as criaturas" é anacoluto, isto é, frase quebrada, em que a gramaticalmente esperada frase seguinte não é dita, e vem uma outra frase. E diz que é quase certo que o texto está corrompido e é praticamente impossível reconstruir a frase como teria sido, seguindo os manuscritos disponíveis até agora (Eckhart, 1958, p. 380,5, nota 3).

10. Eckhart (1958, p. 380,7): *Sant Magfire*; p. 518: *Sankt Makkabäerkloster*. Cf. a explicação introdutória ao Sermão 22, p. 372; cf. Sermão 14, segundo Quint, trata-se provavelmente de um mosteiro de beneditinas em Colônia (Eckhart, 1958, p. 235, nota 3).

11. Eckhart (1958, p. 381,1): *ist ein einic ein ungeschieden*; p. 518: *es ein einiges Eines ist; unterschiedslos*.

12. Cf. glossário n. 10.

13. Cf. glossário n. 10.

14. Segundo Quint: no Studium Generale dos dominicanos em Colônia (Eckhart, 1958, p. 381, nota 2).

15. Eckhart (1958, p. 381,3): *pfaffen*; p. 518: *Theologen*.

16. Eckhart (1958, p. 382): *sun nâch der ungebornheit*; p. 518: *Sohn gemäss der Ungeborenheit*. *Ungeborenheit* poderia se referir à diferença existente entre o ser *incriado* e ser *incriável*. Ser incriado se refere a Deus enquanto ainda considerado a partir do criado, portanto deus, e não deidade. Ser incriável se refere à deidade, ao Um. A filiação divina, o ser em Deus um Um único, parece não somente significar que é filho unigênito de Deus na participação da filiação divina, entendendo a Deus como deus, portanto filiação enquanto referida à participação na criação,

"*In principio*." Com isso nos é dado a entender que somos um filho único que o Pai tem gerado eternamente da escuridão abscôndita do eterno velamento[17], permanecendo no primeiro início da pureza primeira, que é a plenitude mesma de toda pureza. Aqui repousei e dormi eternamente no abscôndito conhecimento do eterno Pai, imanente e inefável. Dessa pureza, Ele gerou-me eternamente como seu Filho Unigênito, para dentro da imagem de sua eterna paternidade, para que eu seja pai e gere aquele de quem eu fui gerado. Igualmente assim como quando alguém, estando diante de uma alta montanha, gritasse: "Estás aí?"; e o eco e o contraeco lhe respondessem: "Estás aí?" Se chamasse: "Vem para fora!", o eco responderia também: "Vem para fora!" Sim, quem nessa luz olhasse um pedaço de madeira, essa tornar-se-ia um anjo não só dotado de intelecto, tornar-se-ia puro intelecto naquela pureza primeira que é a plenitude mesma de toda pureza. Assim faz Deus: gera seu Filho Unigênito, no mais alto da alma. No mesmo gesto em que gera seu Filho Unigênito em mim, eu o gero de volta no Pai. Não é diferente de quando Deus gerou o anjo, enquanto era gerado de novo pela virgem.

Há alguns anos, ocorreu-me se um dia não me perguntariam por que talos de grama são tão desiguais uns dos outros. Assim aconteceu e um dia perguntaram-me por que eram tão desiguais. Então respondi: Mais digno ainda de espanto é por que todos os talos de grama são tão iguais uns aos outros. Um mestre afirmou que todos os talos de grama são tão desiguais por provirem da superabundância da bondade de Deus; da bondade que Ele derrama generosamente em todas as criaturas, para revelar ainda mais a sua majestade. Eu disse, no entanto, que ainda mais admirável era todos os talos

---

no ser continuamente engendrado eviternamente de deus criador, mas também ser semelhante ao Filho Unigênito do Pai no mistério da Trindade, participação essa possibilitada pela Encarnação. Somos filho no Filho. Mas há ainda um ser "igual" a Deus no sentido de, em sendo filho no Filho, ser igual a Ele na participação de ser Filho como quando deus ainda não era, isto é, repousar na deidade, no Um, ser como quando ainda não éramos. Como tudo isso, toda essa igualdade é a atuação da própria deidade, e atuação na deidade é ser, o verbo *ser* sempre adquire duplo sentido de ser e não ser. Daí a resposta de Eckhart: "É filho e não é filho". Cf. Eckhart (1998, p. 212, nota *), no rodapé: "*nâch der ungebornheit*: conforme àquele que não é engendrado. Segundo aquele que nele é *incriado* e *incriável*, o homem não é apenas eternamente engendrado, mas, como o Filho, é participante do repouso eterno da deidade, antes de todo o engendramento. Veja uma proposta semelhante no Sermão 52".

17. *Verborgenheit*, velamento. *Verbergen* significa esconder, mas o verbo *bergen* significa guardar, conservar sob proteção como *velar*; significa *esconder*, *encobrir*, mas ao mesmo tempo *proteger*.

de grama serem tão iguais, e acrescentei: pois assim como todos os anjos são, na pureza primeira, *um* só anjo, totalmente um, assim também todos os talos de grama são na pureza primeira um e assim são todas as coisas um.

Quando estava vindo para cá, pensei, no entanto, comigo, que o homem na sua temporalidade pode chegar a obrigar a Deus. Se eu estivesse aqui em cima e dissesse a alguém: "Vem cá para cima!", isso seria difícil. Se dissesse, porém, "senta-te aqui embaixo!", isso seria fácil. Assim faz Deus. Quando o homem se humilha, Deus, na sua bondade própria, não pode deixar de baixar-se e derramar-se no homem humilde, partilhando-se ao máximo e entregando-se por inteiro ao mais ínfimo de todos. O que Deus doa é seu ser e seu ser é sua bondade, e sua bondade é seu amor. Toda dor e toda alegria vêm do amor. No caminho vindo para cá, pensei em não vir porque acabaria banhando-me em lágrimas pelo amor. Agora, quando é que vos banhastes em lágrimas pelo amor, deixemos isso de lado. A alegria e a dor vêm do amor. O homem não deve ter medo de Deus, pois quem dele tem medo, dele foge. *Esse* temor é um temor nocivo. Temor devido é, porém, ter medo de perder a Deus. O homem não deve temê-lo; amá-lo é o seu dever, pois Deus ama o homem com toda sua altíssima perfeição. Os mestres dizem que todas as coisas agem com a vontade de gerar e querem tornar-se iguais ao Pai; e dizem: A terra foge do céu; se foge para baixo, chega por baixo ao céu; se foge para cima, chega à parte mais baixa do céu. A terra não pode fugir tão longe para baixo que o céu nela não eflua e imprima sua força, frutificando-a na alegria ou na dor. Assim também acontece com o homem, que acredita fugir de Deus, sem poder escapar-lhe, pois todos os ângulos estão sempre a revelá-lo[18]. O homem pensa que está fugindo de Deus e corre-lhe ao encontro, nos seus braços. Deus gera seu Filho Unigênito em ti, quer isso te agrade ou te faça sofrer, no sono ou na vigília; Ele faz o que é seu. Recentemente disse a que se deve que o homem nada disso perceba: isso se deve ao fato de a sua língua estar grudada em outra imundice, isto é, nas criaturas; totalmente assim como acontece com o homem para quem todo alimento é amargo e insosso. Por que a comida não tem sabor para nós? Deve-se a não termos sal. O sal é o amor divino. Se tivéssemos o amor divino, Deus para nós teria sabor, Ele e todas as obras que Ele, um dia, operou; e de Deus receberíamos todas as coisas e operaríamos todas as obras, as mesmas que Ele opera. Nessa igualdade, somos todos um filho único.

---

18. Eckhart (1958, p. 378,2): *alle winkel sint im ein offenbârunge*; p. 518: *alle Winkel offenbaren ihn.*

Quando Deus criou a alma, Ele a criou seguindo a sua própria e mais elevada perfeição, para que ela fosse esposa do Filho Unigênito. E o Filho, ao bem reconhecer isso, quis sair de sua preciosa câmara secreta[19] do tesouro da paternidade eterna, na qual adormeceu, eternamente não pronunciado, imanente. "*In principio*": no primeiro início da pureza primeira, o Filho fixou ali a tenda de sua eterna glória e por isso saiu do altíssimo, porque queria exaltar a amiga com a qual seu Pai o havia desposado desde a eternidade, para reconduzi-la, de retorno ao altíssimo, de onde ela havia saído. E noutro trecho está escrito: "Olha, teu rei vem a ti" (Zc 9,9). É por isso que Ele saiu, saltitando como um cabritinho, e fez a experiência do seu sofrimento como o que pertence ao amor[20]; e não saiu a não ser com a decisão de entrar com sua esposa novamente em seu quarto. Esse quarto é a silenciosa escuridão da paternidade abscôndita. Lá, do altíssimo de onde saiu, lá Ele queria entrar, de novo, de todo no mais puro, com sua esposa e queria revelar-lhe a intimidade abscôndita de sua deidade velada, onde Ele repousa consigo mesmo e com todas as criaturas.

Em nosso idioma, "*in principio*" significa tanto quanto um começo de todo ser, como afirmei na escola. Sobre isso, eu disse: É um fim de todo ser, pois o primeiro começo é por causa da última meta final. Sim, mesmo Deus não repousa ali, onde Ele é o primeiro começo; Ele repousa lá, onde Ele é meta final e repouso de todo ser; não como se esse ser fosse aniquilado, mas sim realizado como em sua meta final, conforme à sua mais elevada perfeição. O que é a última meta final? É a obscuridade abscôndita da eterna deidade, para nós desconhecida, essa que jamais foi e será conhecida. Lá, Deus permanece em si mesmo desconhecido. Lá a luz do Pai eterno brilhou eternamente nesse interior, mas as trevas não compreendem a luz (Jo 1,5).

Que a verdade da qual vos falei nos ajude a chegar a essa verdade. Amém.

---

19. A palavra alemã para secreto aqui é *heimlich*. *Heimlich* vem de *Heim*, o lar, o em casa, o familiar, o que está próximo de nós mesmos, mais do que nós a nós mesmos. Indica, pois, familiaridade com a origem abscôndita que guarda, oculta o mistério (*Geheimniss*) do nosso ser. Oculto, secreto conota guarda, proteção, o velamento do que nos é o mais precioso, o tesouro.

20. Eckhart (1958, p. 388,9): *leit sîne pîne von minne*; p. 518: *erlitt seine Pein aus Liebe*. Em vez de entender *von minne* como *aus*, não se poderia entender como "pertencendo a"? O *Pein* conota aflição, castigo pela ousadia de ter amado, compaixão, pena, desejo de estar no lugar de, a livre-participação.

Sermão 23

Jesus ordenou a seus discípulos subir num pequeno barco e navegarem sobre a fúria (Mt 14,22).

Como o mar é fúria? Porque se enfurece e se agita. Ele "ordenou a seus discípulos subir". Quem quer ouvir "a palavra" e ser discípulo de Cristo deve subir e elevar seu intelecto acima de todas as coisas corporais e deve navegar sobre a "fúria" da inconstância de coisas transitórias. Enquanto houver ali algo de mutabilidade, seja ardil, ira ou tristeza, isso encobre o intelecto, de tal modo que não pode ouvir "a palavra". Um mestre[1] diz: Quem quer compreender coisas naturais e também coisas materiais deve despir seu conhecimento de todas as outras coisas. Eu já o tenho dito muitas vezes: Quando o sol derrama seu brilho sobre as coisas corpóreas, transforma tudo que pode apreender numa fina matéria vaporosa e puxa-a consigo para cima; se o brilho do sol pudesse, a atrairia para cima, para o fundo de onde ele emanou. Mas quando o brilho do sol a eleva para o ar, ela é então em si mesma extensa e aquecida pelo sol; depois sobe até <a região> fria, devido ao frio sofre uma inversão e se precipita de volta como chuva ou como neve[2]. Assim é com o Espírito Santo: Ele levanta a alma ao alto, levanta-a e carrega-a consigo e, se ela fosse preparada, a atrairia para o fundo de onde Ele efluiu. Isso ocorre quando o Espírito Santo é na alma: então ela sobe para o alto, pois Ele a leva consigo. Quando, porém, o Espírito Santo se afasta da alma, ela se afunda, para baixo, pois o que é da terra se afunda, para baixo; mas o que é do fogo sobe em turbilhão ao alto. Por isso, o homem deve ter calcado aos pés todas as coisas que são terrenas e tudo que pode encobrir o conhecimento, para que ali nada reste a não ser apenas o que é igual ao conhecimento. Se ela operar <apenas> ainda[3] no conhecimento, então se tornou igual a ele.

1. Cf. Aristóteles, *De anima* III c. 4 (429a 15-22).

2. Cf. Aristóteles, *Meteor.* I c. 4 (A c. 9 346 b 23-26); cf. Alberto Magno, *Isagoge in libros Meteororum* pars IV c. 6 (ed. Borgnet, vol. V, p. 483); cf. Tomás de Aquino, *In Meteor.* I lect. 4 n. 3, III 335 b.

3. Cf. Eckhart (1958, p. 396,1, nota 1), Quint observa: a significação do termo *noch* atestado pela tradição manuscrita (Würket si *noch* in verstantnisse = Wirkt sie <nur> noch) é aliás questionável. E diz: "Besser würde *aleine* oder *niuwan* passen".

É a alma que assim ultrapassou todas as coisas que o Espírito Santo levanta e a levanta consigo para o fundo, de onde Ele efluiu. Sim, Ele a conduz para a imagem eterna, de onde ela emanou, para aquela imagem segundo a qual o Pai formou todas as coisas, para a imagem, na qual todas as coisas são um, para a amplidão e profundidade, onde todas as coisas reencontram seu fim. Quem quiser chegar até aqui e quer ouvir "a palavra" e ser discípulo de Jesus, a Salvação, deve ter calcado aos pés todas as coisas que são desiguais a essa imagem.

Agora prestai atenção! São Paulo diz: Contemplando com a face despida o esplendor e a claridade de Deus, transformamo-nos e a nossa imagem renovada se formará, entrando na imagem que é de todo uma imagem de Deus e da deidade (cf. 2Cor 3,18). Quando a deidade se deu totalmente ao intelecto de Nossa Senhora, ele concebeu em si a Deus, porque era nu[4] e puro; e da superabundância da deidade [uma força] irrompeu e jorrou para dentro do corpo de Nossa Senhora, e formou-se pelo Espírito Santo um corpo no seio dela. E se ela não tivesse carregado a deidade no intelecto, jamais o <Cristo> teria concebido corporalmente. Um mestre[5] diz: É uma graça especial e um grande dom que voemos para o alto com as asas do conhecimento e que o intelecto se levante ao encontro de Deus sendo conduzido para além, transcendendo de claridade para claridade, com claridade em claridade (cf. 2Cor 3,18). O intelecto da alma é a parte mais alta da alma. Quando a alma se firma em Deus, é conduzida pelo Espírito Santo para dentro da imagem, com ela unindo-se. Com a imagem e com o Espírito Santo, a alma é conduzida de início ao fim e introduzida no fundo. A alma também deve formar-se lá onde o Filho se forma. À alma, assim introduzida, trancada e incluída em Deus, submetem-se todas as criaturas, totalmente assim como ocorreu com São Pedro: enquanto seus pensamentos estavam simplesmente trancados e incluídos em Deus, o mar se fechava, ajuntando-se sob seus pés, de modo que Pedro andava sobre as águas; mas tão logo desviou os pensamentos, afundou (cf. Mt 14,29s.).

É um grande dom a alma ser assim *introduzida* pelo Espírito Santo, pois assim como o Filho é chamado de uma "palavra", o Espírito Santo é chamado de um "dom": como é chamado pela Escritura. Tenho já dito muitas vezes: O amor toma a Deus enquanto Ele é bom; se não fosse bom, não o amaria e não o tomaria por Deus. A alma não ama nada que seja sem

---

4. Eckhart (1958, p. 397,6): *blôz*; p. 522: *rein*.

5. Cf. Agostinho, *Sermo* 311 c. 4.

bondade[6]. O intelecto da alma, porém, toma a Deus enquanto Ele é um puro ser, um ser a pairar sobre tudo. Ser, bondade e verdade são de igual amplidão, pois tanto quanto é ser, tanto é bom, tanto é verdadeiro[7]. Eles, porém, <os mestres> tomam a bondade e colocam-na sobre o ser: com isso encobre-se o ser, conferindo-lhe uma pele, pois isso lhe é acrescentado. E novamente eles <os mestres> tomam-no enquanto é <a> verdade. Será que <o> ser é <a> verdade? Sim, pois <a> verdade está ligada a<o> ser, pois Ele <Deus> falou a Moisés: "Aquele que é me enviou" (Ex 3,14). Santo Agostinho[8] diz: A verdade é o Filho no Pai, pois <a> verdade está ligada a<o> ser. Será que <o> ser é <a> verdade? Se perguntássemos a algum mestre sobre isso, ele haveria de responder: "Sim!" Se tivessem perguntado a mim mesmo, eu teria respondido: "Sim!" Agora, porém, digo "não!", pois também <a> verdade é acréscimo. Agora, eles <os mestres> tomam-no como ele é Um, pois Um é mais propriamente um do que o unido. No que é Um, nele tudo que não é ele é despojado; mas o mesmo, pois, que ali é retirado, é <também> acrescentado, para que com isso se dê alteridade[9].

---

6. Eckhart (1958, p. 399,12): *Âne güete enminnet si niht*; p. 522: *Ohne Gutheit liebt sie nichts.* Quint observa na nota 6 que o texto é corrompido. O sentido da frase seria: *nichts, das ohne Gutheit ist, kann die Liebe lieben* (nada que é sem bondade, pode o amor amar).

7. Cf. Tomás de Aquino, *S.Th.* I q. 16 a. 3c.

8. Agostinho, *De Vera religione* c. 36 n. 66.

9. Eckhart (1958, p. 401,7-8): *mêr doch daz selbe, daz dâ abgeleget ist, daz selbe daz ist zuogeleget, in dem daz ez andert*; *aber doch ist dasselbe, das da abgelegt ist, <auch> zugelegt, damit, dass es Anderheit setzt.* Quint observa que aqui o texto está corrompido (Eckhart, 1958, p. 401, nota 4). E diz: "O que Eckhart aqui expõe sobre Deus como '*Um*', no que diz respeito ao conteúdo, concorda com longas explanações do Sermão 21 sobre *Unus Deus et pater omnium*". E acrescenta: "*daz selbe, daz dâ abgeleget ist, daz selbe daz ist zuogeleget*, não diz outra coisa do que a *negatio negationis* e o que Tomás de Aquino diz em *Quodlibet* X q. 1 a. 1 ad 3: 'In ratione multitudinis includitur negatio rei; sed in ratione unius negatio negationis et rei simul. Est enim unum quod non dividitur tali divisione quod sit in eo accipere hoc et non hoc. Et sic unum, in quantum negat affirmationem et negationem simul, est negatio rei et negationis simul'" (Em razão da multiplicidade está incluída a negação da coisa; mas em razão do um, a negação da coisa e da negação, simultaneamente. O um é, pois, o que não é dividido por uma tal divisão que consista em admitir isto e não isto. E assim o um, enquanto nega a afirmação e a negação simultaneamente, é negação da coisa e da negação, simultaneamente). E a respeito de *in dem daz ez andert* (p. 401,8) diz: "Como eu vejo, esse *andert* em Eckhart é um *hapacx legómenon*. É difícil dizer a sua significação e eu o traduzi por '*Anderheit setzt*' (coloca a alteridade). O sentido é este: pelo fato de que, para a determinação do 'Um' deve-se *despojar de tudo que é* outro (*al ander* '*ablegen*'), isto é, negar, através desse '*Ablegen*', ao mesmo tempo se faz justamente uma asserção, aliás, negativa, a saber, coloca o 'Um' numa referência, aliás, negativa para tudo que é outro, que se coloca nesse modo – e isso deve ser justamente a significação do *daz ez andert* – e isso, portanto, através da sua negação (*daz dâ abegeleget ist*) é, pois, de novo, também acrescentado (*zuogeleget*)".

Se, pois, não é nem bondade nem ser, nem verdade nem um, então Ele, o que é? Ele é absolutamente nada, Ele é nem isso nem aquilo. Se tu pensas ainda um algo qualquer que Ele seja, isto Ele não é. Onde pois a alma deve apreender <a> verdade? <A> verdade não se encontra lá, onde ela <a alma> é formada para dentro de uma unidade, na pureza primeira, na impressão da essencialidade[10] pura – a alma não encontra lá <a> verdade? Não, ela não recebe lá nenhuma verdade a apreender; antes, é de lá que vem a verdade, de lá procede a verdade.

São Paulo foi arrebatado para o terceiro céu (2Cor 12,2-3). Quais são esses três céus, reparai! O primeiro é o desprender-se de toda corporalidade, o segundo é o alienar-se de tudo que possui caráter de imagem, o terceiro, um conhecer[11] puro e imediato em Deus. Aqui surge uma questão: Se tivéssemos tocado São Paulo, quando estava arrebatado, ele o teria percebido? Eu digo: "Sim!" Quando ele estava encerrado no castelo da deidade, se a gente o tivesse tocado com a ponta de uma agulha, ele o teria percebido, pois Santo Agostinho afirma no livro *Da alma e do espírito*[12]: "De certo modo, a alma foi criada como a divisória entre o tempo e a eternidade". Com os sentidos inferiores ela cuida no tempo das coisas temporais; mas segundo a força superior ela compreende e percebe atemporalmente coisas eternas. Por isso eu digo: Se alguém tivesse tocado São Paulo com a ponta de uma agulha durante seu arrebatamento, ele o teria percebido, pois sua alma permanecia em seu corpo como a forma em sua matéria. E como o sol ilumina o ar, e o ar, a terra, assim o seu espírito recebeu pura luz de Deus e a alma, do espírito e o corpo, da alma. Assim é manifesto como São Paulo foi arrebatado, e <no entanto> permaneceu também <com sua alma no corpo>. Foi arrebatado segundo o seu ser-espírito, permaneceu segundo o seu ser-alma[13].

---

10. Eckhart (1958, p. 402,5): *wesenlicheit*; p. 522: *Seinsheit*.

11. Eckhart (1958, p. 404,51): *verstân*; p. 522: *Erkennen*.

12. Agostinho, *De spiritu et anima* c. 47.

13. Eckhart (1958, p. 405, 9 e 10): *nâch geistlicheit* [...] *nâch der sêlicheit*; *nach seinem Geist-Sein* [...] *nach seinem Seele-Sein*. Quint observa que *sêlicheit* corresponde ao latim *animalitas* (anima-litas; anima = alma = *psykhé*) (Eckhart, 1958, p. 405, nota 3). Cf. São Boaventura, *Itiner. Ment.* c. 1 n. 4, Opera V, 297; Alcher v. Clairvaux, *De spiritu et anima* c. 38, PL 40,808; cf. um trecho da tradução latina do comentário de Eustratius ao livro *Ética de Nicômaco* de Aristóteles 1099 a 8 (*ton psykhikón* = *animalium* em latim) diz: "Este termo '*animalium*' não é o genitivo do termo 'animal', que em grego se diz *zoón*, mas é o genitivo do adjetivo [...], tirado, não do termo 'animal', mas do termo '*anima*', que em grego é *psykhé* e onde temos '*animalium*', temos em grego *psykhikón*..." (cod. *Vaticanus latinus* 2171 f. 21ra. B. Geyer).

A segunda pergunta é se o conhecimento de São Paulo se deu fora do tempo ou no tempo. Eu digo: Ele conheceu fora do tempo, pois ele não conheceu por meio dos anjos, que foram criados no tempo, mas através de Deus, que era antes do tempo e a quem o tempo jamais tocou.

A terceira pergunta é se ele <Paulo> estava em Deus ou Deus nele. Eu digo: Deus conheceu nele e ele conheceu como não <estando> em Deus. Ouvi atentamente uma comparação: o sol reluz através do copo e tira a água da rosa; isso vem da fineza da matéria do copo e da força geratriz do sol; assim, pois, o sol engendra no copo e não o copo no sol. Inteiramente assim se deu com São Paulo: quando a luz clara do sol da deidade atravessou a sua alma, irrompeu, da lúcida rosa do seu espírito, a torrente de amor da divina contemplação, da qual diz o profeta: "O ímpeto do rio alegra minha cidade" (Sl 46,5), isto é, minha alma. E isso lhe sucedeu em consequência da claridade de sua alma – pela qual o amor urge a partir da força geratriz da deidade[14].

A comunidade com o corpo perturba, de modo que a alma não pode conhecer de maneira tão pura como o anjo; mas à medida que se conhece sem coisas materiais, se é angélico. A alma conhece de fora, Deus <porém> conhece em si mesmo, por si mesmo, Ele é, pois, uma origem[15] de todas as coisas, e, para essa origem, ajude-nos eternamente Deus. Amém.

---

14. Eckhart (1958, p. 407,9): *dâ durch dranc diu minne von berunge der gotheit*; p. 523: *durch die drang die Liebe kraft des Gebärens der Gottheit.*

15. Eckhart (1958, p. 409,2): *ein ursprunc*; p. 523: *ein Urprung.*

Sermão 24

São Paulo diz: "Tomai em vós para dentro", interiorizai-vos "Cristo"[1] (Rm 13,14).

Em[2] saindo de si mesmo, o homem toma em si Cristo, Deus, bem-aventurança e santidade. Se um menino contasse coisas estranhas, a gente nele acreditaria; Paulo, porém, promete grandes coisas, e vós nele mal acreditais. Ele, se de ti te desprendes, te promete Deus, santidade e bem-aventurança. Se é assim, que coisa admirável! O homem deve se desnudar de si; ao desprender-se de si mesmo, toma em si Cristo e santidade e bem-aventurança, e isso é muito grande. O profeta se admira de duas coisas: a primeira é o que Deus opera com as estrelas, com a lua e com o sol. A outra admiração refere-se à alma: que a ela e por causa dela Deus tenha feito e ainda faça tão grandes coisas, pois Ele faz tudo que pode por causa dela. Pela alma Deus faz muitas e grandes coisas, estando inteiramente comprometido com ela, e tudo isso por causa da grandeza na qual ela foi criada (cf. Sl 9,2s.). Como ela foi criada tão grande, isso observai! Eu traço uma letra conforme a imagem-modelo que a letra tem em mim, em minha alma; não, porém, conforme a minha alma. Totalmente assim é com Deus: Deus criou

---

1. Eckhart (1958, p. 414,1): "*întuot iu*", *inniget iu* "*Kristum*"; p. 524: "*Nehmet in euch hinein!*", *verinnerlicht euch* "*Christum*". Também Eckhart (1958, p. 414, nota 1): Eckhart reproduz o latim *induimini* como *întuot iu Kristum*. Portanto o verbo *induere* (vestir, revestir) como *întuon* (interiorizar, tomar para dentro). Essa, segundo Quint, curiosa *pseudoetimologia*, já foi aplicada, por exemplo, no Sermão 10 (cf. p. 161,4, nota 1), em que *inventus* foi traduzido por *inne-vunden*. Quint explica o significado desse "interiorizai-vos 'Cristo'" assim: "Quer se indicar que Cristo não é acrescentado de fora como invólucro, mas tomado para dentro do homem, a ele interiorizado". Eckhart, no sermão latino, *Sermo* LII n. 523 (LW, vol. 4, p. 437,11s) diz: "Portanto, *vesti-vos* não como de fora, exteriormente, mas interior e passivamente. Pois 'induição' quer dizer a partir do que é por dentro". *Induimini* é, pois, aqui entendido como sendo medial. Se entendermos bem o sentido todo próprio da forma medial como uma "interioridade" anterior ao ativo e passivo na dinâmica essencial do ser, então a pseudoetimologia de Eckhart não será tão estranha a nós hodiernos.

2. Eckhart (1958, p. 414,2): *In dem*; p. 524: *Damit dass*.

todas as coisas em geral, segundo a imagem que Ele tem em si de todas as coisas, não, porém, segundo Ele <mesmo>. Algumas, Ele as fez especialmente segundo algo que dele emana, como bondade, sabedoria e outros atributos que de Deus enunciamos. Mas a alma, Ele não a fez só segundo a imagem que nele se encontra, nem segundo o que emana dele e o que dele se diz; Ele a fez, antes, tanto mais, a si mesmo igual, sim, segundo tudo que Ele é, segundo sua natureza, segundo seu ser e sua efluente obra imanente, e segundo o fundo, no qual Ele fica em si mesmo, onde gera seu Filho Unigênito e de onde floresce o Espírito Santo: Deus fez a alma segundo essa obra efluente e imanente.

É natural a todas as coisas[3] que sempre as superiores influam nas inferiores, enquanto as inferiores estão voltadas para as superiores; pois as superiores jamais recebem das inferiores, sendo as inferiores que recebem das superiores. E por Deus estar acima da alma, está sempre a influir na alma e jamais pode dela se retrair. Certamente a alma *dele* pode se afastar; mas enquanto o homem se mantém debaixo de Deus é de imediato puramente recipiente do divino influxo e não está debaixo de nada mais, nem de medo nem de amor, nem de dor nem de qualquer algo, que não seja Deus. E lança-te de todo e perfeitamente debaixo de Deus; pois assim recebes inteira e perfeitamente seu influxo divino. Como recebe a alma, de Deus? De Deus a alma não recebe nada como um algo alheio, não como o ar recebe a luz do sol, a saber, na estranheza. A alma não recebe a Deus como se Ele fosse alheio ou inferior, pois o que está debaixo do outro tem estranheza e distância. Os mestres dizem que a alma recebe como a luz, da luz, pois assim não há nem estranheza nem distância.

É algo na alma[4], no qual Deus é nu, e os mestres[5] dizem que é sem nome, não tem nenhum nome próprio. É e, no entanto, não tem ser próprio, pois não é isso nem aquilo, nem aqui nem lá; pois é o que é em um outro, e aquele é nesse; pois aquilo que é o é naquele, e aquele é nesse, e aquele se influi nesse e esse naquele. E pensa[6] ele <Paulo>: Nisso <nesse algo na alma>, ordenai-vos dispostos a Deus na bem-aventurança! Pois é aqui que

---

3. Eckhart (1958, p. 416,1): *Ez ist als natiurlich umbe alliu dinc*; p. 524: *Es ist bei allen Dingen wie naturgegeben.*

4. Trata-se da "centelha do supremo intelecto" (*aliquid in anima*, das "Fünklein der obersten Vernunft"), cf. Eckhart (1958, p. 417, nota 4). Cf. glossário n. 11 e 15.

5. Eckhart, entre outros, pensa em Avicena. Cf. Eckhart (1958, p. 417, nota 5).

6. Com a sua palavra "*Induimini dominum Jesum Christum*".

a alma toma toda sua vida e seu ser e é daqui que ela sorve sua vida e seu ser; pois isso[7] é todo em Deus, o outro <da alma>, porém, é aqui fora; e assim, a alma é, todo o tempo, seguindo isso, em Deus, a não ser que ela o leve para fora ou o extinga em si[8].

Um mestre[9] diz que isso[10] é tão presente para Deus que jamais poderia virar-lhe as costas, e Deus lhe é todo tempo presente e no interior. Eu digo que nele Deus esteve eternamente sem cessar, e que nele o homem é um com Deus, e isso não pertence à graça, pois a graça é uma criatura, e ali nenhuma criatura tem algo a fazer; pois no fundo do ser divino, onde as três pessoas são *um* ser, ali ela <a alma> é um <com Deus>, seguindo esse fundo. Por isso, se queres, assim são tuas todas as coisas e Deus. Isso significa: sai de ti mesmo e de todas as coisas e de tudo que és em ti mesmo, e toma-te por aquilo que és em Deus.

Os mestres[11] dizem que a natureza humana nada tem a ver com o tempo, é inteiramente intocável e muito mais íntima e próxima ao homem do que ele a si mesmo. Por isso Deus assumiu a natureza humana e uniu-a com sua pessoa. Assim, a natureza humana tornou-se Deus, pois Ele assumiu a pura natureza humana e não um homem. Por isso, se queres ser este mesmo Cristo e ser Deus, sai de tudo que a palavra eterna não assumiu. A palavra eterna não assumiu nenhum ser humano; por isso sai do que há em ti de ser humano e do que *tu* és, e toma-te puro <somente> segundo a natureza humana, pois assim tu és na palavra eterna o mesmo que é nela a natureza humana. Pois a tua natureza humana e a sua não têm diferença: é um[12]; pois o que ela é em Cristo, isto ela é em ti. Por isso eu disse em Paris que no homem justo se realizou o que uma vez a Sagrada Escritura e os profetas disseram <de Cristo>; pois se estás bem, justo nessa retidão[13], então tudo que foi dito no Antigo e no Novo Testamento em ti será realizado.

Como deve ser estares bem, justo na retidão? Isso deve ser entendido duplamente, segundo a palavra do profeta que diz: “Na plenitude do tem-

---

7. *Quid in anima*, algo na alma, isto é, centelha da alma.

8. Eckhart (1958, p. 418, nota 5).

9. Cf. Agostinho, *De Trin.* XIV c. 7 n. 9; c. 14 n. 18.

10. Isso, a saber, no *algo da alma*, isto é, *quid animae*, centelha.

11. Entre outros, Tomás de Aquino, *De ente et essentia* c. 3; *Sent.* III d. 6 q. 1 a. 2.

12. Eckhart (1958, p. 420,11): *enhât keinen underscheit: si ist ein*; p. 525: *haben keinen Unterschied: es ist eine <und dieselbe>.*

13. Eckhart (1958, p. 422,2): *ist dir reht*; p. 525: *bist du recht daran.*

po foi enviado o Filho" (Gl 4,4). Há "plenitude do tempo" de dois modos. Uma coisa é "plena" quando está no seu fim, como o dia é pleno quando está em sua noite. Assim, o tempo é pleno quando o tempo em ti acabou. O segundo é quando o tempo chega à sua meta, isto é, à eternidade; lá todo o tempo termina, pois não há antes nem depois. Assim, tudo que é, o tens presente e novo, e tudo que cada vez aconteceu e acontecerá, o tens numa visão presente. Assim não há antes nem depois, lá tudo é presente; e nessa visão presente mantenho todas as coisas em minha posse. Isso é "a plenitude do tempo", e assim estou bem, justo na retidão, e assim sou, em verdade, o filho único e Cristo.

Que Deus nos ajude a alcançar essa "plenitude do tempo". Amém.

Sermão 25

Moyses orabat dominum deum suum etc.
[Moisés suplicava ao Senhor, seu Deus]
(Ex 32,11)

Eu proferi uma pequena palavra em latim, escrita na epístola que lemos no dia de hoje[1], e que, em nossa língua, significa: "Moisés pediu a Deus, seu Senhor, dizendo: 'Senhor, por que se inflama tua cólera contra o teu povo?'" (Ex 32,11). "Então Deus respondeu-lhe e disse: 'Moisés, deixa-me encolerizar, concede-me isso, permite-me isso, outorga-me isso, consente que me inflame e me vingue no povo!' E Deus prometeu a Moisés e disse: 'Eu quero exaltar-te e tornar-te grande e quero multiplicar tua geração e fazer-te senhor de uma grande nação'" (Ex 32,9s.). Moisés <porém> falou: "Senhor, apaga-me do livro dos viventes ou poupa o povo!" (Ex 32,31s.).

O que ele quis dizer quando falou: "Moisés pediu a Deus, seu *Senhor*"? Em verdade, se Deus deve ser teu senhor, deves então ser seu servo; se, porém, operas tuas obras para o teu próprio uso ou para teu prazer ou para tua bem-aventurança, em verdade, assim não és seu servo; pois não buscas só a glória de Deus, buscas teu próprio benefício. Por que é que ele diz: "Deus, *seu* Senhor"? Se Deus quer que sejas doente, mas tu quererias ser são, se Deus quer que teu amigo morra, mas tu quererias que ele viva, contra a vontade de Deus: em verdade, assim Deus não seria *teu* Deus. Tu amas a Deus e és *então* doente – seja, em nome de Deus! Morre teu amigo, em nome de Deus! Perdes um olho, em nome de Deus! Um tal homem estaria bem, justo na retidão. Se, porém, és doente e pedes a Deus por saúde, assim

1. Segundo Quint, o trecho de Êxodo 32,11, extensa e livremente citado por Eckhart, foi tirado da leitura da terça-feira do Quarto Domingo da Quaresma (Eckhart, 1968, p. 6, nota 1). João 7,16, citado neste sermão, pertence também ao evangelho da liturgia do mesmo dia.

então preferes a saúde a Deus, assim então Ele não é *teu* Deus: Ele é o Deus do reino do céu e do reino da terra; *teu* Deus, porém, Ele não é.

Agora prestai atenção ao que Deus diz: "Moisés, deixa-me encolerizar!" Podeis dizer: Por que Deus se inflama em cólera? – Por nada a não ser pela perda de nossa própria bem-aventurança, e Ele não busca o que é seu; pois é tão doloroso a Deus que ajamos contra nossa bem-aventurança. Nada mais doloroso podia atingir a Deus do que o martírio e a morte de Nosso Senhor Jesus Cristo, seu Filho Unigênito, martírio e morte que Ele sofreu por causa de *nossa bem-aventurança*. E <mais uma vez> atenção ao que Deus diz: "Moisés, deixa-me encolerizar!" Olhai, pois, o que um homem bom pode junto a Deus. Trata-se de uma verdade certa e necessária: quem sempre entrega totalmente sua vontade a Deus, ele pega a Deus e prende a Deus de tal modo que Deus nada pode, a não ser o que o homem quer. A quem sempre desiste de sua vontade, entregando-a totalmente a Deus, a ele Deus devolve a vontade tão inteiramente e em sentido tão próprio que a vontade de Deus se torna própria ao homem, e Deus jurou a si e por si mesmo que nada pode a não ser o que o homem quer; pois Deus jamais se torna o próprio seja de quem for, que primeiro não se tenha tornado o próprio de Deus. Santo Agostinho[2] diz: "Senhor, Tu não te tornas o próprio de ninguém, a não ser que ele se tenha tornado primeiro o teu próprio". Dia e noite, ensurdecemos a Deus gritando: "Senhor, seja feita tua vontade" (Mt 6,10). E se a vontade de Deus se faz, ficamos irados, e isso não é justo, de modo algum. Se a nossa vontade se torna a vontade de Deus, isso é bom; mas se a vontade de Deus se torna a nossa vontade, isso é muito melhor. Se tua vontade se torna a vontade de Deus, e se estás então doente, não quererias certamente estar com boa saúde contra a vontade de Deus, mas, no entanto, bem poderias querer que seja a vontade de Deus estares com boa saúde. E se as coisas não te vão bem, quererias que fosse a vontade de Deus que elas melhorassem. Mas, em vez disso, a vontade de Deus se torna a tua vontade e estás doente, *então*: seja em nome de Deus! Morre teu amigo: em nome de Deus! É uma verdade certa e necessária: se fosse assim que isso implicasse todas as penas do inferno e do purgatório e todas as penas do mundo <inteiro>, o homem justo[3], com a vontade de Deus, quereria sofrer isso eternamente sempre mais na pena do inferno, e o consideraria para

2. Agostinho, *En. Ps.* 145 n. 11.

3. O texto traz *er*, ele.

sempre como a sua bem-aventurança eterna e lançaria a bem-aventurança e toda a perfeição de Nossa Senhora e de todos os santos, doando-as, para dentro da vontade de Deus, e quereria persistir em eterna pena e amargo tormento sem cessar, não podendo desviar-se disso nem sequer por *um único* instante; sim, ele não poderia trazer à mente nem sequer *um único* pensamento de querer um algo qualquer diferente. Quando a vontade se torna um <com a vontade de Deus>, de tal modo que disso se torna um único Um, então o Pai do reino do céu gera em si em mim[4] seu Filho Unigênito. Por que em si em mim? Porque eu sou, sim, um com Ele; Ele não *pode* me excluir, e nessa obra o Espírito Santo recebe seu ser e seu devir tanto de mim quanto de Deus! Por quê? Porque estou em Deus. Se Ele <o Espírito Santo> não o receber de *mim*, também não o recebe de Deus; Ele não *pode* me excluir de modo algum. A vontade de Moisés havia se tornado tão inteiramente a vontade de Deus que preferia a glória de Deus no povo do que a sua própria bem-aventurança.

"Deus fez uma promessa a Moisés", este, porém, não a considerou; sim, se Ele lhe tivesse prometido toda sua deidade, Moisés não lhe teria permitido <que ele se irasse>. Antes, Moisés pediu a Deus dizendo: "Senhor apaga-me do livro dos viventes" (Ex 32,32). Os mestres[5] colocam a questão: Amava Moisés mais o povo do que a si mesmo? E dizem: Não! Pois Moisés sabia muito bem que se buscasse a glória de Deus no povo, seria mais próximo de Deus do que se tivesse abandonado a glória de Deus no povo e buscado sua própria bem-aventurança. Um homem bom deve ser assim, de tal modo que em todas as suas obras não busca o que é seu, mas unicamente a glória de Deus. Enquanto, de algum modo em tuas obras, <ainda> és voltado mais a ti mesmo ou a uma pessoa mais do que a outra, a vontade de Deus ainda não se tornou bem a tua vontade.

Nosso Senhor diz no Evangelho: "Meu ensinamento não é meu ensinamento, mas daquele que me enviou" (Jo 7,16). Desse mesmo modo deve portar-se um homem bom: "A minha obra não é *minha* obra, minha vida não é *minha* vida". E se é assim que me comporto, então toda a perfeição e toda a bem-aventurança que possui São Pedro, e o fato de São Paulo ter estendido sua cabeça, e toda a bem-aventurança que eles com isso alcança-

---

4. Eckhart (1968, p. 11,2): *in sich in mich*; p. 640: *in sich <zugleich> in mich*. Cf. Eckhart (1968, p. 11, nota 3), onde se interpreta: "*Wenn der menschliche Wille dem göttlichen vereint ist, gebiert Gott seinen Sohn in mich, (indem er ihn) in sich (gebiert)*".

5. Entre outros, Tomás de Aquino, *S.Th.* IIa IIae q. 26 a. 4.

ram, tudo isso me faz feliz, tanto a mim quanto a eles; e eu quero disso participar, como se eu mesmo tivesse operado as obras. Ainda mais: todas as obras que todos os santos e todos os anjos já realizaram, e mesmo aquelas que Maria, a mãe de Deus, uma vez realizou, por elas quero receber alegria eterna como se eu mesmo as tivesse realizado.

Digo ainda: Humanidade e homem são duas coisas diferentes. A humanidade, em si mesma, é tão nobre que o que há de mais elevado na humanidade tem igualdade com os anjos e consanguinidade com a deidade. Ganhar a maior unidade que Cristo possui com o Pai me seria possível se pudesse depor o que é disto e daquilo e pudesse captar-me como humanidade. Tudo o que Deus deu a seu Filho Unigênito, desde sempre, isso Ele me deu, a mim, tão completamente como a Ele e não menos; sim, a mim, Ele o deu numa medida mais elevada: Ele deu à minha humanidade em Cristo mais do que a Ele <próprio>. É que Ele não o *deu*, pois o deu a mim e não a Ele. É que a Ele não o *deu*, porque o *possuía* no Pai, desde a eternidade. Se eu te bato, bato antes num Burkhard ou num Heinrich e só depois bato no homem. Assim, porém, não fez Deus; Ele assumiu como primeiro a humanidade. Quem é um homem? Um homem que tem o seu nome próprio segundo Jesus Cristo. Por isso, pois, diz Nosso Senhor no Evangelho[6]: "Quem toca num desses aqui, toca-*me* no meu olho" (Zc 2,12).

Agora vou repetir: "Moisés *pediu* a Deus, seu Senhor". Muitas pessoas pedem a Deus por tudo o que Ele pode efetuar, mas não querem dar a Deus tudo o que *elas* podem efetuar; querem partilhar com Deus, e querem dar-lhe o que é de mínimo valor e <só> um pouquinho. Mas a primeira coisa que Deus dá, cada vez, é a si mesmo. E quando tens a Deus, tens todas as coisas de acréscimo a Deus. Tenho dito de vez em quando: Quem possui a Deus e de acréscimo todas as coisas não tem mais do que quem tem só Deus. Digo ainda: Na eternidade, mil anjos não são mais numerosos do que dois ou um, pois na eternidade não há número: ela é além de todo número.

---

6. Esse texto, citado como sendo do Evangelho, é de Zacarias 2,12. Segundo Quint, Eckhart pode ter sido levado a esse erro de citação por uma referência ao Evangelho pretensamente implícita no texto de Zacarias (Eckhart, 1968, p. 16, nota 2). Quint lembra que, por exemplo, Santo Alberto Magno, *In XII prophetas minores*, remete Zacarias 2,8 (2,12?) ao Evangelho de Mateus 5,14: "Vós sois a luz do mundo". Não poderíamos dizer que Eckhart viu, nessa frase existente em Zacarias, o texto do Evangelho de Mateus 25,40: "Cada vez que o fizestes a um desses meus irmãos mais pequeninos, a mim o fizestes?" Isto é, quem toca num desses aqui, toca-me no meu olho, isto é, na pupila dos meus olhos, a saber, no que há de mais precioso em mim.

"*Moisés* pediu a Deus, seu Senhor." "Moisés" significa[7]: aquele que foi levantado da água. Agora volto a falar da vontade. Se alguém doasse cem marcos de ouro por causa de Deus, isso seria um grande feito e pareceria ser algo importante. Eu, porém, digo: Se tenho uma tal *vontade* – supondo-se que eu possuísse cem marcos para poder doá-los – e se essa minha é vontade de novo toda e inteira[8], na verdade, então eu <com isso, já> paguei a Deus <realmente>, e Ele deve recompensar-me como se eu lhe tivesse pagado cem marcos. E digo ainda mais: Caso possuísse um mundo inteiro e tivesse a vontade de doá-lo a Deus, então eu *teria* pagado a Deus com um mundo inteiro e Ele deveria recompensar-me como se eu lhe tivesse pagado um mundo inteiro. Sim, e digo que se acontecer, sem minha vontade, que mate o papa com golpes de minhas próprias mãos, nem por isso eu quereria deixar de subir ao altar e de celebrar a missa. E digo que a humanidade no homem mais pobre e mais desprezado é tão perfeita quanto no papa ou no imperador; pois a humanidade em si mesma me é mais cara do que o homem que carrego em mim.

Que assim igualmente sejamos unidos com Deus; a isso nos ajude a verdade, da qual tenho falado! Amém.

---

7. Cf. Isidoro de Sevilha, *Etymologiae* VII c. 6 n. 46 (ed. Lindsay I).

8. Eckhart (1968, p. 17,4): *ist eht der wille ganz, in der wârheit, sô*; p. 641: *ist dieser mein Wille nur vollkommen, so.*

Sermão 26

Mulier, venit hora et nunc est, quando veri adoratores adorabunt patrem in spiritu et veritate
[Mas vem a hora, e já chegou, em que os verdadeiros adoradores adorarão o Pai em espírito e verdade]
(Jo 4,23)

Isso está escrito no Evangelho de São João[1]. Da longa narrativa, tomo <apenas> uma pequena palavra. Nosso Senhor falou: "Mulher, virá o tempo e é agora em que os verdadeiros adoradores adoram o Pai no espírito e na verdade, e são bem esses que o Pai busca" (Jo 4,23).

Prestai, pois, atenção à primeira palavra, porque Ele diz: "Virá o tempo e é agora". Quem quer adorar o Pai deve transferir-se, com seu desejo e com sua confiança, para a eternidade. A alma possui uma parte superior, que se acha acima do tempo, nada sabendo do tempo nem do corpo. Tudo que ocorreu outrora, há mil anos, o dia que foi há mil anos, não é na eternidade mais distante do que o instante, esse ponto do tempo, em que eu agora me encontro, nem <também> o dia que há de vir daqui a mil anos ou o dia mais distante que se possa calcular; na eternidade, tudo é tão distante como este instante onde agora me encontro.

Então diz a seguir que "os verdadeiros adoradores adorarão o Pai no espírito e na verdade". O que é a verdade? A verdade é tão nobre que se Deus pudesse afastar-se da verdade, eu haveria de querer aderir à verdade e abandonar a Deus; pois Deus é a verdade, e tudo que é no tempo ou tudo que Deus desde sempre criou não é a verdade.

Ele afirma em seguida: "Eles adorarão o Pai". Ai! Quantos são os que adoram um sapato, uma vaca ou qualquer outra criatura, quantos se preocupam com isso, e são gente bem tola. Rezar a Deus por causa das criaturas é pedir pela própria ruína. Pois enquanto *criatura*, a criatura carrega em si amargura, ruína, mal e desajuste. E assim é justo que essas pessoas tenham desajuste e amargor. Por quê? Pediram por isso!

---

1. Evangelho da sexta-feira depois do Terceiro Domingo da Quaresma.

Já disse muitas vezes: Quem procura a Deus e procura mais alguma coisa que se acrescente a Deus não encontra a Deus; mas quem busca realmente *só a Deus* encontra a Deus e jamais o encontra sozinho; pois tudo que Deus pode oferecer, ele o encontra <junto> com Deus. Se buscas a Deus e o buscas para o teu próprio uso ou por causa de tua própria bem-aventurança, então não procuras na verdade a Deus. Por isso ele diz que os que verdadeiramente adoram, adoram o *Pai*, e a sua fala é conveniente. Se perguntas a um bom homem[2]: "Por que buscas a Deus?", ele responde: "Porque Ele é Deus"; se perguntas "por que buscas a verdade?", ele dirá "porque ela é a verdade"; e ainda "por que buscas a justiça?", sua resposta será "porque ela é a justiça". Tais homens estão bem, justos no que convém. Todas as coisas que são no tempo têm um porquê. Quem pergunta a um homem, por exemplo, "por que comes?", obtém como resposta: "Para ter força"; "por que dormes?" – "Para o mesmo fim", e assim é com todas as coisas que são no tempo. Quem, porém, perguntasse a um bom homem "por que amas a Deus?", ouviria: "Não sei – por e para Deus"; e "por que amas a verdade?" – "Por e para a verdade"; "por que amas a justiça?" – "Por e para a justiça"; "por que amas a bondade?" – "Por e para a bondade"; e ainda quem perguntasse "por que vives?", receberia como resposta: "Juro que[3] não sei, gosto de viver".

Um mestre diz: Quem *uma vez* é tocado pela verdade, pela justiça e pela bondade[4], delas nunca mais, nem por um instante, poderia se afastar, mesmo que isso implicasse todas as penas do inferno. E diz ainda: Quando um homem é tocado por essas três – pela verdade, pela justiça e pela bondade –, para ele é tão impossível delas afastar-se como é impossível a Deus afastar-se de sua deidade.

Um mestre diz que o bem possui três ramos. O primeiro ramo é a utilidade, o segundo, o prazer, e o terceiro, a honestidade[5]. Por isso diz o Senhor: "Eles adorarão o Pai". Por que diz "o Pai"? Se buscas o Pai, isto é, só a Deus, com Ele encontras, de imediato, tudo que Ele pode oferecer.

---

2. Eckhart (1968, p. 26,8): *Ein guot mensche, der zé dem spraeche*; p. 642: *Wer zu einem guten Menschen spräche.*

3. *Triuwen, traun = Treue* (?). Interjeição. Ela parece apelar que é fiel, que é verdadeiro. Cf. Mitzka (1956, p. 97).

4. Verdade, justiça e bondade pertencem a *perfectiones generales* ou a *termini spirituales*; cf. Eckhart (1968, p. 28, nota 1).

5. Cf. Aristóteles, *Eth. Nic.* II c. 3 (B c. 2 1104 b 30-31); cf. Tomás de Aquino, *S.Th.* I q. 5 a. b.: *Utrum convenienter dividatur bonum per honestum, utile et delectabile* (se é conveniente dividir o bem em honesto, útil e agradável).

Uma verdade segura e necessária, uma verdade documentada por escrito, mesmo não sendo escrita, seria igualmente tão verdadeira. É que se Deus tivesse ainda mais, Ele não poderia escondê-lo de ti, teria que revelá-lo e doá-lo a ti. Como já disse muitas vezes que Ele o doaria a ti e isso Ele o faria no modo de um nascimento.

Os mestres[6] dizem que a alma tem duas faces: a face superior contempla todo o tempo a Deus e a face inferior olha um tanto para baixo e dirige os sentidos; a face superior, que é a mais elevada da alma, está na eternidade, nada tendo a ver com o tempo, nada sabendo do tempo nem do corpo. Já disse muitas vezes que nessa face jaz encoberto algo como uma fonte-origem de todo o bem, algo como uma luz brilhante, que resplandece todo o tempo, algo como uma brasa incandescente sempre a arder. Essa brasa não é outra coisa do que o Espírito Santo.

Os mestres[7] dizem que da parte suprema[8] da alma emanam duas forças. Uma chama-se *vontade*, a outra *intelecto*. E a perfeição[9] dessas forças está na suprema força, que ali se chama *intelecto*[10]; o intelecto jamais pode alcançar repouso. Ele não anela a Deus enquanto este é o Espírito Santo e <também não> enquanto é o Filho: ele foge do Filho. Também não quer a Deus enquanto é Deus. Por quê? Porque Ele <como tal, ainda> tem um nome. E se existissem mil deuses, o intelecto irrompe, sempre adiante, abrindo caminho através deles, querendo-o lá, onde Ele *não* tem nome: quer algo mais nobre, algo melhor do que Deus, melhor do que este enquanto <ainda> tem nome. Mas o que quer o intelecto? Ele não sabe: ele o quer como Ele é *Pai*. Por isso diz São Filipe: "Senhor, mostra-nos o Pai e isso nos basta" (Jo 14,8). Ele o quer como chão, de onde jorra como fonte

---

6. Agostinho e Avicena; cf. Eckhart (1968, p. 30, nota 1).

7. Segundo Quint, os mestres aqui são os tomistas em contraposição aos escotistas (Eckhart, 1968, p. 31, nota 2).

8. Essa parte *suprema*, e não simplesmente *superior*, é o ápice, o vértice, o cume da alma, o altíssimo da alma que está na eternidade e não tem nada a ver com o tempo e nada sabe do tempo nem do corpo. Trata-se da *centelha da alma*, *algo na alma*, a *ratio superior* (cf. Eckhart, 1968, vol. 2, p. 24, nota 2). Cf. glossário n. 11, 12 e 15, nota 18.

9. Eckhart (1968, p. 31,2-3): *der krefte volkomenheit liegt an der obersten Kraft, diu dâ heizet vernünfticheit*; p. 643: *Die höchste Vollendung dieser Kräfte <aber> liegt in der obersten Kraft, die da Vernunft heisst.*

10. Portanto, *intelecto* aqui deve ser lido com plena precisão, não simplesmente identificado com o *intelecto*, quando se disse: Uma chama-se *vontade*, a outra, *intelecto*. Pois, *intelecto* aqui ("que ali se chama intelecto") é a mais alta realização dessas forças, que está na suprema força, que "ali se chama intelecto". Isto significa que aqui *intelecto* deve ser entendido como *centelha da alma*.

a bondade; ele o quer como germe, do qual emana a bondade; ele o quer como raiz, uma veia, na qual surge a bondade, e só lá Ele é *Pai*.

Nosso Senhor nos diz: "Ninguém conhece o Pai senão o Filho e ninguém conhece o Filho senão o Pai" (Mt 11,27). Em verdade, se queremos conhecer o Pai, devemos ser Filho. Pronunciei certa vez três pequenas palavras; mastigai-as como três nozes-moscadas picantes e depois bebei. São elas: se queremos ser filho, devemos ter um pai, pois ninguém pode dizer que é filho se não tiver um pai, e ninguém é pai se não tiver um filho. Se o pai está morto, diz-se, então: "Ele *era* meu pai". Se o filho está morto, diz-se: "Ele *era* meu filho", pois a vida do filho depende do pai e a vida do pai depende do filho. Por isso ninguém pode dizer "eu sou filho" se não tiver um pai. É, porém, verdadeiramente filho, *o* homem que opera todas as suas obras por amor. Em segundo lugar, o que antes de tudo faz do homem filho é a igualdade. Ele é doente? Que ele o seja de tão boa vontade como se fosse saudável, e ser saudável como ser doente. Morre o seu amigo? – seja em nome de Deus! Um olho lhe foi arrancado? – em nome de Deus! O que, em terceiro lugar, um filho deve ter é que ele jamais pode inclinar a sua cabeça a nenhuma outra coisa a não ser unicamente ao pai. Ó, como é nobre aquela força que reina altaneira sobre o tempo e é sem lugar! Pois, em reinando altaneira sobre o tempo, ela mantém contido dentro de si *todo* o tempo e é ela *todo* o tempo. Com o pouco que alguém, no entanto, possuísse do que é elevado sobre o tempo, ele ficaria bem rico, pois o que se encontra além do mar não é mais distante dessa força do que aquilo que está agora presente.

E por isso ele diz: "São bem esses que também o Pai busca" (Jo 4,23). Vede, assim Deus nos anima com todo carinho, assim Ele nos intima, não podendo esperar que a alma se volte e se desprenda da criatura. Uma verdade segura e necessária é que Deus tem *tanta* precisão de nos buscar, como se toda sua deidade dependesse disso – e acaba também dependendo. Deus carece tanto de nós quanto nós dele carecemos. E mesmo que pudéssemos nos afastar de Deus, Ele jamais poderia desviar-se de nós. Eu digo: Não quero pedir a Deus que Ele me dê; eu não quero também louvá-lo porque Ele me tem dado. Quero, antes, muito mais, suplicar-lhe que me faça digno de receber e quero louvá-lo por ser Ele *da* natureza e *da* essência que o *obriga* a dar. Quem, porém, quisesse roubar isso a Deus, roubar-lhe-ia seu próprio ser e sua própria vida.

Que nós, desse modo, nos tornemos verdadeiramente filhos; a isso nos ajude a verdade, da qual tenho falado. Amém.

Sermão 27

Hoc est praeceptum meum ut diligatis invicem, sicut dilexi vos [O meu preceito é este: amai-vos uns aos outros, como eu vos amei] (Jo 15,12)

Pronunciei, em latim, três pequenas palavras que estão escritas no Evangelho. A primeira refere-se a quando Nosso Senhor disse: "Este é meu mandamento, que vos ameis uns aos outros como eu vos amei" (Jo 15,12). Na segunda, Ele diz: "Eu vos chamei meus amigos, pois tudo que tenho ouvido, desde sempre, do meu Pai, isso vos tenho revelado" (Jo 15,15). E na terceira: "Eu vos escolhi para irdes e produzirdes fruto e que o fruto permaneça em vós"[1] (Jo 15,16).

Prestai atenção à primeira pequena palavra em que Ele diz: "Este é o meu mandamento". Sobre isso, quero dizer-vos uma pequena palavra para que ela "permaneça em vós". "Este é o meu mandamento, que ameis." O que Ele quer dizer com isso quando fala: "Para que ameis"? Ele quer dizer: O amor é tão puro, tão despido, tão desprendido, em si mesmo, que os melhores mestres[2] dizem que o amor, com o qual amamos, é o Espírito Santo. Já houve quem quisesse refutar essa afirmação. Mas isto é sempre verdadeiro: em todo movimento pelo qual somos movidos para o amor, nada nos move a não ser o Espírito Santo[3]. O amor, no mais puro e mais desprendido, o amor em si mesmo nada mais é do que o próprio Deus. Os mestres[4] dizem: A meta do amor, a meta para a qual o amor opera todas

1. Segundo Quint, os três textos citados são do Evangelho de João 15,12-16 (Eckhart, 1968, p. 40, nota 1). Esse texto do Evangelho está no gradual da missa da Festa do Apóstolo Tiago Maior, aos 25 de julho, como texto do Evangelho no Comum dos Apóstolos do antigo missal dominicano.

2. Cf. Pedro Lombardo, *Sent.* I d. 17 c. 1 n. 143; Tomás de Aquino, *S.Th.* II q. 23 a. 2.

3. Cf. Pedro Lombardo, *Sent.* I d. 17 c. 6 n. 155.

4. Cf. Tomás de Aquino, *S.Th.* I II q. 27 a. 1.

as suas obras é a bondade e a bondade é Deus. Assim como meu olho não pode falar nem minha língua é capaz de reconhecer as cores, também o amor não pode inclinar-se para algo que não seja a bondade, que não seja Deus.

Agora prestai atenção! Por que ele leva tão a sério que amemos? Ele quer dizer: o amor com o qual amamos deve ser tão puro, tão despido e tão desprendido a ponto de não estar inclinado nem para mim, nem para meu amigo, nem <para qualquer coisa>, ao seu lado. Os mestres[5] dizem que a nenhuma boa obra se pode chamar de boa obra e a nenhuma virtude, de virtude, se elas não se dão no amor. A virtude é tão nobre, tão desprendida, tão pura, tão despida em si mesma, que não conhece nada melhor do que ela e Deus.

E Ele <Nosso Senhor> diz: "Este é o meu mandamento". Se alguém me impõe o que me faz bem, o que me é útil, e se é onde mora a minha felicidade, isso me é extremamente amável. Se tenho sede, a bebida se me impõe; se tenho fome, a comida se me impõe. E assim também faz Deus, sim, <me impõe> o que me faz tão bem, <me impõe> o que todo esse mundo não me pode oferecer um igual. E quem saboreou <seja apenas> *uma vez* essa doçura não pode, em verdade, afastar-se, com o seu amor, da bondade e de Deus, assim como Deus não pode afastar-se de sua deidade; sim, é-lhe até mais fácil sair de si mesmo e de toda sua bem-aventurança e <então> permanecer com seu amor junto à bondade e junto a Deus.

E Ele <Nosso Senhor> diz: "Amai uns aos outros". Oh, essa seria uma vida nobre, essa seria uma vida feliz! Não seria uma vida nobre, se cada um estivesse voltado para a paz de seu próximo como para a sua própria paz e se seu amor fosse tão limpo e puro, e tão desprendido em si mesmo, que não visasse a não ser à bondade e Deus? Se a gente pergunta a um bom homem: "Por que amas a bondade?", ele responde: "Por e para a bondade"; "Por que amas a Deus?" "Por e para Deus". E se teu amor é assim tão puro, tão despendido e tão limpo em si mesmo, que não amas a não ser a bondade e a Deus, então é uma verdade segura que todas as virtudes já praticadas por todas as pessoas te pertencem de modo tão pleno como se tu mesmo as tivesses praticado, e até de modo mais puro e melhor. Pois, o ser papa do papa acarreta-*lhe* muitas vezes grande trabalho; sua virtude, <porém> *tu* a possuis de modo mais puro e mais incondicional e com repouso, e ela per-

5. Cf. Tomás de Aquino, *S.Th.* I II q. 65 a. 2.

tence mais a ti do que a ele, se teu amor é tão puro e tão limpo em si mesmo que nada tens em mira nem amas nada a não ser a bondade e a Deus.

E Ele <Nosso Senhor> diz: "*Como* eu vos amei". *Como* Deus nos amou? Amou-nos quando nós <ainda> não éramos e quando éramos seus inimigos. Deus carece tanto de nossa amizade que não pode esperar que lhe façamos pedidos; Ele vem ao nosso encontro e nos pede que sejamos seus amigos, pois de nós Ele deseja que queiramos que Ele queira nos perdoar. É por isso que Nosso Senhor diz devidamente: "É meu desejo que peçais por aqueles que vos infligem sofrimento" <Lc 6,28>. Devemos levar bem a sério esse pedir por aqueles que nos infligem sofrimento. Por quê? – Para que levemos à plenitude a vontade de Deus, não devemos esperar que *nos* peçam; deveríamos <antes, muito mais> dizer: "Amigo, perdoa-me por ter te perturbado". E assim de igual modo deveríamos levar bem a sério nossa busca de virtude: quanto maior nosso esforço, tanto maior deveria ser nossa busca e nossa seriedade na busca pela virtude. Assim, deve ser um o teu amor, pois o amor não quer estar em nenhum lugar a não ser ali onde é igualdade e é Um[6]. Entre um senhor e um escravo não há paz, pois aí não existe igualdade[7]. Uma mulher e um homem são desiguais; no amor, porém, eles são totalmente iguais. Por isso a Escritura diz muito bem[8] que Deus fez a mulher de uma costela, tirando-a do lado do homem <cf. Gn 2,22>, e não da cabeça ou dos pés. E onde há dois, aí há deficiência. Por quê? – Porque um *não* é o outro. Esse "não" que cria a diferença não é outra coisa do que amargura, justamente porque aí não há paz. Quando seguro uma maçã em minhas mãos, ela delicia meus olhos; à boca, porém, a sua doçura é apenas mostrada. Se, no entanto, como a maçã, meus olhos se veem roubados do prazer que nela encontravam. Assim, dois não podem coexistir mutuamente, pois um deles *deve* perder seu ser.

Por isso, Ele <Nosso Senhor> diz: "Amai uns aos outros!", a saber: *uns nos outros*. Sobre isso nos fala muito a Escritura e com muita beleza. São João diz: "Deus é o amor, e quem está no amor está em Deus e Deus nele" <1Jo 4,16>. Em verdade, ele fala muito bem! <Pois> se Deus fosse em mim, mas eu não fosse em Deus, ou se eu fosse em Deus, e Deus não fosse em mim, tudo seria dividido. Mas se Deus é em mim e eu sou em Deus, en-

---

6. Eckhart (1968, p. 47,7): *glîcheit ist und ein ist*; p. 646: *Gleicheit und Einheit ist.*

7. Cf. Aristóteles, *Eth. Nic.* VIII c. 13 [teta c. 13 1161 b 3s].

8. Eckhart (1968, p. 48,2; 49,5): *gar wol*; p. 646-647: *gar recht.*

tão eu não sou mais miserável, nem Deus mais sublime. E vós poderíeis então dizer: "Senhor, dizes que devo amar; eu, porém não *posso* amar". Sobre isso, Nosso Senhor se pronuncia muito bem, ao dizer a São Pedro: "Pedro, tu me amas?" – "Senhor, bem sabes que te amo" <Jo 21,15>. Se me concedeste amar, Senhor, então eu te amo, se não me concedeste amar, então não te amo.

Agora prestai atenção à segunda palavrinha, que diz: "Eu vos chamei meus amigos, pois tudo que tenho ouvido, desde sempre, do meu Pai, vos tenho revelado" (Jo 15,15). Prestai atenção ao que Ele diz: "Eu vos chamei meus amigos". Na igual origem, onde surge o Filho, onde o Pai expressa sua palavra eterna e do igual coração, brota também e eflui o Espírito Santo. E se o Espírito Santo não tivesse efluído do Filho[9], não se teria conhecido então nenhuma diferença entre o Filho e o Espírito Santo. No sermão que fiz no Dia da Santíssima Trindade apresentei-vos uma palavra em latim que diz[10]: O Pai deu ao seu Filho Unigênito tudo que Ele pode oferecer – toda sua deidade, toda sua bem-aventurança –, não guardando nada para si. Surgiu então uma pergunta: Será que Ele lhe deu também sua propriedade? E eu respondi: Sim, pois a propriedade do Pai, a de gerar, não é senão Deus; eu, porém, disse que Ele nada guardou para si mesmo. Em verdade, Ele pronunciou a raiz da deidade plenamente em seu Filho. Por isso diz São Filipe: "Senhor, mostra-nos o Pai e isto nos basta!" (Jo 14,8). Uma árvore que traz fruto lança de si seu fruto <para fora>. Quem me dá um fruto, nem por isso me dá a árvore. Quem, porém, me dá a árvore *e* a raiz *e* o fruto, dá muito mais.

E Ele <Nosso Senhor> diz: "Eu vos chamei meus amigos". Em verdade, no igual nascimento, em que o Pai gera seu Filho Unigênito e que lhe dá a raiz e toda sua deidade, e toda sua bem-aventurança, sem reter nada para si mesmo, nesse mesmo nascimento Ele nos chama amigos. Embora tu não escutes nem compreendas essa fala, há uma força na alma – sobre a qual falei recentemente ao pregar aqui – que é de todo desprendida e pura em si mesma e estritamente aparentada com a natureza divina: é *nessa* força que se fala e *compreende*[11]. Assim ele fala também muito bem: "Por isso, tudo o que eu tenho ouvido, do meu Pai, vos tenho revelado" (Jo 15,15).

---

9. Cf. Tomás de Aquino, *S.Th.* I q. 36 a. 2: *Utrum spiritus sanctus procedat a filio* (se o Espírito Santo procede do Filho).

10. Cf. *Sermo* II de LW 4, p. 5.

11. Dizem Jarczyk e Labarrière: "Que o homem seja reconhecido como amigo, não é de menor alcance ontológico do que a relação segundo a qual Deus e sua nascença eterna se dão ao Filho, sem nada reter para si mesmo" (Eckhart, 1998, p. 247, nota *).

E agora Ele fala: "O que eu tenho *ouvido*". O falar do Pai é seu gerar, o *ouvir* do Filho é o seu ser gerado. Então Ele fala: "*Tudo* o que eu tenho ouvido de meu Pai". Sim, tudo que Ele tem ouvido de seu Pai desde a eternidade, isso Ele nos revelou e disso nada nos escondeu. Eu digo: Se Ele tivesse ouvido mil vezes mais, Ele também o teria revelado sem nada nos esconder. Assim também não devemos esconder nada de Deus; devemos revelar-lhe tudo que podemos oferecer. Pois se guardasses algo para ti mesmo, perderias o mesmo tanto de sua bem-aventurança eterna, pois *Deus* não *nos* escondeu *nada* do que é seu. Para algumas pessoas, isso parece uma fala muito difícil. Mas por isso não deve desesperar ninguém. Quanto mais te entregas a Deus, tanto mais Deus se doa a si mesmo para ti; quanto mais sais de ti mesmo, tanto maior é tua bem-aventurança eterna. Recentemente, quando rezava o meu *Pai-nosso,* a oração que o próprio Deus nos ensinou, veio-me o pensamento: Quando falamos "venha a nós o vosso Reino, seja feita a vossa vontade!" <Mt 6,10>, pedimos com isso, insistentemente, que Deus nos retire de nós mesmos.

Hoje não quero falar sobre a terceira palavrinha. Ela diz: "Eu vos escolhi, vos posicionei, vos instalei, vos estatuí[12], para irdes e produzirdes fruto e para que o fruto permaneça em vós" <Jo 15,16>. Esse fruto, porém, ninguém conhece a não ser somente Deus.

E que nós alcancemos esse fruto, a isso nos ajude a eterna verdade, da qual tenho falado. Amém.

12. Cf. Eckhart (1968, p. 55, nota 2). Segundo Quint, esses três verbos são traduções variantes do verbo *ponere*. Esses sinônimos, que não se acham no Evangelho, vêm provavelmente do acréscimo feito pelos copistas.

Sermão 28
Ego elegi vos de mundo
[Eu vos escolhi]
(Jo 15,16)

Essas palavras, que vos disse em latim, leem-se hoje no santo evangelho da festa de um santo chamado Barnabé[1]. Segundo as Escrituras, Barnabé foi um apóstolo. Nosso Senhor diz: "Eu vos elegi, eu vos escolhi dentre todo o mundo, eu vos selecionei dentre todo o mundo e entre todos os seres criados, para irdes e produzirdes muitos frutos e que vosso fruto permaneça" (Jo 15,16), pois é muito reconfortante quando algo produz frutos e quando o fruto permanece. O fruto <porém> permanece para aquele que permanece e mora no amor. Ao final desse evangelho, Nosso Senhor diz: "Amai-vos uns aos outros como eternamente eu vos amei; e como meu Pai eternamente me amou, assim eu vos amei. Guardai os meus mandamentos, assim permaneceis no meu amor" (Jo 15,12.9-10).

Todos os mandamentos de Deus vêm do amor e da bondade de sua natureza; pois se não viessem do amor, não poderiam ser mandamentos de Deus; o mandamento de Deus, pois, é sim a bondade de sua natureza, e sua natureza é sua bondade em seu mandamento. Quem, pois, mora na bondade de sua natureza mora no amor de Deus; o amor, porém, é sem porquê. Se eu tivesse um amigo e o amasse porque dele me sucede o bem e minha plena vontade[2], eu assim não amaria meu amigo, mas a mim mesmo. Devo amar meu amigo por e para seu próprio bem e por e para suas próprias vir-

1. Segundo Quint, a Festa do Apóstolo Barnabé, o companheiro de São Paulo nas suas viagens, é dia 11 de junho (Eckhart, 1968, p. 58, nota 1). Segundo o missal de hoje, o texto do evangelho desse dia é Mateus 10,16-22. Segundo o missal dominicano da Idade Média, o texto do Evangelho da Festa de São Barnabé era do Comum dos Apóstolos, João 15,12-16.

2. Jarczyk e Labarrière dão uma nota explicativa, dizendo: "Isto é, tudo o que eu quero" (Eckhart, 1998, p. 250). Talvez *plenitude da minha vontade*? Ou *a minha vontade realizada*?

tudes, e por e para tudo aquilo que ele é nele mesmo: <só> então amo meu amigo com retidão, quando eu o amo assim como foi dito há bem pouco. Totalmente assim se dá com o homem que está no amor de Deus, que não procura nada do que é seu nem em Deus, nem em si mesmo, nem em quaisquer coisas, amando só a Deus por e para sua bondade e a bondade de sua natureza, e por e para tudo aquilo que Ele é em si mesmo; e *isto* é justo amor. Amor às virtudes é uma flor e um adorno, mãe de todas as virtudes e de toda a perfeição e de toda a bem-aventurança[3], pois Ele é Deus, visto que Deus é fruto das virtudes; Deus fecunda todas as virtudes e é um fruto das virtudes, e *esse* fruto *permanece* ao homem. Um homem que trabalhasse por e para um fruto seria muito feliz se o fruto lhe permanecesse. E se um homem possuísse um vinhedo ou um campo e o confiasse a seu servo para cultivá-lo, a fim de que o fruto permaneça, e se ele também desse ao servo todo o necessário para o cultivo, seria para o servo uma grande alegria que o fruto lhe permanecesse confiado, sem nenhuma despesa própria. Assim também é uma grande felicidade para o homem que mora no fruto das virtudes, pois ele não tem nenhum enfado nem confusão, visto que deixou a si mesmo e todas as coisas.

Fala Nosso Senhor: "A quem abandona alguma coisa por e para mim ou por e para meu nome, quero dar em retorno cem vezes mais e de acréscimo a vida eterna" (Mt 19,29). Se tu, porém, te doas por causa desse cem vezes mais ou por causa da vida eterna, então, na verdade, não abandonaste *nada*; sim, se te doas por causa da recompensa multiplicada mil vezes mais, então não abandonaste *nada*: deves abandonar a ti mesmo, e quiçá plenamente, assim então terás abandonado retamente. Não faz muito tempo, veio a mim, uma vez, um homem e me disse que havia doado uma grande quantidade em propriedade, em posse, para salvar sua alma. Pensei então comigo: Quão pouco e coisa insignificante deixaste! É uma cegueira e uma loucura estares todo o tempo, de algum modo, ainda a olhar para o que abandonaste. <Mas> se abandonaste a ti mesmo, então abandonas <realmente>. O homem que abandonou a si mesmo é tão puro que o mundo não pode suportá-lo.

---

3. Cf. Tomás de Aquino, *S.Th.* I II q. 62 a. 4.

Eu disse aqui, certa vez – não faz muito tempo: Quem ama a justiça, dele se apodera a justiça e ele é posse da justiça[4], e ele é a justiça. Um dia escrevi em meu livro[5]: O homem justo não *serve* nem a Deus nem às criaturas, pois ele é livre; e quanto mais próximo da justiça, tanto mais é ele a *própria* liberdade e tanto *mais*[6] é ele a liberdade. Tudo que é criado, isso não é livre. Enquanto houver <ainda> um algo qualquer acima de mim, que não seja o próprio Deus, isso me oprime; por menor que seja esse algo ou seja ele como for – e mesmo que fosse o próprio intelecto ou amor, enquanto são criados e não são o próprio Deus –, esse algo me oprime, pois ele é não-livre. O homem injusto *serve* à verdade[7], no prazer e na dor, e serve ao mundo inteiro e a todas as criaturas, e é um servo do pecado.

Não faz muito tempo, veio-me, uma vez, o pensamento: Que eu seja um homem, isso um outro homem tem também comigo em comum; que eu veja e ouça e coma e beba, o faz também o gado; mas o que *eu* sou, isso não pertence a nenhum outro homem, a não ser só a mim, não pertence a nenhum homem, nem a nenhum anjo nem sequer a Deus, a não ser no caso de eu ser *um* com Ele; é isso a pureza-um, isso a unidade-um. Tudo que opera, Deus o opera no *um* como igual a si mesmo. Deus dá a todas as coisas de maneira igual, e, no entanto, elas, em suas obras, são bem desiguais; mas, sem levar em conta isso, em suas obras elas tendem àquilo que é igual ao seu próprio ser. A natureza operou em meu pai a obra da natureza. A intenção da natureza <porém> era que eu me tornasse pai como ele era pai. Ele <meu pai> opera toda sua obra por e para o igual a ele mesmo e por e para sua própria imagem, a fim de que ele seja a própria obra efetuada: nisso, sempre se tem em vista o varão. Somente onde a natureza é desviada ou impedida, assim que ela no seu atuar não tem toda a força plena, ali surge um ser feminino; onde, porém, a natureza declina da sua obra, ali Deus se engaja a atuar e a criar; pois se mulheres não existissem, também os ho-

4. Eckhart (1968, p. 62,1): *dês underwindet sich diu gerehticheit und wirt begriffen von der gerehticheit*; p. 650: *dessen nimmt sich die Gerechtigkeit an, und er wird ergriffen*. Cf. glossário n. 21.

5. Não se sabe de que livro se trata (Eckhart, 1968, p. 62, nota 2).

6. Aqui parece ser a repetição da afirmação anterior "tanto mais é ele a *própria* liberdade". Só que aqui "tanto *mais*" significa: nesse ser *tanto mais*, na medida desse ser cada vez mais próximo da justiça, na medida dessa justeza, dessa justiça, isto é, da retidão, é ele a liberdade.

7. Cf. Eckhart (1968, p. 63, nota 2). Contrastando com a afirmação anterior "o homem justo não *serve* nem a Deus nem às criaturas, pois ele é livre", temos a afirmação: "O homem injusto *serve* etc." Aqui aparece nitidamente a radicalidade da grandeza humana em ser filho de Deus, na ab-soluta soltura da liberdade em ser igual a Deus na graça da deidade, da *Minne-Abgeschiedenheit*.

mens não existiriam. Quando concebida no ventre materno, a criança tem imagem, forma e configuração[8]; a natureza efetua isso. Assim a criança permanece 40 dias e 40 noites; no 40º dia, porém, Deus cria a alma, numa rapidez muito maior do que a de um <único> instante, para que a alma se torne a forma e a vida do corpo. Agora, a obra da natureza, com tudo que a natureza pode atuar em forma, imagem e configuração, se esvai. A obra da natureza se esvai plenamente; assim, porém, como a obra da natureza se esvanece plenamente, assim plenamente ela é restituída na alma dotada de intelecto. Isto é uma obra da natureza *e* uma criação de Deus.

<Mas> em tudo que é <*apenas*> criado – como eu já o tenho dito muitas vezes – não há nenhuma verdade. Há algo <porém> que é *sobre* o ser criado da alma e que nenhum ser criado, que é *nada*, pode tocar; nem mesmo o anjo, que tem <pois> um ser límpido, puro e vasto, o possui; mesmo *este ser puro* não o pode tocar[9]. É aparentado com a espécie divina[10], é um em si mesmo, não tem algo em comum com nada. É aqui que muitos grandes clérigos se arrastam mancando. É uma miséria[11] e um deserto, e é mais sem ter nome do que se tivesse nome; é bem mais sendo desconhecido do que se fosse conhecido. Se pudesses aniquilar-te a ti mesmo apenas por um instante, sim, digo, mesmo que por um átimo ainda mais breve do que um instante, seria teu próprio tudo que é nele mesmo. Enquanto de algum modo ainda olhas para ti mesmo ou para qualquer outra coisa, sabes tão pouco o que é Deus quanto minha boca sabe o que é a cor e meu olho, o que é o sabor; assim, tão pouco sabes e te é conhecido o que Deus é.

E então, Platão, o grande clérigo, pronuncia-se, levanta-se e quer falar de grandes coisas[12]. Fala de uma pureza que não é no mundo; ela não é nem *no* mundo, nem *fora* do mundo; é algo que nem é no tempo, nem na eternidade, que não tem nem o exterior nem o interior. Dela, Deus, o Pai eterno, emite a plenitude e o abismo de toda sua deidade. Isso <tudo> Ele gera aqui em seu Filho Unigênito e <faz> que sejamos esse mesmo filho; e

8. Eckhart (1968, p. 65,1): *geschepfede*; p. 650: *Gestalt*.

9. Eckhart (1968, p. 66,4): *daz enrüeret sîn niht*; p. 651: *selbst* das *rührt nicht daran*; Eckhart (1998, p. 253): "Aquilo que é seu não toca mais isso".

10. Eckhart (1968, p. 66,4): *Ez ist ein sippenschaft gōtlîcher art*; p. 651: *Es ist göttlicher Art verwandt*.

11. Eckhart (1968, p. 66,6): *ein elende*; p. 651: *eine Fremde*.

12. Eckhart (1968, p. 67, nota 1). Trata-se provavelmente da teoria das ideias, da ideia do bem supremo que ao mesmo tempo é Um. Cf. Tomás de Aquino, *S.Th.* I q. 6 a. 4.

seu gerar é <igualmente> o seu permanecer no interior; e o seu permanecer no interior é o seu gerar para o exterior. Permanece sempre o um que jorra em si mesmo. *Ego*, a palavra "Eu", a ninguém é mais própria do que somente a Deus em sua unidade. *Vos*, essa palavra significa o mesmo que *vós*, que sejais um na unidade; isto é, a palavra *ego* e *vos*, "eu" e "vós", indicam a unidade.

Que Deus nos ajude a sermos justamente essa unidade e que essa unidade possa permanecer. Amém.

Sermão 29

Convescens praecepit eis, ab Ierosolymis ne discederent etc. [Estando à mesa com eles, ordenou-lhes que não se afastassem de Jerusalém] (At 1,4)

Essas palavras, que pronunciei em latim, se leem na missa da festa[1] <de hoje> e foram ditas por Nosso Senhor aos seus discípulos, quando estava prestes a subir ao céu: "Permanecei juntos em Jerusalém, e não vos separeis e esperai a promessa que o Pai vos concedeu: depois desses dias, que não são muitos, mas <antes> poucos, sereis batizados" (At 1,4s.).

Ninguém pode receber o Espírito Santo se não morar acima do tempo, na eternidade. Em coisas temporais, o Espírito Santo não pode ser recebido nem dado. Logo que o homem se converte das coisas temporais e se volta a si mesmo, percebe então <lá> uma luz celestial, vinda do céu. Ela está *debaixo* do céu, não obstante vinda do céu. Nessa luz o homem encontra satisfação, mesmo sendo corporal; a gente diz: É matéria[2]. Um pedaço de ferro, cuja natureza é cair, levanta-se, contra sua natureza, e dependura-se na pedra magnética, em consequência do nobre influxo que a pedra recebeu do céu. Para onde quer que se volte a pedra, para lá se volta também o ferro. Justamente assim faz também o espírito: não se deixa saciar com aquela luz; atravessa, avançando e penetrando sempre mais o firmamento, até chegar ao espírito que faz girar o céu; e da rotação do céu se verdeja e se cobre de folhagens tudo quanto há no mundo. Mesmo assim, porém, o espírito com isso não se contenta; ele avança adiante e penetra o turbilhão e a fonte, onde o espírito toma a sua origem. Esse espírito compreende segundo o número *sem*

1. O texto da Sagrada Escritura foi tirado da epístola da Festa da Ascensão.

2. Eckhart (1968, p. 74,4): *und ez ist doch lîplich; sie sprechent, ez si materie*; p. 652: *und doch ist es <noch> stofflich; man sagt, es sei Materie.*

número[3], e nenhum número <sem número> há no tempo do quebranto. Ninguém tem uma outra raiz na eternidade, porque ninguém é sem número. Esse espírito deve ultrapassar todo o número e romper toda multiplicidade, pois <então> é irrompido por Deus. Mas justamente como Deus me rompe, assim também eu irrompo para [em] Deus. Deus conduz esse espírito para o deserto e para a unidade de si mesmo, onde ele é um puro Um e é <só ainda> o brotar em si mesmo. Esse espírito não tem <mais> nenhum porquê; se, porém, devesse ter algum porquê, então <também> a unidade deveria ter seu porquê. Esse espírito está em unidade e em liberdade.

E os mestres[4] dizem que a vontade é tão livre que ninguém pode obrigá-la, a não ser Deus. Deus <porém> não *força* a vontade, coloca-a <antes> de tal modo assim na liberdade que ela, a vontade, não quer nada a não ser o que Deus Ele mesmo é e o que a liberdade, ela mesma, é. E o espírito não pode querer nada a não ser o que Deus quer. Isso não é, pois, *privação da liberdade*; é, ao contrário, a sua própria liberdade originária.

Mas certas pessoas dizem: "Se eu tenho Deus e o amor de Deus, então posso bem fazer o que eu quero"[5]. Essas pessoas não compreendem de-

3. O *sem número* do "número sem número" não significa negação do número, mas sim indicação de um modo todo próprio e originário do ser do número. Seria o *número originário*, isto é, todas as medidas e enumerações compreendidas não como *multiplicidade*, mas a partir do "deserto e da unidade de Deus de si mesmo". Essa unidade onde tudo é tudo em todas as coisas, sem ser uma caótica mistura indeterminada de entes, nem um espaço vazio de uma niilidade a modo de *algo* vazio, sem nada, é a ab-soluta plenitude, em todos os seus momentos e instantes, na qual toda e qualquer diferença é identidade cada vez concreta do Um que está em toda parte, sem ser parte, sem ser dividido. O que usualmente chamamos de número, entendido num certo modo categorial de captar a quantidade, na realidade não é suficientemente número para ser um, mas por assim dizer quebras, quebrantos, quebramentos, quais ondas da imensidão do mar que não fazem presente na sua totalidade a imensidão, a profundidade do abismo claro do mar em si, na identidade dinâmica de si mesmo. Por isso nenhum número que é número mesmo na sua origem está no tempo do quebranto. Se o Um é a raiz de todo o ser, ninguém tem uma outra raiz na eternidade, a não ser o número sem número, isto é, o Um. Nesse sentido do ser do número como Um, ninguém é sem número. Se for assim, aqui não se trataria tanto do número metafísico, sem quantidade, nem da rejeição do número no tempo terreno da transitoriedade e da imperfeição, mas sim do Um originário que contém e sustenta todas as estruturações do universo criado e incriado, o universo chamado Filho Unigênito encarnado, em todas as suas dimensões, quantidades e qualidades, em todos os entes na união absoluta da igualdade Deus-e-alma e alma-e-Deus, isto é, Filho no filho e filho no Filho. Essa estruturação da totalidade como dinâmica da igualdade não seria a inspiração para o "matemático" em Nicolau de Cusa (cf. *De docta Ignorantia*) como estruturação ontológica da criação, como o uni-verso do mistério da encarnação?

4. Cf. Tomás de Aquino, *S.Th.* I q. 105 a. 4: (*Utrum deus possit movere voluntatem creatam*)... ad. 1; I II q. 10 a. 4 ad 1.

5. Referência à palavra de Agostinho (*In Joh.* ep. 7,8): "Ama e faze o que queres". Eckhart parece pensar nos "irmãos e irmãs do espírito livre" (*Brüder und Schwestern vom freien Geist*) que apelavam para Agostinho no uso de seus interesses imediatos.

vidamente essa palavra. Enquanto podes fazer alguma coisa que é contra Deus e contra seus preceitos, não tens ainda o amor de Deus; mesmo que pudesses enganar o mundo como se o possuísses. Ao homem que está na vontade de Deus e no amor de Deus, é um prazer pleno fazer tudo que agrada a Deus e deixar tudo que é contra Deus. Para ele, é tão impossível omitir-se de fazer algo que Deus quer que seja feito, como fazer algo que é contra Deus. Pois isso seria como alguém cujas pernas tivessem sido amarradas. Tão impossível é que ele ande, como é impossível ao homem que está na vontade de Deus cometer algum mal. Disse, pois, alguém[6] que se <o próprio> Deus tivesse ordenado que se fizesse o mal e evitasse a virtude, mesmo assim eu não poderia fazer o mal. Pois ninguém ama a virtude a não ser quem é a própria virtude. O homem que deixou a si mesmo e a todas as coisas, que em nenhuma coisa busca o que é seu e que faz todas as suas obras sem porquê e <somente> por amor, um homem assim está morto para o mundo inteiro. Ele vive em Deus e Deus nele vive.

Muitos dizem, no entanto: “Fazeis belos discursos, mas nós não percebemos nada disso”. Faço essa mesma reclamação. Esse ser[7] é tão nobre e tão comum[8], que não precisas comprá-lo, nem por um vintém nem por um meio centavo. Se tens apenas um anseio[9] devido e uma vontade livre, assim então o *possuis*. O homem que assim deixou todas as coisas no seu ínfimo <ser> e, enquanto elas são transitórias, recebe-as de volta em Deus, onde elas são a verdade. Tudo que aqui está morto, lá vive, e tudo que aqui é grosseiro, material[10], lá em Deus é espírito. Isso se dá do mesmo modo quando alguém, após despejar água limpa num vaso vazio, mantendo o vaso quieto, e após a água serenar se debruçasse sobre o vaso, inclinando o seu rosto, e visse no fundo do vaso, como ele seria em si mesmo. Isso ocorre porque a água está totalmente pura, limpa e quieta. O mesmo se dá com todos os homens que estão em liberdade e unos em si mesmos. Se eles recebem a Deus na paz e no repouso, devem também recebê-lo na desavença e na agitação. Isso então está totalmente direito. Acolhê-lo menos na

6. Segundo Quint, não foi possível identificar o autor da citação (Eckhart, 1968, p. 79, nota 4); cf. Tomás de Aquino, *S.Th.* I II q. 54 a. 3.

7. A saber, o ser-morto-para-o-mundo-inteiro e a vida em Deus (Eckhart, 1968, p. 80, nota 3).

8. Eckhart (1968, p. 80): *Diz wesen ist alsô edel und alsô gemeine*; p. 653: *Dieses Sein ist so edel und <doch> so allgemein <erreichbar>.*

9. Eckhart (1968, p. 81,1): *eine rehte meinunge.*

10. Eckhart (1968, p. 81,4): *hie grop ist*; p. 653: *hier stofflich ist.*

desavença e na agitação do que no repouso e na paz não está direito. Santo Agostinho[11] diz: Se o dia te enfadonha e o tempo te parece longo e moroso, volta-te para Deus, em quem não há demora tediosa, onde todas as coisas encontram-se em repouso. Quem ama a justiça é possuído pela justiça e se torna a justiça.

Nosso Senhor também disse: "Não vos chamei servos; chamei-vos amigos, pois o servo não sabe o que quer o seu senhor" (Jo 15,15). Contudo *meu amigo* pode saber de algo que eu não saiba, enquanto ele não quiser revelá-lo. Nosso Senhor, porém, falou: "Tudo que ouvi de meu Pai eu vos tenho revelado" (Jo 15,15). Admiro-me que certos clérigos, que são muito bem instruídos e querem ser grandes clérigos, se deixem saciar tão rapidamente e bobear, e manuseiem de forma tão leviana a palavra de Nosso Senhor, que diz: "Tudo que ouvi de meu Pai eu vos tenho revelado", quando a entendem no sentido de que Nosso Senhor nos revelou somente o tanto que nos é necessário, "a caminho" para nossa bem-aventurança eterna. Eu não acho que se deva compreender assim, pois isso não é nenhuma verdade. Por que Deus se fez homem? Para que eu seja engendrado como o próprio Deus. E Deus morreu para que eu morra para o mundo inteiro e para todas as coisas criadas. Assim se deve compreender a palavra que Nosso Senhor disse: "Tudo que ouvi de meu Pai eu vos tenho revelado". O que ouve o Filho de seu Pai? O Pai não pode nada a não ser gerar, o Filho não pode nada a não ser ser gerado. Tudo o que o Pai tem e o que Ele é, a profundidade abissal do ser divino e da natureza divina, isso tudo Ele gera em seu Filho Unigênito. *Isso* o Filho ouve do Pai, *isso* Ele nos revelou para que sejamos o mesmo Filho. Tudo que o Filho tem, ser e natureza, isso Ele tem do Pai para que sejamos o mesmo Filho Unigênito. Ninguém tem o Espírito Santo a não ser que seja o Filho Unigênito. O Pai e o Filho respiram o Espírito Santo; ali respira-se o Espírito Santo. Isso é, pois[12], essencial e espiritual. Certamente podes receber os *dons* do Espírito Santo ou a *semelhança* com o Espírito Santo. Mas isso não permanece, sendo inconsistente. O mesmo se dá quando um homem se enrubesce de vergonha e <volta a ficar> pálido. O rubor é algo que lhe sobrevém e de novo passa. Ao homem, porém, que pela natureza é vermelho e belo, nele isso permanece para sem-

11. Cf. Agostinho, *Enarrationes in Osea* 36 Sermo 1 n. 3.

12. Eckhart (1968, p. 84,11-12): *Der vater und der sun die geistent den heiligen geist,* dâ *der heilige geist gegeistet wirt, wan daz ist* [...]; p. 654: *<Denn> da, wo der Heilige Geist gegeistert wird, da geisten ihn der Vater und der Sohn, denn dies ist* [...].

pre. Assim <também> é com o homem que é o Filho Unigênito: a Ele o Espírito Santo permanece essencialmente. Por isso está escrito no livro da sabedoria: "Eu hoje te gerei" no reflexo de minha eterna luz, na plenitude e "na claridade de todos os santos" (Sl 2,7; 109,3). Ele o gera *agora* e *hoje*. Aí é o berço na deidade, aí eles são "batizados no Espírito Santo" – isto é "a promessa que o Pai lhes concedeu" – "depois desses dias, que não são muitos ou poucos" – isto é a "plenitude da deidade", onde não há nem dia nem noite; aí, o que é mil milhas <distante> me é tão próximo como o lugar em que estou em pé agora; aí é a plenitude e inteireza de toda a deidade, aí é *unidade*. Enquanto a alma <ainda> percebe alguma diferenciação, ela não está direito; enquanto algo qualquer espreita para dentro ou para fora, aí ainda não há unidade. Maria Madalena procurava Nosso Senhor no sepulcro. Ela buscava um morto e encontrou dois vivos, os anjos, e por isso ainda continuou desconsolada. Os anjos disseram: "Por que te afliges? O que procuras? Procuras um morto e encontras dois vivos" (Jo 20,11s.). Ela então disse assim: "Pois esta é, justamente, a minha aflição. Busco apenas *um*, mas encontro *dois*".

Enquanto qualquer distinção de coisas criadas conseguir <ainda> lançar um olhar para dentro da alma, isso a atinge como aflição. Como eu já o disse muitas vezes: Lá onde a alma possui seu ser criado natural, não há nenhuma verdade. Eu digo que há algo que é *sobre* a natureza criada da alma. Muitos sábios não compreendem que deve haver algo assim consanguíneo, tão um com Deus que não tem com nada algo comum. Tudo que é criado é nada; [para Deus], porém, todo o ser criado e ser criável é distante e estranho. É um Um em si mesmo, nada acolhendo fora de si mesmo.

Nosso Senhor subiu ao céu, para o alto, por sobre toda a luz e todo o entendimento e por sobre todo conceber. O homem assim levado para fora, acima de toda a luz, habita na eternidade. Por isso diz São Paulo: "Deus habita numa luz, para a qual não há acesso" (1Tm 6,16), uma luz que é um puro Um em si mesmo. Por isso o homem deve morrer e estar plenamente morto, deve ser desprendido de toda igualdade, nada sendo em si mesmo e não sendo igual a mais ninguém. Assim ele é de todo propriamente igual a Deus. Pois é do próprio de Deus e de sua natureza ser incomparável, sem igual. É próprio de Deus não ser igual a ninguém.

Que sejamos tão um na unidade que é o próprio Deus. Para isso, que Deus nos ajude. Amém.

Sermão 30

Praedica verbum, vigila, in omnibus labora
[Prega a palavra, vigia, suporta os trabalhos]
(2Tm 4,2.5)

Hoje e amanhã lemos uma pequena palavra sobre meu senhor São Domingos[1], escrita por São Paulo na epístola, que em nossa língua soa assim: "Diz a palavra, expressa-a, proclama-a, traze-a para fora e gera a palavra" <2Tm 4,2>.

É maravilhoso que algo emane para fora, não obstante dentro permaneça. É realmente maravilhoso que a palavra emane, mas dentro permaneça, que todas as criaturas emanem e dentro permaneçam. O que Deus doou e o que Deus prometeu conceder é sumamente maravilhoso, inconcebível e inacreditável. E isso é conveniente assim, pois se pudesse ser concebido e acreditado, não estaria bem em ordem. Deus é em todas as coisas. Quanto mais Ele é *nas* coisas, tanto mais é fora das coisas. Quanto mais *dentro*, tanto mais fora, e quanto mais fora, tanto mais dentro[2]. Já diversas vezes tenho dito que Deus cria todo este mundo, plena e inteiramente, agora, neste instante. Tudo que Deus criou outrora há 6 mil anos ou mais, quando fez o mundo, Deus o cria agora, de uma vez. Deus é em todas as coisas, mas enquanto é divino, enquanto é intelecto, Deus em nenhum lugar é tão Ele próprio quanto o é na alma e no anjo, no mais íntimo e no mais alto da alma. E quando digo "o mais íntimo", eu penso o mais alto; e quando digo "o mais alto", penso o mais íntimo da alma. No mais íntimo e no mais alto da alma, lá penso os dois como em Um. Lá, onde jamais o tempo penetrou, onde jamais uma imagem iluminou, no mais íntimo e no mais alto da alma, Deus cria todo este mundo.

---

1. A Festa de São Domingos hoje se celebra em 4 de agosto. No missal dominicano antigo, em 5 de agosto.

2. Cf. São Boaventura, *Itiner. men. in Deo* c. 5 n. 8 V 310 a.

Tudo que Deus criou há 6 mil anos quando fez o mundo, e tudo que Deus há de criar ainda depois de mil anos, se é que o mundo dure tanto, tudo isso Ele criou no mais íntimo e no mais alto da alma. Tudo que é passado e tudo que é presente e tudo que é porvindouro, tudo isso Deus cria no mais íntimo da alma. Tudo que Deus opera em todos os santos, isso Ele opera no mais íntimo da alma. O Pai gera seu Filho no mais íntimo da alma e gera com seu Filho Unigênito a ti como algo não menor do que Ele. Se é para eu ser Filho, devo ser filho no mesmo ser em que *Ele* é Filho e em nenhum outro. Se é para eu ser um homem, não posso então ser um homem no ser de um animal, <antes> devo ser um homem no ser de um homem. Mas se é para eu ser *este* <determinado> homem, devo então ser *este* homem *neste* <determinado> ser[3]. São João nos diz, portanto: "Vós sois filhos de Deus" <1Jo 3,1>.

"Diz a palavra, expressa-a, proclama-a, traze-a para fora e gera a palavra!" "Expressa-a!" O que é dito de fora para dentro é grosseiro; aquela palavra, no entanto, é dita *dentro*, no interior. "Expressa-a!", isto é, sê o vir à fala por dentro e de dentro, o vir à fala da palavra que é *em ti*[4]. O profeta disse: "Deus disse um e eu ouvi dois" <Sl 61,12>. Isso é verdade: Deus sempre diz apenas um. Sua fala é só *uma*[5]. Nessa fala única Ele coexpressa seu Filho e Espírito Santo e todas as criaturas[6], pois há apenas *uma* fala

---

3. Eckhart (1968, p. 97,2-3): *Sol ich aber dirre mensche sîn, sô muoz ich in disem wesene dirre mensche sîn*; p. 656: *Soll ich aber dieser <bestimmte> Mensch sein, so muss ich in diesem <bestimmten> Sein dieser Mensch sein*. Quint cita o trecho do Sermão 28 que diz: "Que eu seja um homem, isso tem também comigo em comum um outro homem; que eu veja e ouça e coma e beba, o faz também o gado; mas o que eu sou, isso não pertence a nenhum outro ser, a não ser só a mim, não pertence nem ao homem, nem ao anjo, nem sequer a Deus, a não ser no caso de eu ser um com Ele; é isso a pureza-um, isso a unidade-um" (Eckhart, 1968, p. 97, nota 1). É interessante observar que aqui aparece uma individualização do homem que não pertence mais à classificação do homem em geral e o indivíduo, este ou aquele homem, mas sim um modo de ser da essencialização, na qual a intensificação no ser, quanto mais aumenta e se aproxima do ser de Deus como do Um, tanto mais se torna única, a ponto de ser único não mais significar ser este ou aquele indivíduo, mas inteira e totalmente convergido ao Um, ao Uno, isto é, uni-versalizado. Aqui o singular e o universal coincidem. Esse modo de totalização, de unificação no todo absoluto (cf. *Deus meus et omnia* de São Francisco de Assis) somente se dá quando a intensidade do ser alcança o nível do ser-pessoa. Cf. glossário n. 24.

4. Eckhart (1968, p. 96): *bevint, daz diz in dir ist*; p. 657: *werde dessen inne, dass die in dir ist.*

5. *Só uma* é ambígua. Pois pode significar "fala só *uma vez*" ou "fala só *uma coisa*" ou também "o seu falar", tanto o falar como o que fala é um. Nesse último caso, o falar e o conteúdo da fala coincidem.

6. Cf. Anselmo, *Monologion* c. 33 <ed. Schmitt I, p. 53,11>; Tomás de Aquino, *Sent.* I d. 27 q. 2 a. 3 ad 3; *De ver.* q. 4 a. 5.

em Deus. O profeta, porém, diz: "Eu ouvi dois", isto é, eu entendi[7] Deus *e* as criaturas. Onde Deus expressa, lá Ele é Deus. Aqui Ele é, porém, criatura[8]. As pessoas pensam que Deus se tornou homem somente *lá*. Para Ele, porém, não é assim, pois Deus se tornou homem igualmente, tanto *aqui* como lá[9], e tornou-se homem para gerar-*te* como seu Filho Unigênito e não como algo menor do que Ele.

Ontem estava sentado em certo lugar, e falei sobre uma pequena palavra do *Pai-nosso* que diz: "Seja a tua vontade!" <Mt 6,10>. Melhor, porém, seria: "Que a vontade seja tua!" Que a *minha* vontade se torne *sua* vontade, que *eu* me torne *Ele*: a isso se refere o *Pai-nosso*. Essa palavra tem duplo sentido. O primeiro é: dorme em todas as coisas!, isto é, nada saibas sobre o tempo, sobre as criaturas nem sobre as imagens. Os mestres dizem: Se um homem que dormisse profundamente dormisse por cem anos, ele nada saberia sobre nenhuma criatura, nem sobre o tempo, nem sobre "imagens"; mas só *então* poderias apreender *o que* Deus opera em ti. Por isso diz a alma no livro do amor: "Eu durmo e meu coração vigia" <Ct 5,2>. Por isso: se todas as criaturas dormirem em ti, poderás apreender o que Deus opera em ti.

A palavra "trabalha em todas as coisas!" <2Tm 4,5> tem <de novo> *tríplice sentido*. Significa: "Alcança tua vantagem em todas as coisas!", isto é *<em primeiro lugar>*: Toma a Deus em todas as coisas!, pois Deus *é* em

7. Se entendo duas coisas, Deus de um lado e criaturas de outro, tanto Deus como criaturas são entendidos como objetos do meu captar, portanto não capto nem Deus nem criaturas no seu ser. Mas se digo que capto a Deus no seu ser como infinito, absoluto, portanto o capto como contrastando com as criaturas, as quais capto como finitas, contingentes, temporais etc., ainda não honro a Deus suficientemente como Ele é, pois capto tanto a Ele como as criaturas não no que são, na sua unidade, na sua igualdade, mas na sua acessibilidade a mim, a partir de mim, portanto dentro do horizonte da compreensão do ser que lanço como o *a priori* da recepção, da captação, do entendimento, ao qual Deus e as criaturas como Ele as gerou estão sujeitos. Com isso capto a Deus não como Ele é e quer ser, mas sim como criatura, e como criatura não no sentido do ser-criatura como Deus a quis e a fez, mas como eu a quero e faço. Deus diz um. A fala de Deus é só uma. Seu falar e seu ser é o mesmo, é igual. Eu, porém, escuto dois: Deus como um ente de um lado e as criaturas como outros entes de outro lado; Deus como um ente de um lado e a sua fala como também um ente de outro lado.

8. Eckhart (1968, p. 98,5): *Dâ ez got sprichet, dâ ist ez got; aber hie ist ez crêatûre*; p. 657: *Da, wo Gott es <die Kreaturen> spricht, da ist es Gott; hier <in Raum und Zeit> aber ist es Kreatur.*

9. Eckhart (1968, p. 98,6): *daz got aleine dort mensche sî worden. Des enist niht, wan got ist hie als wol mensche worden als dort*; p. 657: *Gott sei nur dort <bei seiner historischen Menschwerdung> Mensch geworden. Dem ist nicht so, denn Gott ist hier <an dieser Stelle hier> ebenso wohl Mensch geworden wie dort…*

todas as coisas. Santo Agostinho[10] diz: "Deus criou todas as coisas, não no sentido de tê-las deixado vir à existência e depois seguir seu caminho, mas Deus as criou e nelas permaneceu!"[11] As pessoas acreditam possuir mais possuindo Deus e as coisas do que possuindo Deus sem as coisas. Isso, porém, não está direito, pois todas as coisas, mais Deus, não são mais do que só Deus. Se alguém, tendo o Filho e o Pai com Ele, pensasse ter mais do que se tivesse o Filho sem o Pai, isto não estaria direito. Pois o Pai *junto com* o Filho não é mais do que só o Filho e, novamente, o Filho *junto com* o Pai não é mais do que só o Pai. Por isso, deves acolher Deus em todas as coisas. Isso é sinal de que Ele te gerou como seu Filho Unigênito e não como algo menor do que isso.

O *segundo* significado <de "trabalha em todas as coisas"> é: "Alcança tua vantagem em todas as coisas!", a saber, "ama a Deus sobre todas as coisas e teu próximo como a ti mesmo!" <Lc 10,27>. Esse é um mandamento de Deus. Digo, no entanto, que não se trata apenas de um mandamento, mas de uma dádiva de Deus. Se amas mais cem marcos em ti mesmo do que em um outro, isso não está direito. Se amas uma pessoa mais do que a outra, isso não está direito; e se amas teu pai, tua mãe e a ti mesmo mais do que a um outro, isso não está direito; e se amas a bem-aventurança mais em ti do que em um outro, isso não está direito. "Deus nos livre! O que estais a dizer? Não devo amar a bem-aventurança em mim mesmo mais do que em um outro?"[12] Muita gente estudada não entende isso, achando-o realmente difícil. Isso, porém, não somente não é difícil, mas <até> bem fácil. Vou demonstrar como não é difícil. Veja, em cada membro a natureza persegue dois intentos a fim de atuar no homem. O primeiro que cada membro persegue em suas obras é servir ao corpo como a um todo. O segundo é servir a cada membro em separado, a cada qual como a si mesmo e não menos do que a si mesmo, e em suas obras não ter em vista mais a si mesmo do que a um outro membro. Se é assim na natureza, quanto mais não deve valer para o reino da graça! Deus deve ser regra e fundamento para teu amor. O primeiro intento do teu amor deve estar voltado puramente para Deus e

10. Agostinho, *Conf.* IV c. 12 n. 18; *De Gen. ad litt.* IV c. 12.

11. Agostinho, *Conf.* IV c. 12, n. 18.

12. Cf. Tomás de Aquino, *S.Th.* II II q. 26 a. 4: *Utrum homo ex caritate magis debeat diligere seipsum quam proximum* (se o homem, a partir da caridade, deve amar a si mesmo mais do que ao próximo); q. 44 a. 8: *Utrum ordo caritatis cadat sub praecepto* (se a ordem da caridade cai sob o preceito).

depois para o teu próximo como a ti mesmo e não menos do que a ti mesmo. Se <porém> amas a bem-aventurança em ti mais do que em um outro, isso não está direito. Pois se amas a bem-aventurança em ti mais do que em um outro, então amas a ti mesmo; onde amas a ti, Deus não é o teu puro amor e isto não está direito. Pois se amas a bem-aventurança em São Pedro e em São Paulo como em ti mesmo, então possuis a igual bem-aventurança que também eles têm. E se amas a bem-aventurança nos anjos como em ti, e amas a igual bem-aventurança em Nossa Senhora justamente assim como em ti, usufruis então a igual bem-aventurança no sentido próprio como Nossa Senhora, ela mesma, usufrui: a bem-aventurança te é própria tanto quanto é a ela própria. Por isso o livro da sabedoria diz: "Ele o fez igual a seus santos" <Eclo 45,2>.

O *terceiro* significado de "alcança tua vantagem em todas as coisas!" é o seguinte: *em* todas as coisas, ama a Deus *igualmente*, isto é, ama a Deus igualmente assim, de boa vontade, na pobreza e na riqueza, ama-o assim do mesmo modo, na doença e na saúde; na tentação e na sua ausência, ama-o tanto na dor quanto sem dor! Sim, quanto maior a dor, tanto menor a dor, como dois pratos de uma balança: quanto mais pesado um, tanto mais leve o outro; e quanto mais o homem se entrega, tanto mais leve é para ele entregar-se. A um homem que ama a Deus ser-lhe-ia tão fácil entregar o mundo inteiro quanto dar um ovo. Quanto mais se entrega, tanto mais fácil é para ele entregar-se, assim como aconteceu com os apóstolos: quanto mais pesado era o sofrer, tanto mais facilmente eles sofriam.

"Trabalha em todas as coisas!", isso significa <por fim>: lá onde te encontras <engajado> em variadas coisas, e não no ser desnudo, puro e simples, ali põe o teu empenho, isto é, "trabalha em todas as coisas", "na realização de teu serviço" <2Tm 4,5>. Isso significa: levanta a tua cabeça para o alto! E em dois sentidos. O primeiro é: despoja-te de tudo que é teu e entrega-te a Deus como o seu próprio, assim Deus se torna o teu próprio, como Ele é próprio a si mesmo, e Ele é para ti Deus, como Ele é Deus para si mesmo, e não menos. O que é meu, isso eu não tenho de ninguém. Se, porém, eu o tenho de um outro, então não é meu; é muito mais de quem eu o tenho. O segundo sentido é: levanta a tua cabeça! Isso significa: dirige todas as tuas obras para Deus. Há muitas pessoas que não compreendem isso, o que não me admira, pois o homem que quer compreender isso deve ser muito desprendido e elevado sobre todas as coisas.

Que Deus nos ajude a alcançar essa perfeição. Amém.

Sermão 31

Ecce ego mitto angelum meum etc.
[Eis que mando o meu anjo]
(Ml 3,1s.)

"Vede, eu envio meu anjo ante a tua face para que prepare o teu caminho. Logo em seguida, ele, a quem esperamos, será ofertado em seu templo. Quem sabe o dia de sua vinda? Ele é como um sopro de fogo unificante" (Ml 3,1-2)[1].

E se diz: "Logo em seguida, ele, a quem esperamos, será ofertado em seu templo". A alma deve ofertar-se com tudo o que é e tudo o que tem, seja defeito, seja virtude: tudo isso reunido deve erguer-se para o alto e ser ofertado com o Filho ao Pai celeste. À medida que o Pai possa atuar no amor, o Filho é digno de ser amado. O Pai não ama nada a não ser o Filho e tudo quanto Ele encontra em seu Filho. Por isso a alma deve elevar-se com toda a sua força e ofertar-se ao Pai no Filho. Assim será amada pelo Pai com o Filho.

E se diz: "Vede, eu envio meu anjo". Quando se diz "vede", compreendem-se com isso três coisas: algo que é grande, algo que é maravilhoso ou algo que é raro[2]. "Vede, eu envio meu anjo, para que prepare" e purifique

1. O texto de Malaquias é uma parte componente da epístola na missa da Festa da Nossa Senhora da Luz (Purificação da Bem-aventurada Virgem Maria, dia 2 de fevereiro). Quint observa: "Eckhart usa a versão do texto dos evangelistas, porque interpreta o anjo do texto de Malaquias como aquele que prepara a alma no caminho da recepção da luz divina" (Eckhart, 1968, p. 114, nota 1).

2. Eckhart (1968, p. 116,3): *seltsaene*; p. 659: *aussergewöhnlich*. Parece que *seltsam* e *aussergewönhlich* são duas "realidades" diferentes. Como, hoje, o que é raro tem valor por ser raro, isto é, por estar fora do ordinário, do costumeiro, raro se entende primeira e primariamente como extra-ordinário, extra-usual, super-maravilhoso, excepcional, portanto concentrado no indivíduo único como vivência do sujeito fora de série ou vivência fora de série de um sujeito. Nesse sentido o que é extraordinário não pode ser comum; pois se for comum perderia esse caráter

a alma, a fim de que ela possa receber a luz divina. A luz divina entranha, todo o tempo, a luz do anjo, e a luz do anjo seria para a alma incômoda e sem gosto se a luz divina não se precipitasse bem ali dentro[3]. Deus envolve-se e encobre-se na luz do anjo, esperando constantemente o momento em que poderá entregar-se à alma. Já disse em outras oportunidades que se me perguntassem o que Deus faz no céu, eu haveria de dizer: Ele gera seu Filho e o gera plenamente no frescor da novidade. E Ele experimenta um tal prazer nesse fazer que não faz outra coisa a não ser realizar essa obra. Por isso Ele diz: "Vede, *eu*". Quem, pois, diz "eu" deve realizar a obra do melhor modo possível. Em sentido próprio, ninguém pode expressar essa palavra senão o Pai. A obra lhe é tão própria que só o Pai pode operá-la. Nessa obra o Pai opera todas as suas obras e o Espírito Santo, juntamente com todas as criaturas[4] estão implícitos. Pois Deus opera na alma essa obra, que é seu nascimento; o seu nascimento é a sua obra, e o nascimento é o Filho. Deus opera essa obra no mais íntimo da alma, e assim de forma tão velada que nem um anjo nem um santo dela sabe, e a própria alma nada mais pode fazer senão ser por ela operada. Essa obra pertence somente a Deus. É por isso que diz o *Pai* bem propriamente: "*Eu* envio meu anjo". Eu, porém, digo: Nós não o queremos, ele não nos basta. Orígenes[5] diz: "Maria Madalena procurava Nosso Senhor; procurava um homem morto e encontrou dois anjos vivos", e isso não a satisfez. E ela tinha razão, pois ela buscava Deus.

---

da excelência elitista do melhor do que os outros. O medieval não entende o único, o singular, como destacado do comum, mas, pelo contrário, o que se chama de comum constitui o modo de ser do uni-versal, cuja perspectiva não é do geral e do particular, mas sim do grau máximo de intensidade na concentração ao uno (Um), portanto a excelência da intensidade do ser ele mesmo. O raro, em alemão *selten*, não significa extraordinário, mas antes idêntico consigo mesmo, por e para si solto em si: livre (sel- = Sel-bst). Como tal, o seu ser é sem destaque, sem *show*, sem efeitos especiais, mas sereno na modéstia e simplicidade de ser.

3. *Götlich lieht daz klebet alle zît in des engels liehte, und des engels lieht waere der sêle unbequaeme und ensmackete ihr niht, gotes lieht enwaere dar innen bewunden; das göttliche Licht steckt allwegs in des Engelslicht, und des Engels Licht wäre der Seele unwillkommen, und sie würde nicht danach gelüsten, wenn nicht Gottes Licht darein gewunden wäre.*

4. Cf. a consideração de Quint: "No falar da palavra, no nascimento do Filho é colocado implicitamente o Espírito Santo e o mundo das ideias" (Eckhart, 1968, p. 118, nota 3).

5. Cf. Eckhart (1968, p. 119, nota 1): Quint menciona uma referência a Orígenes, que se encontra no *Sermo* IV, 2 n. 30, LW 4, p. 32, nota 1: Orígenes, *Homilia super*: "*Maria stabat ad monumentum foris plorans*" (Maria estava de fora do monumento e chorava), *Opera* [lat.], Basileae 1571, tom. II, p. 451.

O que é um anjo? Dionísio[6] fala da hierarquia sagrada dos anjos, onde se encontra ordem divina, obra divina, sabedoria divina, igualdade divina e verdade divina, enquanto isso é possível. O que é <porém> *ordem* divina? Do poder divino irrompe a sabedoria, e de ambos irrompe o amor, isto é, o ardor; pois sabedoria, verdade, poder e amor, o ardor, são na órbita do ser, do ser que é um ser trans-eminente[7], puro sem natureza. Ser *sem* natureza é assim *sua* natureza. Quem pensa sobre a bondade ou sobre a sabedoria ou sobre o poder encobre o ser e obscurece-o nesse pensamento. Um único pensar em acréscimo encobre o ser. Isso, portanto, é ordem divina. Onde, pois, Deus encontra igualdade com essa ordem na alma, ali o Pai gera seu Filho. A alma deve com todo o poder irromper para dentro da sua própria luz. Do poder e da luz salta um ardor, um amor. Assim, a alma, com todo seu poder, deve irromper para dentro da ordem divina[8].

Agora queremos falar dessa *ordem da alma*. Um mestre pagão[9] diz: A luz trans-eminente natural[10] da alma é tão pura e tão clara e tão alta que toca a natureza angelical; é tão fiel e <por outro lado> tão infiel <avessa> e tão hostil <irada> às forças ínfimas, que nela ela jamais se espraia, iluminando-a somente quando as forças ínfimas se subordinam às forças supremas e as supremas subordinam-se à suprema verdade. Na ordem de um exército, o escudeiro está subordinado ao cavaleiro, o cavaleiro, ao conde e o conde, ao duque[11]. Todos eles querem ter a paz e por isso cada um ajuda o outro. Assim também cada uma das forças deve submeter-se à outra e ajudar a lutar para que na alma reine pura paz e o repouso. Nossos mes-

6. Sobre a teoria dos anjos, cf. Dionísio Pseudo-Areopagita, *De cael. hier.* c. 1 § 2, PG 3,121 A.

7. Eckhart (1958, p. 120,1): *ein überschwebendes wesen*; p. 660: *ein überschwebendes Sein* = presença ab-soluta em sendo, a pairar por sobre todo o ser.

8. *Ordem divina* é o que está dito na fórmula usual dos atributos trinitários, *potentia* (*mügenheit* = Pai), *sapientia* (*wîsheit* = Filho) e *voluntas* ou *caritas* (*minne* = Espírito Santo) (Eckhart, 1968, p. 120, nota 1).

9. Segundo Quint, Eckhart diz no seu comentário latino *In Gen.* II n. 139, LW 1, p. 606,1s: O supremo da alma, porém, em nós é o intelecto. Daí, o Mestre Moisés (= Maimônides), no penúltimo capítulo de toda a sua obra, diz que "o intelecto que é derramado sobre nós '...digo, é o próprio intelecto' que nos une ao criador" (Eckhart, 1968, p. 121, nota 2); cf. Eckhart (1968, p. 121, nota 3), em que é dada a referência a Maimônides, *Dux neutrorum* III c. 53 (112r 17 -20).

10. Leia-se *nasciva*.

11. Cf. Aristóteles, *Met.* XII t. 52 (lambda c. 10 107s a 13). Tomás de Aquino, *Sum. Cont. Gent.* III c. 76.

tres[12] dizem: "O repouso pleno é ser livre de todo o movimento". É nesse modo que a alma deve erguer-se por sobre si mesma *até a ordem divina*. Lá o Pai dá à alma seu Filho Unigênito em um puro repouso. Isso é, pois, o primeiro ponto sobre a ordem divina. Deixemos indiscutidos os demais pontos. Falemos um pouco mais sobre o último.

Como disse a respeito dos anjos, eles contêm em si tanta igualdade com Deus e uma tal iluminação interior que nessa iluminação interior eles se elevam sobre si, acima de si e para dentro da igualdade divina, onde continuamente estão face a face com Deus na luz divina, operando igualmente as obras divinas. Os anjos assim iluminados interiormente e assim iguais a Deus puxam e sugam Deus para dentro de si mesmos. Já disse muitas vezes: Se fosse vazio e tivesse amor ardente e igualdade, eu puxaria Deus plenamente para dentro de mim. Uma luz se difunde e ilumina aquilo sobre o qual se derrama. Quando se diz: "Ele é um homem iluminado", diz-se algo insignificante. Quando, porém, a luz salta e irrompe através da alma, e a faz igual e conforme a Deus, na medida em que isso é possível, e a ilumina de dentro, isso é muito, muito melhor. Nessa iluminação interior ela se eleva por sobre si, acima, para dentro da luz divina. Quando então volta ao lar e se torna assim unida com Ele <Deus>, ela é uma co-operadora. Nenhuma criatura *opera*; antes, opera unicamente o Pai. A alma não deve jamais desistir até que se torne tão poderosa quanto Deus, em obras. Então ela opera com o Pai todas as suas obras; opera com Ele, na simplicidade, sabedoria e amor. Que possamos operar assim com Deus. A isso nos ajude Deus. Amém.

12. Cf. Aristóteles, *Phys.* VIII t. 71 (teta c. 8 264 a 27); Tomás de Aquino, *S.Th.* I q. 10 a. 4 ad 3; II II q. 28 a. 3.

Sermão 32

Consideravit semitas domus suae et panem otiosa non comedit [Vigia o andamento da sua casa, e não come o pão ociosa] (Pr 31,27)

"Uma boa mulher iluminou as veredas de sua casa e não comeu seu pão na ociosidade" (Pr 31,27)[1].

Essa casa significa no seu todo a alma, e as veredas da casa, as forças da alma. Um velho mestre[2] diz que a alma é feita entre um e dois. O um é a eternidade que se mantém, todo o tempo, só e é uniforme[3]. O dois, porém, é o tempo que se modifica e multiplica. Ele quer com isso dizer que, com as forças supremas, a alma toca a eternidade, isto é, Deus. Com as forças ínfimas <ao contrário> toca o tempo, sendo por isso submetida à mudança e inclinada às coisas corporais, perdendo assim a nobreza. Se a alma pudesse conhecer totalmente a Deus como <o podem> os anjos, jamais teria vindo para o corpo. Se ela pudesse conhecer a Deus sem o mundo, então por causa da alma o mundo jamais teria sido criado. O mundo foi criado por causa da alma, a fim de o olho da alma exercitar-se e fortalecer-se de modo a suportar a luz divina. Assim como a luz do sol não se lança sobre a terra sem ser envolvida pelo ar e sem ser espalhada sobre outras coisas, pois do contrário o olho humano não a poderia suportar, assim também a luz divina é tão forte e tão clara que o olho da alma não a poderia suportar, sem fortalecer-se, erguer-se, conduzir-se e habituar-se pela luz divina, através da matéria e de comparações.

---

1. O texto da Escritura é da leitura da Festa de Santa Isabel (falecida em 1231) de 19 de novembro. Esposa do Duque Ludwig da Turíngia.

2. Cf. Alcher v. Clairvaux, *De spiritu et anima* c. 47, PL 40,814.

3. Eckhart (1968, p. 134,1): *einvar ist*; p. 661: *einförmig ist*. "*Einvar*" significa: de um só perfil, uniforme, mas também, *sem nuvens*, p. ex., o céu estrelado, aberto, límpido, e sem nuvem.

A alma toca a Deus com as forças supremas. Assim ela se forma conforme a Deus. Deus é formado conforme a si mesmo, tendo sua imagem de si mesmo e de mais ninguém. Sua imagem consiste em Ele conhecer-se a si mesmo, de todo e inteiramente, e não ser nada senão luz. Quando a alma o toca com reto conhecimento, ela se lhe iguala nessa imagem. Imprimindo um selo na cera verde ou vermelha, ou em um pano, surge <disso> toda vez uma imagem. Se <porém> o selo for impresso em cheio na cera, penetrando-a, esmagando-a até o fim, de tal modo que não sobre mais nenhuma cera que não seja impregnada de selo, então <a cera> é, sem diferença, um com o selo. Do mesmo modo, a alma une-se totalmente com Deus na imagem e na igualdade, quando o toca com reto conhecimento. Santo Agostinho[4] afirma que a alma foi criada tão nobre e tão elevada sobre todas as criaturas que nenhuma coisa transitória, destinada a perecer no último dia, pode falar à alma nem operar, sem diferença[5] e sem mensageiros. Estes são os olhos, os ouvidos e os cinco sentidos: são as "veredas" pelas quais a alma sai para o mundo, e pelas quais o mundo retorna à alma[6]. Um mestre[7] diz que "as forças da alma devem, com grande ganho, retornar, correndo para a alma"; se saem, trazem sempre de novo algo para dentro. Por isso o homem deve cuidar assiduamente para que seu olho não traga para dentro nada que seja prejudicial à alma. Disso estou certo: seja o que for que o homem *bom* vê, isso serve para sua melhoria. Se vê coisas ruins, agradece a Deus por tê-lo preservado delas e pede para que Deus converta aquele em quem o mal se encontra. Se vê <porém> o bem, deseja então que nele o bem se realize.

Esse "ver" deve estar atento duplamente: para desfazer-se do que é nocivo e para reparar o que nos falha. Aliás, também já tenho dito: Os que muito jejuam, cuidam e empreendem grandes obras, mas não corrigem

4. Cf. Agostinho, *En. Ps.* 146 n. 13, PL 37,1907s.

5. Cf. Eckhart (1968, p. 137): *âne underscheit*; p. 661: *ohne vermittlung*. Cf. Eckhart (1968, p. 137, nota 3): *âne underscheit* significa propriamente *sem diferença*. Quint justifica a tradução "sem mediação", mostrando que a referência anterior a Agostinho nos sugere entender *diferença* aqui como *mediação*. No entanto, para Eckhart, o que chamamos de *diferença* não significa *não-igual*, isto é, o ente no seu caráter de ser isso ou aquilo é *não-igual* ao Um, portanto ainda não está desprendido, solto no seu ser, que no fundo, na imediatez da sua origem é Um. Portanto, *mediato* e *imediato* têm a ver diretamente com *diferente* e *igual*.

6. Cf. São Boaventura, *Itin.* c. 2 n. 4; Gregório Magno, *Moral.* XXI c. 2, PL 76,189.

7. Cf. Eckhart (1968, p. 138, nota 2): Mestre Eckhart, no *In Gen.* I n. 237, LW 1, p. 382,2s, nota 4, atribui a citação a Avicena.

suas falhas nem sua conduta – pois é somente nisso que se encontra o verdadeiro crescimento –, enganam-se a si mesmos e são o escárnio do diabo. Um homem tinha um ouriço e ficou rico. Morava à beira do mar. O ouriço, quando sentia para onde o vento soprava, eriçava o pelo e virava as costas para o vento. O homem ia então para o mar e dizia aos barqueiros: "O que dareis se eu vos mostrar para onde o vento sopra?" E <assim> vendia o vento e ficou rico[8]. Assim também o homem seria verdadeiramente rico em virtudes se examinasse onde é mais fraco, para melhorar a si mesmo e colocar todo o seu empenho em superar essa fraqueza.

Foi o que fez Santa Isabel com muita diligência. Com sabedoria, "dirigiu a mira do seu olhar para as veredas de sua casa". Por isso "não temia o inverno, pois seus domésticos vestiam roupas de duplo forro" (Pr 31,21). Vigiava tudo quanto lhe poderia ser nocivo; ali <porém> onde encontrava sua falha, aplicava o seu zelo para superá-la. Por isso ela não comeu seu pão na ociosidade. Ela voltou também suas forças supremas para nosso Deus. Três são as forças supremas da alma: a primeira, conhecimento; a segunda, *irascibilis*, é uma força ascendente; e a terceira é a vontade[9]. Quando a alma se entrega ao conhecimento da reta verdade, da simples força, na qual se conhece a Deus, a alma chama-se então uma luz. Também Deus é uma luz. Quando a luz divina se extravasa na alma, a alma une-se a Deus como a luz com a luz. A isso chama-se luz da fé e é uma virtude divina. Aonde a alma com seus sentidos e forças não pode chegar, para ali a carrega a fé.

A segunda é a força ascendente, cuja obra é bem especial, de tender para o alto. Assim como é próprio do olho ver formas e cores e como é próprio ao ouvido ouvir doces sons e vozes, é próprio da alma, com essa força, tender sem cessar para o alto; se ela, porém, olhar para o lado, decai então no orgulho e isto é pecado. Ela não pode tolerar que algo qualquer esteja acima dela. Creio que ela nem mesmo pode tolerar que Deus esteja acima dela; se Ele não é nela e ela não o tem, assim tão bem como Ele mesmo se tem, a alma jamais pode chegar ao repouso. Nessa força Deus é colhido na alma, enquanto é possível à criatura, e em vista disso se fala de esperança, que também é uma virtude divina. Nela a alma tem tanta confiança em

---

8. Cf. as referências indicadas por Quint em Eckhart (1968, p. 140, nota 1): Avicena, *De animal.* VIII c. 4 (38va 31-35); Aristóteles, *De hist. animal.* IX c. 6 (I c. 6 612b 4-10).

9. Cf. Eckhart (1999, p. 29, nota *): "Eckhart fala comumente de duas forças superiores, o intelecto e a vontade. Ele introduz aqui uma terceira força, a irascibilidade, que mais do que fazer número com aquelas, expressa o dinamismo que as carrega".

Deus que ela pensa: em todo o seu ser, Deus não possui nada que ela não pudesse receber. O Senhor Salomão diz que "a água roubada é mais doce" do que outra água (Pr 9,17). Santo Agostinho[10] diz: As peras que eu roubava me eram mais doces do que as que minha mãe comprava, justamente porque me eram proibidas e trancadas. Assim também *a* graça que a alma conquista com especial sabedoria e diligência é muito mais doce do que aquela que é comum a todos.

A terceira força é a vontade interior que, como uma face, está todo o tempo voltada para Deus, para dentro da vontade divina e haure de Deus o amor para dentro de si[11]. Ali Deus é atraído pela alma e a alma é atraída por Deus. A isso chama-se amor divino e também essa é uma virtude divina. A bem-aventurança divina está em três coisas: a primeira, no conhecimento com o qual Deus conhece plenamente a si mesmo; a segunda, na liberdade pela qual Ele permanece inapreensível e ilimitado por toda sua criação; e <finalmente> na completa satisfação, na qual Ele se satisfaz a si mesmo e a todas as criaturas. E nisto está também a perfeição da alma: no conhecimento, na compreensão de que ela apreendeu a Deus e na união no amor perfeito. Queremos saber o que é o pecado? A aversão à bem-aventurança e à virtude, é dela que vem todo pecado. Toda alma perfeita deve ter sob a sua mira essa "vereda". Por isso "ela não teme o inverno, pois também seus domésticos vestem roupas de duplo forro", como diz a Escritura a respeito de Isabel. Estava vestida com a força para opor-se a toda imperfeição e estava ornada com a verdade (Pr 31,25). No seu exterior diante do mundo, essa mulher vivia na riqueza e em honrarias, mas interiormente adorava a verdadeira pobreza. E quando o consolo exterior se lhe esvaiu, de imediato fugiu para junto dele, em quem se refugiam todas as criaturas, desprezando o mundo e a si mesma. Assim chegou a si *por sobre* si mesma, desprezando que a desprezassem, de tal modo que ela não se preocupava com isso e por isso não desistiu da sua perfeição. Desejava que lhe fosse permitido lavar pessoas doentes e imundas e delas cuidar de coração puro.

Que assim também nós "iluminemos as veredas de nossa casa e não comamos na ociosidade o nosso pão"; a isso nos ajude Deus. Amém.

---

10. Agostinho, *Conf.* II c. 4 n. 9 (ed. Skutella, p. 30,9s).

11. Eckhart (1999, p. 30, nota *): "Ela exaure o amor em Deus para dele se encher ela mesma".

Sermão 33

Sancti[1] per fidem vicerunt regna
[Pela fé conquistaram reinos]
(Hb 11,33)

São Paulo diz: "Pela fé os santos venceram os reinos" (Hb 11,32s.).

Os santos venceram quatro reinos. Nós também devemos vencer quatro reinos. O primeiro reino é o mundo. O reino do mundo deve ser vencido pela pobreza de espírito. O segundo é o reino de nossa carne; devemos vencê-lo pela fome e pela sede. O terceiro é o reino do diabo; devemos vencê-lo com lamentação e pena. O quarto reino é o de Nosso Senhor Jesus Cristo. Este, devemos conquistá-lo com a força do amor.

Mesmo se possuísse o mundo inteiro, o homem deveria considerar-se pobre e todo o tempo estender a mão à porta de Nosso Senhor e de Deus e pedir as esmolas da graça de Nosso Senhor, pois a graça torna os homens filhos de Deus. Por isso diz Davi: "Senhor, todo o meu anelo é diante de ti e por ti" (Sl 37,10). São Paulo diz: "Todas as coisas me são como um lamaçal, a fim de ganhar Nosso Senhor Jesus Cristo" (Fl 3,8). É impossível que alguma alma seja sem pecado, sem que a graça de Deus aí recaia. A obra da graça é tornar a alma ágil e disposta para todas as obras divinas, pois a graça flui da fonte divina, é uma igualdade com Deus, saboreia a Deus e torna a alma igual[2] a Deus. Quando justamente essa graça e esse sabor se lançam para dentro da vontade, isso se chama, então, amor; e quando a graça e o

1. O texto em Hebreus diz: "Pela fé, eles venceram reinos". A substituição de *eles* por *sancti* é do texto do missal medieval da Ordem dos Pregadores, a saber, no *Missale Romanum* no texto da epístola do *Commune plurimorum martyrum*, como também no breviário romano *Commune plurimorum martyrum, extra temp. Pasch. Antiph. 2* em *II Vésperas* (Eckhart, 1968, p. 150, nota 1).

2. Eckhart (1968, p. 152,6): *gote glîch*; p. 664: *Gott ählich.*

gosto se lançam para dentro da força discursiva[3], isso se chama uma luz da fé; e quando a mencionada graça e o gosto se lançam para dentro da "força da ira", isto é, a força ascendente, chama-se então esperança. Chamam-se virtudes divinas por operarem obras divinas na alma do mesmo modo que, na força do sol, pode-se conhecer que ele opera obras vivificantes sobre a terra, uma vez que torna vivas todas as coisas, conservando-as em seu ser. Se essa luz se esvai, todas as coisas se desvanecem, <e se tornariam assim> como quando ainda não eram. É totalmente na alma: onde há graça e amor, torna-se fácil para o homem fazer todas as obras divinas. Um sinal seguro de que não há graça é quando se torna difícil para um homem fazer obras divinas. Por isso diz um mestre[4]: Não julgo as pessoas que vestem boas roupas ou comem bem, conquanto tenham amor. Tampouco me considero maior por levar uma vida dura, a não ser quando constato que tenho mais amor. É uma grande tolice jejuar muito, rezar e empreender grandes obras, levar todo o tempo uma vida sempre solitária, se não melhora sua conduta de vida, estando sempre inquieto e irado. Dever-se-ia observar em que se é mais fraco e empenhar-se por buscar como superar a fraqueza. Quando se está bem-ordenado em sua conduta, faça o que fizer, isso é agradável a Deus.

E assim se "vencem" os "reinos".

3. Eckhart (1968, p. 153,2): *die redelîche kraft*; p. 664: *die Verstandeskraft*.

4. Cf. Eckhart (1968, p. 154, nota 3): Num dos manuscritos se indica a Bernardo como o mestre mencionado ali no sermão. Segundo Quint, não é de Bernardo, mas talvez do Pseudo-Bernardo, em *Tractatus de statu virtutum, pars tertia: De timore et charitate* n. 37, PL 184,810.

Sermão 34

Gaudete in domino, iterum gaudete etc.

[Alegrai-vos incessantemente no Senhor; outra vez digo, alegrai-vos]

(Fl 4,4)

São Paulo diz: "Alegrai-vos sempre[5] no Senhor e não mais vos preocupeis; o Senhor está próximo; que os vossos pensamentos possam ser reconhecidos em ação de graças e súplica junto de Deus" (Fl 4,4s.)[6].

Então ele diz: "Alegrai-vos!" Jerônimo[7] diz: Ninguém pode receber de Deus saber, sabedoria e alegria se não for um bom homem. Não é um bom homem aquele que não mudou sua velha conduta; um tal homem não pode receber de Deus saber, sabedoria e alegria. E ele diz: "Alegrai-vos no Senhor!" Ele não disse: "Em *nosso* Senhor", mas "*no* Senhor". Já disse muitas vezes que a soberania de Deus não consiste apenas em Ele ser senhor de todas as criaturas. A sua soberania reside antes em que Ele poderia criar mil mundos, e sempre ainda, no seu puro ser, haveria de pairar solto acima de tudo: nisso está a sua soberania.

Ele diz: "Alegrai-vos no Senhor!" Aqui percebemos dois pensamentos[8]. O primeiro é que se permaneça constantemente no interior, "*no* Senhor". Que nada se busque *fora* dele em conhecimento e prazer, mas que se alegre somente *no* Senhor. O outro pensamento diz: "Alegrai-vos no *Senhor*!", no *seu* íntimo e em *seu* princípio, lá onde todas as coisas dele rece-

---

5. *Sempre* em alemão é *immer* ou também *allzeit* (*alle zît*), isto é, *todo o tempo* ou o *tempo todo* = o todo do tempo, a totalidade do tempo.

6. Cf. *introitus* e epístola do Terceiro Domingo do Advento. No antigo missal dominicano, o texto, na sua forma encurtada, se encontra só como *introitus* do Terceiro Domingo e como epístola no Quarto Domingo do Advento.

7. Quint observa que não foi possível encontrar essa citação nas obras de São Jerônimo (Eckhart, 1968, p. 160, nota 2).

8. Eckhart (1968, p. 161,8): *zwei wörtelîn*; p. 666: *zweierlei Aussagen*.

bem <o ser>; Ele, porém, não recebe <nada> de ninguém. Então ele diz: "Alegrai-vos *sempre* no Senhor!" Os mestres dizem que nem duas horas, uma hora mais uma hora, nem dois dias podem coexistir simultaneamente. Santo Agostinho diz: Todo o tempo só se alegra aquele que se alegra livre do tempo. <São Paulo> diz: "Alegrai-vos sempre!", isto é, para além do tempo, e não mais vos preocupeis; o Senhor é aqui junto e é próximo! A alma que quer alegrar-se no Senhor deve deixar necessariamente toda a preocupação, em todo caso, ao menos na hora em que se entrega a Deus. Por isso ele diz: "Não vos preocupeis; o Senhor é aqui próximo, junto de vós!", isto é, em nosso íntimo, quando Ele nos encontra em casa e quando a alma não saiu para passear com os cinco sentidos. A alma deve estar em casa no seu íntimo, na sua parte mais elevada e mais pura, e permanecer constantemente no interior sem espreitar para fora; lá "Deus é junto e Deus é próximo".

A outra pequena palavra é: "O Senhor é <próximo> junto!" Ele é *junto* a si mesmo e não vai longe para fora. Então diz Davi: "Senhor, alegra minha alma, pois a ti a elevei!" (Sl 86,4). A alma deve elevar-se com toda sua força por sobre si mesma e ser atraída para além do tempo e do espaço para dentro da vastidão e amplidão, para onde Deus é próximo e junto a si mesmo, para onde Deus não vai longe para fora e não toca nada de estranho[9]. Jerônimo[10] diz: É tão impossível uma pedra possuir a sabedoria do anjo, como é impossível Deus dedicar-se ao tempo ou a coisas temporais. Por isso ele diz: "O Senhor é aqui *junto*"[11]. Davi diz: "Deus é *junto* a todos os que o louvam, o pronunciam e o nomeiam, e quiçá na verdade" (cf. Sl 144,18). *Não vou discutir como* o louvam e pronunciam e nomeiam <detenho-me>, antes, na expressão: "na *verdade*". O que é verdade? Somente o Filho é *a* verdade. Nem o Pai nem o Espírito Santo são a verdade, a não ser enquanto são *uma* verdade em seu ser. É verdade sempre que mostro aberto o que trago em meu coração e o pronuncio com a boca, assim como

9. Jarczyk e Labarrière observam: "Apelo da totalidade unilateral a isso que constitui um dos pontos constantes do pensamento de Eckhart, como o diz de sua parte o tratado *Do homem nobre*: que é necessário sair de si – ou por sobre si para além – para retornar a si em verdade. Não se trata aqui de uma depreciação do princípio das realidades concretas, mas do caminho que permite reconhecê-las em verdade" (Eckhart, 1999, p. 37, nota *).

10. Quint observa que ele não pode identificar a citação em Jerônimo (Eckhart, 1968, p. 165, nota 2).

11. Eckhart (1968, p. 166,1): *der herre ist hie bî*; p. 667: *Der Herr ist hier <nah->bei.*

eu o tenho em meu coração, sem hipocrisia e sem dissimulação[12]. Essa revelação, ela, é verdade. Assim, só o Filho é a verdade. Tudo que o Pai tem e pode oferecer, Ele o pronuncia todo e inteiro em seu Filho. Essa revelação e essa operação é a verdade. Por isso diz <Davi>: "Na verdade"[13].

E diz São Paulo: "Alegrai-vos no Senhor!", e depois diz: "Que vossos pensamentos possam ser reconhecidos pelo Senhor", isto é: *nessa verdade* <como no Filho> junto ao Pai. A fé está em gérmen na luz do intelecto, a esperança está em gérmen na força ascendente, que todo o tempo tende ao mais alto e ao mais puro: a verdade. Eu disse algumas vezes – prestai, pois, atenção à palavra! Essa força é tão livre e deseja tanto ascender para o alto que não quer suportar nenhuma coação. <Já> o fogo do amor está em gérmen na vontade.

Então ele diz: Que "vossos pensamentos" e todas as forças "possam ser reconhecidos junto a Deus em ação de graças e súplica!" Se o homem nada mais tivesse a ver com Deus a não ser a sua *gratidão*[14], isso já seria suficiente.

Que nos alegremos eternamente *no* Senhor e *junto* ao Senhor na verdade, que nossos pensamentos sejam por Ele reconhecidos e que lhe sejamos gratos por todo bem. Que nele sejamos felizes; a isso nos ajude Deus. Amém.

12. Eckhart (1968, p. 167,1-2): *sunder glîchsenisse und sunder bedahtheit*; p. 667: *ohne Heuchelei und ohne Verdecktheit*.

13. Jarczyk e Labarrière dizem: "A verdade, que é o próprio de Deus dentro da sua tri-unidade, é aqui apresentada como a característica do Filho, na medida em que é nele que ela se encontra revelada" (Eckhart, 1999, p. 37, nota **).

14. Isto é, em ação de graças.

Sermão 35

Si consurrexistis cum Christo, quae sursum sunt etc.
[Se ressuscitastes com Cristo, buscai as coisas que são lá de cima]
(Cl 3,1)

São Paulo diz: "Se ressuscitais com Cristo, procurai as coisas que são do alto, onde o Cristo está sentado à direita de seu Pai, saboreai as coisas que são do alto e não degusteis as coisas que são da terra" (Cl 3,1s.)[1]. A seguir disse uma outra palavra: "Vós estais mortos, e vossa vida está escondida com Cristo em Deus" (Cl 3,3), no céu. Uma terceira coisa a considerar é que as mulheres procuraram Nosso Senhor no túmulo. Ali encontraram um anjo, "cujo rosto era como um raio, e suas vestes, brancas como a neve, e disse o anjo às mulheres: 'A quem procurais? Se procurais Jesus, aquele que foi crucificado – Ele não está aqui'" (cf. Mt 28,1s.). Pois Deus não está em nenhum lugar. O mínimo de Deus preenche todas as criaturas e sua grandeza não está em nenhum lugar. As mulheres não lhe responderam nada, pois não encontrando Deus, o anjo as aborreceu. Deus não está nem aqui nem lá, nem no tempo nem no espaço.

E diz São Paulo: "Se ressuscitais com Cristo, procurai as coisas que são do alto". Com a primeira palavra, ele pensa dois significados. Muita gente ressuscita <só> *pela metade*, exercita-se em <apenas> *uma* virtude e não na outra. Há gente que é por natureza ignóbil e ávida por riquezas. Há gente que possui natureza mais nobre, não olhando para as posses, buscando apenas honra. Um mestre[2] diz que todas as virtudes inerem necessariamente entre si. Por mais que alguém esteja propenso a exercitar *uma* virtude mais do que a outra, as virtudes estão necessariamente interligadas entre si, sendo todas juntas em um. Há gente que ressuscita *inteiramente*,

1. O texto da epístola foi tirado da epístola da vigília da Páscoa.

2. Cf. Tomás de Aquino, *S.Th.* I II q. 65 a. 1.

mas não ressuscita *com Cristo*. Por isso, tudo o que é seu deve ressuscitar inteiramente[3]. Por outro lado, encontra-se <novamente> gente que ressuscita *inteiramente com Cristo*[4]; mas deve ser muito sábio quem deve experimentar uma verdadeira ressurreição com Cristo. Os mestres[5] dizem que <só> é verdadeira ressurreição se uma pessoa não voltar a morrer. Não há em nenhum lugar uma virtude tão grande que alguém não a tivesse podido operar a partir da força dada pela natureza. Muitas vezes a força dada pela natureza realiza sinais e milagres. Assim, todas as obras exteriores que se podem encontrar nos santos encontram-se também nos pagãos. Por isso Paulo diz: Deveis ressuscitar com Cristo, pois Ele está no alto, onde nenhuma natureza pode alcançar. O que é nosso, isto deve ressuscitar inteiramente[6].

Existem três sinais <a favor> de que ressuscitamos *inteiramente*. O primeiro, se *buscamos* "as coisas que são do alto". O segundo, se "as coisas que são do alto" *têm sabor* para nós. O terceiro, se as coisas que estão na terra *não* têm sabor para nós[7]. E nos fala São Paulo: "Buscai as coisas que são do alto". Mas onde, e de que maneira? Diz o Rei Davi: "Buscai a face de Deus" (Sl 104,4). O que deve subsistir <juntamente> com *muitas* coisas, deve ser necessariamente "além". O que ativa o fogo deve necessariamente ser acima <daquilo que ele acende>, como o céu e o sol. Nossos melhores mestres[8] são de opinião de que o céu é um lugar de todas as coisas e, no entanto,

---

3. Eckhart (1968, p. 175,4/5): *Dar umbe, swaz sîn ist, daz sol alzemâle ûfstân*; p. 668: *Deshalb muss alles, was einem zugehört, allzumal auferstehen.*

4. Observa Quint: [...] *Die Klimax des "Auferstehens" ist: 1. erstânt halbe, 2. erstânt alzemâle,* [...] *aber niht mit Kristô, und 3. erstânt zemâle ûf mit Kristô* (Eckhart, 1968, p. 175, nota 2).

5. Não foi possível descobrir quem são esses mestres (Eckhart, 1968, p. 175, nota 4).

6. Eckhart (1968, p. 176,4): *Swaz unser ist, daz sol alzemâle ûferstân*; p. 668: *Was uns zugehört, das sol allzumal auferstehen*. Cf. Eckhart (1999, p. 40, nota *): "Três níveis concatenados que ascendem as etapas de um processo espiritual. Esse dinamismo de realização mostra que a ressurreição não se dá dentro de alguma *performance* que esteja ao poder do indivíduo, pois não se trata aqui de 'perfeição natural', mas de uma realidade de espírito que responde a duas características, da totalidade e da irreversibilidade: é o homem todo que ressuscita e ressuscita para não mais *morrer*".

7. Cf. Eckhart (1999, p. 41, nota 5): "Assim João da Cruz, também ele, dá 'três sinais' para conhecer o tempo em que se deve passar da *meditação* à *contemplação*: não mais poder usar do discurso nas coisas de Deus, não ter o gosto de pensar nas outras coisas da terra, experienciar contentamento em permanecer simplesmente em silêncio e nudez" (*Subida do Monte Carmelo*, livro II, capítulo 13).

8. Cf. Eckhart, *In Gen.* I n. 49, LW 1, p. 221,2s, nota 1: indica São Boaventura, *Sent.* II d. 2 p. 2 a. 2 q. 1; Alberto Magno, *Phys.* IV tr. 1 c. 13 (ed. Borgnet, 3, 270a).

<ele mesmo> não possui nenhum lugar, nenhum lugar natural, e dá lugar a todas as coisas. Minha alma é indivisa, sendo toda em cada membro. Onde o meu olho vê, o meu ouvido não ouve; onde meu ouvido ouve, meu olho não vê[9]. O que corporalmente vejo ou ouço entra *em* mim espiritualmente. Meu olho apreende na luz a cor. Esta, porém, não entra na alma, pois <o que entra na alma> é um des-caso[10] <da cor>. Tudo que os sentidos exteriores apreendem, para que seja introduzido espiritualmente, vem do alto, do anjo: ele o imprime na parte superior da alma. E nossos mestres[11] dizem: O que é em cima ordena e dispõe o que é embaixo. São Tiago diz a respeito: "Todos os dons bons e perfeitos vêm de cima para baixo" (Tg 1,17)[12]. O sinal de que alguém ressuscitou inteiramente com Cristo é o fato de ele buscar a Deus acima do tempo. Busca <porém> a Deus *acima* do tempo *aquele* que busca *sem* tempo[13].

Então ele <Paulo> diz: "Buscai as coisas que são do alto". *Onde* se busca? "Onde Cristo está sentado à direita de seu Pai." *Onde* está sentado Cristo? Em nenhum lugar. Quem o busca em *algum lugar* não o encontra. O seu mínimo está em todo lugar e o seu supremo não está em nenhum lugar. Um mestre diz: Quem conhece *algo qualquer* não conhece a *Deus*. "Cristo" diz tanto quanto "um ungido", aquele que foi ungido com o Espírito Santo. Os mestres[14] dizem que estar sentado significa repouso, lá onde não há tempo. O que vira e se muda não tem repouso; e depois, o repouso não acrescenta nada. Nosso Senhor diz: "Eu sou Deus e não me mudo" (Ml 3,6).

Cristo está sentado à direita de seu Pai. O melhor bem que Deus tem a oferecer é sua mão direita. Cristo diz: "Eu sou uma porta" (Jo 10,9). Na primeira irrupção e na primeira efusão de Deus Ele se funde para dentro do seu Filho, e o Filho funde-se de volta para dentro de seu Pai. Já cheguei a afirmar que a porta é o Espírito Santo: por ela, Ele se efunde em bondade para dentro de todas as criaturas. Onde houver um homem natural, ele

---

9. Cf. Tomás de Aquino, *S.Th.* I q. 8 a. 2 ad 3; *S.Th.* I q. 76 a. 8.

10. *Abeval*, *Ab-fall* traduzimos por *des-caso*, isto é, o que não é o caso, mas que de-cai do caso, o que é como resto, des-caso do que deve ser.

11. Cf. Tomás de Aquino, *S.Th.* II q. 185 a. 3 ad 3.

12. O Sermão 4 está dedicado para comentar esse texto da Escritura.

13. Cf. o Sermão 34.

14. Cf. Aristóteles, *Phys.* VII t. 20 (teta c. 3 247 b 10); Tomás de Aquino, *S.Th.* I q. 10 a. 4 ad 3, em Eckhart (1968, p. 180, nota 1).

começará sua obra "à mão direita". Um mestre[15] diz que o céu recebe imediatamente de Deus. Um outro mestre diz que isso não é assim, pois Deus é espírito e pura luz. Por isso, tudo que deve receber imediatamente de Deus, deve ser necessariamente espírito e pura luz. Um mestre diz: É impossível que algo corpóreo seja receptivo para algo da primeira irrupção de Deus, se não for uma luz ou um espírito puro. O céu é *acima* do tempo e é *causa* do tempo. Um mestre[16] diz que o céu, em sua natureza, é tão nobre que não poderia abaixar-se para ser a causa do tempo. Em sua *natureza* ele não pode causar o tempo; em seu *percurso* <no entanto> é ele causa do tempo – ele mesmo, porém, é sem tempo – isto é, no des-caso <da natureza> do céu. Minha aparência externa não é minha natureza, é antes um des-caso de minha natureza, e nossa alma é <elevada> muito acima e "é oculta em Deus". Assim, não digo apenas "acima do tempo", mas "oculta em Deus". Será esse o significado do céu? Tudo que é corpóreo é um des-caso[17], um acaso[18] e uma decadência[19]. O Rei Davi diz: "Diante dos olhos de Deus, mil anos são como *um* dia que passou" (Sl 89,4); pois tudo que é porvindouro e passado é ali em *um* instante.

Que Deus nos ajude a alcançar esse instante. Amém.

---

15. Cf. Alberto Magno, *De Divinis Nominibus* c. 4 n. 46 (ed. Colon., 37, p. 152,33s).

16. Cf. Agostinho, *Conf.* XII; Tomás de Aquino, *De potentia* q. 5 a. 4 ad 1 (ed. Marietti, Quaest. Disp. II, p. 139a).

17. Abeval; *Abfall*; cf. nota 10.

18. Zuoval; *Zu-fall.*

19. Niderval; *Niederfall.*

Sermão 36a

Steti Iesus in medio discipulorum et dixit: pax etc.
[Jesus pôs-se no meio deles e disse-lhes: "A paz!"]
(Jo 20,19)

São João escreve-nos em seu evangelho: "No primeiro dia da semana, ao cair da tarde, veio Nosso Senhor, a portas fechadas, em meio aos discípulos e disse: 'A paz esteja convosco!' e repetiu: 'A paz esteja convosco!' e pela terceira vez: 'Recebei o Espírito Santo!'" (Jo 20,19.21s.)[1].

A tarde não pode chegar se antes não tiver havido uma manhã e um meio-dia. Diz-se que o meio-dia é mais quente do que a tarde. No entanto, porque a tarde contém em si o meio-dia e porque o calor sobe, ela é mais quente, pois antes da tarde ali está todo um dia cheio. Ao avançar do ano, quer dizer, depois do solstício de verão, quando o sol começa a aproximar-se da terra, a tarde torna-se quente. Jamais pode tornar-se o meio-dia se a manhã não tiver passado, nem pode tornar-se tarde se o meio-dia não tiver passado. Isso significa: quando a luz *divina* irrompe na alma, sempre mais e mais até o pleno dia vir a si, então *ali não* se esvai a manhã <antes> do meio-dia, nem o meio-dia <antes> da tarde: juntos se incluem plenamente em um. Por isso a tarde ali <isto é, na alma> é quente. Assim, quando tudo o que a alma é se torna cheio da luz divina, então é o dia todo, cheio na alma. A tarde é, porém, na alma, como já disse anteriormente[2], quando a luz deste mundo se esvai e o homem se recolhe <em si> e repousa. Assim falou Deus: "Paz!" e mais uma vez: "Paz!" e: "Recebei o Espírito Santo!"

Jacó, o patriarca, chegou numa cidade ao entardecer, pegou ali pedras, colocou-as debaixo da cabeça e dormiu. No seu sono, viu uma escada subir ao céu por onde subiam e desciam os anjos, e Deus inclinou-se do alto da

1. Evangelho da oitava da Páscoa (*Dominica in albis*).

2. Cf. Sermão 20a.

escada (cf. Gn 28,11-13). O lugar onde Jacó dormiu não tinha nome. Isso significa: somente a deidade é um lugar da alma e é sem nome. E dizem os nossos mestres[3]: O que é lugar de um outro deve ser acima deste. Assim como o céu é o lugar de todas as coisas, o fogo é o lugar do ar, o ar o lugar da água e da terra, a água é o lugar da terra, mesmo que só parcialmente, e a terra não é lugar <para nenhuma outra coisa>. O anjo é o lugar do céu, e todo anjo que tiver recebido uma gotinha de Deus a mais do que o outro é lugar e localização[4] para os outros. O anjo supremo é lugar e localização e medida para todos os outros, sendo ele <mesmo> sem medida. E enquanto é *sem* medida, *Deus* é a sua medida.

"Jacó repousava no lugar" sem nome. Pelo que o lugar é sem nome, é com isso que ele é nomeado. Quando a alma chega ao lugar sem nome, ela alcança o seu repouso. A alma repousa lá onde todas as coisas têm sido Deus em Deus. O lugar da alma, que é Deus, é sem nome. Digo que Deus é inefável[5]. Ora, Santo Agostinho[6] nos diz que Deus *não* é inefável, pois se o fosse, isso <que eu diga que é inefável> seria um falar; pois Deus é mais silenciar do que falar. Um dos nossos mais antigos mestres[7], que encontrou a verdade já bem antes do nascimento de Deus, bem antes do surgimento da fé cristã tal como ela é hoje, considerava que tudo que ele poderia dizer a respeito das coisas trazia em si algo de estranho e de não verdade, preferindo por isso calar-se. Ele não queria dizer: "Dai-me pão ou dai-me de beber!" Não queria falar das coisas porque não teria podido dizê-las de modo tão puro como quando foram originadas[8] pela causa primeira. Por isso, preferiu silenciar, e para o que necessitava, fazia-se entender com sinais dos dedos. Se *ele* não podia falar <nem sequer> das *coisas*, então nos convém ainda mais que *nós* silenciemos inteiramente sobre aquele que é uma *origem* de todas as coisas.

---

3. Cf. Sermão 35, nota 8.

4. Eckhart (1968, p. 188,10): *stat und setzunge*; p. 671: *Statt und Plazierung*. Quint observa que *setzunge* ou *Plazierung* tem o significado de *Ortsanweisung* e equivale no latim a *locatio* (Eckhart, 1968, p. 191, nota 1).

5. Eckhart (1968, p. 189,4): *ungesprochen*; p. 672: *unausgesprochen*.

6. Cf. Agostinho, *Sermo* 117 c. 5 n. 7, PL 38,665.

7. Cf. Alberto Magno, *Met.* IV tr. 3 c. 4 (ed. Colon., 16,1, p. 192,34s), que atribui essa opinião a Aristóteles, *Met.* IV t. 22 (gama c. 5 1010 a 13); cf. Tomás de Aquino, *In Meteor.* IV c. 5 lec. 12 (ed. Marietti, n. 684 p. b): ele se refere a Heráclito e a Crátilo.

8. Eckhart (1968, p. 189,12): *geursprunget sîn*; p. 672: *hervorgebracht seien*.

Ora, dizemos que Deus é um espírito. Com Ele não é assim[9]. Se Deus *fosse* propriamente um espírito, com isso Ele teria um nome. São Gregório[10] diz: Em sentido próprio, nada podemos dizer sobre Deus. O que dizemos sobre Ele deve ser balbuciando. No lugar sem nome verdejam e florescem todas as criaturas em reto ordenamento. A localização de todas as criaturas brota totalmente do fundo desse lugar de reto ordenamento e a localização da alma emana desse fundo.

"Jacó queria repousar." Considerai: "Ele queria *repousar*". Quem repousa *em Deus* possui esse repouso, sem seu querer[11]. Dizemos então: A vontade subsiste sem exercício[12]. A vontade é livre, não recolhe[13] nada da matéria. No um[14] a vontade é mais livre do que o conhecimento, e nisso se escandaliza muita gente tola que pensa ser a vontade superior ao conhecimento[15]. Isso não é assim. Também o conhecimento é livre, mas o conhecimento serve-se da matéria e das coisas corporais em uma região <cada vez determinada> da alma, como cheguei a dizer na noite de Páscoa[16], que certas forças da alma estão ligadas aos cinco sentidos, como ver e ouvir, que introduzem o que se deve experimentar. Como diz um mestre: Em nenhum lugar Deus quer <permitir> que algo seja introduzido através

9. Eckhart (1968, p. 190,3): *Des enist niht*; p. 672: *Dem ist nicht so*.

10. Gregório Magno, *Moral.* XX c. 32 n. 62, PL 76,174.

11. Eckhart (1968, p. 191): *âne willen sîn*; p. 672: *ungewollt*.

12. Quint observa: "A vontade é independente das coisas materiais, às quais ela não necessita se orientar, nem nelas 'se exercitar', em contraposição ao intelecto, que, como a seguir é explicitado, é 'exercitado' no seu conhecer através da percepção dos sentidos" (Eckhart, 1968, p. 191, nota 4).

13. Eckhart (1968, p. 191,7): *ennimet niht von materie*; p. 672: *bezieht nichts von der Materie*.

14. Eckhart (1968, p. 191,7): *An dem einen*; p. 672: *In diesem Einen* (junto, no toque do Uno) como *In diesem Einen* (nesse, dentro do Uno) poderia significar que a vontade nela mesma, na sua essencialidade, quando ela é no que é o seu próprio como pura vontade, está na imediata aderência ao Um, de tal modo que é Um com a vontade divina: no Um assim, a vontade não recolhe nada da matéria e é mais livre do que o conhecimento, enquanto esse está no exercício, através da percepção dos sentidos. Jarczyk e Labarrière traduzem: "A vontade é livre, não recolhe nada da matéria. Nesse ponto, ela é mais livre do que conhecimento" (Eckhart, 1999, p. 47). Mas se fosse somente num ponto, não precisaria se escandalizar... Escandaloso seria mais se vontade e intelecto fossem "igual" no Um. Escândalo para a compreensão das faculdades da alma, vontade, intelecto e sentimento, a partir da Teoria do Conhecimento. Eckhart nos convida sempre de novo a compreendermos o próprio intelecto e o compreender como ser igual no Um, e em sendo Um compreender, isto é, abarcar, abraçar todo o resto, inclusive o intelecto e vontade também na igualdade cadenciada do Um na cascata das ordenações do universo. Cf. glossário n. 11 e 12.

15. Cf. glossário n. 11 e 12.

16. Cf. Sermão 35.

dos olhos ou através dos ouvidos que pudesse plenificar a parte mais nobre da alma, exceto unicamente o lugar sem nome, que é um lugar para todas as coisas. Certamente é um bom preparo[17] e *nesse* modo é muito profícuo, porque <isto é, o que se introduz pelos olhos e ouvidos> é permeado de cor, som e matéria. É somente um *exercício* dos sentidos, onde a alma desperta, pois a imagem do conhecimento <as ideias das coisas> lhe é impressa por natureza. Diz Platão e com ele Agostinho[18]: A alma tem em si todo o saber, e tudo que se pode exercer de fora é apenas um despertar do saber. "Jacó repousou ao *entardecer*." Antes, pois, pedimos um instante[19]; mas agora pedimos uma pequena coisa, pedimos apenas uma tarde.

Que a tarde nos seja dada, a isso nos ajude Deus. Amém.

---

17. Eckhart (1968, p. 192,3): *warnunge*; p. 672: *Zurüstung*; cf. p. 192, nota 1: Observa Quint: *Die Bedeutung dieses* warnunge *ist die von "Zurüstung", "Zubereitung".*

18. Cf. Platão, *Menon* c. 15, 20s, 81 C – D, 85 C – 86; c. 15, 81 C; c. 21, 86 A – B; *Phaedon* c. 22, 76 D –77 A; c. 41, 92 D; cf. Agostinho, *De civitate Dei* VIII c. 7, CSEL XXXX, 1 366,21; c. 9, 368,23s.

19. Cf. Sermão 35.

Sermão 36b
Venit Jesus et stetit in médio
[Jesus pôs-se no meio]
(Jo 20,19)

"Era de tarde naquele dia e Nosso Senhor veio a seus discípulos, colocou-se no meio deles e disse: 'A paz seja convosco!'" (cf. Jo 20,19)[1].

Diz, pois, o evangelista: "Era de tarde naquele dia". Quando o calor do meio-dia impregna o ar e o esquenta, ele incide somando-se ao calor da tarde, que se torna ainda mais quente: pelo acréscimo, à tarde se tem o máximo de calor. Assim também o ano tem sua tarde, o outono. O outono é a época mais quente do ano. É desse modo a tarde numa alma que ama a Deus. É puro repouso quando alguém é impregnado e de todo inflamado pelo amor de Deus. Por isso diz o evangelista: "Era de *tarde* naquele dia". *Nesse* dia, manhã, meio-dia e tarde permanecem um, juntos mutuamente, e nada se esvai; ao *dia temporal*, porém, a manhã e o meio-dia se esvaem e segue a tarde. Mas no *dia da alma* não é assim: nele permanece um. A luz *natural* da alma é a manhã. Quando a alma penetra no mais alto e no mais puro dessa luz, entrando assim na luz do anjo, *nessa* luz é meia-manhã. Quando a alma se eleva e entra com a luz do anjo na luz divina, é meio-dia. Quando a alma permanece na luz de Deus e numa quietude do puro repouso, é a tarde. Esse é o calor mais intenso no amor de Deus. Por isso diz João: "Era de tarde naquele *dia*". *Isto* é o dia na alma.

"Jacó, o patriarca, chegou a um lugar no entardecer e queria repousar à tarde, quando o sol já havia declinado" (Gn 28,11). Ele diz: "A um *lugar*", mas não o *nomeia*. Esse lugar é Deus. Deus não tem nenhum nome próprio. É lugar e localização de todas as coisas, é lugar natural de todas as criaturas. O céu, no que nele há de mais alto e mais puro, não tem nenhum

1. O texto é do Evangelho da oitava da Páscoa.

lugar. Em sua cadência[2], para a sua atuação, ele é o lugar e a localização de todas as coisas corpóreas que estão debaixo dele. O fogo é o lugar do ar, o ar o lugar da água e da terra. O lugar é o que me envolve, é onde eu estou. O ar envolve assim a terra e a água. Quanto mais sutil uma coisa, tanto mais forte. Por isso pode atuar dentro das coisas mais grosseiras e que estão abaixo dela. A terra não pode ser lugar no sentido próprio, porque é demasiadamente grosseira e é, dos elementos, o mais ínfimo. A água é *parcialmente* lugar, pois é mais sutil e por isso mais forte. Quanto mais forte e sutil um elemento, tanto mais é localização e lugar de um outro. Assim o céu é o lugar de todas as coisas corpóreas, mas ele mesmo não tem um lugar corpóreo. Antes, o anjo ínfimo é seu lugar, seu ordenamento e localização, e assim cada vez mais alto. Quanto mais nobre um anjo, mais ele é lugar, localização e medida do outro. O anjo supremo é lugar, localização e medida de todos os outros anjos abaixo dele, embora ele mesmo não tenha lugar nem medida. É *Deus* que tem sua medida e é seu lugar, e ele <o anjo> é puro espírito. Deus <porém> *não* é espírito, segundo o dizer de São Gregório[3], e todas as palavras que enunciamos sobre Deus são apenas um balbucio sobre Deus. Por isso diz o evangelista: "Chegou a um *lugar*". O lugar é Deus, que dá localização e ordenamento a todas as coisas. Tenho dito muitas vezes que o mínimo de Deus preenche todas as criaturas, e elas vivem, crescem e vicejam ali, mas o seu máximo está em nenhum lugar. Enquanto a alma está em algum lugar, não está no máximo de Deus que está em nenhum lugar.

E diz: "Ele *queria* repousar no lugar". Toda a riqueza e pobreza e bem-aventurança está na vontade. A vontade é tão livre e tão nobre que não recebe <impulso> das coisas corpóreas, mas opera sua obra a partir da própria liberdade. Certamente *o intelecto* recebe <influência> das coisas corpóreas. Neste ponto, a vontade é mais nobre. Mas é <somente> numa <certa> área parcial do intelecto, numa mirada para baixo e num descenso, que *este* conhecer recebe <impressões> das coisas corpóreas. No que é <nele> o mais alto, porém, o intelecto opera sem recepção adicional de coisas corpóreas. Diz um grande mestre: Tudo o que se introduz pelos sentidos não chega até dentro da alma nem até dentro da sua força suprema.

---

2. Cf. Sermão 35, nota 15.

3. Gregório Magno, *Moral.* XX c. 32 n. 62, PL 76,174.

Diz Santo Agostinho e com ele também Platão[4], mestre pagão, que por natureza a alma possui em si todo o saber[5]; não precisando por isso tirar o saber de fora para dentro de si. Pelo exercício exterior do saber, revela-se o saber que por natureza está oculto na alma. Assim acontece com um médico que limpa meus olhos e retira o que impede a visão, mas não dá a visão ao olho. Somente a força da alma que atua naturalmente nos olhos é que dá a visão aos olhos, quando o empecilho é removido. Assim, de tudo isso que é recolhido em "imagens" e formas pelos sentidos, nada concede luz à alma. Tudo isso pode apenas preparar e purificar a alma para que lhe seja possível receber, na sua mais elevada altitude e na pura acolhida, a luz do anjo e, com ela, a luz divina.

E ele diz: "Jacó queria repousar no *lugar*". O lugar é Deus e o ser divino, que concede lugar, vida, ser e ordenamento a todas as coisas. *Nesse* lugar a alma deve repousar no que é o mais alto e o mais íntimo do lugar. E no mesmo fundo, onde Ele tem o seu próprio repouso, lá também devemos receber o nosso repouso e ter com Ele o repouso.

Esse lugar é sem nome, e sobre ele não há nenhuma palavra apropriada. Toda palavra que sobre ele pudermos enunciar é mais uma negação do que Deus *não* é, do que uma enunciação sobre aquilo que Ele <realmente> é. Foi o que intuiu um grande mestre[6], e pareceu-lhe que, seja qual for a palavra que pudesse enunciar sobre Deus, não poderia enunciar, no sentido apropriado, nada que não contivesse, cada vez, algo de falso. Por isso ele silenciou e jamais quis dizer uma palavra, pelo que foi muito caçoado por outros mestres. É muito mais importante silenciar do que falar sobre Deus.

E diz ele também: "Era de tarde naquele dia e Nosso Senhor veio a seus discípulos, colocou-se no meio deles e disse: 'A paz seja convosco!'"

Que cheguemos à paz eterna e àquele lugar sem nome, que é o ser divino; a isso nos ajude o Espírito Santo. Amém.

4. Cf. glossário n. 11 e 12.

5. Eckhart (1968, p. 202): *kunst*; p. 674: *Wissen*.

6. Cf. Sermão 36a, nota 10.

Sermão 37

Vir meus servus tuus mortuus est
[Meu marido, teu servo, morreu]
(2Rs 4,1)

Uma mulher disse ao profeta: "Senhor, meu marido, teu servo, está morto. Eles, a quem devemos, vêm e tomam meus dois filhos para fazê-los escravos como pagamento da dívida; e eu não tenho nada mais que um pouco de azeite". O profeta disse: "Toma, pois, emprestadas vasilhas vazias e derrama um pouco de azeite em cada uma delas; ele vai crescer e aumentar. Vende o azeite, paga tua dívida e liberta teus dois filhos. E do que restar, alimenta a ti e a teus dois filhos!" (2Rs 4,1-3.7)[1].

A centelha do intelecto é a cabeça na alma, isto é, o "varão"[2] na alma. É algo assim como uma centelha de natureza divina, uma luz divina, um raio de luz e uma imagem impressa[3] da natureza divina. Lemos a respeito de uma mulher que implorou um dom ao Cristo (Jo 4,7.15). O primeiro dom que Deus concede é o Espírito Santo; nele Deus concede *todos* seus dons: isto é, "a água viva. Quem dela beber, não mais terá sede" (Jo 4,10.13). Essa água é graça e luz, jorra na alma, jorra para dentro, urge para o alto[4] e "salta para dentro da eternidade" (Jo 4,14). E a mulher disse: "Senhor, dá-me

---

1. O texto foi tirado da leitura da terça-feira depois do Terceiro Domingo da Quaresma.

2. *Der "Mann"*, isto é, o varão, o homem, significa também o marido, o esposo.

3. *Ein îngedrücket bild* (*eingeprägtes Bild*) significa uma imagem impressa. Só que para nós hoje "imagem impressa" se refere de imediato à reprodução de algo como figura imprimida pela técnica de impressão. Ao passo que no caso de "*eingeprägtes Bild*" trata-se de algo como perfil de uma obra esculpida, como configuração de uma obra por meio de cunhagem. Aqui *Bild* não é propriamente uma figura reproduzida, uma derivação enfraquecida da realidade, mas sim o vir à fala, o aparecer de uma obra como vislumbre, como evidência, como a fulguração de uma realidade, salientada, destacada na sua essencialidade originária. É algo como *archetypus*.

4. Isso significa que a altura e a interioridade coincidem. O acesso para a dimensão do alto se acha na intimidade, no interior, no fundo da alma.

dessa água!" (Jo 4,15). E Nosso Senhor disse: "Vai buscar o teu marido!" (Jo 4,16). E ela: "Senhor, eu não tenho marido". Disse então Nosso Senhor: "Tens razão, não tens nenhum. Tiveste cinco, e o que tens agora não é teu" (Jo 4,17s.). Santo Agostinho[5] diz: Por que disse Nosso Senhor: "Tens razão"? Ele quer dizer: os cinco homens são os cinco sentidos; eles, na tua juventude, te possuíram totalmente, à vontade e ao bel-prazer. E agora em tua velhice tens *um* que, porém, não é teu: é o intelecto, ao qual tu não segues. Se esse "marido" está morto, então vai mal. Quando a alma se separa do corpo, isso causa muita dor. Mas se Deus se separar da alma, isso causa uma dor *incomensurável*. Assim como a alma dá a vida ao corpo, Deus dá a vida à alma[6]. Assim como a alma se difunde em todos os membros, assim Deus flui em todas as forças da alma e as perpassa com tamanha profusão, que elas o difundem adiante[7], em bondade e em amor, sobre tudo que está em seu reino, a fim de que dele tudo se aperceba. Assim Ele eflui todo o tempo, isto é, acima do tempo, na eternidade e naquela vida onde vivem todas as coisas. Por isso, Nosso Senhor disse à mulher: "Eu dou a água-viva; quem dela beber não tem mais sede e vive, na vida eterna" (Jo 4,13s.).

A mulher disse, no entanto: "Senhor, meu marido, teu servo, está morto!" "Servo" significa alguém que recebe e guarda <algo> para seu Senhor. Se ele o guardasse para si, seria um ladrão. O intelecto é "servo" num sentido mais próprio do que a vontade ou do que o amor. Vontade e amor se dirigem para Deus <apenas> enquanto Ele é bom, e se não fosse bom, dele se não haveriam de aperceber. O intelecto, porém, impele (impulsiona) para o alto e penetra no *Ser*, antes de pensar em bondade ou em poder ou em sabedoria, ou em qualquer outra coisa que é *acidental*. O intelecto não se volta ao que se *acrescenta* a Deus: toma-o em si <em seu ser>. O intelecto afunda no ser e toma a Deus, como Ele é puro ser. E se o intelecto não fosse sábio, nem bom nem justo, tomá-lo-ia assim como Ele é puro ser. Aqui o intelecto se iguala ao domínio supremo *dos* anjos, que abrange os três coros: os tronos recebem a Deus em si, guardam a Deus em si e neles Deus repousa. Os querubins conhecem a Deus e persistem junto a Ele. Os serafins são "o fogo". A esses <coros de anjos> iguala-se o intelecto, guardando Deus

5. Cf. Agostinho, *In Joh.* tr. 15 n. 18s, PL 35,1516s, n. 22, 1518.

6. Cf. Agostinho, *Conf.* VII 1,2: (*Deus est*) *vita vitae meae.*

7. Cf. Eckhart (1968, p. 214,4-5): *daz sie ez vürbar giezen*; p. 676: *dass sie dies <en Strom> <Gott>… weitergiessen.*

em si. Com esses anjos, o intelecto apreende a Deus nu, no seu vestiário, onde Ele é Um sem distinção[8].

Então diz a mulher: "Senhor, meu marido, teu servo, está morto. E eles, a quem devemos, vêm e tomam meus dois *filhos*" (2Rs 4,1). Quem são os "dois filhos" da alma? Santo Agostinho – e com ele um outro mestre pagão[9] – fala sobre as duas faces da alma. Uma está voltada para este mundo e para o corpo; nele ela opera virtude, arte e vida santa. A outra face é direta e retamente voltada a Deus. Nela a luz divina é sem interrupção, operando ali dentro, sem que a alma saiba disso, porque ela não está *em casa*. Se a centelha da alma for apreendida pura em Deus, então o "marido"[10] vive. Lá acontece o nascimento, lá é gerado o Filho. Esse nascimento não acontece *uma vez* ao ano, nem *uma vez* ao mês, nem *uma vez* ao dia, mas *todo o tempo*, isto significa, acima do tempo na imensidão, que não é nem aqui nem agora, nem natureza nem pensamento. Por isso dizemos "filho" e não "filha".

Queremos agora falar de "dois filhos" num outro sentido, isto é: como conhecimento[11] e vontade. O conhecimento irrompe primeiro do intelecto e dos dois surge a vontade. Mas sobre isso basta!

De novo, queremos falar de "dois filhos" do intelecto, ainda em outro sentido. Um é a "possibilidade" <o intelecto possível>, o outro é a "atividade" <o intelecto agente>[12]. Um mestre pagão[13] diz: "A alma tem nessa força <isto é, no intelecto 'possível'> o poder de tornar-se espiritualmente

8. Essa ligação estabelecida entre as forças supremas da alma e os três coros dos anjos é um termo tradicional; Cf. Tomás de Aquino, *S.Th.* I q. 54 a. 5; q. 108 a. 5 ad 6; cf. Isidoro de Sevilha, *Etymologiae* VII c. 5 n. 21s (ed. Lindsay I); cf. Pedro Lombardo, *Sent* II d. 9 c. 1 n. 59s; cf. Dionísio Pseudo-Areopagita, *De cael. hier*. c. 7 § 1 (*Dionysiaca* II, p. 835s); Jarczyk e Labarrière observam: "Esse 'sem distinção' ordena a se aderir ao ser de Deus tal como é ele mesmo, sem se demorar nos atributos – bondade, sabedoria etc. – que são 'ajuntados' a este ser" (Eckhart, 1999, p. 55, nota *).

9. Cf. Eckhart (1968, p. 218, nota 1); Agostinho, *In Gen.* II n. 138; Avicena, *De an.* I c. 5 (5va 37-51).

10. Cf. Eckhart (1968, p. 218, nota 2); Jarczyk e Labarrière observam: "Homem – *Mann*. Esse termo foi traduzido acima, na boca da mulher, por 'marido'. A proposta, aqui, é de ordem mais fundamental: no composto humano, tal como engendrado por Deus, é o varão a expressão da 'face superior', que é dito o 'filho'" (Eckhart, 1999, p. 56, nota *).

11. Eckhart (1968, p. 219,8): *verstandnisse*; p. 677: *Erkenntnis*.

12. Eckhart (1968, p. 220, nota 1): Distinguimos *mügelicheit* = mügelîchiu vernunft e *würklicheit* = würkendiu vernunft; em latim: *intellectus possibilis* e *intellectus agens*; em grego: *nous poietikos, nous pathetikos*; cf. Aristóteles, *De anima* III t. 18 (gama c. 5 430 a 13].

13. Avicena, *Metaph.* IX c. 7 [107ra 21; 27-29].

todas as coisas". Na força *agente* ela se iguala ao pai e opera todas as coisas para um novo ser. Nela Deus teria querido imprimir a natureza de todas as criaturas; mas *antes* do mundo ela ainda não era. Deus criou *espiritualmente* todo este mundo em cada anjo, antes que este mundo fosse criado em si mesmo. O anjo tem dois conhecimentos. Um é a luz da manhã, o outro a luz da tarde. A luz da manhã está nisso que ele <o anjo> vê todas as coisas em Deus. A luz da tarde <no entanto> está em que ele <o anjo> vê todas as coisas em sua luz natural. Se ele saísse das coisas e entrasse nas coisas, seria noite. Mas como permanece no interior, chama-se luz da tarde. Dizemos que os anjos se alegram quando o homem faz uma boa obra. Nossos mestres[14] colocam a questão, se os anjos ficam perturbados quando o homem comete pecado. Dizemos: Não! Pois eles contemplam a justiça de Deus e acolhem nele <em Deus> todas as coisas, assim como elas são em Deus. Por isso, eles não *podem* se perturbar. E o intelecto em sua força "*possível*" iguala-se à luz natural dos anjos, que são a luz da tarde. Com a força "*agente*", leva para o alto todas as coisas para dentro de Deus, *sendo* todas as coisas nessa luz da manhã.

E diz a mulher: "Eles, a quem devemos, vêm e tomam meus dois filhos para fazê-los escravos". O profeta diz, no entanto: "Vai pedir emprestadas vasilhas vazias junto a teus vizinhos" (2Rs 4,3). Esses "vizinhos" são todas as criaturas e os cinco sentidos e todas as forças da alma – a alma tem muitas forças em si que atuam bem às ocultas – e também os anjos. De todos esses "vizinhos" deves "pedir emprestadas vasilhas vazias".

Que "peçamos muitas vasilhas vazias emprestadas" e que possam ser preenchidas todas elas com a sabedoria divina, para podermos "liquidar a nossa dívida" e viver eternamente do "que sobra"; a isso nos ajude Deus. Amém.

---

14. Cf. Tomás de Aquino, *S.Th.* Suppl. q. 87 a. 1 ad 3.

Sermão 38

In illo tempore missus est angelus Gabriel a deo: ave gratia plena, dominus tecum

[Foi enviado por Deus o Anjo Gabriel: Deus te salve, cheia de graça; o Senhor é contigo]

(Lc 1,26.28)

São Lucas escreve estas palavras: "No tempo foi enviado o Anjo Gabriel por Deus". Em que tempo? "No sexto mês", quando João Batista estava no seio de sua mãe (Lc 1,26)[1].

Se me perguntam: Por que rezamos, por que jejuamos, por que fazemos todas as nossas obras, por que fomos batizados e – o que é o mais sublime – por que Deus se fez homem? – Eu responderia: Por isso, para que Deus seja gerado na alma e a alma <por sua vez> seja gerada em Deus. Foi *por isso* que se escreveu toda a Escritura, foi *por isso* que Deus criou o mundo e toda a natureza dos anjos: para que Deus seja gerado na alma e a alma seja <por sua vez> gerada em Deus. A natureza de todo grão tem em vista o trigo, a natureza de todo metal, o ouro, e todo nascer tende ao ser homem[2]. Por isso um mestre[3] diz: Não se encontra nenhum animal que não manifeste algo igual ao homem.

"No tempo." Primeiro, a palavra se concebe no intelecto e depois se representa no pensamento. Quando então a palavra é *concebida no meu*

1. O texto da Escritura se acha, segundo o antigo missal dos dominicanos, no Evangelho das missas da quarta-feira depois do Terceiro Domingo do Advento, "*in commemoratione* (*missas votivas*) *beatae Mariae virginis in adventu*" e na missa da Festa da Anunciação de Maria (25 de março).

2. Cf. Mestre Eckhart, *In Gen.* I n. 132, LW 1, p. 285,4s, acerca desse assunto nos envia a Alberto Magno, cf. *De vegetab.* V tr. 1 c. 7 n. 55 (ed. Meyer e Iessen, p. 312).

3. Cf. Moisés Maimônides, *Dux neutrorum* III c. 14 (77 v, 13-17).

intelecto, ela é tão pura e tão sutil que, antes de ser representada em meu pensamento, é uma *verdadeira* palavra. Em terceiro[4] lugar, a palavra se *pronuncia* externamente pela boca, não sendo *assim* outra coisa do que manifestação da palavra *interior*. Do mesmo modo, a palavra eterna se pronuncia *interiormente*, no *coração* da alma, no íntimo, no mais puro, na cabeça da alma, da qual já falei recentemente, *no intelecto*: lá dentro, realiza-se o nascimento. Quem nada possui, a não ser apenas um pressentimento pleno e uma esperança, gostaria de saber como acontece esse nascimento e o que contribui para isso.

São Paulo diz: “Na plenitude do tempo Deus enviou seu Filho” (Gl 4,4). Santo Agostinho[5] esclarece o que significa “plenitude do tempo”: “Onde nunca mais há tempo, ali há ‘plenitude do tempo’”. Então o dia é pleno, quando do dia nada mais restou. É necessariamente verdadeiro que o tempo deve ficar inteiramente fora, lá onde esse nascimento tem início, pois não há nada que impeça tanto esse nascimento quanto tempo e criatura[6]. É uma verdade assegurada que por natureza o tempo não pode tocar nem a Deus nem à alma. Se a alma pudesse ser tocada pelo tempo, ela não seria alma; e se Deus pudesse ser tocado pelo tempo, não seria Deus. E se fosse assim que o tempo pudesse tocar a alma, Deus jamais poderia nela ser gerado, e ela jamais poderia ser gerada em Deus. Onde Deus deve ser gerado na alma, ali todo o tempo deve ter decaído ou a alma ter se evadido do tempo pela vontade ou pelo desejo[7].

Um outro sentido de “plenitude do tempo”: a “‘plenitude do tempo’ seria a habilidade e o poder de atrair e ajuntar para dentro de um instante presente o tempo e tudo o que já aconteceu em 6 mil anos e o que ainda há de ocorrer até o fim dos tempos”. Esse é o instante da eternidade em que a alma conhece todas as coisas em Deus, na novidade, no frescor e no presente, e com <igual> prazer como <conheço aquelas coisas> que tenho num piscar de olhos, agora, diante de mim. Li há pouco tempo num livro[8] –

---

4. “Ser representada em meu pensamento” seria, pois, o segundo lugar.

5. Agostinho, *En. Ps.* 72 n. 16, PL 36,922.

6. Cf. Eckhart (1958, p. 179,9s).

7. Jarczyk e Labarrière observam: “Uma tal evasão do tempo não se compreende a não ser a partir de uma concepção que o tem por um derivado ou um simples acréscimo ao que é” (Eckhart, 1999, p. 59, nota *).

8. Cf. Eckhart (1968, p. 232, nota 1): Quint conjectura se o livro mencionado não poderia ser as *Confissões de Agostinho*; cf. *Conf.* XI c. 13 n. 15s (ed. Skutella, p. 274,12s).

quem poderia, pois, sondá-lo a fundo! – que Deus cria o mundo *agora* como no primeiro dia, quando criou o mundo. Nisso Deus é rico, e isso é o Reino de Deus[9]. Da alma na qual Deus deve ser gerado, o tempo deve retirar-se, e ela, do tempo; e ela deve embalar-se para o alto e persistir em fixar a mira dos olhos nesse reinar de Deus: ali é vastidão sem vastidão e largueza sem largura; ali a alma conhece todas as coisas e as conhece em perfeição.

Os mestres[10] escrevem como seria inacreditável se disséssemos quão vasto é o céu, pois a mínima força existente em minha alma é mais vasta do que a vastidão do céu. O que dizer então do intelecto a não ser que ele é vasto sem vastidão?! Na cabeça da alma, no intelecto, estou tão próximo de um lugar que se encontra a mil milhas distante para além do mar como do lugar em que agora estou em pé. É nessa vastidão e nesse reinar de Deus que a alma conhece. Ali nada lhe escapa e ali ela não espreita mais nada.

"O anjo foi enviado." Os mestres[11] dizem que a multidão dos anjos é um número para além de todo o número. Sua quantidade é tão grande que nenhum número pode contê-la; seu número nem sequer pode ser pensado. A quem conseguisse apreender a diferenciação *sem* número e *sem* quantidade, cem seria como um. Se houvesse cem pessoas na deidade, quem conseguisse apreender a diferenciação *sem* número e *sem* quantidade, conheceria, pois, não mais do que *um* Deus. Gente incrédula e muitos cristãos desinformados se espantam com tudo isso. E mesmo muitos sábios conhecem tão pouco isso como conhecem uma pedra: eles entendem o *três* como três vacas ou três pedras. Quem, porém, pode apreender a diferen-

---

9. Eckhart (1968, p. 232,3): *Hie ist got rîche, und daz ist gotes rîche*; p. 680: *Hierin ist Gott reich, und das ist Gottes Reich*. A palavra bem antiga (*das*) *Reich* (*rîche*) significa regência (*regere, rex*), dominância, soberania e nos traz à fala o modo de ser da presença pacificadora e ordenadora, à qual um rei, um soberano, devia estar a serviço. Está ligada com o que é reto (*recht*), isto é, a presença ordenadora e fomentadora de colocar em pé todas as coisas, para que cada coisa se torne ela mesma, assentada na sua própria nascividade. Era de início título para indicar essa tarefa de regência como serviço. Depois passou a indicar também a região, a área onde a regência atuava, e assim *das Reich* passou a significar também o reino. O adjetivo *reich* deriva a sua significação do *Reich* acima explicitado. Significava, pois, originariamente *poderoso e nobre*, não no sentido de uma classe social dominadora, mas no sentido de uma presença atuante, cheia de vigor e da limpidez e da nobreza na dedicação à tarefa da regência. A palavra *Reichtum* possui também essa referência à regência. *Reich* e *Reichtum* no sentido de regência em posse e no bem-estar é significação posterior, mais recente (Mitzka; Gotze, 1954, p. 352s.).

10. Cf. Agostinho, *De quantitate animae* c. 5 n. 9, PL 32,1040.

11. Cf. Tomás de Aquino, *S.Th.* I q. 50 a. 3 ad 1; *De ente et essentia* c. 5 (ed. Baur[2] p. 45,7s.); c. 6 (p. 53,19s.).

ciação em Deus *sem* número e *sem* quantidade conhece que três pessoas são *um* Deus[12].

O anjo está também tão alto que os melhores mestres dizem que cada anjo tem <cada vez> toda uma natureza <para si>. Mesmo que por um milagre, um homem possuísse tudo que todos os homens já possuíram, possuem agora e irão possuir, em poder, em sabedoria e em tudo, mesmo assim ele não seria nada mais do que um homem. Se o homem possuísse tudo que *todos* os homens possuem, sempre ainda estaria longe, distante dos anjos. Assim, pois, cada anjo tem toda uma natureza <para si> e é distinto do outro como um animal é distinto do outro que é de outra espécie[13]. Nessa multidão de anjos Deus é rico, e quem conhece isso conhece o Reino de Deus. Ela <a multidão dos anjos> manifesta o Reino de Deus como um senhor é manifesto pela multidão de seus cavaleiros. Por isso Ele se chama "Senhor Deus dos exércitos". Toda essa multidão de anjos, por mais elevados que sejam, deve cooperar e ajudar, quando Deus nasce na alma. Os anjos se comprazem, se alegram e deliciam com o nascimento, embora ali eles não atuem em nada. Aí não há atuação das criaturas. Só Deus opera esse nascimento. Os anjos <porém> têm ali <apenas> uma obra *serviçal*. Tudo que coopera para isso é uma obra *de serviço*.

O nome do anjo era "Gabriel". E ele *agia* também assim, como ele se *chamava*. <No fundo> ele nem se chamava Gabriel, nem tampouco Conrado. Ninguém pode saber o nome do anjo. Onde o anjo é nomeado <com o seu nome próprio>, ali nenhum mestre ou nenhum entendimento jamais penetrou; talvez ele seja <simplesmente> sem nome. Também a alma não tem nome. Como não se pode encontrar um nome próprio para Deus, assim também não se pode encontrar um nome próprio para a alma, embora se tenham escrito volumosos livros[14] sobre o tema. Ela recebe um nome a partir de suas obras. Um carpinteiro: esse não é seu nome, antes, ele recebe *o* nome, da *obra*, onde é um mestre. "Gabriel" recebeu o seu nome da *obra*, para a qual ele era um mensageiro, pois "Gabriel" significa "força"[15] (cf. Lc 1,35). Nesse nascimento Deus opera cheio de força ou opera a força. Em que sentido atua toda a força da natureza? – No sentido de querer

12. Cf. Tomás de Aquino, *S.Th.* I q. 30 a. 3 ad 2.

13. Cf. Tomás de Aquino, *S.Th.* I q. 50 a. 4 ad 4.

14. Cf. Aristóteles, *De anima*, e comentários, entre outros; Avicena, *De an.* I c. 1 (1rb 20-22).

15. Cf. Isidoro de Sevilha, *Etymologiae* VII c. 5 n. 10 (ed. Lindsay I): "Gabriel em hebraico se traduz na nossa língua por fortaleza, força de Deus".

gerar a si mesma. Qual o sentido de toda natureza que atua na geração? Buscar gerar a si mesma. A natureza do meu pai queria em sua natureza <de pai> produzir um pai. Quando ela não o pôde, queria <pelo menos> produzir <algo> que lhe fosse semelhante em tudo. Quando <também> lhe faltou a força <*para isso*>, produziu o que lhe era possivelmente o mais semelhante: um filho. Quando, porém, a força perde em suficiência ou sofre um acidente, produz um homem ainda mais desigual <ao pai>. Em Deus, porém, é *plena* força; por isso, em *seu* nascimento, Ele gera sua imagem e semelhança. Deus gera plenamente na alma tudo que Ele é em poder, em verdade e em sabedoria.

Santo Agostinho[16] diz: "A alma torna-se igual ao que ela ama. Se ama coisas terrenas, torna-se terrena. Se ama a Deus", assim poder-se-ia perguntar: "Torna-se então Deus?" Dizer isso soaria inacreditável para as pessoas de mente fraca e elas não o compreenderiam. Mas Agostinho diz: "Não sou eu que digo: remeto-vos à Escritura, que diz então: 'Eu vos tenho dito que sois deuses' (Sl 81,6)". Quem possuísse apenas algo do reinar de que vos falei há pouco, seja uma mínima visão ou apenas um pouco de esperança ou confiança <a ela>, compreenderia isso bem. Jamais algo conseguiu ser tão aparentado, tão igual e tão unido por nascimento <a um outro>, como a alma se tornando Deus nesse nascimento. Se acontecer de, em algo qualquer, a alma ser impedida de se igualar a Ele em tudo, isso não é culpa de Deus. Na medida em que as insuficiências dela se desprendem e caem, nessa mesma medida Deus a faz igual a Ele. Não é falha do carpinteiro que não se possa construir uma bela casa de madeira carunchosa. A falha é da madeira. O mesmo se dá com a atuação de Deus na alma. Se o ínfimo anjo pudesse se configurar ou ser gerado na alma, diante disso todo esse mundo não seria nada. Pois uma única centelha do anjo verdeja, faz brotar e ilumina tudo que há no mundo. Esse nascimento, porém, é o próprio Deus que opera; o anjo aqui nada pode efetivar a não ser uma obra serviçal.

"Ave", isto significa "sem ai!"[17] Quem é sem criatura, é "sem ai!" e sem inferno, e quem é o mínimo em ser criatura e possui o mínimo de criatura

---

16. Agostinho, *In Epistulam Iohannis ad Parthos tractatus* 2 n. 14, PL 35,1997: "[...] porque cada pessoa é tal qual é o seu amor. Amas a terra? Serás terra. Amas a Deus? Que direi? Serás Deus? Não ouso dizer isso, a partir de mim, ouçamos as Escrituras: Eu disse, sois deuses, e todos sois filhos do Altíssimo" (Sl 81,6).

17. Cf. Eckhart (1968, p. 240,7): "Âvê", *daz ist* "âne wê"; p. 681: "*Ave*", isso significa "sem dor". Trata-se, sem dúvida, como diz Quint, de uma pseudoetimologia (Eckhart, 1968, p. 240, nota 4). Provavelmente a palavra *Ave* é escutada como *âne vê*. Segundo Walde (1965, p. 80-81), o signifi-

possui o mínimo de sofrimento. Já afirmei algumas vezes: Quem possui o mínimo do mundo, dele possui o máximo. A ninguém o mundo é tão próprio como àquele que renunciou de todo ao mundo inteiro. Sabeis por que Deus é Deus? Deus é Deus por ser Ele sem criatura. Ele jamais se *nomeou* no tempo. No tempo é criatura, é pecado e morte. Estes, em certo sentido, são parentes[18], e porque a alma <quando renunciou ao mundo> evadiu-se do tempo, nela não há sofrimento, nem pena. Para ela, até mesmo a desventura torna-se alegria. Tudo quanto se possa cogitar em termos de prazer e alegria, de delícia e amabilidades, tudo isso confrontado com a delícia jacente nesse nascimento, *não* é mais nenhuma alegria.

"Cheia de graça." A menor obra da graça é maior que todos os anjos em sua natureza. Santo Agostinho[19] diz que uma obra da graça operada por Deus – assim, por exemplo, quando Ele converte um pecador em um homem bom – é maior do que se Ele criasse um novo mundo. <Pois> para Deus é tão fácil reverter céu e terra como é para mim virar uma maçã na minha mão. Onde se dá a graça na alma, ali se é puro, igual a Deus e aparentado com Deus. A graça é tão sem obra como no nascimento, do qual falei há pouco, onde não há nenhuma obra. A graça não atua nenhuma obra. São "João jamais atuou um sinal" (Jo 10,41)[20]. <Mas> a obra que o anjo opera em Deus <a "obra serviçal"> é tão elevada que nenhum mestre ou nenhum entendimento jamais pôde alcançar a compreensão dessa obra. *Dessa* obra, pois, desprende-se uma apara – como se solta lasca de uma viga que está sendo talhada –, um lampejo, e quiçá lá onde o anjo toca o céu com a sua ínfima esfera do ser: com isso verdeja, floresce e vive tudo que há neste mundo.

---

cado do *ave* (que vem do hebraico) se refere a *vive*; mais tarde foi associado a *salve*, *vale*; somente bem mais tarde surge o verbo *aveo* com o significado de *eu me acho bem*, *eu me sinto bem*. "Ave" como fórmula de saudação com o significado de *alegra-te* diz que a *alegria humana* é *vida*, *saúde originária* (*salve*), *valentia*, *valência*, *valor* (*vale*). Alegria, saúde, valor, vida aqui não é nem biológico, nem psicológico, mas modo de ser (atitude) ontológico-existencial. Isso se manifesta numa existência humana em que no com-portar-se fundamental do existir humano não entra a lamúria do *puxa vida*, *ai*, *ai*, *que vida*!?, mas sim o inter-esse da tonância do fundo da alma, que é a disposição grata e gratuita de um ânimo intrépido como o ânimo de Deus encarnado, portanto da alma nascida como Deus e do Deus nascido como alma, na deidade. Cf. glossário n. 26.

18. Quint observa: "Estes – tempo, criatura, pecado e morte – estão em certo sentido aparentados mutuamente" (Eckhart, 1968, p. 241, nota 3).

19. Cf. Agostinho, *In Joh.* tr. 72 n. 3, PL 35,1823; cf. Tomás de Aquino, *S.Th.* I II q. 113 a. 9.

20. Cf. Isidoro de Sevilha, *Etymologiae* VII c. 9 n. 5 (ed. Lindsay I): "Johannes é interpretado como graça do Senhor".

Falo entrementes de duas fontes. Embora possa também soar estranho, devemos <afinal> falar segundo o nosso sentido[21]. Uma fonte, de onde salta a graça, é onde o Pai engendra o seu Filho Unigênito. Justamente dessa mesma fonte salta a graça e justamente lá flui a graça, a partir da mesma fonte. Uma segunda fonte é onde as criaturas emanam de Deus. Ela é tão distante daquela fonte, da qual salta a graça, tão distante como o céu da terra. A graça não *atua*. Na sua *natureza* <de fogo>, o fogo não danifica nem inflama. O *calor* do fogo arde aqui embaixo[22]. E mesmo quando inserido na natureza do fogo, o calor não queima e não causa dano. Onde o calor se meteu no fogo, ele fica tão distante da verdadeira natureza do fogo como o céu dista da terra. A graça não opera nenhuma obra, ela é sublime demais para isso; o atuar lhe é tão distante como o céu é distante da terra. A graça é *isto*: uma interioridade, uma inerência e uma união com Deus. Aí é "Deus com"[23], pois isso segue imediatamente depois <do "Ave", na saudação do anjo>:

"Deus é contigo" – ali, dá-se o nascimento. Ninguém deve pensar que seja impossível chegar ali. Que dano me pode causar, por mais difícil que isso seja, se é *Ele* quem opera? Todos os seus mandamentos me são fáceis de cumprir. Mesmo que me ordene tudo o que Ele quer, considero-o como nada, isso é pouco para mim, se Ele me der para isso sua graça. Muitos dizem que não a possuem. Então eu lhes digo: "Sinto muito, mas tu a desejas?" – "Não!" – "Então, sinto muito mais ainda." Se não se pode tê-la, então se tenha, pois, o *desejo* por ela. Se <porém, também> não se pode ter nem sequer o desejo, então deseje, pois <ao menos> o próprio desejar. Diz Davi: "Senhor, desejei o desejo da tua justiça" (Sl 118,20).

Que desejemos ardentemente que Ele queira nascer em nós. Que para isso Deus nos ajude. Amém.

---

21. Eckhart (1968, p. 243,6): *unserm sinne*; p. 682: *unserm Verstande*.

22. Eckhart (1968, p. 244,3): *Diu hitze des viures diu brennt hie nidene*; p. 682: *Die Hitze des Feuers <vielmehr nur>, die entzündet hienieden <auf Erden>*.

23. Eckhart (1968, p. 244,8): *und dâ ist "got mite"*; p. 682: *und da ist "Gott mit <dir>"*.

Sermão 39

Justus in perpetuum vivet et apud dominum est merces eius etc. [Os justos viverão para sempre; a sua recompensa está no Senhor] (Sb 5,16)

A gente lê hoje na epístola uma palavrinha, e é "o sábio" que diz: "O justo vive na eternidade" (Sb 5,16)[1].

Ocasionalmente expus[2] o que é um homem justo. Agora, falo num outro sentido: um homem justo é aquele que está in-formado e trans-formado[3] na justiça. O justo vive em Deus e Deus nele, pois Deus é gerado no justo e o justo em Deus. Deus é gerado por cada uma das virtudes do justo e alegra-se por cada virtude do justo. E não somente por cada *virtude*, mas também por cada *obra* do justo, por pouca que ela seja, feita pelo justo e na justiça, pela qual Deus se alegra, sim, se rejubila, cheio de alegria; pois nada permanece no fundo de Deus que não tenha sido tocado inteiramente pela delícia da alegria. As pessoas de sensibilidade grosseira devem *acreditar* <simplesmente> nisso, as iluminadas, porém, devem *sabê-lo*.

O justo nada procura com suas obras, pois aqueles que buscam algo qualquer com suas obras, ou também aqueles que atuam por causa de um porquê, são escravos e mercenários. Por isso, se queres ser in-formado e

---

1. Leitura do comum dos mártires. Segundo o missal antigo dominicano, essa leitura é das festas dos santos Tibúrcio, Valeriano e Máximo (14 de abril), Nereu, Aquileu e Pancrácio (12 de maio), dos sete santos irmãos (10 de julho) e santos Abdo e Sennen (30 de julho).

2. Cf. Sermão 6.

3. In-formado e trans-formado são traduções de *îngebildet und übergebildet*. A *forma* implícita no in-*forma*do e trans-*forma*do não significa propriamente forma, mas sim *essência* ou *vigor originário e originante*, *vigência do ser*. O prefixo *in* quer dizer *em* e *para dentro*, *em* e *para dentro da interioridade do ser homem*, isto é, *fundo da alma*. *Trans* (*über*) significaria não tanto *além* (p. ex., além-mundo), mas sim a *dinâmica* de *concreção* (concrescimento), na qual a *forma*, *a essência*, *o ser do homem*, vem a si, se consuma na plenitude; dito de outro modo, o homem (a alma) vem à sua origem, à sua saúde (salvação) originária, e assim está *em forma* no seu ser.

trans-formado na justiça, não tenhas nada em vista com tuas obras nem mires sobre um porquê, nem no tempo nem na eternidade, nem pagamento nem bem-aventurança, não busques nem isso nem aquilo, pois, na verdade, tais obras são todas elas mortas. Mesmo que tomes a Deus como tua meta, todas as obras que possas realizar *por isso* são mortas e <assim> arruínas boas obras; e não somente arruínas boas obras, mas também cometes pecado, pois roças as árvores quando deverias plantar um jardim como um jardineiro, ainda por cima queres receber pagamento. Assim <também> arruínas boas obras. Se queres *viver* e queres que tuas obras vivam, então deves ter te tornado *morto* e aniquilado para todas as coisas. É próprio da criatura fazer algo de *algo*, mas é próprio de Deus fazer algo do *nada*. Por isso, se Deus deve fazer alguma coisa em ti e contigo, deves antes ter te tornado nada. Vai assim até o teu próprio fundo e lá opera. As obras, porém, que lá operas, são elas todas vivas. E por isso ele <"o sábio"> diz: "O justo vive", pois por ser justo ele opera e suas obras *vivem*.

Então ele <"o sábio"> diz: "Sua recompensa está no Senhor". Sobre isso, apenas um pouco. Quando ele diz "no", isso significa que a recompensa do justo está lá, onde o próprio Deus é. Porque o justo é bem-aventurado, onde Deus é bem-aventurado, a bem-aventurança do justo e a bem-aventurança de Deus são *uma* bem-aventurança. Fala São João: "A palavra estava em Deus" (Jo 1,1). <Também> *ele* diz "em", e por isso o justo é igual a Deus, pois Deus é a justiça. Por isso: quem está na justiça está em Deus e *é* Deus[4].

Vamos, pois, falar mais sobre a palavra "justo". Não se diz "o homem justo" nem "o anjo justo", mas apenas "o justo". O Pai gera seu Filho como *o justo* e o justo como seu Filho, pois toda virtude do justo e cada obra feita a partir da virtude do justo, nada é a não ser que o Filho seja gerado do Pai. Por isso, o Pai nunca repousa. Ele urge e impele todo o tempo para que seu Filho seja gerado em mim, como se diz na Escritura: "Nem por Sion vou me calar, nem por Jerusalém vou descansar, até que o justo seja revelado e brilhe como um relâmpago" (Is 62,1). "Sion" significa alteza da vida, e "Jerusalém", alteza da paz[5]. Em verdade Deus não descansa nem pela alteza da vida nem pela alteza da paz; Ele urge e impele todo o tempo para que o justo seja revelado. No justo nada deve operar a não ser Deus.

4. Eckhart (1999, p. 69, nota *): "Uma tal identidade entre o justo e a justiça – identificada a Deus – foi desenvolvida por Mestre Eckhart no início do tratado intitulado *O livro da divina consolação*".

5. Cf. Isidoro de Sevilha, *Etymologiae* XV c. 1 n. 5 (ed. Lindsay I).

Pois, em verdade, enquanto um algo qualquer de fora te impele a agir, todas essas obras são mortas. E, em verdade, mesmo que *Deus* te impulsionasse a agir *a partir de fora*, essas obras também seriam mortas. Se tuas obras, porém, devem *viver*, Deus deve te impulsionar *intrinsecamente*, no íntimo da alma, se é que elas <realmente> devem viver: pois *ali* é tua vida, e só *ali é* que vives. E eu digo: Se pensas que *uma* virtude é maior do que a outra e a estimas mais do que a outra, não a amas como ela é na justiça e Deus ainda não opera em ti. Pois enquanto avalia e ama mais *uma* virtude, o homem não as <as virtudes> ama nem as toma como elas são na justiça, e também ele ainda não é justo. O justo ama e opera todas as virtudes na justiça. Pois elas são a própria justiça.

A Escritura diz: "Antes do mundo criado, eu sou" (Eclo 24,14). Ela diz: "*Antes*", "eu sou" e isso quer dizer: quando o homem se eleva por sobre o tempo, para dentro da eternidade, lá o homem opera *uma* obra com Deus. Algumas pessoas perguntam como o homem pode operar as obras que Deus realizou há mil anos e que irá realizar daqui a mil anos. E elas não compreendem. Na eternidade não há nem antes nem depois. Assim, o que aconteceu há mil anos, o que <irá acontecer> daqui a mil anos e o que agora acontece é, na eternidade, apenas *um*. E, por isso, o que Deus fez e criou há mil anos e o que <há de fazer> daqui a mil anos e o que Ele faz agora não é nada a não ser *uma* obra. Por isso o homem que se eleva por sobre o tempo, para dentro da eternidade, opera com Deus aquilo que Deus fez há mil anos e o que vai fazer daqui a mil anos. Para as pessoas sábias, isso é uma questão do saber, e para as pessoas de sensibilidade grosseira, uma questão do crer.

São Paulo diz: "Somos escolhidos eternamente no Filho" (Ef 1,4). Jamais devemos repousar até nos tornarmos o que éramos nele eternamente (Rm 8,29), pois o Pai impele e urge que sejamos gerados no Filho e nos tornemos isto mesmo que o Filho é. O Pai gera seu Filho, e desse gerar o Pai recolhe tão grande repouso e prazer que nisso consome toda a sua natureza. Pois tudo quanto é em Deus impele-o a gerar; sim, o Pai é impelido a gerar a partir de seu fundo, a partir de sua essencialidade e de seu ser[6].

---

6. Eckhart (1968, p. 263,5): *Von sînem grunde und von sîner wesunge und von sînen wesene*; p. 686: *aus seinem Grunde, aus seiner Wesenheit und aus seinem Sein.*

Às vezes na alma abre-se uma luz e o homem presume que ela seja o Filho, não obstante seja apenas uma luz[7]. Quando o Filho se abre na alma, abre-se ali também o amor do Espírito Santo. Por isso eu digo: A essência do Pai é gerar o Filho e a essência do Filho é que eu seja gerado nele e segundo Ele. A essência do Espírito Santo é que eu me inflame nele e fique inteiramente fundido com Ele, tornando-me totalmente amor. Quem assim é no amor e é totalmente amor espera que Deus não ame ninguém a não ser a ele, só; e não vê ninguém que assim ainda só a ele amasse, ninguém pelo qual ele assim <fosse amado> a não ser somente por Ele.

Alguns professores[8] pensam que o espírito haure sua bem-aventurança do amor. Muitos pensam que ele a haure da contemplação de Deus. Eu, porém, digo: Ele não a recolhe nem no amor, nem no conhecer, nem na contemplação. Mas então poder-se-ia perguntar: Na vida eterna, o espírito não tem nenhuma visão de Deus? Sim e não! Enquanto é nascido, não tem contemplação nem visão de Deus. Enquanto, porém, *torna-se* nascido, tem uma visão de Deus. Por isso a bem-aventurança do espírito está ali onde ele já é nascido, e não onde *torna-se* nascido, pois ele vive onde vive o Pai, isto é: na simplicidade e na nudez do ser. Por isso, retira-te de tudo e toma a ti, límpido no ser; pois o que é fora do ser é "acidente"[9], e todos os "acidentes" instauram o porquê.

Que "vivamos na eternidade", e que para isso Deus nos ajude. Amém.

---

7. Observa Quint que aqui, ao falar de *luz*, Eckhart tem em vista *a centelha, a luz do "supremo intelecto"* (Eckhart, 1968, p. 264, nota 1). Cf. Eckhart (1968, p. 74, nota 2).

8. Eckhart (1968, p. 265,1): *lêraere*; p. 686: *Lehrer*.

9. Eckhart (1968, p. 266,3): *zuoval*; p. 686: "*Akzidens*". Acidente (*accidens* = particípio de *accidere* = *ad* + *cadere* = cair sobre): acaso, *Zufall*, *zufallen*. Quando a "coisa é ela mesma" não há nada para ser acrescentado de fora e assim não tem acaso. A busca do porquê indica um movimento, no qual se passa de um acaso a outro, tentando nos aproximar da coisa ela mesma, mediante os acasos, na expectativa de que um dia cheguemos ao fundo, ao fundamento, que é de antemão colocado como um acaso último. Assim colocada, a coisa ela mesma jamais se torna ab-soluto, ela nela mesma, mas sim uma série indefinida de acasos. Assim, a soma dos acidentes, isto é, todos os acidentes inauguram o movimento de busca a modo de porquê. Aqui, ser e pensar não é um.

Sermão 40

Beatus vir qui in sapientia morabitur
[Bem-aventurado o homem que permanece constante na sabedoria]
(Eclo 14,22)

Nosso Senhor Jesus Cristo fala no Evangelho: "Permanecei em mim!" (Jo 15,4). Na epístola, uma outra palavra soa assim: "Bem-aventurado é o varão que habita na sabedoria"[1] (Eclo 14,22). Essas duas palavras concordam entre si: a palavra de Cristo "permanecei em mim!" e a palavra da epístola "bem-aventurado é o varão que habita na sabedoria".

Agora prestai atenção ao que o homem deve ter se quiser morar nele, isto é, em Deus. Ele deve possuir três coisas. A primeira é ter deixado a si mesmo e a todas as coisas, não ficando preso às coisas que tocam os sentidos por dentro[2] nem tampouco demorando-se junto a qualquer das criaturas que estão no tempo ou na eternidade. A segunda é que o homem não ame este ou aquele bem, mas que ame *o* bem, do qual emana todo o bem. Pois nenhuma coisa é mais cheia de prazer ou mais desejável do que o tanto que *Deus* é nela. Não se deve, portanto, amar um bem mais do que na medida em que nele se ama *Deus*; e assim, pois, não se deve amar a Deus por causa do seu reino do céu nem por causa de um algo qualquer, mas pela bondade que Ele em si mesmo é. Quem ama a Deus por qualquer outra coisa, *nele* não habita, mas mora *naquilo* pelo que ele o ama. Por isso: se quereis permanecer nele, amai-o por nada mais a não ser por Ele mesmo. A terceira é que o homem não deve tomar a Deus enquanto o que é bom ou justo, mas na sua substância pura e límpida, na qual Ele se apreende

1. Os dois textos da Escritura se encontram juntos, como epístola e evangelho, no antigo missal dominicano, na missa da celebração do mártir São Vital (28 de abril). Cf. J. Koch, *Die Liturgiebei Meister Eckhart*, p. 92.

2. Eckhart (1968, p. 272,7): *die inwendic die sinne begrîfende sîn*; p. 687: *die die Sinne von innen berühren*. O termo *inwendic* significa *voltado, virado para dentro*. Cf. glossário n. 24.

puramente a si mesmo. Bondade e justiça são vestimentas de Deus. Retirai de Deus tudo que o veste e tomai-o puro, no seu vestiário, onde Ele é descoberto e despido em si mesmo. Assim, nele haverás de permanecer.

E quem *assim* nele permanecer possui cinco coisas. A primeira é que entre ele e Deus não há nenhuma diferença, sendo eles um. Os anjos são muitos, mas *sem número*. Não inauguram "número particular", porque são sem números; isso provém de sua grande simplicidade. As três pessoas em Deus são três, mas sem números, perfazendo um múltiplo[3] <multitude>. Entre aquele homem e Deus, não só não há diferença como não há também nenhum múltiplo. Ali não há mais do que um[4]. A segunda coisa é que ele <o homem que nele permanece> toma sua bem-aventurança na pureza, lá onde o próprio Deus a toma e onde encontra sua paragem. A terceira é que o homem possui *um* saber com o saber de Deus e *um* atuar com o atuar de Deus e *um* conhecer com o conhecer de Deus. A quarta é que Deus é todo o tempo gerado *no* homem. *Como*, porém, Deus é, todo o tempo, gerado no homem? Observai isso: quando o homem descobre e põe a nu a luz divina que nele Deus criou naturalmente, nele a imagem de Deus se torna manifesta. É no gerar que se deve conhecer a manifestação de Deus. O Filho é chamado *gerado* do Pai, porque, a modo do Pai, o Pai lhe *revela* seu mistério[5]. Por isso, quanto mais claramente o homem desnuda a imagem de Deus em si, tanto mais claramente nele Deus é gerado. A geração de Deus deve ser todo o tempo apreendida pelo fato de que o Pai des-cobre a imagem desnuda e nela brilha. A quinta é que aquele homem é gerado todo o tempo em Deus. Como <porém, novamente> o homem é gerado todo o tempo em Deus? Observai o seguinte: pelo desnudamento da imagem no homem, o homem iguala-se a Deus, pois com a imagem o homem é igual à imagem de Deus que Deus é puramente, segundo sua essencialidade. E quanto mais o homem se desnuda, tanto mais é igual a Deus, e quanto mais é igual a Deus, tanto mais é unido com Ele. O nascimento do homem em Deus deve ser apreendido todo o tempo pelo resplandecer do homem com sua imagem na imagem de Deus, a imagem em que Deus é puramente segundo sua essencialidade, imagem com a qual o homem é um. A unidade do homem e de Deus deve ser apreendida segundo a igualdade da imagem,

---

3. *Menige, menge.*
4. Cf. Tomás de Aquino, *S.Th.* I q. 30 a. 3 ad 2.
5. Cf. Tomás de Aquino, *S.Th.* I q. 42 a. 4 ad 2.

pois o homem é igual a Deus segundo essa imagem. Quando se diz que o homem é um com Deus e é Deus, segundo essa unidade, ele é apreendido pela parte da imagem, segundo a qual ele é igual a Deus, não, porém, segundo isso que ele é criado. Pois se o tomamos como Deus, não o tomamos segundo o ser criado[6]; a saber, se o tomamos como Deus, não negamos o ser criado, assim de tal modo que a negação deva ser entendida no sentido de aniquilar <com isso> o ser criado; antes, ela deve ser apreendida como uma enunciação referida a *Deus*, pela qual denegamo-lo <o ser criado> a *Deus*. Se tomamos Cristo, que é Deus e homem, segundo a *humanidade*, nesta acepção, abstraímos a deidade sem, no entanto, negar-lhe a deidade. Abstraímos a deidade somente em referência ao tomar. E é assim que devemos compreender a palavra de Agostinho[7] quando diz: "O que o homem ama, isto o homem é. Se ama uma pedra, ele é uma pedra; se ama um homem, ele é um homem; se ama a Deus – ora não ouso dizer adiante; pois, se dissesse que então ele seria *Deus*, vós poderíeis me apedrejar. Eu, porém, vos remeto à Escritura". E se, por isso, o homem, no amor, se dispõe totalmente a Deus, então ele de-forma-se, in-forma-se e trans-forma-se na uni-formidade divina[8], na qual ele é um com Deus. O homem possui tudo isso num permanecer-interiormente[9]. Agora observai o *fruto* que o homem traz ali dentro. O fruto consiste em que o homem, quando um com Deus, produz com Deus todas as criaturas, e à medida que é um com Deus traz bem-aventurança a todas as criaturas.

E a outra palavra – a da epístola – soa assim: "Bem-aventurado é o homem que mora na sabedoria". Ele disse "na sabedoria": sabedoria é um nome maternal. O nome maternal significa ter como próprio uma passividade[10]. Em Deus deve-se colocar tanto atividade como passividade; a saber, o Pai é atuante e o Filho é padecente, e isso provém da propriedade do ser gerado <do Filho>. Porque o Filho é a sabedoria eternamente gerada, na qual to-

---

6. Eckhart (1968, p. 277,10s): *crêatiurlicheit*; p. 688: *Kreatürlichkeit*.

7. Agostinho, *In Ep. Ioh. ad Parthos tr.* 2 n. 14, PL 35,1997.

8. Jarczyk e Labarrière observam: "*entbildet und înbildet und überbildet in der götlichen einförmicheit*: despojamento, interiorização e transformação são os momentos de um mesmo ato de identificação de Deus e do homem segundo a *imagem* única que eles têm e que eles são em comum – essa imagem que é o Filho; isto que implica num mesmo movimento do ser-criatura, como tal, não é imputável a Deus, e que o homem, tomado segundo o seu ser-criatura não é Deus (ao passo que, tomado segundo a imagem, ele é Deus)" (Eckhart, 1999, p. 76, nota *).

9. Eckhart (1968, p. 278,7): *inneblîbenne*; p. 688: *Innebleiben*.

10. Eckhart (1968, p. 278,12): *eigenschaft eines lîdennes*; p. 688: *Zu eigen haben eines Leidens*.

das as coisas estão contidas na sua diferença, ele diz: "Bem-aventurado é o varão que mora na sabedoria".

Então ele diz: "Bem-aventurado é o *varão*". Já disse muitas vezes[11] que existem duas forças na alma: uma é o varão e a outra é a mulher. E ele diz: "Bem-aventurado é o *varão*". A força na alma chamada "homem" é a suprema força da alma, na qual Deus brilha desnudo. Dentro dessa força não chega nada senão Deus, e essa força é todo o tempo em Deus. E assim, se o homem devesse tomar todas as coisas nessa força, não as tomaria como elas são *coisas*, mas sim como o que elas são em *Deus*. O homem deveria morar todo o tempo nessa força, pois nela todas as coisas são iguais. Assim o homem moraria em todas as coisas igualmente, tomando-as segundo a medida como elas são iguais em Deus, e esse homem aí possuiria todas as coisas. *O* homem retiraria o que há de mais grosseiro em todas as coisas, acolhendo-as como elas são cheias de prazer e desejáveis. É segundo esse modo que ele aí as possui, pois, segundo sua própria natureza, Deus não pode outra coisa a não ser dar tudo que Ele desde sempre criou e a si mesmo. É bem-aventurado *o* homem que todo o tempo mora *nessa força* porque ele mora todo o tempo *em Deus*.

Que possamos morar todo o tempo em Deus. Que para isso nos ajude o nosso amado Senhor Jesus Cristo. Amém.

---

11. Cf. Eckhart (1958, p. 337,11s).

Sermão 41

Qui sequitur iustitiam, diligetur a domino
[O que segue a justiça é amado pelo Senhor]
(Pr 15,9)
Beati, qui esuriunt, et sitiunt iustitiam: quoniam ipsi saturabuntur
[Bem-aventurados os que têm fome e sede da justiça, porque serão saciados]
(Mt 5,6)

Tomei uma palavra da epístola e uma outra do Evangelho, lidas hoje, referidas a dois santos[1]. Na epístola de hoje o Rei Salomão diz: "Deus ama os que seguem a justiça" (Pr 15,9). E o meu senhor São Mateus diz assim: "Bem-aventurados os pobres, os famintos e sedentos de justiça" (Mt 5,6) e os que "a seguem".

Prestai atenção a esta palavra: "Deus ama". Para mim, é uma imensa gratificação[2], grandiosa e imensa, se nós, como já disse muitas vezes, devêssemos desejar que Deus *me* ame. <Mas> Deus, *o que* Ele ama? Deus nada ama fora de si mesmo e nada fora do que lhe é igual, à medida que encontra em mim o igual a Ele e encontra nele o igual a mim. No Livro da Sabedoria está escrito: "Deus a ninguém ama a não ser a quem mora na sabedoria" (Sb 7,28). Uma outra palavra, igualmente da Escritura, soa ainda melhor: "Deus ama os que seguem a justiça" "na sabedoria" (Pr 15,9). Os mestres são unânimes em afirmar que a sabedoria de Deus é o seu Filho Unigênito. Aquela palavra diz: "Os que seguem a justiça" "na sabedoria", e

1. Trata-se de Cosme e Damião, segundo o antigo missal dominicano. Assim o dia do sermão teria sido 27 de setembro.

2. Cf. Sermão 4; Eckhart (1958, p. 67,9).

por isso[3]: os que *o*[4] seguem, a eles Deus ama, pois em nós ama nada a não ser à medida que nele nos encontra. Há uma grande diferença entre o amor de Deus e o nosso amar. *Nós* só amamos na medida em que encontramos a Deus no que amamos. Mesmo se eu o tivesse jurado <de outro modo>, nada poderia amar além da bondade <bondade divina = Deus>. *Deus*, porém, <só> ama à medida que *Ele* é bom e <a nós>, enquanto somos nele e no seu amor – <portanto> não assim que Ele pudesse encontrar no homem algo que Ele amasse como sua *própria* bondade. Isso <que sejamos nele e no seu amor>[5] é uma doação; o seu amor nos dá nele ser e "morar na verdade".

São Paulo diz: "Somos formados no amor <seu Filho>" (cf. Cl 1,13). Atendei <mais uma vez> à palavra: "Deus ama". Que maravilha! *O que* é o amor de Deus? Sua natureza e seu ser: *isso* é seu amor. Quem privasse a Deus de nos amar retiraria de Deus seu ser e sua deidade, pois o seu ser depende de Ele me amar. E nesse modo procede o Espírito Santo. Meu Deus! Que maravilha! Se Deus me ama com toda a sua natureza – disso ela depende propriamente –, então Deus me ama justamente assim como se disso dependesse seu porvir e seu ser[6]. Deus tem apenas *um* amor: com esse amor Deus me ama, justamente com o mesmo amor com que o Pai ama seu Filho Unigênito.

Agora, um outro sentido! E muita atenção: Afina-se totalmente à Escritura a disposição da vontade de abrir a Escritura e perscrutá-la. Ela diz: "Os que seguem a justiça" "na sabedoria". A justiça é tão necessária para o homem justo que ele nada *pode* amar a não ser a justiça. Como já disse diversas vezes, se Deus não fosse justo, o homem justo não lhe daria nenhuma atenção. Em Deus, sabedoria e justiça são um, e quem *ali* ama a sabedoria ama também a justiça; e se o diabo fosse justo, o homem justo o amaria à medida que aquele fosse justo, nem um fio de cabelo a mais. O homem justo não ama em Deus nem isto nem aquilo. E se Deus lhe desse toda

---

3. Eckhart (1968, p. 286,5): *und dar umbe*; p. 690: *und* [...] *demnach*.

4. Eckhart (1968, p. 286,5): *im*; p. 690: *ihm*. Quint põe em itálico o *ihm*, na sua versão do alemão medieval para o alemão atual. Provavelmente porque *ihm* aqui se refere a "o seu Filho Unigênito" (que é a sabedoria).

5. Cf. Eckhart (1968, p. 690): "*Dies <d. h., dass Gott* [*den Menschen*] *liebt>*". Aqui referimos esse *Dies* à frase: "E <a nós>, enquanto somos nele e no seu amor" ("*und <uns>, soweit wir in ihm sind und in seiner Liebe*").

6. Cf. Eckhart (1968, p. 287,6): *sîn gewerden und sîn wesen*; p. 690: *sein Werden und sein Sein*.

a sua sabedoria e tudo o que possa oferecer fora dele mesmo, o justo não prestaria atenção a isso nem disso teria gosto. É que o justo nada quer, nada procura, já que ele não conhece nenhum porquê, em virtude do qual fizesse algo qualquer, assim como Deus atua sem porquê e não conhece nenhum porquê. <Totalmente> do <mesmo> modo como atua Deus, assim também o justo atua sem porquê; e assim como a vida vive por e para si mesma, sem procurar nenhum porquê, em razão do qual viva, assim também o justo não conhece nenhum porquê, em virtude do qual haveria de fazer algo.

Observemos agora aquela palavrinha que Mateus diz: "Famintos e sedentos de justiça". Nosso Senhor diz: "Os que me consomem como alimento, terão ainda mais fome; os que bebem a mim terão ainda mais sede" (Eclo 24,21). Como se deve compreender isso? Pois nas coisas corpóreas não é assim. Aqui, quanto mais comemos algo, tanto mais saciados ficamos. Nas coisas do espírito, porém, não há saciedade; pois quanto mais delas temos, mais as desejamos. Por isso, aquela palavra diz: "Terão ainda mais sede os que a mim bebem, e mais fome os que se alimentam de mim". Essas pessoas têm tanta fome da vontade de Deus, e a vontade de Deus lhes tem tanto sabor, que tudo o que Deus lhes destina as satisfaz e lhes agrada, a tal ponto que não podem querer nem desejar outra coisa. Enquanto o homem tiver fome, a comida lhe tem sabor; e quanto maior a fome, tanto maior lhe será satisfação, quando comer. Assim sucede também àqueles que têm fome da vontade de Deus: a eles a sua vontade sabe tão bem, e tudo o que Deus quer e lhes destina cai-lhes tão bem, a tal ponto de, mesmo que Deus quisesse poupá-los de tudo isso, eles não *quereriam* ser disso poupados, por tanto lhes agradar aquela vontade *primeira* de Deus <isto é, o que Ele lhes destina, diante da sua segunda vontade [possível], de dispensar-lhes o sofrimento>. Se quisesse fazer-me amado por uma pessoa e quisesse agradar somente a ela, então eu haveria de querer, mais do que qualquer <outra> coisa, tudo que fosse agradável a essa pessoa e pelo qual eu a agradaria. E se fosse assim que eu a agradaria mais com uma veste simples do que com veste de veludo, não há nenhuma dúvida sobre isso: eu vestiria de preferência a roupa simples do que qualquer outra vestimenta. Assim também acontece com quem se agrada da vontade de Deus: tudo que Deus lhe partilha, seja doença ou pobreza ou seja o que for, é isso que ele prefere a qualquer outra coisa. E justamente porque Deus o quer, por isso lhe tem mais sabor do que qualquer outra coisa.

Mas vós gostais de dizer: "De onde eu sei, portanto, que é vontade de Deus?" Eu respondo: Se, mesmo por um instante que seja, não fosse vontade de Deus, também não *seria*; é *necessário sempre* que sua vontade seja. Saboreias assim a vontade de Deus? Estás então justamente como no Reino dos Céus, te suceda ou não te suceda, seja o que for. Aos que desejam uma outra coisa que não a vontade de Deus, é justo e devido que se queixem e se sintam insatisfeitos; pois contra eles sempre se cometem injustiças e em todos os modos eles sofrem. E é de direito que também isso tudo deva ser assim, pois agem exatamente como se vendessem a Deus, como Judas o vendeu. Amam a Deus por causa de outra coisa, que Deus não é. E quando lhe é concedido o que amam, então já não se preocupam mais com Deus. Seja piedade, prazer ou o que for que te seja bem-vindo: nada de tudo que é criado é Deus. A Escritura diz: "O mundo foi feito por Ele, e o que assim foi feito não o reconheceu" (Jo 1,10). Quem então imaginasse que Deus, tomado com mil mundos de acréscimo, seria de algum modo mais do que Deus somente, não conheceria a Deus nem saberia no mínimo o que é Deus, e seria um idiota <grosseiro>. Por isso o homem não deve dar atenção a nada a não ser a Deus. Quem busca qualquer coisa em Deus, como já disse diversas vezes, não sabe o que procura.

<Só> assim o Filho é gerado em nós: se não conhecermos nenhum porquê e renascermos para dentro no Filho. Orígenes[7] escreve uma palavra nobre, e se fosse *eu* a dizê-la, parecer-vos-ia inacreditável: "Nós não somente seremos nascidos *para dentro* no Filho, como seremos <muito mais> nascidos *para fora* e *re*nascidos e nascidos de maneira nova e imediata no Filho. Eu digo ainda – e é verdade – que em cada bom pensamento ou bom empenho ou boa obra seremos, todo o tempo, nascidos de maneira nova em Deus". Por isso, como vos disse recentemente: O Pai tem apenas um único Filho, e quanto menos dirigimos nossa busca e nossa atenção a algo diferente do que a Deus e quanto menos espreitarmos para fora, tanto mais seremos transformados no Filho, e nessa medida o Filho é gerado em nós e nós somos gerados no Filho e nos tornamos *um* Filho. Nosso Senhor Jesus Cristo é um único Filho do Pai e só Ele é homem e Deus. Aí há somente *um* Filho em *um* Ser, e isto é Ser *divino*. Assim pois <também> nos tornamos *um* nele se somente a Ele tivermos em mente. Deus quer sempre ser só; que

7. Sexta homilia sobre Jerônimo.

se deva ter sempre só Deus em mente, isso é uma verdade necessária e não pode ser de outro modo.

Deus infundiu nas criaturas satisfação e prazer. A *raiz*, porém, de toda satisfação e a essência de todo prazer, Deus as reteve em si mesmo. Uma comparação: com o calor, o fogo lança sua raiz na água. Mesmo quando o fogo é extinto, ainda assim o calor permanece por um tempo na água e também na madeira; <também> depois da presença do fogo, o calor permanece ainda num tempo correspondente a quanto tem sido intensa a força do fogo. O sol, no entanto, ilumina o ar e o perpassa com sua luz, sem lançar sua raiz para dentro dele. Quando o sol não mais está presente, também não temos mais luz. Assim também Deus se relaciona para com as criaturas: Ele <certamente> lança seu reflexo de satisfação nas criaturas; mas a raiz de toda satisfação, Ele a retém somente em si mesmo, porque Ele nos quer ter unicamente para si e para mais ninguém.

Assim, Deus se adorna e se oferece à alma, aplicando-se com toda sua deidade para tornar-se agradável à alma. É que Deus, somente Ele, quer agradar à alma e <ali> não quer ter nenhum rival. Deus não tolera nenhuma restrição e também não quer que busquemos e desejemos qualquer outra coisa além dele.

Só que muitas pessoas esperam ser muito santas e perfeitas estando às voltas com grandes coisas e grandes palavras. Buscam e desejam muitas coisas, querendo também as possuir; não obstante olharem tanto para si e para isso e aquilo, e pensarem estar se empenhando atrás do recolhimento interior, não podem acolher *uma* palavra[8]. Estejais verdadeiramente certos de que essas pessoas estão longe de Deus e fora dessa união[9]. O profeta diz: "Entornei minha alma *em mim*" (Sl 41,5). Mas Santo Agostinho profere uma palavra melhor quando diz: Entornei minha alma *para além de mim* <por sobre>. A alma deve necessariamente sair de si, por sobre e para além de si mesma se quiser tornar-se um no Filho. E quanto mais sair de si mesma, tanto mais a alma será um com o Filho. São Paulo diz: "Seremos transformados na mesma imagem que Ele <próprio> é" (2Cor 3,18).

---

8. Cf. Eckhart (1968, p. 693) acrescenta <*unerwidert*>.

9. Em alemão medieval, *einunge*.

Um escrito[10] diz: Jamais a virtude é virtude, a não ser que venha de Deus, através de Deus ou em Deus[11]. Um desses três deve sempre acontecer. Se, porém, fosse diferente, ela não seria virtude; pois o que se intenciona sem Deus é pequeno demais. A virtude é Deus ou é em Deus sem mediação. O que, porém, haveria de ser o melhor, disso não vos quero falar agora. Vós, porém, poderíeis então indagar: Dizei-nos, Senhor, o que é isso? Como poderíamos ser em Deus sem mediação por não desejarmos nem buscarmos nada a não ser Deus, e como deveríamos ser tão pobres e renunciar assim a tudo? É <pois, certamente> muito dura a palavra que diz: "Não deveríamos desejar nenhuma recompensa!" Estais certos de que Deus não cessa de tudo nos doar; e não poderia evitar de *ter* que nos doar, mesmo que o tivesse abjurado. Para Ele é muito mais necessário nos doar do que é para nós receber. Não devemos, porém, buscar a Deus com esse intuito; pois quanto menos isso buscarmos e desejarmos, tanto mais Deus doa. Mas, com tudo isso, Deus não mira outra coisa a não ser que nos tornemos ainda mais ricos e que possamos receber ainda mais.

Às vezes, quando devo rezar, costumo pronunciar uma palavrinha e digo: "Senhor, é tão pequeno o que nós te pedimos! Se alguém me pedisse isso, eu o faria, e a ti <no entanto> é cem vezes mais fácil do que para mim, e também o farias com prazer. E se fosse o caso de te pedirmos algo mais significativo, seria fácil para ti doá-lo; e quanto maior for o que pedimos, o dás com tanto maior prazer". Pois Deus está pronto a doar grandes coisas, se nós pudermos, na justiça, deixar tudo.

Que "na sabedoria" "sigamos a justiça", e dela "tenhamos fome e sede" para que "sejamos saciados", a isso ajude-nos Deus. Amém.

---

10. Cf. Tomás de Aquino, *S.Th.* I II q. 61 a. 5 obi. 1.

11. Eckhart (1968, p. 693) interpreta <*mit Gott*>.

Sermão 42
Adolescens, tibi dico: surge
[Jovem, eu te ordeno, levanta-te]
(Lc 7,14)

No Evangelho escrito por meu senhor São Lucas, lemos de um "jovem que estava morto. Vindo então Nosso Senhor a caminho, achegou-se, e dele compadecendo-se, tocou-o e disse: 'Jovem, eu te digo e te ordeno, levanta-te!'" (Lc 7,12s.)[1].

Sabei pois: Em todas as boas pessoas Deus é todo de uma vez[2], e há um algo na alma onde Deus vive, há um algo na alma onde a alma vive em Deus. Quando <porém> a alma se volta para coisas exteriores, a alma morre e também Deus morre para a alma. Por isso <no entanto> Ele não morre para si mesmo de modo algum, continuando a viver nele mesmo. Quando a alma se separa do corpo, este morre, mas a alma continua a viver em si mesma. Assim também Deus morre para aquela alma, embora continue a viver nele mesmo[3]. Sabei pois: Há uma força na alma mais vasta do que o vasto céu, que já é tão incrivelmente vasto que não podemos dizê-lo devidamente – e essa força é ainda mais vasta[4].

---

1. Esse texto do Evangelho se encontra no missal atual na perícope do Evangelho da quinta-feira depois do Quarto Domingo da Quaresma, do 15º domingo depois de Pentecostes e na Festa de Santa Mônica (4 de maio); no antigo missal dominicano, na perícope da quinta-feira depois do Quarto Domingo da Quaresma e do 16º domingo depois da Festa da Santíssima Trindade.

2. Cf. Eckhart (1968, p. 301): ist got *alzêmale*; p. 694: ist Gott *ganz*.

3. Cf. Eckhart (1968, p. 302, nota 1): nesse sermão, *ein etwaz in der sêle* se refere à *Fünklein der obersten Vernunft*; cf. Eckhart (1958, p. 417,8s).

4. Cf. Eckhart (1968, p. 302): *daz man ez niht wol* gesprechen *enmac – und disiu selbe kraft diu ist noch vil wîter*; p. 694: *dass man's nicht recht* auszusagen *vermag – jene selbe Kraft aber ist noch viel weiter*.

Pois, então, aplicai-vos em prestar atenção! Dentro dessa força nobre, fala agora o Pai celeste ao seu Filho Unigênito: "Jovem, levanta-te!" A união de Deus com a alma é tão grande que é incrível, e Deus é em si mesmo tão elevado que nenhum conhecimento nem desejo pode chegar até lá. O desejo alcança mais longe do que tudo quanto se possa compreender com o conhecimento. É mais vasto do que todo o céu, sim, mais vasto do que todos os anjos, e, no entanto, de uma <simples> centelha do anjo vive tudo que há sobre a terra. O desejo é vasto, incomensuravelmente vasto. Mas isto tudo que o conhecimento pode compreender e isto tudo que o desejo pode desejar não é Deus. Onde terminam o conhecimento e o desejo, ali é escuro, ali <porém> *brilha a luz de Deus*[5].

Nosso Senhor fala, então: "Jovem, eu te digo, levanta-te!" Pois, então, se eu devo acolher em mim a fala de Deus, então devo ser plenamente alienado de tudo que é meu, principalmente no reino do temporal, como me é alheio o que se encontra além-mar. A alma é tão jovem em si mesma, como quando foi criada, e a idade que lhe advém só vale em vista do corpo, enquanto ela atua nos sentidos. Um mestre[6] diz: "Se um homem velho tivesse os olhos de um jovem, veria tão bem quanto um jovem". Ontem estava sentado num lugar e disse uma palavra que soa totalmente incrível – eu disse assim: Jerusalém está tão próxima da minha alma como o lugar onde agora estou. Sim, em plena verdade: <Mesmo> o que se acha mais de mil milhas além de Jerusalém está tão próximo de minha alma como meu próprio corpo, e isso me é tão certo como é verdade que sou um ser humano, o que é fácil de se ver até por clérigos instruídos. Sabei: Minha alma é tão jovem como quando foi criada, sim até muito mais jovem! E sabei: Não me deveria surpreender se amanhã ela estivesse ainda mais jovem do que hoje!

A alma possui duas forças que não têm nada a ver com o corpo, o intelecto e a vontade, que atuam acima do tempo. Oh, se os olhos da alma estivessem abertos de modo que o conhecer contemplasse claramente a verdade! Sabei: Para um homem assim seria tão fácil deixar todas as coisas como se fossem uma ervilha, uma lentilha ou como um nada; sim, por minha alma, todas as coisas seriam para esse homem como um nada! E há certa gente que deixa as coisas por amor, mas considera o que deixou como mui-

---

5. Cf. Jarczyk e Labarrière dizem: "Em toda essa passagem, trata-se certamente do entendimento (*verstandnisse*), e não do intelecto (*vernübfticheit*)" (Eckhart, 1999, p. 88, nota *).

6. Aristóteles, *De anima* I t. 65 (A c. 4 408 b 21); cf. Tomás de Aquino, *S.Th.* I q. 77 a. 8 obi. 3; Alberto Magno, *Met.* II tr. 2 c. 16.

to grande. Aquela pessoa, porém, que, <mesmo> renunciando a si mesma e a tudo, reconhece em verdade que isso sempre ainda é um nada – por Deus, o homem que vive *assim* em verdade *possui* todas as coisas.

Há uma força na alma, para a qual todas as coisas são igualmente agradáveis. Para essa força, a coisa de mais ínfimo valor e a melhor de todas as coisas são totalmente iguais. Essa força acolhe todas as coisas acima de "aqui" e "agora". "Agora" – isso é tempo, e "aqui" – isso é lugar, é o lugar onde me encontro agora. Mas se tivesse saído totalmente de mim mesmo e tivesse me tornado plenamente vazio <de mim>, em verdade, então, o Pai geraria seu Filho Unigênito tão limpidamente em meu espírito que o espírito o geraria de volta. Sim, na plena verdade, se a minha alma fosse tão pronta como a alma de Nosso Senhor Jesus Cristo, então o Pai atuaria tão limpidamente em mim como em seu Filho Unigênito e não menos; pois Ele me ama com o mesmo amor com o qual ama a si mesmo. São João diz: "No princípio era a palavra e a palavra estava junto de Deus e Deus era a palavra" (Jo 1,1). Pois então quem deve ouvir essa palavra no Pai – ali reina a quietude plena –, esse homem deve ser plenamente quieto e desprendido de todas as imagens e de todas as formas. Em verdade, o homem deveria ater-se tão fielmente a Deus que de todo nada o pudesse alegrar ou perturbar. <Antes> ele deve acolher todas as coisas em Deus, como elas ali são.

E agora Ele diz: "Jovem, eu te digo, levanta-te!" Ele quer, Ele mesmo, fazer a obra. Se alguém me mandasse carregar *uma* pedra, então tanto poderia mandar-me carregar *mil* pedras como uma, conquanto ele queira carregá-las ele próprio. Ou, se alguém mandasse <a um outro> carregar *um* quintal, poderia igualmente mandá-lo carregar *mil* quintais em vez de um, se ele próprio quisesse fazê-lo. Pois então: Deus mesmo quer fazer essa obra, o homem precisa apenas seguir e não criar resistência. Ah, se a alma quisesse habitar apenas *dentro*, então teria presentes todas as coisas. Há uma força na alma e não apenas uma força, antes um ser, e não apenas um ser, antes algo que desliga do ser – que é tão límpido, tão elevado e tão nobre em si mesmo que nenhuma criatura pode entrar ali, mas unicamente Deus, que ali habita. Sim, em verdade plena, também o próprio Deus não pode entrar ali, enquanto é segundo um modo; nem como sábio, nem como bom, nem como rico. Sim, Deus não pode entrar ali de modo algum, a não ser unicamente com sua nua natureza divina[7].

Vamos, voltai vossa mira sobre o que Ele diz: "Jovem, eu te *digo*..." O que é, pois, a "fala" de Deus? É a *obra* de Deus, e essa obra é tão nobre e tão sublime que *apenas* Deus a opera. Sabei pois: Toda nossa perfeição e toda nossa bem-aventurança depende de o homem atravessar e ultrapassar toda criaturidade[8], toda temporalidade e todo ser, adentrando o fundo, que é sem fundo.

Pedimos a Deus, Nosso amado Senhor, que nos tornemos Um e habitemos no interior. A isso, ajude-nos Deus. Amém.

7. Cf. Quint observa: "A força, da qual [...] se diz e foi falado que ela é não somente força, mas ser e para além disso algo que se solta do ser, é de novo a pequena faísca do supremo intelecto, da qual é falado como da 'cidadela' da alma" (Eckhart, 1968, p. 308, nota 3). Cf. Eckhart (1958, p. 42,6).

8. Eckhart (1968, p. 309,4): *geschaffenheit*.

Sermão 43

Adolescens, tibi dico: surge
[Jovem, eu te ordeno, levanta-te]
(Lc 7,14)

Lemos no Evangelho "de uma viúva que tinha um único filho. Ele estava morto. E veio o Senhor a ele e disse: 'Jovem, eu te digo, levanta-te!', e o jovem levantou-se" (Lc 7,12s.)[1].

Por "viúva" entendemos a alma. Porque o "varão" estava morto, por isso também o "filho" estava morto. Por "filho" entendemos o intelecto, que é o "varão" na alma. Porque ela não *vivia* no intelecto, por isso o "varão" estava *morto* e por isso ela era "viúva". "Nosso Senhor disse à mulher junto ao poço: 'Vai para casa e traz-me teu marido!'" (Jo 4,16). E ponderava: Por não viver no intelecto, que é o "varão", ela não partilhava da "água viva" (Jo 4,10), que é o Espírito Santo; <pois> só Ele é presenteado onde se vive no intelecto. O intelecto é a parte suprema da alma, onde com os anjos tem um ser-com e um ser-incluso na natureza angélica. A natureza dos anjos não tem contato com o tempo. Assim também ocorre com o intelecto, o "varão" na alma: <também> ele não toca no tempo. Se a alma não *vive* no intelecto, então o "filho" morre. Por isso ela era "viúva". <E> por que "*viúva*"? Não existe nenhuma criatura que não tivesse em si algo de bom e ao mesmo tempo algo de falho, pelo qual perde a Deus. A falha da "viúva" consiste em que sua capacidade de gerar estava morta; por isso se arruinou também o fruto.

---

1. O texto se encontra no missal romano atual no Evangelho da quinta-feira depois do Quarto Domingo da Quaresma, do 15º domingo depois do Pentecostes e da Festa de Santa Mônica (4 de maio). No missal antigo dominicano no Evangelho da quinta-feira depois do Quarto Domingo da Quaresma e 16º domingo depois da Festa da Santíssima Trindade.

"Viúva" significa em outro modo tanto como: quem "é deixado" (cf. 1Tm 5,5) e quem deixou. Assim, pois, devemos deixar todas as criaturas e delas nos desprendermos[2]. O profeta diz: "A mulher que é estéril, seus filhos são muito mais numerosos do que os <filhos> daquela que é fecunda" (Is 54,1). Assim também é com a alma, que gera *espiritualmente*: seu parto é muito mais frequente, gerando a cada momento. A alma que possui a Deus é geradora a todo tempo[3]. Deus *deve* necessariamente operar todas as suas obras. Deus opera todo o tempo num instante na eternidade, e sua atuação consiste em gerar seu Filho. Ele gera-o todo o tempo. Nesse nascimento, efluíram todas as coisas, e Ele <Deus> tem tão grande prazer nessa geração que nela consuma todo o seu poder. Quanto mais se conhece tudo, tanto mais perfeito é o conhecimento; assim sucede que isso <tudo que se conhece> seja como nada[4]. Pois Deus gera a si a partir de si mesmo em si mesmo, e gera a si de novo em si. Quanto mais perfeita a geração, tanto mais ela gera. Eu digo: Deus é plenamente Um; Ele conhece somente a si. Deus se gera completamente em seu Filho; Deus fala todas as coisas em seu Filho. Por isso diz Ele: "Jovem, eu digo, levanta-te!"

Deus investe todo o seu poder em sua geração. Isso pertence ao retorno da alma para Deus. E, em certo modo, é *angustiante* que a alma decaia tantas vezes daquilo em que Deus investe todo o seu poder. Mas isso é preciso para que a alma torne a viver. Deus cria todas as criaturas em *um* verbo. Mas, para que a alma volte a viver, Ele expressa *todo* o seu poder em sua geração[5]. Num outro modo, porém, é *consolador* que a alma seja novamente reconduzida ali para dentro. Nesse nascimento ela se torna viva, e Deus gera seu Filho alma adentro, para que se torne viva. Deus se expressa a si mesmo em seu Filho. Nesse verbo, em que se expressa a si mesmo em seu

---

2. Quint observa: "Para a significação etimológica de 'viúva' como da 'deixada só'" (Eckhart, 1968, p. 319, nota 1), cf. Isidoro de Sevilha, *Etymologiae* IX c. 7 n. 16 (ed. Lindsay I): "É chamada viúva, porque não esteve com dois homens, nem aderiu ao convívio de outro homem, depois da morte do primeiro esposo [...]. Assim se diz viúva, porque está só".

3. Cf. *In Gen.* II n. 191, LW 1, p. 663,3s: "Torna-se manifesta, portanto, a fecundidade da alma unida a Deus. E isto é o que se diz em Gálatas 4: 'Alegra-te tu, a estéril, porque são muitos filhos da abandonada, mais do que daquela que possui homem'".

4. Eckhart (1968, p. 320,3): *sô gelaezet ez, als ez niht ensî*; cf. p. 697: *es nimmt sich <aber> dann so aus <es erscheint so>, als ob es <das alles, was man erkennt> nichts sei.*

5. Jarczyk e Labarrière acrescentam no nascimento da alma (Eckhart, 1999, p. 94).

Filho, nesse verbo Ele fala <também> alma adentro[6]. A todas as criaturas é próprio o gerar. Uma criatura que não conhecesse nenhum gerar também não *seria*. Por isso diz um mestre: Esse é um sinal de que todas as criaturas foram produzidas pela geração divina.

Por que Ele disse "jovem"? A alma não tem nada em que Deus pudesse falar, a não ser o intelecto. Certas forças são tão frívolas que nelas Deus não *pode* falar. Falar Ele *fala*, mas elas *não ouvem*. <Também> a vontade, *enquanto* vontade, de modo algum, nada percebe. "Varão" não se refere a nenhuma <outra> força a não ser ao intelecto[7]. A vontade <ao contrário> volta-se unicamente e só para *fora*.

"Jovem!" Todas as forças que pertencem à alma não *envelhecem*. As forças, porém, pertencentes ao corpo desgastam-se e diminuem. <Ao contrário> quanto *mais* o homem *conhece*, tanto *melhor* ele conhece. Por isso, "jovem!" Dizem os mestres: É jovem o que é próximo à sua origem. No intelecto se é plenamente "jovem". Quanto mais se atua *nessa* força, tanto mais próximo se é ao próprio nascimento. É, porém, "jovem" o que é próximo ao próprio nascimento[8]. A primeira erupção da alma é o intelecto, depois a vontade e por fim todas as outras forças.

E então diz Ele: "Jovem, levanta-te!" O que diz "levanta-te?" <Diz> "levanta-te" da *obra*, e "fica em pé" sobre a alma nela mesma![9] Uma única obra que Deus opera na luz simples da alma é mais bela do que o mundo todo e lhe é mais aprazível do que tudo quanto jamais operou em todas as criaturas. Os insensatos, porém, tomam o mal pelo bem e o bem pelo mal. Mas para quem é de reta compreensão, uma única obra que Deus opere na alma é melhor, mais nobre e mais sublime do que o mundo todo.

Acima daquela luz é a *graça*. Esta, porém, jamais chega a penetrar no intelecto nem na vontade. <Mas> se a graça deve penetrar no intelecto,

---

6. Cf. Eckhart (1999, p. 94, nota *): "Deus *diz a si*, a Ele mesmo 'no seu Filho' – <*in seinem sune* = *ablativo*>; e diz 'para dentro da alma'– <*in die sêle* = acusativo> –, na medida em que Ele se dirige *a* ela e a faz viva por esse dizer".

7. Quint acrescenta <para dentro do qual só Deus pode falar, enquanto a vontade não pode receber nada em si de fora> (Eckhart, 1968, p. 698).

8. Cf. Alberto Magno, *In Matth.* c. 6, 9 (ed. Borgnet, 20, 260b): "*Novum enim est, quod principio est coiunctum et vicinat ipsi*"; Eckhart se refere a esse tema principalmente em obras latinas como, p. ex., *In Sap.* n. 161, LW 2, p. 497,4s; *In Eccli.* n. 21, LW 2, p. 248,14; *Sermo* XV, 2 n. 153, LW 4, p. 146,4s.

9. Eckhart (1968, p. 325,1-2): "Stant ûf von dem werke, und 'stant ûf' die sêle in ir selben!"; p. 698: <Es meint:> "Steh auf" von dem *Werk*, und "*stelle dich*" auf die Seele *in sich selbst*!

intelecto e vontade devem transcender a si mesmos. Mas isso não pode ser, pois a vontade é tão nobre em si mesma que nada pode preenchê-la a não ser o amor divino. O amor divino opera grandes obras. No entanto, acima disso há ainda uma outra parte, que é o intelecto. Este é em si mesmo tão nobre que nada o pode preencher a não ser a verdade divina. Por isso diz um mestre[10]: Há algo muito íntimo[11], acima disso: é a *cabeça* da alma. Lá acontece a verdadeira união entre Deus e a alma. Graça jamais empreendeu uma boa obra, isto é, ela <simplesmente> jamais empreendeu qualquer *obra*. De certo, ela eflui no exercício de uma virtude. Graça, porém, jamais conduz à união em uma *obra*. Graça é antes um habitar e um coabitar da alma em Deus. Tudo que, desde sempre, se chama obra, exterior ou interior, é *para isso* de pouquíssimo valor. Todas as criaturas procuram algo que se iguale a Deus. Quanto mais sem valor, tanto mais procuram exteriormente, como, por exemplo, ar e água: eles se esvaem. O céu, no entanto, que é mais nobre, busca igualação mais próxima com Deus; o céu gira constantemente em círculos e em seu percurso produz todas as criaturas: nisso se iguala mais a Deus. Mas não é *isso* que ele intenciona, e sim algo mais elevado. Por outro lado, em seu percurso ele busca quietude. O céu jamais decai em uma obra, com a qual serve a alguma criatura que lhe é *abaixo*. *Com isso* iguala-se mais a Deus. Que Deus se gera em seu Filho Unigênito, isso é inconcebível a todas as criaturas. Entretanto o céu *busca* aquela obra que Deus opera *em si mesmo*. Se <já> o céu faz isso e também outras criaturas de menor valor <do que o céu> – a alma é bem mais nobre do que o céu.

Um mestre diz: A alma gera a si mesma em si mesma e gera a si mesma a partir e de si, para fora, gerando-se de novo <de retorno> para dentro de si mesma. Ela pode operar milagres em sua luz natural; é tão forte que pode separar[12] o que é um. Fogo e calor são <certamente> um. Quando esse um cai no intelecto, este sabe separá-lo. Em Deus, sabedoria e bondade são um. <Mas> se a sabedoria cai no intelecto, este não mais pensa na outra coisa.

---

10. Cf. Agostinho, *De Trin.* XIV c. 8 n. 11, PL 42,1044.

11. Eckhart (1968, p. 325,13): *gar heimlîches*; p. 698: *gar Heimliches*.

12. O verbo *trennen* pode significar *separar* no sentido de *distinguir*, *dividir*, *discernir* na acepção de analisar e distinguir ou separar as partes componentes. O sentido de *trennen* aqui certamente é discernir, distinguir, separar, mas não na acepção de decompor o todo em suas partes, mas sim de deixar a "realidade" no seu ser, isto é, de captar o ser da realidade, cada vez no seu próprio. Nesse sentido, o modo de captar do intelecto não é a partir de comparação ou de uma classificação geral, sob a qual surgem classificações específicas, mas sim, de cada vez, deixar ser a realidade no seu todo, como único e singular.

De si a alma gera Deus, a partir de Deus em Deus. Ela gera-o retamente *a-partir-de-si*[13]. Ela faz isso para que, no que ela é conforme Deus, gere de si a Deus: assim ela é imagem de Deus.

Já repeti muitas vezes: Ninguém pode separar uma imagem *enquanto* imagem *daquilo de que* ela é imagem[14]. Se a alma vive ali dentro, onde ela é imagem de Deus, então a alma gera; ali dentro há reta união; a ela as criaturas todas <juntas> não podem separar[15]. A despeito do próprio Deus, dos anjos, das almas e de todas as criaturas, <eu digo que> elas não poderiam separar a alma <de Deus>, onde ela é imagem de Deus! Essa é união conveniente e ali dentro há bem-aventurança conveniente. Muitos mestres buscam a bem-aventurança no intelecto. Eu <porém> digo: A bem-aventurança não está nem no intelecto nem na vontade, mas acima de ambos: a bem-aventurança está <propriamente> ali onde se encontra a bem-aventurança *como* bem-aventurança <e> não como intelecto, onde Deus é como Deus e a alma, como ela é imagem de Deus. Ali é a bem-aventurança, onde a alma toma Deus como Ele é Deus. Ali alma é alma, graça é graça, bem-aventurança é bem-aventurança e Deus é Deus.

Pedimos a Nosso Senhor que nos conceda sermos *assim* unidos com Ele. Que a isso Deus nos ajude. Amém.

---

13. Eckhart (1968, p. 329): *sie gebirt in rehte ûzer ir*; p. 699: *sie gebiert ihn recht aus sich*.

14. Cf. texto paralelo (Eckhart, 1958, p. 270,2s; p. 265,9s e nota 3; e p. 266, nota 1).

15. Cf. Eckhart (1968, p. 329): *daz enkunnen alle crêaturen niht gescheiden*; p. 699: *die können alle Kreaturen <miteinander> nicht zertrennen*.

Sermão 44

Postquam completi erant dies, puer Jesus portabatur in templum. Et ecce, homo erat in Jerusalem [Depois que se completaram os dias, levaram-no a Jerusalém. Havia então em Jerusalém um homem] (Lc 2,22.25)

São Lucas escreve no Evangelho: "Quando se completaram os dias, Cristo foi levado ao templo. E eis que havia um homem em Jerusalém, de nome Simeão, justo e temente; aguardava com perseverança o consolo do povo de Israel e o Espírito Santo estava nele" (Lc 2,22.25)[1].

Em "*Et ecce*", a palavrinha "*et*"[2], em latim significa uma união, uma conjunção e uma inclusão. Chama-se união o que foi ligado mutuamente e incluído, de uma vez por todas. Com isso tenho em mente que o homem foi ligado, incluído e unido com Deus. Nossos mestres dizem: União pede igualdade. Não pode haver união a não ser possuindo igualdade[3]. O que foi ligado e incluído cria união. O que me é <apenas> próximo, como se eu estivesse sentado ao seu lado ou no mesmo lugar, *não* cria igualdade. Por isso diz Agostinho[4]: Senhor, quando me achei longe de ti, isso não vinha da distância do lugar, e sim da desigualdade na qual me encontrava

---

1. Perícope tirada do Evangelho da Festa da Nossa Senhora da Luz (2 de fevereiro).

2. Cf. Eckhart (1968, p. 337, nota 2), em que Quint observa: "Infelizmente, pelo que posso ver, não se encontra nenhuma outra citação nas obras alemãs como nas latinas, que interpretem o *et* [...]. Cf. Pedro Abelardo. *Dialética*, primeira edição completa do manuscrito de Paris, por L.M. de Rijk, 1956, *Tractatus primus*, Vol. III, Liber II S. 118, 14s: 'Pois *et* ou *de* se têm a si proferidos, a todas as coisas e a si. E mantêm suspenso o ânimo do ouvinte, para que este espere algo outro daquilo ao qual eles possam se ajuntar. Não foram inventadas tanto para a sua demonstração quanto para a aposição ou conjunção a outras coisas'".

3. Cf. Aristóteles, *Met.* V t. 20 (delta c. 15 1021 a 11); Tomás de Aquino, *S.Th.* I q. 93 a. 9.

4. Cf. Agostinho, *Conf.* VII c. 10 n. 16, CSEL XXXIII 157,21.

interiormente. Um mestre diz[5]: Aquele cujo ser e obra estão totalmente na *eternidade* e aquele cujo ser e obra estão totalmente no *tempo* jamais são uníssonos, jamais estão unidos. Nossos mestres dizem: Entre as coisas cujo ser e obra estão na *eternidade* e as coisas cujo ser e obra estão no *tempo* deve necessariamente haver um meio <que as separe>. Onde <porém> se dá inclusão e total ligação, ali deve necessariamente ser igual. Onde Deus e a alma devem ser unidos, isto deve provir de uma igualdade. Onde não se dá nenhuma desigualdade, deve necessariamente dar-se Um. Numa inclusão não somente se é *unido*, como se torna *Um*; não somente dá-se igualdade, mas o igual. Por isso dizemos que o Filho não é *igual* ao Pai, muito mais: Ele é *a* igualdade; Ele é *um* com o Pai[6].

Nossos melhores mestres dizem[7]: Uma imagem pintada sobre uma pedra ou na parede, se fosse tomada <puramente só> como imagem, retirando-se-lhe todo o suporte, seria totalmente um com aquilo do qual é imagem. Se a alma adentra na imagem <na alma>, na qual não há nada de alheio, mas somente a imagem <divina>, com a qual a imagem na alma é *uma única* imagem, então a alma está bem-instruída[8]. Quando somos transportados para dentro da imagem, na qual somos iguais a Deus, lá apreendemos e encontramos Deus. Onde algo está dividido, virado para fora, ali não se encontra Deus. Quando a alma chega para dentro da imagem e se encontra exclusivamente nela, a alma, nessa imagem, encontra Deus. Encontrando a si *e* Deus, dá-se <somente> *uma* obra, que é livre do tempo[9]: ali ela *encontra* Deus. À medida que é ela *ali* dentro, nessa mesma medida é ela *um* com Deus; quer dizer: à medida que se é resguardado *ali dentro*, onde a alma é imagem de Deus. À medida que o homem é *ali dentro*, nessa medida é ele divino; à medida que se é *ali dentro*, nessa medida se é em Deus, não resguardado, *não unido*, muito mais, se é *Um*.

---

5. Cf. Tomás de Aquino, *S.Th.* I II q. 5 a. 5 ad 3.

6. Eckhart (1968, p. 340,1s): "*niht aleine in einer însliezunge wirt ez vereinet, mêr: ez wirt ein; niht aleine glîchnisse, mêr: glîch. Dar umbe sprechen wir, daz der sun dem vater nigt glîch ensî, mêr: er ist diu glîchnisse, er ist ein mit dem vater*".

7. Cf. Agostinho, *De Trin.* VI c. 10 n. 11, PL 42,931; *De divers. Quaest.* LXXXIII q. 74, PL 40,86; Tomás de Aquino, *S.Th.* I q. 93 a.

8. Cf. Eckhart (1999, p. 99, nota ****): "Trata-se do bom ensinamento que a alma recebe, logo que ela entre nela mesma para se unir à imagem que é Deus".

9. Cf. Eckhart (1968, p. 341,5): "und in dem, daz si sich vindet und got, das ist al éin werk, das ist âne zît: dâ vindet si got"; p. 700: "und darin, dass sie sich *und* Gott findet, darin liegt <nur> *ein* Werk, es ist zeitlos: da *findet* sie Gott".

Diz um mestre[10]: Toda igualdade visa ao nascimento. Diz além disso: A natureza jamais encontra o igual sem que se chegue necessariamente ao nascimento. Nossos mestres dizem que o fogo, por mais forte que possa ser, jamais inflamaria se não tivesse esperança num nascimento. Por mais seca que fosse a madeira ao ser lançada ao fogo, jamais queimaria se não pudesse conceber igualdade com o fogo. O fogo aspira nascer na madeira e deseja que tudo se torne, se mantenha e permaneça um único fogo. Se o fogo se apagasse e fosse passageiro, não mais seria fogo. Por isso, almeja ser mantido. A natureza da alma jamais carregaria <em si> o igual <isto é, ser igual a Deus>, se não desejasse que Deus nela fosse gerado. A alma jamais chegaria à sua natureza, jamais *desejaria* chegar ali dentro, se não esperasse pelo nascimento, e isso é Deus que atua. E Deus jamais o faria se não quisesse que a alma nele nascesse. O atuar pertence a Deus, o desejar à alma. A Deus pertence o atuar e à alma, o desejar e a possibilidade de Deus nela ser gerado e ela em Deus. Deus faz com que a alma se iguale a Ele. É de necessidade ela esperar que Deus nela seja nascido, e que ela seja contida em Deus e que ela deseje uma união <com Ele>, para ser e estar contida em Deus. A natureza divina derrama-se na luz da alma e ali dentro é contida. Com isso, Deus busca ser gerado na alma e com ela se unir e nela ser contido. Como pode ser isso? Pois não dizemos que Deus é o seu *próprio* conteúdo?[11] Quando Deus atrai a alma para dentro <de sua natureza divina>, ela descobre que Deus é o próprio conteúdo de si mesmo, ficando então ali, pois de outro modo ela jamais ali permaneceria. Agostinho[12] diz: "Justamente como amas, assim és: amas a terra? Tornas-te terreno. Amas a Deus? Tornas-te divino. Mas, se amo a Deus, torno-me Deus? Isso não poderia afirmar. Remeto-vos para tanto à Escritura Sagrada. Deus falou pelos profetas: 'Vós sois deuses e sois filhos do Altíssimo'" (Sl 81,6). E, por isso, digo: No *igual* Deus concede o nascimento. Se disso a alma não se apercebesse, jamais desejaria chegar a entrar ali dentro <na natureza divina>. A alma quer ser nele contida; sua vida está junto dele. Deus tem uma pousada, um permanecer em *seu* ser. Por isso, a alma só pode ali chegar despojando-se e cortando fora tudo o que pertence à alma: sua vida, forças e natureza. Tudo isso deve cair fora para que ela esteja na luz límpida onde

10. Cf. Aristóteles, *De anima* II t. 34 (B c. 4 415a 26-29); Tomás de Aquino, *Sum. Cont. Gent.* III c. 21.

11. A palavra no alemão medieval é *enthalt*. Quint a traduz para o alemão atual *Erhalter*.

12. Agostinho, *In Ep. Ioh. ad Parthos tr.* 2 n. 14, PL 35,1997.

ela é *uma* imagem com Deus. Ali ela *encontra* a Deus. É próprio de Deus nele nada advir de estranho, nada de acidente, nada de adicionado. A alma não deve, pois, receber nenhuma impressão alheia, nada de acidente e nada de adicionado. Isso quanto ao primeiro ponto <isto é, sobre o *et*>.

"E observai": "*ecce*". "*Ecce*": a palavrinha contém em si tudo o que pertence à palavra, a ela nada se pode acrescentar[13]. Palavra, isto é Deus; Deus é uma palavra, Filho de Deus é uma palavra. Lucas quer dizer que toda a nossa vida, todo o nosso desejo deve se encerrar, suspender-se <em> e inclinar-se para Deus. Por isso diz Paulo: "Eu sou o que sou pela graça de Deus" (1Cor 15,10) e continua: "Eu vivo, não eu, mas Deus vive plenamente em mim" (Gl 2,20). O que mais?

"*Homo erat*." Ele diz: "Percebei: um *homem*". Usamos a palavra "*homo*" tanto para mulheres como para varões, mas os latinos <romanos> não deixavam usar essa palavra para as mulheres, por causa de sua fraqueza. "*Homo*" significa o mesmo que "o que é perfeito" e "a quem nada falta". "*Homo*", "o homem" significa o mesmo que "aquele que é de terra" e quer dizer "humildade". A terra é o ínfimo dos elementos. Encontra-se no meio, está totalmente envolvida pelo céu e recebe toda a influência do céu. Tudo o que o céu opera e derrama é acolhido no centro, no fundo da terra. "*Homo*", por outro lado, quer dizer o mesmo que "umidade" e significa "aquele que foi inundado pela graça", indicando que o homem humilde recebe de imediato o influxo da graça. Nesse influxo da graça, eleva-se imediatamente a luz do intelecto para o alto. Ali <no alto>, Deus brilha numa luz que não pode ser encoberta. Quem fosse acolhido assim fortemente nessa luz seria tão mais nobre diante de outro homem como um homem vivo diante de outro que estivesse <apenas> pintado na parede. Essa luz é tão forte que em si não apenas prescinde de tempo e espaço, como prescinde sobretudo daquilo em que se derrama, de tempo e espaço e de todas as imagens corpóreas <representações>, de tudo aquilo que é alheio. Já repeti muitas vezes: Se não houvesse tempo nem espaço nem nada mais, tudo seria *um* Ser. Quem fosse assim *um* e se lançasse abaixo a si mesmo no fundo dessa humildade, ali seria inundado de graça.

Em terceiro lugar: aquela luz <da graça> tira o tempo e o espaço. "Um homem *era* <ali>." Quem lhe deu aquela luz? – A limpidez. A palavra "*erat*" pertence total e propriamente a Deus. Na língua latina não há nenhuma

---

13. Quint acrescenta: "Não se pode flexioná-la" (Eckhart, 1968, p. 701).

palavra tão apropriada a Deus como "*erat*". Por isso João, no seu evangelho, chega a dizer tantas vezes o "*erat*", o "era", e tem em mente <com isso> um puro Ser. Tudo acrescenta, *erat*, porém, não adiciona nada a não ser <apenas> em um pensamento, que não é porém nem um pensamento aditivo, mas subtrativo (abstraente). A bondade e a verdade adicionam, no mínimo em um pensamento. *Erat* significa isso, o Ser puro, ao qual nada é adicionado. Por outro lado, "*erat*" significa um nascimento, um perfeito tornar-se. Eu *estou* vindo agora, eu hoje *estava* vindo; se o tempo no qual eu *vinha* e *vim* fossem retirados, o "vindo" e o "sou chegado" estariam resguardados em um e seriam um. Onde o "vindo" e o "é chegado" se resguardam em um, ali somos gerados, recriados e formados novamente na primeira imagem. Já o disse diversas vezes: Enquanto algo de uma coisa é em seu *Ser*, não será recriado. Pode até ser repintado e renovado como um selo velho. A este, a gente reimprime e renova. Um mestre pagão diz: O que é, isso nenhum tempo envelhece; ali há uma vida bem-aventurada em um ali-para-sempre, no qual não há tortura, onde nada é encoberto, onde há um puro Ser. Salomão diz: "Nada há sob o sol, que seja novo" (Ecl 1,10). Isso raramente é compreendido em seu sentido próprio. Tudo que está sob o sol envelhece e declina. Mas ali nada há a não ser um ser-novo. Tempo causa duas coisas: velhice e declínio. O que o sol ilumina encontra-se no tempo. Todas as criaturas são *agora* e são *de* Deus. Mas lá onde elas são *em* Deus, ali elas são tão desiguais ao que são aqui, como o sol é desigual à lua, e muito mais. É por isso que Lucas diz: "*Erat in eo*", "o Espírito Santo era nele", onde se encontra o Ser <puro> e um <perfeito> tornar-se.

"Era um homem." *Onde* estava ele? "Em Jerusalém." "Jerusalém" significa "uma visão de paz"; resumindo, significa que o homem é *pacífico* e bem-estabelecido. Mas talvez signifique <ainda> mais. Paulo diz: "Desejo-vos a paz, que ultrapassa toda a compreensão. Que ela guarde vosso coração e vosso intelecto" (Fl 4,7).

Vamos pedir a Nosso Senhor que sejamos "homem" *assim* e que sejamos transportados nessa paz que é Ele próprio. A isso nos ajude Deus.

Amém.

Sermão 45

Beatus es, Simon Bar Iona, quia caro et sanguis etc. [Bem-aventurado és, Simão Bar-Jona, porque não foi a carne e o sangue...] (Mt 16,17)

Nosso Senhor fala: "Simão Pedro, bem-aventurado és tu; isso nem carne nem sangue te revelou, mas meu Pai que está no céu!" (Mt 16,17)[1].

São Pedro tem quatro nomes: chama-se "Pedro" (Mt 16,16.18), "Bar Iona", "Simão" e "Cefas" (Jo 1,42)[2].

E então diz Nosso Senhor: "Bem-aventurado és tu!" Todos os homens desejam bem-aventurança. Um mestre[3] diz: Todos os homens desejam ser louvados. Já Santo Agostinho[4] diz: Um homem bom não deseja nenhum louvor, mas ser digno de louvor. E nossos mestres dizem: No seu fundo e no seu ser-próprio, a virtude é tão límpida, tão retraída e tão desprendida de todas as coisas corporais, que nela nada poderia incidir que não manchasse a virtude, e <assim> não a tornasse não-virtude. Um único pensamento apenas ou qualquer coisa buscada em proveito próprio e <já> não é <mais> uma virtude *verdadeira*; torna-se antes uma não-virtude. *Assim* é a virtude por natureza[5].

---

1. O texto do Evangelho é da Festa da Cátedra de São Pedro (22 de fevereiro); da Festa das Correntes de São Pedro (1º de agosto) ou dos apóstolos Pedro e Paulo (29 de junho). No missal romano hoje, o texto está também como Evangelho da festa de um ou mais santos papas.

2. Cf. Eckhart (1968, p. 360, nota 2): "Para os quatro nomes de Pedro aqui mencionados, cf. *Sermo* XIV 1 n. 151, LW 4 S. 142,6s: [...] e eles são do Simão 'obediente', do Pedro 'aquele que conhece'. Do Pedro 'pedra estável', do Bar Jonas 'filho da graça', 'filho da pomba'".

3. Cf. Agostinho, *De Trin.* XIII c. 3 n. 6, PL 42,1018: "Aquilo também que o antigo poeta Ennius disse: 'Todos os mortais desejam ser louvados'".

4. Agostinho, *Conf.* X. c. 37 n. 61 (ed. Skutella, p. 256,12s).

5. Cf. Tomás de Aquino, *S.Th.* II II q. 153 a. 2 ad 1.

E diz um mestre pagão[6]: Se alguém pratica a virtude por causa de uma outra coisa que não ela mesma, o que foi praticado jamais se torna uma <verdadeira> virtude. Procurando louvor ou alguma outra coisa, vende-se a virtude. Uma virtude natural não pode ser trocada por nenhuma coisa sobre a terra. *Por isso*, um homem bom não deseja louvor; deseja antes ser digno de louvor. Um homem não deve sofrer se alguém com ele se irrita; deve <antes> se afligir por merecer essa irritação.

E diz Nosso Senhor: "Bem-aventurado és tu!" A bem-aventurança encontra-se em quatro coisas: em que se tenha tudo que possui ser, em que seja um prazer pleno e que traga fruição desejá-lo, em que se o tenha plenamente, indiviso com toda alma, e em que seja recebido em Deus, no que há de mais límpido e mais sublime, puramente, sem encobrimento, na primeira irrupção e no fundo do ser, recebendo tudo de uma vez, lá onde o próprio Deus <o> recebe. *Isso* é bem-aventurança.

E então Mateus diz: "Petrus", o que significa "quem contempla Deus"[7]. Ora, os mestres perguntam se o âmago da vida eterna encontra-se mais no entendimento[8] ou na vontade. A vontade tem uma dupla obra: desejo e amor. A obra do entendimento é simples; por isso o entendimento é melhor. Sua obra é o conhecer e jamais descansa até tocar o que conhece, desvelado. Desse modo, precede a vontade, tornando-lhe conhecido o que ela ama. Enquanto *desejamos* as coisas, não as *temos*. Quando as *temos*, as *amamos*; e assim o desejo fica para trás.

Como deve ser o homem que deve contemplar a Deus? Ele deve estar *morto*. Nosso Senhor diz: "Ninguém pode me ver e viver" (Ex 33,20). E então diz São Gregório[9]: Está morto quem morreu para o *mundo*. Pois, olhai vós mesmos como é um morto e quão pouco o toca tudo que é no mundo. Morrendo para esse mundo, não se morre para Deus[10]. Santo Agostinho[11] rezava várias orações. E dizia: Dá-me, Senhor, conhecer a ti e a mim. "Senhor, tem misericórdia de mim, mostra-me a tua face e dá-me morrer, e dá-me *não* morrer, para que te contemple eternamente." Isso é o primeiro:

6. Cf. Eckhart (1968, p. 362, nota 1): trata-se de Sêneca.

7. Cf. Jerônimo, *Liber interpret. hebr. nom.* 65,18.

8. Eckhart (1968, p. 363,9): *verstantnisse*; p. 704: *Vernunft.*

9. Gregório Magno, *Moral.* XVIII c. 54 n. 89, PL 76,93.

10. Agostinho, *Conf.* I c. 6 n. 9 (ed. Skutella, p. 6,25s).

11. Agostinho, *Soliloq.* II c. 1 n. 1, PL 32,885.

que se esteja *morto*, quando se quer contemplar a Deus. É o que significa o primeiro nome: "Pedro".

Um mestre diz: Se não fosse nenhum intermediário, ver-se-ia, então, uma formiga no céu. E um outro mestre[12] diz: Se não fosse nenhum intermediário, nada veríamos então. Ambos têm razão. A cor que está na parede, se deve ser transportada para meu olho, deve ser filtrada e refinada no ar e na luz e ser transportada, assim espiritualizada, para dentro do meu olho. Assim <também> a alma que deve contemplar a Deus deve ser peneirada na luz <divina> e na graça. Por isso, tem razão o mestre que afirmou: Se não fosse nenhum intermediário, nada veríamos. Também tem razão o outro, ao dizer: Se não fosse nenhum intermediário, ver-se-ia uma formiga no céu. Se não fosse nenhum intermediário na alma, ela veria a Deus desvelado.

O segundo nome, "Bar Iona", diz o mesmo que "um filho da graça", na qual a alma é clarificada, elevada e preparada para contemplar a Deus[13].

O terceiro nome é "Simão" e significa "alguém obediente" e "alguém submisso". Quem quiser ouvir a Deus deve estar bem longe, separado das pessoas. Por isso diz Davi: "Eu quero calar e quero ouvir o que Deus fala em mim. Ele fala de paz ao seu povo, a seus santos e a todos os que ali estão voltados para o coração" (Sl 85,9). Bem-aventurado o homem que ali com zelo ouve o que Deus nele fala, e deve inclinar-se diretamente sob o raio da luz divina. A alma que se voltou com toda a força debaixo da luz de Deus torna-se chama e fogo no amor divino. A luz divina brilha diretamente do alto para dentro da alma. Se o sol brilhasse verticalmente sobre nossas cabeças, mal se conseguiria viver. Assim <pois> a suprema força da alma, que é a cabeça, deveria elevar-se igualmente sob o raio da luz divina, de tal modo que pudesse brilhar para dentro dela a luz divina, sobre a qual já falei muitas vezes: Ela é tão límpida, tão eminente e tão elevada que, diante dessa luz, todas as luzes são escuridão e um *nada*. Assim como são, todas as criaturas são um nada. Quando iluminadas pela luz, na qual recebem o seu ser, são aí um *algo*.

---

12. O primeiro mestre é Demócrito; o segundo, Aristóteles, *De anima* II t. 7, B c. 7 419a 15s; cf. Eckhart (1968, p. 366, nota 1).

13. Jerônimo, *In Matth.* III c. 16, PL 26,121: "*Si quidem 'Bariona' in nostra lingua sonat 'filius columbae'. Alii simpliciter accipiunt quod Simon, id est Petrus, sit filius Ioannis, iuxta alterius loci interrogationem*: '*Simon Ioannis diligis me?*' [...] *Et volunt scriptorum vitio depravatum, ut pro 'Bar Ioanna', hoc est 'filius Ioannis', 'Bar Iona' scriptum sit, una detracta syllaba. 'Ioanna' autem interpretatur 'domini gratia'*". Cf. Isidoro de Sevilha, *Etymologiae* VII c. 9 n. 4 (ed. Lindsay I).

Por isso, o entendimento natural jamais pode ser tão nobre a ponto de tocar a Deus ou apreendê-lo imediatamente, se a alma não tiver em si os seis itens de que falei: o primeiro, que se esteja morto para toda desigualdade; o segundo: que se esteja convenientemente purificado na luz <divina> e na graça; o terceiro: que se seja sem mediação; o quarto: que se ausculte no mais íntimo a Palavra de Deus; o quinto: que se incline debaixo da luz divina; o sexto é o que um mestre pagão[14] diz: Isso é bem-aventurança, a saber, que se viva segundo a suprema força da alma. Essa deve tender constantemente para o alto e receber sua bem-aventurança em Deus. Lá onde, na primeira irrupção, o próprio Filho recebe, lá também devemos receber, no que há de mais elevado em Deus. <Mas> então, também nós devemos sustentar igualmente ao encontro dele o que há de mais elevado em nós.

"Cefas" significa o mesmo que "uma cabeça". *Intelecto* é a cabeça da alma[15]. Aqueles que proferem as mais grosseiras enunciações dizem que o *amor* tem precedência. Aqueles, porém, que proferem as mais certeiras enunciações dizem com precisão – e isso é também verdadeiro – que o núcleo da vida eterna se encontra mais no entendimento do que no amor. E sabei por quê! Os nossos melhores mestres – que não são muitos – dizem que o entendimento e o intelecto[16] sobem diretamente a Deus. Mas o amor volta-se para aquilo que ele ama. Do que ele ama, o amor toma *o que* é bom. Mas o entendimento toma aquilo *pelo qual* algo é bom. O mel, em si mesmo, é mais doce do que coisa feita com ele. O amor toma a Deus como Ele é bom. O entendimento, porém, irrompe para o alto e toma a Deus como Ele é Ser. Por isso diz Deus: "Simão Pedro, bem-aventurado és tu!" Deus dá ao homem justo um ser divino, chamando-o pelo mesmo nome que é próprio ao seu ser. Por isso ele diz depois: "Meu Pai, que está nos céus".

Entre todos os nomes, não há nenhum mais acertado do que "aquele que é". Pois se alguém quer designar algo e diz "é", isso pareceria uma tolice. <Mas> se dissesse "é madeira ou pedra", saberíamos o que tem em mente. Por isso dizemos: Totalmente desprendido e retraído e despojado, de tal

---

14. Cf. Aristóteles, *Eth. Nic.* X c. 7 (K c. 7 1177 a 12s).

15. Cf. Isidoro de Sevilha, *Etymologiae* VII c. 9 n. 3 (ed. Lindsay I): "É dito Cephas porque foi constituído cabeça dos apóstolos; em grego *cabeça* se diz *kefale*, e o próprio nome Pedro é sírio"; cf. Alberto Magno, *In Ioh.* c. 1, 43 (ed. Borgnet, 24,78 bf): "Tu serás chamado Cephas, cabeça dito em grego". Mas Beda diz assim: "É necessário saber que em língua siríaca *Chephas* quer dizer pedra ou graça, e em latim, e em ambas as línguas *Petrus* é derivado de petra".

16. *Verstantnisse und diu vernünfticheit.*

modo a não restar nada ali a não ser um único "é", *isto* é a propriedade do *seu* nome. E assim disse Deus a Moisés: "Diga: Aquele que é, me enviou" (Ex 3,14). Por isso Nosso Senhor chama os seus com seu próprio nome. Nosso Senhor disse aos seus discípulos: "Os que me seguem sentar-se-ão à minha mesa, no reino de meu Pai, comerão minha comida e beberão minha bebida, que o Pai me preparou; assim também eu os preparei para vós" (Mt 19,28; Lc 22,29). Bem-aventurado é o homem que chegou a ponto de receber com o Filho no mesmo. Lá, de onde o Filho recebe. E justamente é ali, onde, também nós devemos receber nossa bem-aventurança; e ali, onde está *sua* bem-aventurança, onde Ele tem *seu* ser: justamente nesse mesmo fundo, todos os seus amigos hão de receber e dele haurir sua bem-aventurança. *Essa* é a "mesa no Reino de Deus".

Que Deus nos ajude a chegar a essa mesa. Amém.

Sermão 46
Haec est vita aeterna
[A vida eterna é esta]
(Jo 17,3)

Estas palavras estão escritas no Santo Evangelho e é Nosso Senhor Jesus Cristo que diz: "Isto é a vida eterna, a saber, que se conheça como Deus verdadeiro somente a ti e a teu Filho, que enviaste, Jesus Cristo" (Jo 17,3)[1].

Estai atentos! Ninguém pode conhecer o Pai a não ser seu único Filho, pois é Ele mesmo que diz: "Ninguém conhece o Pai, a não ser o Filho, e ninguém conhece o Filho, a não ser o Pai" (Mt 11,27). E, assim, se cabe[2] ao homem conhecer a Deus, no qual está a sua bem-aventurança, então com Cristo deve ser um único Filho do Pai. Se quiserdes ser bem-aventurados, deveis ser *um* Filho, não *muitos* filhos, mas *um* Filho. Decerto, deveis ser distintos segundo o nascimento *corporal*. No nascimento *eterno*, porém, deveis ser *um*, pois em Deus não há senão *uma* origem natural. Por isso, ali só há uma processão natural do Filho, uma, não duas. Assim, se deveis ser *um* Filho com Cristo, deveis ser uma única processão com a Palavra eterna.

1. Esse texto está no antigo missal dominicano no Evangelho do sábado depois do Primeiro Domingo da Paixão, e também no Evangelho da vigília da Ascensão. Esse texto do Evangelho é comentado também nos sermões 54a e 54b.

2. Para nós é um tanto estranho que Eckhart, em vários lugares, use o verbo *sollen* onde em português poderia ou deveria estar *wollen*, ou simplesmente o verbo sem o acompanhamento do *sollen*. Assim, em nossa tradução, cada vez que ocorre *sollen* por um verbo subsequente, não substituímos *sollen* por *wollen* ou o eliminamos, por causa da suspeita de que, para Eckhart (será que não o seria para os medievais em geral?), tudo que se refere à existência humana é uma tarefa, portanto, um *Sollen*. O dever-ser aqui não seria uma imposição indevida de fora que limita ou tira a autonomia da liberdade humana, mas constitui vigor, essência, privilégio diferencial do ente que recebeu o poder de ser filho de Deus. Por isso, todos os mandamentos, mandatos, todas as convocações que vêm de Deus não têm o característico de uma imposição que escraviza ou rebaixa a existência humana, mas, pelo contrário, significam, re-cordam a dignidade específica do ser humano, de ter o modo de ser chamado *liberdade*, que é o modo de ser de Deus.

Como deve o homem chegar a ser um único Filho do Pai? Prestai bem atenção! A Palavra eterna não assumiu *este* ou *aquele* homem, mas assumiu uma *natureza* humana livre, indivisa, que ali era pura, sem traços individuais; pois a forma simples da humanidade é sem traços individuais. E, por isso, porque ao ser assumida, a natureza *humana* foi tomada pela Palavra eterna de modo simples, sem traços individuais, a imagem do Pai, que é o Filho eterno, tornou-se <igualmente> a imagem da natureza humana. Pois é tão verdadeiro Deus ter-se feito homem, como também o é o homem ter-se tornado Deus. E assim, pois, a *natureza humana* foi transformada em imagem, em se tornando a *imagem divina*, que é a imagem do Pai. Portanto, se deveis ser *um* Filho, é necessário que vos separeis e vos afasteis de tudo quanto traz diferenciação em vós. Pois, para a natureza <humana>, o homem <particular> é um acidente; e, por isso, afastai-vos de tudo que é acidente em vós, e assumi-vos segundo a *natureza* humana livre, indivisa. E porque a mesma natureza, segundo a qual vos tomais, tornou-se Filho do Pai eterno em consequência de ter sido assumida pela palavra eterna, assim vos tornareis filho do Pai eterno com Cristo, por vos tomardes segundo a mesma natureza, que lá <no Cristo> Deus tornou-se homem. Por isso, cuidai para não vos tomardes como sendo de algum modo *esse* homem ou *aquele* homem, mas tomai-vos segundo a *natureza* humana livre e indivisa. Por isso: se deveis ser *um* Filho, apartai-vos de todo *não*, pois <o> *não* cria diferença. Como assim? Considerai! Que tu não sejas *aquele* homem, esse não cria diferença entre ti e *aquele* homem. E, portanto, se quereis ser sem diferença, então afastai-vos do não. Pois há na alma uma força separada do não, e como ela nada tem em comum com coisa alguma, nela nada há a não ser somente Deus: nessa força *Ele* brilha sem encobrimento.

O homem que é assim *um* filho assume o movimento e a atuação e tudo que toma – sim, tudo isso, ele o assume no que é o seu próprio. Que o Filho do Pai é Filho segundo a eternidade, isso Ele o é a partir *do Pai*. Mas o que Ele *tem*, isso Ele o tem *em si*, pois Ele é um com o Pai, segundo o ser e segundo a natureza. Por isso Ele tem ser e o modo de ser[3] totalmente em si, e assim fala: "Pai, assim como eu e tu somos um, assim quero que eles sejam um" (Jo 17,11.21). E assim como o Filho é um com o Pai segundo o ser e a natureza, assim és também um com Ele segundo o ser e a natureza, e tens tudo em ti como o Pai o tem em si. Tu não o tens de Deus por *em-*

3. Eckhart (1968, p. 383,4): *wesen und wesunge*; p. 708: *Sein und Seinsweise*.

préstimo, pois Deus é o teu *próprio*. E, por conseguinte, tudo o que assumes, o assumes a partir do teu próprio. Aquelas obras que não assumes no teu próprio, essas são todas *mortas* diante de Deus. São as obras para as quais és movido por causas estranhas *fora de ti*, pois não vêm da *vida*: por isso são mortas. <Só> *vive a* coisa que toma o movimento a partir do seu *próprio*. Assim, se as obras do homem devem *viver*, necessitam ser tomadas a partir do seu próprio. Não se devem doar coisas estranhas ou *fora* dele, mas *nele*.

Agora, observai! Se amas a justiça enquanto ela é sobre *ti* ou junto a *ti*, então não amas a justiça enquanto ela é *a* justiça. Também não a tomais nem a amais assim como ela é simples, mas a tomais como dividida. Uma vez que Deus é *a* justiça, então não o tomais nem o amais enquanto Ele é simples. Por isso, tomai a justiça como ela é <*a*> justiça, pois assim a tomais enquanto ela é Deus. E assim pois: onde opera *a* justiça, ali operais *vós*, pois então operais justiça todo o tempo. Sim, se no caminho da justiça houver o inferno, haveríeis de operar a justiça, e o inferno não vos seria uma pena, ele vos seria uma alegria, porque vós mesmos seríeis a justiça; e é por isso que *deveis* operar justiça[4]. Tanto mais algo se alça para o alto em universalidade, tanto mais é um com a simplicidade dessa universalidade, e assim, tanto mais simples ele é.

Para essa simplicidade da verdade, ajude-nos Deus. Amém.

---

4. Cf. Eckhart, *Sermo* XXXIV n. 343, LW 4, p. 298,9s: "O justo servindo à justiça a ama mais do que a si mesmo, de tal modo que se carregasse consigo o justo que tem em si o inferno ou o diabo, o amaria, o degustaria, dele teria deleite; e, ao contrário, se carregasse consigo o injusto que tivesse consigo o paraíso, o próprio Deus, dele não teria gosto". Cf. Eckhart (1968, p. 385, nota 2), em que Quint observa: "O trecho foi assumido por Nicolau de Cusa no seu sermão: *Querite ergo primum regnum dei*"; cf. Koch (1936-1937, p. 41).

Sermão 47

Spiritus domini replevit orbem terrarum etc.
[O Espírito do Senhor enche o universo]
(Sb 1,7)[1]

"O Espírito do Senhor encheu o orbe da terra" (Sb 1,7).

Um mestre[2] disse: Todas as criaturas carregam em si uma marca da natureza divina, a partir da qual elas se difundem de modo a poderem agir segundo a natureza divina, da qual efluíram. As criaturas difundem-se de dois modos. O primeiro modo de difusão dá-se na sua raiz, como as raízes difundem a árvore. O segundo acontece num modo unitivo. Assim <também> a difusão da natureza divina acontece de dois modos. A primeira é a do Filho a partir do Pai, que acontece no modo da geração. A segunda acontece em modo unitivo no Espírito Santo. Essa difusão acontece a partir do amor do Pai e do Filho. Isso é o Espírito Santo, pois nele ambos se amam. Vede, todas as criaturas anunciam que elas efluíram, e efluíram da natureza divina e carregam uma marca sua em suas obras. Sobre isso, um mestre grego disse que Deus segura todas as criaturas como que por uma rédea, para que operem igualmente conforme a Ele. Por isso a natureza opera todo o tempo em vista do mais alto que ela possa realizar. A natureza não gostaria de produzir somente o filho, e, se ela o pudesse, quereria produzir também o pai. E por isso: se a natureza operasse *fora do tempo*, não teria nenhuma deficiência acidental. Acerca disso diz um mestre grego[3]: Porque a natureza opera no tempo e no espaço, filho e pai são diferentes.

1. O texto do Evangelho foi tirado do introito da Festa de Pentecostes.

2. Cf. Tomás de Aquino, *S.Th.* I q. 45 a. 7.

3. Cf. Eckhart (1968, p. 397, nota 1): *In Ioh.* n. 30, LW 3, p. 23,5s. Na nota 2 indica: Aristóteles, *Ars rhet.* I c. 4 (1360 a 5; *De gen. et corr.* I. t. 51 (A c. 7 324 a 9-11)).

Um mestre[4] diz que um carpinteiro que apronta a construção de uma casa já a havia formado antes dentro de si; e, se a madeira fosse bastante dócil para se articular à disposição da sua vontade, a casa existiria tão logo ele a quisesse, de maneira que, se o material sumisse, ali não haveria nenhuma outra diferença a não ser aquela entre o gerar e o imediato nascimento. Atenção, pois em Deus não é assim. Nele não há tempo nem espaço; por isso, são um em Deus e não há nenhuma diferença a não ser entre difusão e ser difundido.

"O Espírito do Senhor." Por que o nome "Senhor"? – Para que Ele plenifique. E por que "Espírito"? – Para nos unir consigo. "Ser senhor" se reconhece em três coisas. A primeira é que Ele <o Senhor> é *rico*. Rico é quem possui tudo sem nenhuma privação. Sou um homem e sou rico, mas não sou um outro homem. Se fosse *todos* os homens, ainda assim não seria um anjo. Mas se fosse anjo *e* homem, não seria *todos* os anjos. Por isso, em sentido próprio, nada é rico a não ser Deus, que, simples, tudo contém em si. Por isso, Ele pode doar tudo de uma vez: essa é a segunda característica do ser rico. Um mestre diz que Deus põe-se à venda a todas as criaturas, como numa liquidação; que cada qual tome tanto quanto quiser. Digo que Deus se oferece a mim como ao mais elevado dos anjos, e se eu estivesse e fosse tão pronto e aberto quanto Ele, receberia do mesmo modo como ele. Já repeti também muitas vezes que Deus comporta-se eternamente como se estivesse solícito, buscando como se tornar agradável à alma. A terceira característica do ser rico é dar-se sem esperar retribuição. Quem dá algo qualquer por causa de um algo qualquer não é plenamente rico. Por isso, a riqueza de Deus manifesta-se em Ele dar todos os seus dons, de graça. Assim, pois, diz o profeta: "Eu disse ao meu Senhor: Meu Deus és Tu, pois de meus bens não careces" (Sl 15,2). Este somente é um "Senhor" e é "Espírito". Digo que Ele é *Espírito*. Nossa bem-aventurança está em que Ele nos una consigo. O mais nobre que Deus opera em todas as criaturas é ser. Meu pai me dá certamente a minha *natureza*; não me dá, porém, o meu *ser*. Só Deus realiza isso limpidamente. Por isso todas as coisas que *são* têm prazer intelectual em seu ser. Observai, pois, o que também já disse ocasionalmente e não fui compreendido retamente: Judas no inferno não quereria ser um outro do que no céu. Por quê? Se, pois, ele devesse tornar-se real-

4. Quint observa que Eckhart indica Avicena, *In Gen.* II n. 47; cf. p. 514, nota 6: Avicena, *De an.* V c. 1 (22va 43-48) (Eckhart, 1968, p. 397, nota 2).

mente um outro, então teria que ser aniquilado nisso que ele é no *ser*. Isso <porém> não pode ser, pois o ser não denega a si mesmo. O ser da alma é receptivo ao influxo da luz divina, não, porém, de modo tão límpido e tão claro como Deus a pode dar <a luz divina>, mas num invólucro. Pode-se ver bem a luz do sol, onde o sol se esparrama sobre uma árvore ou sobre qualquer outra coisa. Nele mesmo, porém, não se pode apreender a luz. Vede, assim acontece com os dons divinos: devem ser medidos segundo aquele que os deve *receber*, e não segundo aquele que os *dá*.

Um mestre[5] diz: Deus é medida de todas as coisas e, na medida em que um homem tem mais de Deus em si do que o outro, tanto mais é sábio, nobre e melhor do que o outro. Ter mais de Deus não é senão igualar-se mais a Deus; quanto mais igualdade de Deus há em nós, tanto mais espirituais nós somos. Um mestre[6] diz: Onde terminam os espíritos ínfimos, ali começam as supremas coisas corpóreas. Tudo isso quer dizer: porque Deus é um espírito, o mínimo no espírito é mais nobre do que o supremo no corporal. Por isso, uma alma é mais nobre do que todas as coisas corpóreas, por mais nobres que possam ser. A alma foi criada como em um lugar[7], entre tempo e eternidade, capaz de tocar a ambos. Com as forças supremas toca a eternidade, mas com as forças ínfimas, o tempo. Assim ela opera no tempo, não segundo o *tempo*, mas sim segundo a *eternidade*. É isso que ela tem em comum com os anjos[8]. Um mestre diz: O espírito é um trenó que leva a vida a todos os membros, por causa da grande unidade que a alma tem com o corpo[9]. Por melhor que o espírito seja dotado de intelecto e *ele* execute toda a obra que ali se opera no corpo, não se deve, porém, dizer: Minha *alma* conhece ou faz isso ou aquilo. Devemos antes dizer: *Eu* faço ou conheço isso ou aquilo, por causa da grande unidade que têm entre si;

---

5. Cf. Averroes, *Met.* X com. 7 (in I c. 2 1053 b 28–1054 a 13; Tomás de Aquino, *S.Th.* I q. 3 a. 5 ad 2.

6. Cf. Dionísio Areopagita, *De divinis nominibus* c. 7 § 3, PG 3,872 B; *Dionysiaca* I, p. 407,1–408,1.

7. Cf. Eckhart (1968, p. 405,1): *orte*; p. 710: *Punkt*.

8. Segundo indicação de Quint, cf. Alcher v. Clairvaux, *De spiritu et anima* c. 47, PL 40,814; Gregório Magno, *Hom. in Evang.* II hom. 29 n. 2, PL 76,1214 B (Eckhart, 1968, p. 405, nota 1).

9. Quint observa que não conseguiu identificar o mestre que usa uma imagem tão intuitiva como ousada (Eckhart, 1968, p. 405, nota 2). E convida a conferir Tomás de Aquino, *S.Th.* I q. 75 a. 1; Agostinho, *En. Ps.* CXLV n. 4, PL 37,1880.

pois ambos <corpo e alma> juntos são *um* homem[10]. Se uma pedra pegasse fogo, operaria segundo a força do fogo. Já quando o ar acolhe em si a luz do sol, ali não aparece nenhuma luz a não ser o ar[11]. Isso vem da sua permeabilidade para com a luz; embora haja mais ar em uma milha do que em meia milha[12]. Vede, ouso dizer, e é também verdadeiro: Por causa da grande unidade que a alma tem com o corpo, a alma está tão plenamente presente no menor dos membros como em todo corpo. Acerca disso diz Agostinho[13]: Se a unidade que o corpo e a alma têm entre si mutuamente é assim tão grande, então a unidade na qual espírito se une com espírito é muito maior. Eis por que Ele é "Senhor" e "Espírito": para que, na união com Ele, nos faça bem-aventurados.

Há uma questão difícil de se responder: Como a alma poderia suportar, sem morrer, que Deus a abraçasse, apertando-a para dentro de si? Digo: Tudo o que Deus dá à alma, Ele o dá *em si* <em Deus>, por dois motivos: um é que, se lhe desse algo *fora de si*, ela o desdenharia. O segundo é: porque Deus dá a ela *em si* mesmo <em Deus>, ela pode por isso receber e suportar o que recebe no que é dele e não no que é dela. Pois o que é dele a ela pertence. E porque Ele a trouxe para fora do que é dela, o que é dele deve ser dela e o que é dela ser, em sentido próprio, dele. Assim, pois, ela pode permanecer na união com Deus. Isso é o "Espírito do Senhor", que assim "encheu o orbe da terra".

Por que, então, a alma se chama "orbe da terra" e como deve ser a alma que é escolhida, sobre isso nada foi apresentado; mas pelo menos observai atentamente: como *Ele* é "Senhor" e "Espírito", assim *nós* devemos ser uma "terra" espiritual e um "orbe" que deve ser preenchido pelo "Espírito do Senhor".

Pedimos a Nosso Senhor querido que assim sejamos preenchidos com esse Espírito, que ali é "Senhor" e "Espírito". Amém.

---

10. Cf. Tomás de Aquino, *S.Th.* I q. 75 a. 2 obi. 2; Aristóteles, *De anima* I t. 64 (A c. 4 408 b 11-15).

11. Cf. Eckhart (1968, p. 711): acrescenta <*erleuchtete*>.

12. Cf. Eckhart (1968, p. 406,7): *doch ist in einer mîle mê luftes dan in einer halben*; p. 711: *gleichviel ist in einer Meile mehr Licht als in einer halben.*

13. Cf. Agostinho, *De Trin.* VIII c. 7 n. 11, PL 42,957; *En. Ps.* LXXIV n. 9, PL 36,952; *En. Ps.* CXLV n. 4, PL 37,1886.

Sermão 48

Um mestre[1] disse: Todas as coisas iguais amam-se mutuamente e unem-se umas às outras, e todas as coisas desiguais fogem uma da outra e odeiam-se mutuamente. Um outro mestre[2] diz que nada é tão desigual entre si quanto céu e terra. O reino da terra recebeu em *sua* natureza ser distante do céu e ser-lhe desigual. Por isso fugiu da face do céu até os lugares mais inferiores. Para não se aproximar do céu, o reino da terra é imóvel. O céu, porém, em *sua* natureza, percebeu que o reino da terra fugiu e ocupou os lugares mais inferiores. Por isso derrama-se todo e inteiramente de maneira fecunda sobre o reino da terra. Os mestres sustentam que o céu largo e vasto não reserva para si nenhuma extensão, nem sequer a de uma ponta de agulha, sendo o que gera a si mesmo, fecundando sem reservas o reino da terra. O reino da terra é assim chamado a criatura mais fecunda dentre todas as coisas temporais.

Precisamente assim digo do homem que fez de si mesmo um nada em si mesmo, em Deus e em todas as criaturas. Esse homem ocupou o ínfimo lugar e, nesse homem, Deus *deve* derramar-se todo e inteiramente, ou então Ele não é Deus. Afirmo pela boa, eterna e perene verdade que, em cada homem que deixou a si mesmo ao fundo, Deus deve derramar-se plenamente segundo todo o seu poder. Deve derramar-se tão plena e inteiramente a ponto de, em toda a sua vida, em todo o seu ser, em toda a sua natureza e também em toda a sua deidade, nada reter, pois *tudo* deve derramar, de maneira fecunda, *no* homem que deixou a si para Deus, tomando o mais ínfimo dos lugares.

Hoje, no caminho para cá, vim pensando como poderia pregar-vos de maneira compreensível, de modo que me entendêsseis bem. Assim, imagi-

---

1. Cf. Tomás de Aquino, *S.Th.* I II q. 29 a. 1; Alberto Magno, *Met.* III tr. 2 c. 10 (ed. Colon., 16,1, p. 128,28s).

2. Moisés Maimônides, *Dux neutrorum* II c. 27 (56 r 41s).

nei uma comparação. Se puderdes compreendê-la devidamente, havereis de entender o sentido e a razão de todo meu empenho, sobre o qual venho pregando já há muito tempo. A comparação tinha a ver com meu olho e com a madeira. Quando aberto, meu olho é um olho. Quando fechado, é o mesmo olho. Com o olhar, a madeira não fica nem mais nem menos madeira. Procurai compreender-me com toda exatidão! Se acontece, porém, que meu olho seja em si mesmo um e simples, aberto e voltado para a madeira, então cada qual, olho e madeira, permanece o que é e, no entanto, na operatividade[3] do olhar, ambos tornam-se de tal modo *um* que se pode verdadeiramente dizer "olho madeira", e a madeira é meu olho. Se, ainda por cima, a madeira fosse imaterial e puramente espiritual como o olhar do meu olho, então poder-se-ia realmente dizer que na operatividade do meu olhar a madeira e meu olho consistiriam em *um* ser[4]. Se <já> é assim com coisas corporais, quanto mais não valerá para coisas espirituais! Deveis saber <além disso> que meu olho tem muito mais unidade com o olho de uma ovelha que se encontra do outro lado do mar e que eu jamais vi do que com meus ouvidos, com os quais está em unidade do ser. E isso é assim porque o olho da ovelha exerce uma atividade igual à que o meu olho também exerce; e por isso, na operatividade, atribuo mais unidade a esses dois do que a meus olhos e a meus ouvidos, pois estes são separados em sua atividade[5].

Falei muitas vezes de uma luz que está na alma, de uma luz incriada e incriável. Nessa luz, que costumo sempre tocar em meus sermões, essa mesma luz recebe a Deus imediatamente, sem encobrimentos, despido, como Ele é em si mesmo. Isso é uma recepção na realização do nascimento interior[6]. Assim posso em verdade dizer <outra vez> que essa luz tem mais unidade com Deus do que com qualquer outra força <da alma>, com a qual está em unidade de ser. Pois deveis saber que essa luz, no ser de minha alma, não é mais nobre do que a ínfima e a mais grosseira das forças

---

3. Cf. Eckhart (1968, p. 416,9): *würklicheit*; p. 712: *Vollzug*.

4. Cf. Aristóteles, *De anima* II t. 71 (B c. 7 418b 26); t. 138 (gama c. 2 425 b 26).

5. Cf. Eckhart (1968, p. 417,5): "*und dâ von gibe ich in mê einicheit in dem werke dan ich tuon mînen ougen und mînen ôren, wan diu sint gesundert an den werken*"; p. 713: "*und deshalb schreibe ich ihnen <beiden> mehr Gemeinsamkeit <eben> im Wirken zu als meinen Augen und meinen Ohren, denn die sind in ihren Betätigungen gesondert*".

6. Cf. Eckhart (1968, p. 418,4): *in der würklicheit der îngeberunge*; p. 713: *im Vollzug der Eingebärung*.

como o ouvir ou o ver ou qualquer outra força, a qual a fome ou a sede, o frio ou o calor podem afetar. Isso reside em que o ser é simples[7]. Enquanto se tomam as forças <da alma> no ser, elas são todas um e igualmente nobres. Tomando-se, porém, essas forças no seu operar, uma é muito mais nobre e elevada do que a outra.

Por isso digo: Quando o homem se desprende de si mesmo e de todas as coisas criadas – na medida em que isso fizeres, serás unido e bem-aventurado na centelha da alma, que jamais tocou nem tempo nem lugar. Essa centelha contradiz todas as criaturas e nada quer a não ser Deus, despido, como Ele é em si mesmo. Não lhe é suficiente nem o Pai, nem o Filho, nem o Espírito Santo, nem as três pessoas <juntas> enquanto cada uma permanecer em sua propriedade. Digo, em verdade, que essa luz também não se satisfaz com a unidade do seio fecundo da natureza divina. Sim, quero dizer ainda mais, o que soará ainda mais estranho: digo pela verdade boa, pela verdade eterna e pela verdade perene que essa mesma luz não se satisfaz com o ser divino simples e parado, que nem dá nem recebe: ela <antes> quer saber de onde vem esse ser, quer adentrar o fundo simples, o deserto silente, lá onde nenhuma diferenciação jamais penetrou, nem Pai nem Filho nem Espírito Santo. No mais íntimo, onde ninguém está em casa, <somente então> lá satisfaz àquela luz e ali dentro ela é mais íntima do que é em si mesma. Esse fundo é uma serenidade do silêncio simples, imóvel em si mesma. Por essa imobilidade, porém, são movidas todas as coisas e concebidas todas aquelas vidas que vivem em si mesmas, aclaradas pelo intelecto.

Que a verdade perene da qual vos tenho falado nos ajude para que <também> nós vivamos nesse sentido aclarados pelo intelecto. Amém.

7. Cf. Eckhart (1968, p. 418,9): *und daz ist des schult, daz das wesen einvaltic ist*; p. 713: *und das liegt darin begründet, dass das Sein einheitlich ist.*

Sermão 49

Beatus venter, qui te portavit, et ubera, quae suxisti [Bem-aventurado o ventre que te trouxe, e os peitos a que foste amamentado] (Lc 11,27)

Lê-se hoje no Evangelho que "uma mulher, casada, disse a Nosso Senhor: 'Bem-aventurado o ventre que te carregou, e bem-aventurados os seios que sugaste'. E Nosso Senhor disse: 'Tu o dizes devidamente. Bem-aventurado o ventre que me carregou e bem-aventurados os seios que suguei. Mas é ainda mais bem-aventurado o homem que ouve minha palavra e a guarda'" (Lc 11,27s.)[1].

Agora observai com zelo essa palavra que Cristo disse: "O homem que ouve minha palavra e a guarda é mais bem-aventurado do que o ventre que me carregou e os seios que suguei". Tivesse sido *eu* a enunciá-lo e se fosse minha própria palavra a dizer: O homem que ouve a Palavra de Deus e a guarda é mais bem-aventurado do que Maria o é pela geração, pela qual ela é a mãe corporal de Cristo – repito: Tivesse sido *eu* a dizê-lo, as pessoas ficariam espantadas. <Mas> foi o próprio Cristo que o disse. Por isso, devemos acreditar nele como na verdade, pois Cristo é a verdade.

Agora reparai nisso que ouve "quem ouve a Palavra de Deus". Ele ouve o Cristo como gerado do Pai em plena igualdade com o Pai que assumiu nossa humanidade, <ambos> unidos em sua pessoa, como verdadeiro Deus e verdadeiro homem, como *um* Cristo: *essa* é a palavra ouvida plenamente por aquele que ouve a Palavra de Deus e a guarda em toda a plenitude.

---

1. Esse texto da Sagrada Escritura está no Evangelho do Terceiro Domingo da Quaresma, da vigília da Festa da Assunção de Maria e, segundo o antigo missal dominicano, das festas marianas entre Natal e Festa de Nossa Senhora da Luz.

São Gregório[2] escreve-nos sobre quatro coisas que deve ter em si o homem que deve "ouvir a Palavra de Deus e guardá-la". A primeira: deve ter-se mortificado de toda pulsão carnal, ter matado em si todas as coisas transitórias e estar também morto para todo o transitório. A segunda: ser elevado a Deus, totalmente e de uma vez por todas, com conhecimento, amor e com verdadeira e toda interioridade. A terceira coisa: não fazer a ninguém o que lhe faria sofrer, se o fizessem a ele <próprio>. A quarta: ser generoso nos bens materiais e espirituais, distribuindo-os generosamente. Muita gente *parece* dar, mas na verdade *nada* dá. São as pessoas que entregam seu donativo a outros que possuem mais do que o bem recebido, pois possuem mais do que os doadores. São pessoas que dão talvez o que não seja nada desejado ou onde, em troca da doação recebida, se lhes deva render algum serviço, se lhes deva retribuir em recompensa, ou onde os doadores querem ser honrados. A doação dessa gente pode ser chamada mais propriamente um ato de pedir do que de dar, pois na verdade essa gente não *doa*. Em todas as doações que generosamente nos dispensou, Nosso Senhor Jesus Cristo permaneceu vazio e pobre. Em todos os seus dons, nada buscou para si, desejando apenas o louvor e a honra do Pai e nossa bem-aventurança. Sofrendo e entregando-se à morte por justo amor. Um homem que quer *dar* a Deus por amor, deve dar bens *materiais* só por amor a Deus. Não deve ter em vista serventia, retribuição ou honra transitória, nem nada buscar para si, a não ser o louvor e a glória de Deus. É por Deus que ajuda ao próximo carente em suas necessidades vitais. Assim deve também doar bens *espirituais*, reconhecendo que seu irmão em Cristo os recebe com prazer, para melhorar por Deus a sua vida. Não deve desejar agradecimento nem recompensa *dos homens*, nem qualquer vantagem. Tampouco deve buscar qualquer recompensa *de Deus* por causa desse serviço, mas <desejar> somente que Deus seja louvado. Na doação, deve estar vazio como estava Cristo, vazio e pobre, em todos os dons que nos dispensou. Quem *assim* dá, dá *realmente*. Quem tem essas quatro qualidades pode confiar, em verdade, que ouve a Palavra de Deus e também a guarda.

Toda a Cristandade santa rende grande honra e louvor a Nossa Senhora por ser ela a mãe corporal de Cristo, e isso é justo. A Cristandade santa pede-lhe graça, e ela pode mediá-la, e <também> isso é justo. E se a Cristandade santa dispensa-lhe tão grande honra, com muita propriedade, en-

---

2. Gregório Magno, *Hom. in Evang.* I hom. 18 n. 1, PL 76,1150 B.

tão a Cristandade santa pode também render tanto ou muito mais louvor e honra *ao* homem que ouviu a Palavra de Deus e a guardou. Um tal homem é bem mais bem-aventurado do que o foi Nossa Senhora por ser a mãe corporal do Cristo, como <o> disse o próprio Cristo. Tal honra e inumeravelmente mais recebe o homem que ouve a Palavra de Deus e a guarda. Pronunciei este discurso preliminar para que entrementes sejais concentrados. Peço-vos perdão por haver-vos detido desse modo. Agora quero pregar.

Quero vos pregar sobre os três pontos que tiramos do Evangelho. O primeiro é: "Quem ouve a Palavra de Deus e a guarda, esse é bem-aventurado" (Lc 11,28). O segundo: "Se o grão de trigo não cair na terra e ali perecer, fica só. Mas, se cair na terra e ali perecer, frutifica cem vezes" (Jo 12,24s.). O terceiro <é este>, que Cristo disse: "Ninguém entre os nascidos de ventre de uma mulher é maior do que João Batista" (Mt 11,11). Deixarei de lado os dois últimos e falarei da primeira passagem.

E Cristo disse: "Quem ouve a Palavra de Deus e a guarda, esse é bem-aventurado". Atendei, pois, agora, com diligência, o sentido. O próprio Pai <divino> não ouve nada a não ser essa mesma palavra, não conhece nada a não ser essa mesma palavra, não fala nada a não ser essa mesma palavra, não gera nada a não ser essa mesma palavra. Nessa palavra o Pai ouve, o Pai conhece, o Pai gera a si mesmo, gerando também essa mesma palavra, todas as coisas e toda sua deidade, até o fundo, gerando assim a si mesmo segundo a natureza e essa palavra com a *mesma natureza* em *outra pessoa*. Prestai atenção ao seu *modo* de falar! O Pai pronuncia no intelecto[3], fecundando toda a sua própria natureza em sua palavra eterna. Ele não fala a palavra a partir da vontade, como um ato da vontade, como quando se diz ou se faz alguma coisa por força da vontade, podendo-se por essa mesma força omiti-lo, se quiser. Não é *assim* com o Pai e sua palavra eterna. Queira ou não, Ele *deve* falar essa palavra e gerar sem cessar. Ela é com o Pai, naturalmente, como uma raiz <da Trindade> em toda a natureza do Pai, assim como essa palavra é o próprio Pai. Vede, é *por isso* que o Pai fala essa palavra de bom grado e não volitivamente <pelo impulso da vontade>. Fala nascivamente e não a partir de sua natureza. Nessa palavra, o Pai fala meu espírito e teu espírito e o espírito de todo e qualquer homem igual à mesma palavra. Nesse mesmo falar, eu e tu somos um filho nascivo de Deus, assim como essa mesma palavra. Pois como disse há pouco: O Pai não conhece

3. Cf. Eckhart (1968, p. 434,4-435,1): *vernünftichlîch*; p. 715: *erkennend*.

nada a não ser essa mesma palavra e a si mesmo, e toda a natureza divina e a todas as coisas nessa mesma palavra. Tudo que Ele conhece é igual à palavra e é nascivamente a mesma palavra na verdade. Se o Pai te der e te revelar esse conhecimento, então Ele te dá verdadeira e inteiramente sua vida, seu ser e sua deidade, na verdade toda. O pai *nesta* vida <terrena>, o pai *carnal*, partilha com seu filho sua natureza, mas não lhe dá sua própria vida nem seu próprio ser, pois o filho tem uma outra vida e um outro ser do que o pai. Isso se torna claro pelo seguinte: o pai pode morrer, mas o filho pode viver. Ou o filho pode morrer e o pai viver. Se ambos tivessem *uma* vida e *um* ser, ambos deveriam necessariamente ou morrer ou viver igualmente, pois a vida e o ser de ambos seriam um. Mas não é assim. Por isso, cada um deles é estranho para o outro, sendo separados um do outro na vida e no ser. Se tiro o fogo de um lugar e o ateio em outro, não obstante igualmente fogo, é, enquanto fogo, separado: este pode arder e aquele apagar-se, ou este pode apagar-se e aquele arder. Desse modo, não é nem um nem eterno. Mas como eu disse acima: O Pai *do céu* te dá a sua palavra eterna e nessa mesma palavra, dá sua própria vida, seu próprio ser e sua deidade; pois o Pai e a palavra são *duas* pessoas e *uma* vida e *um* ser, indiviso. O Pai te assume dentro dessa mesma luz para que, conhecendo essa luz nessa luz, intuas segundo a mesma maneira própria, como Ele nessa palavra <na luz> conhece a si e a todas as coisas em seu poder paterno, ou seja, conhece a mesma palavra segundo intelecto e verdade <*secundum rationem et veritatem*>, como venho dizendo. Quando te assume assim dentro dessa luz, o Pai te dá o poder de, com Ele mesmo, gerar a ti mesmo e a todas as coisas, dando sua própria força totalmente a ti como à mesma palavra. Assim, pois, com o Pai e na força do Pai, te geras sem cessar a ti mesmo e todas as coisas, em um instante presente. Nessa luz, como eu disse, o Pai não conhece nenhuma diferença entre Ele e ti, nem maior nem menor vantagem do que há entre Ele e a mesma palavra. Pois o Pai e tu mesmo, e todas as coisas e a mesma palavra são *um* na luz.

Volto-me agora para o segundo tema, dito por Nosso Senhor: "Se o grão de trigo não cair na terra e ali perecer, fica só e não dá fruto. Mas, se cair na terra e ali perecer, frutifica cem vezes". "Cem vezes", em sentido espiritual é o mesmo que "frutos inumeráveis". Mas o que é o grão de trigo que cai na terra e o que é a terra na qual o grão deve cair? Como quero agora explicar, esse grão de trigo é o espírito, termo com que se chama ou se nomeia uma alma humana, e a terra onde deve cair é a sumamente louvada humanidade de Jesus Cristo. Pois esse é o mais nobre dos campos que já se extraiu da terra ou que já se preparou para toda e qualquer fecundidade. O Pai, Ele mesmo, preparou, Ele e essa própria palavra e o Espírito Santo. Mas então: Qual era o *fruto* desse campo precioso da humanidade de Jesus Cristo? O fruto era a sua alma nobre, desde o momento em que aconteceu. Pela vontade de Deus e pela força do Espírito Santo formou-se a nobre humanidade, o nobre corpo, para a salvação humana, no seio de Nossa Senhora, e a alma nobre, criada, de tal forma que corpo e alma foram unidos com a palavra eterna em *um* instante. Essa união aconteceu de maneira tão rápida e tão verdadeira. Aconteceu tão logo corpo e alma perceberam que Ele <o Cristo> ali estava. No mesmo instante, Ele reconheceu a si mesmo, como a união de natureza humana e divina, como verdadeiro Deus e verdadeiro homem, como *um* Cristo, <que> é Deus.

Agora reparai no *modo* de sua fecundidade! *Sua* alma nobre, desta vez vou chamá-la de um grão de trigo, que pereceu na terra de sua nobre humanidade, no sofrer e no agir, na perturbação e na morte, como Ele próprio, o Cristo, quando teve de sofrer, disse esta palavra: "Minha alma está perturbada até a morte" (Mt 26,38; Mc 14,34). Aqui, Cristo não tinha em mente sua alma nobre, no modo como ela no intelecto contempla o supremo bem, com o qual ela é unida na pessoa. Esse *mesmo* supremo bem que, segundo essa união e segundo a pessoa, Ele, Cristo, é; Ele próprio contemplou sem interrupção em seu sofrimento extremo, em sua suprema força, como estando igualmente próximo e inteiro, assim como o faz agora. Aí dentro não podiam entrar perturbação, sofrimento nem morte. Isso é verdadeiramente assim. Quando cheio de agonia, o corpo morria na cruz, seu nobre espírito *vivia* naquele presente <da contemplação do supremo bem>. Em vista, porém, *do* âmbito no qual o nobre espírito como força do intelecto estava unido com os sentidos e com a vida do corpo santo, Nosso Senhor chamou seu espírito criado de alma, enquanto ela dava vida ao corpo e unia-se com os sentidos e com a força do intelecto. Segundo *esse* modo e *enquanto tal* é que sua alma estava "perturbada até a morte" com o corpo, pois o corpo devia morrer[4].

Assim, pois, digo sobre esse perecer que o grão de trigo, a saber, a nobre alma de Cristo, pereceu no corpo de *dois* modos. De um modo, assim como acabei de dizer, a alma nobre tinha uma contemplação intelectiva <junto>

---

4. Cf. Tomás de Aquino, *S.Th.* III q. 46 a. 7: "Se Cristo padeceu segundo toda a alma".

com a palavra eterna de toda natureza divina. A partir do primeiro instante em que Ele <o Cristo, corpo e alma> foi criado e unido <com a palavra eterna, respectivamente com sua natureza divina>, assim, ela <a alma de Cristo> pereceu na terra, isto é, no corpo, de tal modo que, *nesse* modo <de seu perecer>, não tinha mais nada a ver com ele <isto é, com seu corpo> a não ser estar com ele unida e com ele viver. *Sua* vida, porém, estava *com* o corpo, <mas> *acima* do corpo, em Deus, sem mediação, sem qualquer empecilho. *Desse* modo ela pereceu na terra, no corpo, de tal modo que não tinha mais nada a ver com ele, a não ser estar unida com ele.

O outro modo de seu perecer <da alma de Cristo> na terra, no corpo, foi, como disse há pouco, quando deu a vida ao corpo e quando estava unida <ligada> com os sentidos: ali ela estava junto com o corpo, cheia de labor e penar, de preocupação e perturbação "até a morte", de modo que ela com seu corpo e seu corpo com ela – segundo o dizer *desse* modo – não lograva descanso, nem repouso, nem satisfação permanente, enquanto o corpo era mortal. E este é o outro modo: que o grão de trigo, a nobre alma <de Cristo>, conforme *esse* modo, pereceu em repouso e em descanso.

Agora voltai vossa atenção para os incontáveis *frutos* desse grão de trigo que rendeu cem por um! O primeiro fruto é que Ele deu honra e glória ao Pai e a toda a natureza divina pelo fato de, com suas forças supremas, jamais ter-se desviado por um único instante ou em um único ponto <da contemplação do bem supremo>, seja por tudo que a razão[5] teve de assimilar ou por tudo que o corpo teve de sofrer. Apesar de tudo, Ele permaneceu todo o tempo contemplando a deidade, com louvação ininterrupta e renascida da dominação paterna. Esse é *um* modo de *sua* fecundidade, do grão do trigo, a partir da terra de sua nobre humanidade. O outro *modo* é: todo o sofrimento fecundo de sua humanidade santa, o que Ele sofreu nessa vida, sofrendo fome, sede, frio, calor, clima, chuva, granizo, neve, todo tipo de sofrimento, e ainda por cima a morte amarga, tudo isso, Ele ofereceu de uma vez por todas ao Pai celeste para a sua honra. Isso é para Ele mesmo um louvor e uma fecundidade para todas as criaturas que na vida querem segui-lo, a partir de sua graça e de toda a sua força. Vede, *essa* é a outra fecundidade de sua santa humanidade e do grão de trigo de sua nobre alma, que ali se tornou fecunda para o louvor de si mesmo e para a bem-aventurança da natureza humana.

---

5. Eckhart (1968, p. 443,10): *redelicheit*; p. 718: *Verstandesvermögen*.

Ouvistes, pois, como a alma nobre de Nosso Senhor Jesus Cristo tornou-se fecunda em sua santa humanidade. Agora, deveis continuar a dirigir a vossa atenção também ao modo como a isso *o homem* deve chegar. O modo de perecer desse homem que quer lançar sua alma, o grão de trigo, no campo da humanidade de Jesus Cristo, para que ali a alma pereça e frutifique, deve ser duplo. Um modo deve ser *corporal* e o outro *espiritual*. O corporal deve ser entendido assim: seja o que for que sofra, de fome, sede, frio e calor, seja que se o despreze e que Deus lhe destine muito sofrer injusto, em qualquer modo que seja, acolhendo isso de bom grado e alegremente, como se Deus não o tivesse criado para nada mais a não ser para o sofrer, para a preocupação e o penar, e nisso não deve buscar, nem desejar nada para si, nem no céu, nem na terra. Todo o seu sofrer deve parecer-lhe tão pequeno como uma gota de água diante do oceano bravio. Tão apoucado deves estimar todo o teu sofrer diante do grande sofrimento de Jesus Cristo. Desse modo, o grão de trigo, tua alma, há de frutificar no nobre campo da humanidade de Jesus Cristo, perecendo ali de tal modo que se doa totalmente a si mesmo. Esse é um modo da fecundidade do grão de trigo, que caiu no campo e na terra da humanidade de Jesus Cristo.

Agora atentai ao *segundo* modo da fecundidade do espírito, do grão de trigo! Ele consiste no seguinte: toda a fome espiritual e amargura em que Deus o deixa cair, tudo isso ele deve sofrer pacientemente. E mesmo que faça tudo que pode <fazer> interior e exteriormente, ele nada deve desejar <por isso>. E se Deus permitir que seja aniquilado, ou lançá-lo no inferno, ele não deve desejar nem querer que Deus o sustente em seu ser ou que o resguarde do inferno. Deves deixar que Deus faça contigo o que quer como se tu não existisses. Deus deve ter um poder assim sobre tudo que és, à medida que tem sobre sua própria natureza incriada. E há mais uma coisa que deves ter. Ela consiste no seguinte: se Deus te arrancasse da pobreza interior, dotando-te de riqueza interior e de graças, e se te unisse a Ele mesmo em tão elevada medida quanto tua alma pode experimentar, tu deverias manter-te tão vazio dessa riqueza a ponto de honrar somente a Deus, da mesma maneira que tua alma se manteve vazia quando, do nada, Deus fez a alma ser algo. Esse é o *segundo* modo da fecundidade, que o grão de trigo, tua alma, recebeu do solo da humanidade de Jesus Cristo, o qual permaneceu vazio em toda a sublimidade de sua fruição <do bem supremo>, como Ele mesmo disse aos fariseus: "Se buscasse *minha* honra, minha honra nada seria. Busco a honra de meu Pai, que me enviou" (cf. Jo 8,54).

A terceira parte deste sermão refere-se às palavras de Nosso Senhor: “João Batista é grande; ele é o maior dos que já nasceram entre os filhos das mulheres. Mas, se alguém fosse menor do que João, seria maior do que ele no Reino dos Céus” (Mt 11,11). Pois bem, considerai agora quão maravilhosas e especiais são as palavras de Jesus Cristo, nas quais louvou a grandeza de João, dizendo ser ele o maior de todos os que já surgiram do ventre de uma mulher, mas que não obstante falou: “Se houvesse alguém menor do que João, seria maior do que ele no Reino dos Céus”. Isso, como devemos compreender? É o que vos quero mostrar.

Nosso Senhor não contradiz sua própria palavra. Quando louvou a João dizendo ser ele *maior*, quis com isso dizer que ele era pequeno na devida *humildade*: era *isso* sua grandeza. Reconhecemos isso no que o próprio Cristo diz: “Aprendei de mim, que sou manso e humilde de coração (Mt 11,29). Tudo isso que em nós são virtudes, em Deus são um puro ser e sua própria natureza. Por isso Nosso Senhor disse: “Aprendei de mim, que sou manso e humilde de coração”. Por mais humilde que João também fosse, sua virtude possuía, pois, uma medida, e <para> além dessa medida não era mais humilde não sendo nem maior nem melhor do que <justamente> era. Nosso Senhor diz então: “Se alguém fosse menor do que João, seria maior do que ele no Reino dos Céus”, como se dissesse: Se alguém quisesse superar essa humildade, mesmo que fosse apenas por um só fio de cabelo a mais ou uma outra coisa qualquer, e, se *esse tanto* fosse mais humilde do que João, esse alguém seria eternamente maior no Reino dos Céus.

Agora prestai bem atenção! Nem João nem qualquer outro santo nos é proposto como uma medida final, a que devemos seguir, ou como um fim determinado *sob* o qual devamos permanecer. Cristo, Nosso Senhor, somente *Ele* é nosso fim, a quem devemos seguir, e nossa medida, sob o qual devemos permanecer e com o qual devemos ser unidos, iguais a Ele em toda sua honra, do modo como uma tal união nos pertence. Nenhum santo no Reino dos Céus é tão santo nem tão perfeito que sua vida em virtudes <sobre a terra> não tivesse sido com medida. Corresponder a essa medida é também a medida da graduação de sua vida eterna, e toda sua perfeição <no céu> está toda e inteiramente nessa mesma medida. Verdadeiramente na verdade: se houvesse qualquer homem que superasse a medida que possui o maior dos santos, que viveu em virtudes e com isso alcançou sua bem-aventurança – se houvesse um tal homem que superasse, por pouco que seja, essa medida de virtude, ele seria, em tal modo de virtude, ainda mais santo e mais bem-aventurado do que jamais foi aquele santo. Digo por Deus – e isso é tão verdadeiro como o fato de que Deus vive: Não há no céu nenhum santo tão perfeito que não pudesses superar o modo <o grau> de sua santidade com <tua> santidade e <tua> vida, e no céu chegar mais alto do que ele e permanecer eternamente assim. Por isso digo: Se alguém fosse mais humilde e menor do que João, seria eternamente maior do que ele no céu. É esta a devida humildade, a saber, que um homem, em tudo o que é como ser naturalmente criado do nada, não se deixa importar em nada, no fazer e no deixar de fazer, senão em persistir na espera da luz da graça. A verdadeira humildade *da natureza* é compenetrar-se[6] no fazer e no deixar de fazer. Humildade *do espírito* é isto, que o homem, de todo o bem que Deus sempre lhe fez, tão pouco atribua a si e se aproprie como quando ele <o homem> ainda não era.

Que nós nos tornemos tão humildes, a isso ajude-nos Deus. Amém.

---

6. Cf. Eckhart (1968, p. 450,8): *Daz man wizze*; p. 720: *Dass man* [...] *besonnen sei.*

Sermão 50

Eratis enim aliquando tenebrae
[Outrora éreis trevas]
(Ef 5,8)

São Paulo diz: "Outrora éreis uma escuridão, mas agora uma luz em Deus" (Ef 5,8)[1].

Os profetas, que andavam na luz, sob o influxo do Espírito Santo, conheceram e encontraram a verdade arcana. Para nos ensinar a conhecer a Deus, viam-se impelidos a voltar-se para fora e conversar sobre as coisas que conheciam serem para nossa beatitude. Mas lhes aconteceu emudecer a tal ponto que não *podiam* falar, e isso por três motivos.

O primeiro: o bem que eles conheciam e contemplavam em Deus era tão grande e tão abscôndito que não se deixava retratar em seu conhecimento. É que tudo que em seu conhecimento se podia retratar era inteiramente desigual ao que contemplavam em Deus, era tão falso em face da verdade que se calavam e não queriam mentir. O segundo: tudo o que contemplavam em Deus era tão grande e tão nobre que não conseguiam dali tirar nem imagem nem forma, para poder <dele> falar. O terceiro motivo por que calavam era que contemplaram a verdade abscôndita e encontraram o mistério em Deus, sem poder captá-lo em palavras. Acontecia, porém, *que* eles se voltavam para fora e falavam. E por causa da acima mencionada desigualdade com a verdade, eles decaíam na matéria bruta, querendo ensinar-nos a conhecer a Deus por meio das coisas mais baixas da criatura.

São Paulo diz: "Outrora vós éreis escuridão, mas agora uma luz em Deus". "*Aliquando*"[2]: se alguém consegue sondar plenamente essa palavra, então ela significa tanto quanto "uma hora" e refere-se ao tempo, que nos

1. O texto da Escritura foi tirado da epístola do Terceiro Domingo da Quaresma.

2. Eckhart traduz o latim *aliquando* por *etwanne* ou *etwenne*, que significa "um certo tempo".

impede acesso à luz, pois não há nada tão contrário a Deus como o tempo. Refere-se não somente ao tempo, mas também a um <simples> apegar-se ao tempo. Também não se refere apenas a um apegar-se ao tempo, refere-se também a um <simples> toque do tempo <e> não apenas a um toque do tempo, mas também a um <mero> cheiro ou hálito do tempo. Ali, onde estava colocada uma maçã, fica seu hálito; assim deveis entender a expressão "o toque do tempo". Nossos melhores mestres[3] dizem que o céu corpóreo, o sol e também as estrelas têm tão pouco a ver com o tempo que mal tocam o tempo. E aqui penso que a alma foi criada bem mais elevada do que o céu, e no que possui de mais elevado e mais límpido, nada tem a ver com o tempo. Já tenho dito muitas vezes que é da obra em Deus e do nascimento que o Pai gera seu Filho Unigênito. É desse eflúvio que floresce o Espírito Santo, de tal modo que o espírito <eflui> de *ambos*, e nesse eflúvio a alma salta <como> efluxo, e a imagem da deidade é impressa na alma. Nesse efluir e refluir das três Pessoas, a alma é influída e de novo in-formada para dentro da sua primeira imagem sem imagem.

É o que tem em mente Paulo quando diz: "Mas agora uma luz em Deus". Ele não diz "vós *sois* uma luz"; diz "mas agora uma luz". Paulo tem em mente o que já tenho dito muitas vezes: quem quer conhecer as coisas deve conhecê-las em sua causa. Os mestres dizem que as coisas se atêm com toda limpidez ao seu nascimento, *lá* onde elas são determinadas a espreitar para dentro do ser. Onde o Pai gera o Filho, ali é um instante presente. Na geração eterna, onde o Pai gera seu Filho, a alma efluiu em seu ser e a imagem da deidade foi impressa na alma.

Discutia-se na escola, e alguns mestres diziam que Deus imprimiu a imagem na alma assim como se pinta na parede uma imagem – que se esvai. Contra isso, porém, fizeram-se objeções. Outros mestres expressaram-se melhor e disseram que Deus imprimiu a imagem na alma como imagem permanente assim como um pensamento que nela permanece, a saber, por exemplo: tenho hoje uma[4] vontade e amanhã a tenho em pensamento e mantenho a imagem com minha atuação presentificadora[5], e eles disseram que assim as obras de Deus são perfeitas. Pois se o carpinteiro fosse

3. Cf. Eckhart, *In Gen.* I n. 73, LW I, p. 235,9s, refere-se a *Confissões* XII de Agostinho.

4. Quint acrescenta <determinada>. Ter uma vontade significaria ter uma vontade *in actu*, a saber, real e determinada.

5. Cf. Pedro Lombardo, *Sent.* I d. 3 c. 2 n. 39; Agostinho, *XIV libro De Trinitate*, cap. VIII, col. 1044, t. VIII; Tomás de Aquino, *Sent.* II d. 39 q. 1 a. 1.

plenamente em sua obra, não careceria da matéria. Assim, logo que nela pensasse, a casa <também já> estaria pronta. Assim <também> é com as obras em Deus: tão logo Ele as pensa, as obras estão realizadas num instante presente. Veio, então, o quinto mestre[6] e expressou-se melhor do que todos, dizendo: Ali <em Deus> não há devir, apenas um instante, um devir sem devir, um ser-novo sem renovação, e esse devir é seu ser. Em Deus é tão sutil[7] e ali não pode entrar renovação. Assim, também na alma é tão sutil, tão transparente e tênue que também lá não pode entrar qualquer renovação, pois tudo que é em Deus é um instante presente sem renovação.

De quatro coisas eu queria falar-vos, a saber, da sutileza de Deus e da sutileza da alma, da obra em Deus e da obra da alma. Deixo isso quito em si mesmo.

6. Cf. Eckhart (1968, p. 459, nota 3), em que Quint afirma que não conseguiu identificar quem é o quinto mestre.

7. Cf. Eckhart (1968, p. 459,8): *kleinlicheit*; p. 722: *Subtilität*.

Sermão 51

Haec dicit dominus: honora patrem tuum etc.
[Honra teu pai e tua mãe]
(Ex 20,12)

Essa palavra, dita em latim, está escrita no Evangelho e foi Nosso Senhor quem a proferiu. Em nossa língua quer dizer: “Deves honrar pai e mãe” (Ex 20,12). E Deus, Nosso Senhor, profere um outro mandamento: “Não deves cobiçar o bem do teu próximo, nem casa, nem sítio, nem nada que é seu” (Ex 20,17). A terceira passagem diz que o povo se dirigiu a Moisés e disse: “Fala *tu* conosco, pois *nós* não podemos ouvir a Deus” (Ex 20,19). A quarta é que Deus, Nosso Senhor, disse: “Moisés, deves construir-me um altar de terra, sobre a terra, e tudo o que ali for ofertado deves queimá-lo” (Ex 20,24). A quinta passagem é: “Moisés dirigiu-se à névoa” e movimentou-se para a montanha; “ali encontrou Deus” e nas trevas encontrou a verdadeira luz (Ex 20,21)[1].

O senhor São Gregório[2] diz: “Onde o cordeiro toma pé no fundo, ali nada o boi ou a vaca, e onde a vaca nada, ali a ultrapassa, nadando sobre ela, o elefante, coberto de água até acima de sua cabeça”. Isso tem um sentido muito bonito, e muito daí se pode apreender. O senhor Santo Agostinho[3] diz que a Escritura é um mar profundo. E o pequeno cordeirinho significa um homem humilde, simplório que pode tomar pé no fundo da Escritura. Por boi, porém, que nada ali dentro, entendemos homens, e o sentido é, *grosso modo*: cada um <deles> apreende dali o que *lhe* satisfaz. Mas por elefante que ultrapassa o boi devemos entender as pessoas dotadas de intelecto que pers-

1. As cinco citações da Escritura são da epístola e do Evangelho da missa da quarta-feira depois do Terceiro Domingo da Quaresma.

2. Gregório Magno, *Moral. Ep.* c. 4, PL 75,515; cf. Alberto Magno, *Summa Theologica* I tr. 1 q. 5 m. 1 (ed. Borgnet, 31, 22 af.).

3. De fato, trata-se de Gregório Magno, *Hom. In Ez.* I hom. 6 n. 13, PL 76,834 C: “Não sem mérito, diz-se que a Escritura divina é semelhante ao mar”; cf. Ambrósio, *Ep.* 2 n. 3, PL 16,918: “A Escritura divina é mar, contendo em si sentido profundo [...]”.

crutam a Escritura e ali avançam, penetrando adiante. Fico admirado como a Sagrada Escritura é tão cheia de conteúdo. Dizem os mestres que não se pode interpretá-la como se seu sentido estivesse desvelado. Dizem ainda que é preciso descortinar o sentido, mas que para isso precisamos de comparação. Ao primeiro chegou-se até o tornozelo (cordeiro), ao segundo até o joelho, ao terceiro até a cintura (boi e vaca), ao quarto chegou-se até acima, por sobre a cabeça, e ele se afundou totalmente (elefante)[4].

Mas então o que se tem em mente com tudo isso? Santo Agostinho diz[5]: Inicialmente a Escritura sorri para as criancinhas e cativa a criança a si. Quando por fim se quer sondar a Escritura, esta zomba dos sábios; e ninguém é tão simplório no sentido de que nela não encontre o que lhe é na medida; e novamente ninguém é tão sábio que, ao querer sondá-la, não a ache sempre ainda mais profunda e ali mais coisa não encontre cada vez mais. Tudo o que podemos ouvir aqui <sobre a terra> e tudo o que os outros nos podem dizer, tudo isso tem <ali dentro> um sentido mais amplo, oculto. Pois tudo o que compreendemos *aqui* é tão desigual a tudo o que é em si mesmo e ao que é em Deus, como se de todo não existisse.

Retomemos agora a palavra: "Deves honrar pai e mãe". Em sentido usual, "pai e mãe" significa que se deve honrá-los. Deve-se honrar, sobretudo, a todos que possuem poder espiritual, demonstrando honra em grau ainda mais elevado. Deve-se também honrar aqueles de quem tu tens todo o bem passageiro. E nisso <compreendendo assim o sentido da palavra> pode-se atravessar a vau e ali tomar pé no fundo. No entanto, o que deles <dos mencionados> temos é bem pouco. Disse uma mulher: Se devemos honrar aqueles de quem recebemos o bem exterior, devemos honrar muito mais aqueles de quem *tudo* recebemos. Tudo o que temos exteriormente aqui <naquele primeiro caso> em multiplicidade, lá <no segundo caso> é interior e é como Um. Ouvis bem que essa comparação visa o Pai. Ontem à noite veio-me à mente que todas as comparações ali estão para ser comparação com o *Pai*.

Assim, deves "honrar teu pai" ainda num *segundo* sentido; isto é, teu Pai *celeste*, de quem tens teu ser. <Mas> quem *honra* o Pai? Ninguém o faz, a não ser o Filho: só Ele *honra* o Pai. E de novo também ninguém honra o Filho a não ser Ele somente, o Pai. Todo o prazer do Pai, sua carícia e seu

4. Cf. nota 2.

5. Agostinho, *Conf.* XII c. 14 n. 17 9 (ed. Skutella, p. 304,11s); Gregório Magno, *Moral.* XX c. 1 n. 1, PL 76,135.

sorriso valem somente para o Filho. Fora do Filho, o Pai nada sabe. Ele tem tanto prazer no Filho que nada precisa a mais do que gerar seu Filho, pois este é uma perfeita igualdade e uma perfeita imagem do Pai.

Nossos mestres dizem: Tudo o que é conhecido ou gerado é uma imagem. Referindo-se a isso, dizem: Se o Pai deve gerar seu Filho Unigênito, então deve gerar sua <própria> imagem como eternamente nele, como permanente no fundo dele mesmo. A imagem, como tem sido nele (*forme illius*), é sua própria forma, permanente nele mesmo. Isto nos ensina a natureza, e parece-me ser de todo oportuno alcançar claridade de Deus por comparações e por esta ou aquela. Contudo, Deus não é nem isso nem aquilo, e assim o Pai não se satisfaz até se retrair novamente para dentro da origem, para o mais íntimo, para o fundo e o núcleo do ser do Pai, onde eternamente tem sido em si mesmo, na paternidade, e onde Ele frui a si mesmo, o Pai como Pai, de si a si mesmo, no Um único. Aqui todas as folhinhas de grama, a madeira, a pedra e todas as coisas são Um. Isso é o melhor de tudo e por isso apaixonei-me alucinadamente. A natureza atira, precipita tudo o que pode produzir para dentro da paternidade, a fim de que ela <a natureza> seja Um e seja *um* Filho e em crescendo se desprenda de todo o outro e seja totalmente Um na paternidade. E, se não puder ser Um, que <pelo menos> seja uma comparação do Um. A natureza que é de Deus não procura nada que esteja fora dela. Sim, a natureza que é em si mesma não tem nada a ver com a aparência exterior. Pois a natureza que é de Deus não procura nada a não ser igualdade com Deus.

Ontem à noite ocorreu-me o pensamento de que toda comparação é apenas uma obra preliminar[6]. Não posso ver nenhuma coisa a não ser que seja igual a mim; nem posso conhecer alguma coisa se não for igual a mim[7]. Deus tem em si todas as coisas de maneira oculta, não isso ou aquilo em diversidade, mas como Um na Unidade. O olho não tem nenhuma cor em si. O olho *recebe* a cor; o olho, e não, porém, o ouvido. O ouvido recebe o som, e a língua o gosto[8]. Todos eles <olho, ouvido e língua>

---

6. Cf. Eckhart (1968, p. 471,4): *fürwerck*; p. 724: *Vorwerk*; Quint (Eckhart, 1968, p. 471, nota 2) cita alguns autores que traduzem a palavra *fürwerck* por *Vorwerk*, *Korrelat*, e observa que no dicionário para *Mittel-hoch-deutsch*, para *vürwerc = vorwerc* se encontra a significação "*Landgut, besonders ein Landgut vor der Stadt oder dem Herrensitze*", cf. Müller-Zarncke, vol. 3, p. 590; ou de *Vorstadt*; *aüsseres Befestigungswerk*; *Bollwerk*.

7. *Simile simili cognoscitur*: Aristóteles, *De anima* I t. 27 (A c. 2 404 b 17).

8. Cf. Aristóteles, *De anima* II t. 71 (B c. 7 418 b 26).

possuem <cada vez> isso <ou aquilo> com o qual são um[9]. E assim aqui <também> a imagem da alma e a imagem de Deus têm *um* ser: ali onde somos filhos. E se fosse assim que não tivesse olhos nem ouvidos, teria, no entanto, ser. Se alguém me tirasse o olho, não tiraria por isso meu ser nem minha vida, pois a vida reside no coração[10]. Se alguém quisesse bater-me no olho, rapidamente colocaria minha mão na frente e esta apararia o golpe. Mas se alguém quisesse acertar-me no coração, arriscaria[11] todo o meu corpo, a fim de proteger esse corpo. Se alguém quisesse bater na cabeça, eu colocaria de pronto todo o meu braço na frente a fim de conservar minha vida e meu ser.

Já repeti várias vezes: A casca deve romper-se, e o que se encontra ali dentro deve sair. Se queres ter o miolo, deves quebrar a casca[12]. Se queres, portanto, encontrar a natureza desnuda, deves quebrar todas as comparações, e quanto mais se penetra, mais próximo se está ao ser. Quando ela <a alma> encontra o Um, no qual tudo é um, ela permanece nesse Um único. Quem "honra" a Deus? – Aquele que, em *todas as coisas,* tem em vista a honra de Deus.

Há muitos anos eu não existia. Não muito tempo depois, meu pai e minha mãe comeram carne, pão e ervas que cresciam no jardim, e daí tornei-me um homem. Aqui meu pai e minha mãe não puderam cooperar. Foi Deus quem diretamente fez meu corpo e criou minha alma segundo o que há de mais alto. Assim cheguei à posse de minha vida (*possedi me*). Esse grão deseja tornar-se centeio, tem em sua natureza poder tornar-se trigo, não descansando até alcançar essa natureza. O grão de trigo traz em sua natureza poder tornar-se *tudo*. Paga o preço e se dá à morte para tornar-se *tudo*. Esse mineral é cobre. Tem, porém, em sua natureza poder tornar-se prata, e a prata poder tornar-se ouro, jamais descansando até alcançar exatamente essa natureza[13]. Sim, é assim que em sua natureza essa madeira pode tornar-se pedra, e digo ainda mais: Pode bem tornar-se *tudo*. Se

9. Cf. Eckhart (1968, p. 472,3): *mit dem es ein ist*; p. 723: acrescenta <*d. h. ein und derselben Artung*>.

10. Moisés Maimônides, *Dux neutrorum* II c. 31 (60r 1-9).

11. Cf. Eckhart (1968, p. 473): *ich bütte allen den leib darzu*; p. 725: *so bote ich den ganzen Leib dazu auf.*

12. Cf. Boaventura, *Brevil.* Prol. n. 4, V 206: Hieronymus, *Ep.* 58 n. 9, CSEL LIV 538,14-17.

13. Cf. Alberto Magno, *De vegetab.* V tr. 1 c. 7 n. 55 (ed. Meyer. E Jessen, p. 312s.); Moisés Maimônides, *Dux neutrorum* III c. 14 (77 v 13-17).

corresponde a um fogo e deixa-se queimar para ser transformada na natureza do fogo, unindo-se ao Um, tem eternamente *um* ser. Sim, no início originário, madeira, pedra, ossos e toda a graminha têm sido todos Um. Se essa natureza <terrena> já faz isso, o que não fará *a* natureza que ali é totalmente apenas nua em si mesma, que não busca nem isso nem aquilo, que, antes, em crescendo se livra de tudo o mais e corre ao encontro apenas da limpidez primeira!

Ontem à noite veio-me à mente que os céus são muitos. Há muitos homens incrédulos que não creem que o pão sobre esse altar possa ser transformado no digníssimo corpo de Nosso Senhor, e que Deus isso possa realizar. Oh, esses homens ruins, incapazes de crer que Deus possa operar tais coisas! Mas, se Deus deu à *natureza* poder tornar-se *tudo*, como não lhe seria possível fazer com que esse pão que está sobre o altar possa tornar-se seu corpo?! E se a fraca natureza pode fazer de uma folhinha um homem, Deus pode muito bem, de um <pedaço de> pão, fazer seu corpo. Quem "honra" a Deus <portanto>? – Aquele que, em *tudo*, tem em vista a honra de Deus. Essa explicação do sentido é ainda mais clara, embora a primeira seja melhor.

O quarto sentido: "Eles estavam longe e disseram a Moisés: 'Moisés, fala tu conosco, *nós* não podemos ouvir a Deus'" (Ex 20,18s.). "Eles estavam <bem> longe", e isso era a casca em virtude da qual não podiam ouvir a Deus.

"Moisés avançou para dentro da névoa e movimentou-se para a montanha" (Ex 24,18), e ali viu a luz divina. A luz, nós a encontramos justa e propriamente nas trevas. É sobretudo quando temos sofrimento e desconforto que a luz fica bem próxima. Que Deus faça o seu melhor ou o seu pior em relação a isso: Ele *tem* de se nos doar a si, seja na tribulação, seja no desconforto. Havia uma santa mulher, que tinha muitos filhos, aos quais queriam matar. Ela riu e disse: "Não vos deveis perturbar, deveis é vos alegrar e pensai em vosso Pai celeste, pois de mim não tendes nada" (2Mc 7,22s.), justamente como se ela quisesse dizer: "Tendes o vosso ser diretamente de Deus". Isso cai bem ao nosso contexto. Nosso Senhor disse: "Tuas trevas" – isto é, teu sofrimento – e isso "será transformado em luz clara" (Is 58,10). Isto, todavia, não devo buscar nem desejar <de propósito>. Eu disse em outro lugar: A treva abscôndita da luz invisível da deidade eterna não é conhecida e jamais será conhecida. E "a luz do Pai eterno brilhou eternamente nessa treva, mas a treva não compreende a luz" (Jo 1,5).

Que *nós* cheguemos a essa luz eterna, a isso nos ajude Deus. Amém

Sermão 52

Beati pauperes spiritu, quoniam ipsorum est regnum caelorum [Bem-aventurados os pobres de espírito, porque deles é o Reino dos Céus] (Mt 5,3)

A bem-aventurança abriu sua boca de sabedoria e falou: "Bem-aventurados os pobres em espírito, pois deles é o Reino dos Céus" (Mt 5,3)[1].

Todos os anjos, todos os santos e tudo que um dia foi gerado, tudo isso deve se calar quando fala a sabedoria do Pai. É que toda sabedoria dos anjos e de todas as criaturas é um puro nada diante da sabedoria abissal de Deus. Essa <sabedoria> falou que os pobres são bem-aventurados.

Há, no entanto, dois modos de pobreza: uma pobreza *exterior*, que é boa e muito louvável no homem que a toma sobre si voluntariamente, por amor a Nosso Senhor Jesus Cristo, porque Ele mesmo a teve aqui na terra. Sobre essa pobreza não vou me alongar. Existe, porém, ainda uma outra pobreza, uma pobreza *interior*, que deve ser compreendida a partir daquela palavra de Nosso Senhor, quando diz: "Bem-aventurados os pobres em espírito".

Peço-vos que sejais assim, também pobres, para que compreendais essa fala. Pois digo-vos pela verdade eterna: Se não vos igualardes a essa verdade de que queremos falar agora, não me podereis compreender.

Diversas pessoas me perguntaram o que é <pois> a pobreza em si mesma e o que é um homem pobre. A isso queremos responder.

O Bispo Albrecht[2] diz: Um homem pobre é *esse* que não experimenta nenhuma satisfação em todas as coisas já criadas por Deus. E isso está bem-formulado. Nós, porém, o dizemos de modo ainda melhor e tomamos a

1. Texto do Evangelho da Festa de Todos os Santos (1º de novembro).

2. Alberto Magno, *En. in evang. Matth.* 5,3 (ed. Borgnet, 20, 149b, 150a, 151a).

pobreza numa acepção <ainda> mais elevada. Um homem pobre é aquele que nada *quer*, nada *sabe* e nada *tem*. Queremos falar desses três pontos e peço-vos por e para o amor de Deus que, se puderdes, compreendais essa verdade. Mas, se não a compreendeis, não vos inquieteis com isso, pois quero falar-vos de uma verdade tão singela que apenas algumas poucas pessoas boas a compreenderão.

Dizemos, em primeiro lugar, que homem pobre é aquele que nada *quer*. Muitas pessoas não compreendem devidamente o sentido dessa frase. É aquela gente que se prende ao seu eu ensimesmado, nos exercícios de penitência e nos exercícios exteriores, coisas que essa gente tem em grande conta. Que Deus se compadeça dessa gente por conhecer tão pouco a respeito da verdade divina! Essas pessoas chamam-se santas em virtude da aparência exterior. Mas por dentro são asnos, pois não apreendem o sentido próprio da verdade divina. Quem sabe digam <também> que um homem pobre é quem nada quer. Mas isso eles interpretam assim: que o homem deve viver de modo a jamais realizar *sua* <própria> vontade em coisa alguma, que <antes> deve buscar realizar a amantíssima *vontade de Deus*. Nisso, esses homens estão direito, pois sua intenção é boa, por isso queremos louvá-los. Que em sua misericórdia Deus possa presentear-lhes o reino do céu. Eu, porém, digo, pela verdade divina, que essas pessoas não são <realmente> homens pobres nem semelhantes a homens pobres. São considerados grandes <apenas> aos olhos *das* pessoas que nada conhecem de melhor. *Eu*, no entanto, digo que são asnos, que não entendem nada da verdade divina. Que eles possam por causa de sua boa intenção alcançar o reino do céu; mas *da* pobreza, sobre a qual queremos falar agora, não sabem nada.

Respondo.

Se alguém me perguntasse agora, o que é, pois, um homem pobre que nada *quer*, eu lhe responderia assim: Enquanto o homem ainda quiser e tiver <em si> a *vontade* de realizar a amantíssima vontade de Deus, ele não possui a pobreza, sobre a qual queremos falar. Esse homem <ainda> tem uma vontade, com a qual quer satisfazer a vontade de Deus, e isso *não* é reta pobreza. Se o homem deve possuir verdadeiramente pobreza, deve estar tão vazio de sua vontade criada como ele era quando <ainda> não era. Digo-vos, pois, pela verdade eterna: À medida que tiverdes a *vontade* de realizar a vontade de Deus e o anseio pela eternidade e por Deus, ainda não sois pobres. Um homem pobre é somente aquele que *nada* quer e *nada* deseja.

Quando <ainda> estava na minha causa primeira, não possuía nenhum Deus, sendo assim era a causa de mim mesmo; assim eu nada queria e nada desejava, pois era um ser vazio e um conhecer de mim mesmo no gozo da verdade. Assim eu queria a mim mesmo e nada mais. O que eu queria, isto eu era, e o que eu era, isto eu queria, estando assim vazio de Deus e de todas as coisas. Mas quando, por livre-decisão da vontade, eu saí e recebi meu ser criado, tive então um Deus. Antes de as criaturas serem, Deus <ainda> não era "Deus": antes, Ele era o que Ele era. Mas, quando as criaturas se tornaram e receberam seu ser criado, Deus não era assim "Deus" em si mesmo, mas "Deus" nas criaturas.

Dizemos que Deus, enquanto é <apenas> "Deus", não é a meta mais elevada da criatura, pois <também> a ínfima criatura *em* Deus tem tão grande riqueza. E se fosse assim que uma mosca tivesse intelecto e, no caminho do intelecto, pudesse buscar o abismo eterno do ser divino, de onde ela proveio, diríamos que Deus, com tudo que é como "Deus", não poderia dar realização e satisfação <sequer a> essa mosca. Por isso pedimos a Deus que nos esvaziemos de "Deus" e que apreendamos a verdade e a gozemos eternamente lá onde o supremo anjo, a mosca e a alma são iguais, lá onde eu estava e queria o que eu era e era o que eu queria. Assim, pois, dizemos: Se o homem quer ser pobre em vontade, deve querer e desejar tão pouco como queria e desejava quando <ainda> não era. E é *nesse* modo que é pobre o homem que nada *quer*.

Um homem pobre é, por outro lado, quem nada *sabe*. Em diversas ocasiões dissemos que o homem deveria viver de tal forma que não vivesse nem para si mesmo, nem para a verdade, nem para Deus. Agora, porém, dizemos de modo diferente e continuando queremos dizer: O homem que deve ter essa pobreza, deve viver de tal forma que nem <sequer> *sabe* que não vive para si, nem para a verdade, nem para Deus. Deve antes ser tão vazio de todo saber que não saiba, nem conheça, nem sinta que Deus nele vive; mais ainda: ele deve ser vazio de todo conhecer que nele vive. Quando o homem <ainda> estava na essência eterna de Deus, nele ali vivia não um outro, mas o que ali vivia era ele próprio. Assim, pois, dizemos: O homem deve ser tão vazio de seu saber próprio, como o fez quando ele <ainda> não era, de maneira a deixar que Deus opere o que Ele quer, e que o homem esteja vazio.

Tudo o que um dia proveio de Deus foi colocado para um límpido atuar. O atuar determinado para o homem é amar e conhecer. Ora, é uma questão controversa sobre em que consiste de preferência a bem-aventurança? Diversos mestres disseram que ela repousa no conhecer. Alguns dizem que ela repousa no amar. Outros, que ela está no conhecer *e* no amar. Estes <já> acertam mais. *Nós*, porém, dizemos que a bem-aventurança não está *nem* no conhecer, *nem* no amar; há, antes, um algo na alma do qual efluem conhecer e amar; mas ele mesmo não conhece, nem ama, como o fazem as *forças* da alma. Quem aprende a conhecer *esse* <algo> sabe onde está a bem-aventurança. Isso não tem antes nem depois, e nada espera que lhe seja acrescido, pois não pode ganhar nem perder. Por isso é privado também do saber de que Deus nele atua; sendo ele mesmo o mesmo, que frui de si no modo como faz Deus. Dizemos assim que o homem deve estar tão pronto e vazio que não sabe nem conhece que Deus nele atua, e que só *assim* o homem pode ser pobre. Os mestres dizem que Deus é um ser e um ser inteligente, e que conhece todas as coisas. Nós, porém, dizemos: Deus não é nem ser, nem inteligente, nem conhece isto ou aquilo. Deus é vazio de todas as coisas e é <justamente> por isso que é todas as coisas. Quem deve ser pobre no espírito, deve ser pobre em todo o saber próprio, de modo que de nada sabe, nem de Deus, nem de criatura, nem de si mesmo. É preciso, pois, que o homem deseje poder *nada* saber nem conhecer das obras de Deus. *Desse* modo o homem pode ser pobre em saber próprio.

Em terceiro lugar, é um homem pobre quem nada *tem*. Muitos homens chegaram a dizer que a perfeição consistiria em não se possuir <mais> nada de coisas materiais da terra. Isso é bem verdadeiro num sentido, a saber, quando alguém o sustenta com propósito. Mas não é esse o sentido que *eu* tenho em mente.

Eu disse há pouco que um homem pobre é *esse* que não *quer* realizar nem <sequer> a vontade de Deus. Pobre é quem vive de tal modo que está tão vazio de seu próprio querer *e* da vontade de Deus como o era quando <ainda> não era. *Essa* pobreza consideramos como a pobreza mais elevada. Em segundo lugar, dissemos que um homem pobre é *quem* nada *sabe* da atuação de Deus nele. Se alguém se mantém assim vazio do saber e do conhecer, como Deus está vazio de todas as coisas, *isso* é a mais pura pobreza. A terceira pobreza, porém, da qual quero falar agora, é a pobreza mais extrema: aquela em que o homem nada *tem*.

Agora prestai bem atenção! Eu já o disse diversas vezes e grandes mestres dizem-no também: O homem deve ser tão vazio de todas as coisas e de todas as obras, tanto interiores quanto exteriores, a ponto de ser um lugar próprio onde Deus possa atuar. Agora, porém, dizemos diversamente. Se Deus ainda encontrar no homem vazio de todas as criaturas, de Deus e de si mesmo, um lugar para atuar, enquanto isso ainda acontecer, o homem ainda não é pobre na extrema pobreza. É que, para seu atuar, Deus não está atrás de que o homem tenha em si um lugar onde possa atuar. Pobreza em espírito é <apenas> quando o homem está *tão* vazio de Deus e de todas as suas obras a ponto de Deus, na medida em que queira operar na alma, ser *Ele mesmo* o lugar onde quer atuar – e isto Ele o faz <certamente> com prazer. Ao encontrar o homem *assim* pobre, Deus *atua* sua própria obra e o homem *experimenta* assim em si Deus. Deus é o *próprio* lugar para suas obras, pois Deus atua *em si mesmo*. Nessa pobreza, o homem alcança <de novo> o ser eterno que ele foi e que ele é agora, e que há de permanecer sendo eternamente.

Há uma palavra de São Paulo que diz: "Tudo que eu sou, o sou pela graça de Deus" (1Cor 15,10). Mas se esse <meu> discurso *parece* <manter-se> *acima* da graça, acima do ser, acima do conhecimento, acima da vontade e acima de todo o desejo – como pode, pois, <ali> ser ainda verdadeira a palavra de São Paulo? A isso teríamos que responder, dizendo que as palavras de São Paulo são verdadeiras. Era necessário que a graça de Deus nele estivesse, pois a graça de Deus nele atuou, de sorte que a acidentalidade <*accidentalitas*> se consumasse na essencialidade <*esentialitas*>. Quando a graça terminou e consumou sua obra, Paulo permaneceu o que ele era.

Assim, pois, dizemos que o homem deve existir tão pobre que não seja nem possua lugar algum onde Deus possa atuar. Onde o homem <ainda> contém <em si> lugar, ali <ainda> conserva diferenciação. Por isso peço a Deus que me esvazie de Deus; pois meu ser essencial é acima de Deus, na medida em que concebemos Deus como a origem das criaturas. Naquele ser de Deus, onde Deus está acima de todo ser e acima de toda a diferenciação, lá eu era eu mesmo, ali eu queria a mim mesmo e conhecia a mim mesmo, a fim de criar esse homem <que sou eu>. Por isso, sou a causa de mim mesmo, segundo meu *ser* que é *eterno*, mas não, segundo meu *devir*, que é *temporal*. E por isso sou não-nascido e, segundo o modo de meu ser não-nascido, jamais posso morrer. Segundo o modo de meu ser não-nascido, fui eternamente e sou agora e permanecerei eternamente. O que sou segundo minha natividade há de morrer e será aniquilado, pois é mortal e deve, portanto, corromper-se com o tempo. No meu nascimento <eterno> nasceram todas as coisas, e eu era causa de mim mesmo e de todas as coisas. Se tivesse querido, não existiriam nem eu nem todas as coisas. Se eu, porém, não fosse, também "Deus" não seria. Que Deus é "Deus", disso sou eu a causa. Se eu não fosse, Deus não seria "Deus". Saber isso não é necessário.

Um grande mestre diz que sua irrupção é mais nobre do que seu efluir, e isso é verdade. Quando eu efluí de Deus, todas as coisas disseram: Deus é. Isso, porém, não me pode fazer bem-aventurado, pois nisso eu me reconheço como criatura. Mas na irrupção, onde estou vazio de minha vontade própria, da vontade de Deus, de todas as suas obras e até mesmo de Deus, ali sou acima de todas as criaturas e não sou nem "Deus" nem criatura, sou antes o que eu era e o que permanecerei agora e para sempre. Recebo então um embalo que me deve elevar acima de todos os anjos. Nesse embalo recebo tão grande riqueza que Deus não me pode ser suficiente com tudo o que é como "Deus" e com todas as suas obras divinas. É que nessa irrupção Deus me é partilhado de modo que eu e Deus somos um. Ali eu sou o que eu era, sem tirar nem pôr, pois sou uma causa imóvel que move todas as coisas[3]. Deus não encontra aqui <mais> lugar algum no homem, pois com *essa* pobreza o homem enlaça o que ele foi eternamente e o que há de permanecer para sempre. Aqui Deus é um com o Espírito, e isso é a extrema pobreza que se pode encontrar.

Quem não compreende a fala, não aflija com isso o seu coração. Pois enquanto o homem não se iguala a essa verdade, não compreenderá essa fala. Essa é, sim, uma verdade sem véu, vinda diretamente do coração de Deus.

Que nós possamos viver assim, a ponto de fazermos eternamente essa experiência, a isso nos ajude Deus. Amém.

---

3. Boécio, *De Consol. Phil.* III m. IX, CSEL LXVII 63,19.

Sermão 53

Misit dominus manum suam et tetigit os meum et dixit mihi etc. Ecce constitui te super gentes et regna [O Senhor estendeu a sua mão, tocou-me na boca e disse-me: [...] eis que te constituo hoje sobre as nações e sobre os reinos] (Jr 1,9s.)

"O Senhor estendeu sua mão e tocou-me na boca e me falou" (Jr 1,9)[1].

Quando prego, costumo falar do desprendimento e que o homem deve estar vazio de si mesmo e de todas as coisas. Falo também que devemos ser transformados para dentro do bem simples que é Deus. Digo ainda que devemos ter sempre presente a grande nobreza que Deus colocou na alma para que, com isso, o homem chegue a Deus de modo maravilhoso. E costumo falar também da limpidez da natureza divina, de que, seja qual for o esplendor na natureza divina, ela é inefável. Deus é uma palavra, uma palavra não dita.

Agostinho[2] diz: "Toda a escritura é vã. Se dissermos que Deus é uma palavra, então <com isso> estamos enunciando Deus; <mas> se dissermos que Deus é não-dito, então Ele é inefável". No entanto, Ele é algo; quem pode enunciar essa palavra? Ninguém o faz a não ser aquele que é essa palavra. Deus é uma palavra que enuncia a si mesma. Sempre onde Deus é, ali Ele fala essa palavra; sempre onde Ele não é, ali Ele <também> não fala. Deus é enunciado e é inefável. O Pai é uma obra enunciadora e o Filho é uma fala atuante. O que é em mim, isso sai de mim para fora. Mesmo quando está sendo apenas pensado, minha palavra revela-o, não obstante dentro permaneça. Assim também o Pai enuncia o Filho inefável, embora o Filho nele permaneça. Também já disse muitas vezes que a saída de Deus é sua entrada. Quanto mais sou próximo de Deus, tanto mais Deus se enuncia

1. O texto da Escritura foi tirado da epístola da missa da vigília do nascimento de São João Batista (23 de junho).

2. Cf. Agostinho, *Sermo* 117 c. 5 n. 7, PL 38,665; cf. *De doctrina christiana* I c. 6 n. 6, PL 34,21.

em mim. Quanto mais todas as criaturas *dotadas de intelecto saírem* de si mesmas em suas obras, tanto mais *entram* em *si mesmas*. Nas criaturas corpóreas não é assim: quanto mais elas atuam, tanto mais saem de si mesmas. *Todas* as criaturas *querem* enunciar a Deus em *todas* as suas obras; todas elas falam, da maneira mais próxima possível e, no entanto, não podem enunciá-lo. Queiram ou não, gostem ou não: todas elas *querem* enunciar a Deus, e, no entanto, Ele permanece inefável.

Davi diz: "O Senhor é seu nome" (Sl 67,5). "Senhor" significa a coordenação de um senhorio. "Servo" é uma sub-ordinação. Certos nomes são próprios de Deus e são desprendidos de todas as outras coisas, como <por exemplo> "Deus". "Deus", esse nome é o mais próprio de todos para Deus, assim como "homem" é próprio para o homem. Um homem é sempre homem, seja ele tolo ou sábio[3]. Sêneca[4] diz: "Digno de compaixão é o homem que não ultrapassa o homem". Certos nomes significam uma inerência <acidental> a Deus, por exemplo, "paternidade" e "filiação". Quando se fala de um "pai", pensa-se <igualmente> também em <um> "filho". Não pode existir nenhum pai se não houver um filho, e nenhum filho se ele não tiver um pai. Todavia, ambos carregam em si *um* ser eterno, além do tempo. Em terceiro lugar: certos nomes significam um ascender para Deus e <ao mesmo tempo> um estar voltado para o tempo. Na Escritura nomeamos a Deus com muitos nomes. Eu digo <no entanto>: Sempre que alguém conhece alguma coisa em Deus e <então> atribui-lhe um nome, isso não é Deus. Deus está <elevado> acima de nome e acima de natureza. Lemos a propósito de um homem bom que em sua oração suplicava a Deus e queria dar-lhe um nome. Um irmão disse-lhe então: "Cala-te, estás desonrando a Deus!" Não podemos encontrar nenhum nome que pudéssemos dar a Deus. No entanto, são-nos permitidos os nomes com os quais os santos o nomearam, e que Deus assim consagrou e infundiu em seus corações com luz divina. Devemos aprender em primeiro lugar como devemos pedir a Deus. Devemos dizer: "Senhor, por esse mesmo nome que assim consagraste e infundiste com tua luz no coração de teus santos, nós te rogamos e te louvamos". Em segundo lugar, devemos aprender a não dar nenhum nome a Deus, para não criarmos a ilusão de que o teríamos suficientemente louvado e honrado; pois Deus está <elevado> "acima de nomes" e é inefável.

---

3. Cf. Tomás de Aquino, *S.Th.* I q. 13 a. 9 ad 3; q. 39 a. 4 ad 3.

4. Cf. Eckhart, *In Ioh.* n. 282, LW 3, p. 236,10s, nota 2, em que se remete a Sêneca, *Naturales quaestiones* I praef. 5.

O Pai enuncia o Filho com todo o seu poder e, nele, todas as coisas. Todas as criaturas são um falar de Deus. O que minha boca enuncia e revela de Deus é o mesmo que faz o ser da pedra, e conhecemos bem mais a partir do atuar do que das palavras[5]. A obra que a suprema natureza opera a partir de seu supremo poder não pode ser compreendida pela natureza que está abaixo dela. Se ela operasse a mesma coisa, então não estaria abaixo dela, mas seria aquela mesma. Em todas as suas obras, todas as criaturas quereriam repetir a fala de Deus. Mesmo assim, é bem pouco o que podem revelar. Mesmo o fato de que os anjos supremos, em se alçando, toquem a Deus, isso é tão desigual em comparação com o que é em Deus como é desigual o branco do preto. É totalmente desigual <em comparação com o que é em Deus> aquilo que todas as criaturas <juntas> receberam, por mais que todas elas quisessem de bom grado enunciar o máximo que elas podem. O profeta diz: "Senhor, tu dizes um e eu compreendo dois" (Sl 61,12). Quando Deus fala na alma, então são ela e Ele Um; tão logo, porém, esse <Um> decaia <para fora ou, do íntimo da alma para dentro das forças da alma e dali, através dos sentidos, para fora, nas criaturas>, torna-se dividido. Quanto mais ascendemos com nosso conhecimento, tanto mais somos Um nele <no Filho>. Por isso o Pai enuncia o Filho todo o tempo na unidade e derrama nele todas as criaturas. Todas elas fazem um apelo para retornar para <lá> dentro, de onde efluíram. Toda sua vida e seu ser, tudo isso é um apelo e um apressar-se para lá de onde partiram.

Fala o profeta: "O Senhor estendeu sua mão" (Jr 1,9) e <com isso> refere-se ao Espírito Santo. E prossegue: "Ele tocou-me na boca" e depois "Ele me falou" (Jr 1,9). A "boca" da alma é sua parte mais elevada; a essa parte refere-se a alma e diz: "Ele colocou sua palavra na minha boca" (Jr 1,9). O beijo da alma é: onde a boca toca a boca, onde o Pai gera seu Filho na alma e ali "a palavra volta-se" para a alma. Ele então diz: "Eis, hoje eu te escolhi e coloquei-te acima de povos e acima de reinos" (Jr 1,10). Em um "hoje" aprouve a Deus eleger-nos, onde nada é, onde, no entanto, há um "hoje" na eternidade. "E eu coloquei-te acima de povos"; isto é, acima do mundo inteiro, ou seja, dele deves estar vazio. E "acima de reinos" significa: tudo o que é mais do que Um, isso é demais, pois deves morrer para todas as coisas e ser transformado para o alto, onde habitamos no Santo Espírito.

A isso, nos ajude Deus, o Espírito Santo. Amém.

5. Cf. Tomás de Aquino, *S.Th.* I q. 13 a. 8.

Sermão 54a

"Nosso Senhor levantou seus olhos, elevou-os do chão para o alto, olhou para o céu e disse: 'Pai, é chegado o tempo, glorifica teu Filho para que teu Filho te glorifique. Dá a todos aqueles que me deste a vida eterna. A vida eterna é isto, que eles te conheçam a ti somente, como um Deus verdadeiro'" (Jo 17,1-3)[1].

O escrito de um papa[2] diz: Sempre que Nosso Senhor elevava seus olhos tinha em mente algo grande. Fala o "sábio" no Livro da Sabedoria que a alma é transportada com a sabedoria divina para Deus. Também Santo Agostinho[3] diz que todas as obras e o ensinamento da humanidade de Deus são um modelo e uma figura de nossa vida santa e de <nossa> grande dignidade diante de Deus. A alma deve ser purificada e tornar-se sutil na luz <da sabedoria> e na graça, devendo desprender-se e despojar-se totalmente do que nela há de estranho, <sim, até> mesmo de uma parte daquilo que ela mesma é. Eu já o disse muitas vezes: A alma deve *assim* despir-se de tudo que é acidental <em seu ser puro> e transportar-se assim límpida para o alto, e fluir novamente para dentro do Filho como quando ela nele efluiu. O Pai criou a alma no Filho. Por isso ela deve, do mesmo modo despida, nele refluir como ela nele efluiu.

Diz entrementes o evangelista: "Ele levantou seus olhos e elevou-os do chão para o alto". Nessa palavra encontra-se um duplo sentido. Um significa o anúncio de límpida humildade. Se temos que chegar no *fundo de Deus* e no *seu mais íntimo*, então devemos primeiro chegar em límpida humildade no *nosso próprio fundo* e no *nosso mais íntimo*. Os mestres dizem que as

1. O texto da Escritura foi tirado do Evangelho da missa da vigília da Festa da Ascensão de Cristo ou da missa do sábado depois do Primeiro Domingo da Paixão.

2. Cf. Papa Inocêncio III, *De sacro altaris mysterio* IV c. 5, PL 217,858 B; *De civ. Deo* XI c. 2, CSEL XXXX 513,7s.

3. Agostinho, *De cons. Evang.* I c. 35 n. 53, CSEL XXXXIII 59,2-8.

estrelas derramam toda sua força no fundo da terra, na natureza e no elemento da terra, produzindo ali o ouro mais límpido[4]. Quanto mais a alma chega no fundo e no mais íntimo de seu ser, tanto mais a força divina nela se derrama plenamente e opera veladamente de maneira a revelar grandes obras e a alma tornar-se bem grande e elevada no amor de Deus, que se compara ao ouro límpido. Esse é o primeiro sentido de "Ele levantou seus olhos do chão".

O segundo sentido é que a alma deve elevar-se para o alto em humildade, com todos os seus quebrantos e pecados, assentando-se e curvando-se debaixo do portal da misericórdia de Deus, onde Deus se derrete em misericórdia. Ela deve também carregar para cima tudo o que nela há de virtude e de boas obras, e com isso assentar-se debaixo do portal onde Deus se derrete no modo de bondade. *Assim* a alma deve seguir e ordenar-se segundo o modelo como "Ele levantou seus olhos do chão".

Depois disso diz: "Ele eleva seus olhos do chão para o alto". Um mestre observou que alguém esperto e bem-avisado colocaria a água em cima do vinho, de modo que a força do vinho pudesse atuar ali <na água>. Então a força do vinho transformaria a água em vinho. Se a água estivesse devidamente colocada em cima do vinho, tornar-se-ia <até> melhor do que o vinho; ou, pelo menos, seria tão boa quanto o vinho[5]. Assim também é na alma que está devidamente ordenada no fundo da humildade. Ela sobe e é puxada para o alto na força divina: sem descanso, vai, pois, direto a Deus, tocando-o descoberto e permanecendo constantemente dentro, sem procurar nada fora, e tampouco está ao lado ou junto de Deus, mas sempre diretamente *em* Deus, na limpidez do ser. Ali dentro é também o ser da alma, pois Deus é um límpido ser. Diz um mestre: Para dentro de Deus, que é um límpido ser, nada pode chegar a não ser que seja também um límpido ser. A alma assim é ser que ali chegou diretamente a Deus e para dentro de Deus.

Por isso diz: "Ele levantou seus olhos do chão e olhou para o céu". Um mestre grego diz que céu significa um "abrigo do sol"[6]. O céu derrama sua força no sol e nas estrelas, e as estrelas derramam sua força no meio da terra. Produzem ouro e pedras preciosas de modo que as pedras preciosas

---

4. Cf. Alberto Magno, *Mineral.* I tr. 1 c. 8 (ed. Borgnet, 5,11); III tr. 1 c. 10 (72 b).

5. Cf. Aristóteles, *De gen. et corr.* I t. 39 (A c. 5 322 a 8-10); Tomás de Aquino, *S.Th.* III q. 66 a. 4.

6. Cf. Honorius Augustodunensis, *De imagine mundi* I c. 84, PL 172,141 A: "Coelum dicitur, quasi *casa ilios* [kásas helíou], id. est domus solis; quasi vas coelatum, quia est stellis insignitum".

têm a força de produzir efeitos maravilhosos, umas têm até mesmo a força de atrair ossos e carne. Se um homem delas se aproximasse, ficaria preso e não poderia soltar-se se não dispusesse de artifícios para delas libertar--se. Outras pedras preciosas atraem ossos e ferro[7]. Toda pedra preciosa e <toda> erva é um pequeno abrigo das estrelas, que conserva fechada em si uma força celeste. Assim como o céu derrama sua força nas estrelas, também as estrelas derramam sua força nas pedras preciosas, nas ervas e nos animais[8]. A erva é mais nobre do que as pedras preciosas, pois possui uma vida em crescimento. Ela desdenharia de crescer sob um céu corpóreo se ali não houvesse uma força espiritual da qual recebe sua vida. Assim como o ínfimo dos anjos derrama sua força no céu, movendo-o e fazendo-o girar e operar, assim também o céu derrama sua força misteriosamente em cada erva e nos animais. Por isso cada erva possui uma propriedade do céu, atuando ao redor de si, em ronda como o céu. Os animais, porém <em comparação com as ervas>, elevam-se ainda mais alto e possuem uma vida animal *e* sensorial; permanecendo, porém, presos a tempo e espaço. Já a alma, em sua luz <cognitiva> natural e no que há nela de mais elevado <na centelha da alma>, ultrapassando tempo e espaço, adentra a igualdade com a luz do anjo, e atua, conhecendo com essa luz, no céu. Assim, pois, a alma deve subir constantemente para o alto, na atuação cognitiva. Onde ela encontra algo da luz ou da igualdade divinas, ali deve construir um abrigo e não deve retornar, até que de novo suba adiante. Ela deve elevar-se sempre mais na luz divina e ultrapassar todos os abrigos, com os anjos do céu na contemplação límpida e pura de Deus. Por isso ele diz: "Olhou para o céu e disse: 'Pai, é chegado o tempo; glorifica teu Filho para que teu Filho te glorifique'". Sobre como o Pai glorifica o Filho e como o Filho glorifica o Pai é melhor calar-se do que falar. Os que devem falar sobre isso deveriam ser anjos.

Um pouco mais sobre esta palavrinha que diz: "Todos os que me deste". Se considerarmos com exatidão o seu sentido, isso significa: "Tudo que me deste": *essa* "vida eterna" eu lhes dou; isto é, a mesma que o Filho possui na primeira irrupção, no mesmo fundo, na mesma limpidez e no mesmo gozo; vida eterna, na qual Ele tem sua própria bem-aventurança e possui seu pró-

---

7. Cf. Alberto Magno, *Mineral.* II tr. 2 c. 11 (ed. Borgnet, 5,40b): "Aristóteles diz que há um certo outro gênero de magneto que atrai carnes humanas".

8. Cf. Moisés Maimônides, *Dux neutrorum* II c. 11 (44v 3-7); III c. 38 (95v 32-33).

prio ser: "*Essa* vida eterna eu lhes dou" e nenhuma outra. Já expus em diversas ocasiões esse significado, mas esta noite vou deixá-lo de lado. Ele se encontra propriamente no texto latino como já repetidamente o apresentei. Mas tu, pede, tu mesmo, essa vida e fala dela com ousadia, por minha vida[9]!

A seguir: "A vida eterna é isto, que eles te conheçam a ti somente como *um* Deus verdadeiro" (Jo 17,3). Se dois <homens> conhecessem a Deus como "Um" e um nele conhecesse <a grandeza numérica> mil, enquanto o outro conhecesse Deus como mais do que "Um", por pouco que fosse esse mais[10], esse último conheceria mais a Deus como "Um" do que aquele que o conhecesse como mil. Quanto mais se conhece Deus como *Um*, tanto mais é conhecido como *tudo*. Se minha alma fosse clarividente, nobre e límpida, tudo o que ela conheceria seria Um. Se um anjo conhecesse algo e esse algo tivesse <para ele> valor dez, e se um outro anjo mais nobre do que aquele <de grau mais elevado> conhecesse o mesmo, então para esse outro anjo que conhece não seria mais do que Um. Por isso diz Santo Agostinho[11]: Se eu conhecesse todas as coisas e não conhecesse a Deus, nada teria conhecido. Mas se conhecesse a Deus e não conhecesse nada mais, então tudo teria conhecido. Quanto mais penetrante e profundamente conhecemos a Deus como "Um", tanto mais conhecemos a raiz, de onde surgiram todas as coisas. Quanto mais conhecemos a raiz, o cerne e o fundo da deidade como "Um", tanto mais conhecemos tudo. Por isso ele diz: "Para que conheçamos a ti somente como um Deus *verdadeiro*". Ele não diz Deus "sábio", nem Deus "justo", nem Deus "poderoso", mas somente como "um Deus *verdadeiro*". Tem em mente que a alma deve desprender-se e despojar-se de tudo que acrescentamos a Deus no pensamento ou no conhecer, e tomando-o desnudo, como Ele é, límpido ser: *assim* é Ele "Deus *verdadeiro*". Por isso diz Nosso Senhor: "A vida eterna é isto, que eles conheçam somente a ti como um Deus *verdadeiro*".

Que cheguemos àquela verdade, que é o puro ser, e ali permaneçamos eternamente, a isso nos ajude Deus. Amém.

---

9. Cf. Eckhart (1968, p. 558): ûf mînen lîp; p. 737: *auf meine Verantwortung*.

10. Cf. Eckhart (1968, p. 559): *swie kleine daz waere*; p. 737: *um wie wenig es auch wäre <d. h. wenn es auch nur wenig weniger als Tausend wäre>*.

11. Cf. Agostinho, *Conf.* V 1.

Sermão 54b

Haec est vita aeterna, ut cognoscant te, solum deum verum, et quem misisti, Iesum Christum
[A vida eterna é esta: que te conheçam a ti como o único Deus verdadeiro, e a Jesus Cristo, a quem enviaste]
(Jo 17,3)

Nosso Senhor disse: "Vida eterna é isto, que eles te conheçam como um Deus verdadeiro e aquele que enviaste, Jesus Cristo" (Jo 17,3). "Nosso Senhor elevou os seus olhos ao céu dizendo: 'Pai, chegou a hora; glorifica teu Filho para que teu Filho te glorifique', e pediu por aqueles que lhe haviam sido dados dizendo: 'Dá-lhes a vida eterna, faz deles um contigo como eu e Tu somos um'" (Jo 17,1-2.11)[1].

"Ele levantou seus olhos do chão para o alto." Com isso, nos ensina que, quando queremos pedir, devemos primeiro descer em humildade submissa verdadeira abaixo de todas as criaturas. Só então podemos subir diante do trono da sabedoria. Na medida em que nos tivermos abaixado, nessa mesma medida nos é concedido o que pedimos. Ora, diz o escrito <de um papa>[2] que Nosso Senhor sempre que elevava seus olhos queria realizar uma grande obra. Era uma coisa bem grande quando disse: "Faz com que sejam um contigo, como eu e Tu somos um". E, no Livro da Sabedoria, a Escritura diz que "Deus não ama a não ser somente aquele que habita na sabedoria" (Sb 7,28). O Filho é a sabedoria. Como na limpidez, na qual o Pai criou a alma, assim límpidos nos tornamos na sabedoria, que o Filho é. Pois como eu já disse diversas vezes: Ele é uma porta através da qual a alma retorna ao Pai, pois tudo o que Deus já operou nada mais é do que um modelo e uma indicação para a <nossa> vida eterna.

1. O texto da Escritura foi tirado do Evangelho da missa da vigília da Festa da Ascensão de Cristo ou do sábado depois do Primeiro Domingo da Paixão.

2. Cf. Papa Inocêncio III, *De sacro altaris mysterio* IV c. 5, PL 217,858 B.

"Ele levantou seus olhos do chão para o alto", do fundo verdadeiro da mais profunda humildade. Assim como a força do céu em nenhum lugar e em nenhum elemento atua tanto como no fundo da terra, muito embora seja o mais baixo, porque ele <o céu> tem a maior oportunidade de ali operar, pelo mesmo motivo, Deus atua ao máximo em um coração humilde porque ali Ele tem a maior oportunidade de operar, encontrando a máxima igualdade consigo mesmo. Com isso <isto é, quando levanta seus olhos do chão para o alto>, Ele nos ensina como devemos entrar no nosso fundo de verdadeira humildade e de verdadeira nudez, para que nos despojemos de tudo que não possuímos por natureza, isto é, pecado e carência, e também de tudo que possuímos por natureza, que jaz em cada eu próprio. Quem quer chegar no fundo de *Deus*, no seu mais íntimo, deve primeiro chegar em seu *próprio* fundo, em *seu* mais íntimo, pois ninguém pode conhecer a Deus sem primeiro conhecer a si mesmo. Ele deve entrar no seu ínfimo e mais íntimo, no primordial de Deus e no seu supremo, pois ali flui junto tudo o que Deus pode oferecer. O que na alma é de todo o altíssimo, encontra-se no ínfimo, pois é de todo o mais íntimo. É também assim quando se quer comprimir um objeto redondo, achatando-o: o que é o mais elevado torna-se o mais baixo. A terceira coisa que Ele nos ensina quando "levanta seus olhos do chão para o alto" é que: se alguém quer pedir, deve levar para dentro da bondade de Deus tudo que recebeu de graça e deve levar para dentro da misericórdia de Deus o que ele, por suas falhas ou pelos pecados de outras pessoas, quer pedir, pois isso pede por si mesmo. O que Deus encontra jogado no chão, Ele o carrega para o alto e eleva-o em si mesmo. A quarta coisa que ele tem em mente quando diz: "Levantou seus olhos do chão para o alto", é que devemos subir para o alto de todo o coração, buscando o céu e a Ele, e dirigir todo o nosso desejo a Deus e à altura, a mais elevada, não *abaixo* nem ao lado de Deus, pois todas as coisas supremas estão em condição máxima de operar naquilo que lhes está *abaixo*. Todas as criaturas corpóreas são assim uma isca para o sol e as estrelas, e esta <isca> atua na pedra *sua* força <a força do sol e das estrelas> e *sua* igualdade <isto é, a igualdade com sol e estrelas>. Assim como o sol atrai o ar úmido, confere à pedra igualdade a si e a sua força, de modo que a pedra libera de si um vapor invisível e uma força, que atrai certos tipos de ferro, de carne e de ossos. Quando alguém se lhe aproxima, nela fica preso. Assim <também> age o vapor divino: atrai a alma para si, unindo-a consigo e tornando-a conforme a Deus. Se alguém tomasse uma jarra de água e a levasse junto a e sobre um grande tonel de vinho, o vinho daria à água força, natureza e cor de vinho. Se o vinho é vermelho, a água também se torna vermelha; se é branco, também ela se torna branca e se torna vinho. Isso vem do vapor ou do odor do vinho. Isso, o que significa? Uma acertada enunciação! Como o vapor do vinho penetra na jarra da água, do mesmo modo a força de Deus penetra na alma. Quem quer tornar-se conforme a Deus deve subir para o alto com todo o seu desejo.

<table>
<tr><td>Segundo ainda uma outra maneira[3], “Ele levantou seus olhos”. Com isso Ele nos ensina que assim como o supremo elemento não pode em nenhum lugar atuar tão bem como no fundo da terra – lá ele produz ouro e prata e pedras preciosas –</td><td>Segundo ainda uma outra maneira, “Ele levantou seus olhos”. Tudo que está acima de um elemento, como o céu e as estrelas, atua no mais grosseiro elemento, na terra, algo que não podemos ver, como ouro e prata e pedras preciosas; pois é impossível que o céu possa atuar a não ser no fundo da terra e no que ali está misturado com a terra, como folhagem, grama e árvore. Tirai daqui uma comparação do céu, de que não há nenhuma criatura que não carregue em si algo daquilo cuja filha ela é. Nossos mestres dizem: O que está em cima, a isto</td></tr>
<tr><td>e em tudo que está misturado com a terra, como folhagem e grama e árvores: isso traz em si uma igualdade com o céu</td><td>nada satisfaz, como árvore e grama se estende e circula como o céu; não só como o céu mas também como o anjo que move o céu.</td></tr>
<tr><td>e com o anjo que move o céu, estende-se, amplia-se e forma um abrigo para que o sol e a força das estrelas neles possam atuar muito, e</td><td></td></tr>
<tr><td>encerra em si a natureza do anjo e atua de modo igual ao anjo, embora de modo muito distante <apenas> –,</td><td>Encerra em si a natureza do anjo e atua de modo igual ao anjo, embora de modo muito distante <apenas> –,</td></tr>
</table>

Assim também devemos formar um abrigo, estender-nos e ampliar-nos para que Deus possa atuar muito em nós, e devemos igualar-nos a Ele e atuar igual <a Ele>. O animal conhece no aqui e no agora. O anjo

3. Para constituir este Sermão 54b, Quint tinha praticamente apenas dois manuscritos, G5 e o texto da edição de Pfeiffer (que usou o manuscrito Str1, perdido mais tarde). Lá onde Pfeiffer e G5 não concordavam ou traziam acréscimos ou lacunas, os textos foram colocados um ao lado do outro, em paralelo, como segue.

conhece sem aqui e sem agora. O homem que se eleva acima de outras criaturas conhece numa luz verdadeira, em que não há tempo nem espaço, é também sem aqui e sem agora. À medida que a alma avança, ela, nessa mesma medida, se torna mais próxima daquela luz. A alma, que é uma luz, encerra em si muito de Deus.

"Ele levantou seus olhos para o céu." "*Celum*" significa um "abrigo do sol". Tudo que podemos acrescentar a Deus forma-lhe um abrigo. Seja o que se lhe possa acrescentar, exceto o puro ser, forma um abrigo para Deus. Então Ele disse: "Pai, chegou a hora: glorifica teu Filho para que teu Filho te glorifique, e eu te peço ainda mais que dês a todos que me deste uma vida eterna". Perguntando a qualquer um, todos responderão que Ele queria dizer: "Pai, dá a todos eles que me deste a vida eterna". Propriamente falando, porém, essas palavras significam o seguinte: "Pai, tudo o que me deste <isto é>, que eu seja o Filho, saído de ti, de ti como do Pai, é *isso* o que eu te peço que lhes dês e que eles *disso* desfrutem: *essa* vida eterna, isto é sua recompensa eterna". Vede, isso significa: tudo que o Pai deu a seu Filho, tudo o que Ele <próprio> é, que isto Ele lhes dê.

Uma "vida eterna", observai vós mesmos o que ela seja: "Vida eterna" é isso, "que eles te conheçam, somente a ti, como um verdadeiro Deus". O que significa dizer "a ti somente"? Significa que para a alma nada tem gosto a não ser somente Deus. Uma outra coisa dita por Ele é: "Conhecer-te somente a ti, isso é a vida eterna" (Jo 17,3). Isto é: porque só Deus é, e nada junto a Ele. Quem conhece algo acrescentado a Deus, não conhece só a Deus. Quem, porém, conhece só a Deus, conhece mais em Deus. Nossos mestres dizem: Uma pessoa conhece Um em Deus, e outro conhece mil em Deus.

Os que conhecem Um conhecem mais do que os que conhecem mil, pois conhecem mais *em* Deus; e os que conhecem mil conhecem mais *ao lado* de Deus. Os que conhecem mil são mais bem-aventurados do que os que conhecem Um, pelo fato de eles nisso <mil> conhecerem mais do que no Um. Mas aqueles que conhecem Um são ainda mais bem-aventurados do que aqueles que conhecem mil, sempre mais Um e <no entanto> Deus não nele. Quando conheço algo *em* Deus, isso, seja lá o que for que eu conheça, torna-se um comigo. Quem conhece a Deus como mais do que Um, conhece menos, *ao lado* de Deus. "Nossa vida eterna" consiste em que conheçamos Um; com isso que conhecemos menos,

E aquele que conhece mil em Deus é mais bem-aventurado do que aquele que conhece Um em Deus. Mas a bem-aventurança não está nisso de conhecer mil em Deus. Reside <antes> em ter conhecido menos *com* ele e *fora* dele; por isso ele conhece *mais* nele e não mais coisas, pois *em* Deus todas as coisas são Um e em Deus nada é a não ser o que se conforma ao ser.

nós te conhecemos mais como "*um* verdadeiro Deus".

Nesse conhecimento simples está nossa vida eterna.

Por que disse Ele: "A ti, a um *verdadeiro* Deus" e não disse "a ti, a um Deus sábio" ou "bom" ou "poderoso"? Porque verdade se refere ao <puro> ser.

Então Ele diz: "A ti só, um Deus *verdadeiro*". Com isso que Ele não diz um Deus "rico" ou um Deus "poderoso" ou um Deus "sábio", Ele quer dizer que a verdade ultrapassa o que é o mais elevado e é um puro ser.

Tudo o que se pode apreender em palavras forma um abrigo ao redor de Deus e acrescenta-lhe <algo>. Mas a verdade inclui em *um* conhecimento e livra <da diversidade>.

Que nesse conhecimento, nós de tudo nos despojemos e nos tornemos Um, a isso nos ajude a Trindade em *uma* natureza divina. Amém.

Sermão 55

Maria Magdalena venit ad monumentum etc.
[Maria Madalena conservava-se na parte de fora do sepulcro]
(Jo 20,11)

"Maria Madalena foi até o túmulo" procurar Nosso Senhor Jesus Cristo. "Chegou perto e, espreitando para dentro, viu dois anjos" junto ao túmulo, que "disseram: 'Mulher, a quem procuras?' – 'Jesus de Nazaré'. – 'Ele ressurgiu e não está aqui'". Ela silenciou e nada lhes respondeu. "Olhou para trás, para a frente e, por sobre os ombros, viu Jesus, e Ele disse: 'Mulher, a quem procuras?' – 'Ó Senhor, se o levaste daqui, mostra-me onde o colocaste; eu quero trazê-lo de lá'. E Ele disse: 'Maria!'" E, porque ela já ouvira dele tantas vezes essa meiga palavra, o reconheceu e caiu-lhe aos pés e queria abraçá-lo. E Ele se retraiu e "disse: 'Não me toques! Ainda não retornei ao meu Pai'" (cf. Jo 20,11-17)[1].

Por que Ele disse "ainda não retornei ao meu Pai"? Ele jamais se afastou do Pai! Ele queria dizer: "Eu ainda verdadeiramente não ressuscitei em ti"[2]. – Por que ela disse: "Mostra-me para onde o levaste; e eu quero tirá-lo de lá"? Se ele o tivesse levado para a casa do juiz, será que ela também o tiraria de lá? "Sim", disse um mestre[3], "ela o teria retirado <mesmo> do castelo do juiz".

Poderíamos agora perguntar por que ela chegou tão perto, uma vez que ela era uma mulher, e os varões que ali estavam – um que amava Deus <João> e o outro que fora amado por Deus <Pedro> – temiam fazê-lo.

1. O texto da Escritura foi tirado do Evangelho da Quinta-feira Santa; cf. Pseudo-Orígenes, 1571, p. 451 e 454; Gregório Magno, *Hom. in Evang.* II hom. 25 n. 5, PL 76,1192 C.

2. Cf. Gregório Magno, *Hom. in Evang.* II hom. 25 n. 6, 1193 A.

3. Cf. Pseudo-Orígenes, op. cit., p. 453s.

Aquele mestre[4] diz: "O primeiro motivo era porque ela nada tinha a perder, pois a Ele se entregara totalmente, e porque lhe pertencia, por isso ela não temia". Da mesma maneira, se eu tivesse presenteado alguém com meu manto e outra pessoa o quisesse roubar, eu não seria obrigado a impedi-lo, pois o manto pertenceria àquele[5]. Ela não temia, por três motivos. Em primeiro lugar: porque ela a Ele pertencia. Em segundo: porque estava inteiramente afastada da porta dos sentidos e recolhida em si mesma. Em terceiro: porque seu coração estava com Ele. Onde quer que Ele estivesse, ali estava <também> o seu coração. Por isso ela não temia. O segundo motivo para ela estar tão perto, diz aquele mestre[6], era por desejar que alguém viesse e a matasse. É que se ela, viva, não conseguia encontrar a Deus em nenhuma parte, sua *alma* o encontraria então em algum lugar. O terceiro motivo para ela estar tão perto era que, se tivesse vindo alguém e a tivesse matado, ela desejava que sua alma encontrasse amparo em algum lugar, pois sabia muito bem que ninguém poderia chegar no céu antes que o próprio Cristo tivesse subido para lá. Por isso ela desejava que sua alma ficasse *no* túmulo e seu corpo ali *junto*, ou seja, sua alma dentro e seu corpo ao lado. É que alimentava a esperança de que <no Cristo morto> Deus <a deidade de Cristo> tivesse aberto caminho através da humanidade <de Cristo> numa erupção e <desse modo> tivesse restado alguma coisa de Deus no túmulo, como acontece quando seguro por um tempo uma maçã em minha mão. Quando a retiro dali, dela permanece algo como um aroma. Assim também Maria alimentava a esperança de que algo de Deus restasse no túmulo. O quarto motivo para estar tão próxima ao túmulo era que ela já havia perdido a Deus <Cristo> duas vezes, vivo na cruz e morto no túmulo, temendo assim que, se ela se afastasse do túmulo, perderia também o túmulo. Pois se perdesse também o túmulo, ela nada mais teria[7]. Agora poderíamos perguntar por que ela estava em pé e não sentada. Ela estaria, pois, tão próxima dele tanto sentada quanto em pé. Muitas pessoas acreditam que se estivessem longe, afastadas num campo plano e vasto, onde nada lhes pudesse impedir a visão, haveriam de ver tão longe, tanto sentadas quanto em pé. No entanto, por mais que assim lhes pareça, não é assim. Maria *estava em pé*

4. Cf. Pseudo-Orígenes, 1571, p. 450.

5. Cf. Eckhart (1968, p. 742), Quint acrescenta: "a quem eu o tinha dado de presente e ele teria que protegê-lo contra o roubo".

6. Cf. Pseudo-Orígenes, op. cit., p. 450.

7. Cf. Pseudo-Orígenes, 1571, p. 452.

para poder ver ainda mais longe ao redor de si, de modo que, se houvesse uma moita em algum lugar onde Deus <Cristo> pudesse ter se escondido, ela o procuraria ali. Em segundo lugar: *interiormente* ela estava totalmente assim voltada para Deus, com todas as suas forças, por isso *estava em pé exteriormente*. Em terceiro, estava totalmente trespassada de dor. Ora, há muitas pessoas que, quando morre seu querido amo, são trespassadas de tal modo pela dor que não conseguem ficar em pé sozinhas e precisam sentar-se. <Mas> em Maria, visto que na sua dor tratava-se de Deus <Cristo> e <sua dor> estava fundada sobre constância, ela não precisava sentar-se[8]. Em quarto lugar, ela estava em pé, pois, se avistasse a Deus <Cristo> em algum lugar, ela poderia alcançá-lo tanto mais rapidamente. Diversas vezes eu disse: Um homem que está em pé seria mais receptivo para Deus. Mas agora digo de outro modo: Digo que, estando sentados na devida humildade, recebemos mais do que estando em pé, conforme o que eu disse anteontem, ou seja, o céu não pode operar em nenhum lugar a não ser no fundo da terra. Assim também Deus não pode atuar a não ser no fundo da humildade. Quanto mais se é profundo na humildade, tanto mais receptivo para Deus. Nossos mestres dizem: Se tomássemos uma taça e a colocássemos debaixo da terra, ela poderia receber <em si> mais do que se estivesse sobre a terra. Mesmo que isso fosse tão pouco que mal desse para percebê-lo, mesmo assim seria algo. Quanto mais o homem está mergulhado no fundo da devida humildade, tanto mais está mergulhado no fundo do ser divino.

Um mestre[9] diz: Senhor, o que pretendes com isso que Tu pudeste retrair-te tanto tempo dessa mulher; no que ela é culpada ou o que é que ela fez? Desde o tempo em que perdoaste seus pecados, ela não fez outra coisa a não ser amar-te (cf. Lc 7,47). Mas, se ela tivesse feito algo, perdoa-a em tua bondade. Se ela amou teu corpo, ela sabia muito bem que a deidade ali estava. Senhor, apelo para tua verdade divina, Tu disseste que dela jamais te afastarias. Tens razão, pois jamais saíste de seu coração e disseste: Quem te amasse, a este Tu amarias por tua vez, e àquele que se levanta cedo, Tu te manifestarias a ele (Pr 8,17). E então diz São Gregório: Se Deus <Cristo> tivesse sido mortal e devesse dela se afastar por tanto tempo, o coração dele teria se despedaçado completamente.

---

8. Cf. Pseudo-Orígenes, 1571, p. 452.

9. Cf. Pseudo-Orígenes, 1571, p. 451.

Agora coloca-se a questão: Por que ela não viu Nosso Senhor, quando Ele estava tão próximo dela? Talvez pudesse ser assim que seus olhos tivessem chorado tanto, que não pôde mirá-lo de súbito. Em segundo lugar, porque o amor a tinha cegado tanto, a ponto de não se fiar que Ele lhe estava tão próximo[10]. Em terceiro lugar: ela olhava constantemente mais adiante do que onde Ele era para ela; por isso ela não o via. Ela procurava *um* morto, um cadáver, e encontrou *<dois>* anjos vivos[11]. "Anjo" significa "mensageiro", e "mensageiro", "aquele que foi enviado"[12]. Assim achamos que o Filho foi enviado e que o Espírito Santo também foi enviado. Eles, porém, são iguais. Mas é propriedade de Deus, como diz um mestre, que nada lhe seja igual[13]. Ela procurava o que era igual e encontrou o desigual: "Um <anjo> à cabeceira e o outro aos pés" (Jo 20,12). Mas aquele mestre[14] diz: É propriedade de Deus que Ele seja Um. Porque lá ela procurava *Um* e encontrou dois, não podia ser consolada, como o disse tantas vezes. Nosso Senhor diz: A vida eterna é isto, que eles te conheçam somente a ti como *um* Deus verdadeiro" (Jo 17,3).

Que nós assim o procuremos e também assim o encontremos, a isso nos ajude Deus. Amém.

---

10. Cf. Pseudo-Orígenes, 1571, p. 451, 453.

11. Cf. Pseudo-Orígenes, 1571, p. 451.

12. Cf. Isidoro de Sevilha, *Etymologia* VII c. 5 n. 1s (ed. Lindsay I); cf. Gregório Magno, *Hom. in Evang.* II hom. 25 n. 3, PL 76,1191 B.

13. Cf. Moisés Maimônides, *Dux neutrorum* I c. 51 (19r 27).

14. Cf. Moisés Maimônides, *Dux neutrorum* I c. 51(19r 53); cf. Boécio, *De Trin.* c. 2 (ed. Peiper, p. 153,39-40).

Sermão 56
Maria estava em pé, junto do túmulo, e chorava (Jo 20,11)[1]

Foi um milagre que mesmo estando tão perturbada ela pudesse chorar. “O amor a fez ficar em pé; a dor, chorar”[2]. “Então ela se adianta e espreita para dentro do túmulo.” Ela procurava *um* homem *morto* “e encontrou *dois* anjos *vivos*”[3].

Orígenes[4] diz: Ela estava em pé. Por que ela permaneceu ali em pé, enquanto os apóstolos tinham fugido? Ela nada tinha a perder; tudo que possuía, nele ela o perdera. Quando Ele morreu, ela morreu com Ele. Quando Ele foi enterrado, com Ele ela enterrou sua alma. *Por isso* ela não tinha nada a perder.

“Então ela se adiantou”; e Ele ali a encontrou. “E ela pensou que Ele fosse um jardineiro e disse: ‘Onde o depositastes?’” Ela estava de todo tão preocupada com Ele que das palavras <que ela poderia ter dito a Ele> só guardou uma: “Onde o depositastes?” (Jo 20,15). Foi o que ela lhe disse. Depois disso, Ele se manifestou a ela, pouco a pouco. Se Ele tivesse se manifestado a ela de uma vez, estando ela ainda no estado de desejo, ela teria morrido de alegria. Se a alma soubesse quando Deus nela entraria, morreria de alegria, e se soubesse quando Deus dela se iria, morreria de dor. Ela não sabe quando Ele vem, nem quando Ele vai. Bem sente ela quando Ele

---

1. Texto do Evangelho da quinta-feira da semana da Páscoa.

2. Cf. Pseudo-Orígenes, *Homilia super*: “Maria estava de fora, virada para a sepultura chorando”. *Opera* [lat.], Basileae 1571, tom. II, p. 450: “O amor a fazia estar em pé, e a dor a coagia a chorar”.

3. Pseudo-Orígenes, 1571, p. 451.

4. Pseudo-Orígenes, 1571, p. 451, 452.

está junto dela. Um mestre diz: Sua vinda e sua ida são secretas. Sua presença não é secreta, pois Ele é uma luz, e a natureza da luz é a manifestação[5].

Maria procurava só a Deus, por isso ela o encontrou, e ela não desejava nada a não ser Deus. À alma que deve procurar a Deus, todas as criaturas devem ser-lhe um tormento. Para Maria era um tormento ver os anjos. Assim, para a alma que deve procurar a Deus, todas as coisas devem ser-lhe como um nada[6]. Se a alma deve encontrar a Deus, deve possuir em si seis coisas. A primeira: que se torne amargo o que antes lhe era doce. A segunda: que se torne a si mesma tão estreita que não possa ficar em si. A terceira, que nada deseje senão Deus. A quarta, que ninguém a possa consolar senão Deus. A quinta, que não conheça retorno a coisas transitórias. A sexta, que não tenha repouso interior até que Deus de novo lhe seja partilhado.

Peçamos etc.

---

5. Quint remete a Tomás de Aquino, *Sum. Cont. Gent.* II c. 79: "Pois a atuação da coisa demonstra a substância e o ser da própria coisa: porque cada ente atua segundo o que é o ente, e a própria atuação da coisa segue a sua própria natureza" (Eckhart, 1968, p. 589, nota 3).

6. Cf. Pseudo-Orígenes, 1571, p. 452: "Eu, porém, busco o Criador, e por isso a visão de toda criatura me é insuportável".

Sermão 57

Vidi civitatem sanctam Ierusalem novam descendentem de caelo a domino etc.

[Vi a cidade santa, a nova Jerusalém, que descia do céu, de junto de Deus]

(Ap 21,2)

São João viu "uma cidade" (Ap 21,2)[1].

"Uma cidade" significa duas coisas. Uma, que ela é de tal modo fortificada que ninguém pode danificá-la. A outra, que é a concórdia das pessoas. "Essa cidade não tinha nenhuma casa de oração; Deus mesmo era o templo. <Lá> não carecia nem da luz do sol nem da lua; a claridade de Nosso Senhor a iluminava" (Ap 21,22s.). Essa "cidade" significa cada alma espiritual, como diz São Paulo: "A alma é um templo de Deus" (cf. 1Cor 3,16) e, como diz Santo Agostinho, ela é tão forte que ninguém a pode prejudicar, a não ser que ela se prejudique a si mesma pelo arbitrário da vontade[2].

Em primeiro lugar, deve-se reparar na paz que deve ser na alma. Ela é por isso chamada "Jerusalém". São Dionísio[3] diz: "A paz divina perpassa, ordena e plenifica todas as coisas. Se a paz não o fizesse, todas as coisas se esvairiam e não teriam nenhuma ordem". Em segundo lugar, a paz faz com que as criaturas se efundam e no amor não escorram para o dano. Em terceiro lugar, faz com que as criaturas se dediquem umas às outras, sendo solidárias umas com as outras. O que uma delas não pode ter de si mesma, isso ela recebe da outra. Por isso uma criatura vem da outra. Em quarto

1. O texto da Escritura é tirado da missa da dedicação da igreja.

2. Cf. Eckhart (1968, p. 595, nota 1): "Pseudo-Augustinus Juliani Sententiae, expressae ex eius opusculis, cum illarum refutatione"; cf. Beda Venerabilis, *in praefatione libri in Cantica canticorum*, c. 5 n. 9, PL 45,1745; trata-se de Pseudo-Augustinus.

3. Cf. Dionísio Areopagita, *De div. nom.* c. 11 § 1, PG 3,94s; *Dionysiaca* I, p. 495,3s.

lugar, a paz divina deixa as criaturas se reclinarem de volta em sua origem primeira, isto é, em Deus.

A segunda coisa é que ele diz que a "cidade" é "santa". São Dionísio[4] diz que "santidade é total limpidez, liberdade e perfeição". Limpidez consiste em que o homem esteja separado de pecados. Isso faz a alma livre. Igualdade é o maior prazer e a maior alegria que há no céu. Se Deus viesse para dentro da alma e ela não lhe fosse igual, ela seria com isso penalizada, pois São João diz: "Quem peca é *escravo* do pecado" (Jo 8,34). Dos anjos e dos santos podemos dizer que são perfeitos, embora os santos não o sejam, em sentido pleno, pois ainda nutrem amor aos seus corpos, que ainda jazem na cinza <no pó da degeneração>[5]. Só em Deus há perfeição total. Admira-me que São João possa ter ousado dizer, sem havê-lo contemplado em espírito, que há três pessoas <divinas>: como o Pai se derrama com toda a perfeição no nascimento como no Filho, e com bondade como numa efusão de amor no Espírito Santo.

"Santidade" significa, em segundo lugar, "o que é tirado, afastando-se da terra <distanciado da terra, sem terra>"[6]. Deus é um algo e um puro ser, e o pecado é, ao contrário, um nada e distanciado de Deus. Deus criou os anjos e a alma segundo um algo, o que significa, segundo Deus. A alma foi criada, como que sob a sombra do anjo. Não obstante alma e anjo tenham *uma* natureza comum[7], todas as coisas materiais são feitas segundo nada e distantes de Deus. Porque a alma se derrama no corpo, ela se obscurece e deve ser levada de novo para o alto, para Deus, juntamente com o corpo. Quando a alma está livre das coisas terrenas, ela é "santa". Enquanto Zaqueu estava em pé sobre o chão da terra, não podia ver Nosso Senhor. Santo Agostinho[8] diz: "Se o homem quer se tornar puro, então ele deve deixar as coisas terrenas". Eu já disse diversas vezes que a alma não pode tornar-se pura se não for impulsionada de volta para dentro da sua limpidez primeira, na qual Deus a criou. É também assim com o cobre

4. Cf. Dionísio, *De div. nom.* c. 12 § 2, PG 3,969, *Dionysiaca* I p. 528 (S).

5. Cf. Agostinho, *De Gen. ad litt.* XII c. 35, CSEL XXVIII 1, p. 432,18s; cf. Tomás de Aquino, *S.Th.* III Suppl. q. 78 a. 3 obi. 2.

6. Cf. Orígenes, *In Lev. Hom.* 11 n. 1, *GCS Orig.* VI 448,17-19: "E assim também a própria palavra, que na língua grega se diz *agiós*, significa algo como 'ser fora da terra'"; cf. Tomás de Aquino, *S.Th.* II II q. 81 a. 8.

7. Cf. Alberto Magno, *Met.* II tr. 2 c. 28 (ed. Colon., 16,2, p. 519,21s).

8. Cf. Agostinho, *Sermo* 216 c. 2 n. 2, PL 38,1077.

queimado duas ou três vezes, pois dele não se pode fazer ouro, sem que seja impulsionado de volta para dentro da sua natureza primeira <água>. É que todas as coisas que se fundem pelo calor ou que se endurecem pelo frio são de natureza totalmente aquática. Por isso, devem ser impulsionadas totalmente de volta à água e ser totalmente privadas da natureza em que agora se encontram. E assim o céu e a arte contribuem para que o cobre seja de todo transformado em ouro[9]. Compara-se muito o ferro com a prata e o cobre com o ouro. Quanto mais forem igualados mutuamente entre si, e não despojados <de sua natureza>, tanto mais falha é essa comparação. Totalmente assim acontece com a alma. É fácil exibir ou falar sobre as virtudes como tais; bem raro é, porém, possuí-las de verdade.

Em terceiro lugar, João diz que essa "cidade" é "*nova*". "Novo" significa o que não é usado ou o que está próximo de seu início[10]. Deus é nosso início. Unidos com Ele, tornamo-nos "novos". Muitas pessoas acham tolamente que as coisas que vemos agora Deus as fez ou conservou eternamente em si e lançou-as no tempo. Devemos compreender as obras divinas como sem esforço <sem tempo>. Como vos quero esclarecer: estou aqui em pé, e se eu tivesse estado aqui <já> há 30 anos e se ninguém jamais tivesse visto meu rosto, mesmo assim, eu teria estado aqui em pé. E se alguém arranjasse um espelho e o segurasse diante de mim, meu rosto se projetaria e tomaria forma ali dentro sem meu esforço; e se isso tivesse acontecido ontem, isso seria novo, e <se acontecesse> de novo hoje, seria ainda mais novo e igualmente depois de 30 anos ou na eternidade, assim seria eternamente novo. E se houvesse ali mil espelhos, isso aconteceria sem meu esforço. Assim <também> Deus tem todas as imagens em si, não <certamente> como a alma ou <qualquer> outra criatura, mas como Deus. *Nele* não há nada de novo e nenhuma imagem, mas, como eu disse do espelho, em nós há tanto o novo como o eterno[11]. Quando o corpo está preparado, Deus derrama nele a alma, formando-a à medida do corpo. A alma tem assim igualdade com o corpo, e mediante essa igualdade tem amor <a ele>. Por isso não há ninguém que não ame a si mesmo. Enganam-se a si mesmos os que acham que não amam a si mesmos. Deveriam odiar a si mesmos e não poderiam perdurar <por longo tempo>. Devemos amar retamente as coisas

9. Cf. Alberto Magno, *Met.* IV tr. 1 c. 5 (ed. Colon., 16,1, p. 220,44s).

10. Cf. Alberto Magno, *In Matth.* c. 6, 9 (ed. Borgnet, 20, 260b).

11. Cf. Boaventura, *In Hexaemeron Collatio* 1 n. 16, V 332 a.

que nos levam a Deus. Só se é amor com o amor de Deus. Se tenho ímpeto de atravessar o mar e gostaria de ter um navio só porque quero atravessar o mar, não mais precisaria do navio tão logo alcançasse o outro lado do mar. Platão diz que não sabe o que é Deus – e quer <com isso> dizer: Enquanto a alma está envolvida pelo corpo, não pode conhecer a Deus. Mas o que Ele *não* é, isso eu bem sei. É como nosso conhecimento do sol: ninguém pode suportar seu brilho sem que primeiro este seja envolvido pelo ar, para então brilhar sobre a terra. São Dionísio[12] diz: "Quando a luz divina brilha em mim, deve estar envolvida, assim como minha alma está envolvida <pelo corpo>". Ele diz também: A luz divina aparece a cinco espécies de pessoas. As pessoas da primeira espécie não a recebem. São, como o gado, inaptas a receber <a luz>, como podemos perceber numa comparação: se eu me aproximasse de água, revoluta e turva, não poderia ver meu rosto ali retratado por causa da ausência da superfície lisa. Às pessoas da segunda espécie só pouca luz torna-se visível, assim como o lampejo de uma espada quando alguém a forja. As da terceira espécie recebem mais da luz divina, a modo de um *grande* raio; lampeja e no mesmo instante volta à escuridão; são todos aqueles que decaem da luz divina para o pecado. As pessoas da quarta espécie recebem ainda mais da luz divina; entrementes, Deus se retrai somente para excitá-las e lhes alargar o desejo. É certo: se alguém quisesse encher-nos o regaço de donativos, cada um de nós abriria amplamente o seu regaço para poder receber muito. Agostinho[13] <diz>: "Quem muito quer receber, alargue seu desejo". Os que são do quinto tipo de pessoas recebem uma luz tão grande como a luz do dia, embora seja como que através de uma fresta. Por isso, diz a alma no *livro do amor*: "Meu amado espiou-me através de uma fresta; seu semblante era gracioso" (Ct 2,9.14). Por isso, diz também Santo Agostinho[14]: "Senhor, Tu entrementes doas tamanha doçura, que se ela se consumasse de todo e não fosse o céu, eu não saberia *o que* é o céu". Um mestre diz: Quem quer conhecer a Deus e não estiver ornado com obras divinas, será lançado de volta para o mal[15]. Mas

12. Cf. Dionísio Areopagita, *De cael. hier*. c. 1 § 2, PG 3,121.

13. Cf. Agostinho, *En. Ps.* 83 n. 3, PL 37,1057.

14. Cf. Agostinho, *Conf.* X c. 40 n. 65, CSEL XXXIII 276,17-20.22. Eckhart (1968, p. 604, nota 5): Se refere a P.R. Banz, *Christus und die Minnende Seele*, Germanist. Abhandlungen 29, 1908, p. 61, onde se observa que provavelmente Eckhart tirou essa referência a Agostinho de Tomás de Aquino, *Serm. in Dom. Sexag.* III, p. 47 (*Sermones et opuscula concionatoria*, Paris: Raulx, 1881).

15. Cf. Eckhart (1968, p. 605, nota 1): Quint observa que não foi possível verificar a citação.

não há nenhum meio para se conhecer perfeitamente a Deus? Certamente, sobre isso nos fala a alma no *livro do amor*: “Meu amado espiou-me através da janela” (Ct 2,9), isto é, sem impedimento, “e eu senti sua presença; ele estava junto à parede”, ou seja, junto ao corpo que é perecível, “e disse: ‘Abre-me, minha amiga’” (Ct 5,2) – quer dizer: ela me pertence plenamente no amor, pois “ele me é, e eu lhe sou, somente” (Ct 2,16). “Minha pomba” (Ct 2,14) diz: simples no desejo, “minha bela” quer dizer: nas obras, “levanta-te depressa e vem a mim! O frio passou” (Ct 2,10-11), pelo qual todos *morrem*; de novo *vivem* todas as coisas no calor. “A chuva se foi” (Ct 2,11), isto é, a volúpia das coisas passageiras. “As flores se abriram na nossa terra” (Ct 2,12): as flores são o fruto da vida eterna. “Vai embora, vento norte!” (Ct 4,16), tu, que dessecas! – para que Deus ordene à tentação de não mais impedir a alma. “Vem, vento sul, e sopra através do meu jardim, para que se espalhem meus perfumes!” (Ct 4,16) – assim, ordena Deus a toda perfeição que venha à alma.

Sermão 58

Qui mihi ministrat, me sequatur, et ubi ego sum, illic et minister meus erit
[Se alguém me quer servir, siga-me, e, onde eu estou, estará ali também o que me serve]
(Jo 12,26)

Nosso Senhor Jesus Cristo disse estas palavras: "Quem me serve deve seguir-me, e onde eu estou, ali comigo deve estar o meu servo" (Jo 12,26)[1].

Três aspectos podem-se conhecer nessas palavras. O primeiro é que devemos *seguir* e servir Nosso Senhor, quando Ele diz: "Quem me serve deve *seguir*-me". Por isso essas palavras cabem bem a Santo Segundo[2], nome que significa "aquele que segue a Deus"[3], pois ele deixou bens, vida e tudo por causa de Deus. Assim também todos aqueles que querem seguir a Deus devem abandonar o que os pode impedir de achegar-se a Deus. Crisóstomo diz: Eis uma fala difícil para os que estão voltados para este mundo e para as coisas materiais. Para eles, é muito doce possuir essas coisas, e difícil e amargo deixá-las. Nisso pode-se conhecer como é difícil para certas pessoas que não conhecem as coisas espirituais abandonar todas as coisas materiais. Como já disse diversas vezes: Por que coisas doces não têm sabor ao ouvido como o têm à boca? – Porque não são aptas para isso. Assim, um homem carnal não conhece as coisas espirituais, pois não está disposto para isso. Já para um homem clarividente, que conhece as coisas espirituais, é fá-

1. O texto da Escritura se acha no antigo missal dominicano no Evangelho da missa do Comum de um Mártir.

2. Cf. Eckhart (1999, p. 195, nota 2): "Trata-se provavelmente de um mártir que foi decapitado sob a ordem de Adriano, cuja festa se celebra no dia 30 de março".

3. Cf. Isidoro de Sevilha, *Etymologiae* X n. 257 <ed. Lindsay I>: "Segundo, porque seguindo os pés: e a palavra deriva dos servos, que seguiam a pé".

cil abandonar todas as coisas materiais. São Dionísio[4] diz que Deus oferece seu reino celeste a preço de pechincha. Nada possui tão pouco valor quanto o Reino dos Céus, quando oferecido a preço de pechincha. Contudo, nada é tão nobre e tão venturoso em possuir como é o Reino dos Céus, quando merecido. Diz-se de pequeno valor porque para cada um estipula-se o tanto que pode pagar. Por isso o homem deve dar tudo o que tem para o Reino dos Céus: <sobretudo> sua vontade própria. Enquanto ele retiver para si algo de sua vontade própria, ainda não mereceu o Reino dos Céus. A quem deixa a si mesmo e sua vontade própria, a ele é fácil abandonar todas as coisas materiais. Como já contei diversas vezes, um mestre ensinou a seus discípulos como ele chegou a conhecer coisas espirituais. Disse então o discípulo: "Mestre, teu ensinamento me eleva e me faz conhecer que todas as coisas materiais são como um pequeno barco que balança no mar e como um pássaro que adeja no ar". Todas as coisas espirituais elevam-se acima das coisas materiais. Quanto mais elevadas, tanto mais se estendem e abraçam as coisas materiais. Por isso, as coisas materiais são pequenas diante das espirituais. Quanto mais elevadas as coisas espirituais, tanto maiores, e quanto mais fortes são nas obras, tanto mais límpidas são no seu ser. Já disse também diversas vezes algo que está certo e constitui uma enunciação verdadeira: Se um homem estivesse morrendo de fome e se se lhe oferecesse a melhor comida possível, ele haveria de preferir morrer de fome a degustá-la ou experimentá-la, se nela não houvesse conformidade com Deus. E se o homem estivesse morrendo de frio, seja qual for a roupa que se lhe oferecesse, ele jamais a poderia tocar ou vesti-la se nela não houvesse conformidade com Deus. Isso tudo se refere ao primeiro aspecto, a saber: como devemos deixar todas as coisas e *seguir* a Deus <Cristo>.

O segundo aspecto é: de que modo devemos *servir* a Nosso Senhor. Santo Agostinho[5] diz: "Um servo fiel é aquele que em todas as suas obras nada busca a não ser somente a honra de Deus". Também o senhor Davi diz: "Deus é meu Senhor, a Ele quero servir" (cf. Js 24,18.24), pois Ele me serviu e em todo o seu serviço Ele precisou de mim só para meu próprio proveito. Assim também eu devo servi-lo e procurar somente *sua* honra. Algo assim não fazem outros senhores, em *seu* serviço <o qual eles nos dedicam>, eles procuram <apenas> o seu proveito *próprio*, pois nos servem

4. Cf. Dionísio Areopagita, *De div. nom.* c. 5 § 2, PG 3,833; Dionísio, 325,3-326,1.

5. Cf. Agostinho, *Conf.* X c. 26 n. 37 <ed. Skutella, p. 237,11s.>.

somente a fim de se aproveitarem de nós. Por isso não lhes devemos grande dedicação, <pois> a recompensa do serviço recíproco deve ser medida segundo a grandeza e nobreza do serviço.

O terceiro aspecto é que examinemos essa *recompensa* de que fala Nosso Senhor: "Onde estou, ali comigo, deve estar o meu servo". Onde é a morada de Nosso Senhor Jesus Cristo? Ela está no ser-um com seu Pai. É uma recompensa demasiadamente grande, isto é, que todos aqueles que o servem devam morar com Ele no ser-um. Por isso, quando Nosso Senhor tinha falado sobre seu Pai, disse São Filipe: "Senhor, mostra-nos teu Pai e isso nos basta" (Jo 14,8), como se quisesse dizer que, a ele, bastava apenas o ver. Uma satisfação muito maior devemos ter <porém> na *co-habitação*[6]. Também São Pedro, quando Nosso Senhor se transfigurou sobre o Monte <Tabor> e apresentou aos três apóstolos um prenúncio do esplendor[7] que é no céu: Rezou e disse a Nosso Senhor para ali permanecer eternamente (cf. Mt 17,1-4; Mc 9,1-4; Lc 9,28-33). Grande desejo imensurável deveríamos ter de ser-um com Nosso Senhor e Deus. Devemos perceber esse ser-um com Nosso Senhor e Deus numa distinção[8]: assim como Deus é trino nas pessoas, Ele é Um na natureza. Também devemos compreender assim o ser-um de Nosso Senhor Jesus Cristo com seu Pai e com a alma. Assim como branco e preto são distintos – um deles não pode suportar o outro, o branco não é preto –, assim é também com o algo e o nada. O *nada* é o que não pode receber nada do nada; *algo* <ao contrário> é o que recebe algo do *algo*. É inteiramente assim em Deus: seja o que for que é *algo*, algo é tudo, de uma vez, em Deus; disso lá nada falta. Quando a alma se une com Deus, ela nele tem tudo o que é *algo*, em toda a perfeição. Lá a alma esquece a si mesma como ela é em si mesma, e todas as coisas, conhecendo-se divina em Deus, à medida que Deus é nela. E à medida que ela se ama em Deus como divina e é unida com Ele, sem distinção, ela nada degusta a não ser a Deus e com nada se alegra a não ser com Deus. O que quer o homem desejar ou saber ainda mais, se está tão venturosamente unido com Deus? Foi para essa união <com Deus> que Nosso Senhor criou o homem. Quando o senhor Adão rompeu aquele mandamento, foi expulso do paraíso. Nosso Senhor colocou então um duplo guarda diante do paraíso: um anjo e uma

6. Cf. Eckhart (1968, p. 615,2): *bîwonunge*; p. 751: *Beiwohnung*.

7. Cf. Eckhart (1968, p. 615,3): *ein glîchnisse der klârheit*; p. 751: *ein Gleichnis des Glanzes*.

8. Cf. Eckhart (1968, p. 615,5): *sol man merken bî einem underscheide*; p. 751: *soll man aus folgender Unterweisung ekennen*.

espada flamejante de dois gumes. Isso significa os dois modos como o homem deve retornar ao céu, de onde caiu. O primeiro modo é através da natureza do anjo. São Dionísio[9] diz: "A natureza angélica significa a revelação da luz divina". Com os anjos, através dos anjos e com a luz <divina>, a alma deve buscar retornar a Deus, até que ela alcance de novo a origem primeira. O segundo modo é pela espada flamejante; isto é, a alma deve <re>tornar por meio de obras boas e divinas, realizadas em amor inflamado por Deus e pelo coirmão em Cristo.

Que isso nos aconteça, a isso ajude-nos Deus. Amém.

9. Cf. Eckhart (1968, p. 616, nota 5); cf. *Sermo* XXVII, 2 n. 275, LW 4, p. 250,3s: "O anjo, como diz Dionísio, é imagem de Deus, manifestação da luz oculta, espelho etc."; e na nota 1 faz referência a *De cael. hier.* c. 3 § 2; c. 4 § 2, PG 3, 165, 180 com a indicação: "João Escoto interpreta", PL 122, 1044s, 1047.

Sermão 59

Daniel, o profeta, diz: "Nós te seguimos de todo o coração, te tememos e procuramos tua face" <Dn 3,41>.

Essa enunciação adapta-se bem com o que eu disse ontem: "Eu o chamei, o convidei e o atraí, e o Espírito da sabedoria veio a mim, e eu o estimei mais do que todos os reinos, mais do que poder, dominação, mais do que ouro, prata e pedras preciosas, e considerei tudo isso, comparado com o Espírito da sabedoria, como um grão de areia e esterco, como um nada" (Sb 7,7-9)[1]. É um nítido sinal de que o homem possui o "Espírito da sabedoria", quando ele considera todas as coisas como um puro nada. Quem considera alguma coisa como algo, nele não está o "Espírito da sabedoria". Quando o sábio disse: "Como um grão de areia", isso era muito pouco. Quando disse: "Como um esterco", também isso era muito pouco. Quando disse: "Como um nada", isso foi dito então com acerto, pois todas as coisas são um puro nada diante "do Espírito da sabedoria". "Eu o chamei e o atraí e o convidei, e o Espírito da sabedoria veio a mim." Quem o chama no mais íntimo, a ele vem "o Espírito da sabedoria".

Há uma força na alma mais ampla do que todo esse mundo. É necessário que seja bem amplo onde mora Deus. Muita gente não "convida" o "Espírito da sabedoria". "Convida" <antes> saúde e riqueza e volúpia. Nessa gente, porém, não vem o "Espírito da sabedoria". A essa gente, o que ela lhe pede é mais amável do que Deus. Como quem dá um centavo por um pão gosta mais do pão do que do centavo (e faz de Deus seu empregado). "Faz-me isso e dá-me saúde", diria um homem rico. "Pede o que quiseres, e eu te darei." Se ele[2] pedisse então uma mealha, isso seria uma tolice[3]; e se pedisse cem marcos, o homem rico os daria com gosto. Por isso seria

1. Cf. a leitura da missa da quinta-feira depois do Domingo da Paixão.

2. Cf. Eckhart (1968, p. 625,5): *er*; p. 753: *einer*.

3. Cf. Eckhart (1968, p. 624,4): *affenheit*; p. 753: *Torheit*.

uma tolice total se alguém pedisse a Deus por algo que não fosse Deus, Ele mesmo; Deus não aprecia um pedido assim, pois Ele nada doa com tanto gosto como a si mesmo. Um mestre diz: Todas as coisas têm um porquê, mas Deus não tem porquê. O homem que pede a Deus por alguma outra coisa do que por Deus, ele mesmo cria um porquê para Deus.

E diz então o sábio: "Junto com o Espírito da sabedoria veio a mim igualmente todo o bem" (Sb 7,11). O dom da sabedoria é o dom mais nobre entre os sete dons <do Espírito Santo>. Deus não dá nenhum desses dons sem primeiro doar-se a si mesmo no modo da igualdade e no modo da geração. Tudo o que ali é bom, tudo que pode trazer prazer e consolo, toda doçura, tudo isso tenho no "Espírito da sabedoria", de tal sorte que não fica de fora nem sequer algo do tamanho de uma ponta de agulha. Mas isso <tudo> seria insignificante se não o possuíssemos total, igual e devidamente como Deus o desfruta. É também assim que o desfruto, do mesmo modo, em sua natureza. Pois no "Espírito da sabedoria" Ele tudo opera na igual medida, de tal modo que o mínimo torna-se como o máximo, embora o máximo não seja como o mínimo. Como quando se enxerta um broto nobre num tronco grosseiro, todo o fruto assume a nobreza do broto e não a grosseria do tronco. Assim também acontece nesse Espírito. Ali todas as obras se tornam iguais, pois ali o mínimo torna-se como o máximo, não, porém, o máximo como o mínimo. Ele dá a si mesmo no modo da geração, pois gerar é a obra mais nobre em Deus, se é que em Deus uma coisa seja mais nobre do que a outra. Deus tem todo o seu prazer no gerar. Ninguém pode retirar de mim o que me é inato, a não ser que me tire de mim mesmo. <Ao contrário> tudo o que me pode ser *acaso*, eu o posso <também> perder. Por isso Deus gera a si totalmente em mim, para que eu jamais o perca. Tudo o que me é *inato*, eu não o poderia perder. Deus tem todo o seu prazer na geração, e por isso gera seu Filho em nós, para que nisso tenhamos todo o nosso prazer e assim geremos com Ele o mesmo Filho nascivo[4]; Deus tem todo o seu prazer na geração, e por isso Ele gera a si em nós, para que Ele tenha todo o seu prazer na alma e nós tenhamos nele todo o nosso prazer. Como escreve São João no Evangelho, Cristo disse: "Eles me seguem" (Jo 10,27). Seguir a Deus, no sentido próprio, é bem seguir sua *vontade*, como eu falei ontem: "Faça-se a tua vontade!" (Mt 6,10). São Lucas escreve no Evangelho que Nosso Senhor disse: "Quem quer vir

---

4. Cf. Eckhart (1968, p. 627,9): *den selben natiurlîchen sun*; p. 754: *den selben natürlichen Sohn.*

após mim, renuncie-se a si mesmo e tome a sua cruz e siga-me" (Lc 9,23). Quem se renunciasse a si mesmo no sentido próprio, ele pertenceria própria e inteiramente a Deus, e Deus lhe pertenceria própria e inteiramente. Disso estou tão certo como é certo que sou homem. A um tal homem é tão fácil deixar todas as coisas como se deixasse uma lentilha. E quanto mais deixar, com tanto mais prazer o fará.

Por causa de Deus e por seus irmãos, São Paulo desejava separar-se de Deus (Rm 9). Aqui os mestres têm muita dificuldade e o assunto suscita grandes dúvidas. Muitos dizem que Paulo tem em mente <apenas> um momento. Absolutamente, isso não é verdade. Ele entende isso tanto no desagrado de um momento tornado eterno como no agrado do eterno tornado um instante[5]. Sempre que ele coloca diante dos olhos a vontade de Deus, por mais longo tempo que esteja <separado de Deus>, tanto mais amável o seria, e quanto maior fosse a aflição, tanto mais amável o seria, exatamente como acontece com um mercador. É que se o mercador soubesse com segurança que o que comprou por um marco render-lhe-ia dez, ele haveria de nisso tudo investir. Por mais marcos que possuísse e por mais dificuldades que enfrentasse, tendo certeza de chegar a casa com vida e assim lucrar tanto mais, tudo isso lhe traria agrado. Totalmente assim foi com São Paulo, com relação ao que ele sabia ser vontade de Deus. Quanto mais longo, tanto mais amável, e quanto mais aflição, tanto maior a alegria. Pois cumprir a vontade de Deus é o reino do céu, e quanto mais durar <essa> vontade, tanto mais reina o céu; e quanto maior a aflição, na vontade de Deus, tanto mais bem-aventurança.

"Renuncia a ti mesmo e toma tua cruz!" (Lc 9,23). Dizem os mestres que a aflição é jejuar e outras penitências. Mas eu digo que tudo isso é antes um *depor* a aflição, pois de tudo isso não surge outra coisa a não ser alegria. Cristo diz também: "Eu lhes dou a vida" (Jo 10,28). Muitas coisas que se encontram nos seres dotados de intelecto são acidentes. Mas para toda criatura dotada de intelecto, a vida lhe é própria como seu ser[6]. Por isso, Cristo diz: "Eu lhes dou a vida", pois seu ser é sua vida. Deus dá totalmente a si mesmo, quando diz: "*Eu* dou". Nenhuma criatura poderia doar a vida. Se fosse possível a alguma criatura doar a vida, então Deus amaria tanto a

5. Cf. Eckhart (1968, p. 628,10s): *als ungerne einen ougenblik als êwiclîche, und ouch als gerne êwiclîche als einen ougenblik*; p. 754: *ebenso ungern einen Augenblick wie ewig und ebenso gern ewig wie einen Augenblick.*

6. Cf. Aristóteles, *De anima* II t. 1 <B c. 1 412a, 19s>.

alma que Ele não poderia tolerar isso <a saber, que uma criatura desse vida à alma>, pois Ele mesmo quer doar vida à alma. Se alguma criatura desse vida à alma, isso repugnaria à alma. Ela lhe daria tão pouca atenção quanto a uma mosca. É exatamente assim como se um rei desse a um homem uma maçã. Esse homem a estimaria mais do que se uma outra pessoa lhe desse uma veste. Do mesmo modo a alma também não pode suportar receber a vida de um outro a não ser de Deus. Por isso Ele diz: "*Eu* dou", a fim de que a alma tenha perfeita alegria nesse dom.

E Ele diz: "Eu e o Pai somos um" (Jo 10,30), a alma em Deus e Deus nela. Caso se despejasse água num vaso, o vaso abraçaria a água, embora a água não estivesse dentro do vaso e tampouco o vaso dentro da água. A alma, porém, é tão Um com Deus que não podemos compreender uma sem o outro. Podemos até pensar o calor sem fogo e o brilho sem sol; mas Deus não pode ser pensado sem a alma nem a alma sem Deus; tão assim plenamente são eles um.

A alma não tem nenhuma diferença com relação a Nosso Senhor Jesus Cristo, a não ser que a alma possua um ser mais grosseiro, pois o ser de Cristo é ligado com a eterna <divina> pessoa <do Filho>. Enquanto a alma dela afasta o caráter grosseiro do seu ser, e caso ela dele pudesse despojar-se completamente, ela seria de todo o mesmo <como Cristo>. Tudo que se pode enunciar de Nosso Senhor Jesus Cristo poder-se-ia dizer da alma.

Um mestre diz[7]: As criaturas estão cheias de tudo aquilo que em Deus é o menor, e sua grandeza não está em nenhum lugar. Quero contar-vos uma história: Alguém perguntou a um bom homem por que encontrava às vezes tanto prazer na piedade e na oração e outras vezes não. O bom homem, então, lhe respondeu: O cachorro que vê a lebre, a fareja, e descobre suas pegadas, a persegue, correndo-lhe atrás. Os outros, porém, ao verem aquele cachorro correr, correm também. Só que logo se aborrecem e desistem. Assim também é com um homem que avistou a Deus e sentiu seu sabor. Ele não desiste de correr todo o tempo <atrás dele>. Por isso, Davi diz: "Provai e vede quão doce é Deus!" (Sl 33,9). Um tal homem não se cansa disso. Os outros se cansam em pouco tempo <de perseguir a Deus>. Muitas pessoas correm à frente de Deus, muitas ao seu lado e outras seguem atrás de Deus. Os que correm à frente de Deus são os que seguem sua vontade própria e

---

7. Quint acha que se refere ao *Liber XXIV philos.* Prop. 18 <ed. Baeumker, p. 212,20> (Eckhart, 1968, p. 633, nota 1).

não querem assentir à vontade de Deus. Isso é muito ruim. Os outros, que vão ao lado de Deus, dizem: "Senhor, eu não quero outra coisa do que o que Tu queres". Mas quando estão doentes, desejam que Deus queira que eles fossem sãos, e isso é viável. Os terceiros seguem a Deus para onde Ele quer; seguem-no para lá de boa vontade, e esses são perfeitos. Por isso, no Livro da Revelação, diz São João: "Eles seguem o cordeiro para onde quer que Ele vá" (Ap 14,4). Essas pessoas seguem a Deus onde quer que Ele as conduza: à doença ou à saúde, à felicidade ou à infelicidade. São Pedro seguiu à frente de Deus; então disse Nosso Senhor: "Satanás, vai para trás de mim!" (Mt 16,23). E disse: "Eu sou no Pai, e o Pai, em mim!" (Jo 14,11). Assim também Deus é na alma e a alma em Deus.

Então ele diz: "Nós buscamos tua face". Verdade e bondade são uma vestimenta de Deus. Deus é para além, é por sobre tudo que podemos conceber em palavras. O entendimento "busca" a Deus e apreende-o na raiz, de onde procedem o Filho e toda a deidade. A vontade permanece, porém, fora e se adere à bondade, pois a bondade é uma vestimenta de Deus. Os supremos anjos apreendem a Deus em seu vestiário, antes que Ele seja vestido com bondade ou com qualquer outra coisa que se pode enunciar com palavras. Por isso ele diz: "Nós buscamos tua face", pois a "face" de Deus é o seu ser.

Que isso possamos compreender e possuir de boa vontade, a isso nos ajude Deus. Amém.

Sermão 60

In omnibus requiem quaesivi
[Entre todos busquei um lugar de repouso]
(Eclo 24,11)

Essas palavras estão escritas no livro da sabedoria[1]. Dessa vez queremos explicitá-las como se a sabedoria eterna mantivesse um diálogo com a alma. A sabedoria diz: “Tenho procurado o repouso em todas as coisas” (Eclo 24,11), e a alma responde: “Aquele que me criou repousou em minha tenda” (Eclo 24,12). Por fim[2], fala a sabedoria eterna: “Na cidade santificada está meu repouso” (Eclo 24,15).

Se devesse exaustivamente informar, aos que me perguntam, ao que o Criador visava ao ter criado todas as criaturas, eu responderia: “Repouso”. Se me perguntassem, pela segunda vez, o que procura a Trindade Santa no conjunto de todas as suas obras, eu responderia: “Repouso”. E se me perguntassem pela terceira vez o que procura a alma em todos os seus movimentos, eu responderia: “Repouso”. Se me perguntassem, pela quarta vez, o que procuram todas as criaturas em todas as suas tendências e movimentos naturais, eu responderia: “Repouso”.

Em primeiro lugar, devemos apreender e conhecer como o semblante divino da *natureza divina* faz com que a alma inteira, no seu desejo pela natureza divina, perca o juízo e se enlouqueça de amor, a fim de atrair a alma para si. Pois a natureza divina, a saber, o “repouso”, tem para Deus tamanho saber e nela se sente tão bem que a projetou fora de si para excitar e atrair a si o desejo natural de todas as criaturas. O Criador não busca só

1. Os textos da Escritura que seguem são da leitura da missa da Festa da Assunção de Nossa Senhora (15 de agosto), no antigo missal dominicano.

2. No texto alemão está: *Zum dritten*, a saber, *Em terceiro lugar*. Eckhart cita três vezes o texto da Sagrada Escritura (Eclo 24,11.12.15). Só que as primeiras duas citações não foram introduzidas por *em primeiro lugar*; *em segundo lugar*.

o seu próprio "repouso" em tê-lo projetado para fora de si e tê-lo injetado em todas as criaturas, mas procura ao mesmo tempo conduzir de novo consigo todas as criaturas de volta para dentro da origem primeira, ou seja, para dentro do "repouso". Além disso, Deus também ama a si mesmo em todas as criaturas. Mas, justamente assim como procura o amor a si mesmo em todas as criaturas, assim também busca nelas o seu próprio "repouso".

Em segundo lugar, a *Trindade Santa* busca "repouso". O Pai busca "repouso" em seu Filho, em ter Ele derramado e "formado" no Filho todas as criaturas, e ambos buscam "repouso" no Espírito Santo, em ter o Espírito Santo procedido de ambos, como um amor eterno incomensurável.

Em terceiro lugar, *a alma* busca repouso em todas as suas forças e movimentos, saiba ou não saiba o homem. Ele nunca abre o olho nem jamais o fecha sem que com isso busque "repouso". Ou ele quer livrar-se, jogando-o fora, do que o impede de repousar, ou quer atrair para si algo onde repouse. É por essas duas coisas que o homem faz todas as obras. Ademais, já disse também em muitas ocasiões que o homem jamais poderia sentir alegria e contentamento em alguma criatura, se nelas não houvesse igualdade[3] de Deus. O que amo é aquilo em que reconheço a máxima igualdade de Deus. Em todas as criaturas nada iguala tanto a Deus como "repouso". Em terceiro lugar, devemos conhecer como deve ser a alma na qual Deus repousa. Ela deve ser pura. Como a alma se torna pura? – Atendo-se a coisas espirituais. É assim que a alma se eleva, e quanto mais elevada, tanto mais límpida torna-se ela na sua devoção, e quanto mais límpida em sua devoção, tanto mais vigorosa se torna em suas obras[4]. Um mestre fala das estrelas: Quanto mais próximas da terra elas brilham, tanto mais fracas são em suas obras, pois não estão na distância correta da sua rota[5]. Mas quando alcançam a distância correta da sua rota, então estão na mais elevada distância, não podendo ser vistas na terra, embora suas obras sobre a terra sejam as mais vigorosas[6]. Santo Anselmo[7] diz à alma: Primeiramente, retira-te um

---

3. Cf. Eckhart (1973, p. 16,3/4); *glîchnisse*; p. 16,4: *glîch*; cf. glossário n. 4, 5 e 22.

4. Cf. Eckhart, *In Ioh.* n. 319, LW 3, p. 266,8s; refere-se a Agostinho, *De Trin.* II c. 17.

5. Cf. Eckhart (1968, p. 17,4): *zirkel*; p. 508: *Abstand*.

6. Cf. Eckhart, *In Ioh.* n. 319, LW 3, p. 267,1s, nota 2: onde se refere a: Robertus Anglicus In Johannis de Sacrobosco *Tractatum de sphaera* (ed. L. Thorndike, *The Sphere of Sacroboscoand its Commentators*, Chicago, 1949), lec. 4, p. 162.

7. Cf. Anselmo de Cantuária, *Proslogion* c. 1 (*St. Anselmi Operaomnia*, ed. E.S. Schmitt, 1. Bd., 1938, p. 97).

pouco da agitação das obras exteriores. Em segundo lugar: Foge e esconde-te da tormenta dos pensamentos interiores, que trazem também grande agitação para dentro da alma. Em terceiro lugar: Em verdade, o homem não pode oferecer a Deus nada mais amável do que o "repouso". Deus não estima e não carece do jejum, da oração e de todas as penitências, a não ser de "repouso". Ele não necessita de nada a não ser que lhe ofertemos um coração sereno em repouso. Ele opera na alma obras arcanas tão divinas que nenhuma criatura pode usar ou espreitar ali dentro. Sim, nem sequer a alma de Nosso Senhor Jesus Cristo pode enxergar ali dentro. A sabedoria eterna é de ternura tão fina e de brilho tão discreto[8] que, onde só Deus age na alma, não pode suportar que alguma criatura ali se imiscua. Por isso, a sabedoria eterna não pode suportar que alguma criatura lance um olhar ali dentro. Nosso Senhor diz: "Quero conduzir minha amiga para o deserto e quero falar-lhe ao coração" (Os 2,14). "Para o deserto" significa fora de todas as criaturas. Em quarto lugar, diz Anselmo que a alma deve repousar em Deus. Deus não pode operar obra *divina* na alma porque tudo o que entra na alma está envolvido por medida. Medida, porém, é o que inclui algo em si e exclui algo de si. Mas não é assim com obras divinas: elas são ilimitadas, desveladas, incluídas na revelação divina. Por isso diz Davi: "Deus se assenta sobre o querubim" (Sl 79,2). Não diz: Ele se assenta sobre o serafim. Querubim significa sabedoria; isto é, conhecimento[9]: o conhecimento traz Deus para dentro da alma e conduz a alma para Deus. Mas não pode levá-la para *dentro* de Deus. Por isso, Deus opera suas obras divinas não no conhecimento, pois este, na alma, está envolvido por medida. Deus opera suas obras divinas como Deus, divinamente. <Depois que o conhecimento conduziu a alma para Deus> surge a suprema força – isto é, o amor – e irrompe para dentro de Deus, e conduz a alma com o conhecimento e com todas as suas forças para dentro de Deus, unindo-a com Deus. Lá Deus opera acima da força da alma, não como na alma, mas divinamente como em Deus. Lá a alma mergulha e se batiza na natureza divina, recebendo nisso uma vida divina e assumindo uma ordenação divina, de modo a ser ordenada segundo Deus. Podemos conhecer tudo isso por uma comparação, quando

8. Cf. Eckhart (1968, p. 20,1): *sô kleinlîche zart und alsô schînic*.

9. Cf. Eckhart (1968, p. 22,2): *die bekantnisse*; p. 508: *die Erkenntnis*. Cf. Isidoro de Sevilha, *Etymologiae* VII c. 5 n. 21s; Alcher v. Clairvaux, *De spiritu et anima* c. 5, PL 40,783.

os mestres[10], no conhecimento da natureza, escrevem: Quando a criança é concebida no ventre da mãe, ela tem a formação de membros e <um determinado> aspecto. Mas quando a alma é infundida no corpo, a configuração e o aspecto que a criança primeiramente possuía passam e a criança se torna algo unitário – e isso pela força da alma –, recebendo da alma uma outra configuração e um outro aspecto conforme à vida da alma. Assim também acontece com a alma: quando, de todo, une-se com Deus e se batiza na natureza divina, ela perde todos os seus impedimentos, doença, fraqueza, tornando-se plenamente renovada em uma vida divina. Torna-se assim ordenada em todos os seus costumes e virtudes, segundo os costumes e virtudes divinos. Como se pode perceber na luz, quanto mais próxima, junto ao pavio, a chama queima, tanto mais fuliginosa e opaca; ao passo que, quanto mais alta, saindo do pavio, se eleva, tanto mais luminosa é a chama. Quanto mais a alma se alça para o alto, por sobre si <mesma>, tanto mais límpida e clara é a alma, tanto mais perfeitamente pode Deus nela operar sua obra divina em sua própria igualdade. Se uma montanha crescesse para o alto duas milhas acima da terra e se sobre a montanha alguém escrevesse letras no pó ou na areia, as letras permaneceriam intactas, de tal modo que nem a chuva nem o vento poderiam destruí-las. Assim, também deveria estar elevado em justa paz, de todo imutavelmente em obras divinas, um homem verdadeiramente espiritual. Um homem espiritual pode muito bem se envergonhar de alterar-se tão facilmente diante da aflição, da cólera ou da irritação. Um homem assim jamais foi devidamente espiritual.

Em quarto lugar, todas as criaturas buscam "repouso" por uma tendência natural, quer o saibam ou não. Elas testemunham-no por suas obras. A pedra nunca perde o ímpeto de mover-se constantemente para a terra, enquanto não repousar sobre a terra[11]. O mesmo faz o fogo: ele tende para o alto, e cada uma das criaturas busca seu lugar natural. Nisso demonstra a igualdade com o "repouso" divino que Deus colocou em todas as criaturas.

Que busquemos assim a igualdade com o "repouso" divino e em Deus a possamos encontrar, a isso nos ajude Deus. Amém.

---

10. Cf. Aristóteles, *De hist. animal.* VII c. 3 (H c. 3 583b 14s); Alberto Magno, *De animalibus* IX tr. 1 c. 3 n. 30 (ed. Stadler, p. 685,17s); Tomás de Aquino, *Sent.* III d. 3 q. 5a. 2; *S.Th.* III q. 33 a. 2 ad 3.

11. Cf. Aristóteles, *Phys.* VIII t. 32 (teta c. 4 255b 13-17).

Sermão 61

Misericordia domini plena est terra etc.
[A terra está cheia da graça do Senhor]
(Sl 32,5)[1]

O Rei Davi diz: "A terra está cheia da misericórdia de Nosso Senhor". Sobre isso, diz Santo Agostinho[2]: "A terra está cheia da misericórdia porque está cheia de miséria e de tormentos; mas no céu não há misericórdia, pois lá não há tormento". Por isso, o Rei Davi diz também uma outra palavra: que "os céus foram firmados pela força da palavra de Nosso Senhor, e é do espírito de sua boca que vem toda sua força" (Sl 32,6). Santo Agostinho[3] diz: "A palavra do Pai celeste é o Filho Unigênito, e o espírito de sua boca é o Espírito Santo". Por isso, essas palavras vão justamente ao encontro desta Festa da Trindade Santa, pois a Trindade Santa pode ser compreendida nestas palavras: o poder do Pai, na palavra dita por Davi "os céus foram firmados"; a sabedoria do Filho, ao dizer "na palavra do Pai"; a bondade do Espírito Santo, quando diz que "do espírito de sua boca vem toda sua força". Isso São Paulo compreendeu muito bem, quando, arrebatado ao terceiro céu, viu coisas tais que não se podem dizer plenamente e assim exclamou: "Ó tu, sublime riqueza da sabedoria e da ciência[4] de Deus, quão incompreensíveis são teus julgamentos e quão insondáveis teus caminhos!" Santo Agostinho[5] interpreta essa exclamação e diz que o fato de São Paulo ter sido arrebatado ao terceiro céu não significa nada mais do que um triplo conhecimento na alma: o primeiro é o conhecimento das criaturas, que po-

1. Sermão pronunciado na Festa da Santíssima Trindade.
2. Agostinho, *En. Ps.* 32, Sermão 2, n. 4, PL 36,287.
3. Agostinho, *En. Ps.* 32, Sermão 2, n. 5, PL 36,288.
4. Eckhart (1973, p. 36): *kunst*; p. 510: *Erkenntnis*.
5. Agostinho, *De Gen. ad litt.* XII c. 34, CSEL XXVIII 1, p. 432,1s.

demos apreender com os cinco sentidos, e todas as coisas que são presentes ao homem. Ali não conhecemos plenamente a Deus, pois as criaturas são grosseiras. O segundo conhecimento é mais espiritual, pode-se tê-lo sem presença, de modo que posso conhecer, mil milhas distante, um amigo, visto anteriormente. Devo, porém, conhecê-lo por comparações[6], a saber, em suas roupas e em seu perfil como também em circunstâncias do lugar e do tempo; e isso é grosseiro e também material. Nesse conhecimento não se pode conhecer a Deus; não se pode apreendê-lo com lugar nem com tempo nem com cor. O terceiro céu é um conhecimento limpidamente espiritual, no qual a alma é arrebatada de todas as coisas presentes e corpóreas. Ali se ouve sem som e se conhece sem matéria. Ali não há branco nem preto nem vermelho. Nesse conhecimento límpido a alma conhece a Deus plenamente, como Ele é um em sua natureza e trino nas pessoas. Desse conhecimento fala também São João: "A luz brilha para todos aqueles que vêm a este mundo" (Jo 1,9); com isso João se refere ao conhecimento no qual ele então se encontrava[7]. Essa palavra deve ser compreendida de maneira pura, no sentido de que João nada conheceu senão Deus e todas as coisas divinamente; e todos os que chegam a esse conhecimento serão verdadeiramente "iluminados" e nenhum outro. Assim, diz ele: "Todos os que vêm a este mundo". Se ele se referisse a este mundo grosseiro, então essa palavra não poderia ser verdadeira, pois aqui se encontram muitos cegos pecadores maus; mas ele se refere àquele conhecimento límpido, no qual conheceu a Trindade Santa, no qual Deus "no princípio é o Verbo e o Verbo é junto de Deus, e Deus é o Verbo" (Jo 1,1). Santo Agostinho[8] fala a respeito disso dizendo: "Se ele tivesse dito mais alguma coisa, ninguém o teria compreendido. Tratava-se, pois, do terceiro céu, para onde São Paulo foi arrebatado". Por isso, diz Davi que "os céus foram firmados pela palavra de Nosso Senhor". Também Jó diz que "os céus foram firmados como que fundidos em bronze" (Jó 37,18).

Quatro coisas devem-se conhecer a respeito do céu: que é firme e puro, que contém em si todas as coisas e que é fecundo. Essas coisas devem se encontrar em um homem que deve ser um céu, onde mora Deus: que

---

6. Eckhart (1973, p. 36): *glîchnisse*; p. 510: *Erinnerungvorstellungen*.

7. Eckhart (1973, p. 511): na versão para o alemão moderno, acrescentou-se <quando ele escreveu o trecho citado do seu Evangelho>.

8. Agostinho, *In Joannes Evangelium Tractatus* II c. 1 n. 2, PL 35,1389.

ele seja consistente como o é o céu. [A Escritura diz:][9] Seja o que for que advenha ao homem bom, isso não o modifica. Vontade do amigo forma uma vontade com a de seu amigo. O mesmo se dá com o homem que tem com Deus uma única vontade: mal e bem, alegria e dor são para ele plenamente um. Por isso Nosso Senhor diz: "Toda casa construída sobre a rocha não desaba" (Mt 7,24). [A Escritura pensa][10] que duas ou três milhas acima da terra não há chuva nem granizo nem vento. Ali é tão quieto que, se fossem escritos caracteres na areia, permaneceriam totalmente intactos. Nisso, o homem que tão facilmente se altera e se perturba pode perceber o quanto se afastou de Deus por causa do pecado[11].

Em seguida encontramos pureza e limpidez no céu, como podemos observar na água: quando a água está turva, porque está misturada com terra, nela não se reflete o que seguramos sobre ela. Mas quando está límpida e sem mistura, qualquer coisa que segurarmos sobre ela, nela se reflete. Assim é com o homem: enquanto estiver misturado com coisas terrenas, não pode conhecer sua própria pureza nem a limpidez de Deus. "Mas, em face da limpidez de Deus, a nossa pureza é qual impureza", como diz o profeta (Jó 4,17-19). Aqui, fala São Bernardo[12]: Por que a mão não conhece o sol, como faz o olho, uma vez que a alma está perfeitamente em todos os membros? É porque a mão não é límpida como o olho. Se a mão ou o pé pudessem receber em si o sol, como o faz o olho, então a mão ou o pé conheceriam o sol, como o faz o olho. Por que coisas doces não têm sabor para o ouvido como o têm para a boca e por que cantos e voz doces não são ouvidos pela boca como pelo ouvido? É assim porque a boca não foi disposta para isso. Por que um homem carnal não compreende as coisas espirituais como as compreende um homem espiritual? É inteira e totalmente assim: se alguém quer compreender e saborear coisas espirituais com os sentidos carnais, isso é falso, e ele é redondamente enganado. Sobre

---

9. Aqui não se trata propriamente de uma citação da Sagrada Escritura. Os pensamentos que seguem estão de algum modo motivados pelos pensamentos que ocorrem na Sagrada Escritura. Certamente a afirmação "a Escritura diz" foi acrescentada por um copista. Por isso, no texto crítico original, Quint coloca-a entre colchetes.

10. Cf. nota 9; cf. Eckhart (1973, p. 41) [*Diu schrift wil*]; p. 511 [*Die Schrift meint*].

11. Cf. Eckhart (1973, p. 42, nota 1), o qual observa que, segundo o exame da tradição dos manuscritos, "por causa do pecado" é acréscimo do copista.

12. Bernardo de Claraval, *Sermones in Cantica Canticorum* 31 n. 2 (ed. Cist., t. 1, p. 220,15s).

isso nada mais quero falar, pois diz um mestre pagão[13] que o homem bom é totalmente um com o pecador, enquanto passa dormindo a metade do tempo de sua vida, portanto, no sono: ali o homem mau não peca nem faz nada de bom. Assim, no sono, nem peca nem faz nada de bom também o homem bom, só que numa coisa leva vantagem: no sono ele só sonha com coisas boas; isso é um sinal seguro de que é um homem puro. Mas se lhe sobrevier algo mau, então no sono ele combate contra o mal; isso é sinal de que, enquanto desperto, venceu. Mas se no sono encontrou agrado no algo mau, então ele, enquanto desperto, ainda não o superou.

Em terceiro lugar, o céu abrange todas as coisas e as contém em si. É no amor[14] que o homem pode conter isso, a saber, conter todas as coisas em si, ou seja: amigos e inimigos. Amigos, ele os ama em Deus; inimigos, por e para Deus, e, em vista de Deus, ama tudo que Deus, Nosso Senhor, criou, enquanto fomenta o achego a Ele.

Em quarto lugar, o céu é fecundo enquanto presta ajuda para todas as obras. O céu opera mais do que o carpinteiro que efetiva uma casa e a constrói[15]. O céu é um trono para Nosso Senhor. A Escritura fala sobre isso dizendo que "o céu é o trono e a terra o escabelo de seus pés" (Is 66,1). Um mestre pagão diz: Se não houvesse *tempo* nem espaço nem matéria, tudo seria *um* ser. A matéria põe distinções em *um* ser que na alma é igual. Disso fala a alma no *livro do amor*: "Aperta-me em ti como cera num selo" (cf. Ct 8,6).

Que isso nos aconteça! Para isso nos ajude o bom Deus. Amém.

---

13. Aristóteles, *Eth. Nic.* I c. 18 (A c. 13 1102 b 2-11); cf. Tomás de Aquino, *S.Th.* II II q. 154 a. 5.

14. *Minne*, cf. glossário n. 13 e 15.

15. No texto original está entre colchetes [Em quinto lugar]. Quint observa que essa indicação contradiz o que o texto anteriormente propôs, a saber, falar sobre quatro coisas que devem se conhecer a respeito do céu. Assim ele opina tratar-se aqui de um acréscimo do copista, que viu, no conteúdo do que segue, um outro assunto inteiramente diferente do que estava sendo tratado (Eckhart, 1973, p. 45, nota 2).

Sermão 62

Got hât die armen gemachet durch die rîchen
[Deus fez os pobres através dos ricos]
(cf. Pr 22,2)

Deus fez os pobres através dos ricos e os ricos através[1] dos pobres (cf. Pr 22,2)[2]. Emprestai a Deus, Ele vos renderá. Alguns dizem crer em Deus e não dão crédito a Deus[3]. Crer em Deus é maior do que dar crédito a Deus. Damos crédito a um homem quando lhe emprestamos cinco xelins e acreditamos que ele no-los restituirá. Damos crédito, pois, a um homem nisso que, se lhe emprestamos cinco xelins, ele no-los restituirá; mas nem por isso cremos nele. Se um homem crê em Deus, por que será que não acredita que Deus lhe renderá o que o homem empresta a Deus nos seus

1. A exposição inicia com a frase: *Deus fez os pobres através dos ricos e os ricos através dos pobres* (Pr 22,2). Embora Eckhart considere o que damos aos pobres como emprestado a Deus, o conteúdo do discurso não fala propriamente nem dos pobres nem dos ricos. Fala do relacionamento entre homem e Deus no encontro da absoluta entrega do homem à vontade de Deus. Essa entrega é de tal modo que no homem não há mais absolutamente nada a não ser a pura e límpida fluência em, com a vontade de Deus. Na dinâmica dessa unidade, o momento homem é nada, a pura e límpida recepção da gratuidade da doação de Deus, inclusive a recepção da possibilidade de poder recebê-lo: é a pobreza; e o momento Vontade de Deus é tudo, a plenitude da absoluta doação incondicional do amor que é Deus: é a riqueza. Aqui nessa união, pobreza e riqueza se adentram uma na outra, atravessando uma à outra, de tal maneira que a pobreza através da riqueza e a riqueza através da pobreza se revelam como unidade ab-soluta e anterior da vigência de Deus, cujo ser se chama em Eckhart *Minne*. Essa vigência seria o *ontologicum*, o princípio regente de todas as manifestações ônticas do que denominamos de pobreza e riqueza, de pobres e ricos.

2. Quint observa que esse "sermão" não tem propriamente o estilo de sermão, de pregação ou de homilia exegética (Eckhart, 1973, p. 56, nota 1). Assim, em dois manuscritos (E^2 e Z^1), esse texto é caracterizado como *collacie* (*collectie*), um pequeno discurso sintético, expondo questões e suas implicações de modo sucinto e bem-ordenado.

3. Crer em Deus (*Glouben an got*) não é a mesma coisa do que dar crédito a Deus. *Crer em* se refere à pessoa do outro, no que ele tem de mais próprio, à sua liberdade, e ao mesmo tempo se refere à doação de si da pessoa que crê em, ao tornar-se, no que lhe é o mais próprio, a saber, na liberdade, um com a liberdade do outro. Dar crédito a Deus (*englouben got*) não se refere direta e limpidamente ao outro, a saber, à pessoa ela mesma puramente por causa dela mesma, nela mesma, sem dispersar toda a vigência do encontro de união, com outras coisas que não pertencem direta e essencialmente à identidade dessa união. Assim, acreditar (Deus) significa dar crédito ao outro, creditar-lhe algo que ele possa fazer ou que lhe pertença como atribuição, propriedade acidental, mas que não diga direta e imediatamente respeito ao outro como pessoa.

pobres? Quem deixa todas as coisas recebe por isso o cêntuplo. Mas quem pensa no cêntuplo nada recebe, pois não deixa todas as coisas: ele re-quer o cêntuplo. Mas Nosso Senhor dedica o cêntuplo àqueles que tudo deixam (Mt 19,29). Se deixa todas as coisas, deve então receber o cêntuplo e a vida eterna. Mas se ao homem suceder que alcance esse deixar, então os que deixaram por causa desse sucesso não teriam deixado tudo, e a eles nada sucederia. Aquele que procura algo em Deus – saber, conhecimento, piedade, seja lá o que for –, se o encontrar, nem por isso encontrará a Deus, embora encontre saber, entendimento, intimidade, coisas, aliás, louváveis. Estas, porém, nele não ficam. Mas se o homem nada procura, encontra assim Deus e nele todas as coisas, e elas ficam nele.

Um homem nada deve buscar, nem entendimento nem saber nem intimidade nem piedade nem repouso, nada, a não ser apenas a vontade de Deus. A alma que é reta, como deve ser pela retidão, nem sequer anela que Deus lhe dê toda sua deidade, e se Deus lhe desse toda a sua deidade, disso ela seria tão pouco consolada como se Ele lhe desse uma mosca[4]. O conhecimento de Deus extra-vertido[5] da vontade de Deus é nada. Na vontade de Deus todas as coisas são e são algo e agradam a Deus e são consumadas; extra-vertidas da vontade de Deus, todas as coisas nada são e desagradam a Deus e são inacabadas. Um homem jamais deveria pedir por uma coisa transitória; mas se quiser pedir algo, deve pedir unicamente a vontade de Deus e nada mais, e assim tudo advirá a ele. Mas se pedir alguma outra coisa, assim nada advirá a ele. Em Deus não há nada mais do que Um, e o Um é indivisível, e se alguém toma algo mais do que o Um, esse algo é parte e não Um. "Deus é Um" (Gl 3,20), e se alguém busca e tem em mente algo mais, isso não é Deus, é parte. Seja repouso, conhecimento, seja o que for, o que não é só a vontade de Deus está ali por causa de si mesmo e é nada. Mas quem busca somente a vontade de Deus deve então receber o que dali eflui ou se desvela como dádiva de Deus e jamais averiguar e considerar se isso é da natureza ou da graça, de onde provém ou de que modo é. Dessas inquietações deve estar totalmente despreocupado. Assim esteja ele bem e tenha uma vida cristã comum, sem mirar um fazer especial. Pois de Deus devemos receber uma única

---

4. A alma, na retidão de sua filiação divina, pelo simples fato de ser alma, possui tudo, é tudo, a tal ponto que nada lhe pode satisfazer a amplidão, a profundidade e a vitalidade de seu ser, a não ser apenas ser à vontade de Deus. Cf. Eckhart (2000, p. 33, nota *).

5. Eckhart (1973, p. 59,6): *ûzwendic*; p. 513: *ûzwendic*, *auswendig* significa voltado, virado para fora, exotérico. O oposto dele é *inwendig*, voltado, virado para dentro, esotérico. Para dentro, interior, interioridade aqui significa: o essencial, o concentrado no que é próprio da "coisa ela mesma"; ao passo que para fora, *auswendig*, se refere ao que não toca no âmago da realidade ela mesma.

coisa, e o que incide sobre nós devemos recebê-lo como a melhor coisa para nós, sem nenhum receio de sermos impedidos por dentro ou por fora por confinar-nos nesse desprendimento[6]. Se encontrar em si o amor de Deus, o que quer que deva fazer, isso lhe será o que basta.

Quando acontece a certas pessoas de sofrer ou de fazer alguma coisa, dizem: "Se soubesse que é vontade de Deus, sofreria ou a faria com gosto". Por Deus! Que pergunta estranha é essa. Que um homem doente pergunte se é vontade de Deus que ele seja doente! Deve estar seguro de que quando ele está doente isto é vontade de Deus. Assim é também com outras coisas. Por isso, um homem deve receber de Deus límpida e simplesmente cada coisa que lhe sobrevém. Há muitos que, quando as coisas lhes vão bem interior e exteriormente, louvam a Deus. E confiam certamente nele, como os que dizem: "Esse ano possuo dez quartas de grãos e o mesmo tanto de vinho; eu confio, sim, em Deus!" – "Sim", digo eu, "tu te fias certamente... nos grãos e no vinho!"

A alma foi destinada a um bem tão grande e tão elevado que, por isso, não pode repousar em nenhum modo, e assim se precipita o tempo todo para transpor todos os modos e alcançar o bem eterno que é Deus, para o qual ela foi criada. Mas a isso não se chega com precipitação impetuosa, na qual o homem se coloca em grande obstinação de fazer ou deixar de fazer isso e aquilo, mas somente com mansidão, em humildade fiel e renúncia de si mesmo, na mesma e em cada coisa que lhe sobrevém; portanto, que o homem não se posicione em si[7], dizendo: Deves fazer isso acima de tudo, custe o que custar! Isso não está direito[8], pois nesse caso estaria ensimesmando-se em seu intimismo. Se algo o afeta, tornando-o enfadonho, perturbado e inquieto, também isso não está direito, pois, também aqui, está se ensimesmando em seu intimismo. Se algo de bem adverso lhe acontecesse, deveria aconselhar-se com Deus, curvando-se humildemente diante dele e aceitando dele, em confiança dócil, tudo que lhe acontecesse: isso estaria

---

6. Eckhart (1973, p. 62,4): *in diesem abgescheidenne*; p. 514: *in dieser Bescheidung*. No termo *abgescheidenne* lemos uma referência a *Abgeschiedenheit* (cf. o glossário n. 9). *Abgeschiedenheit* significa ao mesmo tempo ab-soluta identidade totalmente solta e livre nela mesma (desprendimento) e por isso ab-soluta diferença dessa identidade, solta e livre nela mesma, que a faz única no "confinamento" da plenitude de ser em si mesma, sem nenhuma comparação ou mediação com o que não é ela mesma. O confinamento de quem em tudo apenas faz a vontade de Deus e nela flui não é para ele delimitação da liberdade de sua expansão, mas sim definição concreta e viva, determinação real da realização de ser *abgeschieden*, ser solto, desprendido e livre, grata e cordialmente na plenitude de ser filho de Deus.

7. Eckhart (1973, p. 65,1): *in sich setze*; p. 514: *sich in den Kopf setze*.

8. Eckhart (1973, p. 65,2): *Dem ist unrecht*; p. 514: *Das ist falsch*.

direito. É dali que se colhe tudo que se pode aconselhar ou ensinar, a saber, disso que um homem deixe a Deus mesmo o aconselhar e não mire nada a não ser apenas a Deus, mesmo que a gente o possa testemunhar em palavras, muitas e escolhidas. [Tudo que se pode aconselhar ou ensinar depende disso: que um homem, ele mesmo, se deixe aconselhar e não olhe para nada a não ser para Deus, mesmo que isso possa ser expresso em muitas e diversas palavras.] O que ajuda a alcançar uma consciência ordenada[9] é que não se dê atenção às coisas que acontecem e assim, quando está junto de si, nele mesmo, que o homem dê a sua vontade totalmente a Deus e de Deus receba então cada coisa de maneira igual: graça e o que quer que seja, exterior ou interiormente. Quem vê algo em Deus não vê a Deus! Um homem reto não necessita de Deus. É que, do que tenho, dele não careço. Assim, um homem reto não está a serviço de nada, não dá atenção a coisa alguma; ele tem a Deus, por isso não está a serviço de nada. Tanto Deus está acima do homem que tanto mais está pronto a dar do que o homem a receber. Um homem não deve olhar se está progredindo numa vida boa pelo fato de jejuar muito ou realizar muitas obras exteriores. Há um sinal certo para isso, a saber, que ele cresce. Ele cresce se a ele se torna mais querido voltar-se às coisas eternas, e mais penoso voltar-se às coisas efêmeras. Se um homem possuísse cem marcos e os doasse por Deus e construísse um mosteiro, isso seria uma grande coisa. Eu, porém, digo assim: Seria muito mais grandioso e melhor se, por Deus, um homem desprezasse nele essa mesma quantia e, por Deus, a aniquilasse. Em todas as suas obras, um homem deve volver sua vontade a Deus, pensando nele apenas; e assim seguir em frente sem alimentar nenhum medo, de modo que precise refletir, por exemplo, se é justo ou não, se nisso não comete algo de injusto[10]. Pois se já em seu primeiro traço um pintor quisesse ponderar todos [os outros] traços, dali nada surgiria. Se alguém quisesse ir para uma cidade e quisesse ponderar como faria o primeiro passo, isso também não iria dar em nada. É por isso que devemos seguir o que vem primeiro e assim tocar em frente; então chega-se aonde se deve, e assim está direito[11].

---

9. Consciência aqui não seria tanto consciência moral, no sentido de uma boa consciência, em ordem consigo mesma, mas antes uma ciência, uma clarividência do todo, segundo a ordenação da totalidade dos entes na verdade do seu ser.

10. Eckhart (1973, p. 68,4-5): *und enhabe niht vorhte, sô daz er iht gedenke, ob im reht si, daz er im iht unrehte tuo*; p. 515: *und hege keine Furcht, so dass er also nicht etwa überlege, ob's auch recht sei, auf dass er nicht etwas falsch mache.*

11. Eckhart (1973, p. 69,2): *und dem ist reht*; p. 515: *und so ist's recht.*

Sermão 63

Man liset hütt da haimê in der epistel[1]
[Lê-se hoje em casa na epístola]

Hoje, aqui em casa, lemos na epístola o que diz São João: "Deus é o amor[2] e quem é no amor é em Deus, e Deus é nele" (cf 1Jo 4,16). Assim, agora digo: "Deus é o amor e quem é no amor é em Deus e Deus nele". Quando aqui digo: Deus é o amor, faço-o para que permaneçamos junto ao Um.

Mas agora prestai atenção!

Quando se diz "Deus é o amor", poderia ali surgir uma pergunta: O amor que é Deus, que amor é esse, pois há mais do que um amor. Assim sendo, com Deus que é o amor, nos afastamos de junto ao Um. Por isso, para que se permaneça junto ao Um, digo também: "Deus é amor"[3]. E tudo isso por quatro razões.

A primeira razão é: Deus caça[4] com seu amor todas as criaturas, para que elas cobicem a Deus. A quem me pergunta o que é Deus, respondo agora assim: Deus é um bem que caça com seu amor todas as criaturas para que elas o cacem de volta, tão prazeroso é para Deus ser Ele caçado pelas criaturas.

Da segunda razão digo: Todas as criaturas caçam com seu amor a Deus, pois não há nenhum homem tão miserável que cometa pecado por causa da maldade ela mesma; ele o faz antes pelo prazer do amor. Mata alguém a

1. Lê-se hoje em casa na epístola (1Jo 4,16). Esse texto, segundo o antigo missal dominicano, é a epístola do primeiro domingo depois da Festa da Santíssima Trindade.

2. Eckhart (1973, p. 74): *mynne*; p. 516: *Liebe*, cf. glossário n. 13 a 15.

3. É decisivo não perder de vista a distinção feita por Eckhart entre "Deus é ***o** Amor*" e "Deus é *amor*". Cf. glossário n. 6, 13 e 22.

4. Eckhart (1973, p. 75,1): *iaget*; p. 516: *jagt*. *Jagt*, infinitivo *jagen*, significa caçar. Indica o modo de seguir os animais de caça até o fim, perseguir, até que os tenhamos na mão. A nossa tradução ora usa para o *jagen* o termo *caçar* ora *perseguir*.

uma pessoa; ele não o faz para cometer maldade; é que pensou: Enquanto aquele homem viver, eu mesmo jamais terei paz propriamente; isto é, quem matou quer buscar o prazer na paz, pois a paz lhe é amável. Assim todas as criaturas caçam com amor a Deus. Já que "Deus é amor", todas as criaturas cobiçam, pois, o amor. Se uma pedra fosse dotada de razão, deveria caçar a Deus com amor. A quem perguntasse a uma árvore por que dá frutos, caso ela fosse dotada de razão, diria: Nos frutos eu me renovo, e me renovo, para que no novo mais me aproxime da minha origem; pois ser próximo da origem é amável. Deus é a origem e é amor. Por isso, nada satisfaz a alma a não ser amor. "O amor é Deus". Santo Agostinho[5] diz: Senhor, se me deres tudo que podes realizar, nisso não me satisfaço se não me dás a ti mesmo. Santo Agostinho[6] diz ainda: Ó homem, ama o que podes alcançar com o amor, e retém o que pode satisfazer tua alma.

Da terceira razão digo: "Deus é amor", pois Deus difundiu seu amor em todas as criaturas, em si mesmo é Um. E porque em todas [e] em cada uma das criaturas há algo amável, por isso cada criatura, dotada certamente de razão, ama na outra alguma coisa que lhe é igual. Por isso as mulheres cobiçam às vezes a cor vermelha e nela querem ter a satisfação do prazer causado pela cor vermelha, e quando ali não encontram satisfação, cobiçam então a cor verde. No entanto, assim a sua cobiça não pode ser satisfeita. Por quê? É que elas não tomam o prazer simplesmente, mas com ele tomam de acréscimo o tecido, portador da cor que parece despertar o prazer. E já que desse modo aparece em cada criatura algo prazeroso, os homens amam uma vez isto, outra vez aquilo [agora, descarta isso e aquilo], ora descartam isto, ora aquilo: e o que ali resta, isto é só e puramente Deus. Se alguém pinta uma imagem num muro, o muro será o suporte da imagem. Quem ama a imagem no muro, junto com a imagem, ama também o muro; se alguém retirasse o muro, tiraria também a imagem. Mas se retirar o muro de tal modo que a imagem permaneça, então a imagem será o suporte de si mesma. Quem, pois, ama tal imagem, ama uma imagem límpida. Amai, portanto, tudo quanto é amável e não aquilo no que aparece o amável; tu então

5. Quint observa que não sabe informar a que passagem de Agostinho Eckhart se refere aqui. Sugere conferir Agostinho, *Conf.* XIII c. 8 (ed. Skutella, p. 334,11s) (Eckhart, 1973, p. 76, nota 4).

6. Quint igualmente afirma não ser averiguável a que texto de Agostinho Eckhart se refere. Sugere conferir Agostinho, *Sermo* XV 2 n. 159, LW 4, p. 151,12s (Eckhart, 1973, p. 77, nota 1).

amas limpidamente a Deus; essa é uma verdade indubitável. São Dionísio[7] diz: Deus tornou-se aniquilado para a alma; isto é, Ele lhe é desconhecido. Por isso, porque não conhecemos a Deus, amamos nas criaturas o que ali é bom; e visto que amamos as coisas *juntamente* com o bem[8], isso nos causa pecado. Dos anjos, cada um é sem número; ninguém pode excogitar seu número, e cada um é um *coli* (?), e cada um é mais elevado do que outro[9]. E se, do *mais inferior* dos anjos, se lhe desprende uma pequenina apara – como quando alguém passa plaina na madeira e lhe tira aparas – e ela cai aqui no tempo sobre a terra, na nobreza que possui por natureza, todas as coisas que há sobre a terra devem florescer e frutificar. Assim, considerai a nobreza do mais elevado dos anjos. A ela ajuntemos agora a nobreza que todos os anjos possuem por natureza e a nobreza de todas as criaturas, como elas são por sua natureza. Se agora, com a nobreza do mundo inteiro assim ajuntada, quisermos ir a Deus, buscando-o no seu mundo, ali não o encontraremos. Pois, toda essa nobreza, enquanto longe[10] de Deus, é como maldade[11], pois é tudo mal-dade e quiçá uma limpa mal-dade, aliás menos do que mal-dade, pois é um puro nada. Assim não se encontra a Deus a não ser no Um[12].

---

7. Dionísio Areopagita, *De div. nom.* c. 7 § 3, PG 3,872 A; *Dionysiaca* I, 405,1 (intérprete sarraceno).

8. Eckhart (1973, p. 79,3): *vnd wann wir die ding mít der güte mynnen*; p. 517: *und da wir* die Ding mit *dem Gutsein <dieser Dinge, so wie in den vorigen Vergleichen das Tuch* mit *der Farbe und die Wand* mit *dem Bild> lieben*.

9. Eckhart (1973,3-5): *der englen der ist an zal; ir zal chan nymant gedencken, vnd yeglicher ist ain coli* (?), *ye ainer höher denn der ander*; p. 517: *Es gibt zahllose Engel; ihre Zahl kann niemand ausdenken, und ein jeglicher ist ain coli* (?), *immer einer höher als der andere*. A interrogação depois da palavra *coli* é do próprio Quint (Eckhart, 1973, p. 79,4, nota 3). Ele observa: "Na linha 4, *coli* (an coly manuscr. Mai[1]) me é incompreensível e deve estar corrompida, mas de que palavra?"

10. Quint observa: Em referência ao texto da linha 2, achei que deveria, no lugar do *verre* (longe, afastado) atestado pela tradição, conjeturar *vor* (em face de, diante de) (Eckhart, 1973, p. 80,2, nota 1). Nessa nossa tradução escolhemos *verre* no lugar de *vor*.

11. Eckhart (1973, p. 80): *boshait* (*poshait*); *Wertlosigkeit* (*Minderwertigkeit*). Os termos como *bosheit, posteit, maldade* conotam para nós hodiernos o mal no sentido moral. Eckhart aqui no nosso texto parece processar uma espécie de "des-moralização" do mal em direção à compreensão do mal como privação do ser: nada puro, portanto, à compreensão "ontológica" do mal. É no sentido de indicar essa tendência ontológica na compreensão do mal que recorremos ao artifício de escrever *mal-dade*, como que neutralizando a acepção do *mal* para uma compreensão mais geral e menos especificada como moral. Quanto à questão como devemos entender essa neutralização do mal, reduzindo a maldade humana à privação do ser, cf. glossário no fim deste volume.

12. Eckhart (1973, 4): *also vindet man gotes nit won in ein*; p. 517: *so also findet man Gott nicht, vielmehr nur im Einen*.

Da quarta razão digo assim: "Deus é amor". Daí, Ele deve amar todas as criaturas com seu amor, o saibam elas ou não. Por isso quero dizer uma palavra que já disse na sexta-feira passada: jamais quero pedir a Deus seu dom nem o quero agradecer por isso, pois se sou digno de receber seu dom, Ele seria obrigado a mo dar, gostasse ou não. Portanto, não quero pedir-lhe seu dom, pois Ele é obrigado a dá-lo; eu quero pedir-lhe que me faça digno de receber seu dom, e quero agradecer-lhe por Ele ser assim obrigado a dar. Por isso, eu digo: "Deus é amor", pois me ama com o amor com que ama a si mesmo; e quem lhe tirasse esse amor tirar-lhe-ia toda sua deidade. Seja como for, que Ele me ame com seu amor, com isso, porém, não posso tornar-me feliz; seria propriamente feliz com isso que eu o amo e que sou feliz em seu amor[13].

Agora, por conseguinte, eu digo: "Quem está em amor, está em Deus, e Deus está nele". A quem me pergunta onde está Deus, respondo: Ele está em toda parte. A quem me pergunta onde está a alma que está em amor, digo: Ela está em toda parte; pois Deus ama, e a alma, que está em amor está em Deus e Deus nela; e como Deus está por toda parte e a alma está em Deus, ela não está em parte em Deus e em parte não; e como Deus está nela, a alma deve necessariamente estar em toda parte, já que Ele, que está em toda parte, está nela; em toda parte Deus está na alma e ela está em Deus em toda parte; portanto, Deus é um tudo sem tudo e a alma é com Deus um tudo sem tudo.

Este é um sermão *De sanctis*[14]. Ele termina aqui. Agora podeis permanecer sentados serenamente, pois quero vos manter aqui por mais um tempo. Quero dizer-vos ainda um outro sermão. Ajude-nos Deus, da nossa indigência!

---

13. O amor com que o amo é o mesmo amor com que Ele se ama. Meu amor e seu amor é Um.

14. Eckhart (1973, p. 83, nota 1): *ain sermon der heiligen = eine Predigt de sanctis*; cf. nota 1. Certamente, *De sanctis* (de santos, acerca de santos) não se refere à Festa de Todos os Santos. Talvez se refira a santos cuja memória tenha ocorrido nesse dia.

Sermão 64

Die sele die wirt ain mit gotte vnd nit veraint
[A alma se torna um com Deus, e não unida]

[A Escritura diz:][1] A alma torna-se um com Deus, e não unida. Tomemos uma comparação: a gente enche um tonel com água. A água no tonel então está unida com ele, mas com ele não é um; pois, onde há água não há madeira e onde há madeira não há água. Tome-se agora um pedaço de madeira, jogando-o dentro da água; também nesse caso a madeira está apenas unida, não é um com a água. Com a alma, porém, não é assim. A alma torna-se um com Deus, e não unida; pois onde Deus é, ali é a alma, e onde a alma é, ali é Deus.

A Escritura diz: "Moisés viu a Deus face a face" (Ex 33,11). A isso contradizem os mestres[2], dizendo: Onde aparecem duas faces, ali não se vê a Deus; é que Deus é um e não dois; pois quem vê a Deus não vê nada mais a não ser um.

Agora retomo uma palavra que eu disse no primeiro sermão: "Deus é amor, e quem é no amor é em Deus; e Deus, nele". Quem assim está em amor, a ele digo uma palavrinha, dita por São Mateus: "Entra, servo fiel, na alegria de teu Senhor". Agora tomo uma palavrinha que Nosso Senhor nos disse: "Entra, servo fiel, quero colocar-te sobre todo o meu bem" (Mt 25,21). Isso é para ser entendido em três modos. No primeiro modo, em "vou colocar-te sobre todo meu bem", e "todo meu bem" aqui é o bem que se estende sobre todas as criaturas. É por sobre essa distribuição[3] que quero colocar-te no Um.

1. Quint colocou entre colchetes [A Escritura diz], pois considera a frase como acréscimo do copista. A frase que segue não é propriamente uma citação da Sagrada Escritura, mas tema a ser tratado (Eckhart, 1973, p. 86, nota 1).

2. Cf. Tomás de Aquino, *S.Th.* I II q. 98 a. 3 ad 2; *Scriptum super libros Sententiarum* IV d. 49 q. 2 a. 7 ad 4; Alberto Magno, *S.Th.* I tr. 3 q. 13 m. 4 (ed. Borgnet, 31, 61a s).

3. Quint acrescenta na sua versão para o alemão atual: <*d. h. Vermannigfaltigung und Ausbreitung des göttlichen "Gutes" in die Fulle der Kreaturen*> <isto é, a diversificação e expansão do "bem" na plenitude das criaturas> (Eckhart, 1973, p. 519).

No segundo modo, como tudo é colhido no Um, quero colocar-te por sobre a colheita, em unidade[4], ali onde todo o "bem" é em unidade. No terceiro modo, quero colocar-te no modo da unidade, lá onde a acepção da expressão há pouco usada "tudo colhido", que conota "tudo reunido", desaparece; aí Deus é para a alma, a saber, dativo à alma, enquanto Ele é Deus por e para que seja doado à alma; pois se fosse assim que Deus retivesse para si algo de sua essência ou de sua "ist-idade"[5], com a qual Ele é para si mesmo, ainda que esse algo seja um quê como fio de cabelo, então Ele não poderia ser Deus; tanto a alma se torna um com Deus[6]. Tomo uma palavrinha do Evangelho, dita por Nosso Senhor: "Pai, eu te peço para que, como eu e Tu somos um, eles também sejam um conosco" (Jo 17,21). Tomo uma outra palavrinha do Evangelho, onde Nosso Senhor diz: "Onde eu estou, ali deve estar também meu servo" (cf. Jo 12,26). Portanto, a alma se torna inteiramente uma "ist-idade", que é Deus, e não menos; e isso é tão verdadeiro como Deus é Deus.

Queridas crianças, eu vos peço que deis atenção a um sentido! Isso, eu vos peço por Deus, e peço-vos que o façais por mim e bem guardeis esse sentido. Todos os que assim são na unidade, como eu disse longamente, que são sem imaginações, a saber, sem imagens representantes de coisas individuais[7], não devem pensar que tais imagens lhes seriam mais proveitosas do que o não ter saído da unidade; pois quem isso fizesse não estaria bem, não estaria na retidão; poder-se-ia dizer que isso seria heresia; sabei, pois, que ali na unidade com Deus não há nem Conrado nem Henrique. Quero dizer-vos como me recordo das pessoas: aplico-me a esquecer-me de mim mesmo e de todas as pessoas e disponho-me para elas à unidade.

Que Deus nos ajude para que permaneçamos em [essa] unidade.

---

4. Unidade aqui não se refere ao que foi unido ou que seja nesse sentido unível; portanto, não ao uno, se se entende o uno como o que, por exemplo, na Santíssima Trindade foi unido como soma de três pessoas, unificadas em um, pessoa aqui entendida ainda de alguma forma como uma entidade. Para que não se entenda o trino e uno nessa conotação imprecisa de entes na união da entidade, Eckhart usa, por assim dizer, para além do uno e trino a palavra Um, e acena para a vigência da dinâmica do mistério do uno e trino denominado por ele de *Abgeschiedenheit*. Por isso, quando no texto ocorre o termo unidade, deve-se ler *Um-dade*.

5. Eckhart (1973, p. 89): *istikait*; p. 518: *Wesenheit*.

6. Quint acrescenta na sua versão para o alemão atual <*der sie als getreuen Knecht über sein ganzes Gut setzen wird*>, <que há de colocá-la como servo fiel sobre todos os seus bens> (Eckhart, 1973, p. 519).

7. Eckhart (1973, p. 90,1): *bildunge*; p. 520: "*Einbildung*" <= *dinghafte Einzelvorstellung*>.

Sermão 65

Deus caritas est et qui manet in caritate in deo...
[Deus é caridade; quem permanece na caridade, permanece em Deus]
(1Jo 4,16)

"Deus é o amor e quem mora no amor mora em Deus e Deus nele"[1] (1Jo 4,16).

Tomemos, pois, a primeira palavrinha: "Deus é o amor". Significa: assim como Deus caça tudo que pode amar e tudo que pode produzir[2] amor, Ele o persegue com seu amor, para que tudo o ame. "Deus é o amor", noutra vez, para que tudo que Deus um dia criou e que pode produzir amor o persiga por seu[3] amor, para que, goste ou não goste, o ame. Pela terceira vez, "Deus é o amor", pois com seu amor Ele toca para fora da diversidade tudo que pode amar. O modo como Deus é amável segundo a diversidade[4], é isso o que o amor, que Ele é, toca para fora de toda diversidade para dentro da sua própria unidade. Pela quarta vez, "Deus é o amor" de modo que com seu amor dá a todas as criaturas seu ser e sua vida e as sustenta com seu amor.

Se alguém me perguntasse o que seria Deus, eu agora lhe diria assim: Deus é o amor e é tão inteiramente amável que todas as criaturas procuram amar sua amabilidade, façam-no cientes ou não cientes, disso gostem ou

---

1. O texto da Bíblia foi tirado da epístola do primeiro domingo depois da Festa da Santíssima Trindade.

2. Eckhart (1973, 4): *geleisten*; p. 521: *aufzubringen*.

3. *Seu*, isto é, de Deus. Portanto, a partir do amor que Deus tem (por e para) as criaturas. Aqui e em vários outros lugares seguintes os adjetivos *seu* e *sua* podem se referir à pertença a Deus e à criatura. A ambiguidade aqui indica que amor em Deus e nas criaturas vem da própria deidade, a saber, do Um, onde tudo é mútuo trânsito de um com outro, um do outro, um por e para outro: o encontro de amor e o amor de encontro.

4. Eckhart (1973, 8): *nach der manicvalticheit*; p. 521: *nach der Mannigfaltigkeit <= nach der Zerteilung und Ausbreitung seiner Liiebe in die Kreaturen>*.

não gostem. De tal modo Deus é o amor e é tão amável que tudo que pode amar deve amá-lo, quer goste quer não goste. Não existe nenhuma criatura tão miserável que pudesse amar algo que é mau; pois o que amamos deve parecer bom ou ser bom. Tomai, pois, todo o bem que todas as criaturas podem fazer; tudo isso diante de Deus é pura mal-dade[5]. Santo Agostinho[6] diz: Ó homem, ama o que podes alcançar com o amor, e retém o que pode satisfazer tua alma.

"Deus é o amor." Vamos, crianças, por favor, prestai-me atenção! Deus tanto ama minha alma que sua vida e seu ser está nisso de Ele necessitar me amar, goste ou não. Quem privasse a Deus de amar a minha alma estaria lhe tirando sua deidade, pois Deus é tão verdadeiramente o amor quanto é a verdade; e, assim como Ele é a bondade, é também verdadeiramente o amor. Essa é uma verdade tão límpida quanto é verdade que Deus vive. Houve mestres[7] que disseram que o amor que está em nós seria o do Espírito Santo; e isso não é verdadeiro. O alimento do corpo que em nós tomamos transforma-se em nós; mas o alimento espiritual que recebemos, nele nos transforma; e por isso o amor divino não é contido em nós, pois se o for, então seríamos dois. Mas o amor divino nos contém em si e nós nele somos um. A cor que está no muro é contida no muro; assim todas as criaturas são contidas em seu ser pelo amor que é Deus. Se se tirasse a cor do muro, ela perderia seu ser; e todas as criaturas também perderiam seu ser se as tirássemos do amor que é Deus.

"Deus é o amor e quem mora no amor mora em Deus e Deus mora nele." Há diferença entre coisas espirituais e coisas corpóreas. Cada coisa espiritual pode morar em outra; mas nenhuma coisa corpórea pode morar em outra. É certo que a água pode estar num tonel, e o tonel a comporta; mas lá onde há madeira, ali não há água. Assim, nenhuma coisa corpórea pode estar em outra; mas cada coisa espiritual está numa outra. Cada anjo está no outro com toda a sua alegria, com todo seu deleite, com toda sua felicidade, tão plenamente como está em si mesmo; e todo e cada anjo está em mim com toda sua alegria e com toda sua felicidade, e também Deus, Ele mesmo com toda sua felicidade; e entrementes eu não conheço isso.

5. Eckhart (1973, p. 97,2): *ein lûter bôsheit*; p. 521: *ein reines Böses <eine Minderwertigkeit>*. Traduzimos *bôsheit* por *mal-dade*.

6. Cf. Sermão 63, nota 6.

7. Pedro Lombardo, *Libri quattuor sententiarum* I d. 17 c. 1 n. 143; Tomás de Aquino, *S.Th.* II II q. 23 a. 2.

Tomo o mais inferior dos anjos em sua natureza pura: a menor apara ou a mínima centelha que dele se desprendesse e caísse teria iluminado todo esse mundo com delícias e com alegria. Reparai bem quão nobre ele é em si mesmo! Entretanto, muitas vezes eu disse que anjos são muitos, sem número e sem medida. Agora silencio acerca do amor e tomo o conhecimento: os anjos, mesmo se os conhecêssemos, seria fácil para nós abandonarmos um mundo inteiro. Tudo que Deus um dia já criou e poderia ter criado, se Ele desse à minha alma de uma vez tudo isso com Deus Ele mesmo, e se nessa doação restasse fora algo do tamanho de um fio de cabelo, a minha alma ficaria insatisfeita; eu não seria feliz. Mas se sou feliz, todas as coisas são em mim, com Deus. Onde eu sou, ali é Deus; assim, sou em Deus e onde é Deus, ali eu sou.

"Quem mora no amor, ele mora em Deus e Deus mora nele" (1Jo 4,16). Se, pois, sou nele, onde é Deus, ali eu sou, e onde eu sou, ali é Deus, a não ser que a Sagrada Escritura minta. Onde eu sou, ali é Deus: isso é uma verdade límpida e é tão verdadeiramente verdadeira como Deus é Deus. "Servo fiel, quero colocar-te sobre todo" meu "bem". Isto é: enquanto Deus é "bom", em todas as criaturas, "eu quero colocar-te sobre todo meu bem", segundo essa diversidade. Em segundo lugar, "vou colocar-te sobre todo" meu "bem". Isto é: ali onde todas as criaturas recebem sua felicidade na unidade límpida que é o próprio Deus Ele mesmo, lá Ele mesmo recebe sua felicidade, o que significa: como *Deus* é bom, assim quer "colocar-nos sobre todo" seu "bem". Em terceiro lugar, Ele quer "colocar-nos sobre todo" seu "bem"; isto é, Ele "quer" nos "colocar" sobre tudo que Ele evoca[8], sobre tudo que se pode dizer[9], sobre tudo que se pode compreender. É assim que Ele quer "colocar-nos sobre todo" seu "bem".

"Pai, eu te peço que os faças um como Tu e eu somos um" (Jo 17,21). Onde dois necessitam[10] se tornar um, um deles deve perder seu ser. Assim é: se Deus e alma devem tornar-se um, então a alma deve perder seu ser e sua vida. Tanto quanto resta de si, assim nesse tanto os dois são unificados[11].

---

8. Eckhart (1973, p. 101,6): *daz er heizet*; p. 522: *was er <noch>* heisst <= *wo er noch einen Name hat*>. Traduzimos por *e-voca* na acepção de *chamar para fora, ordenar que venha a ser*; isto é, referindo *heizet* à ação criadora do Verbo.

9. Eckhart (1973, p. 101,6): *geworten mac*; p. 523: *<noch über ihn> aussagen <in Worte fassen>*.

10. Eckhart (1973, p. 101): *ein suln werden*; p. 523: *eins werden sollen*.

11. Eckhart (1973, p. 101,10): *Als vil, als dâ blibe, als vil würden sue wol geeignet*; p. 523: *So weit da <von* ihrem *Sein und Leben> noch etwas übrigbliebe, so weit würden sie wohl vereint*; cf. Eck-

Mas onde dois necessitam ser um, ali um deles deve perder plenamente e o outro conservar o seu ser: assim eles são um. Agora, diz o Espírito Santo: eles devem ser um como nós somos um. "Eu te peço que os faças um em nós" (Jo 17,20-21).

"Eu te peço." Quando peço algo, peço então *nada*; mas quando nada peço, então eu peço retamente. Quando sou unido, ali onde todas as coisas estão presentes, as passadas, contemporâneas e as futuras, ali todas as coisas são igualmente próximas e igualmente um; elas são todas em Deus e são todas em mim. Então não se precisa mais pensar em Conrado nem em Henrique. Quem pede por algo outro do que apenas Deus, a esse algo pode-se chamar de ídolo ou injustiça. "Aqueles que pedem em espírito e em verdade" pedem retamente. Se peço por alguém, por Henrique ou por Conrado, peço assim o mínimo. Se não peço por ninguém nem nada peço, peço da maneira mais apropriada, pois em Deus não há Henrique nem Conrado. Se pedimos a Deus por algo outro do que apenas Deus, isso não está direito, é impiedade e não plenitude; pois ali se quer acrescentar algo a Deus. É como eu disse recentemente: Assim, do nada querem fazer Deus e de Deus querem fazer nada. "Deus é o amor, e quem é no amor é em Deus e Deus nele."

Que nosso querido Senhor Jesus Cristo nos ajude, para que cheguemos todos ao amor de que vos falei. Amém.

---

hart (2000, p. 51): "unidos, sem que essa união seja Um".

Sermão 66

Euge serve bone et fidelis, quia super pauca fuisti fidelis, intra in gaudium domini tui
[Está bem, servo bom e fiel, já que foste fiel em poucas coisas, entra no gozo de teu senhor]
(Mt 25,21)

Lemos no Evangelho que Nosso Senhor disse: "Eia, pois, entra, servo bom e fiel, na alegria de teu Senhor; como foste fiel sobre o pouco, por isso quero colocar-te sobre todo meu bem" (Mt 25,21)[12].

Pois, então, agora, atendei com diligência à palavra que Nosso Senhor proferiu: "Servo bom e fiel, entra na alegria de teu Senhor; porque foste fiel sobre pouco, por isso quero colocar-te sobre todo meu bem". E, em outro Evangelho, Nosso Senhor falou a um jovem que o interpelou e o chamou de "bom": "Então Nosso Senhor disse: Por que me chamas de bom? Ninguém é bom senão só Deus" (cf. Mc 10,17). Na verdade, isso também é verdadeiro. Tudo que é criatura, enquanto repousa sobre si mesma, não é boa. Nada é bom senão só Deus. Mas então, será que Deus contradisse sua própria palavra? Não, Ele não, de modo algum!

Agora atenção a este discurso! Tanto quanto o homem abnega a si mesmo por e para[13] Deus, tanto é ele mais Deus do que criatura. Quando o homem é plenamente vazio de si mesmo por e para Deus, e não é de ninguém senão só de Deus, e não vive por nada a não ser por e para Deus, então verdadeiramente ele é por graça o mesmo que Deus é por natureza. E de si mesmo Deus não conhece nenhuma diferença entre Ele mesmo e esse homem. Eu, porém, disse: "Por graça". Pois Deus, Ele é e esse homem é, e assim como

12. O texto escriturístico foi tirado do Evangelho da segunda missa *In communi unius confessoris* do antigo missal dominicano.

13. Por e para (Eckhart, 1973, p. 109): *durch*; p. 524: *um willen*.

Deus é bom por natureza, esse homem é bom por graça. Pois a vida de Deus e o seu ser são, de todo e de uma vez, inteiramente nesse homem. Por isso o Senhor chamou de bom esse homem, e essa é a palavra dita por Nosso Senhor: "servo bom"; pois esse servo é bom junto de Deus apenas naquela bondade em que Deus é bom. Já tenho dito mais vezes que a vida de Deus e o seu ser são em uma pedra ou em um pedaço de madeira e também em outras criaturas, que não são felizes[1]. Deus, porém, no servo bom, é de outro modo, pelo qual o servo é feliz e bom. É que nesse servo Deus encontra prazer e vive jovial e conhecendo[2] nele e com ele como em si mesmo e consigo mesmo; por essa razão, aquele servo é feliz e bom. Assim, disse Nosso Senhor: "Entra, servo bom e fiel, na alegria de teu Senhor; porque foste fiel sobre pouco, quero colocar-te sobre todo meu bem". Pois bem, falei em parte algumas coisas sobre a bondade desse servo, porque esse servo é bom. Agora quero instruir-vos sobre sua fidelidade, pois Nosso Senhor disse: "Servo bom e fiel, porque foste fiel sobre pouco".

E atenção, o que é, pois, o "pouco", ao qual esse "servo" foi "fiel"? Tudo o que Deus criou no reino do céu e no reino da terra, o que não é Ele mesmo, é pouco diante dele. Em tudo isso esse bom servo tem sido fiel. Como, pois, é isso, quero vos explicar. Deus pôs esse servo entre tempo e eternidade. A nenhum deles era ele apropriado, mas era livre com intelecto e com vontade e também em todas as coisas. Com seu intelecto, ele atravessa todas as coisas que Deus criou; com sua vontade, deixou todas as coisas e a si mesmo e tudo o que Deus criou, todas as coisas que não são Deus Ele mesmo; com seu intelecto ele as acolheu e deu louvor e honra a Deus por isso; e a elas e a si mesmo enquanto criado remeteu de volta a Deus, para dentro da sua insondável natureza abissal. Ali, o servo deixou a si mesmo e a todas as coisas, de modo que ele jamais tocou com a sua vontade criada a si mesmo nem qualquer outra coisa criada. Com boa verdade, naquele que assim fosse fiel, Deus teria uma alegria tão inefável que, se alguém lhe tirasse essa alegria, tirar-lhe-ia sua vida e seu ser e sua deidade, totalmente de uma vez para sempre.

---

1. *Saelic*, termo usado por Eckhart, significa *feliz, bom* no sentido de perfazer todo um percurso no destinar-se de uma história, e chegar à consumação, ao fim "feliz". Por isso *bom, feliz,* nesse sentido, só pode ser um ente cujo modo de ser está intimamente referido à liberdade e à história. Bem-aventurado é aquele que, no término da sua viagem na vida terrena, chega ao fim feliz e se realizou, sendo recebido no céu: aquele que se aventurou bem na vida mortal.

2. Eckhart (1973, p. 111): *vroelîche und vernünfticlîche*; p. 524: *frölich und erkennend.*

Mas eu digo mais – não tenhais medo, pois essa alegria está próxima de vós e está em vós! –, nenhum de vós é tão insensato nem tão apoucado em entendimento nem dele tão distante que não possa, com alegria e com entendimento, encontrar em si essa alegria na verdade, como ela é, ainda antes de sairdes dessa igreja, hoje; sim, até mesmo antes que eu termine este sermão; ele pode encontrá-la em si, vivê-la e possuí-la tão verdadeiramente como Deus é Deus e como eu sou um homem! Tende certeza disso, pois é verdadeiro, e é a própria verdade que o diz. E quero demonstrar-vos isso por meio de uma parábola[3] que se acha escrita em um Evangelho (Jo 4,6s.).

"Nosso Senhor estava uma vez sentado junto a um poço, pois estava cansado. Então veio uma mulher que era samaritana, da raça dos pagãos. Trazia uma moringa e uma corda para pegar água. Nosso Senhor disse a ela: 'Mulher, dá-me de beber!' E ela lhe respondeu: 'Por que me pedes de beber? Tu és judeu, eu, porém, samaritana. Nossa crença e a vossa não comungam uma com a outra'. Então, Nosso Senhor lhe respondeu: 'Se soubesses quem te pede de beber e reconhecesses a graça de Deus, serias tu a me pedir de beber e eu te daria água viva. Quem beber desta água ainda terá sede; mas quem tomar da água que eu lhe dou, este jamais terá sede, e dele brotará uma fonte de vida eterna'. A mulher ouviu com interesse as palavras de Nosso Senhor, pois não gostava de ir muitas vezes ao poço, e disse: 'Senhor, dá-me de beber daquela água para que eu não tenha mais sede'. E o Senhor lhe ordenou: 'Vai e traz aqui teu marido'[4]. Ela, porém, declarou: 'Senhor, não tenho marido'. E Nosso Senhor: 'Mulher, dizes a verdade: pois tiveste cinco maridos e o que tens agora não é teu'. Então ela deixou cair corda e moringa e disse a Nosso Senhor: 'Senhor, quem és Tu? Está escrito: Quando o messias vier, aquele que se chama o Cristo, nos ensinará todas as coisas e nos revelará a verdade'. Nosso Senhor então disse à samaritana: 'Mulher, eu o sou, eu que falo contigo', e a palavra encheu todo o coração da mulher. Disse ela então: 'Senhor, nossos pais rezavam debaixo das árvores na montada, vossos pais, judeus do judaísmo, rezavam no templo: Senhor, quais desses dois adoravam a Deus em verdade, e qual é o lugar? Ensina-me so-

3. Eckhart (1973, p. 114,3): *gleichnisse*; p. 525: *Gleichnis*; cf. glossário n. 22.

4. "Marido" aqui é expresso pelo termo alemão *Mann*. *Mann* significa *homem* no sentido específico de varão. De *varão*, vem o adjetivo *varonil*. *Varão* em latim é *vir*, *-i*, e está na palavra *virtus*, virtude. Nessa acepção, marido como *Mann* indica o modo de ser da maturação do vigor humano, cuja coragem e cordialidade de ser e de se doar na dedicação à vida se chama hombridade: cunho, caráter de nobreza, dignidade de quem se perfaz na tarefa da liberdade chamada responsabilidade de ser. É o que chamamos de perfeição, isto é, bondade da vontade livre.

bre isso'. Então Nosso Senhor disse: 'Mulher, o tempo virá, e é agora aqui, em que os verdadeiros adoradores não adorarão somente sobre o monte ou no templo, mas adorarão o Pai no espírito e na verdade; pois Deus é um espírito, e quem quer adorá-lo deve adorá-lo no espírito e na verdade; e são esses adoradores que o Pai procura'. A mulher ficou assim cheia de Deus, superfluente e transbordante da plenitude de Deus; e pregava e clamava em alta voz e tudo que ela via com seus olhos queria trazer para Deus e encher de Deus como ela própria estava plena de Deus" (cf. Jo 4,6s.). Vede, é isso o que lhe aconteceu quando ela recuperou seu "marido". Jamais Deus se doa à alma de maneira tão manifesta e tão completa se ela não trouxer seu "marido"; isto é, sua vontade livre. Por isso diz Nosso Senhor: "Mulher, tu dizes a verdade; tiveste cinco maridos, que estão mortos; e aquele que tens agora não é teu". Quais eram os cinco maridos? Eram os cinco sentidos, com os quais ela havia pecado, e por isso estavam mortos. "E o marido que tens agora não é teu": isso era sua vontade livre, que não pertencia à mulher. Pois a sua vontade livre estava ligada aos pecados mortais; e a mulher não tinha poder sobre essa sua vontade livre; e esta, por isso, não pertencia à mulher; pois aquilo sobre o qual o homem não tem poder não é dele; ao contrário, é antes daquele que tem poder sobre ele. E agora eu digo: Quando o homem alcança poder sobre sua vontade livre, na graça, e ele pode uni-la totalmente com a vontade de Deus e como em um único Um, então não necessita nada mais do que dizer como a mulher: "Senhor, mostra-me onde devo rezar e o que devo fazer que te seja o mais amável na verdade". E Jesus responde, isto é, abre-se verdadeira e inteiramente e de todo como Ele é e satisfaz o homem de maneira tão superfluente que transborda e eflui da plenitude superabundante de Deus, como o fez aquela mulher em curto espaço de tempo junto ao poço, ela que antes era para isso incapaz. E, por isso, digo de novo o que já disse antes: Não há aqui homem algum tão insensato, tão bronco no entendimento e tão inapto que não possa pela graça de Deus unir, límpida e totalmente, sua vontade com a vontade de Deus, e não necessite nada mais a não ser, em desejo, dizer: "Senhor, mostra-me a tua vontade mais cara e fortalece-me para fazê-la!"; e é tão certo que Deus o fará como é verdade que Ele vive, e Deus lhe dá em tão rica profusão e em todos modos perfeitos como Ele deu àquela mulher. Vede, o mais grosseiro e o menor dentre todos vós pode receber tudo isso de Deus ainda antes de sair hoje desta igreja e até antes que eu acabe de fazer este sermão; e isso com boa verdade verdadeiramente como Deus vive e eu sou homem!

E assim digo: "Não tenhais medo! Essa alegria não está longe de vós, se quiserdes procurá-la com sabedoria". Agora digo, porém, assim como disse Nosso Senhor: "Entra, servo bom e fiel, na alegria de teu Senhor; porque foste fiel sobre pouco, quero colocar-te sobre todo o meu bem". Eia! Atendei, agora, à nobre palavra que Ele disse: "sobre todo o meu bem".

O que é, pois, "o bem" do Senhor? É a bondade, como ela é derramada e partilhada largamente em todas as coisas ou em todas as criaturas, que são boas por bondade do Senhor no céu ou na terra: é esse "o bem" do Senhor. É que ninguém é bom ou possui o bem ou bondade a não ser somente dele, do Senhor. Por isso é seu "bem". E também tudo o que de Deus mesmo podemos dizer ou que podemos compreender com o intelecto ou trazer à luz de qualquer outro modo ou que podemos provar ou demonstrar: tudo isso é bem do Senhor; e é sobre tudo isso que o Senhor quer, de todo e de uma vez para sempre, colocar esse servo, porque ele foi bom e fiel também no pouco. E acima de todo esse bem, o Senhor é ainda outro e é, no entanto, o mesmo e é ainda um algo que não é nem isso nem aquilo, nem aqui nem lá. É por isso que disse: "Entra, servo bom e fiel, na alegria de teu Senhor; porque foste fiel no pouco, por isso quero colocar-te sobre todo meu bem".

Eu vos disse, pois, qual é o bem do Senhor e é porque o Senhor disse: "Entra na alegria de teu Senhor; eu quero colocar-te sobre todo meu bem". É como se quisesse dizer: "Sai de todo bem criado e de todo bem dividido e de todo bem despedaçado: acima de tudo isso quero colocar-te para dentro do in-criado e indiviso, do não-despedaçado, a saber, do que sou eu mesmo"; e disse ainda: "Entra na alegria de teu Senhor", como se quisesse dizer: "Sai de toda alegria que é dividida e de toda alegria que não é por si mesma o que ela é, sai para dentro da alegria indivisa que por si mesma e em si mesma é o que ela é", e que não é outra coisa do que a alegria do Senhor.

Ainda uma palavrinha sobre: O que é a alegria do Senhor? Que discurso maravilhoso! Como é que se pode relatar ou dizer o que ninguém pode compreender nem conhecer? Mais: no entanto, algo mais sobre isso[5]. A alegria do Senhor é o Senhor Ele mesmo e nada mais, e o Senhor é um

5. Eckhart (1973, p. 124,1): *Mêr: doch etwas dâ von*; p. 527: *Gleichviel – <ich will> dennoch ein weniges darüber <sagen>*. Entendemos esse *mêr* assim: essa fala maravilhosa que fala do que ninguém pode compreender nem conhecer é muito *mais* maravilhosa e inefável, quase impossível de continuar falando. Mas, mesmo assim, *no entanto, algo ainda sobre isso*.

intelecto vivo, essencial, que-é[6], que concebe a si mesmo e é e vive em si mesmo, e é o mesmo. Com isso, não lhe atribuí nenhum modo, mas retirei dele todos os modos, assim como Ele próprio é modo sem modo e vive e se alegra do que é. Vede, isso é a alegria do Senhor e é o Senhor Ele mesmo, e foi para onde ordenou a esse servo entrar, quando Ele mesmo, o Senhor, disse: "Entra, servo bom e fiel, para dentro da alegria do teu Senhor; porque foste fiel no pouco, por isso vou colocar-te sobre todo meu bem".

Que Deus nos ajude para que também nós possamos tornar-nos "bons" e "fiéis", para que o Senhor nos convide também, a nós, a entrar e permanecer eternamente com Ele e Ele conosco! Amém.

---

6. Eckhart (1973, p. 124,2): *lebende, wesende, istige vernûnfticheit*; p. 527: *lebendige, wesenhafte, seiende Vernunft*.

Sermão 67

Got ist die minne, und der in der minne wonet, der wonet in gote und got in im[1]

[Deus é o amor, e quem mora no amor, mora em Deus, e Deus nele] (1Jo 4,16)

Deus mora na alma com tudo o que Ele é e com todas as criaturas. Por isso, onde é a alma, ali é Deus, pois a alma é em Deus. Por isso, também a alma é onde Deus é, a não ser que a Escritura minta. Onde é minha alma, ali é Deus, e onde Deus é, ali é também minha alma; e isso é tão verdadeiro como Deus é Deus.

O anjo é tão nobre em sua natureza que, se uma minúscula apara ou uma pequena centelha dele se soltasse e caísse, encheria todo esse mundo de gozo e felicidade. Observai, pois, quão nobre é em sua natureza um anjo. E os anjos são tantos que não têm número: eu digo que tudo é nobre num anjo. Se para ver um anjo na sua pura limpidez um homem devesse tornar-se servo até o último dia dos tempos e até o fim do mundo, fazê-lo valeria a pena plenamente. Acha-se em todas as coisas espirituais que uma é na outra um um, indiviso. Quando está em sua natureza pura, desprendida e solta de todas as criaturas, então a alma teria em sua natureza, por natureza, toda a perfeição e toda a alegria e todo o gozo que todos os anjos possuem por natureza, em número e multidão: eu os tenho, de todo, de uma vez, com toda a perfeição e com toda sua alegria e toda sua felicidade, como eles mesmos as possuem em si mesmos; e a cada um deles, eu o tenho em mim individualmente como eu possuo a mim mesmo em mim mesmo; sem impedimento de um outro, pois nenhum espírito exclui um outro. O

1. O texto da Sagrada Escritura se acha na epístola do primeiro domingo depois da Festa da Santíssima Trindade, segundo o antigo missal dominicano; e do primeiro domingo depois de Pentecostes, segundo o missal moderno.

anjo fica na alma, sem se fechar; por isso ele se dá de todo, de uma vez por todas, a cada alma, sem ser impedido por uma outra alma e pelo próprio Deus. Não só por natureza, mas mais: sobre natureza, minha alma se alegra de toda alegria e de toda felicidade pela qual Deus mesmo se alegra em sua natureza divina, goste Deus ou não; pois ali não há nada senão um e onde há um ali está tudo, e onde está tudo ali está um. Isso é uma verdade segura. Onde é a alma, ali é Deus, e onde é Deus, ali é a alma. E se eu dissesse que não é assim, não estaria falando direito.

Agora, pois, prestai atenção a uma palavrinha[2], a qual tenho por incisiva: é quando penso como Deus é um, dativo a mim[3], como se Ele tivesse esquecido todas as criaturas e não existisse mais nada a não ser eu. Agora rezai por aqueles que me foram recomendados! Aqueles que pedem por algo que não seja a não ser apenas Deus ou por e para Deus não pedem com retidão; se nada peço, peço assim retamente e a oração é reta e cheia de poder. Quem sempre pede por alguma outra coisa, este está pedindo por um ídolo e poderíamos dizer que se trata de uma pura heresia. Jamais peço tão bem como quando nada peço de nada e não peço por ninguém, nem por Henrique nem por Conrado. Os verdadeiros adoradores adorarão em verdade e em espírito, isto é, no Espírito Santo.

---

2. Palavrinha em alemão é *Wörtlein*. Pode significar pequena palavra e referir-se a um termo. Só que aqui significa um pensamento pequeno, mas de grande importância. Em alemão *Wort* pode significar um *termo*, mas também expressão de pensamento (*das Wort*; plural: *die Wörter, die Worte*; quando o plural de *Wort* é *Wörter*, *Wort* se refere ao *termo*; quando é *Worte*, refere-se à fala, ao discurso, ao pensamento). No nosso caso, *Wörtlein*, a palavrinha indica o termo e, ao mesmo tempo, principalmente, o vir à fala do decisivo pensamento ali presente, na enunciação que está empacotada como termo.

3. Eckhart (1973, p. 131,2): *wie er ein mir ist*; p. 528: *wie er <= Gott> eins er mit mir ist*. Como *mir* é dativo, e dativo se refere ao caso que indica a recepção da ação de dar, traduzimos *wie er (Gott) ein mir ist*: Deus é um, dativo, isto é, dadivoso. Explicitando, Deus que é *minne*, é plena doação absoluta, é plenamente, inteira e totalmente Um. É o doar-se por e para si de tal modo que *mir* não significa *para mim*, que sou algo fora dele, um sujeito, mas uma nova "realidade" de encontro de amor, explicitada no texto que segue ao *um, dativo a mim*, que diz: *como se ele tivesse esquecido etc*. Aqui esse *eu que resta* não é resto, mas a plenitude do ser do encontro intrapessoal trinitário: o Um como deidade, o Deus da *Abgeschiedenheit*. Cf. glossário n. 6, 7, 8, 13, 14, 22 e 23.

O que Deus é no poder, nós o somos na imagem[4]; o que o Pai é no poder[5] e o Filho na sabedoria[6] e o Espírito Santo na bondade[7], nós o somos na imagem. Ali nós conhecemos como somos conhecidos (cf. 1Cor 13,12) e amamos como somos amados. Isto, porém, não é sem obra, pois a alma ali é contida na imagem e opera no poder como o poder; ela é contida ainda nas pessoas e se mantém segundo o poder do Pai, a sabedoria do Filho e a bondade do Espírito Santo. Isso tudo é ainda obra nas pessoas. Ali acima é ser-vigência não-operante. Propriamente só ali é ser *e* obra. Ali a alma é em Deus, sim, segundo a in-habitação das pessoas no ser-vigência, ali obra *e* ser: é um; é ali onde a alma acolhe as pessoas na intimidade da morada no ser-vigência, de onde elas jamais saíram, onde há uma pura essencial imagem. É o intelecto essencial de Deus, cujo poder límpido e nu é *intellectus*[8], que os mestres chamam de receptivo. E agora ouvi-me! Só acima disso é que a alma percebe *a* límpida *absolûcio*[9] do ser-vigência livre, o ali sem ali, onde nem recebe nem dá; é a nua e crua est-idade[10], ali privada de todo ser e de toda est-idade. Ali a alma percebe Deus nua e cruamente, segundo o fundo, abismo, ali, onde Ele é acima de todo ser-vigência. Se ali ainda houvesse ser, ela o perceberia como vigência em vigência; e ali não há nada a não ser um fundo abissal. Essa é a mais alta e plena perfeição do espírito a que se pode chegar nesta vida de modo espiritual. Mas essa não é a melhor perfeição que devemos possuir para sempre, com corpo e alma, de modo que o homem exterior é de todo, uma vez para sempre, contido plenamente no ter a subsistência a partir do ser pessoal, assim como a humanidade e a deidade são um ser pessoal na pessoalidade de Cristo, de modo que participo nessa mesma subsistência, do ser pessoal, de tal forma que sou o próprio ser pessoal, abnegando-me assim totalmente de uma vez para sempre do meu próprio entendimento, como eu, segundo o modo do espírito, sou um, portanto, segundo o fundo, como o

---

4. Eckhart (1973, p. 132,2): *in dem bilde*; p. 529: *in dem "Bilde" <= im göttlichen Abbild der Seele>*. Cf. glossário n. 10.

5. Eckhart (1973, p. 132,2): *in der kraft*; p. 529: *in der Kraft <= potestas>*.

6. Eckhart (1973, p. 132,3): *in der wîsheit*; p. 529: *in der Weisheit <= sapientia>*.

7. Eckhart (1973, p. 132,3): *in der güetichheit*; p. 529: *in der Gutheit <= bonitas>*.

8. Eckhart (1973, p. 133,4): *ein enpfenclîchez*; p. 529: *ein "Empfängliches"*; cf. glossário n. 11.

9. Eckhart (1973, p. 133,5): *absolûcio*; p. 529: *Absolutheit*. Na nossa tradução deixamos a palavra *absolûcio*, pois ela conota a plena soltura da liberdade do desprendimento (*Abgeschiedenheit*).

10. Eckhart (1973, p. 133): *Isticheit*.

próprio fundo é um fundo – de forma que eu, portanto, segundo o meu ser exterior, sou o mesmo ser pessoal, totalmente, de uma vez para sempre, despojado de subsistência própria. Esse ser pessoal humano-divino cresce e paira totalmente acima do homem exterior, de modo que este jamais poderá alcançá-lo. Estando em si mesmo, o homem exterior recebe influxo da graça do ser pessoal, em modos múltiplos de doçura, consolo e intimidade, que é bom; mas isso não é o melhor. Se, portanto, o homem exterior ficasse em si mesmo sem subsistência de si mesmo, mesmo recebendo consolo da graça e colaboração da graça – o que não é seu melhor –, o homem interior deveria, segundo o modo do espírito, inclinar-se para fora do fundo onde ele é um, e ter-se conforme o ser da graça pelo qual ele é contido gratuita e graciosamente. Por isso, o espírito jamais pode tornar-se perfeito se corpo e alma não se tornam plenos. Assim como o homem interior, de modo espiritual, declina do seu ser próprio, quando é *um* fundo no fundo, também o homem exterior deveria ser despojado de subsistência própria, e conservar totalmente, de uma vez para sempre, a subsistência do ser pessoal eterno, que é o próprio ser pessoal. Então aqui há dois seres. Um ser, segundo a deidade, é o ser substancial puro; o outro é o ser pessoal; e são, porém, ambos *uma* substância. Pois a mesma substância da pessoalidade de Cristo é a substância da alma, substancialidade da humanidade eterna, e é *um* Cristo em substancialidade, ambas essenciais e pessoais; assim também nós deveríamos ser o mesmo Cristo, nós que o seguimos nas obras, como Ele no ser é *um* Cristo segundo o modo humano; pois, visto que, segundo a humanidade, eu sou do mesmo modo, então sou tão unido ao ser pessoal que por graça no ser pessoal sou um, sendo também o ser pessoal. E uma vez que Deus é in-habitante eternamente no fundo do Pai, e eu nele, um fundo e o mesmo Cristo, uma subsistência de minha humanidade, assim ela é tanto minha quanto sua em *uma* subsistência do ser eterno, de modo que ambos os seres, o do corpo e o da alma, são realizados em *um* Cristo, *um* Deus, *um* Filho.

Que a sagrada Trindade nos ajude para que isso nos aconteça. Amém.

Sermão 68

Scitote, quia prope est regnum dei
[Sabei que está próximo o Reino de Deus]
(Lc 21,31)

Nosso Senhor diz: "Sabei que o Reino de Deus está próximo de vós" (Lc 21,31)[1]. Sim, o Reino de Deus está em nós, e São Paulo diz que "nossa salvação está mais próxima de nós do que nós acreditamos" (Rm 13,11).

Em primeiro lugar, devemos saber como o Reino de Deus está próximo de nós; em segundo lugar, quando o Reino de Deus está próximo de nós. Por esse motivo, devemos saber o sentido disso. Se fosse um rei, mas não o soubesse, eu não seria um rei. Mas se tivesse toda a persuasão de que eu sou rei e todos os homens estivessem disso persuadidos comigo e eu soubesse ser verdadeiro que todos estão disso persuadidos, então eu seria um rei e toda a riqueza do rei seria minha, e dela nada me faltaria. É necessário que haja essas três coisas se eu devo ser rei. E se me faltasse uma dessas três coisas, eu não poderia ser um rei. Um mestre diz – assim como nossos melhores mestres – que a felicidade está nisso, que se conheça e se saiba, e que haja uma urgência necessária à verdade. Tenho uma força em minha alma que é totalmente receptiva[2] de Deus.

Tão certo como eu sou homem, assim estou certo de que não há nada que me está tão próximo quanto me está próximo Deus. Deus está mais próximo de mim do que eu o estou de mim mesmo; meu ser depende de Deus me estar próximo e presente em mim. Ele também está próximo de uma pedra e de um pedaço de madeira, estes, porém, disso não sabem. Se, como o sabe o anjo mais elevado, a madeira soubesse de Deus e conhe-

1. O texto bíblico foi tirado, segundo o antigo missal dominicano, do segundo (conforme o missal moderno, do primeiro) domingo do Advento.

2. Cf. glossário n. 12.

cesse quão próximo Ele está dela, então ela seria tão bem-aventurada quanto o anjo mais elevado. Por isso, o homem é mais bem-aventurado do que uma pedra ou um pedaço de madeira, porque conhece a Deus e sabe quão próximo lhe está Deus. E tanto mais sou bem-aventurado quanto mais conheço tudo isso; tanto menos sou bem-aventurado quanto menos conheço tudo isso. Não sou bem-aventurado por Deus estar em mim e me estar próximo e por eu o ter, mas por conhecer quão próximo de mim está e por ser eu o sapiente[3] de Deus. O profeta diz no saltério: "Não deveis ser insipientes como uma mula ou um cavalo" (Sl 31,9). Uma outra palavra é dita pelo Patriarca Jacó: "Deus está neste lugar e eu não sabia!" (Gn 28,16). Devemos saber de Deus e devemos conhecer que "o Reino de Deus está próximo".

Quando penso no "Reino de Deus", faz-se um imenso silêncio em mim. É que ele é tão grande! Pois "Reino de Deus" é o próprio Deus, Ele mesmo, com toda sua riqueza. Não é nenhuma coisa pequena, o Reino de Deus. Quem excogitasse todos os mundos que Deus poderia criar, isso é o "Reino de Deus". Entrementes costumo dizer uma palavra: A alma, na qual o "Reino de Deus" se manifesta, a qual conhece o "Reino de Deus" como "próximo" de si, a ela ninguém precisa pregar nem ensinar: sendo assim, ela é ensinada e está segura da vida eterna; e sabe e conhece quão "próximo" lhe está o "Reino de Deus". Ela pode dizer como Jacó: "Deus está neste lugar e eu não sabia"; mas agora o sei.

Em todas as criaturas Deus está "próximo" por igual. No Eclesiástico o sábio diz: Deus estendeu sua rede, seu laço sobre todas as criaturas (Os 7,12), para que se possa encontrá-lo em cada uma delas; de modo que se pudesse lançar tudo isso, a saber, a rede e o laço sobre o homem, e ele ali em cada criatura mirasse a Deus e nisso conhecesse a Deus. Diz um mestre: Conhece a Deus retamente quem o conhece em todas as coisas igualmente. Em certa ocasião eu disse também: Que sirvamos a Deus em temor, isso é bom; que o sirvamos em amor, isso é melhor; mas tomarmos o amor em temor, isso é o melhor. Que um homem possua uma vida serena, isso é bom; que um homem suporte uma vida atribulada com paciência, isso é melhor; mas que se tenha serenidade na vida atribulada, isso é o melhor. Um homem vai pelos campos e diz sua oração e conhece a Deus ou está na igreja e conhece a Deus: que conheça a Deus mais por estar num lugar tranquilo, que é o seu costume, isso vem de sua fragilidade, não, porém, de Deus; pois

3. Cf. glossário n. 3 e 12.

Deus é igual em todas as coisas e em todos os lugares e está pronto a doar-se igualmente, como é do seu teor; e conhece a Deus retamente só quem o conhece de modo igual.

São Bernardo[4] diz: "De onde vem que meu olho conhece o céu, e não os meus pés? Isso vem de que meu olho é mais igual ao céu do que meus pés". Se a alma deve conhecer a Deus, então deve ser celeste. O que é que leva a alma a conhecer a Deus em si mesma e saber o quanto Deus lhe é "próximo"? Os mestres dizem que o céu não pode receber nenhuma impressão estranha; assim, nenhuma necessidade penosa pode se imprimir nele de modo a tirá-lo de sua rota. Assim a alma deve ser firmada e consistente, ela que deve conhecer a Deus, a ponto de nada nela se poder imprimir, nem esperança nem temor, nem alegria nem miséria, nem amor nem dor, nem nada que pudesse desviá-la de seu curso.

Em todos os seus confins, o céu é igualmente distante da terra. Assim também a alma deve ser igualmente distante de todas as coisas terrenas, de modo a não ser mais distante de uma do que da outra. Porque é alma nobre, deve manter uma igual distância de todas as coisas terrenas, da esperança, da alegria e da lamúria; seja lá o que for, tudo isso lhe deve ser ao mesmo tempo de todo retraído. O céu é também puro e claro sem nenhuma mancha, exceto o "céu" da lua. A este, chamam-no os mestres de parteira do céu, ele é, pois, a esfera mais baixa, a que está mais próxima da terra[5]. O céu não é tocado por espaço nem por tempo. Ali, no céu, nenhuma coisa corpórea possui lugar; e quem pode sondar em plenitude as Escrituras, certamente reconhece que o céu não tem nenhum lugar. O céu também não é no tempo; seu curso é incrivelmente rápido. Os mestres[6] dizem que seu curso é alheio a tempo; mas é de seu curso que provém o tempo. Não há nada que mais impeça a alma de conhecer a Deus do que tempo e espaço. Tempo e espaço são fragmentos, e Deus é Um. Por isso, se a alma deve conhecer a Deus, deve conhecê-lo por cima de tempo e espaço; pois Deus

---

4. Bernardo de Claraval, *Sermones in Cantica Canticorum* 31 n. 2 (ed. Cist., t. 1, p. 220,15s).

5. Quint, nessa nota, apontando para referências existentes em textos das outras obras de Eckhart, menciona nomes e textos de mestres como Sêneca, Avicena (Eckhart, 1973, p. 147, nota 2). A respeito da lua, *luna* em latim, como parteira do céu, indica Isidoro de Sevilha, *Etymologiae* III c. 71 n. 2: "A palavra *luna* é como o nome *Lucina*, do qual se abstraiu a sílaba do meio"; e Lucina é nome da deusa do nascimento Juno; e Alberto Magno, *De caelo et mundo* l. 2 tr. 3 c. 15 (ed. Colon., 5,1, 1971, p. 178,13): "Por isso, também a própria lua é chamada pelos filósofos de rainha do céu".

6. Cf. Agostinho, *Conf.* c. 9 n. 9, CSEL XXXIII 316,3-13.

não é como essas coisas múltiplas, isso ou aquilo, mas Deus é Um. Se a alma quer conhecer a Deus, em nada deverá reparar no tempo; enquanto conhece tempo ou espaço ou qualquer uma dessas imagens, a alma não pode conhecer a Deus. Se o olho quer conhecer a cor, deve estar separado de toda cor. Um mestre diz: Se a alma quer conhecer a Deus, nada deve ter em comum com coisa alguma. Quem conhece a Deus conhece que todas as criaturas nada são. Quando se confronta uma criatura com outra, ela é bela ou é algo, pelo menos; mas, quando se a confronta com Deus, ela nada é.

Às vezes costumo dizer: Se a alma quer conhecer a Deus, deve esquecer e perder a si mesma; pois, se conhece a si mesma, não conhece a Deus; mas em Deus ela reencontra a si mesma. Na medida em que conhece a Deus, nele conhece também a si mesma e todas as coisas de que se separou. Na medida em que se separou de si mesma e de todas as coisas, conhece a si mesma totalmente. Se quero conhecer verdadeiramente a bondade, devo conhecê-la onde ela é a bondade em si mesma, não onde a bondade está repartida. Se quero conhecer verdadeiramente o ser, devo conhecê-lo onde o ser é em si mesmo, isto é, em Deus e não onde ele está dividido. Ali, em Deus, ela conhece todo o ser. Como eu já disse anteriormente: em um homem não se encontra toda a humanidade, pois um homem não é todos os homens. Ali, em Deus, a alma conhece toda humanidade e todas as coisas no que há de mais sublime, pois as conhece segundo o ser. Se um homem mora numa casa bem pintada, e um outro ali jamais entrou; este poderia até falar sobre a casa, mas aquele que esteve lá dentro sabe o que e como é. Eu estou tão certo, como sei que vivo e que Deus vive, que: se a alma quer conhecer a Deus, deve conhecê-lo acima de tempo e de espaço. E a alma que chega a isso e que tem os itens acima analisados conhece a Deus e sabe quão "próximo é o Reino de Deus", isto é, Deus com toda sua riqueza, a saber, o "Reino de Deus".

Na escola os mestres lançam questões importantes sobre como é possível que a alma possa conhecer a Deus[7]. Não vem da justiça de Deus nem do seu rigor Ele requerer tanto dos homens; tudo isso se deve à sua magnânima benignidade. Ele querer que a alma se dilate; para que ela possa receber muito e que Ele muito lhe possa doar.

Ninguém pense que seja difícil chegar ali, mesmo que tudo isso soe difícil e grandioso. É bem verdade que de início é um tanto difícil o despren-

7. Cf. Tomás de Aquino, *S.Th.* q. 12 a. 1-13.

der-se. Mas quando se adentra, então jamais houve vida mais leve, mais prazerosa nem mais amável; e Deus está muito empenhado em estar todo o tempo junto do homem, ensinando-o a entrar, supondo que o homem queira segui-lo. Jamais um homem desejou tanto uma coisa como Deus deseja trazer o homem a conhecê-lo. Deus, todo o tempo, está pronto, mas nós estamos muito pouco dispostos; Deus nos está próximo, mas nós estamos dele muito distantes; Deus é dentro, nós fora; Deus é familiar, nós estranhos. O profeta diz: Deus conduz os justos através de estreitos caminhos a largas estradas (Sb 10,10s.) para que cheguem à vastidão e ao largo.

Que todos nós o sigamos para que Ele nos conduza para dentro de si, onde o conheçamos em verdade, a isso nos ajude Deus! Amém.

Sermão 69

Modicum et jam non videbitis me
[Um pouco, e já não me vereis]
(Jo 16,16)

Eu disse uma palavra em latim, que São João escreveu no Evangelho que lemos neste domingo. Essa palavra foi dita por Nosso Senhor a seus discípulos: "Por um átimo, por um pouco, e já não me vereis" (Jo 16,16).

Por pequeno que seja o que se gruda na alma, não mais vemos a Deus. Santo Agostinho[1] perguntou o que seja a vida eterna e ele mesmo respondeu, dizendo: Tu me perguntas o que seja a vida eterna. Pergunta e ouve a vida eterna ela mesma. Ninguém sabe melhor o que é calor do que quem tem o calor; ninguém sabe melhor o que é sabedoria do que quem tem a sabedoria; ninguém sabe melhor o que é vida eterna do que a própria vida eterna, ela mesma. E agora fala a vida eterna, Nosso Senhor Jesus Cristo: "Isto é vida eterna, que se conheça a ti somente, um verdadeiro Deus" (Jo 17,3). Mesmo quem conhecesse a Deus de longe, como num meio ou numa nuvem, não iria separar-se um instante de Deus, por nenhum preço, mesmo que seja todo esse mundo. Imaginai então como é grande ver a Deus sem mediação? É então que diz Nosso Senhor: "Por um átimo, por um pouco, e já não me vereis". Todas as criaturas que Deus já criou ou poderia ainda criar, se Ele quisesse, tudo isso é um pouco ou um átimo diante de Deus. O céu é tão grande e tão vasto que vós não acreditaríeis se eu vo-lo dissesse. Se com a ponta de uma agulha alguém tocasse o céu, o que a ponta da agulha toca do céu seria maior diante do céu e todo este mundo do que o céu e o mundo diante de Deus. Por isso foi dito muito bem: "Por um pouco, por um átimo, e já não me vereis". Assim, enquanto ainda brilhar em ti alguma coisa de criatura, por menor que seja, não verás a Deus. Por isso,

1. Cf. Agostinho, *Sermo* 150 c. 8 n. 10, PL 38,814.

diz a alma no livro do amor: "Vagueei circulando por toda parte, buscando aquele que a minha alma ama e não o encontrei" (Ct 3,2). Encontrou anjos e outras coisas; mas aquele que sua alma ama, não o encontrou. E disse: "Depois, quando saltei por sobre um pouco, por sobre um átimo, encontrei aquele que minha alma ama" (Ct 3,4), como se ela quisesse dizer: "Quando então, ultrapassei todas as criaturas, saltitando por sobre elas – que é 'um pouco, um átimo' –, encontrei aquele que minha alma ama". A alma que quer encontrar a Deus deve saltitar e dar um pulo por sobre todas as criaturas.

Sabei, pois, que Deus ama a alma com tanta força que é uma maravilha. Quem privasse a Deus de amar a alma tirar-lhe-ia sua vida e seu ser, o mataria, se é que se pode dizer algo assim; pois o mesmo amor com que Deus ama a alma é sua vida e no mesmo amor floresce o Espírito Santo e esse mesmo amor é o Espírito Santo. E uma vez que Deus ama tão fortemente a alma, ela deve correspondentemente ser algo igualmente grandioso.

Um mestre diz no livro *Da alma*[2]: "Se não houvesse nenhuma mediação, o olho poderia ver uma formiga ou uma mosca no céu"; e ele disse a verdade, pois está se referindo ao fogo e ao ar e diversas outras coisas que estão entre o céu e os olhos. O outro mestre diz: "Se não houvesse nenhuma mediação, meu olho nada veria". E ambos opinam retamente.

O primeiro diz: "Se não houvesse nenhuma mediação, o olho veria uma formiga no céu", e sua opinião é reta. Se não houvesse nenhuma mediação entre Deus e a alma, imediatamente a alma poderia ver a Deus; pois Deus não tem nenhuma mediação; e também não pode tolerar nenhuma mediação. Se a alma fosse de todo despida e des-coberta de todas as mediações, também Deus seria despido e des-coberto para ela, e Deus se entregaria totalmente a ela. Enquanto não estiver despida e descoberta de todas as mediações, por menores que sejam, a alma não vê a Deus. E se houvesse algo intermediário entre corpo e alma, mesmo que seja do tamanho de um fio de cabelo, ali jamais poderia existir verdadeira união. E se isso já é assim com coisas corpóreas, muito mais é com coisas espirituais. Boécio[3] diz: "Se limpidamente queres conhecer a verdade, deixa de lado alegria e

2. Aristóteles, *De anima* II t. 74 (B c. 7 419 a 15s). Cf. Eckhart (1973, p. 164, nota 3): Pela indicação aqui referida, a primeira afirmação, relatada no *De anima*, é ali atribuída a Demócrito. A segunda afirmação é de Aristóteles.

3. Boécio, *De Consol. Phil.* c. I m. VII, CSEL LXVII 20,3-10: "Tu quoque si vis / lumine claro / cernere verum / gaudia pelle / pelle timorem / spemque fugato / nec dolor adsit".

dor, medo e segurança ou esperança". Alegria e dor são um meio; medo e segurança são meios: é tudo um meio. Enquanto os tens em mente e tens em mente a ti mesmo, não vês a Deus.

O outro mestre[4], porém, diz: "Se não houvesse nenhuma mediação, meu olho nada veria". Se ponho minha mão sobre meu olho, não vejo a mão. Se a coloco diante de mim, vejo-a imediatamente. Isso vem da materialidade grosseira que está na mão; esse material grosso deve ser purificado e tornar-se sutil no ar e na luz e então ser trazido ao meu olho como uma imagem[5]. Repara isso no espelho: se o tens diante de ti, tua imagem aparece no espelho. O olho e a alma são tal espelho, no qual aparece ali dentro tudo que se mantém diante deles. É por isso que não vejo a mão ou a pedra; antes, vejo uma imagem da pedra. Mas a imagem, ela mesma, não a vejo em outra imagem ou em um meio, mas eu a vejo sem meio e sem imagem, pois a imagem é o meio e não um outro intermediário, e o porquê disso é que imagem é sem imagem e correr é sem correr, perfaz antes o em correndo, o corredor; e grandeza é sem grandeza, antes, ela perfaz o sendo grande, o grande. Assim também, imagem é sem imagem, pois não é vista em outra imagem. A palavra eterna é o meio e a própria imagem, que ali é sem meio e sem imagem, para que na palavra eterna a alma apreenda a Deus e conheça sem meio e sem imagem.

Existe uma força na alma, é o intelecto. Desde o início, tão logo percebe Deus e o degusta, este tem em si cinco propriedades. Pela primeira, ele se separa do aqui e do agora. Pela segunda, não é igual a nada. Pela terceira, é límpido e sem mistura. Pela quarta, é que nele mesmo opera e procura. Pela quinta, ele é uma imagem.

Em primeiro lugar, ele se separa do aqui e do agora. *Aqui* e *agora* diz o mesmo que espaço e tempo. *Agora* é o mínimo do tempo; não é nem um pedaço nem uma parte do tempo: é antes um gosto do tempo e uma ponta, um fim do tempo. Entrementes, por menor que seja, deve ser afastado; tudo quanto toca no tempo ou sabe a tempo, tudo isso deve ser afastado. Por outro lado, o intelecto se separa do aqui. *Aqui* significa o mesmo que "espaço". O espaço onde estou é bem pequeno. No entanto, por menor que seja, deve ser afastado, se se quer ver a Deus.

---

4. Aristóteles; cf. acima, nota 2.

5. Cf. Aristóteles, *De anima* II t. 73 (B c. 7 419 a 12-15); Alberto Magno, *De anima* II tr. 3 c. 14 (ed. Colon., 7,1, p. 119,33s).

Em segundo lugar, o intelecto não é igual a nada. Um mestre diz: Deus é um ser com quem nada se iguala nem pode se igualar. E diz São João: "Seremos chamados filhos de Deus" (1Jo 3,1). Se devemos ser filhos de Deus, temos de ser então iguais a Ele. Como, então, diz o mestre: Deus é um ser ao qual *nada* é igual? Compreende isso assim! Pelo fato de que a essa força, ao intelecto, nada é igual, justamente nisso ela é igual a Deus. Assim como Deus não é igual a nada, também essa força não se iguala a nada[6]. Sabei que todas as criaturas buscam e atuam por natureza para que se tornem iguais a Deus. O céu jamais percorreria seu curso se não perseguisse nem buscasse a Deus ou uma igualdade de Deus[7]. Se Deus não fosse em todas as coisas, a natureza não atuaria nem buscaria nada em coisa alguma; pois, te seja agradável ou não, saibas ou não: nos seus recônditos[8], no mais íntimo de si mesma, a natureza busca e deseja a Deus[9]. Por mais extremamente sedento que esteja um homem, ao ser-lhe oferecido de beber, ele não o desejaria, se ali no íntimo não houvesse algo de Deus. A natureza não busca nem alimento nem bebida, nem vestimentas nem conforto, nem nada de nada em todas as coisas, se ali no íntimo não houvesse algo de Deus. Ela procura ali secretamente e persegue e deseja sempre encontrar a Deus.

Em terceiro lugar, essa força, o intelecto, é límpido e sem mistura. A natureza de Deus não pode suportar nem ajuntamento nem mescla. Assim, essa força também não tem nem ajuntamento nem mescla; ali nada de estranho há nem pode entrar. Se de uma pessoa bela eu dissesse que é pálida ou escura, eu lhe faria injustiça. A alma deve ser totalmente sem mistura. Se alguém colasse algo em meu capuz ou colocasse algo sobre ele, quem vestisse meu capuz vestiria também esse algo. Quando eu daqui partir, vai comigo tudo que está em mim. Se alguém tira aquilo sobre o qual o espírito está sentado ou grudado, juntamente tira também o espírito. Mas o homem que em nada estivesse sentado e em nada estivesse grudado permaneceria inamovível, mesmo que se revolvessem céu e terra, porque em nada estaria aderido e nada nele estaria grudado.

---

6. Cf. Moisés Maimônides, *Dux neutrorum* I c. 51 (19r 27).

7. Cf. Tomás de Aquino, *Scriptum super libros Sententiarum* I d. 37 q. 4 a. 1 ad 2.

8. Eckhart (1973, p. 172,2): *heimlîche*. *Heim* significa lar, "em casa", familiar. Mistério em alemão é *Geheimnis* (*Ge-heim-nis*: *Ge* = concentração, ajuntamento; *Heim* = lar, em casa; *nis* = sufixo substantivante).

9. Cf. Tomás de Aquino, *S.Th.* I q. 8 a. 1: *deus est in omnibus rebus*.

Em quarto lugar, essa força está de todos os modos buscando para dentro. Deus é tal ser que habita em todos os modos, sempre no mais íntimo abismo interior. Por isso o intelecto sempre e em toda parte está buscando interiormente, para dentro. Mas a vontade se volta para fora, para o que ela ama. Assim, se meu amigo vem a mim, a minha vontade com seu amor derrama-se totalmente sobre ele e nisso o satisfaz. E diz, pois, São Paulo: "Devemos conhecer a Deus como somos conhecidos por Ele" (1Cor 13,12). E São João: "Devemos conhecer a Deus como Ele é" (1Jo 3,2). Se quero ser colorido, devo ter em mim o que pertence à cor. Jamais serei colorido se não tiver em mim a essência da cor. Nunca posso ver a Deus senão naquilo mesmo em que Deus vê a si mesmo interiormente. Por isso, diz São Paulo: "Deus habita em uma luz onde não há acesso" (1Tm 6,16). Por isso ninguém seja pusilânime! Certamente, nos encontramos a caminho ou num acesso, e isso é bom; mas ainda estamos longe da verdade, tudo isso ainda não é Deus.

Em quinto lugar, essa força, o intelecto, é uma imagem. Eia! prestai atenção a isso com diligência e guardai-o bem. É que aqui se concentra de uma vez todo o sermão, a saber: imagem e imagem[10] são tão plenamente um e são tão mútuas uma com a outra que ali não se pode conhecer diferença alguma. Pode-se compreender o fogo sem o calor e o calor sem o fogo. Pode-se até compreender o sol sem a luz e a luz sem o sol. Mas não se pode compreender nenhuma diferença entre imagem e imagem. E digo mais: com sua onipotência, Deus não pode ali compreender nenhuma diferença, pois nascem uma com a outra e morrem uma com a outra. Se meu pai morre, nem por isso morro eu também. Se ele morre, já não se pode dizer: "Ele é seu filho", mas se diz certamente: "Ele era seu filho". Se faço o muro branco, pelo fato de ser branco, é igual a todos os brancos. Mas se faço o muro preto, ele está morto para todos os brancos. Vede, assim é também aqui: se se esvai a imagem, feita segundo Deus, se esvai também a imagem de Deus. Eu quero dizer ainda uma palavra: que são, digamos, duas ou três. Assim, agora, escutai-me bem! O intelecto mira para dentro a espreitar o interior e irrompe, de vinco a vinco, e penetra em todos os recantos da deidade e toma o Filho no coração do Pai e no fundo divino[11] e coloca-o em seu[12] fundo. O intelecto penetra no interior; a ele não bas-

10. Eckhart (1973, p. 176,4): *bilde und bilde*; p. 538: *Bild und <Ur>bild.*

11. Eckhart (1973, p. 179,2): *in dem grunde*; p. 538: *im <göttlichen> Grund.*

12. Seu, a saber, do intelecto.

ta bondade nem sabedoria nem verdade nem mesmo Deus. Sim, por boa verdade: tão pouco como uma pedra ou uma árvore, Deus não o satisfaz. Ele jamais repousa; ele irrompe no fundo, ali de onde prorrompem bondade e verdade, e toma-as *in principio*, na origem, ali onde iniciam bondade e verdade, antes de se ganhar qualquer nome, antes de prorromper, em um fundo muito mais elevado do que onde são bondade e sabedoria. Mas sua irmã, a vontade, a ela basta-lhe Deus enquanto Ele é bom. Mas o intelecto rompe tudo isso e penetra no interior, irrompendo para dentro das raízes, de onde transborda o Filho e onde floresce o Espírito Santo.

Que o Pai e o Filho e o Espírito Santo nos ajudem para que compreendamos isso e nos tornemos eternamente bem-aventurados. Amém.

Sermão 70

Modicum et non videbitis me etc.
[Um pouco, e já não me vereis]
(Jo 16,16)

Nosso Senhor disse a seus discípulos: "Por um átimo e por um pouco e por um mínimo e não me vereis; mas por um átimo e vós haveis de me ver" (Jo 16,16). Os discípulos disseram: "Nós não sabemos o que Ele diz" (Jo 16,18). São João, que ali estava, relatou isso. Quando Nosso Senhor viu seu coração, disse então: "Por um átimo haveis de me ver, e o vosso coração se há de alegrar; essa alegria jamais vos será tirada" (Jo 16,22)[1].

Diz, pois, Nosso Senhor: "Por um átimo, não havereis de me ver". Os melhores mestres dizem que o cerne da bem-aventurança está no conhecimento[2]. Recentemente um grande clérigo[3] veio a Paris, opôs-se a isso e gritou e muito se irritou. Um outro mestre então falou melhor do que todos os mestres que representam em Paris a melhor doutrina: "Mestre, vós gritais e estais muito irritado; se não fosse a Palavra de Deus no Santo Evangelho, poderíeis gritar muito e vos excitar!" Conhecimento toca desnudo, pele a pele, o que conhece. "Isto é a vida eterna, que eu te conheça a ti somente, um verdadeiro Deus" (Jo 17,3). A perfeição da bem-aventurança jaz em ambos: no conhecimento e no amor.

Então Ele diz: "Por um átimo e vós não me vereis". Aqui dentro estão quatro sentidos que soam quase iguais, mas carregam em si uma grande diferença. "Por um átimo e vós não me vereis." Em vós todas as coisas de-

---

1. O texto bíblico foi tirado do Evangelho do terceiro domingo depois da Páscoa.

2. Cf. glossário n. 11, 12, 13 e 14.

3. Há conjeturas sobre quem poderiam ser os protagonistas dessa controvérsia. *Um grande clérigo*: geral dos franciscanos Gonsalvus de Vallebona? Duns Scotus († 1308)? *Um outro mestre*: famoso dominicano Hervéus Natalis († 1323). Cf. Eckhart (1973, p. 188, nota 2).

vem ser como átimos e como um nada. Por diversas vezes tenho falado do que Santo Agostinho disse: "Ali, onde São Paulo nada viu, ali ele viu Deus". Agora eu viro a palavra, e assim fica bem melhor, e digo: "Ali onde ele viu nada, ali ele viu Deus". Esse é o primeiro sentido da palavra.

O segundo sentido é: se o mundo inteiro e todo o tempo não se tornarem um átimo em vós, não vereis a Deus. No Apocalipse, São João diz: "O anjo jura pela vida eterna que nunca mais haverá tempo". São João diz abertamente: "O mundo foi feito por Ele e o mundo não o conheceu" (Jo 1,10). Até um mestre pagão afirma que o mundo e o tempo são átimo. A não ser que ultrapasseis o mundo e o tempo, não vereis a Deus. "Por um átimo e vós não me vereis."

O terceiro sentido é: enquanto houver algo colado à alma, por menor que seja, pecado ou algo do gênero, não vereis a Deus. Os mestres[4] dizem que o céu não recebe nenhuma impressão estranha. Existem muitos céus; cada qual tem o seu espírito e seu anjo que lhe é ordenado. Se tivesse que operar em um outro céu, ao qual não é ordenado, ele não o poderia. Um clérigo disse: "Queria que vossa alma estivesse em meu corpo". Eu lhe respondi: "Em verdade, ali, assim ela seria uma imbecil, pois não poderia fazer nada com ele, nem vossa alma poderia fazer qualquer coisa em meu corpo". Nenhuma alma pode operar em qualquer corpo a não ser naquele ao qual está ordenada. O olho não tolera em si nada de estranho. Um mestre diz[5]: "Se não houvesse intermediário, nada poderíamos ver". Se eu quero ver a cor no muro, é preciso que ela se torne sutil na luz e no ar e que sua semelhança[6] seja transportada para meu olho. São Bernardo[7] diz: O olho é igual ao céu; acolhe em si o céu. Isso não faz o ouvido; ele não o ouve, nem a língua pode sentir seu gosto. Por outro lado, o olho foi configurado em forma redonda como o céu. Em terceiro lugar, o olho está no alto como o céu. Por isso, o olho recebe a impressão da luz, pois tem uma propriedade do céu. O céu não recebe nenhuma impressão estranha. O corpo recebe certamente impressão estranha, e a alma também recebe impressão estranha, pois atua no corpo. Se a alma quer conhecer algo que está fora dela, como um anjo, por exemplo, por mais puro que ele seja, deve fazê-lo com

---

4. Cf. Alberto Magno, *Summa de creatures* I tr. 3 a. 2 (ed. Borgnet, 34, p. 399). Cf. Eckhart (1973, p. 191, nota 3).

5. Cf. Sermão 69, nota 2.

6. Alberto Magno, *De anima* II tr. 3 c. 14.

7. Bernardo de Claraval, *Sermones in Cantica Canticorum* 31 n. 2 (ed. Cist., t. 1, p. 220s).

a ajuda de uma pequena imagenzinha sem imagem. Assim deve fazer também o anjo: se quer conhecer outro anjo ou algo outro, abaixo de Deus, deve fazê-lo com a ajuda de uma pequena imagenzinha sem imagem, não como são as imagens aqui. Mas ele conhece a si mesmo sem "um átimo"[8] e sem imagem e sem comparação. Assim também a alma conhece a si mesma sem "um átimo", sem imagem e sem comparação e sem qualquer mediação. Se eu também quero conhecer a Deus, isso deve acontecer sem imagem e sem qualquer mediação. Os melhores mestres dizem que conhecemos a Deus sem mediação. Assim, pois, o anjo conhece a Deus como conhece a si mesmo: sem imagem e sem "um átimo". Se eu quero conhecer a Deus sem mediação e sem imagem e sem comparação, então Deus deve tornar-se muito próximo de mim e eu muito próximo de Deus, tão plenamente um que eu opero com Ele, e isso não como se eu operasse e Ele apenas me impelisse. Ao contrário, eu opero ali com isso que é meu. Eu opero com Ele tão propriamente como minha alma opera com meu corpo. Isso é um grande consolo para nós, e, se não tivéssemos mais nada, isso bastaria para excitar-nos a amar a Deus.

O quarto sentido é totalmente oposto a esses três: se quisermos ver a Deus, devemos ser grandes e elevados. A luz do sol é pequena diante da luz do intelecto, e o intelecto é pequeno ante a luz da graça. Graça é uma luz que paira sobre e transcende tudo que Deus já criou ou poderia criar. E, no entanto, por maior que possa ser, a luz da graça é pequena diante da luz divina. Nosso Senhor admoestou seus discípulos, dizendo: "Em vós há ainda uma pequena luz" (Jo 12,35). Eles não estavam sem luz; mas ela era pequena. Devemos crescer e tornar-nos grandes na graça. Enquanto crescemos na graça, se é assim graça e pequena, ali se conhece a Deus de longe. Mas quando a graça é aperfeiçoada ao máximo, então não é graça; é uma luz divina, dentro da qual se vê a Deus. São Paulo diz: "Deus mora em e habita uma luz à qual não há acesso" (1Tm 6,16). Não há acesso para lá, ali há um ad-vento[9]. Moisés diz: "Homem jamais viu a Deus" (Ex 33,20). Enquanto somos homens e enquanto algo de humano vive em nós e nos encontrarmos em um acesso, não vemos a Deus. Nós devemos ser elevados para o alto e assentados num límpido repouso e assim ver a Deus. São João diz: "Conheceremos a Deus exatamente como Deus conhece a si mesmo"

8. Eckhart (1973, p. 194,9): *sunder "kleine"*; p. 541: *ohne "Kleines"*.

9. Eckhart (1973, p. 196,12): *dâ ist ein dar komen*; p. 542: *dorthin gibt es (nur) ein Hingelangen.*

(1Jo 3,2). É propriedade de Deus Ele conhecer a si mesmo sem "um átimo" e sem isso e aquilo. Assim, o anjo conhece a Deus como conhece a si mesmo. São Paulo diz: "Conheceremos a Deus como somos conhecidos" (1Cor 13,12). Agora eu digo: "Nós o conheceremos exatamente como Ele conhece a si mesmo", na cópia que unicamente é a imagem de Deus e da deidade, não da deidade, mas desta somente enquanto ela é o Pai. Na medida justa em que somos iguais à imagem, na qual todas as imagens efluíram e são deixadas, na imagem em que somos refletidos e somos igualmente transportados para dentro da imagem do Pai, na medida em que Deus conhece isso em nós, nessa mesma medida nós o conhecemos como Ele conhece a si mesmo.

E, pois, diz Nosso Senhor: "Por um átimo e não me vereis; mas ainda por um átimo e me vereis". Nosso Senhor diz: "Isto é a vida eterna, que te conheçamos a ti somente um verdadeiro Deus".

Que alcancemos esse conhecimento, a isso nos ajude Deus. Amém.

Sermão 71

Surrexit autem Saulus de terra apertisque oculis nihil videbat [Saulo levantou-se da terra e, tendo os olhos abertos, não via nada] (At 9,8)

Essa palavra, dita em latim, foi escrita por São Lucas nos Atos, sobre São Paulo, e diz assim: "Paulo levantou-se da terra e de olhos abertos nada via" (At 9,8)[1].

Parece-me que essa palavrinha tem quatro sentidos. Um sentido é: quando se levantou da terra e de olhos abertos nada via, esse nada era Deus; pois quando viu a Deus ele o chamou de um nada. O segundo sentido: quando se levantou, ele ali nada viu senão Deus. O terceiro: nada via em todas as coisas senão Deus. O quarto: quando viu a Deus, viu então todas as coisas como um nada.

Anteriormente, Lucas falou como de repente veio sobre Paulo uma luz do céu e o derrubou ao chão (At 9,3). Observai o que ele diz: "Do céu veio uma luz". Nossos melhores mestres[2] dizem que o céu tem luz em si mesmo e, no entanto, não ilumina. Também o sol possui luz em si mesmo, e ilumina. As estrelas têm também luz, embora esta venha a elas. Nossos mestres dizem: Fogo, em sua limpidez simples, natural, em seu estado mais elevado, não ilumina. Sua natureza é tão límpida que nenhum olho pode percebê-la de nenhum modo. É tão fina e alheia aos olhos, que se estivesse aqui embaixo junto do olho, este não conseguiria tocá-la com sua visão. Mas em uma outra coisa alheia a ela nós o vemos muito bem, pois ali se acende em um pedaço de madeira ou em um carvão.

Na "luz do céu" experimentamos a luz que é Deus, que nenhum sentido humano pode alcançar (1Tm 6,16). Por isso diz São Paulo: "Deus mora

1. Texto tirado da leitura da Festa da Conversão de São Paulo (25 de janeiro).

2. Cf. Alberto Magno, *De caelo et mundo* I tr. 1 c. 11 (ed. Colon., 5,1, p. 178,55s).

em uma luz à qual ninguém pode chegar". Ele diz: Deus é uma luz à qual não há acesso. Não existe nenhum acesso para Deus. Quem está ainda em ascensão e em crescimento na graça e na luz, este ainda não chegou em Deus. Deus não é uma luz crescente: devemos chegar a Ele pelo crescimento. No crescimento não vemos a Deus. Se se quer ver a Deus, isso deve acontecer numa luz que é Deus mesmo. Um mestre diz: Em Deus não há nem menos nem mais, nem isso nem aquilo. Enquanto nos encontramos no acesso, ainda não entramos.

Então ele diz: "Uma luz do céu envolveu-o" (At 9,3). Com isso, quer dizer: tudo que era algo para sua alma estava envolvido. Um mestre diz que nessa luz todas as forças da alma são exaltadas, pulam de vigor e superfluem, e os sentidos exteriores, com os quais vemos e ouvimos, se elevam. Assim também os sentidos interiores, que chamamos de pensamento. Sua amplidão e seu abismo são verdadeira maravilha; tanto posso pensar algo que se encontra no além-mar quanto aquilo que está a meu lado. Mas o intelecto vai por sobre os pensamentos para além enquanto ele ainda procura. Ele circula atento e procura; espreita aqui e ali e cresce em volume e diminui. Mas, acima desse intelecto que procura, existe um outro intelecto que ali não procura[3], que ali se encontra em seu ser límpido e simples, que está envolto na luz. E afirmo que nessa luz todas as forças da alma se elevam. Os sentidos lançam-se nos pensamentos: mas ninguém sabe quão altos e abissais são eles, a não ser Deus e a alma.

Nossos mestres dizem[4] – e trata-se de uma questão grave – que os anjos nada sabem dos pensamentos enquanto os pensamentos não irrompem e sobem para o intelecto que procura, e o intelecto que procura se eleve para o intelecto que já não procura, que é em si mesmo uma luz límpida. Essa luz abarca em si todas as forças da alma. Por isso, diz Lucas: "A luz do céu envolveu-o".

Um mestre diz: Todas as coisas que têm superfluência não têm recepção das coisas inferiores. Deus transborda em todas as criaturas, mas permanece intacto, sem ser tocado por nenhuma criatura. Ele não precisa delas. Deus concede à natureza que ela atue e a primeira obra dela é o coração. Por isso, alguns mestres quiseram que a alma estivesse inteiramente no coração e transbordasse com vida em outros membros. Isso, porém, não é

3. Cf. Tomás de Aquino, *Scriptum super libros Sententiarum* III d. 27 q. 1 a. 1.

4. Cf. Tomás de Aquino, *S.Th.* I q. 58 a. 4 ad 1.

assim. A alma é em cada um dos membros totalmente. É bem verdade: sua primeira obra reside no coração[5]. O coração é no meio, no centro; ele quer ser guardado de todos os lados, assim como o céu não tem nenhum influxo estranho nem recepção de nada alheio. Ele tem todas as coisas em si; toca todas as coisas e permanece intocado. Mesmo o fogo, por mais elevado que esteja em sua estância suprema, não toca o céu.

Ao ser envolto de luz, Paulo foi lançado ao chão e se lhe abriram os olhos, de modo que, de olhos abertos, viu todas as coisas como nada. E então, ao ver todas as coisas como nada, viu a Deus. Agora reparai! No livro do amor a alma diz uma palavrinha: "Em meu pequeno leito procurei por toda noite aquele que minha alma ama e não o encontrei" (Ct 3,1). Ela o procurou no pequeno; isso quer dizer: alguém que se prende a ou depende de algo que é abaixo de Deus, o leito desse alguém é muito estreito. Tudo que Deus pode criar é muito estreito. E a alma falou: "Procurei-o por toda a noite". Não há nenhuma noite, se ela não tem uma luz; esta, porém, é encoberta. O sol brilha na noite, mas é encoberto. De dia o sol brilha e encobre todas as outras luzes. É o que faz também a luz divina: encobre todas as luzes. O que procuramos nas criaturas é noite. E o que eu realmente penso é: o que procuramos em qualquer criatura, tudo isso é sombra e noite. Mesmo a luz do anjo mais elevado, por mais sublime que seja, não toca em nada a alma. Tudo que não é a luz primeira é escuridão e noite. Por isso, a alma não encontra a Deus. "Então me levantei e procurei ao redor e percorri campos e vales. E os guardas me encontraram – eram os anjos – e eu lhes perguntei se eles não haviam visto aquele que minha alma ama". Eles, porém, se calaram; talvez não pudessem nomeá-lo. "Mas quando andei um pouco mais, encontrei aquele que eu buscava" (Ct 3,2-4). Sobre o pouco e o átimo que a confundia para que ela não o encontrasse, já falei também em outra oportunidade: a quem todas as coisas passageiras não são pequenas e como que um nada, este não encontra Deus. Por isso, ela diz: "Mas quando andei um pouco mais, encontrei" aquele que buscava. Quando Deus se configura e "toma forma" e se infunde no interior da alma, se o consideras como uma luz ou como um ser ou como uma bondade, se ainda conheces algo dele, então tudo isso não é Deus. Vede, nós devemos caminhar e ultrapassar esse "átimo" e devemos retirar todos os atributos e conhecer a Deus

5. Moisés Maimônides, *Dux neutrorum* I c. 71, 31r 34.

como Um. Por isso, a alma diz: "Quando andei um pouco mais, encontrei aquele que minha alma ama".

Dizemos insistentemente: "Aquele que minha alma ama". Por que ela diz: "Aquele que minha alma ama?" Ora, Ele é muito acima da alma e ela não o nomeou, àquele que ela ama. Há quatro razões por que a alma não o nomeou. A primeira razão é porque Deus é sem nome. Se ela lhe tivesse dado um nome, então Ele deveria ser determinado pelo pensamento. Deus é acima de todo nome. Ninguém consegue chegar a expressar a Deus. A segunda é porque ela não lhe dá nenhum nome; isto é, quando a alma com amor flui totalmente em Deus, ela não sabe de mais nada a não ser de amor. Ela supõe que todas as pessoas o conhecem como ela mesma o conhece. Ela se admira de que alguém conheça alguma outra coisa que não seja só Deus. A terceira: ela não tinha muito tempo para nomeá-lo. Ela não pode se afastar por muito tempo do amor; ela não consegue pronunciar outra palavra senão amor. A quarta: talvez ela imagine que Ele não possui outro nome a não ser "amor"; no amor ela nomeia todos os nomes. Por isso, ela diz: "Eu me levantei e percorri os campos e vales. E quando andei um pouco mais encontrei" aquele que eu procurava.

"Paulo levantou-se do chão e de olhos abertos nada via." Eu não posso ver o que é Um. Ele nada via, isto era Deus. Deus é um nada e Deus é um algo. O que é algo também é nada. O que Deus é, isso Ele o é inteiramente. Por isso, Dionísio[6], o iluminado, sempre que escreve de Deus, diz: Ele é sobre-ser, Ele é sobre-vida, Ele é sobre-luz[7]; ele não lhe atribui nem "isso" nem "aquilo", e com isso indica que Deus seria um não-quê, portanto não algo-quê que esteja bem longe, além, acima[8]. Quando alguém vê algo ou quando algo cai em seu conhecimento, isso não é Deus; justamente porque Ele não é nem isso nem aquilo. A quem disser que Deus está aqui ou lá, nele

6. Dionísio Areopagita, *De mystica theologia* c. 5, PG 3,1048 A; *Dionysiaca*, p. 598,4s.

7. Eckhart (1973, p. 223): *über wesen, über leben, über lieht*; p. 545: *Über-Sein, Über-Leben, Über--Licht*. A palavra *über* aqui não significa a potencialização do que a ela segue, a modo de superaumento do ente dentro de um determinado sentido do ser. Nesse sentido, por exemplo, *Über-mensch* não significa *super*-homem, a saber, a escalação da potencialização do homem como ele é, a modo "metafísico" dos filmes de Hollywood. Über significa "travessia", "passagem", não tanto no sentido de ir de uma margem à outra (o que seria ainda pouco radical), mas na acepção de total desprendimento, do radical outro. Sobrenatural nesse sentido é "*um novo céu e uma nova terra*".

8. Cf. Eckhart (1973, p. 223,4-5): *er engibet im noch diz noch daz, und er meinet, daz er sî neizwaz, daz gar verre dar über si*; p. 545: *er legt ihm weder "dies" noch "das" bei, und er deutet <damit> an, dass er, ich weiss nicht was, sei, das gar weit darüber hinaus liege.*

não acredites. A luz que é Deus brilha na escuridão (Jo 1,5). Deus é uma luz verdadeira; quem quer ver isso deve ser cego e manter Deus afastado de todo algo. Um mestre diz que quem fala sobre Deus usando de qualquer comparação fala sobre Ele de modo impuro[9]. Quem, porém, fala de Deus junto a nada, dele fala com propriedade. Se a alma vem a um e entra ali dentro em uma límpida abnegação de si mesma, encontra a Deus como em um nada. Certa vez, a um homem como num sonho – era um sonho acordado – parecia que ele se tornava prenhe do nada, como uma mulher concebe uma criança, e no nada nascera Deus; Ele era o fruto do nada. Deus havia nascido no nada. Daí, diz Lucas: "Ele se levantou do chão e de olhos abertos nada via". Paulo viu a Deus, onde todas as criaturas são nada. Ele viu todas as criaturas como um nada, pois Deus tem em si o ser de todas as criaturas. Ele é um ser que contém em si todo ser.

Uma outra coisa se quer dizer, quando se diz: "Ele não viu nada". Nossos mestres dizem: Para que alguém conheça algo nas coisas exteriores, é preciso que algo, pelo menos uma "impressão", entre nele. Se eu quero tomar uma imagem de uma coisa, por exemplo, de uma pedra, puxo dela o que é o mais grosseiro para dentro de mim; isso eu sublevo do exterior. Mas quando está no fundo de minha alma, ali está no mais sublime e mais nobre; ali não é nada mais do que uma imagem. Toda vez que minha alma conhece qualquer coisa a partir do exterior, alguma coisa de estranho entra nela. Mas quando eu conheço as criaturas em Deus, ali não entra na alma nada a não ser só Deus, pois em Deus não há nada a não ser Deus[10]. Quando conheço todas as criaturas em Deus, então nada conheço. Paulo viu a Deus, em quem todas as criaturas são nada.

Além disso, em terceiro lugar, porque ele nada viu: é que "nada", isso era Deus. Um mestre diz: Em Deus todas as criaturas são como um nada, pois possui em si o ser de todas as criaturas. Ele é um ser que possui em si todo ser. Um mestre afirma que nada há abaixo de Deus, por mais próximo que dele seja, em que não incida algo de estranho. Um outro mestre diz que o anjo conhece a si mesmo e a Deus sem meios. Em tudo mais que ele conhece, incide alguma coisa estranha; isso é ainda uma impressão, por menor que ele seja. Se queremos conhecer a Deus, isso deve acontecer sem meios; ali não pode entrar nada de estranho. Quando

---

9. Cf. Agostinho, *De Trin.* VIII c. 2 n. 3, PL 42,948; *De ordine* II c. 16 n. 44, PL 32,1015.

10. Tomás de Aquino, *S.Th.* I q. 27 a. 3 ad 2.

conhecemos a Deus nessa luz, isso deve ser próprio e recolhido, sem nenhuma intromissão de qualquer coisa criada. Então conhecemos a vida eterna sem nenhuma mediação.

Quando Paulo nada viu, então viu a Deus. A luz que é Deus emana para fora e torna escura toda luz. A luz na qual Paulo ali viu, nessa luz ele viu a Deus, nada mais. Por isso Jó diz: "Ele ordenou ao sol para não brilhar e lacrou as estrelas abaixo de si como sob um selo" (Jó 9,7). Pelo fato de ter sido envolto com a luz, ele nada mais viu; pois tudo que era da alma estava preocupado e ocupado com a luz que é Deus, de modo que não conseguia perceber nada de outro. E isto é um bom ensinamento para nós; pois quando nos preocupamos com Deus, então estamos pouco preocupados com o exterior.

O quarto motivo por que ele nada via é: a luz que é Deus não contém nenhuma mistura; ali dentro não se dá nenhuma mistura. Que ali nada há, era um sinal seguro de que Paulo vira a verdadeira luz. Pela luz, aqui, não se refere a outra coisa a não ser que, de olhos abertos, ele nada via. No fato de nada ver, ele viu o nada divino. Santo Agostinho[11] diz: Quando ele nada viu, então viu a Deus. São Paulo diz: Quem de outro modo nada vê e é cego, este vê a Deus. Por isso, diz Santo Agostinho[12]: Uma vez que Deus é luz verdadeira e é pousada para a alma e é mais próximo dela do que ela de si mesma, quando a alma estiver afastada de todas as coisas que vieram a ser, necessariamente deverá ser assim que Deus nela brilhe e reluza. A alma não pode ter amor nem angústia sem saber de onde eles provêm. Quando a alma não sai para as coisas exteriores, então retornou ao seu lar e habita em sua luz simples e límpida. Ali ela já não ama nem possui angústia nem medo. Conhecimento é um chão firme e um fundamento para todo ser. Amor não pode aderir a nada a não ser ao conhecimento. Quando a alma é cega e nada mais vê, então vê a Deus, e isso deve necessariamente ser assim. Um mestre diz[13]: Em sua maior pureza, quando não possui nenhuma cor em si, o olho vê todas as cores; não só quando está em si mesmo despido de todas as cores, mas também quando está no corpo, também ali é preciso que ele esteja sem cores se quisermos conhecer cor. No que é ali sem cores,

---

11. Agostinho, *Sermo* 279 c. 1 n. 1, PL 38,1276.

12. Cf. Agostinho, *De Trin.* VIII c. 7 n. 11, PL 42,957.

13. Cf. Aristóteles, *De anima* II t. 71 (B c. 7 418 b 26); Alberto Magno, *De anima* I tr. 1 c. 5 (ed. Colon., 7,1, p. 10,21s); Tomás de Aquino, *De unitate intellectus* (ed. Marietti, *Opusc. philos*, p. 68a).

ali vemos todas as cores, mesmo que ele estivesse lá embaixo, nos pés. Deus é tal ser que carrega em si todo ser. Se Deus quer tornar-se conhecido à alma, esta deve ser cega. Por isso, se diz: "Ele viu" o "nada", cuja luz são todas as luzes, cujo ser são todos os seres. É por isso que a noiva diz no livro do amor: "Quando andei um pouco mais, encontrei aquele que minha alma ama" (Ct 3,4). O "pouco" que ela andou e ultrapassou eram todas as criaturas. Quem não as rejeita não encontra a Deus. Ela, a amada, quer dizer também que, por mínimo, por mais límpido que seja aquilo no que eu conheço a Deus, isso deve ser afastado. E mesmo a luz, que é Deus verdadeiro, se eu a tomo enquanto ela toca minha alma, isso não é reto: devo, pois, tomá-la ali onde ela irrompe. Eu não poderia ver corretamente a luz onde ela brilha na parede, se não voltasse meu olho para o lado onde ela irrompe. No entanto, se eu a tomo ali onde ela irrompe, devo esvaziar-me desse mesmo irromper; devo tomá-la lá onde ela está suspensa em si mesma. Mesmo assim eu digo que isso não está direito: pois devo tomá-la lá onde ela não toca nem irrompe nem está suspensa em si mesma, pois todos esses casos são ainda modos. Deve-se tomar a Deus como modo sem modo, como ser sem ser, pois Ele não possui modo. Por isso, diz São Bernardo[14]: Quem quer conhecer-te a ti, Deus, deve medir-te sem medida.

Peçamos a Nosso Senhor para que cheguemos ao conhecimento que ali é inteiramente sem modo e sem medida. A isso nos ajude Deus. Amém.

---

14. Cf. Pseudo-Bernardo, *Cant. Sermo* VII, PL 184,44.

Sermão 72

Videns Iesus turbas, ascendit in montem etc.
[Vendo Jesus aquelas multidões, subiu a um monte]
(Mt 5,1)

Lê-se no Evangelho que “Nosso Senhor deixou a multidão e subiu ao monte. Ele, ali, abriu sua boca e ensinou sobre o Reino de Deus” (Mt 5,1)[1].

Primeiramente “e ensinava”. Santo Agostinho[2] diz: “Quem ali ensina colocou sua cátedra no céu”. Quem quer receber o ensinamento de Deus deve elevar-se e ir por sobre tudo que é disperso[3]: disso ele deve afastar-se. Quem quer receber o ensinamento de Deus deve recolher-se e fechar-se em si mesmo e dar as costas a todos os cuidados, preocupações e agitação das coisas inferiores. Ele deve ir por sobre as forças da alma, que são muitas e que se partilham tão amplamente, superá-las na medida em que elas são no pensamento, mesmo que este, onde ele é em si mesmo, opere milagres. Também por sobre este pensamento deve-se ir, se é para Deus falar para dentro daquelas forças que já não são partilhadas.

Em segundo lugar: “Ele subiu ao monte” significa que Deus quer indicar a elevação e a doçura de sua natureza, de onde necessariamente decai tudo que é criatura. Ali na elevação, o homem não sabe nada a não ser de Deus e de si mesmo, enquanto ele é uma imagem de Deus.

Em terceiro lugar: “Ele subiu ao monte” indica a altura da sua elevação – o que é elevado é próximo de Deus – e indica as forças que são muito próximas de Deus. Certa vez Nosso Senhor tomou consigo três de seus discípulos, conduziu-os a um monte e apareceu diante deles na igual claridade no

---

1. Evangelho da Festa de Todos os Santos (1º de outubro).

2. Agostinho, *De disciplina christiana* c. 14 n. 15, PL 40,678; *In epist. Ioannis ad Parthos* tr. 3 n. 13, PL 35,2004.

3. Eckhart (1973, p. 240,3): *ûzgespreitet*; p. 548: *ausgebreitet*.

corpo, a qual devemos ter na vida eterna (Mt 17,1s.). Nosso Senhor falou: "Lembrai-vos de quando vos dizia, vós, ali, não víeis nem imagem nem comparação" (Jo 16,4). Quando o homem abandona "a multidão", então Deus entrega-se à alma sem imagem e sem comparação. Todas as coisas são conhecidas em imagem e comparação.

Santo Agostinho[4] ensina que há três gêneros de conhecimento. O primeiro é corpóreo: ele recebe imagens, por exemplo, o olho; ele vê e recebe imagens. O segundo é espiritual e recebe, porém, imagens das coisas corpóreas. O terceiro está no espírito voltado para seu íntimo[5], ele conhece sem imagens e comparações, e esse conhecimento se iguala aos anjos[6].

A suprema senhoria hierárquica dos anjos divide-se em três[7]. Um mestre diz: A alma não se conhece sem comparações; mas o anjo conhece a si mesmo e a Deus sem comparações. Ele quer dizer: na elevação, Deus se doa à alma sem imagem e sem comparação.

"Ele subiu ao monte e transfigurou-se diante deles" (Mt 17,1-2). A alma deve ser transfigurada e impressa na imagem e cunhada na imagem que é o Filho de Deus. A alma é configurada segundo Deus; os mestres, porém, dizem que o Filho é uma imagem de Deus, e que a alma é configurada segundo a imagem[8] (Sb 2,23). Mas eu digo mais: O Filho é uma imagem de Deus acima de imagem; Ele é uma imagem de sua abscôndita deidade. Lá onde o Filho é uma imagem de Deus e lá onde o Filho foi configurado internamente, é segundo isso que a alma é configurada. Lá mesmo onde recebe o Filho, recebe também a alma. Ali mesmo de onde o Filho transborda do Pai, ali a alma não permanece em suspensão: ela é transcendida acima de imagem. Fogo e calor são um e, no entanto, estão longe de ser um. Gosto e cor, numa maçã, são um e, no entanto, estão longe de ser um. A boca percebe o gosto, e para isso o olho não pode contribuir em nada. O olho percebe a cor, e sobre isso a boca nada pode fazer. O olho

---

4. Cf. Agostinho, *De Gen. ad litt.* XII c. 34, CSEL XXVIII 1, p. 432,1s; cf. Tomás de Aquino, *S.Th.* II II q. 175 a. 3 ad 4.

5. Eckhart (1973, p. 243,1): *inwendic in dem geiste*; p. 548: *innerlich im Geiste. Inwendic*, voltado, virado para dentro, esotérico, isto é, um momento, uma direção dentro do espírito que sonda o íntimo mais profundo do próprio espírito.

6. "Esse conhecimento se iguala aos anjos" é diferente de "esse conhecimento se iguala ao dos anjos".

7. Seriam: tronos, querubins e serafins. Cf. Isidoro de Sevilha, *Etymologiae* VII c. 5 n. 21s.

8. Cf. Tomás de Aquino, *S.Th.* I q. 3 a. 1 ad 2.

deseja luz, mas o gosto persiste mesmo à noite. A alma de nada sabe a não ser de *um*, ela está acima de imagem.

O profeta diz: "Deus quer conduzir seu rebanho a uma verde pastagem" (Ez 34,11s.). A ovelha é simples; assim também são simples aquelas pessoas que são, sem dobras, apenas *um*[9]. Um mestre[10] diz que em nenhum lugar podemos conhecer o curso do céu tão bem quanto em animais simples, que experimentam o influxo do céu de modo simples, e em crianças, que não têm nenhum senso próprio. Mas as pessoas que são sabidas e possuem muitos conhecimentos estão constantemente voltadas para fora, para múltiplas coisas. Nosso Senhor prometeu que "iria apascentar seu rebanho sobre os verdes prados das montanhas" (cf. Ez 34,13-14). Todas as criaturas "verdejam" em Deus. Todas as criaturas caem primeiro de Deus, e depois disso através dos anjos[11]. Aquele que não tem natureza de nenhuma criatura tem em si mesmo a in-pressão de todas as criaturas[12]. O anjo possui em sua natureza a impressão de todas as criaturas. O que pode receber a natureza do anjo tem em si tudo de todo, de uma vez para sempre. O que Deus pode criar, trazem-no os anjos em si, porque eles não são privados da plenitude que as outras criaturas têm[13]. Mas isso, donde o possui o anjo? É que o anjo é próximo de Deus.

Santo Agostinho[14] diz: Aquilo que Deus cria eflui passando pelos anjos. Na "altura" são "verdes" todas as coisas. No "alto da montanha" são ali "verdes" e novas todas as coisas. Mas quando caem na temporalidade, tornam-se pálidas e murcham. É no "verdor" do novo viço de todas as criaturas que Deus quer "apascentar seu rebanho". Todas as criaturas que estão ali nesse "verdor" e nessa "altura", que estão nos anjos, tornam-se mais agradáveis à alma do que tudo que há nesse mundo. Tão desigual é o sol,

9. Eckhart (1973, p. 246,4): *die in ein gevalten sint*; p. 549: *die zur <inner> Eins <zusammen->gefaltet sind.*

10. Tomás de Aquino, *Scriptum super libros Sententiarum* II d. 20 q. 2 a. 2 ad 5; Alberto Magno, *De anima* III tr. 1 c. 1 (ed. Colon., 7,1, p. 167,19s).

11. Eckhart (1973, p. 247,5-6): *Alle crêaturen fallen ze dem êrsten ûz gote, dar nâch durch die engel*; p. 549: *Alle Kreaturen fallen zuerst aus Gott, danach durch die Engel.* Cf. glossário n. 17.

12. Impressão, em alemão *îndruc*, seria o cunho da pregnância do *um* em e de todas as criaturas. O cunho é o que dá o característico do próprio. Em tal assunto como aqui tratado, cada vez que ocorre o termo *impressão* talvez fosse útil ler *in-pressão*.

13. Cf. Tomás de Aquino, *S.Th.* I q. 57 a. 2 ad 3.

14. Cf. Agostinho, *De Gen. ad litt.* IV c. 24 n. 41, PL 34, p. 313.

da noite, como a menor das criaturas, como ela é ali no verdor, é desigual do mundo todo.

Por isso, quem quer receber o ensinamento de Deus deve subir a esse "monte"; ali, no dia da eternidade, Deus tornará perfeito o ensinamento, ali onde tudo é luz. Aquilo que conheço em Deus é uma luz; aquilo que toca a criatura é noite. Só há verdadeira luz onde ela não toca nenhuma criatura. O que conhecemos deve ser luz. São João diz: "Deus é uma luz verdadeira que brilha na escuridão" (Jo 1,5.9). O que é a "escuridão"? Em primeiro lugar, é que o homem a nada se apegue, não dependa de nada e seja cego e nada saiba sobre as criaturas. Eu já disse por diversas vezes: Quem quer ver a Deus deve ser cego. Em segundo lugar, "Deus é uma luz que brilha na escuridão". Ele é uma luz que cega. Significa que é tal luz que não pode ser apreendida; é infinita, isto é, não tem fim, não conhece fim. Isso significa que cega a alma, de modo que esta não sabe nada e não conhece nada. A terceira "escuridão" é a melhor de todas, e significa que não há nenhuma luz. Um mestre diz que o céu não possui nenhuma luz, ele está muito elevado para isso: em si mesmo, ele não brilha, não é nem frio nem quente. Assim também a alma perde toda luz nessa "escuridão"; ela ultrapassa tudo que pode significar calor ou cor.

Um mestre diz: A coisa suprema com a qual Deus quer dar sua promessa é a luz. Um mestre diz que o gosto de tudo que é desejável deve ser transportado para a alma pela luz. Um mestre diz: Não há nada tão límpido, que possa alcançar o fundo da alma, a não ser somente Deus. Ele quer dizer: Deus "brilha em uma escuridão" onde a alma ultrapassa toda luz; ela recebe certamente em suas forças luz e doçura e graça; mas no fundo da alma não pode entrar nada a não ser apenas Deus. Que de Deus irrompem o Filho e o Espírito Santo, isso certamente a alma recebe em Deus; mas tudo mais que emana dele em luz e doçura, ela o recebe apenas nas suas forças.

Os maiores mestres dizem que as forças da alma e a própria alma são plenamente um[15]. Fogo e brilho são um; mas quando cai no intelecto, ali cai para dentro de uma outra natureza[16]. Onde o intelecto irrompe para fora da alma, ali ele cai como que para dentro de uma outra natureza. Em

---

15. Cf. Tomás de Aquino, *S.Th.* III q. 90 a. 3 corp.; Alberto Magno, *De anima* III tr. 1 c. 2 (ed. Colon., 7,1, p. 167,12s).

16. Eckhart (1973, p. 253,1-2): *Viur und schîn ist ein, aber, swâ ez in vernunft vellet, dâ vellet ez in ein andere nature*; p. 550: *Feuer und <Feuer->Schein sind eins*; fällt es <= *das Feuer*> *aber in die Vernunft, so fällt es in eine <vom Schein> verschiedene Natur*.

terceiro lugar, há uma luz acima da luz; ali a alma ultrapassa toda luz, "sobre o monte da elevação", onde não há luz. Onde Deus irrompe em seu Filho, ali a alma não permanece em suspensão. Em qualquer lugar onde apreendermos a Deus, onde Ele flui para o exterior, ali a alma não permanece em suspensão: mas está de todo por sobre; ela sobrepuja toda luz e todo conhecimento. Por isso, ele diz: "Quero libertá-los, os ajuntar e conduzi-los para sua terra e ali quero levá-los a uma verde pastagem" (cf. Ez 34,13-14). "Sobre o monte Ele abriu sua boca." Um mestre[17] diz que Nosso Senhor abriu sua boca aqui embaixo certamente; Ele nos ensina através da Escritura e através das criaturas. São Paulo nos diz, porém: "Agora Deus nos falou por seu Filho Unigênito"; nele devo conhecer, do mínimo ao máximo, tudo, de uma vez para sempre (cf. Hb 1,2; 8,11).

Que nós cresçamos acima de tudo que não é Deus, a isso nos ajude Deus. Amém.

---

17. Em alemão *lêraere*, *Lehrer*: aquele que ensina.

Sermão 73

Dilectus deo et hominibus, cuius memoria in benedictione est. Similem illum fecit in gloria sanctorum [Amado de Deus e dos homens; a sua memória está em bênção. O Senhor fê-lo semelhante em glória aos santos] (Eclo 45,1-2)

Essa palavra está escrita no livro da sabedoria, e fala o homem sábio, dizendo: "O amado por Deus e pelos homens, ele é lembrado com louvor. Igual a seus santos, o fez Deus na claridade"[1] (Eclo 45,1-2).

Essas palavras podem ser ditas em sentido próprio do santo cuja festa hoje celebramos. Pois o seu nome é Benedictus, "um abençoado", e a esse santo bem se ordena essa palavra que acima se lê sobre ele no lugar referido, a saber: *cuius memoria in benedictione est*; isto é, "cuja memória está na bênção[2] do louvor". E porque, como lemos igualmente sobre ele, foi-lhe aberta uma claridade, dentro da qual ele viu o mundo inteiro diante dele, *de todo, uma vez para sempre* ajuntado como que em um globo[3]. E essa palavra diz, portanto, assim: "Igual a seus santos, o fez Deus na claridade".

Agora anotai a respeito da "claridade". São Gregório diz que, para a alma que se encontra nessa "claridade", todas as coisas são pequenas e estreitas. A luz natural do intelecto que Deus infundiu na alma é tão nobre e poderosa que lhe é estreito e pequeno tudo que Deus criou em coisas corpóreas. Essa luz também é mais nobre do que todas as coisas corpóreas que

1. O texto da Bíblia está na leitura da Festa de São Bento (21 de março).

2. Bênção, em latim *benedictio*, diz literalmente *bene-dictio* (*bene-dicere*), isto é, bem-dicção, bem-dizer, bem-dito, *Benedictus*, Benedito.

3. Refere-se a uma visão tida por São Bento, relatada por Gregório o Grande, na sua *Vita S. Benedicti*, no *liber secundus* de seus Diálogos, PL 77,215; cf. PL 66: *Prolegomena à regra comentada de São Bento*, p. 126-214.

Deus já criou, pois a mais exígua, a mais vil de todas as coisas corpóreas, se for aclarada e iluminada por essa luz que é o intelecto, torna-se mais nobre do que tudo que é corpóreo. Torna-se mais límpida e mais luminosa do que o sol, pois separa das coisas a corporalidade e a temporalidade. Essa luz é tão vasta que excede a vastidão. É mais vasta do que a vastidão. Excede a sabedoria e a bondade, como Deus excede a sabedoria e a bondade; pois Deus não é nem sabedoria nem bondade, antes a sabedoria e a bondade vêm de Deus. O intelecto não vem da sabedoria, nem surge da verdade, nem tampouco nasce dela como a vontade nasce da bondade. A vontade só quer em virtude da bondade e é gerada por ela, mas procede do intelecto; o intelecto, ao contrário, não procede da verdade. Mas a luz que emana do intelecto é o entendimento e, em face do que é o intelecto em si mesmo, em sua essência, é algo como um e-fluxo e como uma erupção ou como uma torrente. E essa erupção do entendimento a partir do intelecto está tão distanciada do intelecto como o céu está acima da terra. Insisto em falar disso frequentemente e penso-o com muito mais insistência: é uma maravilha, um milagre Deus ter efundido o intelecto na alma.

Então há uma outra luz, que é a luz da graça; diante desta, a luz natural é tão pequena como um grão de terra grudado na ponta de uma agulha em face da terra inteira, ou como um pingo do céu que a ponta de uma agulha pode pegar do céu, cuja incrível imensidão é maior do que toda a terra.

Que Deus esteja presente na alma com a graça, isso traz mais luz em si do que poderia produzir o intelecto todo. Sim, diante dessa luz, toda luz que o intelecto pode produzir é como alguma gotinha comparada ao mar e até mil vezes menor. Assim é com a alma que é na graça de Deus: todas as coisas e tudo que o intelecto pode produzir e apreender lhe é pequeno e estreito.

Perguntaram-me, certa vez, por que há boa gente que fica tão feliz em estar com Deus que o serve com tamanha seriedade? Então respondi dizendo que isso acontece porque essa gente provou o gosto de Deus e seria um milagre se a alma que uma vez degustou e experimentou o sabor de Deus ainda pudesse gostar de outra coisa qualquer. Diz um santo que, para a alma que provou o gosto de Deus, tudo o que não é Deus sabe a náusea.

Agora tomemos a palavra da Escritura num outro sentido, dito pelo sábio: "O amado por Deus e pelos homens". Aqui o termo "é" é silenciado, de modo que não diz: "Ele é amado por Deus e pelos homens". Suprime-se o "é" por causa da mutabilidade e mobilidade da temporalidade, porque o ser que essa palavra contém é tão elevado sobre tudo. O ser contém em si todas as coisas, no entanto, é tão acima delas que nada do que foi criado jamais conseguiu tocá-lo. Os que pensam saber algo disso nada sabem absolutamente. São Dionísio[4] diz: Tudo que conhecemos, que dividimos ou tudo a que podemos atribuir diferença não é Deus; pois em Deus não há nem isso nem aquilo que pudéssemos deduzir ou apreender pela distinção. Nele não há nada além do um, e isto é Ele mesmo. E entre os mestres discute-se muito sobre como é possível que esse ser imóvel, intocável e desprendido possa comunicar-se à alma, que possa se alongar a mirar a alma; e muito preocupados estão os mestres com o modo como é possível que a alma o receba. Mas eu digo que sua deidade depende da possibilidade de Ele comunicar-se a tudo que pode recebê-lo; se não se comunicasse, Ele não seria Deus.

A alma, que deve amar a Deus e à qual Deus quer se comunicar, é tão perfeitamente despida da temporalidade e de todo gosto das criaturas, que nela Deus sabe ao sabor do gosto próprio dele. A Escritura diz: "À hora da meia-noite, quando todas as coisas estavam em silêncio, então, Senhor, tua palavra desceu do trono real" (Sb 18,14-15). Isso significa: na noite, quando já nenhuma criatura reluz nem espreita na alma, e no silêncio, onde nada mais fala à alma, então a palavra é anunciada ao intelecto. A palavra é algo próprio do intelecto e chama-se *verbum*, assim como a palavra é e está no intelecto.

Muitas vezes estremeço quando devo falar sobre Deus, de como deve ser despojada a alma que quer chegar à união. Mas ninguém pense que isso não seja possível. Não é impossível à alma que tem a graça de Deus. Nenhuma coisa jamais foi mais fácil a um homem do que à alma, que tem a graça de Deus, de deixar todas as coisas. E digo ainda mais: Nenhuma coisa jamais foi também mais fácil de fazer a um homem do que à alma, que tem a graça de Deus de deixar todas as coisas; nenhuma criatura lhe pode causar dano. É o que diz São Paulo: "Estou certo de que nenhuma criatura pode me separar de Deus, nem felicidade nem infelicidade, nem vida nem morte" (Rm 8,38).

E atenção! Nenhures Deus é propriamente Deus como na alma. Em todas as criaturas há algo de Deus. Mas na alma Deus é divino, pois ela é seu repouso. Assim, disse um mestre: Deus não ama nada a não ser a si mesmo;

---

4. Dionísio Areopagita, *De cael. hier.* c. 2 § 5, PG 3,144; *Dionysiaca* II, 1145s.

Ele consuma todo seu amor em si mesmo. Seria certamente um tolo quem pudesse agarrar de uma vez num lance cem marcos, e não pegasse mais do que um Pfennig[5]. Seu amor em nós é a floração do Espírito Santo. Dito de outra forma: Deus não ama nada em nós a não ser a bondade que Ele opera em nós. Diz um santo: Nenhuma obra é coroada por Deus além de sua própria obra, que Ele opera em nós[6]. Ninguém se assuste por eu afirmar que Deus nada ama a não ser a si mesmo; isto é o que há de melhor para nós mesmos, pois nisso tudo Ele tem em mente a nossa maior bem-aventurança. Ele, com isso, quer nos atrair para si mesmo, para que sejamos purificados, e com isso nos põe dentro de si mesmo, a fim de que Ele nos possa amar nele e amar a si em nós, com Ele mesmo. E lhe é necessário, assim, ir atrás da nossa bem-aventurança, de sorte que nos atrai para si com tudo aquilo com que pode nos conduzir para dentro de si mesmo, seja-lhe de agrado ou desagrado. Haja Deus! Que Ele jamais faça vir sobre nós um envio pelo qual Ele não nos tenha mais, em si, atração! Jamais irei agradecer a Deus por Ele me amar, pois Ele não pode não o fazer, queira ou não; a isso, obriga-o a sua natureza. Eu quero agradecer a Ele porque, em seu amor, não pode deixar de me amar. Que sejamos tirados de nós mesmos e postos para dentro de Deus, isso não é difícil, pois isso Deus mesmo deve operar em nós; é, pois, uma obra divina. O homem siga apenas e não resista, sofra e deixe Deus agir.

Que nós, assim, sigamos a Deus, que Ele possa nos colocar dentro de si, que sejamos unidos a Ele, que Ele nos possa com Ele mesmo amar, a isso nos ajude Deus. Amém.

---

5. *Pfennig*, o menor valor monetário; centavo, vintém.

6. Agostinho, *Epistulae* 194 c. 5 n. 19, CSEL LVII 190,12-15; *De gratia et libero arbitrio* c. 6 n. 15, PL 44,890; Pedro Lombardo, *Libri quattuor sententiarum* II d. 27 c. 10 n. 248.

Sermão 74

Dilectus deo et hominibus, cuius memoria in benedictione est. Similem eum fecit in gloria sanctorum [Amado de Deus e dos homens; a sua memória está em bênção. O Senhor fê-lo semelhante em glória aos santos] (Eclo 45,1-2)

"Foi amável a Deus e aos homens" – ele, que agora comemoramos –, "e é bendito e é santificado em Deus na claridade dos santos"[1] (Eclo 45,1-2).

Essa palavra lê-se hoje do meu querido senhor São Francisco e ele é louvado em duas coisas, e quem as possui é um grande homem.

Uma é a verdadeira pobreza. De São Francisco, lê-se que um dia caminhava com um de seus companheiros. Veio-lhe então ao encontro um pobre. E Francisco disse a seu companheiro: Esse homem agora nos causou vergonha e nos repreendeu, pois ele é mais pobre do que nós[2]. Anotai essa palavra pela qual declara que ele se acha envergonhado por encontrar alguém que era mais pobre do que ele. Às vezes eu costumava dizer uma palavra (e é verdadeiramente verdadeira): Quem ama verdadeiramente a pobreza sente-se necessariamente impelido a não permitir a ninguém ter menos do que ele. E assim é em todas as coisas, seja pureza, seja justiça, seja qual for a virtude que ele ama, ali ele quer estar na ponta, no mais alto. Ele quer sempre ter o degrau mais elevado que se possa ter no tempo e não pode parecer que algo esteja acima dele; ele quer sempre ter a estância mais elevada. O amor não se satisfaz enquanto ainda houver alguma coisa que se possa amar. Aquele santo tinha tanto amor à pobreza que não podia permitir que alguém fosse mais pobre do que ele. Quanto mais pobre em espírito

1. O texto da Escritura foi tirado da epístola da Festa de São Francisco de Assis (4 de outubro) do antigo missal dominicano.

2. Boaventura, *Legenda Sancti Francisci* c. VII n. 6 (*Opera omnia* [Quaracchi] t. VIII, p. 524b).

é um homem, tanto mais desprendido e tanto mais reduz todas as coisas a nada; quanto mais pobre em espírito é um homem, tanto mais próprias lhe são todas as coisas e são tanto mais o seu próprio.

A segunda virtude que torna um homem grande é a verdadeira humildade; aquele santo tem essa virtude em perfeição, tem também abnegação e renúncia de si mesmo. Essa virtude torna o homem o maior de todos; quem a tem da maneira mais profunda e mais perfeita tem a possibilidade de receber toda a perfeição[3].

"Foi amado" (diz a Escritura) "por Deus e pelos homens." Agora quero vos dizer uma coisa boa demais; para aquele que a compreende, isso lhe é algo muito consolador. O homem que ama a Deus é amado por todos os santos e por todos os anjos tão profusamente que todo amor que se possa imaginar não é igual àquele amor e diante daquele amor é um nada. Todos os que estão no Reino dos Céus me amam tanto (se eu amo a Deus), a ponto de tudo o que se possa imaginar em matéria de amor ser uma coisa desigual àquele amor, seja o que e como for o que vós queirais: sou amado por toda a multidão dos anjos, os quais são infinitamente inumeráveis.

Perguntaram-me recentemente como é possível que haja mais anjos do que todas as coisas corpóreas, as quais são tão numerosas como os grãos e as ervas e, como eles, tão diversas[4]. Eu, então, respondi: As coisas para dentro das quais Deus se apropria e as quais Deus apropria nele e que são próximas de Deus devem ser em grande número. Os mestres dizem (os que querem falar com justeza) que cada um dos anjos tem uma natureza específica e recebe em si toda a natureza separadamente. De igual modo, se eu fosse um homem que tivesse em mim a natureza de todos os homens, a força, a sabedoria, a beleza e tudo que todos os homens possuem de todo, então eu seria um homem muito bonito; e se não mais houvesse nenhum outro homem, eu receberia o que todos os homens recebem[5]. Cada anjo tem sua natureza específica; quanto mais é próximo de Deus, tanto mais é nobre e abarcou o tanto de Deus que ele pode receber como seu. E essa multidão me ama, e amam-me todos os que amam a Deus, e ninguém me odeia a não ser quem é inimigo de Deus. Este, seja ele o que for, justamente nisso, a saber, que me odeia, torna-se inimigo de Deus e por esse mesmo

---

3. Cf. Boaventura, *Legenda Sancti Francisci* c. VII n. 6 (*Opera omnia* [Quaracchi] t. VIII, p. 509a).

4. Cf. Tomás de Aquino, *S.Th.* I q. 50 a. 3 corp.

5. Tomás de Aquino, *S.Th.* I q. 11 a. 3; q. 50 a. 4 ad 4.

motivo Deus a ele resiste. Se, porém, é assim que Deus é seu inimigo, e então Deus suporta, perdoando esse seu inimigo, por que não quereria perdoá-lo também eu? E se Deus tira vingança do meu inimigo por mim, por que, então, tomo eu dele vingança?

Poderíeis, pois, objetar: Para os maus, desse jeito, a vida é fácil, vai muito bem; eles conseguem fazer suas vontades mais do que os outros. Salomão diz que o homem mau não deve dizer: Que mal me faz eu fazer o mal, se isso não me faz sofrer? Ou: Quem pode me fazer *mal* por isso? O fato, que fazes o mal, justamente isso é teu dano, de todo e para sempre; e te é a suficiente dor. Disso, pois, estejais certos, pela verdade eterna, que assim é uma grande cólera de Deus. Deus não poderia fazer nada de pior ao pecador, nem com o inferno nem com outro algo qualquer, do que lhe permitir ou deixar pender sobre ele o desígnio de que ele peque e dele não se compadecer mostrando-lhe misericórdia, não permitindo que paire sobre ele como pendência a tão grande miséria de ele não poder pecar. E se Deus lhe enviasse o sofrimento do mundo inteiro, mesmo assim Deus não o estaria penalizando como ele é penalizado pelo fato de pecar.

"Ele foi amável e agradável a Deus e aos homens, ele cuja memória repousa no louvor e na bênção." Essa palavra foi dita primeiramente de Moisés, e ele foi chamado assim como alguém que foi retirado da água[6]. Por "água" compreendemos as coisas passageiras. Só é agradável a Deus o homem desprendido e retirado de todas as coisas passageiras. O homem, o mais desprendido, completamente esquecido das coisas passageiras, é o mais agradável a Deus e, assim, o mais próximo de Deus.

Tu certamente poderias dizer: "Como poderia eu fazer tanto, a ponto de desprezar o mundo inteiro por Deus?" Eu digo: Teria feito muito mais aquele que pudesse se desemaranhar e retrair-se de todas as coisas. O Rei Davi diz: "Filha, esquece o teu povo e a casa paterna, e o rei desejará a tua beleza" (Sl 44,11) como se dissesse: "O rei ficará aturdido e totalmente perdido de amor por ti". O que o amor de Deus opera em nós e qual a dignidade que recebemos pelo fato de Deus nos amar, sobre isso já falei em uma outra pregação e em outro sermão[7]. Prestai muita atenção a esta palavra "esquece teu povo e a casa paterna". Por que o meu pai é mais amável do

---

6. Cf. Isidoro de Sevilha, *Etymologiae* VII c. 6 n. 46 (ed. Lindsay I); cf. Jerônimo, *Liber interpret. hebr. nom.* (ed. De Lagarde, p. 14,1).

7. Cf. Sermão 73.

que um outro homem? – Porque ele é meu pai e meu *omne*[8], pois ele é meu *omne*; isto é, tudo o meu, sim, o meu. Aquela palavra acima citada significa: o que é meu devo esquecê-lo em todas as coisas. O profeta diz: "a casa paterna"; como eu disse recentemente: Se o homem pudesse chegar ali a ultrapassar a si e sair de si, então teria combatido bem. Esquece o que é teu, então adquirirás a virtude.

A virtude possui quatro graus. O primeiro abre e prepara o caminho para sair de todas as coisas passageiras. O segundo as retira plenamente do homem. O terceiro não só as retira, como faz com que sejam completamente esquecidas, como se elas jamais houvessem existido, e isto é pertinente a essa experiência. O quarto grau é totalmente em Deus e é Deus Ele mesmo. Quando chegamos a esse estágio, "o rei desejará nossos encantos".

Ele, o profeta, diz ainda: "Pois Ele é o Senhor, teu Deus, e eles lhe prestarão honra e adoração" (Sl 44,12). Então Nosso Senhor é teu Deus; Ele é tão verdadeira e poderosamente teu quanto possui a si mesmo (podes pensar o que quiseres), Ele é teu. Como Ele se torna teu? Pelo fato de seres, de todo, de uma vez para sempre, seu. Se Deus deve ser meu como é seu, então devo ser seu como sou meu.

Um escrito[9] diz: Quando Deus é teu? – Quando não encontras prazer em nada, então Ele "tem sabor" para ti. Mas se cobiças qualquer outra coisa que de algum modo te seduz a que te afastes dele, então Ele não é teu. Em outra passagem diz o profeta: Se tens mais amor a um homem do que a outro – a não ser que seja porque amas nele virtudes –, ali tu és teu e Deus não é teu Deus.

Mais adiante o profeta diz: "Então eles o adorarão, e todas as raças e todos os reis da terra vão lhes trazer e ofertar presentes" (Sl 71,10). E essa palavra, pois, é assim relatada em referência a: "tornou-se amável e agradável a Deus e aos homens, e recebeu a bênção de todos os homens". Quando dizemos "todos", nada está excluído. Tudo que possuem os que estão no céu e os que estão na terra é tão propriamente meu quanto o é deles e eu sou tão bem-aventurado pelo que possui Nossa Senhora amada quanto sou pelo que eu mesmo possuo; também a dignidade e a virtude dela, por elas sou tão bem-aventurado como se eu mesmo as houvesse operado.

---

8. Eckhart (1973, p. 280): meu tudo.

9. Avicena, *Metaph.* IX c. 7 (Veneza 1508, 107ra 53-57).

Poder-se-ia, então, dizer: "Pois bem: se tudo pertence igualmente a mim e eu posso gozar igualmente disso tanto quanto eles, para que eu deveria então me esforçar e ser tão desprendido? Eu quero, sim, ser um homem de boa vontade e bom, mas no restante quero viver comodamente e mesmo assim quero ter uma boa parcela no céu como aqueles que se esforçam para isso". A isso respondo: "Quanto mais te desprendes, tanto mais tens e nada mais. Mas se o fazes em vista do que te advirá e se olhas para isso, então em nada terás parte". Mas o tanto que eu saio de mim e de todas as coisas é o tanto que me advirá. E acrescento ainda outra palavra: "Se amo meu próximo tanto quanto amo a mim mesmo" (Mc 12,30s.).

Assim, aquele que ama a Deus de coração, ama também seu próximo como a si mesmo. Por isso, está escrito *tanquam*[10], que quer dizer, de modo justo ou igual. Por que prefiro que algo de bom aconteça a meu irmão ou a mim mesmo do que a um outro? – Porque tenho mais amor ao que é meu do que ao que é de outro. Mas se eu o amo como a mim mesmo, como ordena o mandamento de Deus, segundo o qual devo amar a Deus, então parece-me plenamente igual o que ordena o mandamento que eu devo amar a Deus de todo coração, de toda minha alma e meu próximo como a mim mesmo: deve começar em Deus e ser igual no meu próximo. Se saio totalmente do que é meu e amo por igual, então amo todas as coisas de modo plenamente igual e entro na posse do que é seu. Mas isso não pode acontecer nas coisas corpóreas; essas são diferentes das espirituais, sim, não são iguais em nada.

Tomemos uma comparação: a água que está em um tonel não está na madeira, mas a madeira encontra-se ao redor da água; tampouco a madeira está na água; nenhum deles está no outro. E a água que está no tonel está separada de todas as outras águas. Mas nas coisas espirituais não há separação entre uma e outra. Tudo que o anjo mais elevado possui em si, também o possui plenamente encerrado em si aquele que está abaixo dele, de modo que o anjo superior não possui nada, nem sequer a quantia de um ponto, que não esteja também *no* inferior, seja ser ou bem-aventurança. Assim acontece nas coisas espirituais, pois o que está em um está em comum também no outro; e, segundo isso, quanto mais alguém abandona, tanto mais recebe. Mas se o fizesse em vista de si mesmo ou de alguma coisa do que é seu, nada teria abandonado, como costumo dizer de São Pedro, quando ele diz: *Ecce nos*

10. "Diliges proximum tuum tanquam te ipsum" (Mt 22,39).

reliquimus omnia – “Vê, Senhor, eis que abandonamos todas as coisas; que receberemos por isso?” (Mt 19,27; Lc 5,11). Quem tem em mente o que vai receber em troca, como pode ter abandonado todas as coisas?

Agora ouvi ainda uma palavra e nada mais. Quanto mais universal for uma coisa, tanto mais nobre e valiosa. A vida, eu a tenho em comum com as coisas que ali vivem, ali vida é comum ao ser. Mas existem mais coisas que possuem só ser do que as que possuem também vida. Os sentidos, eu os tenho em comum com os animais. Eu preferiria perder meus sentidos a perder minha vida. Mas o ser me é o mais querido, pois é o que me é mais comum e de todos o mais voltado para dentro. Eu abandonaria antes todas as coisas que estão abaixo de Deus. O ser flui imediatamente de Deus, e a vida flui do ser, e é por isso que prefiro sempre o ser e o mais amado por todas as criaturas. Quanto mais comum for nossa vida, tanto melhor e mais nobre será.

Que nós cheguemos a ser “agradáveis a Deus” e abandonemos o mundo inteiro em pobreza verdadeira, esquecendo “nossa casa paterna” e “amando nosso próximo como a nós mesmos”, a fim de que nos seja dado por igual “na claridade dos santos”. A isso nos ajude Deus. Amém.

Sermão 75

Mandatum novum do vobis, ut diligatis invicem, sicut dilexi vos etc. [Dou-vos um novo mandamento: que vos ameis uns aos outros, assim como vos amei] (Jo 13,34s.)

No Santo Evangelho que nos escreve São João, lemos que Nosso Senhor diz a seus discípulos: "Eu vos dou um novo mandamento: que deveis vos amar uns aos outros como eu vos amei; e nisso as pessoas reconhecerão que sois meus discípulos: se tendes amor uns aos outros" (Jo 13,34s.)[11].

Ora, encontramos três tipos de amor que possui Nosso Senhor; nisso devemos igualar-nos a Ele. O primeiro é natural, o segundo é da ordem da graça, o terceiro é divino, mesmo que em Deus nada haja que não seja também Deus. Mas devemos compreendê-lo como em nós ele se eleva de um amor natural bom, para um melhor, e de um melhor para um mais perfeito. Mas em Deus não existe nem menor nem maior; Ele é somente uma verdade simples, límpida e essencial.

No primeiro amor que Deus nele possui, devemos aprender como sua bondade natural o obrigou a criar todas as criaturas, das quais Ele estava prenhe desde a eternidade na imagem de sua providência, para que elas gozassem de sua bondade junto com Ele. E, dentre todas as criaturas, Ele não ama uma mais do que a outra; pois na medida em que cada uma tem amplidão para concebê-lo, nessa mesma medida Ele se derrama nela. Se a minha alma fosse tão vasta e tão ampla quanto o anjo da ordem dos serafins, que nada tem em si, Deus se derramaria plenamente em mim como no anjo da ordem dos serafins. Exatamente como alguém que traçasse um círculo.

11. Segundo antigo missal dominicano, o Evangelho da Festa de São Bartolomeu (24 de agosto) continha o texto citado da Bíblia. O manuscrito BT do Sermão 75 o refere à Festa de São Bartolomeu. Quint coloca em questão essa referência (Eckhart, 1973, p. 292, nota 1).

Aqui a borda ao redor é feita por pequenos pontos e no centro também há um ponto: todos os outros pontos estão igualmente distantes e próximos a esse ponto. Se um pequeno ponto devesse achegar-se mais perto, deveria deslocar-se de seu lugar, pois o ponto central permanece sempre de maneira igual no centro. Assim é também com o ser divino: não procura nada fora de si, mas permanece firme em si mesmo. Se é que a criatura deve receber dele, então ela deve necessariamente deslocar-se para fora de si mesma. Quando falamos de homens, falamos igualmente de todas as criaturas, pois o próprio Cristo disse a seus discípulos: "Ide e pregai o Evangelho a todas as criaturas", pois todas as criaturas estão reunidas no homem. Igualmente Deus se derrama essencialmente em todas as criaturas, em cada uma o tanto que ela pode receber. Esse é um bom ensinamento para nós, de como devemos amar por igual todas as criaturas com tudo que recebemos de Deus; se, de acordo com a natureza, uma delas nos é mais próxima por parentesco ou amizade, que por amor divino nós dediquemos a elas todas igual favor em vista do mesmo bem. Às vezes parece que amo mais a um homem do que a outro. No entanto, demonstro o mesmo favor ao outro, o qual eu jamais vi, apenas que aquele se apresenta a mim mais frequentemente, e por isso posso derramar-me mais nele. Assim Deus ama todas as criaturas por igual e preenche-as com seu ser. E igualmente nós devemos fluir com amor em todas as criaturas. É o que encontramos frequentemente junto aos pagãos que alcançaram essa paz amável pelo conhecimento natural; pois um mestre pagão[12] diz que "o homem é um animal dócil por natureza".

O segundo amor de Deus é da ordem da graça ou espiritual; pois Deus flui para dentro da alma e para dentro do anjo, como eu disse antes que a criatura dotada de intelecto deve ser deslocada de si mesma com uma luz que está acima de toda luz natural. Visto que todas as criaturas sentem tanto prazer em sua luz natural, o que as arranca dessa luz natural, a saber, a luz da graça, deve ser algo bem maior. Pois na luz natural o homem encontra prazer em si mesmo; mas a luz da graça, que é indizivelmente maior, retira ao homem seu prazer próprio e o atrai para dentro de si mesma, isto é, dentro da luz da graça. Por isso, diz a alma no livro do amor: "Arrasta-me contigo para teu doce sabor" (Ct 1,4).

Ora, não podemos amar a Deus sem antes conhecê-lo, pois o ponto essencial, que é Deus, encontra-se no centro, igualmente perto e distante

---

12. Aristóteles, *Topica* V c. 21 (E c. 8 138 a 10-11).

de todas as criaturas; e se eu quero me aproximar desse ponto, então meu intelecto natural deve ser deslocado para fora por uma luz que lhe é superior. Como se meu olho fosse uma luz e fosse tão forte a ponto de receber em sua força a luz do sol, tornando-se um com este, então não veria apenas com sua força, mas com a luz do sol, como ele, o sol, é em si mesmo. Assim é também com meu intelecto. O intelecto, que é uma luz, se eu o retirasse de todas as coisas, voltando-o diretamente para Deus, então, visto que Deus flui ininterruptamente com graça, esse meu intelecto seria iluminado e unido com o amor, e nisso conheceria e amaria a Deus como Ele é em si mesmo. Nisso somos instruídos sobre como Deus emana com a luz da graça para dentro das criaturas intelectuais e como, com nosso intelecto, devemos nos aproximar dessa luz da graça e somos retirados de nós mesmos e como devemos elevar-nos em uma luz que é o próprio Deus.

O terceiro amor é divino; nele devemos aprender como Deus gerou eternamente seu Filho Unigênito e como o está gerando agora e eternamente – assim diz um mestre – e assim Ele jaz no leito de criança, como uma mulher que gerou em cada alma boa, retraída de si mesma e morando em Deus. Esse nascimento é seu autoconhecimento que brotou eternamente do coração de seu Pai, no qual Ele tem todo seu deleite. E tudo que pode realizar, Ele o consuma nesse conhecimento que é seu nascimento, e fora dele nada procura. Tem todo seu deleite em seu Filho e não ama nada a não ser seu Filho e tudo que nele encontra; pois o Filho é uma luz que brilhou desde a eternidade no coração paterno. Se quisermos penetrar ali, devemos elevar-nos da luz natural para a luz da graça e ali crescer na luz que é o próprio Filho. Ali seremos amados pelo Pai no Filho, com o amor que é o Espírito Santo, o qual ali brotou desde a eternidade e floresceu para seu nascimento eterno – essa é a terceira pessoa – e floresce do Filho para o Pai como o amor de ambos.

O mestre diz: Às vezes penso nas palavras que o anjo disse a Maria: "Ave, cheia de graça" (Lc 1,28). Mas em que me ajudaria Maria ser "cheia de graça", se também eu não for "cheio de graça"?[13] E em que me ajudaria o fato de o Pai gerar seu Filho, se também eu não o gerar? Por isso, Deus gera seu Filho em uma alma perfeita e o coloca num berço a fim de que ela continue a gerá-lo em todas as suas obras. Sobre isso, uma jovem pagã

13. Cf. Pseudo-Jerônimo (= Paschasius Radbertus), *Epist. 9 ad Paulam et Eustochium* n. 5, PL 30,127.

disse do senhor José, o filho do patriarca: "Eu não o via como um homem, mas como um Deus, pois Deus brilha de suas obras" (Gn 39,23). Assim devemos ser unidos com o amor do Espírito Santo no Filho, e com o Filho devemos conhecer o Pai e amar-nos nele e amar a Ele em nós com o amor de ambos.

Quem, pois, quer ser perfeito nesse triplo amor deve necessariamente possuir quatro coisas. A primeira é um verdadeiro desprendimento de todas as criaturas. A segunda, uma verdadeira vida de Lia[14], o que significa, uma vida ativa, movida no fundo da alma pelo toque do Espírito Santo. A terceira, uma verdadeira vida de Raquel, isto é, uma vida contemplativa. A quarta, um espírito ascendente. Um jovem perguntou a seu mestre sobre a ordem dos anjos. O mestre instruiu-o dizendo: "Vai, parte, longe daqui, e mergulha em ti mesmo, tanto tempo até quando o compreendas, e então, entrega-te com teu ser ali dentro e vigia para que não estejas em nada a não ser naquilo que nele encontras. Então te parecerá de início que, com teu ser, és os anjos; e quando te entregares no ser deles todos, então te parecerá que és: todos os anjos com todos os anjos". O jovem partiu e mergulhou em si mesmo até o momento em que encontrou verdadeiramente isso tudo. Então voltou para junto do mestre e agradeceu-lhe, dizendo: "Aconteceu-me exatamente como me disseste. Ao me entregar ao ser dos anjos e ao me elevar em seu ser, pareceu-me finalmente então que eu era todos os anjos com todos os anjos". Então o mestre disse: "Eia, pois, se vais um pouco mais além até a origem, então será operada maravilha sobre maravilha com tua alma"; pois enquanto o homem está se elevando e recebe por meio das criaturas, ainda não alcançou o repouso. Mas quando se eleva em Deus, então recebe do Pai, no Filho e com o Filho, tudo que Deus pode oferecer.

Que nos elevemos de um amor para o outro e sejamos unidos em Deus e permaneçamos ali dentro eternamente bem-aventurados. A isso ajude-nos Deus. Amém.

14. Cf. Gregório Magno, *Epist.* I,5, PL 77,449; cf. Isidoro de Sevilha, *Etymologiae* VII c. 6 n. 36 (ed. Lindsay I).

Sermão 76

Videte qualem caritatem dedit nobis pater, ut filii dei nominemur et simus

[Considerai que amor nos mostrou o Pai em querer que sejamos chamados filhos de Deus!]

(1Jo 3,1)[1]

Deve-se saber que, segundo a coisa ela mesma, conhecer a Deus e ser conhecido por Ele, ver a Deus e ser visto por Ele, é um. Conhecemos e vemos a Deus nisso que Ele nos faz ver e conhecer. E assim como o ar que é iluminado não é outra coisa do que ele iluminando, pois ele ilumina justamente por ser iluminado, assim também nós conhecemos pelo fato de sermos conhecidos e por Ele nos fazer conhecê-lo. Por isso, diz Cristo: "Tornareis a me ver" (Jo 16,22); isto é, porque vos faço ver, nisso me conheceis, e daí segue-se: "e vosso coração deverá se alegrar"; isto é, na visão e no meu conhecimento, "e vossa alegria não vos será tirada por ninguém".

São João diz: "Vede que alegria Deus nos presenteou, que sejamos chamados e sejamos filhos de Deus" (1Jo 3,1). Ele não diz apenas "ser chamados", mas também "ser". Igualmente digo: Assim como o homem não pode ser sábio sem saber, nessa mesma medida não pode ser filho sem o ser filial do Filho de Deus, a não ser que ele possua o mesmo ser do Filho de Deus que esse mesmo possui, assim como o ser sábio não pode dar-se sem saber. Por isso, se queres ser o Filho de Deus, não poderás sê-lo, a não ser que possuas o mesmo ser Deus que o Filho de Deus possui. Mas isso "agora nos está oculto" (1Jo 3,2), e depois disso está escrito: "Bem-amados, nós somos

1. Nos vários manuscritos está anotado: segundo domingo depois da Oitava da Páscoa. Quint observa que não conseguiu encontrar nem no antigo missal dominicano nem no missal romano epístolas ou leituras onde se encontrasse o texto bíblico (1Jo 3,1) comentado no sermão (Eckhart, 1973, p. 310, nota 1).

filhos de Deus". E o que sabemos nós? Isso que ele acrescenta: "E seremos iguais a Ele", isto é, o mesmo que Ele é, o mesmo ser e sentir e degustar e exatamente o mesmo que Ele é quando "nós o vemos como Ele é Deus" (1Jo 3,2). Por isso, digo: Deus não poderia fazer que eu fosse o filho de Deus sem possuir o ser do Filho de Deus, assim como Deus não poderia fazer-me ser sábio sem possuir o ser sábio. Mas como é que somos filhos de Deus? Ainda não o sabemos, ainda não nos foi revelado (1Jo 3,2). Sobre isso só sabemos o que ele nos disse: "Seremos iguais a Ele". Há muitas coisas que ocultam isso em nossa alma e nos encobrem esse conhecimento.

A alma tem algo em si, uma centelha do intelecto[2], que jamais se apaga, e é nessa "centelha", como a parte mais elevada do ânimo[3], que colocamos a imagem da alma; em nossa alma há também um conhecimento voltado para as coisas exteriores, ou seja, um conhecimento sensível e compreensivo; é um conhecimento que se dá em comparações e em discursos[4], e que nos oculta aquele outro conhecimento. Mas como é que somos "filhos de Deus"? Pelo fato de possuirmos *um* ser com Ele. Por isso, para que conheçamos alguma coisa do fato de sermos filhos de Deus, devemos distinguir entre conhecimento exterior e interior. O conhecimento interior é aquele que se funda de modo intelectual no ser de nossa alma; no entanto, ele não é o ser da alma; ele, porém, lança suas raízes nela e é algo da vida da alma, pois dizemos que o conhecimento é algo da vida da alma; isto é, vida dotada de intelecto, e nessa vida o homem é gerado como o Filho de Deus e para a vida eterna; e esse conhecimento é sem tempo e sem espaço, sem aqui e sem agora. Nessa vida todas as coisas são um, todas as coisas juntas são tudo, e tudo em tudo e totalmente unido.

---

2. Eckhart (1973, p. 315,6): *redelicheit*; p. 563: *Erkenntnisfähigkeit*. Cf. glossário n. 11 e 12. *Redelicheit*, *Redelichkeit* pode ser traduzida como *discursividade* (Rede = discurso) ou também *linguagem*; ou mesmo como *integridade*, *probidade* (*redlich*). Todas essas indicações, apontando diversos fenômenos, podem no fundo estar sob o toque de um aceno unitivo na direção da compreensão mais originária da definição do homem *animale rationale* como *tò zóon lógon échon* (vivente ou ânimo atinente a logos; isto é, à colheita do sentido do ser em multifárias manifestações estruturantes; isto é, em realizações da realidade inesgotável e insondável). As palavras originárias do pensamento do Ocidente, como *logos*, *mens*, *intellectus*, *Vernunft*, conhecimento, linguagem, *verbum* etc. apontam para a dinâmica do vigor estruturante do ser que no homem aparece na fala de Eckhart como intelecto.

3. Eckhart (1973, p. 315,7): *des gemüetes*; p. 562: *des "Gemütes"*.

4. Eckhart (1973, p. 316,2): *nâch glîchnisse und nâch rede*; p. 536: *Vorstellungsbildern und in Begriffen*; cf. glossário n. 10.

Faço uma comparação: no corpo todas as suas partes são tão unidas e de tal modo um que o olho pertence ao pé e o pé ao olho. Se o pé pudesse falar, diria que o olho, que se encontra na cabeça, pertence mais a ele do que se estivesse localizado no pé, e o olho, por seu lado, diria a mesma coisa. E igualmente penso que toda a graça que há em Maria pertence mais propriamente ao anjo, e de maneira mais própria e, assim – a graça que está em Maria –, encontra-se muito mais nele desse modo do que se estivesse nele ou nos santos. Pois tudo que Maria possui, o santo também possui e é mais dele, pertence mais a ele, e a graça que está em Maria "tem mais sabor" para ele, do que se estivesse nele mesmo.

Mas essa explicação é ainda muito grosseira e material, pois está presa a uma comparação corpórea. Por isso, vou propor-vos um outro sentido, que é ainda mais límpido e espiritual. Digo que no Reino dos Céus tudo está em tudo e tudo é um e tudo é nosso. Tudo que Nossa Senhora possui em graça está igualmente em mim – se estou ali – e não de modo a brotar ou emanar de Maria, mas como sendo em mim e como meu próprio e não proveniente de algo estranho. E assim digo: Aquilo que alguém possui ali, o outro também o possui e não como sendo do outro ou no outro, mas como estando nele mesmo, de modo que a graça que está em alguém está plenamente também em outro como está nele sua própria graça. Assim também o espírito está no espírito. Por isso, afirmo que não posso ser o filho de Deus, a não ser que possua o mesmo ser que possui o Filho de Deus, e pela posse do mesmo ser tornamo-nos iguais a Ele e o vemos como Ele é Deus. Mas "ainda não se revelou o que seremos". Por isso, digo que nesse sentido não existe nenhum "igual" e nenhuma distinção, antes: sem qualquer distinção seremos o mesmo ser, substância e natureza que Ele mesmo é. Mas "isso agora ainda não foi revelado"; será revelado "quando o virmos como Ele é Deus".

Deus se nos dá a conhecer e, conhecendo, Ele nos faz conhecê-lo, e seu ser é seu conhecimento, e o fato de Ele me fazer conhecer e de eu conhecer é a mesma coisa. E é por isso que seu conhecimento é meu, como é uma e a mesma coisa o fato de o mestre ensinar e o discípulo aprender. E uma vez que seu conhecimento é meu e uma vez que sua substância é seu conhecimento e sua natureza e seu ser, segue-se daí que seu ser e sua substância e sua natureza são minhas. E se sua substância, seu ser e sua natureza são meus, então sou o filho de Deus. "Vede", irmãos, "o amor com que Deus nos presenteou: que sejamos chamados filhos de Deus e o sejamos".

Observai agora, através de que somos "o filho de Deus": somos "o filho de Deus" por termos o mesmo ser que o Filho possui. Mas como é que somos "o filho de Deus" ou como sabemos que o somos, uma vez que Deus não é igual a ninguém? Isso é verdade. Isaías diz: "A quem o comparastes, ou qual a imagem que lhe deram?" (Is 40,18). E uma vez que é da natureza de Deus não ser igual a ninguém, somos obrigados a alcançar o ponto de nada sermos, a fim de podermos ser transportados para o mesmo ser que Ele mesmo é. Mas se eu alcançar o ponto de não me "configurar" em nada e de não configurar nada em mim, expurgando e desfazendo-me do que está em mim, então poderei ser transportado para o puro ser de Deus, e isso é o puro ser do espírito. Ali, deve-se expulsar tudo que é igualdade, a fim de que eu seja elevado e transportado para dentro de Deus e me torne um com Ele, *uma* substância, *um* ser e *uma* natureza e, com isso, o filho de Deus. E, depois que isso aconteceu, não haverá mais nada de oculto em Deus que não seja revelado ou que não se torne meu. Então me tornarei sábio, poderoso e todas as coisas, me tornarei como Ele, e uma e mesma coisa com Ele. E Sião[5] se torna uma vidente-verdadeira, um "verdadeiro Israel", isto é, "um homem que vê a Deus"[6], pois não lhe é nada oculto na deidade. Então o homem é levado para dentro de Deus. Mas para que nada me permaneça oculto em Deus que não me venha a ser revelado, nada de igual deve manifestar-se em mim e nenhuma imagem, pois imagem alguma manifesta a deidade ou seu ser. Pois, se em ti permanecesse alguma imagem ou algo de igual, jamais serias um com Deus. Por isso, para que tu sejas um com Deus, é preciso que não haja nenhuma figura em ti, nem interior nem exterior; isto é, que não haja nada em ti de encoberto que não venha a ser revelado e lançado para fora.

Repara em que consiste a deficiência! Ela provém do nada. Por isso, o que está no homem proveniente do nada deve ser extirpado; pois, enquanto essa deficiência permanecer em ti, não serás o filho de Deus. O fato de o homem lamentar-se e sofrer vem sempre e apenas da insuficiência. Por isso, para que o homem se torne "filho de Deus", tudo isso

5. Cf. Isidoro de Sevilha, *Etymologiae* XV c. 1 n. 5 (ed. Lindsay II): [...] *Sion, quae hebraice interpretatur speculatio, eo quod in sublimi constructa sit, et de longe venientia contempletur.* = Sião que em hebraico é interpretado como especulação, pelo que é construída no mais alto, e contempla de longe as coisas que hão de vir; Isidoro de Sevilha, *Etymologiae* VIII c. 1 n. 6 (ed. Lindsay I): [...] *Sion, id est speculatio* = Sião, isto é especulação; Jerônimo, *Liber interp. hebr. nom.* 74,15: *Israel vir videns deum* = Israel, homem que vê a Deus.

6. Eckhart (1973, p. 322-323): *ein sehender man got*; p. 564: "*ein Gott-sehender Mann*".

deve ser extirpado e expulso, de modo que ali não haja nem lamento nem sofrimento. O homem não é pedra nem madeira, pois tudo isso é deficiência e nada. Não nos tornaremos iguais a Ele enquanto esse nada não for expulso, a fim de que nos tornemos tudo em tudo, como Deus é "tudo em tudo" (1Cor 15,28).

Há dois tipos de nascimento do homem: um *no* mundo e outro para fora do mundo, quer dizer, espiritualmente para dentro de Deus. Queres saber se tua "criança" nascerá e será desnuda, isto é, se serás feito filho de Deus? Enquanto ainda sentires sofrimento em teu coração por qualquer coisa, mesmo que seja por causa de pecado, tua criança ainda não terá nascido. Se ainda tens sofrimento em teu coração, ainda não és "mãe", mas estás em processo de gestação e próximo ao nascimento. Por isso, não precisas alimentar dúvidas se estás sofrendo por ti ou por teu amigo: se não nasceu, está próximo do nascimento. Mas só terá nascido totalmente quando o homem não sente mais dor em seu coração por coisa alguma; então o homem tem o ser e a natureza e a substância e a sabedoria e a alegria e tudo que Deus possui. Então o mesmo ser do Filho de Deus será nosso e estará em nós e nós adentramos no mesmo ser de Deus.

Cristo diz: "Quem quer me seguir renegue a si mesmo, carregue sua cruz e siga-me" (Mt 16,24; Mc 8,34). Isso significa, joga fora todo sofrimento do coração, de modo que em teu coração não haja mais do que alegria permanente. Assim é que a criança nasceu. Por isso, se a criança nasceu em mim, e se eu visse meu pai e todos os meus amigos serem assassinados diante de meus olhos, meu coração não ficaria por isso perturbado. Mas se meu coração por isso se perturbasse, então a criança ainda não teria nascido em mim; mas talvez estivesse próxima do nascimento. Digo que Deus e os anjos têm tamanha alegria por cada obra de um homem de bem, que nenhuma alegria poderia igualar-se a isso. Por isso eu digo que, se acontecer de a criança nascer em ti, terás tanta alegria por cada uma das boas obras que acontecem nesse mundo, que tua alegria alcança a maior de todas as estabilidades, de modo a não ser alterada. Por isso, Cristo diz: "Ninguém irá vos tirar essa alegria" (Jo 16,22). E se eu for elevado e transportado para o ser divino, então Deus e tudo que Ele possui serão meus. Por isso, Ele diz: "Eu sou Deus, teu Senhor" (Ex 20,2). Então terei uma alegria verdadeira, quando nem dor nem tormento poderão tirá-la de mim, pois então terei sido transportado para o ser divino, onde não há espaço para sofrimento. Vemos, portanto, que em Deus não há ira nem perturbação, mas amor e alegria. Mesmo quando parece que Ele se ira com o pecador, isso não é ira, mas amor, pois vem do grande amor divino; e Ele castiga aqueles que ama, pois "Ele é o amor" (1Jo 4,16), que ali é o Espírito Santo. Por isso, a ira de Deus provém do amor, pois Ele fica irado sem dor. Então, quando alcanças o ponto de já não possuíres nem sofrimento nem preocupação por coisa alguma e que o sofrimento já não seja sofrimento para ti e que para ti todas as coisas sejam uma límpida alegria, então, sim, a "criança" terá verdadeiramente nascido. Assim, pois, esforçai-vos para que a criança não esteja apenas em vias de nascer, mas seja nascida, assim como em Deus o Filho é nascido todo o tempo e está todo o tempo em vias de nascer.

Que Deus nos ajude para que isso nos aconteça. Amém.

Sermão 77

Ecce mitto angelum meum
[Eis que mando o meu anjo]
(Ml 3,1)

Isso está escrito no Evangelho e em nossa língua significa: "Vede, eu envio meu anjo" (Ml 3,1)[1].

Em primeiro lugar, devemos saber o que seja um anjo, pois um texto diz que devemos ser iguais aos anjos. Um mestre[2] diz que o anjo seria uma imagem de Deus. O segundo diz que ele teria sido formado à imagem de Deus. O terceiro diz que ele seria um espelho límpido, que tem e carrega em si igualdade com a bondade divina e limpidez divina do silêncio e da ocultação de Deus, tanto quanto isso seja possível. E um outro diz ainda que ele seria pura luz do intelecto e separado de todas as coisas materiais. Nós devemos tornar-nos iguais a esses anjos. Cada um que conhece deve conhecer em uma luz que se encontra no tempo, pois o que penso, eu o penso em uma luz que se encontra no tempo e é temporal. Mas o anjo conhece em uma luz que está acima do tempo e é eterna. Por isso, conhece em um instante eterno. Mas o homem conhece em um instante temporal. A menor coisa que há é o instante temporal. Tira, porém, o instante temporal. Pois então estás por toda parte e tens todo o tempo. Ser isso ou aquilo não é todas as coisas, pois enquanto sou isso ou aquilo ou possuo isso ou aquilo ainda não sou todas as coisas nem tenho todas as coisas. Separa-te de ser isso ou aquilo, de ter isso ou aquilo, és então todas as coisas e possuis todas as coisas; e, se não estás nem aqui nem lá, estás em todo lugar. E, então, se

1. O texto da Bíblia (Ml 3,1) foi tirado da leitura da Festa da Apresentação do Senhor (Nossa Senhora da Luz, 2 de fevereiro), segundo o antigo missal dominicano e missal romano.

2. Esse mestre, como também os que seguem, representa várias colocações do um e mesmo Dionísio Areopagita, *De div. nom.* c. 4 § 22, PG 3,724 B; *Dionysiaca* I, p. 269,1s; *De caelesti hierarchia* c. 3 § 2; c. 4 § 2, PG 3,165.180.

não és nem isso nem aquilo, és todas as coisas. O anjo é e opera também pelo intelecto em sua dimensão e contempla sem cessar, e seu objeto[3] é um ser intelectivo. Por isso, seu ser está distanciado, longe de todas as coisas. O que é totalidade somativo-entitativa ou número, disso ele está distante.

Falemos mais um pouco sobre a palavra da Escritura que diz: "Eu envio". Há um texto que omite o termo "eu" (Lc 7,27), mas o outro expressa a palavra "eu" (Ml 3,1). O profeta diz: "Eu envio meu anjo"; mas o evangelista omite a palavra "eu" e diz: "Vede, envio meu anjo". O que poderá significar isso, que um texto omita o nome "eu"? Em primeiro lugar, isso visa à inefabilidade de Deus; diz que Deus é inefável, é acima de toda palavra na limpidez de seu fundo, onde Deus não pode ter palavra nem discurso, onde Ele é inefável e indizível para todas as criaturas. Por outro lado, quer dizer que a alma é inefável e sem palavra; ali onde ela se apreende em seu fundo próprio, ali ela é inefável e inominável e não pode ter nenhuma palavra, pois ali ela é acima de nomes e acima de toda palavra. É a *isso* que se refere quando oculta o nome "eu", pois ali não tem nem palavra nem discurso. O terceiro motivo por que o evangelista omite a palavra "eu" está no fato de que Deus e a alma são tão perfeitamente um que Deus não pode ter nenhuma propriedade pela qual pudesse separar-se da alma ou que pudesse ser algo outro do que a alma, de modo que não se pode dizer "*eu* envio meu anjo", como se fosse algo outro do que a alma. Pois se dissesse "eu", teria em mente outro que não a alma. Por isso, omite-se o nome "eu", porque Ele e a alma são de tal modo um que Deus não pode ter nenhuma propriedade, de sorte que de Deus não se pode dizer nem algo nem nada que possa denotar diversidade ou alteridade.

Por outro lado, quando o texto diz "eu", isso significa primeiramente a "est-idade"[4] de Deus, que só Deus é; pois todas as coisas são em Deus e por Ele, visto que fora dele e sem Ele, na verdade, nada é: isso porque, diante de Deus, todas as criaturas são algo insignificante e um puro nada. Por isso, o que elas são, na verdade, o são em Deus, e por isso, na verdade, só Deus é. E assim a palavra "eu" se refere à "est-idade" da verdade divina,

---

3. Eckhart (1973, p. 336,7): *gegenwurf*; p. 566: *Gegenstand*. Ser intelectivo, aqui, indica o modo de ser da dimensão ontológica denominada por Eckhart de *Intelecto* (cf. glossário n. 11 e 12). Por isso o *objeto* não é objeto-coisa, objeto-ideal, objeto-valor na acepção hodierna da Teoria do Conhecimento. *Gegenwurf* se refere, antes, ao face a face do que vem a mim como encontro de alma para alma. Trata-se de relacionamento dentro e a partir da dimensão da densidade de ser chamada espiritual ou intelectual.

4. Eckhart (1973, p. 339,1): *isticheit*; p. 567: *Seinsheit*.

pois é a manifestação de um "é"[5]. Por isso "eu" manifesta que somente Deus *é*. Em segundo lugar, significa que Deus é inseparável de todas as coisas, pois Deus é em todas as coisas e lhes é mais íntimo do que elas são para si mesmas. Assim, pois, Deus é inseparável de todas as coisas. E assim também o homem deve ser inseparável de todas as coisas, o que significa: que o homem em si mesmo seja nada e que tenha saído totalmente de si mesmo. Dessa forma ele é inseparável de todas as coisas e é todas as coisas. Por isso, na medida em que nada és em ti mesmo, nessa mesma medida és todas as coisas e és inseparável de todas as coisas. E, na medida em que és inseparável de todas as coisas, nessa medida és Deus e todas as coisas, pois a deidade de Deus consiste no fato de Ele ser inseparável de todas as coisas. Por isso, o homem que é inseparável de todas as coisas apreende a deidade ali onde o próprio Deus recebe sua deidade. Em terceiro lugar, a palavra "eu" indica uma certa perfeição do nome "eu", pois não é um nome próprio: existe em função de um nome e da perfeição do nome e significa inamovibilidade e intocabilidade, e assim indica que Deus é inamovível e intocável e é uma estabilidade eterna. Em quarto lugar, indica a limpidez pura do ser divino, que é puro sem qualquer algo colateral[6]. Pois bondade e sabedoria e o que quer que digamos de Deus, isso tudo é algo paralelo do ser puro de Deus; pois todo algo colateral constitui algo de estranho ao ser. E assim a palavra "eu" indica a limpidez do ser de Deus, que é puro em si mesmo, sem nenhum ser lateral, que cria estranheza e distância.

Sobre os anjos queremos dizer ainda, como eu disse antes, que eles seriam uma imagem de Deus e que são um espelho, que têm em si igualdade com a bondade e com a pureza do silêncio e da ocultação de Deus, tanto quanto isso é possível. Então devemos ser iguais aos anjos, e assim devemos ser uma imagem de Deus, pois Deus nos fez uma imagem de si mesmo. O mestre que quiser fazer uma imagem segundo o homem não a faz segundo um Conrado ou segundo um Henrique. Mas, se fizesse uma imagem segundo Conrado ou segundo Henrique, ele não teria em mente *o* homem, ele teria em mente Conrado ou Henrique. Mas, se ele fizesse uma imagem segundo Conrado, ele não teria em mente Henrique; pois, se quisesse e pudesse, faria plenamente Conrado, o mesmo e totalmente igual. Ora, Deus

---

5. Eckhart (1973, p. 340,6): *ez ist ein bewîsunge eines "istes"*; p. 567: *es <= das ich> ist die Bezeugung eines Seienden.*

6. Eckhart (1973, p. 341,3): *mitewesen*; p. 567: *"Beisein" <= Accidens>.*

quer e pode plenamente, de todo, de uma vez para sempre; e por isso Deus criou-te totalmente igual e como uma imagem dele mesmo. Mas “igual a Ele” denota algo de estranho e de distante. Ora, entre o homem e Deus não há nada de estranho nem distante; e por isso o homem em nada é igual a Ele; antes, é inteiramente igual a Ele e o mesmo que Ele é inteiramente.

Eu não sei e não posso mais do que isso; com isso esse sermão está no fim. Mas certa vez, estando a caminho, estive pensando que o homem deveria ser tão desprendido em suas opiniões a ponto de não ter em mente ninguém nem nada a não ser a deidade em si mesma, nem bem-aventurança, nem isso ou aquilo, senão unicamente Deus como Deus e a deidade em si mesma; pois qualquer outra coisa que tenhas em mente, isso tudo é apenas um ser colateral à deidade. Por isso, afasta todo ser colateral da deidade e toma-a despida em si mesma.

Que Deus nos ajude a chegar a isso. Amém.

Sermão 78

Missus est Gabriel angelus etc.
[Foi enviado por Deus o Anjo Gabriel]
(Lc 1,26-27)

São Lucas escreve no Evangelho: "Um anjo foi enviado por Deus para um país chamado Galileia, numa cidade de nome Nazaré, a uma virgem chamada Maria, prometida a José, da linhagem de Davi"[1].

Beda[2], um mestre, diz: "Esse foi um princípio de nossa salvação". Certa ocasião eu disse e repito-o agora: Tudo que Nosso Senhor já realizou, Ele o fez por nenhuma outra razão a não ser para que Deus esteja conosco e que nós sejamos um com Ele; e por isso Deus se tornou homem. Os mestres dizem que, antes de ser gerado corporalmente de Nossa Senhora, Deus foi gerado nela espiritualmente; e pelo transbordo da nascença, quando o Pai celeste gerou seu Filho Unigênito na alma dela, dali o verbo eterno recebeu nela a natureza humana e ela ficou corporalmente grávida.

Então é dito: "Um anjo foi enviado por Deus". Eu digo: Era necessário que ele fosse enviado a ela por Deus. A alma se recusaria a receber a luz do anjo se não fosse enviada por Deus e se a luz divina não se colasse ali interiormente escondida, de modo a dar sabor à luz do anjo; de outro modo ela não o quereria.

A Escritura diz: "Um anjo". O que é um anjo? Três mestres expressam-se de três modos diferentes sobre o que seja um anjo. Dionísio[3] diz: Um anjo é um espelho sem manchas, límpido no mais alto grau e que recebe em

1. Texto bíblico tirado do Evangelho da Festa da Anunciação de Maria (25 de março).

2. Beda, *Homiliae* I 1, PL 94,9.

3. Dionísio Areopagita, *De div. nom.* c. 4 § 22, PG 3,724 B; *Dionysiaca* I, p. 268; *Sermo* XXVII, 3 n. 275, LW 4, p. 250,3s.

si o reflexo da luz divina. Agostinho[4] diz que o anjo está próximo de Deus e a matéria está próxima do nada. João Damasceno[5] diz que o anjo é uma imagem de Deus, e com sua luz atravessa tudo que é seu, isto é, do anjo com a imagem de Deus. A alma possui essa imagem em seu cume mais elevado, em seu ramo mais alto, onde a luz divina brilha sem cessar. É a primeira coisa que ele diz sobre o que seria um anjo. Depois disso diz: O anjo é uma lâmina penetrante, inflamado de desejo divino; e é livre de matéria e é tão livre que é inimigo da matéria. Eis aí o que seja um anjo.

E "um anjo foi enviado por Deus". Para quê? Diz Dionísio[6]: O anjo possui três tipos de obras. Em primeiro lugar, ele varre; em segundo, ele ilumina; e, em terceiro, ele preenche. Ele varre a alma de três modos: no primeiro modo, varre as manchas que se abateram sobre ela; no segundo, varre a matéria e prepara-a e reúne-a em si mesma; no terceiro, varre a ignorância, como o faz um anjo para os outros. Em segundo lugar, ilumina a alma de dois modos: a luz divina é tão abundante que a alma não consegue suportá-la se não for abrandada e obscurecida na luz do anjo e só então transportada para a alma. Depois, ilumina-a com igualdade. O anjo coloca sua compreensão na alma e fortalece-a para que ela possa receber ou suportar a luz divina. Se eu estivesse em um deserto, só, paralisado de medo, e tivesse uma criança ali junto comigo, meu medo passaria e eu seria fortalecido. Tão nobre e tão prazerosa e tão poderosa é a vida nela mesma. E se eu não pudesse ter uma criança junto a mim, mas tivesse um animal, eu seria consolado. Por isso, aqueles que operam muitos prodígios nos livros negros tomam um animal, um cão, e a vida no animal fortalece-os. Igualdade fortalece em todas as coisas. Por isso o anjo a coloca na alma, pois ele é igual a ela e a ilumina e a fortalece e a prepara para que possa receber luz divina.

Então diz a Escritura: "Um anjo foi enviado por Deus". A alma deve ser igual ao anjo nas coisas de que falei, se é que o Filho deve ser enviado a ela e nela ser gerado. Fica em aberto ainda como o anjo a preenche.

Que Deus nos envie seu anjo, que nos limpe e nos ilumine e nos preencha, e sejamos eternamente bem-aventurados com Deus, a isso nos ajude Deus. Amém.

---

4. Agostinho, *Conf.* XII c. 7 (ed. Skutella, p. 298,12-15); Tomás de Aquino, *S.Th.* I q. 44 a. 2.

5. João Damasceno, *De fide ortodhoxa* II c. 3, Burgundionis versio (ed. Eligius Buytaert, Franciscan Institut Publications, Text series 8, 1955, c. 17), p. 69,3s.

6. Dionísio Areopagita, *De cael. hier.* II c. 3 § 2, PG 3,165 BC.

Sermão 79

Laudate caeli et exultet terra. Ego sum lux mundi [Cantai, céus; regozija-te, terra. Eu sou a luz do mundo] (Is 49,13; Jo 8,12)

Eu disse duas palavrinhas em latim: uma foi tirada da leitura, dita pelo Profeta Isaías: "Alegrai-vos, céu e terra, Deus consolou seu povo e quer compadecer-se de seus pobres" (Is 49,13). A outra está no Evangelho e é Nosso Senhor que a diz: "Eu sou uma luz do mundo, e aquele que me segue não anda nas trevas e deve encontrar e ter luz da vida" (Jo 8,12)[1].

Agora prestai atenção para a primeira palavrinha dita pelo profeta: "Alegrai-vos, céu e terra". Em verdade, em verdade, por Deus, por Deus! Vós podeis estar tão seguros disso como é verdade que Deus vive: da menor boa obra ou da menor boa vontade ou do menor bom desejo se alegram todos os santos no céu e na terra e todos os anjos numa alegria tão grande que a ela não se pode igualar toda a alegria de todo este mundo. E quanto mais elevado for cada santo, tanto maior será sua alegria, e quanto mais elevado for cada anjo, tanto maior será sua alegria, e todas essas alegrias juntas são como um grão de ervilha diante da alegria que Deus encontra naquela obra. Pois Deus tem, na boa obra, como que uma alegria preclara, um sorriso; pois todas as outras obras que não acontecem para o louvor de Deus, diante dele, valem tanto quanto cinza. Por isso, ele, o profeta, diz: "Alegrai-vos, céu e terra; Deus consolou seu povo". Agora prestai atenção ao que ali se diz: "Deus consolou seu povo e quer compadecer-se de seus pobres". Pois ele diz "seus pobres". Os pobres são deixados ao deus-dará, pois ninguém toma conta deles. Se alguém tivesse um amigo que fosse pobre, não se daria a conhecer a ele; mas se aquele amigo possuir bens e for sábio, então o ou-

1. Os textos escriturísticos são respectivamente da leitura e do Evangelho da missa do sábado antes do Primeiro Domingo da Paixão.

tro dirá: “Tu és meu parente”, e logo se dá a conhecer a ele; mas aos pobres ele diz: “Que Deus te proteja!” Esses pobres são deixados ao Deus dará; pois, onde quer que andem, encontram a Deus e possuem a Deus em todos os lugares, e Deus toma conta deles, pois a Ele foram dados os pobres. Por isso Ele diz no Evangelho que “os pobres são bem-aventurados”.

Agora prestai atenção à palavrinha que Ele diz: “Eu sou uma luz do mundo”. “Eu sou” – com isso Ele toca o ser. Os mestres dizem: Todas as criaturas podem até dizer “eu”, pois a palavra é comum; mas a palavra *sum*, “sou”, em sentido próprio, ninguém pode pronunciá-la a não ser somente Deus. *Sum* é dito como uma coisa que carrega dentro de si todo o bem, e isso é recusado a todas as criaturas, e nenhuma delas possui tudo que possa consolar inteiramente o homem. Se tivesse tudo aquilo que posso desejar, e se meu dedo estivesse doendo, então eu não teria tudo, pois meu dedo estaria ferido e eu não teria um consolo total enquanto o dedo continuasse a doer. Pão é bastante consolador para o homem, enquanto este estiver com fome; mas se estiver com sede, ele encontrará tão pouco consolo no pão como em uma pedra. E o mesmo acontece com as roupas quando se sente frio; mas, quando se sente calor, então não se encontra consolo algum nas roupas; e o mesmo acontece com todas as criaturas, e por isso é verdade que todas as criaturas carregam em si amargura. Também é verdade que todas as criaturas carregam em si algo de consolo como uma cobertura de mel escumado. O mel, reunido em Deus, é tudo que de bom pode ser reunido em todas as criaturas. Por isso, está escrito no Livro da Sabedoria: “Junto contigo, vem à minha alma todo bem” (Sb 7,11), e o consolo procede de Deus. Mas o consolo das criaturas não é completo, pois carrega em si uma carência. O consolo de Deus, porém, é límpido e sem carência, é pleno e perfeito; e lhe é tão necessário que ele to dê, que ele mal consegue esperar até doar-se a si mesmo por primeiro a ti. Deus está tão enfeitiçado de amor por nós como se tivesse esquecido céu e terra e toda sua bem-aventurança e toda sua deidade e nada mais tivesse a fazer a não ser ater-se a mim, para me dar tudo que possa me consolar. E Ele o doa a mim plenamente e doa-o perfeitamente e doa-o do modo mais límpido e doa-o em todo tempo e doa-o a todas as criaturas.

Então Ele diz: “Quem me segue não anda nas trevas”. Agora reparai no que Ele diz: “Quem me segue”. Os mestres dizem que a alma possui três forças. A primeira força procura por todos os caminhos o mais doce. A segunda procura sempre o mais sublime. A terceira força procura sempre o melhor; pois a alma é tão nobre que jamais pode repousar, a não ser na origem onde brota aquilo que cria a bondade. Vede, o consolo de Deus é tão doce que todas as criaturas buscam-no e perseguem-no. E digo ainda que o ser e a vida de todas as criaturas consistem em procurar a Deus e persegui-lo.

Então podereis dizer: "Onde está este Deus a quem todas as criaturas perseguem, de quem possuem seu ser e sua vida?" – Falo com gosto da deidade, pois toda nossa bem-aventurança eflui dali. – O Pai diz: "Meu filho, vou gerar-te hoje no resplendor dos santos" (Sl 109,3). Onde está esse Deus? – "Eu estou detido ali na plenitude dos santos" (Eclo 24,16)[2]. Onde está esse Deus? – No Pai. Onde está esse Deus? – Na eternidade. Ninguém jamais poderia ter encontrado a Deus, como diz o sábio: "Senhor, Tu és o Deus abscôndito" (Is 45,15). Onde está esse Deus? – Exatamente como um homem que se esconde, mas aí tosse de leve e com isso denuncia a si mesmo, assim também fez Deus. Ninguém jamais poderia ter encontrado a Deus; mas agora Ele mesmo se denunciou. Um santo[3] diz: Às vezes encontro em mim tanta doçura que esqueço de mim mesmo e de todas as criaturas e gostaria de fundir-me totalmente em ti. "Mas quando quero abraçar-te totalmente, Senhor, então te retrais. Senhor, o que queres dizer com isso? Se me cativas, por que depois te retrais de mim? Se me amas, por que então foges de mim? Ah, Senhor, fazes isso para que eu possa receber muito de ti." O profeta diz: "Meu Deus" (Sl 15,2). – "Quem te diz que eu sou teu Deus?" – "Senhor, jamais poderei repousar senão em ti, e em parte alguma estou bem, a não ser em ti."

Que assim nós procuremos a Deus e também o encontremos, a isso nos ajudem o Pai e o Filho e o Espírito Santo. Amém.

---

2. Na versão latina da Vulgata é: *In plenitudine sanctorum detentio mea.*

3. Agostinho, *Conf.* X c. 40 n. 65, CSEL XXXIII 267,17-19.

Sermão 80

Homo quidam erat dives
[Havia um homem rico]
(Lc 16,19)

"Havia um homem rico que se adornava com seda e veludo e comia todos os dias alimentos sofisticados" (Lc 16,19)[1] e não tinha nome.

Podemos compreender isso de dois modos: em referência à deidade insondável e em referência a cada alma terna.

"Havia um homem rico." "Homem" diz tanto quanto um ente que conhece. É o que disse um mestre pagão[2]. Na Escritura, com "homem" se indica Deus. São Gregório diz: Se em Deus, de algum modo uma coisa fosse mais nobre do que a outra, se a gente quisesse dizer isso, essa coisa seria conhecimento; pois no conhecimento Deus é manifesto a si mesmo, no conhecimento Deus flui para dentro de si mesmo, no conhecimento Deus eflui em todas as coisas, no conhecimento Deus criou todas as coisas. E, se em Deus não houvesse conhecimento, não poderia haver trindade; assim também nenhuma criatura jamais teria efluído.

"Ele não tinha nome." Assim o Deus abissal não tem nome, pois todos os nomes que lhe dá a alma, ela os tira no conhecimento de si mesma. Sobre isso um mestre pagão nos diz no livro que se chama a *Luz das luzes*[3]: Deus é sobre-essencial e é sobre-dizível e sobre-conhecível, na medida em que se trata do conhecer natural[4]; não falo do conhecimento operado pela

1. O texto da Escritura é do Evangelho da missa do primeiro domingo depois da Festa da Trindade, segundo o antigo missal dominicano.

2. Aristóteles, *Eth. Nic.* l. X c. 7; cf. Alberto Magno, *Met.* l. 5 tr. 4 c. 1 (ed. Colon., 16,1, p. 272,46s); *Ethica* l. 1 c. 7 (ed. Colon., 14,1, p. 34,80s); Tomás de Aquino, *Ethica Nicomachea* X, lect. 11, t. 1486 (ed. Marietti, p. 545b).

3. *Liber de causis* era chamado também de *Luz das luzes* (*lumen luminum*). Cf. Eckhart (1973, p. 385, nota 3).

4. *Liber de causis* § 5 (ed. Bardenhewer, p. 169,4s). Livro atribuído a Aristóteles por alguns escolásticos medievais, é de autor desconhecido. Foi escrito por algum pensador árabe e traduzido para o latim na escola de tradutores de Toledo. No seu conteúdo, está intimamente ligado com o *Compêndio de teologia* de Proclo. Alberto Magno escreveu um comentário, parafraseando

graça. Pois, pela graça, um homem poderia ser arrebatado para tão longe que conheceria do mesmo modo como São Paulo conheceu, quando arrebatado para o terceiro céu, e contemplou as coisas que não devemos nem podemos exprimir plenamente (2Cor 12,2-4). Pois como ele as contemplou, não poderia tê-las traduzido em palavras; e o que precisamos conhecer, devemos conhecê-lo na causa ou no modo ou nas obras. Por isso, Deus permanece desconhecido; é que não é causado por ninguém; Ele é sempre o primeiro. Ele é também sem modo; isto é, no incógnito[5]. Ele também é sem obra; isto é, em seu silenciar do silêncio abscôndito. Por isso, Ele permanece sem nome. Onde estão, pois, todos os nomes que lhe foram dados? Moisés perguntou por seu nome. E Deus disse: "Aquele que é ali, Ele te enviou" (Ex 3,14). De outro modo, ele não poderia tê-lo compreendido; pois, assim como Deus é em si mesmo, jamais poderia dar-se a conhecer a uma criatura; não que Deus não o pudesse, mas é que as criaturas não poderiam compreendê-lo. Por isso, diz o mestre no livro que se chama uma *Luz das luzes*: Deus é sobre-essencial e sobre-louvável e sobre-dizível e sobre-compreensível.

O homem era também "rico". Assim Deus é rico em si mesmo e em todas as coisas. Agora prestai atenção! A riqueza de Deus consiste em cinco coisas. A primeira: que Ele é a causa primeira; por isso se efunde em todas as coisas. A segunda: que é simples em seu ser; por isso é a interioridade de todas as coisas. A terceira: que é originário; por isso se comunica a todas as coisas. A quarta: que é imutável; por isso é o mais constante. A quinta: que é perfeito; por isso é o mais desejável.

Ele é a causa primeira; por isso se infunde para dentro de todas as coisas. Sobre isso, um mestre pagão[6] diz que a causa primeira se derrama em todas as outras causas mais do que estas se derramam em suas obras. Ele também é simples em seu ser. O que é simples? Sobre isso diz o Bispo Alberto[7]: Uma coisa é simples quando em si mesma é um, sem alteridade,

o *Liber de causis*, intitulado *De causis et processu universitatis*. Tomás de Aquino, no opúsculo "Exposição sobre o *Liber de causis*", também comentou o *Liber de causis*. Cf. Tomás de Aquino, *Opúsculos filosóficos genuínos*, segundo a edição crítica de P. Mandonnet, O.P., Buenos Aires, Poblet, 1947.

5. Eckhart (1973, p. 381,7): *Unbekantheit*; p. 574: *Unerkanntheit* = incognoscibilidade.

6. *Liber de causis* § 1 (ed. Bardenhewer, p. 163,3s).

7. Segundo Quint, até agora não foi possível verificar onde se encontra, nas suas obras, o que Alberto diz aqui (Eckhart, 1973, p. 384, 6, nota 4).

isto é Deus, e todas as coisas unitárias se mantêm naquilo que Ele é. Ali as criaturas são um no um e são Deus em Deus; nelas mesmas, nada são. Em terceiro lugar: que Ele é originário, por isso Ele eflui para dentro de todas as coisas. Sobre isso, diz o Bispo Alberto[8]: Ele se derrama em todas as coisas de maneira comum, de três modos: com ser e com vida e com luz e de modo especial na alma intelectiva, na possibilidade de todas as coisas e numa recondução das criaturas à sua origem primeira: essa é a luz das luzes, pois "todo dom e perfeição vem do Pai das luzes", como diz São Tiago (Tg 1,17). Em quarto lugar, que Ele é imutável, por isso Ele é o mais constante. Agora reparai como Deus se une com as coisas. Ele se une com as coisas e, no entanto, se mantém como um em si mesmo e mantém todas as coisas em si como um. Sobre isso, diz Cristo: Vós deveis ser transformados em mim e não eu em vós[9]. Isso vem de sua imutabilidade e de sua incomensurabilidade e da pequenez das coisas. Por isso, diz um profeta que, em face de Deus, todas as coisas são tão pequenas como uma gota de água diante do mar bravio (Sb 11,23). Se derramássemos uma gota no mar, a gota se transformaria no mar e não o mar na gota. Assim acontece também à alma: quando Deus a atrai para si, ela é transformada em Deus, de modo que a alma se torna divina, e não que Deus se transforma na alma. Então, a alma perde seu nome e sua força, mas não sua vontade e seu ser. Então, a alma permanece em Deus como Deus permanece em si mesmo. Sobre isso diz o Bispo Alberto[10]: Naquela vontade, em que o homem morre, nessa mesma vontade ele irá permanecer eternamente. Em quinto lugar, que Ele é perfeito, por isso é o mais desejável. Deus é a perfeição de si mesmo e de todas as coisas. O que é perfeição em Deus? É isso, que Ele é o bem de si mesmo e de todas as coisas. Por isso, todas as coisas desejam-no, porque é o bem delas.

Que nos seja comunicado o bem que é Deus mesmo e que nós possamos desfrutar dele eternamente, a isso nos ajude Deus. Amém.

8. O mesmo vale para a frase que aqui segue. Cf. nota 6.

9. Aqui, não se refere diretamente à palavra da Sagrada Escritura, mas antes às palavras que Santo Agostinho põe na boca de Cristo: "Sou comida dos que se tornam grandes: cresce e me tomarás por alimento, tu não me mudarás em ti como comida da tua carne, mas tu te mudarás em mim"; cf. Agostinho, *Conf.* VII c. 10 n. 16 (ed. Skutella, p. 141,7s).

10. Alberto Magno, *Super Matth.* 7,2 (ed. Paris, t. 20, p. 334a).

Sermão 81

Fluminis impetus laetificat civitatem Dei: sanctificavit tabernaculum suum Altissumus [As correntes de um rio alegram a cidade de Deus, o tabernáculo mais santo do Altíssimo] (Sl 45,5)[1]

"O ímpeto da torrente, forte e rápido, alegrou a cidade de Deus" (Sl 45,5). Nessas palavras devemos observar três coisas. A primeira, o "fluir impetuoso" de Deus; a segunda, a cidade[2] para onde o rio flui; e a terceira, a utilidade que ele traz.

São João diz: "De todos os que têm a fé, vivificada pelo amor divino, e a demonstram com boas obras, de todos eles fluirão os rios de água viva" (Jo 7,38). Com isso quer designar o Espírito Santo. Mas o profeta, o autor do salmo, pela admiração, não sabe como deve chamar o Espírito Santo, por suas obras impetuosas e maravilhosas. Por isso, as chama de uma "torrente", por causa de seu curso impetuoso, pois ele flui tanto mais plenamente para a alma quanto mais esta irrompeu em humildade e se alargou para receber. Estou certo de que se minha alma estivesse preparada e se Deus encontrasse nela tanto lugar como na alma de Nosso Senhor Jesus Cristo, Ele a encheria completamente com esse "fluxo"; pois o Espírito Santo não consegue conter-se de fluir para tudo aquilo em que encontra "lugar" e enquanto encontra "lugar".

Por outro lado, devemos examinar qual seja essa "cidade". Espiritualmente, é a alma. Uma "cidade" significa o mesmo que *civium unitas*; significa o mesmo que uma cidade que está fechada para o exterior e unida inte-

1. O texto do salmo citado no início do sermão não se encontra nem no missal romano nem no antigo missal dominicano.

2. Neste sermão *stat* significa tanto cidade quanto lugar.

riormente. Assim deve ser a alma para a qual Deus deve fluir, para que ela esteja protegida dos impedimentos exteriores e esteja interiormente unida em todas as suas forças. Se eu olhar um homem nos olhos, nele vejo refletida minha imagem, e, no entanto, essa imagem está no ar antes de estar no olho. Ela jamais poderia alcançar o olho se antes não estivesse no ar, e, no entanto, não a vemos no ar. E porque o ar é rarefeito e não está densamente unido, nenhuma imagem pode se revelar nele, como podemos constatar no arco-íris; quando o ar está condensado, a imagem do sol aparece em várias cores no arco-íris. Quando olho num espelho, meu rosto recebe em retorno um reflexo. Isso jamais aconteceria se, por trás dele, não houvesse uma proteção de chumbo. Assim também a alma deve ser reunida e condensada na força mais nobre que nela se encontra, se quiser receber o "rio" divino, que a repleta e alegra[3]. São João escreve que os apóstolos estavam unidos entre si e fechados quando receberam o Espírito Santo.

Já muitas vezes eu disse: Um iniciante que quer iniciar uma boa vida deve observar a seguinte comparação: quem quer fazer um círculo – onde ele coloca o primeiro pé no chão, ali ele o mantém firme até completar o círculo com o outro pé ou com um bastão; então o círculo está bem-feito. Isso é: que o homem aprenda por primeiro a fazer que o seu coração se torne estável, então ele estará estável em todas as suas obras. Se, em qualquer obra que fizer, por mais grandiosa que a fizer, seu coração estiver instável, não o ajudará em nada. Havia mestres de dois feitios. Os primeiros queriam que o homem bom não pudesse ser movido interiormente; e demonstraram isso com alguns belos discursos. Mas os outros não pensavam assim; eles queriam que o homem bom pudesse ser movido interiormente, e isso é o que a Sagrada Escritura também sustenta. Ele é movido interiormente, mas nem por isso se desvia do caminho. Nosso Senhor Jesus Cristo sentiu-se intensamente movido interiormente, e também outros de seus santos; mas nem por isso se desviaram para os vícios. Algo assim experimentaram aqueles que costumam viajar sobre o mar: ali, quando se quer dormir, joga-se a âncora na água e o barco fica imobilizado; decerto a gente balança sobre a água, mas não se distancia. Eu disse que um homem perfeito não pode ser facilmente impedido; mas se ele se zangar com qualquer coisa, ele não é perfeito.

---

3. Cf. Alberto Magno, *De anima* II tr. 3 c. 14 (ed. Colon., 7,1, p. 119,33s).

A terceira coisa é a utilidade que isso traz; é o que o profeta diz: Nosso Senhor mora dentro da alma; por isso, ela não sofrerá alteração. Ela não quer nada a não ser o mais límpido. Por isso, para que nela a limpidez de Deus opere, ela não pode admitir nenhuma mistura com as criaturas. Certas obras, Deus, Nosso Senhor, as opera Ele mesmo, sem distinção, mas algumas, com distinção e com ajuda. Se a graça ligada à minha palavra, por exemplo, à palavra do pregador, alcançasse a alma do ouvinte sem distinção, como se fosse o próprio Deus que a pronuncia ou opera, a alma seria convertida imediatamente e seria santa e não poderia subtrair-se a isso. Quando pronuncio a Palavra de Deus, então sou um colaborador de Deus e a graça está misturada com a criatura, e assim não é recebida inteiramente na alma. Mas a graça que o Espírito Santo traz para a alma é recebida sem distinção, se a alma estiver reunida na força simples que conhece a Deus. A graça brota no coração do Pai e flui no Filho, e na unificação de ambos ela flui da sabedoria do Filho e flui na bondade do Espírito Santo e assim, com o Espírito Santo, é enviada à alma. E a graça é um rosto de Deus e é impressa na alma com o Espírito Santo, sem distinção, e forma a alma segundo Deus. *Essa* obra é operada pelo próprio Deus sem distinção. Não há nenhum anjo tão nobre que possa servir para isso, e também nenhuma dignidade humana. Mesmo se o anjo fosse capaz, por causa da nobreza de sua natureza, Deus não poderia admitir que qualquer criatura o servisse nisso, pois nesse momento elevou a alma a tal ponto acima de sua morada natural que nenhuma criatura pode alcançá-la. E *mesmo* que o anjo fosse capaz dessa obra e Deus lhe permitisse ser seu ajudante, a alma rejeitaria isso, pois nesse momento ela rejeita tudo que está misturado com a criatura. Sim, mesmo a luz da graça, com a qual se encontra unida, ela a rejeitaria se não soubesse e não estivesse certa de receber a Deus nessa luz; pois ela rejeita tudo que não é Deus nele mesmo; pois Deus conduz sua noiva para fora da dignidade e nobreza de todas as criaturas, para um deserto em si mesmo, e fala pessoalmente em seu coração; isto é, na graça Ele a faz igual a si mesmo. Para essa nobre obra, a alma deve concentrar-se e fechar-se, como podemos atestar em uma comparação na alma: assim como a alma, propriamente, dá a vida ao corpo sem intermediação do coração e de todos os outros membros – se precisasse da ajuda do coração, deveria haver outro coração, do qual ela tomaria a vida –, assim, Deus opera sem intermediação a vida límpida da graça e da bondade na alma. Assim como todos os membros se alegram na vida da alma, assim todas as forças da alma encontram-

-se plenas e alegres pelo influxo límpido da graça de Nosso Senhor; pois a graça está para Deus como o brilho do sol está para o sol e é um com ele e traz a alma para o ser divino, tornando-a divina, fazendo com que "sinta o sabor" da nobreza divina.

Para a alma que recebeu o influxo da graça divina e que "sente o sabor" da nobreza divina, tudo que não é Deus torna-se amargo e insuportável. Por outro lado, ela quer o mais sublime, de modo que não pode admitir nada acima dela. Chego até a dizer que ela não pode admitir nem o próprio Deus acima dela. Se fosse elevada, acima de todas as coisas, em sua liberdade mais elevada, a ponto de tocar a Deus em sua pura natureza divina, a alma jamais repousaria até que Deus irrompesse nela e ela em Deus. Embora em sua nobreza e natureza Deus esteja muito acima dela, ela não pode encontrar repouso até apreender a Deus o tanto que é possível a uma criatura apreender a Deus. Por isso, diz o senhor Salomão que a água roubada é muito mais doce do que qualquer outra água; isso significa que a alma perfeita não pode ficar presa a nada, sem que pela irrupção saia e se eleve acima de todas as coisas e alcance a liberdade divina; isso lhe proporciona grande felicidade[4]. A terceira coisa que o influxo da graça divina opera na alma é: que a alma deseje o mais agradável que a natureza pode operar; isto é, que no mais elevado ela opere a si mesma, segundo a si mesma. A maior felicidade no reino do céu e no reino da terra consiste em igualdade. A natureza divina opera no mais elevado na alma, a saber, na "centelha da alma": isso é igualdade. Nenhum homem pode seguir a Deus sem possuir em si uma igualdade com Deus. Então devemos observar se todas as graças que o homem recebeu são divinas, se "têm o sabor" da nobreza divina e se são comunicáveis e efluem para o exterior como Deus eflui para o exterior, com sua bondade, sobre tudo que de certa forma pode receber seu algo. Assim, o homem deve deixar fluir para o exterior e comunicar todos os dons que recebeu de Deus. São Paulo escreve: "O que há que não tenhamos recebido dele?" (1Cor 4,7). Se o homem possui qualquer coisa que não deseje também a um outro, ele não é bom. O homem que inveja um outro por coisas espirituais e por qualquer outra coisa que faça parte de sua felicidade e ventura, ele jamais foi espiritual. O homem não deve receber nem possuir somente para si mesmo, mas deve comunicar-se e derramar-se para o exte-

4. Eckhart (1973, p. 401,11): *wollust*; p. 578: *Beglückung*.

rior com tudo que possui em corpo e alma, o tanto que puder e seja o que for que se peça a ele.

São Paulo diz: "O maior dos bens é que o homem afirme seu coração pela graça" (Hb 13,9). Nessas palavras devemos observar três coisas: a primeira: Onde devemos começar com isso? – É no coração. E com quê? – Isto é: com a graça. E por quê? – Isto é: para se permanecer bom. Por isso, deve-se começar no coração. Este é o mais nobre membro do corpo e encontra-se no centro para distribuir a vida para todo o corpo: pois a fonte da vida brota no coração e age igual ao céu. O céu percorre sua órbita sem cessar; é por isso que ele deve ser redondo, para poder correr rapidamente, pois doa seu ser e vida a todas as criaturas. E se parasse por um só instante, e um homem então colocasse fogo em sua mão, este não o queimaria, e as águas não fluiriam e nenhuma criatura teria força alguma. Na verdade, sem a alma e sem o céu, todas as criaturas desapareceriam completamente, como se jamais tivessem existido. Essa força, o céu não a tem de si mesmo, mas do anjo que o impulsiona. Como já disse, diversas vezes, todas as imagens e "arquétipos"[5] de todas as criaturas foram criados primeiramente nos anjos, antes de serem criados corporalmente nas criaturas. Por isso, o anjo derrama sua vida e sua força no céu e impulsiona-o, fazendo-o girar sem cessar, e assim, com o céu, opera toda vida e todas as forças nas criaturas. Assim como, com a mão, posso verter numa carta a vontade que concebi em meu coração, escrevendo as letras com a caneta e enviando a carta a outra pessoa e permitindo que ela a leia e conheça minha vontade, assim também o anjo, tocando o céu, derrama nas criaturas, por sua vontade, todos os arquétipos da criação que ele recebeu de Deus. Também o céu está no centro; encontra-se à mesma distância de todas as extremidades. Assim também no homem o coração está à mesma distância e opera sem cessar ao seu redor; bate e move-se sem cessar. Mas se o coração se romper ou descansar mesmo que por um instante, o homem estará imediatamente morto. Por isso, quando está em apuros, o homem empalidece. Isso provém do fato de a força da natureza e o sangue se retirarem de todos os membros e se recolherem no coração, tentando socorrer o coração; pois a fonte da vida está no coração. É por isso que o coração se encontra no centro, a fim de que, quando alguma aflição oprimir o corpo, não possa atingir primeiro o coração. E quando o homem teme ser golpeado ou transpassado, coloca as

5. Eckhart (1973, p. 403,11): *glîchnisse*; p. 579: *Vorbilder* <= "*Ideen*">.

duas mãos diante do coração, temendo antes de tudo pelo coração. Assim acontece também com a graça que Deus imprime sem distinção no mais íntimo da alma: para que em toda adversidade que advenha ao homem no corpo ou na alma, a graça possa ser conservada e não se perca. Por isso, o homem deve se colocar a si mesmo e a tudo que não é Deus na frente da graça, interpondo-se entre as adversidades e a graça, antes que perca a graça, na qual repousa a vida de sua bem-aventurança eterna. Enquanto o homem tem a vontade e quer que nada jamais lhe seja tão amável nem lhe agrade tanto, a ponto de não querer disso abdicar livremente, a não ser que com isso ele impeça a graça – enquanto essa disposição persistir, o homem está em sua perfeição; pois uma boa vontade faz um homem bom e uma vontade perfeita faz um homem perfeito, e amamos todas as coisas segundo a bondade. Quem quer ser o mais amável dentre todos os homens, seja ele o melhor de todos os homens. Quanto melhor, tanto mais amado por Deus.

Para essa verdade, ajude-nos Deus. Amém.

Sermão 82

Quis, putas, puer iste erit? Etenim manus domini cum ipso est [Quem virá a ser este menino? Porque a mão do Senhor era com ele] (Lc 1,66)

"Que maravilhas virão desse menino? A mão de Deus está com ele" (Lc 1,66)[6].

Nessas palavras devemos precisar três pontos. No primeiro, a dignidade do artesão, quando diz: "A mão de Deus está com ele". "A mão de Deus" significa o Espírito Santo, por duas coisas. A primeira, que com a mão operamos obras. A segunda, que ela é um com o corpo e com o braço; pois todas as obras que o homem faz com a mão brotam no coração e passam pelos membros e são realizadas pela mão. Por isso, naquelas palavras pode-se conhecer a Trindade Santa: o Pai no coração e no corpo. Assim como à alma o ser é eminentemente no coração – embora ela esteja plenamente também em todos os membros e quiçá tanto nos menores quanto nos maiores, no entanto, seu ser e a origem de suas obras se encontram antes de tudo no coração –, assim também o Pai é um início e uma origem de todas as obras divinas. E o Filho é designado pelo braço, como está escrito no *Magnificat*, que "Ele realizou seu poder no braço" (Lc 1,51). E assim a força divina passa do corpo para o braço e para a "mão", pelo que se indica o Espírito Santo. Pois, assim como a alma se implica no corpo e em coisas materiais, assim também o que a gente deve aclarar à alma em coisas espirituais implica nas coisas materiais, se ela as quer conhecer. Por isso devemos esclarecer pela "mão" o Espírito Santo, que operou essa obra nesse "menino".

6. Esse texto da Escritura, tanto no antigo missal dominicano como no missal romano, encontra-se no Evangelho da missa da Festa do Nascimento de São João Batista (24 de junho).

Em primeiro lugar: que percebamos como deve ser o homem no qual Deus opera sua obra. Quando se diz um "menino", isso significa o mesmo que um ar puro ou algo sem mancha. Assim também a alma deve ser límpida e pura, se o Espírito Santo deve operar nela. Um mestre sábio diz: "A sabedoria eterna está presa em Sião e seu repouso deve estar na cidade pura" (Eclo 24,10s.). "Sião" diz o mesmo que uma "elevação" ou uma "sentinela". Assim a alma deve estar elevada acima de todas as coisas transitórias. Por outro lado, ela deve subtrair-se às coisas transitórias e mutáveis. E por terceiro, ela deve vigiar para não ser surpreendida por impedimentos futuros.

Em segundo lugar: que percebamos as atuações do Espírito Santo na alma. Ninguém poderá operar com prazer a não ser que encontre sua igualdade naquilo em que opera. Se eu tivesse que conduzir um homem e este não encontrasse em si mesmo igualdade comigo, jamais me seguiria com prazer; pois sem igualdade jamais se realizará um movimento nem obra com prazer. Assim acontece com todos os que seguem a Deus; pois todos os homens são obrigados a seguir a Deus, queiram ou não. Se o seguem de boa vontade, então será prazeroso para eles; mas se o seguem de má vontade, então será penoso para eles e irá lhes trazer apenas sofrimentos. Por isso, desde o momento em que criou a alma, Deus lhe outorgou uma luz divina por predileção e amor, que tem para com ela, a fim de que Ele possa operar com prazer na igualdade de si mesmo.

Agora, nenhuma criatura pode operar além daquilo que possui em si mesma. Por isso, com a luz que Deus lhe deu, a alma não pode operar além de si mesma, porque lhe é própria, e Deus lha concedeu para um dom matinal na força superior da alma. Embora essa luz seja igualdade com Deus, é criada por Deus, pois o criador é um e a luz é outra e é uma criatura; pois antes que Deus criasse uma criatura, só existia Deus, e não havia luz nem trevas. Por isso Deus entra na alma com seu amor, para que *este* eleve a alma e ela possa operar além e acima de si mesma. Ora, não pode existir amor onde não encontra ou não cria igualdade. Na medida em que Deus encontra igualdade consigo na alma, nessa medida Deus opera com amor além e acima dela. Porque Deus é infinito, também o amor deve ser infinito. Se o homem vivesse mil anos ou mais, poderia crescer em amor, como podemos perceber no fogo: enquanto tem madeira, o fogo opera. Conforme o tamanho do fogo e a força do vento, também é a grandeza do fogo. Por isso, chamamos o amor de "fogo", o Espírito Santo de "vento", pela atuação do Espírito Santo na alma. Quanto maior for o amor na alma e quanto mais forte soprar o Espírito Santo, tanto mais perfeito será o fogo, não, porém, de uma só vez, mas aos poucos, pelo crescimento da alma; pois se o homem queimasse de uma vez, isso não seria bom. Por isso, o Espírito Santo sopra aos poucos, para que, se viver mil anos, o homem possa crescer no amor.

Em terceiro lugar, devemos perceber a obra maravilhosa que Deus opera na alma quando diz: "Que maravilhas virão desse menino?" É preciso que cada um dos instrumentos alcance até onde atua o artesão, se a obra deve ser perfeita; o homem é, pois, instrumento de Deus, e o instrumento opera de acordo com a nobreza do artesão. Por isso, não basta à alma que o Espírito Santo opere nela, pois Ele não possui a natureza dela. E como eu já disse muitas vezes, Ele lhe concedeu uma luz divina – que é igual a Ele e conforme sua própria natureza, e a concedeu à alma tão propriamente que é uma parte da própria alma – para que Ele possa operar nela prazerosamente; do mesmo modo que podemos perceber na luz, que opera cada vez segundo a nobreza da matéria na qual incide. Na madeira opera sua própria obra, a saber, calor e fogo; em árvores e em coisas úmidas opera água e não calor nem sua obra própria, mas faz com que verdejem e deem frutos. Nas criaturas vivas opera vida a partir do que é morto, como a ovelha que come a grama e dali surge um olho ou uma orelha. No homem a luz opera bem-aventurança. Isso provém da graça de Deus: esta eleva a alma para Deus e une-a com Ele, imprimindo-lhe a forma divina. Se deve ser divina, a alma deve ser elevada. Se um homem quer subir em uma torre, deve ser elevado para a mesma altura em que se encontra a torre: assim também a graça deve elevar a alma em Deus. A obra da graça é atrair e atrair plenamente; e quem não a seguir será infeliz. Mesmo assim, a alma não se satisfaz na obra da graça, pois esta é uma criatura, a não ser que chegue até onde Deus opera em sua própria natureza, onde o artesão opera de acordo com a nobreza do instrumento; isto é, em sua própria natureza, onde a obra é tão nobre quanto o artesão, e aquele que funde e o fundido são plenamente um. São Dionísio[7] diz que as coisas superiores fundem-se nas inferiores e as inferiores nas superiores, unindo-se com as superiores. Assim, a alma será unida com Deus e fechada, e ali a graça escorre dela, de modo que já não opera com a graça, mas divinamente em Deus. Ali a alma ficará maravilhosamente encantada, saindo de si mesma, como alguém que derrama

7. Dionísio Areopagita, *De cael. hier.* c. 7 § 3, PG 3,209 A; *Dionysiaca* II, p. 853; ibidem, c. 12 § 2, PG 3,293 A; *Dionysiaca* II, p. 938,1s.

uma gota de água em uma tina cheia de vinho, de modo que já não sabe nem imagina mais nada de si mesma, se ela é Deus[8]. Aliás, a este propósito, quero contar-vos uma pequena história. Um cardeal perguntou a São Bernardo: “Por que devo amar a Deus e de que modo?” Então São Bernardo disse: “É isso que vos quero dizer: Deus mesmo é a causa por que devemos amá-lo. O modo desse amor é sem modo”[9], pois Deus é nada; mas não que Ele seja sem ser: Ele não é nem isso nem aquilo, que possamos expressar; Ele é um ser acima de todo ser. Ele é um ser sem ser. Por isso, o modo pelo qual devemos amá-lo deve ser sem modo. Ele está acima de todo falar.

Que nós cheguemos *a esse* amor perfeito, a isso nos ajude Deus. Amém.

8. Bernardo de Claraval, *De diligendo Deo* c. 10 n. 28, PL 182,991.

9. Bernardo de Claraval, *De diligendo Deo* c. 1 n. 1, PL 182,974.

Sermão 83

Renovamini spiritu
[Renovar-vos no vosso espírito]
(Ef 4,23)[1]

"Deveis ser renovados em vosso espírito, que se chama *mens*, isto é, uma mente"[2] (Ef 4,23). Assim diz São Paulo.

Ora, Santo Agostinho[3] diz que Deus, junto com o ser da alma, criou uma força naquela parte superior da alma que se chama *mens* ou "ânimo", que os mestres chamam de um receptáculo ou um cofre de formas espirituais ou de imagens formais. Por um lado, essa força perfaz a igualdade entre a alma e o Pai pela sua deidade efusiva; da qual Ele derramou todo o tesouro de seu ser divino no Filho e no Espírito Santo, com distinção de pessoa; assim como, por outro lado, a memória da alma derrama a riqueza de suas imagens nas outras forças da alma. Mesmo quando a alma contempla imagens com essa força – se contempla a imagem de um anjo ou se contempla sua própria imagem –, nela isso é algo deficiente. Mesmo se contemplar a Deus enquanto Ele é Deus em contraposição à deidade ou enquanto Ele é imagem ou enquanto é trindade, nela isso é algo deficiente. Mas uma vez que esteja despojada de todas as imagens da alma e que contemple ainda apenas o um singular, então o puro ser da alma, repousando passivamente

---

1. O texto escriturístico, tanto no missal antigo dominicano como no missal romano, acha-se na epístola da missa do 19º domingo depois da Festa da Trindade.

2. O termo alemão aqui, para *mente*, é *Gemüt*. No pensamento medieval, *mens* indica o que é o mais próprio do homem, o ápice do ser do homem, onde se dá o toque de contato com a deidade. O modo de ser-para a disposição cheia de ânimo, generosidade da pura recepção de acolhida do ser, na qual se é toda atenção ao toque do ser. A dinâmica dessa atenção é a de, ao ser tocado, cuidar diligentemente do sentido do ser que salta redondo, sadio e inteiriço como a possibilidade da gênese, do crescimento e da consumação de cada vez um novo mundo. O ser a passagem do abismo da possibilidade de ser no toque do ser como a aberta do ser e ao mesmo tempo o adentrar esse abismo e se perder no nada fecundo da intimidade do retraimento do ser é a *mens*. Na palavra alemã *Gemüt* (*Ge* + *Mut*), *Ge* indica a concentração, o ajuntamento, a densidade do *medium*, onde se é como *Mut*, a saber, da *coragem de ser*, a que de modo mais simples denominamos de boa vontade de ser.

3. Agostinho, *En. Ps.* 3 n. 3, PL 36,73s.

em si mesmo, encontra o ser puro e livre de formas, da unidade divina que é um ser sobre-essencial. Oh, maravilha das maravilhas, que nobre passividade quando o ser da alma não pode suportar outra coisa do que unicamente a unidade pura de Deus!

Então São Paulo diz: "Deveis ser renovados no espírito". A renovação incide em todas as criaturas abaixo de Deus; mas em Deus não incide nenhuma renovação, apenas eternidade. O que é eternidade? Reparai! O caráter próprio da eternidade é que nela ser e ser-jovem são um; pois eternidade não seria eterna se pudesse tornar-se mais nova e não fosse perene. Mas agora digo: A novidade incide no anjo; isto é, a instrução sobre o devir, pois o anjo só sabe de coisas futuras na medida em que Deus lhas revela. A renovação também incide na alma, na medida em que se chama "alma", pois chama-se "alma" pelo fato de conferir vida ao corpo e enquanto é uma forma para o corpo. A renovação incide na alma também enquanto ela se chama "espírito". Ela se chama "espírito" por estar desprendida do "aqui" e do "agora" e de tudo que é natural. Mas onde ela é uma imagem de Deus e é sem nome como Deus, ali não incide nela nenhuma renovação, sendo, como Deus, apenas eternidade.

Reparai, então! Deus é sem nome, pois ninguém pode dizer nem compreender nada de Deus. Por isso, diz um mestre pagão: Aquilo que compreendemos ou dizemos a respeito das causas primeiras, isto somos mais nós mesmos do que a própria causa primeira, pois ela está elevada acima de todo dizer e de toda compreensão[4]. Se digo, então: "Deus é bom", isto não é verdade; antes, eu sou bom, Deus não é bom! Quero dizer ainda: "Eu sou melhor que Deus!" Pois o que é bom pode tornar-se melhor; o que pode tornar-se melhor pode tornar-se o melhor de todos. Ora, Deus não é bom, por isso não pode tornar-se melhor. E porque Ele não pode tornar-se melhor, por isso não pode tornar-se o melhor de todos; essas três coisas – "bom", "melhor" e "o melhor de todos" – estão distantes de Deus, pois Ele está elevado acima de tudo. Digo também: "Deus é sábio", isso não é verdadeiro; eu sou mais sábio do que Ele! Se eu disser também que "Deus é um ser", isso não é verdadeiro, pois Ele é um ser sobre-essencial e uma nadidade sobre-essencial. Sobre isso, diz Santo Agostinho: "O mais belo que o homem pode dizer sobre Deus consiste em poder calar-se em virtude da sabedoria da riqueza interior"[5]. Por isso, cala e não tagareles sobre Deus. Pois quando taga-

4. *Liber de causis*, prop. 6 (ed. Bardenhewer § 5, p. 168,21s) e prop. 22 (§ 21, p. 183,4).

5. Trata-se aqui propriamente de Dionísio Areopagita, *De mystica theologia* c. 1 § 1, PG 3,997; *Dionysiaca* I, p. 566,1-4.

relas sobre Ele, estás mentindo, estás pecando. Se queres estar sem pecado e ser perfeito, não tagareles sobre Deus. Tampouco tu deves querer compreender a Deus, pois Deus está acima de toda compreensão. Um mestre[6] diz: Se eu tivesse um Deus que pudesse compreender, jamais o teria por Deus. Se compreendes algo dele, Ele não é nada disso; e com o fato de que conheces algo dele, acabas escorregando para dentro de um não-entender e desse não-entender escorregas para dentro do ser animal. Pois o que é irracional nas criaturas, isso é o próprio do animal. Mas se não quiseres ser animal, nada deves compreender de Deus que não pode ser expresso em palavras[7]. "Mas então, como devo fazer?" – Deves te abismar totalmente em teu "ser-teu" e te efundir para dentro do seu "ser-seu" e o teu "teu" *e* o seu "*seu*" devem tornar-se tão inteiramente *um* "meu", que com ele compreendas eternamente sua "est-idade" incriada e sua "nadidade" inominável[8].

Então diz São Paulo: "Deveis ser renovados no espírito". Se queremos ser "renovados no espírito", cada uma das seis forças da alma, as superiores e as inferiores, devem portar um anel de ouro, recoberto com o ouro do amor divino. Agora, reparai! As forças inferiores são três. A primeira chama-se discrição[9], *rationalis*; nesta deves portar um anel de ouro; isto é, a luz, para que tua discrição esteja constantemente iluminando todo o tempo, sem tempo, pela luz divina. A segunda força chama-se "ira", *irascibilis*; nela deves portar um anel; isto é, "tua paz". "Por quê?" – Porque tanto quanto se é em paz, tanto se é em Deus; tanto quanto se é fora da paz, tanto se é fora de Deus. A terceira força chama-se "desejo", *concupiscibilis*; nela deves portar um anel, isto é, "uma satisfação", de modo que és satisfeito diante de todas as criaturas que estão abaixo de Deus; mas de Deus jamais deves estar satisfeito; pois de Deus jamais poderás estar satisfeito; quanto mais tens de Deus, tanto mais dele desejas possuir; pois se Deus pudesse satisfazer-te plenamente, de modo que esse teu desejo de Deus fosse saturado, Deus não seria Deus.

---

6. Agostinho, *Sermo* 117 c. 3 n. 5, PL 38,663.

7. Cf. Eckhart (1973, p. 443), a nova tradução para o alemão moderno na nota 1.

8. Eckhart (1973, p. 443,5-7): *Dú solt alzemal entzinken diner dinisheit vnd solt zer flisen in sine sinesheit vnd solt din din vnd sin sin éin min werden als genzlich, das dú mit ime verstandest ewiklich sin vngewordene istikeit und sin vngenanten nitheit.*

9. Eckhart (1973, p. 445,2): *bescheidenheit*; p. 585: *Unterscheidungsvermögen*. Cf. glossário n. 11, 12.

Também, em cada uma das forças superiores, deves portar um anel de ouro. As forças superiores são igualmente três[10]. A primeira chama-se uma "força que retém", *memoria*. Essa força compara-se com o Pai na Trindade. Nela deves portar um anel de ouro; isto é, um "guardar", para que tu possas guardar em ti todas as coisas eternas. A segunda força chama-se "intelecto", *intellectus*. Essa força compara-se com o Filho. Nela também deves portar um anel de ouro, que é: "conhecimento", para que possas conhecer a Deus em todo o tempo. – "E como?" – Deves conhecê-lo sem imagem, sem mediação e sem comparação. Mas se eu quiser conhecer a Deus desse modo, sem mediação, então eu devo tornar-me muito próximo a Ele e Ele tornar-se eu. E digo mais: Deus deve tornar-se tão próximo de mim e eu tão próximo de Deus, portanto, tão plenamente um, que esse "Ele" e esse "eu" se tornem e sejam um "é", e *nessa* "est-idade" realizem eternamente *uma* obra; pois esse "Ele" e esse "eu", a saber, Deus e a alma, são muito fecundos. Mas se ali entrasse um único "aqui" ou um único "agora", esse "eu" com o "Ele" jamais poderia operar nem tornar-se um. A terceira força chama-se "vontade", *voluntas*. Essa força compara-se com o Espírito Santo. Nessa força deves portar um anel de ouro; isto é, o amor, para que ames a Deus. Deves amar a Deus sem amabilidade; isto é, não porque Ele seja amável, pois Deus não é amável, Ele está acima de todo amor e de toda amabilidade. "Mas como devo amar a Deus, então?" – Deves amá-lo não espiritualmente; isto é, de tal forma que tua alma seja não-espiritual e despida de todo caráter espiritual; pois, enquanto tem a forma de espírito, tua alma possui imagens. E, enquanto possui imagens, ela tem mediações; enquanto tem mediações, ela não possui unidade e unificação. Enquanto não possui unificação, ela não terá jamais amado a Deus retamente; pois amar retamente consiste em unificação. Por isso, tua alma deve ser não-espiritual, despojada de todo espírito, e devendo permanecer sem espírito; pois se amas a Deus enquanto Ele é Deus, enquanto Ele é espírito, enquanto Ele é pessoa e enquanto Ele é imagem – tudo isso deve sair! "Mas então, como devo amá-lo?" – Deves amá-lo enquanto Ele é um não-Deus, um não-espírito, uma não-pessoa, uma não imagem, mais: enquanto Ele é um límpido, puro e claro um, separado de toda dualidade. E nesse um devemos mergulhar eternamente do algo para o nada.

Para isso ajude-nos Deus. Amém.

---

10. Trata-se aqui da conhecida fórmula de Santo Agostinho: memória (Pai), intelecto (Filho), vontade (Espírito Santo).

Sermão 84
Puella, surge
[Menina, levanta-te]
(Lc 8,54)

Nosso Senhor disse para a menina: "Levanta-te!" (Lc 8,54)[1].

Com essa única palavra, Nosso Senhor Jesus Cristo nos ensina como a alma deve elevar-se acima de todas as coisas corpóreas. E assim como o Filho é uma palavra do Pai, assim com *uma* palavra Ele ensina a alma como ela deve levantar-se e como deve elevar-se acima de si mesma e permanecer acima de si mesma. O Pai disse uma palavra e esta era seu Filho. Nessa palavra única pronunciou todas as coisas. Por que não disse mais que *uma* palavra? – Por isso, porque nela todas as coisas estão presentes. Se eu pudesse conceber todos os pensamentos que já pensei ou que ainda vou pensar em *um* pensamento, então não teria mais que *uma* palavra, pois a boca diz do que está no coração. Sobre isso nada mais quero dizer.

Por quatro coisas a alma deve "levantar-se" e manter-se acima de si mesma. A primeira coisa é por causa das múltiplas delícias que encontra em Deus, pois a perfeição de Deus não pode conter-se em deixar que dela emanem as criaturas, às quais Ele pode se comunicar, as quais são capazes de receber sua igualdade, como se Ele se esvaziasse; e as criaturas efluíram de modo tão abundante que existem muito mais anjos do que grãos de areia no mar ou gramas ou folhas no campo. Por meio de todas as criaturas descem até nós luz e graça e dons. Isso mesmo que flui através de todas as criaturas ou naturezas, Deus oferece à alma para que ela o receba; e tudo

1. O texto da Escritura foi tirado do relato do Evangelho da ressurreição da filha de Jairo, da missa do 24º (segundo o antigo missal dominicano) ou do 23º (segundo o missal romano) domingo depois da Festa da Trindade. Em ambos os casos, o relato assinalado é de Mateus 9, onde não ocorre "Menina, levanta-te". Segundo Quint, Eckhart recorreu a Lucas 8,54 para tirar a palavra "Menina, levanta-te", que lhe interessava para o seu sermão (Eckhart, 1973, p. 454, nota 1).

que Deus pode dar é muito pouco para a alma, se nos dons Deus não se doasse a si mesmo.

A segunda coisa é: que a alma deve "levantar-se" pela limpidez que ela encontra em Deus, pois em Deus todas as coisas são límpidas e nobres. Mas tão logo elas fluem de Deus para a próxima criatura, tornam-se tão desiguais como ser e nada; pois em Deus há luz e ser, e nas criaturas há trevas e nada; e o que é luz e ser em Deus, nas criaturas é trevas e nada.

A terceira coisa é: a alma deve "levantar-se" pela totalidade[2] que ela encontra em Deus, pois ali não há nenhuma distinção. Em Deus sabedoria e bondade são um. A mesma coisa que é a sabedoria, isso é também a bondade; e o mesmo que é a misericórdia é também a justiça. Se em Deus a bondade fosse uma coisa e a sabedoria outra, a alma jamais poderia satisfazer-se em Deus; pois, por natureza, a alma está inclinada para a bondade, e todas as criaturas, por natureza, buscam a sabedoria. Quando a alma se derrama na bondade, e se a bondade fosse uma coisa e a sabedoria outra, a alma deveria renunciar à sabedoria com pesar; e se, por outro lado, quisesse derramar-se na sabedoria, deveria renunciar à bondade com pesar. Por isso, diz Santo Agostinho[3]: As almas no céu ainda não são completamente bem-aventuradas, porque ainda possuem uma inclinação para os corpos. Por isso, em ninguém a alma pode encontrar descanso, a não ser em Deus, porque nele encontra a totalidade da bondade. Se quer compreender a Deus, a alma deve morar no alto, acima de si mesma, pois todas as coisas produzem a si mesmas; cada uma gera sua própria natureza. Por que é que a natureza da macieira não produz uvas e por que é que a videira não produz maçãs? – Porque isso não é da sua natureza, e assim acontece com todas as outras criaturas: o fogo produz fogo; se ele pudesse transformar em fogo tudo que está próximo dele, ele o faria. Assim faria também a água; se pudesse transformar tudo em água e impregnar tudo que está próximo dela, ela o faria também. Tamanho é o amor que a criatura tem a seu próprio ser, que recebeu de Deus. Se alguém derramasse numa alma todo o tormento do inferno, mesmo assim ela não quereria não ser; tanto ama uma criatura seu próprio ser, que recebeu imediatamente de Deus. Se quiser conceber Deus, a alma deve também morar acima de si mesma; pois embora e por mais que opere com a força, com a qual apreende tudo que foi criado – se

2. Eckhart (1973, p. 459,1): *samenheit*; p. 588: <*umfassenden*> *Gesamtheit* <= *Allheit*>.

3. Agostinho, *De Gen. ad litt.* XII c. 35, CSEL XXVII 1, p. 432,18s.

Deus tivesse criado mil reinos do céu e mil terras, ela apreenderia a todos eles com essa força –, mesmo assim ela não pode conceber Deus. O Deus incomensurável que está na alma apreende o Deus que é incomensurável. Ali na alma Deus apreende a Deus e Deus opera a si mesmo na alma e forma-a segundo Ele.

O quarto motivo por que a alma deve "levantar-se" é: pela incomensurabilidade que ela encontra em Deus; pois em Deus todas as coisas são novas, sem tempo. Por isso, diz São João no Apocalipse: "Aquele que está sentado no trono diz: 'Vou fazer novas todas as coisas'" (Ap 21,5). Todas as coisas são novas com o Filho, pois hoje Ele é gerado pelo Pai como se jamais houvesse sido gerado; e assim como Deus flui para dentro da alma, ela flui de volta para Deus. E assim como podemos morrer de medo ainda antes do golpe mortal, também podemos morrer de alegria. E assim a alma também morre em si mesma, antes de caminhar para Deus. A alma caminha para Deus com quatro passos. O primeiro passo é aquele em que o medo e a esperança e o desejo crescem nela. No segundo, ela dá um passo à frente; o medo e a esperança e o desejo são totalmente quebrados e afastados. Com o terceiro passo, chega-se ao esquecimento de todas as coisas temporais. No quarto, caminha para dentro de Deus, onde permanecerá eternamente, reinando com Deus na eternidade; e então nunca mais irá pensar em coisas temporais nem em si mesma; antes, a alma se efundiu totalmente em Deus e Deus nela. E o que ela então faz, ela o faz em Deus.

Que possamos caminhar e morrer aqui na terra, e que possamos gozar dele na eternidade, a isso nos ajude Deus. Amém.

Sermão 85
Puella, surge
[Menina, levanta-te]
(Lc 8,54)

"Levanta-te!"

Nosso Senhor colocou sua mão sobre a jovem e disse: "Levanta-te!" A mão de Deus é o Espírito Santo. Todas as obras são operadas no ardor. Se o amor ardente por Deus se esfria na alma, ela morre. E se quer operar na alma, então Deus deve ser unido com a alma. Se a alma quer ser unida com Deus ou unir-se com Ele, ela deve ser separada de todas as coisas e ser só como Deus é só. É que uma obra que Deus opera em uma alma vazia é melhor do que o reino do céu e da terra. Para isso Deus criou a alma, para que ela se una a Ele. Um santo[4] diz: A alma foi feita do nada, e a fez Ele e com mais ninguém, senão só Ele. Se alguém mais a tivesse feito junto com Ele, Deus teria um algo como temor. Temor de a alma se afeiçoar àquele outro. Por isso a alma deve ser só, como Deus é só.

As coisas espirituais e as coisas corpóreas não podem ser unidas. Se a perfeição divina quiser operar na alma, esta deve ser um espírito como Deus é um espírito; e se Deus doasse a alma na alma, deveria doá-la com medida. Por isso, Ele a atrai para si mesmo nele mesmo: assim ela será unida com Ele. Há uma comparação para isso: o fogo e a pedra se unem e, no entanto, visto que ambos são corpóreos, a pedra permanece muitas vezes interiormente fria por causa de sua bruta materialidade. E assim acontece com o ar e com a luz: tudo que vês no ar, o vês no sol. Mas, uma vez que ambos são materiais, em uma milha há mais luz do que em meia milha e em meia milha há mais luz do que em uma casa. Mas a comparação mais adequada que podemos encontrar é corpo e alma: estes são tão unidos que

4. Agostinho, *De Gen. ad litt.* VII c. 21, CSEL XXVIII 1, p. 219,17.

o corpo não pode operar sem a alma e a alma, sem o corpo; e como a alma se porta com o corpo, assim se porta Deus com a alma, e se a alma se separar do corpo, é a morte do corpo. Igualmente a alma morre, se Deus se separa dela.

Há três impedimentos pelos quais a alma não se une com Deus. O primeiro: que ela está muito fragmentada, de modo que não é simples, pois quando a alma está inclinada para as criaturas, então ela não é simples. O segundo impedimento: que a alma está unida com coisas temporais. O terceiro: que tem inclinação ao corpo e assim não pode unir-se com Deus.

Por outro lado, existem também três exigências para a união de Deus na alma. A primeira é: que a alma seja simples e indivisa; pois se quiser ser unida com Deus, deve ser simples como Deus é simples. A segunda: que ela more acima de si mesma e acima de todas as coisas passageiras e se prenda em Deus. A terceira: que esteja separada de todas as coisas corpóreas e opere segundo a limpidez primeira. Agostinho[1] diz a respeito da alma livre: Quando tu não *me* queres, eu te quero; quando eu te quero, então tu não me queres. Se eu te persigo, tu foges de mim. Na virada do retorno, os espíritos límpidos correm uma corrida rumo à pureza de Deus.

1. Agostinho, *En. Ps.* 69 n. 6, PL 36,871.

Sermão 86

Intravit Iesus in quoddam castellum etc.
[Jesus entrou em uma aldeia]
(cf. Lc 10,38-40)

São Lucas escreve no Evangelho que Nosso Senhor Jesus Cristo entrou numa cidadela; ali foi recebido por uma mulher chamada Marta. Marta tinha uma irmã que se chamava Maria. Ela, sentada aos pés de Nosso Senhor, escutava suas palavras; Marta, porém, andava de um lado para outro servindo o Cristo amado[1].

São três as coisas que fizeram com que Maria se sentasse aos pés do Cristo. A primeira era que sua alma estava tomada pela bondade de Deus. A segunda era um desejo indizível: ela ansiava e não sabia por que, queria e não sabia o quê. O terceiro era um doce consolo e um contentamento que ela hauria das palavras eternas que ali escorriam da boca de Cristo.

Também Marta estava movida por três coisas que a faziam andar de um lado para outro, servindo o Cristo amado. A primeira era uma idade magnífica sazonada e um assentar-se bem exercitado no que é o mais próximo. Por isso, parecia-lhe que ninguém seria capaz de realizar tão bem a obra quanto ela. A segunda era uma sábia ponderação, que sabia coordenar retamente a obra exterior para dentro do mais próximo que o amor ordenasse. A terceira era a suma dignidade do hóspede querido.

Os mestres dizem que Deus está à disposição de todo homem para sua satisfação racional[2] e sensível, ao máximo que esse desejar[3]. Que Deus nos satisfaça em relação ao racional e que Ele nos satisfaça também se-

1. O texto da Escritura foi tirado, segundo o antigo missal dominicano, do Evangelho da Festa da Assunção de Maria (15 de agosto).

2. Eckhart (1973, p. 482,3-4): *nach redelîcher genüegende*; p. 592: *für sein geistiges Genügen.*

3. Cf. Tomás de Aquino, *S.Th.* I q. 93 a. 1.

gundo nossa natureza sensível, isso tem diferença nos queridos amigos de Deus. Satisfazer à natureza sensível significa que Deus nos dá consolo, contentamento e satisfação e assim somos mimados interiormente; isso advém aos amigos amados de Deus segundo os sentidos inferiores. Mas a satisfação racional é segundo o espírito. Falo de satisfação racional, quando o topo mais elevado da alma em todo contentamento não se curva para baixo, de modo que não se afoga no contentamento, mas antes se mantém poderosamente acima disso. Então o homem está na satisfação racional, quando nem amor nem dor, próprios da criatura, conseguem atrair para baixo o topo mais elevado da alma. Chamo de "criatura" tudo que percebemos e vemos abaixo de Deus.

Então Marta diz: "Senhor, ordena que me ajude!" Marta não disse isso por ódio; disse-o antes por um bem-querer amoroso, pelo qual foi impelida. Nós devemos chamá-lo então de um bem-querer amoroso ou de uma repreensão amorosa. Em que sentido? Prestai atenção! Ela percebeu que Maria estava tomada de prazer por toda sua satisfação de alma. Marta conhecia Maria melhor do que Maria conhecia Marta, pois vivera mais e vivera bem; e a vida concede o mais nobre conhecimento. A vida conhece melhor que o prazer ou que a luz tudo que podemos alcançar nessa vida abaixo de Deus e, de certo modo, conhece a vida de maneira mais límpida do que a luz eterna poderia conceder. A luz eterna permite conhecer a si mesmo *e* a Deus, mas não a si mesmo sem Deus; a vida, porém, permite conhecer a si mesmo sem Deus. Ali onde a vida considera a si mesma, só, ali percebe aquilo que é igual e desigual com muito mais clareza. É o que atestam São Paulo e os mestres pagãos. Em seu arrebatamento, São Paulo contemplou a Deus *e* a si mesmo de maneira espiritual em Deus; e, no entanto, nele não havia uma maneira de conhecer, por imagens, cada uma das virtudes, do modo mais preciso; e isso se deve ao fato de que ele não as havia exercitado em obras. Os mestres pagãos, pelo exercício das virtudes, alcançaram um conhecimento tão elevado que conheceram cada uma das virtudes, por imagens, de modo muito mais preciso do que Paulo ou qualquer santo em seu primeiro arrebatamento.

Assim se passava com Marta. Por isso, ela disse: "Senhor, ordena que ela me ajude", como se dissesse: "Minha irmã pensa que já pode fazer o que quiser, enquanto permanece sentada junto a ti na consolação. Permita que veja se as coisas são mesmo assim e ordena que se levante e se afaste de ti!" Por outro lado, era um amor terno, embora ela o expressasse a partir dos sentidos. Maria estava tão repleta de desejos: ansiava sem saber por que, e queria, e não sabia o quê. Suspeitamos que a querida Maria, de certo modo, estava sentada ali mais por causa do prazer do que pelo proveito racional. Por isso, Marta disse: "Senhor, ordena que se levante", pois temia que ela permanecesse no prazer e não fosse disso além. Então o Cristo lhe respondeu, dizendo: "Marta, Marta, tu és cuidadosa, estás aflita por muitas coisas. Uma coisa é necessária! Maria escolheu a melhor parte, que jamais poderá ser-lhe tirada" (Lc 10,41-42). O Cristo não falou essa palavra a Marta de um modo repreensivo; antes, Ele respondeu-lhe e consolou-a: Maria ainda se tornaria como ela desejava.

Mas por que é que o Cristo disse "Marta, Marta" e chamou-a por duas vezes pelo nome? Isidoro diz: Não há dúvidas de que Deus, antes do tempo em que se fez homem e depois do tempo em que se fez homem, jamais chamou pelo nome a homem algum que viesse um dia a se perder. Acerca dos que não chamou pelo nome, sobre eles se está em dúvidas[4]. De "nomear-de-Cristo" chamo o seu saber eterno: o estar assinalado, sem engano, no livro da vida "Pai-Filho-e-Espírito-Santo", eternamente, antes da criação de todas as criaturas. Aqueles que foram chamados ali pelo nome, cujo nome Cristo pronunciou com palavras, desses nenhum se perdeu. É o que testemunha Moisés, a quem Deus mesmo disse: "Eu te conheci por teu nome" (Ex 33,12), e Natanael, a quem o Cristo amado disse: "Eu te conheci quando estavas sob as folhas da figueira" (Jo 1,48). A figueira significa[5] Deus, em quem está escrito o seu nome eternamente. E assim está demonstrado como jamais se perdeu ou virá a se perder homem algum que o Cristo amado tenha chamado pelo nome, com sua boca humana, a partir das palavras eternas.

Mas por que chamou Marta duas vezes? Ele quis indicar que Marta possuía plenamente tudo que é bem temporal e eterno e tudo que a criatura deveria possuir. Na primeira vez que disse "Marta", demonstra sua perfeição nas obras temporais. Quando pronunciou pela segunda vez o nome de "Marta", demonstrou tudo que pertence à bem-aventurança eterna, da qual ela nada carecia. Por isso, Ele disse: "Tu és cuidadosa", e quis dizer: "Tu estás junto às coisas e as coisas não estão em ti. E cuidadosos são aqueles

4. Agostinho, *Sermo* 103 c. 2, PL 38,614.

5. Quint observa que a explicação do nome *figueira* foi provavelmente feita por Eckhart, partindo do contexto (Eckhart, 1973, p. 484,11, nota 21).

que em todos os afazeres se encontram sem impedimentos. Sem impedimentos estão os que executam ordenadamente todas as suas obras seguindo a imagem da luz eterna; e essas pessoas estão junto às coisas e não *nas* coisas. Estão bem próximas e não possuem menos do que se estivessem lá em cima, no "círculo da eternidade". Digo "bem próximas", pois todas as criaturas "medeiam". Há dois tipos de "meio". Um é aquele sem o qual não posso chegar a Deus: é a obra e o empreendimento[6] no tempo e esse não diminui a bem-aventurança eterna. Obra é quando nos exercitamos, a partir do exterior, nas obras das virtudes. Mas empreendimento é quando nos exercitamos, a partir do interior, com discernimento racional. O outro meio é este: ser liberto desse mesmo, a saber, do primeiro meio. Pois nós fomos colocados no tempo para que, pelo empreendimento intelectivo temporal, nos aproximemos de Deus e nos tornemos mais iguais a Ele. Era o que pensava também São Paulo ao dizer: "Resgatai o tempo, os dias são maus" (Ef 5,16). "Resgatar o tempo" significa que, com o intelecto, devemos subir sem cessar para dentro de Deus, e não segundo a diferenciação representativa das imagens, mas pela verdade viva e intelectiva. E "os dias são maus" deveis entender assim: dia demonstra noite. Se não houvesse noite, não haveria nenhum dia e tampouco falaríamos dele, porque então tudo seria *uma* luz; era justamente o que Paulo tinha em mente, pois uma vida iluminada é por demais pequena para aquele no qual ainda podem existir de certo modo trevas que encubram e obscureçam a bem-aventurança eterna em um espírito esplêndido e altaneiro. Também o Cristo se referiu a isso quando disse: "Caminhai, enquanto ainda tendes luz" (Jo 12,35), pois aquele que opera na luz eleva-se até Deus, livre e despido de todas as mediações; sua luz é o seu empreendimento, e o seu empreendimento é sua luz.

Assim era a situação da querida Marta. Por isso, disse a ela: "Uma coisa é necessária", não duas. Eu e tu envolvidos uma vez pela luz eterna – isto é um, e esse "dois-um" é um espírito ardente que está ali acima de todas as coisas e abaixo de Deus no círculo da eternidade. Este é dois porque não vê a Deus sem mediação. Seu conhecer e seu ser ou seu conhecer e também a imagem de seu conhecimento jamais se tornam um. Não veem a Deus, pois Deus é visto espiritualmente ali onde se está livre de todas as imagens. Ali um se torna dois e dois é um; luz e espírito, os dois são *um* no envolvimento da luz eterna.

---

6. Eckhart (1973, p. 485,8): *gewerbe*; p. 594: *Wirken*.

Reparai então o que seja o círculo da eternidade. A alma tem três caminhos para dentro de Deus. O primeiro é: procurar a Deus *em todas as criaturas*, com múltiplo empreendimento e com amor ardente. Era o que tinha em mente o Rei Salomão quando afirmou: "Em todas as coisas procurei o repouso" (Eclo 24,11).

O segundo caminho é caminho sem caminho, livre e, no entanto, ligado, elevado e arrebatado muito acima de si mesmo e de todas as coisas, sem vontade e sem imagens, embora ali ainda não seja instância essencial. Foi a que se referiu Cristo quando disse: "Bem-aventurado és tu, Pedro! A carne e o sangue não te iluminaram", mas sim um "ser-elevado-para-dentro-do-intelecto", no qual me chamaste "Deus": "foi o meu Pai celeste que to revelou" (Mt 16,17). São Pedro viu a Deus não nu; ele foi arrebatado com a força do Pai celestial acima de todo o intelecto[7] criado até o círculo da eternidade. Eu digo que ele foi arrebatado pelo Pai celeste num abraço amoroso, com uma força avassaladora, sem estar ciente disso, num espírito voltado para o alto, acima de todo o intelecto, no poder do Pai celestial. Ali se falou a São Pedro com uma doce voz de criatura que descia do alto, livre, no entanto, de todo gozo sensível, na verdade simples da unidade de Deus e Homem, na pessoa do Pai-Filho celestial. E ouso dizer que se São Pedro tivesse visto a Deus sem mediação em natureza, como o fez posteriormente, e como Paulo ao ser arrebatado para o terceiro céu, a fala do anjo mais elevado teria sido para ele extremamente grosseira. Mas então ele falou diversas palavras de doçura, das quais o amado Jesus não tinha necessidade, pois vê o fundo do coração e do espírito, Ele que está ali diante de Deus, sem qualquer mediação, na liberdade "do-que-é-seu-próprio"[8] verdadeiramente. Foi o que quis dizer São Paulo quando falou: "Um homem foi arrebatado em Deus e ouviu palavras de mistério, inefáveis a todos os homens" (2Cor 12,3-4). Podeis dali compreender que São Pedro se encontrava apenas nas fronteiras da eternidade e não na unidade, contemplando a Deus no-que-é-seu-próprio.

O terceiro caminho se chama "caminho" e é, no entanto, lar; isto é, contemplar a Deus, sem mediações no-que-é-seu-próprio. E o Cristo amado diz: "Eu sou o caminho e a verdade e a vida" (Jo 14,6), um Cristo uma pessoa, um Cristo um Pai, um Cristo um Espírito, três Um, três "ca-

7. Eckhart (1973, p. 486,18): *redelicheit*; p. 595: *Fassungskraft*; cf. Sermão 76, nota 2.

8. Eckhart (1973, p. 487,9; 13): *iresheit, sîneheit*; p. 595: *Ihrheit, Seinheit*.

minho, verdade e vida", um o Cristo amado, no qual isso tudo é. Por fora desse caminho, todas as criaturas lhe formam contorno e mediação. Estar nesse caminho, conduzidos para dentro de Deus pela luz de sua palavra e envoltos pelo amor do Espírito de ambos: isso ultrapassa tudo que podemos exprimir em palavras.

Eia! Venha, pois, essa maravilha! Como é maravilhoso ex-sistir e in-sistir, compreender e ser compreendido, contemplar e ser o próprio contemplado, conter e ser contido: esse é o fim, onde o espírito permanece, com repouso na unidade da eternidade amada.

Voltemos agora para nossa fala: de como a querida Marta e todos os amigos de Deus estão com o cuidado, não no cuidado, e ali a obra temporal é tão nobre quanto qualquer outro "se dispor a Deus"; pois a obra temporal nos pode dispor tão adequadamente quanto a coisa mais sublime que possa nos acontecer, com exceção apenas de contemplar a Deus na natureza desnuda. Por isso, o Cristo diz: "Tu estás junto às coisas e junto ao cuidado", querendo dizer com isso que estava aflita e preocupada com os sentidos inferiores, pois não estava mimada pela doçura do espírito. Estava junto às coisas, não nas coisas; estava apartada delas e elas dela apartadas.

São três as coisas que devemos ter em nossas obras. Isto é, que operemos de maneira ordenada, racional e sábia. Chamo de "ordenado" àquilo que em todos os pontos corresponde ao mais próximo. Chamo de "racional" àquilo que não se conhece nada de melhor no tempo. E chamo a algo de "sábio" quando nas boas obras encontro a verdade viva com sua jovial presença. Onde são essas três coisas, elas se dispõem tão próximas e tão proveitosas quanto todas as delícias de Maria Madalena no deserto[9].

E o Cristo diz: "Tu te afliges por muitas coisas, não por uma". Isso quer dizer: quando ela está pura e simples, sem qualquer empreendimento, voltada para o alto, para o círculo da eternidade, então fica aflita se for intermediada por uma coisa, de modo que não pode, com prazer, permanecer lá em cima. O homem fica aflito na coisa, se mergulha ali ao estar junto

---

9. Cf. Jacobus A. Voragine, *Legenda aurea*, Leipzig, ed. Th. Graesse, 1850, cap. XCVI, p. 413. Eckhart aqui se refere a Maria Madalena de uma lenda, na qual se ajuntaram numa única pessoa as três Marias, a saber, *Maria Madalena*, *Maria de Betânia* e *a pecadora penitente Maria*. Maria Madalena, sua irmã Marta e seu irmão Lázaro e muitos outros cristãos, sob a coordenação de São Máximo, pegaram um navio, aportaram em Marselha e ali pregaram o Evangelho. Maria Madalena se retirou ao deserto e ali levou uma vida de penitência e contemplação. Conta a lenda que diariamente ela era elevada ao céu por um anjo e gozava das delícias celestes para depois ser reconduzida à solidão do seu ermo. Cf. Eckhart (1973, p. 488,19, nota 39).

ao cuidado. Mas Marta estava assentada numa virtude esplêndida, madura e sólida, num ânimo livre, desimpedida de todas as coisas. Por isso ela desejava que sua irmã estivesse assentada no mesmo vigor, pois via que ela ainda não estava assentada de modo essencial. Era uma base madura, aquela a partir da qual ela desejava que também Maria estivesse fortalecida em tudo o que pertence à bem-aventurança eterna. Por isso, o Cristo diz: "Uma coisa é necessária". O que é isso? É o Um, é Deus. Isso é necessário a todas as criaturas; pois, se Deus retivesse em si mesmo o que é dele, todas as criaturas se tornariam nada. Se Deus retirasse o que é dele da alma de Cristo, onde seu Espírito está unido com a pessoa eterna, Cristo ficaria mera criatura. Por isso precisamos daquele *um*. Marta temia que sua irmã ficasse presa no prazer e na doçura; e desejava que Maria se tornasse como ela mesma, Marta. Por isso o Cristo falou como se lhe dissesse: "Fica sossegada, Marta, ela escolheu a melhor parte. Isso que agora pode estar afetando a Maria lhe será tirado. O mais sublime que uma criatura pode ser, ela o será: ela será bem-aventurada como tu".

Agora ouvi uma instrução sobre as virtudes! A vida virtuosa possui três pontos relacionados com a vontade. O primeiro é este: renunciar à vontade em Deus[10], pois é indispensável que se execute plena e totalmente o que se conhecerá então, seja na recusa, seja na aceitação. Há, pois, três tipos de vontade. A primeira é uma vontade sensível, a segunda uma vontade racional e a terceira uma vontade eterna. A vontade sensível ordena instrução, ela quer que ouçamos mestres verdadeiros. A vontade racional consiste em que tomemos pé em todas as obras de Jesus Cristo e dos santos, o que significa que palavra, conduta e operação sejam ordenadas, de maneira igual, ao que há de mais elevado. Quando tudo isso estiver cumprido, então Deus irá conceder outra coisa ao fundo da alma: é a vontade eterna, com o mandamento amoroso do Espírito Santo. Então a alma diz: "Senhor, fala em mim o que é tua vontade eterna". Se a alma se satisfizer assim com o que dissemos antes, e se isso agradar a Deus, então o Pai amado pronunciará sua palavra eterna na alma.

10. Cf. Eckhart (1973, p. 489,18). No original alemão medieval, *renunciar à vontade em Deus* se diz *den willen ûfgeben in gott* (*den Willen aufgeben in Gott*). *Aufgeben* (*auf-geben*) é renunciar, desistir. Mas o sufixo *auf* conota o movimento dinâmico do erguer-se e do abrir-se; portanto, o movimento cordial de alguém que se levanta e abre os braços para receber, ir ao encontro; *geben* significa dar, doar; e a preposição *in* com acusativo conota um movimento que vai para dentro de. Por isso a tonância desse *renunciar à vontade em Deus* poderia ser dita mais ou menos assim: doar a sua vontade aberta, lançando-a para dentro de Deus.

Então nossa gente de bem diz: Devemos tornar-nos tão perfeitos que nenhum gosto possa ainda nos mover e que não sejamos tocados por alegria nem por sofrimento. Aqui, a gente, isto é, nós, como gente de bem, não operamos em retidão, erramos. Eu digo, pois: Jamais um santo foi tão grandioso que não pudesse se comover. Mas eu digo também: Bem pode ser que haja um santo nessa vida, que nada de nada possa afastá-lo de Deus. Vós pensais que, enquanto ainda houver palavras que vos possam mover para a alegria e para a dor, ainda sois imperfeitos. Isso, porém, não é assim. Mesmo Cristo não tinha isso por seu próprio; o que demonstrou Ele ao dizer: "Minha alma está angustiada até a morte" (Mt 26,38). Certas palavras fizeram tanto mal a Cristo que, se as dores de todas as criaturas incidissem sobre *uma* criatura, isso não teria sido tão grande como o foi a dor de Cristo; e tudo isso vinha da nobreza de sua natureza e da santa união da natureza divina e humana. Por isso eu digo que jamais houve um santo e jamais ninguém alcançará que o tormento não lhe cause dor e o que é amável não o agrade. Isso pode acontecer, entrementes, a partir do amor, da "*minne*"[11] e da graça: uma pessoa é abordada por alguém, que a ofende chamando-a de herege ou de insultos similares. E a pessoa ofendida, tomada pela graça, permanece totalmente equânime no amor e na dor. Mas isso cai bem a um santo, que nada de nada possa removê-lo para fora de Deus, quando por vezes seu coração é ferido, e mesmo se o homem não se encontre na graça, sua vontade insiste simplesmente em Deus, assim dizendo: "Senhor, eu a ti e Tu a mim". O que quer que lhe sobrevenha, isso não impedirá a bem-aventurança eterna, enquanto isso não acontecer ao topo mais elevado do espírito, lá em cima, onde ele está em unidade com a vontade a mais amada de Deus.

Então o Cristo diz: "Tu te afliges por muitos cuidados". Marta era tão essencial que seu operar não criava nenhum impedimento; obras e operar conduziam-na para a bem-aventurança eterna. É verdade que havia algo mediado: a sustentavam natureza nobre, empenho constante e virtudes, mencionadas anteriormente. Maria era antes Marta, antes de ela tornar-se Maria; pois, enquanto estava sentada aos pés de Nosso Senhor, não era Maria; na verdade, era Maria no nome, mas ainda não no ser; pois estava assentada pelo prazer e pela doçura e havia recém-ingressado na escola e aprendia a viver. Marta, porém, estava ali essencialmente, por isso ela disse:

11. Cf. glossário n. 13, 14 e 15.

“Senhor, ordena que ela se levante”, como se dissesse: “Senhor, gostaria que ela não ficasse sentada ali pelo prazer; gostaria que ela aprendesse a viver, para que possua a vida de maneira essencial. ‘Ordena que ela se levante’, que se torne completa!” Quando estava sentada aos pés de Cristo, ela não se chamava Maria. Eu chamo de Maria a isso: um corpo bem exercitado, obediente a uma alma sábia. A isto eu chamo de “obediente”: ao que a discrição ordena, a vontade satisfaz[12].

Ora, nossa gente de bem imagina poder conseguir que a presença das coisas sensíveis nada seja para os sentidos. Mas isso ela não consegue efetuar. Jamais conseguirei fazer com que um ruído incômodo seja agradável aos meus ouvidos como o é uma doce música tocada em instrumento de corda. Mas isso eu devo obter, que uma vontade racional e conforme Deus se mantenha livre de todo prazer natural; e quando a discrição perceba o ruído incômodo, ordene à vontade para que se desligue, e a vontade responda: “Faço-o com prazer!” Vede, então a luta se transformaria em prazer; pois tudo o que o homem deve combater com grande esforço, se transformaria em alegria cordial e então se tornaria fecundo.

Ora, certas pessoas querem chegar lá, a ponto de ser livres, vazias de obras. Eu digo que isso não é possível. Foi só depois de receberem o Espírito Santo que os discípulos começaram a praticar as virtudes. “Maria estava sentada aos pés de Nosso Senhor ouvindo suas palavras” e aprendendo, pois acabara de ingressar na escola e aprendia a viver. Mais tarde, porém, quando aprendera e quando o Cristo já havia subido ao céu e ela recebera o Espírito Santo, só então começou a servir e atravessou o oceano e pregou e ensinou e tornou-se uma serva e lavadeira dos discípulos. É só quando os santos se tornam santos que começam a operar virtudes; pois somente então recolhem o horto da bem-aventurança eterna. Tudo que é operado antes disso expia culpa e afasta o castigo eterno. Em Cristo disso encontramos testemunha: desde o princípio, quando Deus se fez homem e o homem se fez Deus, Ele começou a operar para nossa bem-aventurança, até o fim, quando morreu na cruz. Não havia nenhum membro em seu corpo que não houvesse praticado uma virtude específica.

Que o sigamos verdadeiramente na prática de virtudes verdadeiras, a isso nos ajude Deus. Amém.

---

12. Eckhart (1973, p. 491,17): *swaz bescheidenheit gebiutet, daz des der wille genouc si*; p. 598: *was immer die Einsicht gebietet, dass der Wille dies ausführe*. Cf. glossário n. 11 e 12.

Sermão 87

Ecce, dies veniunt, dicit dominus, et suscitabo David germen iustum [Eis que vêm dias, diz o Senhor, em que suscitarei a Davi um gérmen justo] (Jr 23,5)

Jeremias disse esta palavra: "Escutai, virão os dias, diz o Senhor, e quero despertar as raízes justas de Davi" (cf. Jr 23,5)[1]. Salomão diz: "Um bom mensageiro de uma terra longínqua é como uma água fresca para uma alma sedenta" (Pr 25,25).

Depois do ato do pecado, o homem está longe de Deus. Por isso, o Reino dos Céus é para ele como uma distante terra estranha, e esse mensageiro era do céu. Quando ainda não se havia convertido, Santo Agostinho[2] diz de si mesmo que se encontrava distante de Deus numa terra estranha, da desigualdade.

É uma coisa lamentável que o homem esteja longe daquilo sem o qual não pode ser bem-aventurado. Se as mais belas criaturas por Deus feitas fossem retiradas da luz divina sob a qual estão – pois enquanto todas as coisas estão sob a luz divina, nessa medida são prazerosas e agradáveis –, e se fosse a vontade de Deus e se Ele permitisse serem retiradas da luz divina e apresentadas a uma alma, esta não poderia encontrar ali nem deleite nem satisfação, mas deveria sentir repugnância diante delas.

Ainda mais lastimável é que o homem esteja longe daquilo sem o qual não pode ter nenhum ser.

Mas o mais lastimável de tudo isso é ele encontrar-se longe daquilo que é sua bem-aventurança eterna.

Por isso, era uma boa-nova o que o profeta disse: "Vede, virão os dias, diz o Senhor, e quero despertar as raízes justas de Davi". Quando os an-

1. O texto da Sagrada Escritura foi tirado, segundo o antigo missal dominicano, das leituras da missa do 25º domingo depois da Festa da Santíssima Trindade.

2. Agostinho, *Conf.* VII c. 10 n. 16, CCSL XXVII (ed. Verheijen, p. 103,12-104,20).

tigos patriarcas conheceram a miséria em que se encontravam (Sl 50,7), caminharam com seu desejo adentrando no céu e foram atraídos para dentro de Deus, com seu espírito, e leram na sabedoria divina que Deus deveria ser gerado.

Assim, a boa-nova era como "uma água fresca para uma alma sedenta". Pois é verdade que, a um bom coração, Deus dá seu reino do céu por um gole de água fresca. Isso é o suficiente[3]. E isso eu o tomo sobre a minha alma: quem oferecer um bom pensamento no amor eterno, no qual Deus se tornou interiormente homem, esse será mantido. Por isso, o homem não precisa temer o demônio, nem o mundo, nem sua própria carne, nem Nosso Senhor Deus. Diz, pois, São Paulo: O Filho nos foi dado para ser um intercessor[4]; Ele é uma sabedoria do Pai e deve proferir palavras sábias em lugar de todas as nossas tolices e de nossos delitos. São Paulo diz também: Ele nos foi dado como um defensor que lutará pela nossa vitória em todas as nossas necessidades (Rm 8,33-34; Hb 7,25; 1Jo 2,1-2). Devemos rezar, seja que o Pai celeste acolha, seja que não acolha nossa oração. Se o Pai quisesse lutar contra nós, não poderia fazê-lo, pois o mesmo poder e sabedoria que o Pai possui, o Filho possui igualmente com Ele, e o Filho nos foi dado plenamente como um defensor, e Ele nos resgatou a um preço tão elevado que não nos quer abandonar. E o Pai não o pode recusar, pois Ele é sua sabedoria. Tampouco pode lutar contra Ele, pois é sua força. Por isso, o homem não deve temer a Deus, e com todas as suas coisas pode caminhar ousadamente para Deus.

Depois que o homem foi expulso do paraíso, Deus postou três guardas diante da entrada. Um era de natureza angelical; o outro uma espada flamejante; o terceiro: o fato de ser uma espada de dois gumes.

Natureza angelical designa limpidez[5]. Quando o Filho de Deus, "que é um espelho sem manchas", veio ao reino terrestre e rompeu a primeira guarda, trouxe ao reino da terra inocência e limpidez para a natureza humana. Salomão fala de Cristo: "Ele é um espelho límpido, sem manchas" (Sb 7,25-26).

A espada flamejante designa a chama do amor divino, sem o qual o homem não pode chegar ao Reino dos Céus. Este, o Cristo o trouxe consi-

3. Eckhart (2003, p. 23,26): *Dâ mite ist ez genouc.*

4. Eckhart (2003, p. 23,29): *Vorsprechen.*

5. Dionísio Areopagita, *De div. nom.* c. 4 § 22, PG 3,723; *Dionysiaca* I, p. 269,1–270,3.

go, e rompeu a segunda guarda. Pois amou o homem com o mesmo amor, antes mesmo de o ter criado. "*Et in caritate perpetua dilexi te*." Jeremias diz: "Deus te amou com amor eterno" (Jr 31,3).

A terceira guarda era a espada cortante, isso era a miséria humana. Esta, Nosso Senhor tomou-a sobre si no mais elevado grau, como disse Isaías: "*Vere languores nostros ipse tulit*". "Na verdade, Ele deve carregar nossas enfermidades" (Is 53,4). Por isso Ele veio ao reino terrestre, para tomar sobre si o pecado do homem, até tê-lo extinguido e ter conservado o homem. Mas agora o reino do céu está aberto, sem qualquer guarda; por isso, o homem pode ir para Deus destemidamente.

Ele diz igualmente outra palavra, que devemos escutar: "Quero despertar a semente de Davi ou seu fruto" (Jr 23,5). Podemos comprovar isso quando o anjo tocava a água em certa hora do dia (cf. Jo 5,4). Desse toque, a água hauria tamanha força que curava as pessoas de toda e qualquer doença.

Ainda maior que isso é o fato de o Filho de Deus ter tocado a natureza humana no seio de Nossa Senhora. Por isso, toda natureza humana tornou-se bem-aventurada (cf. Jo 1,14).

Uma bem-aventurança ainda maior é o fato de Deus, com sua própria natureza, ter tocado a água no Jordão, onde foi batizado. Com isso, concedeu força a todas as águas; dessa forma, quando é batizado, o homem é purificado de todos os seus pecados, tornando-se um filho de Deus.

A bem-aventurança, a maior de todas, é o fato de Deus ser gerado e revelado na alma em uma união espiritual. Por isso, a alma torna-se mais bem-aventurada do que o corpo de Nosso Senhor Jesus Cristo sem sua alma e sem sua deidade, pois toda e qualquer alma bem-aventurada é mais nobre do que o corpo morto de Nosso Senhor Jesus Cristo.

O nascimento interior de Deus na alma é uma realização plena de toda a bem-aventurança da alma, e a bem-aventurança torna-se mais fecunda nela do que o fato de Nosso Senhor tornar-se homem no corpo de Nossa Senhora Santa Maria e do fato de Ele tocar a água. Tudo que Deus já operou ou fez por intermédio do homem, isso lhe valeria menos do que um grão de feijão, e em nada lhe seria útil, se ele não estivesse unificado com Deus numa união espiritual, na qual Deus é gerado na alma e a alma em Deus; foi por e para isso que Deus fez todas as suas obras.

Para que isso nos aconteça, ajude-nos Deus. Amém.

Sermão 88

Post dies octo vocatum est nomen eius Iesus [Depois que se completaram os oito dias, foi-lhe posto o nome de Jesus] (Lc 2,21)

"*Post dies octo vocatum est nomen eius Iesus.*" "No oitavo dia foi-lhe dado o nome de Jesus" (Lc 2,21)[1]. "Ninguém pronuncia o nome *Jesus*, a não ser por obra interior do Espírito Santo" (1Cor 12,3).

Um mestre[2] diz: Em qual alma for dito o nome de Jesus, isso deve acontecer no oitavo dia.

O primeiro dia é que ele doe sua vontade na vontade de Deus e nele e para Ele viva.

O segundo dia é uma incandescência incandescente[3] do fogo divino.

O terceiro dia é uma alma correndo em voltas, ansiando, atormentada por Deus.

O quarto dia é: todas as forças da alma são dirigidas para Deus. Um mestre[4] diz: Quando uma alma é tocada por coisas eternas, então ela é movida; e, pelo movimento, se aquece. E, pelo aquecimento, se amplia, para poder receber muito de Deus.

O quinto dia é um demorar-se[5] em Deus.

O sexto dia é que Deus liquefaz[6] a alma.

O sétimo dia é que a alma é unida com Deus.

O oitavo dia é um fruir Deus.

É então que a criança recebe o nome de Jesus.

---

1. Este texto da Escritura é do Evangelho da missa da Festa da Circuncisão do Senhor (1º de janeiro).

2. Cf. João Damasceno, *De fide orthodoxa* I c. 7, Burgundionis versio c. 7 n. 1 (ed. Buytaert, p. 25,127,30); cf. Steer (2003, p. 32,1, nota 1).

3. Eckhart (2003, p. 32,6): *beglîmende beglîmunge götlîches viures.*

4. Agostinho, *En. Ps.* 83 n. 3, CCSL XXXIX (ed. Dekkers/Freipont).

5. Eckhart (2003, p. 34,12): *îstan in got*: Instância ou insistência em Deus.

6. Eckhart (2003, p. 34): *zerlaezet.*

Sermão 89
Angelus domini apparuit
[O anjo do Senhor apareceu]
(Mt 2,19)

"*Angelus domini apparuit*" etc. "O anjo apareceu a José no sonho e disse a ele: Toma a criança" etc. (Mt 2,19-20)[1].

Um mestre[2] disse que, em seu sentido, a Escritura é como uma água corrente que transborda para os lados, criando poços e lagos úteis, e, no entanto, corre por e para si. Santo Agostinho[3] diz: Em seu sentido, a Escritura oculta sua utilidade, de tal modo que não se podem encontrar de pronto as verdades primeiras. Por isso, encontramos muitos discursos úteis e agradáveis, que se encontram na verdade primeira, como fala Moisés (cf. Gn 1,7), das águas que se encontram acima de nós e abaixo de nós. Quem pode encontrar isso?

Os santos[4] perguntam por que, ao fazer todas as criaturas, Nosso Senhor Deus criou o homem por último. Pode ser algo, o mais misterioso e verdadeiro, isto que no homem Ele criou de uma única vez a perfeição de todas as criaturas. Por isso, quando quis criar o homem, a Santa Trindade se reuniu em conselho (Eclo 15,14) e disse: "Façamos o homem à nossa imagem" (Gn 1,26). Nisso se demonstra que essa imagem da Santa Trindade foi feita na alma. Por outro lado, a natureza angelical que a alma tem em comum com os anjos e a semelhança e a perfeição de todas as criaturas foram criadas ao mesmo tempo no homem para que, no homem, Deus possa

1. O texto da Escritura se acha no Evangelho da missa da vigília da Festa da Epifania.

2. Agostinho, *Conf.* XII c. 27 n. 37, CCSL XXVII (ed. Verheijen, p. 236,1-237,7).

3. Agostinho, *De Trin.* I c. 2.

4. Cf. Pedro Lombardo, *Libri quattuor sententiarum* II d. 15 c. 5 (ed. Grottaferrata, l. I e II, p. 402,2-4).

mostrar e espelhar sua perfeição e a de todas as criaturas. E demonstrou que o homem é o melhor dentre todas as criaturas. Moisés escreveu quatro livros[5], que eram úteis. Depois, escreveu o quinto[6]. Este era o menor e o melhor, e ele evocava a verdade de toda a Escritura. De modo que Deus e Moisés ordenaram colocá-lo na arca (cf. Dt 31,26). Também Santo Agostinho escreveu muitos livros. Por último também ele escreveu um pequeno livrinho, no qual estava escrito tudo que não se podia compreender nos outros[7]. Esse, ele o tinha todo o tempo consigo, junto de si, e era-lhe o mais querido. O mesmo acontece também com o homem: Deus o fez como um livro de cabeceira[8], para que ele o abra, olhe para dentro, brinque com ele e nele tenha alegria. Por isso, o homem comete grande pecado quando destrói essa santa ordem. Pois, no último dia, todas as criaturas devem clamar "às armas!" sobre quem faz isso.

Agora devemos examinar que, após a morte de Herodes, José teve de voltar para sua terra, agora que Deus estava livre daqueles que lhe criavam impedimentos (cf. Mt 2,19-20). Assim, Deus deve ser mondado de pecados, para que a alma seja reta, se Deus deve morar com ela. São João diz: "A luz verdadeira veio ao mundo e o mundo não a recebeu" (Jo 1,9-11). Ele quer dizer: Não encontrou nenhum lugar que pudesse contê-la. Por isso não foi recebida. Um mestre diz: Se queres receber e reconhecer a Deus com coração límpido, então expulsa de ti alegria, medo, esperança. São os primeiros modos de como se deve abrir espaço para Deus.

A outra coisa é a paz que reinava no interior da terra onde Deus havia nascido. Pode-se constatar isso no fato de que todo o mundo obedecia e era submisso a um imperador (cf. Lc 2,1). Eu comprovo isso também pelos três reis que vieram de um país tão distante (cf. Mt 2,1-2). Assim deve ser plena paz na alma. Uma paz reta é onde o inferior está submisso ao superior.

---

5. Refere-se aos livros do Pentateuco: Gênesis, Êxodo, Levítico, Números.

6. Livro do Deuteronômio.

7. Ao que parece, refere-se aos *Retractationum libri duo*.

8. Eckhart (2003, p. 41,23): *hantbuoch*, *Handbuch*. *Handbuch* hoje indica aquele livro que contém resumido, didaticamente bem-ordenado, numa simplificação padronizada, o conteúdo preliminar e elementar das informações ministradas no ensino de uma ciência ou de uma técnica. Aqui, em Eckhart, *hantbuoch* indica muito mais e está intimamente ligado com a existência artístico-artesanal dos medievais. Cf. glossário n. 1, 2 e 29.

Sermão 90[1]

Sedebat Iesus docens in Templo
[Jesus estava sentado no Templo e ensinava]

"*Sedebat iesus docens in templo.*" O Evangelho diz que "Cristo estava sentado no templo e ensinava"[2] (Lc 2,46).

Que Ele estava sentado, isso significa repouso.

Quando alguém está assentado, está mais preparado a realizar coisas límpidas do que quem anda ou está de pé. Estar sentado significa repouso; estar de pé, trabalho; andar, instabilidade.

Por isso, a alma deve assentar-se; isto é, numa humildade submissa a todas as criaturas. Então, alcança uma paz restauradora. A paz, ela a encontra numa luz. A luz é-lhe dada numa quietude, quando se assenta e habita interiormente.

"O Cristo estava sentado e ensinava." Nessas palavras estão significadas três coisas. A primeira é: Ele estava sentado. Isso é um repouso.

Quem está assentado está mais preparado a realizar coisas límpidas do que quem está de pé ou anda. Estar sentado significa repouso; estar de pé, trabalho; andar, instabilidade.

Por isso, a alma deve assentar-se; isto é, numa humildade submissa a todas as criaturas. Por isso, ela alcança uma paz repousante. A paz, ela a encontra numa luz. A luz é-lhe dada numa quietude, quando se assenta e habita interiormente.

---

1. O Sermão 90 foi editado por Steer em duas versões, A e B. A versão A se baseia nos manuscritos: H2, K1a, O; a versão B nos manuscritos: B10, Bra1, Bra3, Bre1, Go1, N1. O grupo dos manuscritos do A e o grupo dos manuscritos do B, cada qual deriva de manuscritos-fonte diferentes entre si e desconhecidos. Assim, a versão A e a versão B são diferentes e paralelas e possuem variantes ligeiramente diferenciadas, lacunas existentes numa versão que, de alguma forma, podem ser preenchidas pelas variantes da outra. Cf. Eckhart (2003, p. 43-52).

2. O texto da Escritura que não se encontra nessa formulação literal na Vulgata foi tirado do Evangelho do primeiro domingo depois da Epifania.

Também Alberto[3] diz: Essa é a razão por que os mestres que devem ensinar as ciências[4] se assentam. Quando alguém se deita, então sobem-lhe ao cérebro os espíritos de pesadume; isto é, o sangue grosseiro[5], e embaçam o entendimento. Mas quando o homem se assenta, então o sangue do pesadume desce e os espíritos luminosos se lançam para cima, para o cérebro. Assim ilumina-se a memória.

Sobre isso, o Bispo Alberto diz que esta seria a razão por que se faz assentarem-se os mestres que devem ensinar a ciência. Quando alguém se deita, então sobem-lhe ao cérebro os espíritos de pesadume, isto é, o sangue grosseiro, e embaçam o entendimento. Mas quando o homem se assenta, então o sangue do pesadume despenca, e os espíritos luminosos se puxam para cima, para o cérebro. Assim ilumina-se a memória.

Por isso, o Cristo estava sentado no templo; isto é, na alma.

Por isso, o Cristo estava sentado no templo, isto é, na alma.

O outro ponto é que Ele ensinava. O que Ele ensinava? Ele ensinava ao nosso entendimento como deveria atuar. Pois quem quer ensinar, ensina segundo aquilo que Ele próprio é. Por isso, porque o Cristo é um entendimento, então Ele ensina nosso entendimento.

O outro ponto é que Ele ensinava. O que Ele ensinava? Ele ensinava ao nosso entendimento como deveria atuar. Pois quem quer ensinar, ensina segundo aquilo que Ele próprio é. Por isso, porque o Cristo é um entendimento, então Ele ensina nosso entendimento.

Cristo possuía muita arte do saber e sabedoria[6].

Ora, observai agora essa palavra com atenção. Isso, o diz um elevado mestre das ciências[7]. Cristo tinha nele duas espécies de saber. Um saber, que Ele tem segundo a deidade, é este: que Ele conhece tudo que o Pai conhece na essência e nas pessoas e tudo que Ele fez, tudo que faz agora, o que ainda deverá fazer e que poderia fazer se quisesse. Isso Ele conhece na essência e também as imagens de todos os que estão na pessoa medianeira, as quais o Pai vê no Filho e o Filho no Pai, segundo as pessoas. Na essência há somente um Deus; mas ali há diferença nas pessoas, segundo o discurso. Isso Ele tem da deidade, pois nenhuma criatura tem esse poder. Isso é Deus e não é nenhuma criatura.

---

3. Alberto Magno, *Super Matth.* 5,1 (ed. Colon., 22, p. 102,26-52).

4. Eckhart (2003, p. 57,18): *kunst*; cf. glossário n. 1.

5. Quint (2002, p. 56): *grobe bluot*.

6. Cf. Tomás de Aquino, *Compendium theologiae* I c. 216 n. 439 (ed. Marietti, p. 104, *S.Th.* III q. 10).

7. Cf. Pedro Lombardo, *Libri quattuor sententiarum* III d. 13 n. 8 (ed. Grottaferrata, l. III e IV, p. 87,20-22); *Libri quattuor sententiarum* III d. 14 c. 1 n. 3 (ed. Grottaferrata, l. III e II, p. 90,14-21).

O Cristo possui um outro saber segundo a humanidade, ou seja, é capaz de receber a possibilidade e ela é também plenificada. Para dentro da possibilidade Ele imprimiu as imagens que estão na pessoa medianeira, tanto quanto foi possível, para que a alma conheça todas as coisas que foram criadas e que ainda deverão advir. Mas das coisas que Deus ainda gostaria de fazer, se quisesse, e que jamais vêm à luz, disso a alma nada conhece. Isso pertence única e somente a Deus. Essa luz é criatural, e, no entanto, para sua alma, é sobrenatural. Mas onde se encontrava sua alma, ali ela contemplava Deus, como o faz hoje em dia.

O terceiro saber é o que ela tem em comum com os anjos. Isto é, que todas as coisas têm sua imagem nela. A respeito disso diz São Dionísio[8]: Quando fez os anjos, Deus deu-lhes a imagem de todas as coisas. Isso possuem naturalmente. Assim, a alma de Cristo possui naturalmente nela as imagens de todas as coisas. Isso deve ser compreendido propriamente de sua própria imagem, a que Ele deu a elas, e no entanto Ele não é a imagem, ela mesma: como o selo que imprime sua forma na cera e nem por isso se multiplica[9].

O quarto saber possuído por Cristo era um saber crescente. Isso encontrava-se nos sentidos corporais, pelos quais temos de discernir. Notai então a possibilidade que Ele tinha em cada saber.

Cf. Tomás de Aquino, *Compendium theologiae* I c. 216 n. 434 (ed. Marietti, p. 102-103).

8. Dionísio Areopagita, *De div. nom.* c. 7,2, PG 3,868 B; *Dionysiaca* I, p. 388-390.

9. Aristóteles, *De anima* II c. 12, B c. 12, 424 a 18-20.

A primeira arte do saber era divina[10]. Por ela, reconhecia o que estava aí na previdência eterna: não somente o que está presente e o que deve vir, mas também tudo que Deus poderia realizar se quisesse.

Com esse saber, Ele olhava para dentro do coração das pessoas, e todas as obras que pertencem a Deus, Ele as operava com esse saber[11]. É o que podia Cristo com o saber que é Deus.

O outro saber de Cristo é criatura; é o saber que foi infundido à sua alma quando foi criada, e é sobrenatural.

Por isso, ela fruiu Deus e contemplou a Deus na sua essência. Nesse saber, nada jamais se acrescentou a Ele nem nada se lhe retirou. Com esse saber, Ele pode conhecer tudo que Deus jamais criou e o que ainda vai criar; mas não chega perto de sua infinitude, isso ela não conhece. Essa luz é criatura e é sobrenatural à sua alma[12].

O terceiro saber é aquele que Ele tem em comum com os anjos, que possuem em si a imagem de todas as coisas[13].

O primeiro saber, que Deus é, é por ele que o Cristo conhecia o que estava aí na previdência eterna: tudo que aconteceu, é agora e há de vir sempre mais e ainda deve acontecer, se Ele quiser, e que, no entanto, jamais veio à luz. Isso possui ser em seu ser e não em si próprio.

Com esse saber, Ele olhava para dentro do coração das pessoas, e todas as obras que pertencem à deidade, Ele as operou com essa força. É o que podia Cristo no saber que é Deus.

O outro saber de Cristo é criatura, isto é dito da alma, a qual lhe foi infundida em sua criação, esta é sobre natureza.

Por isso, ela fruiu e contemplou a Deus na sua essência. Nisso, nada jamais se acrescentou a Ele nem nada se lhe retirou. Com esse saber, Ele pode conhecer tudo que já aconteceu e que é agora e que sempre de novo deve acontecer; mas do que é capaz a potência de Deus, se Ele quiser, no que se refere à sua infinidade, isso estava velado à sua alma.

O terceiro saber é aquele que Ele tem em comum com os anjos, que possuem em si a imagem de todas as coisas.

10. Cf. Tomás de Aquino, *S.Th.* III q. 9 a. 1; ibidem, I q. 22 a. 1; *Compendium theologiae* I c. 216 n. 434 (ed. Marietti, p. 103-104).

11. Cf. Tomás de Aquino, *S.Th.* III q. 10 a. 2.

12. Cf. Tomás de Aquino, *S.Th.* III q. 10 a. 1: "Est autem impossibile quod aliqua creatura comprehendat divinam essentiam, sicut in prima parte (*S.Th.* I q. 12 a. 7) dictum est: Eo quod infinitum non comprehenditur a finito. Et ideo dicendum quod anima Christi nullo modo comprehendit divinam essenciam".

13. Cf. Eckhart (2003, p. 63,106, nota 17): "Diferenciando-se do *Compendium theologiae*, de Tomás de Aquino, o Sermão 90 distingue uma dupla *scientia infusa*, uma *scientia infusa supernaturalis* e um conhecimento infundido segundo o modelo do conhecimento próprio dos anjos. Também esse modo de conhecimento estava em Cristo". Cf. Tomás de Aquino, op. cit. I c. 216 n. 438. Na mesma nota, observa Steer: "Segundo Tomás de Aquino e Mestre Eckhart, é da exigência da perfeição do conhecimento de Cristo que o Cristo possuísse também o modo do conhecimento dos anjos: o conhecimento sob a influência da luz divina. Os anjos recebem as imagens do conhecimento infusas, impressas. A recepção do conhecimento das coisas de cima é para os anjos natural; não, porém, para o homem; para ele é natural a aquisição do conhecimento pela própria força. A *scientia acquisita*, como o modo natural de conhecimento, é por isso suspensa pela *scientia infusa supernaturalis*".

São Dionísio[14] diz: Quando criou os anjos, Deus deu-lhes imagens de todas as coisas; eles possuem isso por natureza.

Assim, a alma de Cristo possui naturalmente as imagens de todas as coisas, que Ele lhe deu, Ele que, no entanto, não é essa mesma imagem; assim como o selo imprime sua forma na cera e, no entanto, não é um com ela[15].

Assim continha a alma de Cristo. Isso é-lhe natural.

Nesse saber Ele não crescia nem diminuía. Com isso, ela podia compreender todas as coisas acontecidas, mas não as que estão por acontecer, assim como o anjo não conhece as coisas futuras a não ser que lhe sejam reveladas. Por natureza, ele não as possui.

Nisso, ela não crescia nem diminuía. Por isso, podia conhecer todas as coisas presentes e as que devém agora, mas não as que ainda advirão, assim como o anjo não conhece as coisas futuras, a não ser que lhe sejam reveladas por Deus. Ele não as possui por natureza.

O quarto saber que Ele possuía estava na sensorialidade. Pois aquilo que os sentidos apreendem de fora é trazido espiritualmente para as imagens, e assim então a inspeção da compreensão apreende-o. Desse modo, Ele tinha um crescimento como nós. Mestre Tomás diz: Ele tinha um crescimento das forças dos sentidos[16].

O quarto saber que Ele possui estava na sensorialidade. Pois aquilo que os sentidos apreendem de fora é trazido espiritualmente para as imagens, e a compreensão contempla-o. Desse modo, Ele tinha um crescimento como nós. É o que diz um grande mestre, Tomás, que Ele tinha um crescimento das forças dos sentidos.

Então devemos reparar no que Ele nos ensina com esses saberes.

Então prestai bastante atenção ao que Ele nos ensina com esses saberes.

O primeiro saber que Deus é, do qual efluíram todas as coisas, com Ele nos ensinou como devemos fazer retornar a e ordenar todas as coisas em seu princípio primeiro: isso acontece no homem, em quem se reúne toda diversidade e em quem todas as coisas corpóreas são elevadas em Deus, em seu princípio primeiro, que é Deus. E quando chega a encontrar-se como Um com Deus, só então o homem conduz todas as coisas para suas causas primeiras.

O primeiro saber que Deus é, do qual efluíram todas as coisas, com essa arte Ele nos ensinou como devemos fazer retornar a e ordenar todas as coisas em seu princípio primeiro: isso acontece inteiramente na alma, no homem, em quem se reúnem toda diversidade e todas as coisas corpóreas em seu princípio primeiro, que é Deus. E quando chega a encontrar-se como Um com Deus, só então o homem conduz todas as coisas para suas causas primeiras.

---

14. Dionísio Areopagita, *De div. nom.* c. 7,2, PG 3,868 B; *Dionysiaca* I, p. 388-390; Alberto Magno, *Super Dionysium de divinis nominibus* c. 7 (ed. Colon., 37,1, p. 343,79-84).

15. Aristóteles, *De anima* II c. 12 (B c. 12, 424 a 18-20).

16. Tomás de Aquino, *S.Th.* III q. 9 a. 4; *Compendium theologiae* I c. 216 n. 440.

Sobre isso, diz São Bernardo[17]: Senhor, que é o homem para que Tu o tenhas amado tanto assim?

O homem é um bem, no qual estão reunidas todas as múltiplas coisas numa unidade. Isso Ele nos ensinou com o saber que Deus é.

O que nos ensinou com o saber que é sobrenatural? Com isso, Ele nos ensinou que sobrepassemos tudo que é natural.

Em primeiro lugar, devemos sobrepassar nossos próprios sentidos e presumir isso e acreditar nisso. Agora caminha, alma nobre, calça tuas sandálias, que são compreensão e amor. Por meio disso, caminha para além da obra de tuas forças, para além de tua própria compreensão, para além das três hierarquias e para além da luz que te fortalece, e salta para dentro do coração de Deus, isto é, em seu velamento: ali deverás estar escondida de todas as criaturas. É o que nos ensina com o saber sobrenatural.

Por isso diz São Paulo: "Vós estais mortos e vossa vida está escondida com Cristo em Deus" (Cl 3,3).

O que nos ensina com o saber natural, que Ele tem em comum com os anjos, os quais têm em si a imagem de todas as coisas? Assim, a alma tem a possibilidade de compreender todas as coisas.

Por isso, ela deveria morar nela mesma, pois a verdade é do interior e não do exterior.

Vem ao encontro disso o que diz São Bernardo: Senhor, que é o homem para que Tu o tenhas amado tanto assim?

Ele mesmo decidiu isso: Ele é um bem, no qual estão reunidas todas as múltiplas coisas numa unidade. Isso Ele nos ensinou com o saber que Deus é.

Agora observai o que nos ensinou Ele com a arte que é sobrenatural. Com isso Ele nos ensinou que sobrepassemos toda naturalidade.

Na primeira vez devemos sobrepassar nossos próprios sentidos e presumir isso e acreditar nisso. Agora caminha, alma nobre, calça tuas sandálias! Quais são as sandálias da alma? São compreensão e amor. Por meio disso, caminha para além da obra de tuas forças, caminha para além de tua própria compreensão, caminha para além das três hierarquias e caminha para além da luz que te fortalece, e salta para dentro do coração de Deus, isto é, em seu velamento: ali deverás estar escondida de todas as criaturas. É isso que nos ensina com o saber sobrenatural.

Por isso diz São Paulo: "Vós estais mortos e vossa vida está escondida com Cristo em Deus" (Cl 3,3).

Então reparai, o que Ele nos ensina com o saber natural, que Ele tem em comum com os anjos, os quais possuem em si a imagem de todas as coisas. Assim, a alma tem nela a possibilidade de compreender todas as coisas.

Por isso, ela deveria morar nela mesma, pois a verdade é do interior e não do exterior.

17. *In dedicatione ecclesiae sermo* V n. 3; n. 7 (ed. Cist. t. V, p. 390,17-18; 393,14-24).

Por isso, diz Santo Agostinho[18]: Ó Senhor, quantos são os que saíram de si mesmos para procurar a verdade, e que jamais chegaram a si mesmos?

Por esse motivo, não encontraram a verdade, pois Deus é o imo mais íntimo da alma. É isso que Ele nos ensina com o saber natural. O que nos ensina Ele com o saber crescente? Isto é como devemos ordenar nosso homem exterior.

As ordenações realizam-se examinando: o homem examina a si mesmo. Pois o fato de o homem conhecer a si mesmo é melhor do que o conhecimento de todas as coisas criadas.

"Cristo ensinava-os." Quem são os que Ele ensinava? São os simples. Quem é retamente simples? É aquele que não contrista ninguém e não engana ninguém em nada e que tampouco pode ser enganado por alguém. Estes são os retamente simples.

Que Deus nos ajude na reta simplicidade. Amém.

Por isso, diz Santo Agostinho: Ó Senhor, quantos são os que saíram de si mesmos para procurar a verdade, e que jamais chegaram a si mesmos?

Por isso, da verdade nada encontraram, pois Deus é o imo mais íntimo da alma. É isso que Ele nos ensina com o saber natural. Reparai então o que Ele nos ensina com o saber crescente. É como devemos ordenar nosso homem exterior, resumindo, em todas as suas coisas.

As ordenações realizam-se examinando: o homem examina a si mesmo. Pois o fato de o homem conhecer a si mesmo é melhor do que o conhecimento de todas as coisas.

"Cristo ensinava-os." Quem são os que Ele ensinava? São os simples. Quem é retamente simples? É aquele que não engana ninguém em nada e que tampouco pode ser enganado por alguém. Estes são os retamente simples.

Que Deus nos ajude nessa simplicidade. Amém.

18. *Enarrationes in Psalmos* 4 n. 9, CCSL XXXVIII (ed. Dekkers/Freipont, p. 181,3).

Sermão 91
Voca operarios, et redde illis mercedem suam
[Chama os operários e paga-lhes o salário]
(Mt 20,8)

"*Voca operarios, et redde illis mercedem suam.*" "Convoca os operários e dá-lhes a sua recompensa" (Mt 20,8)[1]. Esse senhor que convoca os operários para sua vinha significa Nosso Senhor, que, de dois modos, convocou para si todas as pessoas.

O primeiro, com a criação de todas as criaturas, que Ele fez tão belas e tão nobres. O outro, com a morte e no dia do Juízo Final.

Um mestre[2] diz que Deus fez o mundo e todas as coisas por e para o homem, e fez o homem por e para si. Eu, porém, quero aprofundar isso, dizendo que Ele se fez por e para si, e o homem por e para si, e fez a si por e para o homem. E o amor que Deus tem à alma o cegou e o atordoou de tal modo que fez todas as criaturas por e para revelar sua honra à alma. E está tão firmemente empenhado em buscar cativar e atrair a alma para si, para seu amor, como se Ele houvesse se esquecido de tudo que está no reino do céu e no reino da terra, ansiando unicamente por descobrir em que caminho Ele poderia, da melhor maneira, atrair cada alma para si.

Por isso, Ele fez uma plurivariedade de criaturas, para que se manifeste sua honra numa plurivariedade de modos. E não fez nenhuma criatura tão perfeita, que nela não tenha colocado pena[3] ou semelhança. Pois todas as criaturas são uma mensagem ou um sinal [indicando] para Deus, visto que todas anunciam a honra de Deus e são para o homem um sinal para Deus.

1. O texto escriturístico foi tirado do Evangelho da missa do domingo da septuagésima.

2. Pedro Lombardo, *Libri quattuor sententiarum* II d. 1 c. 4 n. 6 (ed. Grottaferrata, l. I e II, p. 333-12-19).

3. Eckhart (2003, p. 85,15): *Pîn*. Cf. glossário n. 30.

Duas coisas Deus colocou nas criaturas: prazer e conforto, a fim de que com isso Ele atraia o homem que é nobre para que reconheça que em Deus o prazer e o conforto são plenos. Pois o homem bom é atraído com prazer e conforto. E o homem ignóbil, Ele o impele com tormentos. Por isso, colocou tormentos nas criaturas, para que, se não possui a honra e o prazer de Deus, o homem seja açoitado e impelido com tormentos. Quão maravilhoso é o ânimo das pessoas, tão maravilhoso é o caminho para Deus. Um pode ser atraído com prazer, o outro deve ser impelido com enfermidades e penúrias. Quando São Paulo se converteu de maneira maravilhosa, encontrando-se a caminho e querendo combater os cristãos, então Deus derrubou-o e envolveu-o com sua luz (cf. At 9,1-4).

E, no dia em que se converteu, Santo Agostinho[4] não conseguia se conter do prazer que lhe vinha do maravilhoso estado em que Deus colocara sua alma, por tê-la convertido.

Um mestre[5] disse que Deus tudo abandona, tal como se houvesse esquecido todas as criaturas e cismasse com todo empenho por descobrir por qual caminho Ele poderia atrair a alma para si e como poderá revelar-se à criatura e tornar-se amável a ela; e tudo abandona como se sua vida e sua natureza se desfizessem, pois sua vida e sua natureza é isto, que Ele se revele e torne-se amável.

Por isso Deus, que é simples, se partilhou a todas as criaturas, para que em caminho algum a alma possa se desviar de Deus para as criaturas, a não ser que nelas encontre semelhança de Deus. Nenhum pecador poderia encontrar prazer nos pecados, se de algum modo a semelhança de Deus não estivesse ali dentro; portanto, que haja honra e conforto e prazer. É por isso que muitos homens deixam de lado amigos e bens, mas não podem deixar de lado a honra: esta lhes é colocada como o mais íntimo, e nisso seguem a Deus do modo mais igual. Pois Deus diz: "A ninguém quero dar minha honra" (Is 42,8; 48,11). Um comentador diz aqui sobre esse salmo: Não há ninguém que queira deixar sua honra pela honra de seu amigo.

Três são as coisas pelas quais a alma não pode satisfazer-se nas criaturas. A primeira é que possuem partes. Pois a satisfação na bebida não é a satisfação de alimento nem de roupas: cada uma delas remete de si para o

4. *Confessiones* IX c. 6 n. 14, CCSL XXVII (ed. Verheijen, p. 141,21-27).

5. Hugo de S. Vítor, *Soliloquium de arrha animae* (ed. Müller, p. 23,15-24, PL 176,968). Cf. também Agostinho, *Conf.* III c. 11 n. 19, CCSL XXVII (ed. Verheijen, p. 38,18-20).

outro e se desdobra em círculos cada vez mais para diante na direção de Deus. Por isso, ali não há nenhuma satisfação.

A outra: que as criaturas são corpóreas e decaem numa degeneração e enfado, por isso, ali não há crescimento. Quanto mais olho para um pano branco ou para a luz do sol, tanto mais meu olho se turva e se obscurece. Jamais existiu criatura tão bela nem tão nobre que se pudesse contemplá-la por um longo tempo e não se tornasse enfadonha. Mas conhecimentos espirituais possuem um crescimento que não tem fim. Quanto mais e melhor eu conheço coisas espirituais, tanto mais límpido e adequado torna-se meu sentido na direção do conhecimento.

A terceira: que os dons de Deus não são concedidos à alma fora do vaso de onde ela promanou. Pois tudo que Deus poderia ter doado à alma, prazer ou dons, se o tivesse doado fora do vaso que é Deus, jamais poderia ter sabor para a alma nem lhe proporcionar prazer.

Deus nada é senão um ser límpido, e a criatura é feita de nada e tem também um ser do mesmo ser; a criatura, entrementes, não tem sabor para a alma pelo fato de ela ser um outro vaso. Por mais límpida e nobre que seja uma bebida, se for despejada num vaso vulgar, torna-se tanto menos nobre. É por isso que todos os dons e honras que Deus possa conceder, se lhe forem doados fora dele mesmo, nada têm de valor.

Um mestre[6] diz que o Pai tem um Filho e um Espírito Santo, e através de ambos Ele se inclinou para o homem.

Também devemos examinar e perceber que o céu é incomensuravelmente maior que o reino da terra e que, portanto, no reino do céu há mais anjos do que todos os homens que há no reino da terra. Pois os mestres supõem que são os anjos que revelam a Deus do modo o mais próximo. Por isso, eles devem ser a maioria.

Daniel teve uma visão na qual "dez mil serviam a Deus e dez centenas de milhares assistiam-no" (Dn 7,10). E Deus faz como se houvesse esquecido todo esse domínio, voltando-se inteiramente a um homem e buscando seu amor. Por isso Deus diz: "Infeliz do homem que prefere amar meus sinais antes que a mim" (Eclo 41,8).

Isso, a respeito do primeiro modo, de como Deus convocou pela criação das criaturas.

---

6. Eckhart (2003, p. 92,61, nota 29): "Não é possível saber a que mestre se refere Eckhart aqui".

Por outro lado, Ele convoca na morte, a qual se torna amarga e pesada para o coração do pecador.

Por isso fala a Escritura: "Ó morte dolorida, como é amargo teu pensamento a todos que estenderam todo seu amor a esse mundo. Mas, para as pessoas boas, é muito doce e alegre" (Eclo 41,1-3). Pois ela não é mais do que uma passagem da morte para a vida. E faz uma feliz aquisição, pois na morte o homem bom troca a pena e a miséria pela alegria eterna.

Se alguém soubesse de uma erva, muito procurada pelo fato de não deixar envelhecer nem adoecer quem a possuísse, custaria muito caro comprar essa erva: isso é a morte. Quem a possui em seus pensamentos jamais se torna velho nos pecados. Pois a Escritura diz: "Em todas as tuas obras olha para teu fim, então não fazes nenhum pecado" (Eclo 7,40).

Em terceiro lugar, devemos examinar a recompensa de que ele fala: "Convoca as pessoas e dá-lhes sua recompensa" (Mt 20,8). Ninguém deve se surpreender pelo fato de que ele diz que se deve dar sua recompensa às pessoas. Se for velho ou doente, de modo que não consegue realizar obras materiais, então que se mantenha nas obras espirituais interiores, que, diante de Deus, são mais nobres e maiores do que obras exteriores; aquelas são boa vontade e amor a Deus. Nisso ele recebe a recompensa.

Nosso Senhor Deus nos atraiu com a recompensa como a ovelha com a pastagem: quando se quer que ela caminhe para outro lugar, mostre-se-lhe uma verde pastagem.

Deus nos mostrou que há uma recompensa. Mas não disse o que seria a recompensa. Pois se devesse dizer o que é a recompensa, Deus precisaria empregar todo seu poder para isso. Se houvesse algo em Deus que se calasse e não gritasse a recompensa, então permaneceria não dito. Pois tudo que Deus é e pode, isso é a recompensa. Portanto, todo seu ser e seu poder deveriam dizer sua recompensa. E se toda a força que se encontra em todas as almas fosse colocada numa alma, mas se não pudesse receber a mínima recompensa que provém da mínima obra que Deus ofertou no amor eterno, a alma deveria desfazer-se e morrer.

Eu coloco minha alma como penhor, para ser doada aos infernos no Juízo Final, de que é verdade isso que quero dizer agora: Se toda a força de todas as almas, de todos os anjos e de todas as criaturas fosse contada em uma alma, mas se não pudesse receber a mínima recompensa de um pensamento bom, pensado no amor eterno, a alma deveria desfazer-se, liquefazer-se e morrer.

Que conselho, pois, lhe cabe, se ela quiser receber toda essa recompensa que é Deus, senão que a alma deve ser elevada acima de si mesma e acima de todas as criaturas e deve ser saciada na essência divina e na semelhança da natureza divina? Ela pode isso?

Mas também a recompensa que é de outra ordem que a eterna se tornaria enfadonha. Para isso Deus encontrou um conselho secreto, renovando a si mesmo com isso, ou seja, trouxe a eternidade para o tempo e levou consigo o tempo para dentro da eternidade. Isso aconteceu no Filho, pois quando o Filho derramou-se na eternidade, todas as criaturas também foram derramadas com Ele. Por isso, o Filho está nascendo eternamente, sem cessar e inteiramente, de modo que todo prazer e plenitude das criaturas está reunido inteiramente nele e é doado assim à alma sem interrupção e novo. Por isso, seu nascimento hoje é tão novo como quando se deu pela primeira vez, a fim de que a recompensa da alma seja doada a partir do novo vaso, fresca e plena, e sua recompensa permaneça infinitamente alegre e sem enfado.

Sobre isso nada mais posso dizer, tampouco Deus pode dizer alguma coisa, até que isso se torne uma recompensa completa. A isso nos ajude Deus. Amém.

Sermão 92

Cum sero factum esset
[Chegada a tarde]
(Jo 20,19)

"*Cum sero factum esset* etc." "Quando entrou a noite e o dia declinava e os discípulos estavam reunidos, então Deus ali entrou" (Jo 20,19)[1]. Quando o dia da alegria corporal declina e a noite das coisas transitórias adentra a alma e todas as suas forças estão reunidas e contidas, então brilha a luz da verdade total na alma.

Por isso o homem deve morrer para o pecado e para toda causa de pecado.

Seguindo isso, deve-se morrer para a natureza, como se o homem não fosse si mesmo, a fim de que em nada busque o que é seu a não ser limpidamente a honra de Deus.

Seguindo isso, devemos ser o próprio de Deus. Assim, Deus pode realizar com prazer sua própria obra na alma. Antes de ter caído, Adão era tão plenamente o próprio de Deus, que a vontade estava disposta em Deus de tal modo que a deidade brilhava através da vontade nas forças inferiores. Assim, era necessário que elas não pudessem operar a não ser o que a vontade ordenava. Então Deus realizava sua própria obra e queria converter-se na alma.

Por isso diz o Cristo: "Foi-me dado todo o poder no reino do céu e no reino da terra até Jerusalém"[2]; isso diz o mesmo que: Foi-me destinado operar na alma que tem na paz sua morada; nela foi-me dado poder para realizar minha própria obra.

---

1. O texto é do Evangelho do domingo da oitava da Páscoa (*Dominica in albis*).

2. Mescla de Mateus 28,18 e Lucas 24,47.

Aquilo que realiza sua própria obra opera com prazer, como o faz o Espírito Santo na alma. O que opera Ele? Doze frutos que ordenam o homem para Deus e para uma vida boa.

Os primeiros três ordenam o homem para Deus.

O primeiro é amor; ele eleva o homem acima de todas as coisas passageiras e planta-o em Deus, a quem ele ama. Pois a alma que está aconchegada com o fogo do verdadeiro amor, tudo que lhe acontece é logo queimado no fogo do amor.

O segundo fruto é a alegria espiritual; essa provém da consciência[3] límpida, que torna o homem leve para todas as coisas boas, elevando-o acima de si mesmo. Quando isso acontece, então o homem se alegra.

O terceiro é paz de espírito; isso torna Deus morador da alma.

Os outros três ordenam o homem para seus semelhantes cristãos.

O primeiro é meiguice (*milticheit*); ou seja, que de todo coração se deseje o bem a todas as pessoas.

O segundo é fidelidade (*triuwe*); ou seja, que um homem deseje a seu semelhante cristão o mesmo que deseja a si mesmo.

O terceiro é mansidão (*senfmüeticheit*); ou seja, que um homem se porte de tal modo para com as pessoas que ninguém se sinta por ele magoado.

Os terceiros três frutos ordenam o homem diante de sofrimentos futuros.

O primeiro é paciência, para que o homem seja benevolente (*getwedic*) sob o peso do sofrimento e que não faça como um cavalo, que, por trabalhar a contragosto, cansa-se sob o fardo, e mesmo assim tem de carregá-lo.

O segundo é longanimidade (*lanclîdicheit*), para que o homem não procure nenhum caminho fora do sofrer.

O terceiro é docilidade (*süezgemüete*), o qual nenhum tormento pode arruinar ou amargurar.

Os quartos três frutos ordenam o homem para si mesmo.

O primeiro é medida, o segundo moderação, o terceiro é castidade, para que de nenhuma coisa se tome tanto que não se possa tomar mais, a fim de que os desejos permaneçam sempre sóbrios.

---

3. Eckhart (2003, p. 104,22): *samewizzechheit*.

Sermão 93

Quae est ista, quae ascendit quase aurora [Quem é esta, que vai caminhando como a aurora quando se levanta?] (Ct 6,9)

"*Quae est ista, quae ascendit quase aurora consurgens, pulchra ut luna, electa ut sol*?" Essas palavras estão escritas no livro do amor: "Quem é esta que surge como a aurora, bela como a lua, eleita como o sol?" (Ct 6,9)[1].

Nessas palavras devemos notar três dignidades de Nossa Senhora.

A primeira é seu nascimento; isso é demonstrado ao dizer que ela "surge como uma aurora".

A segunda dignidade de sua vida santa no reino da terra é demonstrada ao dizer "bela como a lua".

A terceira dignidade que ela possui por ser mãe de Deus é demonstrada ao dizer "eleita como o sol".

A primeira, pela qual se a compara a uma aurora, tomo-a de duas palavras: uma, que essa aurora contém em si tanto luz quanto trevas. A outra, que significa um fim de noite e um começo de dia.

Isso significa o nascimento de Nossa Senhora, que representou um fim de nossas misérias e um começo da alegria dos velhos pais, pois antes desse tempo não puderam fazer com que ascendessem ao céu. Mas, agora, a Nosso Senhor basta simplesmente isto: por um gole de água fresca, Ele doa o Reino dos Céus a um coração puro (cf. Mt 10,42); isso é suficiente. Por isso Cristo diz: "Bem-aventurados os que são puros de coração" (Mt 5,8); Ele não diz: Os que muito jejuam e fazem grandes obras.

---

1. Segundo o missal dominicano, o texto não pertence às leituras das festas marianas, mas, segundo o Breviário Romano, à antífona da Festa da Assunção da Bem-aventurada Virgem Maria.

São Bernardo diz[2]: Deveríamos ter tanto desejo pelo nascimento de Nosso Senhor como o desejo que tinham os velhos pais para que isso acontecesse, pois todas as coisas corpóreas possuem mais prazer quando as desejamos do que quando estão presentes. Assim não é com as coisas espirituais: essas têm maior prazer na presença do que quando as desejamos. Se considerássemos retamente os desejos dos velhos pais, deveríamos chorar.

A outra é ainda mais elevada. Com ela demonstra-se o nascimento de Nossa Senhora, ou seja, que essa aurora possui em si tanto a luz quanto as trevas. Com isso demonstra-se que Nossa Senhora foi concebida no pecado, tendo seu corpo e sua alma ligados ao pecado original, e depois, com a assunção[3], foi purificada pelo Espírito Santo e nasceu santa. E por isso preparou-se o seu nascimento. Assim, mostrou-se completo amor de Nosso Senhor, pois jamais criou nenhuma criatura mais pura, que fosse tão nobre, e, no entanto, não quis fazê-la tão perfeita a fim de que a alma não estivesse ou quisesse estar unida com amor nela. É verdade que Deus quer que a alma veja e ouça o que Deus não é, mas Ele não quer que ela tenha amor a algo que não seja Ele, pois Ele a criou para sua unificação.

Ele apenas lançou verdade na criatura; no entanto ela não é a própria verdade, como Deus é a verdade ela mesma. Mas, de certo modo, há verdade nas criaturas, assim como para elas seis é mais do que dois e para Ele, igual. E a alma procura a verdade por natureza[4]. Se não encontrasse nenhuma criatura que fosse a verdade ela mesma, então ela repousaria. Por isso, diz Nossa Senhora: "Procurei repouso em todas as coisas e repousei na herança de meu Senhor Deus" (Eclo 24,11). Também Noé enviou a pomba para fora da arca depois do dilúvio, para que ela encontrasse algum pouso. E ela não encontrou nenhum lugar onde pudesse tomar pé (cf. Gn 8,8-9). Isso refere-se a toda e qualquer alma intelectiva, que pela verdade reta não encontra nenhum repouso nas criaturas. Por isso, ela retorna ao seu criador como a pomba para a arca, é por isso que no livro do amor a alma é chamada de "pomba" (Ct 1,14).

A alma também, por natureza, nada ama que não seja a bondade. Por isso, digo e é verdade: Se todo e qualquer homem entrasse pela compreensão em seu coração, encontraria que não tem amor senão à bondade plena.

---

2. *Sermo II super Cantica Canticorum* I n. 1 (ed. Cist. t. I, p. 8,20-25); Agostinho, *De doctr. christ.* I c. 38 n. 42, CCSL XXXII (ed. Martín, p. 316-14).

3. Eckhart (2003, p. 126,27): *mit der vart*.

4. Aristóteles, *Metaph.* I c. 1 (1, 980 a 21).

E por isso a nenhuma criatura Deus deu a bondade plena. Pois se a alma encontrasse a bondade plena nas criaturas, então unir-se-ia a elas. Deus sabe muito bem que o amor é uma força unitiva: o que ele ama plenamente, a isso une-se. Por esse motivo, Deus se retrai de toda criatura, pois o amor põe o homem fora de si mesmo e ordena-o naquilo que ele ama. Por isso, a alma de Maria Madalena estava mais unida no cadáver morto de Nosso Senhor Jesus Cristo do que em seu próprio corpo. E assim, esqueceu tudo que antes lhe pertencia. Santo Agostinho[5] diz: "A alma é mais autêntica quando ama do que quando dá a vida". E São Paulo diz: "Eu vivo e, no entanto, não vivo, é Cristo que vive em mim" (Gl 2,20). Todas as criaturas convocam o homem: tu procuras verdade e bondade, isso nós não somos. Procura a Deus, Ele é ambas, verdade e bondade. Por isso, diz Santo Agostinho: "Buscai que vós buscais e não onde buscais". Em outro livro ele diz que o homem ama e se alegra no pecado. Se invertesse a maneira, ele encontraria verdadeiramente isso em Deus[6]. O homem procura em todas as coisas uma vida bem-aventurada e uma alegre luz. Satisfação e plenitude não há em nenhuma criatura, e cada uma remete de si para a outra: satisfação da veste não é satisfação do alimento nem da bebida.

Em todas essas coisas podemos procurar a satisfação da plenitude de Nosso Senhor. Por isso diz Santo Agostinho: "Buscai que vós buscais e não onde buscais". Pois a plenitude de todas as criaturas está toda inteira em Deus. E se a plenitude de todas as criaturas não estivesse em Deus, a alma jamais poderia ter satisfação plena nem ter nele repouso. Por isso, porque a alma quer ter toda plenitude inteiramente em Deus, se essa plenitude estivesse fora de Deus, nas criaturas, também isso ela quereria ter; então ela renunciaria ao máximo pelo mínimo e assim seria penalizada.

Santo Agostinho[7] diz: É uma grande estultice que a alma esteja sem aquele que está por toda parte, e que ela não esteja com aquele sem o qual ela não pode ser, que ela não ame aquele sem o qual ela não pode amar.

Eu digo uma palavra e é verdade: Deus não pode retirar-se da alma, assim como tampouco pode renunciar a si mesmo. E o tanto que ela pode

5. Segundo Steer, essa afirmação não é de Agostinho, mas de Bernardo de Claraval, *De praecepto et dispensatione* c. XX n. 60 (ed. Cist. t. III, p. 292,24s) (Eckhart, 2003, p. 130, nota 24).

6. Inverter a maneira significaria virar o modo de ser dessa frase. Se o fizer, essa virada se encontra em Deus: por exemplo, o homem ama, tem o amor; isto é, alegra-se no amor; isto é, está em Deus.

7. Agostinho, *Conf.* IV c. 6; *De Trin.* XIV c. 12.

conhecê-lo e ser igual a Ele para recebê-lo, esse mesmo tanto Ele deve doar-se a ela por sabedoria natural, e também a cada uma das criaturas, o mesmo tanto que cada uma pode receber como seu, como se pode examinar em exemplos: coloco-me aqui de pé e se forem colocados muitos espelhos frente a mim, minha imagem deve projetar-se em todos os espelhos. Eu não poderia defender-me disso tão pouco como posso retirar-me de mim mesmo. Quanto mais claro for o espelho, tanto mais perfeita a imagem nele. Nisso, pode-se reconhecer verdadeiramente sua inabitação em todas as criaturas. Por isso, diz Santo Agostinho[8]: "Bondade antiga e nova, como demorei para encontrar-te. Antiga, porque és eterna; nova, porque és alegre todo o tempo". Santo Agostinho[9] diz também: Procurava-te e encontrei-me longe de ti, num país de desigualdades, não longe, portanto, porque estás em toda parte, e não que eu estivesse escondido de ti, pois sabes todas as coisas, mas havia me escondido na desigualdade, por isso eu não te conhecia.

Isso é o primeiro ponto a respeito do fato de que Nossa Senhora "surgiu como uma aurora".

O outro: "bela como a lua". Por meio de duas coisas, ele compara Nossa Senhora com a lua: que ela é o mais baixo dos planetas e o menor, com exceção de um que é ainda menor. Esse designa Nosso Senhor Jesus Cristo, pois Ele foi o menor na humildade, logo ao lado de Maria. São Bernardo[10] diz: "A castidade de Nossa Senhora agradou muito a Deus, mas ela tornou-se mãe de Deus pela humildade". O outro é que a lua aparece maior que outras estrelas. É porque está mais baixa que outros planetas. Nisso está assinalada a misericórdia plena de Nossa Senhora, pois quando a lua é crescente, todas as criaturas que são concebidas são mais vivas e fortes do que quando ela é minguante. Portanto está ao redor da terra. Esta é o menor entre os elementos e o inferior, pois entre cada um deles um é dez vezes maior do que o outro, a água, o ar e o fogo. Por isso o reino da terra paira no meio do céu, pois toda força das estrelas promana junta para os outros elementos e corre por eles, pois sobre o reino da terra une-se a força de cada estrela, sobretudo pela solidez do reino da terra, que não dimana como os outros elementos. Por isso, a força da luz opera coisas inacreditáveis sobre

8. Agostinho, *Conf.* X c. 27 n. 38, CCSL XXII (ed. Verheijen, p. 175,1-2).

9. Agostinho, *Conf.* VII c. 10 n. 16, CCSL XXVII (ed. Verheijen, p. 103,17).

10. Bernardo de Claraval, *In laudibus virginis matris*, Homilia 1 n. 5 (ed. Cist., t. IV, p. 18,9s).

o reino da terra. Assim é também com Nossa Senhora: toda plenitude que Deus jamais quis colocar em nenhuma criatura, ela a recebeu.

Devemos, portanto, examinar por comparações com que homens está Nosso Senhor Deus. Podemos examinar isso em duas coisas, na humildade e misericórdia verdadeiras. Muitas pessoas se imaginam humildes, mas estão longe de sê-lo. Pois a quem presumisse ser o mais baixo e mais desprezível dentre todas as criaturas, a ele é dado o que Nosso Senhor opera de bom e de plenitude em todas as criaturas. A outra está na misericórdia e isso devemos examinar na compaixão: se uma outra pessoa está com dor no olho, isso não me causa dor se o olho não for meu. Pois o tanto de união que tenho com ela é o tanto que o olho me dói. Mas se sou mais próprio a Deus do que eu a mim mesmo e meu olho dói, então ele não dói. Por quê? Não é meu. E assim, tudo que pode causar-me incômodo não me perturba, pois eu não sou meu. Por isso, diz Santo Agostinho: "Nosso Senhor importa-se de tal modo em ter mais prazer por e para nossa bem-aventurança do que nós mesmos poderíamos ter, e sofre mais por nossos tormentos do que nós mesmos".

A terceira homenagem a Nossa Senhora está demonstrada quando ele diz "eleita como o sol". Pois o sol é um vaso de luz, mas não é a própria luz, visto que possui a luz em si e derrama-a em todas as criaturas, pois nenhuma criatura poderia ser gerada ou realizada sem auxílio da luz. É bem verdade que ele não brilha à noite, então derrama sua luz nas estrelas. Por isso, chama-se o primeiro vaso de luz, porque opera grandes coisas nas pedras preciosas e em muitas coisas sobre o reino da terra, de modo que encontramos a força de obras divinas nas pedras. Assim é com Nossa Senhora. Por isso ela é um vaso de luz, pois nos trouxe ao mundo a verdadeira luz[11].

Que Deus, a verdadeira luz, nos ajude a sermos iluminados e plenificados com luz divina. Amém.

---

11. Cf. Konrad von Megenberg, *Buch der Natur* II, 4 (ed. Pfeiffer, p. 61,16-20).

Sermão 94

Non sunt condignae passiones huius temporis [Os sofrimentos do tempo presente não têm proporção] (Rm 8,18)

"*Non sunt condignae passiones huius temporis ad futuram gloriam, quae revelabitur in nobis.*" São Paulo diz: "Todos os sofrimentos desse tempo não são dignos da honra futura que se revelará em nós" (Rm 8,18)[1].

Santo Agostinho[2] diz: São indignos. É como se alguém dissesse ao outro: Não dizes a verdade. Mas se ele dissesse "tu dizes inverdade", estaria se expressando de forma mais ampla.

"Eles não são dignos." "Os apóstolos saíram felizes do conselho porque haviam sido dignos de precisar sofrer por Deus" (At 5,41). A um homem bom, possuidor de virtude, seria uma grande alegria ser digno de ter de sofrer alguma coisa por Deus. O homem que degustasse retamente a Deus e fosse incendiado pelo fogo do amor, a este o mundo inteiro ser-lhe-ia tão fácil de deixar como a um grão de feijão. São João diz no Apocalipse: "Vende tudo que possuis e compra o ouro ígneo"[3]; isto é, o amor; pois quem possui o amor possui todas as coisas. Ninguém pode dizer quão fácil e quão alegremente um homem retamente bom, que é como deve retamente ser, por Deus sofre penúrias, o fogo do inferno e toda espécie de coisa; pois quem tem, este o sabe. Depois de todos os seus sofrimentos que padeceu, o Cristo disse: "Tenho sede" (Jo 19,28). Referia-se a que deveria sofrer ainda mais pela bem-aventurança humana. Isso é dos "sofrimentos desse mundo".

---

1. Segundo o antigo missal dominicano, o texto é da epístola da missa do quarto domingo depois da Festa da Santíssima Trindade.

2. Agostinho, *Littera* 83.

3. Combinação das passagens de Marcos 10,21, Lucas 18,22 e Apocalipse 3,18.

Existem sofrimentos de um outro mundo. Nossa vida está partida em duas: uma é sofrer; a outra, atuar. Atuar é aquilo com que ganhamos toda nossa recompensa. Sofrer é um acolher interiormente a recompensa[4]. O mundo inteiro não consegue reconhecer o empenho de Deus em atrair a alma para si. Nossa colheita está no atuar; e isso é pequeno e estreito. E por isso Ele não colocou nossa recompensa no atuar; antes, no sofrer. Ele sempre busca, portanto, nosso melhor, pois pouco podemos fazer e muito sofrer, pouco dar e muito receber. Uma pessoa pode receber um marco, mas não pode dar um Pfennig[5]. Podemos mais amplamente receber muito do que pouco. Quanto maior e melhor for uma coisa, tanto mais alegremente é recebida. Por isso, colocou nossa recompensa no sofrer, para que Ele possa nos doar muito, e nós muito receber.

O sofrer está sempre e inteiramente vazio, o atuar tem algo. Não posso atuar a não ser que eu possua algo que esteja em mim. Mas o sofrer nada tem, está vazio. Um mestre diz: Se de dois deve tornar-se um, então é de necessidade que um saia de si mesmo e que se desfaça em si mesmo, deve tornar-se aquele e tornar-se um com ele. Todo e qualquer sentido que quer conhecer algo deve estar vazio de todo conhecimento. Em seu fundo, esse olho deve ser esvaziado de toda cor se quiser conhecer cor; e o ouvido, da voz, se quiser ouvir; e assim cada um dos sentidos. E na medida em que cada sentido sai de si mesmo, nesse tanto pode receber e tornar-se um com o que recebe. Assim, a alma deve e precisa sair de si mesma se quiser receber a Deus; e desse modo se une com Deus e opera com Ele todas as suas obras divinas. O Cristo desejou essa recompensa, após todas as suas obras e sofrimentos, quando disse: "Pai, eu te peço que eles sejam um, como nós somos um" (Jo 17,20-21).

Deus tampouco se contentou em que somente o sofrer fosse uma recompensa; Deus quis estender isso e também nos concedeu que com isso pudéssemos colher e receber recompensa, quando sofrêssemos desconfortos de boa vontade e alegremente, por Deus.

---

4. Aqui a compreensão de mérito e recompensa está sob o influxo do encontro de duas pessoas no dar e receber o amor, a partir de e no amor. Aqui o dar só se entende radicalmente se o que se dá é o próprio dar-se a si mesmo, pedindo que possa ser recebido também gratuitamente; e receber só se entende totalmente como dar-se a si mesmo, acolhendo com gratidão o poder receber. Cf. glossário n. 15 e 27.

5. Um marco alemão tem cem Pfennigs. Isso corresponde a um real em relação a um centavo.

“Os sofrimentos deste tempo não são dignos; são indignos da claridade futura que deve se revelar em nós” (Rm 8,18).

“Revelar”: se deve ser revelada em nós, então deve estar em nós. Todas as forças que cobrem a alma devem ser retiradas se quisermos que Deus seja revelado e manifestado em nós. Quando criou a alma, Deus plantou a si mesmo nela, encobrindo-se. Esse é o vinhedo de Deus, uma vez que, em seu interior, Ele próprio é a planta. Tão logo criou a natureza, sim, até antes de tê-la criado, ali Ele estava pronto para transplantar-se nela.

Ninguém conhece a Deus. São Filipe disse: “Senhor, indica-nos e mostra-nos o Pai, isso nos basta”. Sobre Nossa Senhora, cantamos: “Mostra que és mãe”. Se és a mãe de Deus, mostra-nos, pois assim tens força para nos ajudar. Mostra que és nossa mãe; pois, se és nossa mãe, nos ajudas. Mostra que és mãe, que tens um filho; pois isso se dá conjuntamente: se deve haver mãe, ela deve ter um filho. “Mostra-nos o Pai”: se deve haver um pai, ele deve ter um filho. Estes, portanto, devem dar-se conjuntamente, pois não podemos tomar um sem o outro: quem conhece o Pai conhece também o Filho. Pois tudo que no pai é gerar, no filho é ser gerado. Se quisermos conhecê-lo, devemos ser filhos. “Se somos filhos, é certo que somos também herdeiros” (Rm 8,16-17).

A bem-aventurança consiste em conhecer a Deus não para fora, que se o contemple maravilhados. Tudo que conhecemos fora de nós com distinção, isso não é Deus. O conhecimento de Deus é um viver que flui da essência de Deus e da alma, pois Deus e alma têm um ser e são um no ser; pois todas as obras promanam de Deus e, no entanto, permanecem interiores. Nisso a alma conhece a Deus, sendo um no e com o ser de Deus. E isso é a verdadeira bem-aventurança, que a alma tenha vida e ser com Deus. E o conhecimento de Deus consiste em retirar todo e qualquer outro conhecimento e ser. A alma de nada mais sabe a não ser de si em Deus e de Deus nela e nele todas as coisas. Tudo que está em Deus, isso ela sabe com Ele e opera com Ele todas as suas obras. Ali não há nada, ali ela nada sabe além dela em Deus e Deus nela.

A primeira de todas as forças que surge do fundo límpido é a cognoscibilidade desnuda: se ela vier nua para o mercado, ali logo é revestida, é recoberta. Quando está só lá dentro, ela incide num ser puro, mas tão logo recobre-se com uma cobertura, ela é a verdade; ela conhece um ser verdadeiro. Mas a vontade nada quer, a não ser que seja de antemão bom ou pareça bom.

Ele diz: "Que seja descoberto em nós". "Em nós": a palavra "nós" significa um ser despido. Se quisermos chegar a que se revele em nós essa "claridade", a alma deve ser despida de esperanças, medos, alegria, miséria, de tudo que pode recair sobre ela; assim, Deus se despe de volta para ela e doa-se a ela com tudo que Ele pode oferecer.

O outro: que se procure dentro e não fora, pois diz São Paulo: "O Reino de Deus está em vós"[6].

O terceiro: no mais íntimo de tudo, a fim de que Ele seja aqui revelado.

Que Deus nos ajude a chegar a conhecê-lo despido. Amém.

6. A referência não é de Paulo, mas de Lucas 17,21.

Sermão 95[7]

Os suum aperuit Sapientiae
[Abre a sua boca com sabedoria]
(Pr 31,26)

A	B
"*Beatus homo qui invenit sapientiam.*" "Bem-aventurado é o homem que encontra sabedoria" (Pr 3,13)[8].	"*Os suum aperuit sapientiae.*" Um mestre diz: "Uma boa mulher abriu sua boca de sabedoria" e "saboreou e viu como é boa a aquisição e a conquista da alegria eterna". Por isso, "sua luz não se apagou na noite", isto é, na noite da contrariedade (Pr 31,26; 31,18)[9].
Há duas formas de sabedoria, portanto há também duas formas de bem-aventurança, que vêm da sabedoria.	Eu falei de duas sabedorias: Uma que é Deus, a outra que não é Deus, mas é, no entanto, de Deus como o brilho provém do sol.
Uma sabedoria é perecível, pela qual compreendemos e podemos nos orientar segundo o tempo, como uma certa arte[10] pela qual nos podemos proteger de desventuras e dirigir-nos para a felicidade. Quem domina esse saber torna-se um homem rico e é chamado de feliz a partir da sabedoria terrena. Mas a sabedoria terrena é um orvalho da sabedoria eterna. Por isso, Nosso Senhor Deus deu à alma duas forças, para que, com as forças inferiores, sirva a Nosso Senhor Deus no tempo e, com as forças superiores, sirva Nosso Senhor Deus na eternidade.	Ela é um dom de Deus e um perfume da natureza divina. Com essa sabedoria consegue-se, nele, ser feliz neste corpo.

---

7. Este sermão é editado em duas versões, A e B. A foi publicada por Strauch, *Paradisus*, 104-106, B, por F. Jostes, *Meister Eckhart und seine Jünger*. Ungedrückte Texte zur Geschichte der deutschen Mystik (Colletanea Friburgensia IV). Freiburg (Suíça), 1895. De acordo com Steer (2003, p. 150-177), A é um texto mais breve do que B. O texto B é certamente de Mestre Eckhart, ao passo que o A tem por redator um autor anônimo. Cf. Eckhart (2002, p. 602, nota 1).

8. Esse texto de Pr 3,13 foi acrescentado à versão A como texto escriturístico que inicia a pregação (cf. Eckhart, 2003, p. 178, nota 1).

9. Esse texto (Pr 31,26; 31,18) é da missa de *Commune sanctorum nec virginis nec martyris*. No nosso caso, da missa da Festa de Santa Elisabete (19 de novembro).

10. Cf. glossário n. 1 e 2.

Um mestre diz: A alma é um ponto ou um canto, onde se encontram tempo e eternidade; a alma, no entanto, não foi feita nem de tempo nem de eternidade, mas é *uma* natureza, feita do nada entre ambos. Se fosse feita do tempo, então seria perecível. Se, por outro lado, a alma fosse feita da eternidade, ela seria imutável[1].

Um mestre diz que a alma é um lugar ou um canto, onde se encontram tempo e eternidade; ela, no entanto, não foi feita nem de tempo nem de eternidade, mas é *uma* natureza, feita do nada, entre ambos. Se fosse feita do tempo, então seria perecível. Se a alma fosse feita da eternidade, seria imutável.

Por isso, ela não foi feita nem de tempo nem de eternidade, pois é mutável e imperecível.

Santo Agostinho diz: A alma foi feita de um nada tão nobre e celeste que nos proporciona muito mais alegria investigarmos isso por todos os dias de nossa vida do que encontrá-la sempre. Por isso, a alma é nobre, porque nela encontram-se o tempo e a eternidade. Se ela se inclinar para coisas temporais, então torna-se instável.

Santo Agostinho diz que a alma teria sido feita do nada mais nobre e mais oculto de todos, que nos proporciona muito mais alegria investigarmos isso por todos os dias de nossa vida do que poder encontrá-la sempre. Por isso, a alma é tão nobre que nela encontram-se o tempo e a eternidade. Se ela se inclinar para coisas temporais, então torna-se obscurecida.

Se ela se mantiver na eternidade, torna-se firme e forte. E com a força e firmeza ela supera as coisas passageiras.

E se ela se mantiver nas coisas eternas, torna-se forte e firme. Com a força e com a firmeza, assim supera todas as coisas passageiras. Deus, Nosso Senhor, deu à alma o auxílio de duas forças, para que com as forças inferiores ela sirva a Deus no tempo, e com as forças superiores sirva a Deus na eternidade.

A outra sabedoria é eterna e é um rebento da claridade divina e uma fonte da verdade divina. E por essa sabedoria tornamo-nos eternamente felizes.

Um mestre fora interrogado sobre como se deve chegar à verdade.

Aquele que quer chegar a essa sabedoria deve ter em si seis coisas.

Entre outros, ele descreve seis pontos, que o homem deve possuir.

A primeira é humildade suave de espírito (ôtmüticheit); a outra, aplicação constante de empenho; a terceira, interioridade; e a quarta, um silenciar investigativo.

O primeiro é um humilde coração suave; o outro, uma aplicação constante de empenho; o terceiro, um coração sereno, o quarto é um investigar silencioso.

1. Pseudo-Agostinho ou Alcher de Claraval, *De spiritu et anima* c. 47, PL 40,814; *Liber de causis* prop. 2 in com. (ed. Bardenhewer, p. 165,7-9); Alberto Magno, *De anima* I tr. 22 c. 2 (ed. Colon., 7,1, p. 22,77-79).

Nenhuma obra é tão perfeita se impedir a interioridade. Pode-se ouvir a missa mais interiorizado do que dizê-la. Se um padre quisesse procurar muita interioridade na missa, poderia fazer algo de danoso. Meu conselho[2] é que se busque interioridade antes e depois, e quando quisermos fazer uma obra, que seja feita de modo condizente. Se um pregador quisesse procurar interioridade na pregação, não faria bem sua pregação. Ficaria bem satisfeito se na pregação eu tivesse a metade da interioridade que posso ter quando penso.	Pois nenhuma obra é tão perfeita, se impedir a interioridade. Pode-se ouvir a missa com mais interioridade do que dizê-la. Se quiséssemos ter tão grande interioridade na missa, faríamos algo de danoso.
	Pois toda arte que possui o homem é testada nas obras. Se o homem canta bem, isso ouve-se no canto. Assim, um homem sábio se reconhece em seu silenciar.
A quinta é desterro. Um desterro voluntário é aquele que pode ser estrangeiro em sua própria casa.	O quinto é uma pobreza voluntária. Uma pobreza útil é aquela que pode se fazer pobre de todas as coisas que não são Deus.
A sexta é pobreza. Uma pobreza útil é aquela que se faz pobre de todas as coisas que não são Deus.	O sexto é um país estrangeiro. Ser em sua casa um hóspede estrangeiro, isso seria verdadeira pobreza.
É esse o modo como deve-se chegar à sabedoria divina.	Com essas seis coisas alcança-se a sabedoria, para com elas ser feliz nesse corpo. A outra sabedoria é um influxo da claridade divina, é uma fonte da nobreza divina e é o próprio Deus. Nessas coisas temporais ninguém pode conceber essa sabedoria. O homem que quisesse tornar Deus temporal e tivesse a Deus como se fosse uma pura bagatela, que quisesse apreender a Deus com as forças inferiores, seria tremendamente tolo. Deus permanece inconcebível a todas as criaturas.
Segundo isso, devemos perceber quais devem ser as pessoas em quem advém a sabedoria de Deus. Disso fala Salomão: "*Os suum aperuit sapientiae*", isto é, "ela abriu sua boca para a sabedoria" (Pr 31,26):	Por isso diz o homem sábio: "Uma boa mulher abriu sua boca de sabedoria" (Pr 31,26).

2. Segundo Steer, pode muito bem ser que esse conselho, ausente na versão B, seja uma interpolação do redator de A (Eckhart, 2003, p. 185,70, nota 9).

ela significa toda alma bem-aventurada. A boca é a força suprema da alma, onde a alma é confortada por Deus.

Isso significa simplesmente que deves abrir teu desejo para o mais elevado e habitar na força mais elevada da alma. O parentesco de Deus é consistente nisso que Ele não pode negar-se à força e a força deve receber de Deus tanta doçura e sabedoria e, portanto, tanto consolo e verdade que ela deve derramá-la adiante em toda a alma.

Essa força deve ser sempre e constantemente dirigida para o alto e aberta na direção da consolação divina. E o que ela recebe de Deus deve derramá-lo nas forças inferiores.

Pois, se quiséssemos haurir e conceber a Deus com as forças inferiores, então Deus seria desvalorizado e diminuído ao nível de nossos conhecimentos, pois não podemos conhecer e conceber a Deus em nenhuma das coisas que nos estão presentes.

Os santos dizem que um modo está envolvendo a vida temporal e um outro modo está envolvendo a vida eterna, pois devemos sempre, em primeiro lugar, começar as coisas aqui e, depois, devemos completá-las com a sabedoria eterna na vida eterna.

Um mestre diz: Tudo que se pode dizer de Deus, isso é Deus. Um outro mestre disse: Tudo que se pode dizer, isso Deus não é. E ambos têm razão.

Um mestre disse ao outro: Sabes tu o que Deus é? Não, disse ele, eu não sei o que Deus seja. O tanto que sei dele é que sei o que Ele não é, pois ninguém pode conhecer a Deus a não ser na natureza de Deus.

E também ninguém pode tornar-se vivo em outra natureza, a menos que primeiramente esteja morto em sua própria natureza. Mas por que então na Escritura existem tantos e variados nomes? Ela diz que Ele é poderoso, sábio e bom.

Isso são três coisas.

A primeira coisa é que Deus não está encerrado em nenhuma natureza. Agora me encontro exatamente aqui e não sou um leão. Por que isso é assim? Porque eu sou um homem. A natureza que Deus me ordenou internamente, dentro dela estou encerrado, de modo que não posso vir mais adiante e estender-me para outra natureza. Assim são todas as criaturas que Deus criou. Deus está acima de toda natureza e Ele mesmo não é natureza.

A outra coisa é que não podemos fazer nenhuma equiparação para com Deus.

Santo Agostinho diz: Deus é poder, sabedoria e bondade. São Dionísio diz: Deus está acima de sabedoria, acima de bondade e acima de tudo que se possa falar.

Santo Agostinho dá-lhe diversos nomes. Diz que Ele é sábio. Agora diz São Dionísio: De modo algum, Ele está acima do sábio. Ele diz que Ele seria uma luz. De modo algum, Ele está acima da luz. Ele diz que Ele seria um ser. De modo algum, Ele está acima do ser. Ele diz que Ele seria uma eternidade. De modo algum, Ele está acima de eternidade. Tudo que podemos falar, isso Deus não é.

Por que é que, na Escritura, damos tantos nomes a Nosso Senhor?
Isso se dá por duas razões.

Uma é que se pode conceber sua nobreza com algumas palavras, que Ele está abaixo e acima de toda natureza e possui uma nobreza não *naturata*. Às vezes o chamamos de um poder, às vezes uma luz; Ele está acima de toda luz. Por isso, Ele é chamado disto ou daquilo, uma vez que propriamente Ele não é nenhuma dessas coisas.
Se pudéssemos conceber sua nobreza com certas palavras, Ele receberia um nome estável. Quem mais pode dizer sobre Deus, este denega dele o mais de todos, como podemos mostrar num navio. Se quisesse mostrar um navio a alguém que jamais o tivesse visto, eu diria: Não é de pedra, nem de talo. Assim eu ter-lhe-ia mostrado algo do navio.

Ninguém pode conceber a nobreza de Deus nem sua dignidade com alguma palavra.

Quando digo "um homem", com isso concebo a natureza humana. Quando digo "um conde", com isso concebo o senhorio do conde. Quando digo "um anjo", com isso concebo a natureza angélica. Quando digo "Deus", com isso não consigo conceber a nobreza nem o senhorio de Deus. Santo Agostinho disse em certo lugar a certo mestre: Muitas são as coisas que Deus é. Um bom homem; o que significa o bom homem? Uma boa pedra; o que significa a boa pedra? Um bom anjo; o que significa o bom anjo? Fora o anjo, fora a pedra, fora o homem, fora três vezes o um. Onde está, pois, o bom desnudo, que Deus é?

A terceira coisa é por que a Escritura lhe dá tantos nomes. É porque Ele não é igual a nenhuma natureza e não podemos chegar a seu conhecimento por nenhuma comparação. A suprema criatura já criada por Deus, na natureza angélica, é tão desigual a Deus como a maior sujeira que jamais viste com teus olhos em relação à natureza. Um santo disse: Senhor, a ti, parece bom que te louvemos. Então disse um outro: A ti, parece bom que de ti nos calemos.

Diversos mestres estavam em sua oração.

Um invocou Nosso Senhor em seu poder e em sua sabedoria.

O outro falou: Cala-te, tu insultas a Deus! Deus está tão elevado acima de tudo que podemos dizer: Se Deus não fosse assim tão suave e humilde e se os santos não o tivessem dito e se disso Deus não tivesse se agradado, eu jamais ousaria louvá-lo com palavras.

Diversos santos precisavam rezar.

Então um disse: Deus todo-poderoso e bom, graça!

Então o outro disse: Cala-te, tu insultas a Deus! Deus está elevado muito acima de nós, para que possamos louvá-lo com qualquer palavra. Se Deus não fosse assim tão suave e humilde e se os santos não o tivessem dito e se disso Ele próprio não tivesse se agradado, eu jamais ousaria louvá-lo com palavras. Quanto mais se nega dele, tanto mais se o louva. Quanto mais se lhe atribui de desigual, tanto mais se chega próximo de seu conhecimento. É o que quero falar em uma comparação. Se eu quisesse dizer o que é um barco a quem jamais o viu, o que ele visse, veria não ser um barco. Se visse uma pedra, veria que uma pedra não é um barco. Quanto mais coisas ele visse que não fossem feitas como barco, tanto mais se aproximaria do conhecimento do barco. Pois tudo que a Sagrada Escritura pode oferecer, nega integralmente o que Ele seja. Para dizer que Ele é todo-poderoso, devemos usar de palavras suaves e humildes.

Desse conhecimento condigno, a alma chega num temor condigno, e no temor Deus é semeado na alma e a alma desfalece em Deus. Nosso Senhor fala sobre isso: "Se o grão de trigo não cair na terra e morrer, não poderá provir nenhum fruto dali" (Jo 12,24-25).

Quando a alma chega ao conhecimento de que Deus é muito desigual a todas as naturezas, então alcança um maravilhamento, recolhe-se e se cala. Com o silêncio, Deus mergulha na alma, e ela é banhada com a graça, como disse Nosso Senhor nos profetas: "A árvore plantada à beira da água corrente produz muitos frutos" (Sl 1,3).

A alma deve morrer na dor, como disse Nosso Senhor. É o que se demonstrou no grão de trigo, que cai na terra: não pode vir nenhum fruto, se antes não morrer (Jo 12,24-25).

A alma deve ter essa morte no conhecimento de Deus, que ela se perca nela mesma e que todas as coisas que não são Deus se tornem fétidas para ela. Assim Deus nela se derrama na graça, enraíza-se na fé e cresce no amor.

O morrer da alma deve dar-se no conhecimento de Deus; ela deve fugir de si mesma de modo que todas as coisas que Deus não é tenham perdido o sabor e tenham se tornado fétidas para ela. Ela deve enraizar-se na fé e crescer no amor.

Foi isso que experimentou Santa Isabel: como é valiosa e nobre uma compra na qual, pela sabedoria, doam-se todas as coisas. Por isso, Santa Isabel renunciou à alegria de seu principado e foi uma pessoa pobre.

Foi isso que experimentou Santa Isabel: como é valiosa e nobre uma compra na qual, pela sabedoria eterna, doam-se todas as coisas. Por isso, ela renunciou à alegria de seu principado e foi uma pessoa pobre.

Sobre ela diz a Escritura: "Sua luz não se apagava à noite" (Pr 31,18), ou seja: foi achada justa nas conturbações. Por isso, sua luz deve brilhar na vida eterna.

Sobre ela diz a Escritura, que "sua luz jamais se apagava à noite" (Pr 31,18), ou seja: foi achada justa nas conturbações. Por isso, sua luz deve brilhar na vida eterna.

Por mais perfeito que seja um homem, se perdesse algo dos bens passageiros, seu coração mudar-se-ia e ficaria perturbado. Isso é uma coisa certa: seja o que for que o homem perdesse contra sua vontade, se sofrer pacientemente, merece maior recompensa do que se ele os desse voluntariamente por e para Nosso Senhor Deus, pois ali ele teria sua vontade. Mas na paciência ele daria ambos, vontade e bem, a Nosso Senhor Deus.

Por mais perfeito que seja um homem, se perdesse algo dos bens passageiros, seu coração mudar-se-ia e ficaria perturbado. Isso é uma coisa certa: seja o que for que o homem perdesse contra sua vontade, se sofrer isso pacientemente, merece maior recompensa nisso do que se ele os desse voluntariamente por e para Deus. E quem fizesse isso daria sua vontade e seu bem na paciência a Deus Nosso Senhor.

Ao homem que for encontrado impaciente na desgraça, a maldade não lhe veio pelas penúrias, antes a maldade revela-se nas penúrias, e acontece ao homem como à moeda de cobre: pois enquanto ainda não está no fogo, aparenta ser claramente prateada; mas se chegar ao fogo, revela-se que é de cobre. Não foi o fogo que a fez ser de cobre.

Por isso Nosso Senhor Deus tentou os santos, aqui, nas penúrias, para serem encontrados retos em todas as virtudes e resplandecerem aqui na noite e eternamente na vida eterna.

A terceira coisa é como devemos "sentir o gosto" da sabedoria divina. Para isso, quatro coisas auxiliam.

A primeira é igualdade, que nos façamos iguais a Deus em limpidez, como o vidro ou as coisas transparentes em relação ao sol.

A outra é a luz divina, que transluz na limpidez da alma como o sol através do vidro ou da água.

A terceira é unidade; essa vem da igualdade como luz da luz.

A quarta é medida, a fim de que Deus se dimensione na alma. Mas Deus não pode ser diminuído nem aumentado, pois Ele é imensurável e imutável; ao contrário: a alma deve ser elevada e ampliada, pois é pequena e mutável. Por isso ela deve ser elevada acima de si mesma e ampliada diante da imensurabilidade de Deus.

Ao homem que for encontrado impaciente na desgraça, a maldade da impaciência não lhe veio pelas penúrias, antes a maldade revela-se nos tormentos, e acontece ao homem como à moeda de cobre: pois enquanto ainda não está no fogo, aparenta ser prata clara; mas se chegar ao fogo, revela-se que é de cobre. Não foi o fogo que a fez ser de cobre.

Por isso Nosso Senhor Deus tentou os santos, aqui, nas penúrias, para serem encontrados retos em todas as virtudes e resplandecerem aqui na noite, e devem resplandecer eternamente na vida eterna.

A outra coisa é: para quem deve "sentir o gosto" da sabedoria divina, concorrem quatro coisas.

A primeira é igualdade, que nos façamos iguais a Deus em toda limpidez.

A outra é a luz divina, que transluz a alma como o sol através do vidro.

A terceira é unidade; essa vem da igualdade, e a unidade reta vem de coisas iguais como luz e luz.

A quarta é medida, (com) que Deus mediu a alma. Mas Deus, Ele, não pode ser diminuído nem aumentado, pois Ele é imensurável e imutável; mas a alma deve ser elevada e ampliada, pois é pequena e mutável. Por isso ela deve ser elevada acima de si mesma, e o tanto que é ampliada, isso é pequeno diante da imensurabilidade de Deus.

Um mestre[3] diz que o homem é uma coisa pequena, a não ser que seja elevado acima de si mesmo. Só quando se dimensiona em Deus é que a alma recebe dele prazer perfeito. Por que é que Deus não tem o mesmo sabor para todas as almas? Porque ela não está conformada e disposta para isso.

Que experimentemos o sabor de Deus e nos conformemos a Ele de tal modo que jamais possamos dele ser apartados. Amém.

Um mestre diz: O homem é uma coisa pequena, a não ser que seja elevado acima de si mesmo. Só quando se mede em Deus é que a alma recebe dele prazer perfeito. Por que é que Deus não tem o mesmo sabor para todas as almas? Isso é porque elas não estão conformadas e dispostas para isso.

Que Deus nos ajude para que sejamos conformados a que Deus verdadeiramente tenha sabor em nossa alma. Amém.

3. Sêneca, *Naturales quaestiones* I pref. 5 (ed. Gercke, p. 2,17).

Sermão 96

Elisabeth pariet tibi filium
[Isabel te dará um filho]
(Lc 1,13)

"*Elisabeth pariet tibi filium et vocabis nomen eius Johannem.*" "Isabel irá gerar para ti um filho, que deverá chamar-se João" (Lc 1,13). Essa palavra "disse-a o anjo", quando "se revelou a Zacarias" (Lc 1,11-12)[1].

O anjo revela-se de dois modos. Num corpo, portanto, que ele tomou dos elementos. Da natureza, o anjo pode fazer surgir uma árvore em uma hora; partindo de um grão, essa árvore precisa de muitos anos para crescer. A natureza humana pode transformar alimento em carne e sangue. Assim, é muito mais fácil que, pela força divina, pão e vinho sejam transformados em corpo de Deus. Em segundo lugar, o anjo se revela numa comparação com a luz divina, para manifestar a vontade de Deus à alma, unindo a vontade divina na luz e imprimindo-a na alma. É como a palavra que eu quero dizer. Ali a palavra não é a coisa de que quero falar, mas uma manifestação da coisa de que quero falar. Assim, uno minha palavra com o ar na voz, e o ar como voz a conduz a vossos ouvidos e assim é levada à alma. Como certas pessoas espirituais manifestam com o dedo aquilo a que se referem, assim se manifestam os anjos numa comparação, que é espiritual, revelando a vontade de Deus à alma.

Agora devemos observar a primeira palavra que o anjo diz: "Isabel deverá ganhar um filho" (Lc 1,13). Em "Isabel" está contido o modo de cuidado[2] em que deve estar a alma na qual vai nascer a graça de Deus[3]. "João"

1. O texto escriturístico está no Evangelho da vigília da Festa de João Batista (23 de junho).

2. O termo alemão medieval é *athe* e significa: intenção, ponderação, observação, consideração.

3. Cf. Isidoro de Sevilha, *Etymologiae* VII c. 10 n. 2 (ed. Lindsay I): *Elisabeth Dei mei saturitas, vel Dei mei iuramentum.* Steer observa: "Os textos paralelos dos sermões 11, 32 e 95 nos fazem supor que, na interpretação do nome Elisabeth, Eckhart pensa em Santa Elisabete da Turíngia" (Eckhart, 2003, p. 211, nota 10).

significa o mesmo que "em quem está a graça". A criança "deverá crescer" e "nascer santa" (Lc 1,15). Por isso, perfizeram três nascimentos, para serem purificados no seio de sua mãe. São João foi purificado de tal modo que não podia cometer pecados capitais. E Nossa Senhora foi de tal modo tomada pela graça que não cometeu nem pecados capitais nem veniais. E Nosso Senhor Jesus Cristo era integralmente puro, pois aquela em quem foi concebido fora purificada antes da concepção, de modo que nela jamais pôde incidir pecado original. Como "era estéril" (Lc 1,7) a mulher, assim deve ser estéril a alma em que deve nascer a graça de Deus, para que jamais pense em agrados ou desagrados das pessoas, mas pense unicamente em Deus[4].

Toda e qualquer obra flui de um ser. Se não houvesse ser, não haveria obra. Assim como as coisas quentes provêm do fogo – se não houvesse fogo não haveria calor –, todas as coisas frias provêm da água, todas as coisas secas provêm da terra e todos que possuem muito de terra, esses são tórridos e podem muito sofrer e são frios; portanto, toda plenitude da alma encontra-se no calor ardente que assim opera muitas obras vivas.

São três as coisas em que podemos observar se a graça está ou não na alma. A primeira, que a alma seja parecida com Deus, pois provém de um ser divino. A segunda graça, que ela faça a alma igual a Deus, imprima a igualdade de Deus na alma, tornando-a parecida com Deus, de modo a tirar do diabo seu despojo para Deus, e isso por causa da nobreza da graça. A terceira, que a alma não se satisfaça enquanto não tenha integralmente toda plenitude. Pois um mestre pagão[5] diz: Toda plenitude da alma consiste em possuir a igualdade de Deus, dos anjos e de todas as criaturas, assim como por diversas vezes eu disse que a igualdade e a plenitude de todas as criaturas foram criadas espiritualmente nos anjos, antes de serem criadas nas criaturas. Assim, a alma deve ser igual aos anjos no reino do céu. O que os anjos possuíram, isso foi prometido à alma. O que os anjos receberam, isso deve ser dado à alma. Por isso, a alma jamais se satisfará até chegar ao ponto de a plenitude de todas as criaturas ser indivisa e indistinta.

Por outro lado, devemos observar de que modo a graça atua na alma, como podemos examinar igualmente numa machadinha[6]. Essa deve ter nela três coisas. A primeira: uma formação reta e que tenha bom gume.

---

4. Eckhart (2003, p. 23, nota 15): "Com 'como era estéril a mulher', indica-se de novo, aqui, nitidamente Santa Elisabete da Turíngia".

5. Avicena, *Metaph.* IX c. 7 e capítulo último.

6. Cf. Aristóteles, *De anima* II t. 1 (412 b 1).

Assim, a alma deve ser purificada e limpa de pecados para que não possa fazer pecado algum, como um homem pecador não pode fazer o bem sem a graça e sem a igualdade de Deus. E por mais que faça o bem, ele jamais chega a repousar em seu lugar[7]. A segunda: que essa machadinha tenha corte. Assim, a alma deve estar afiada em todas as obras divinas e virtuosas. A terceira: que essa machadinha leve à conclusão os desejos do artesão. Assim, a graça traz a alma para dentro de Deus, leva a alma para acima de si mesma, rouba-a de si mesma e de tudo que é criatura, unindo-a com Deus. A graça deve atuar a tal ponto junto com a alma que ela própria deve dispor o lugar – pois ela é uma criatura –, para que lá nada permaneça a não ser Deus e a alma, sem meios. Amém.

7. Eckhart (2003, p. 218,48-49): *Staten*.

Sermão 97
Qui manet in me
[O que permanece em mim]
(Jo 15,5)

"*Qui manet in me et ego in eo, hic fert fructum multum.*" Cristo disse: "Quem permanecer em mim e eu nele, esse produz grandes frutos".

Essas palavras repartem-se em três. A primeira é: "Quem permanece em mim ou mora"; a outra é: "e eu nele"; a terceira: "esse deve produzir grandes frutos" (Jo 15,5)[1].

Da primeira diz São Paulo: "Vossa vida está escondida com Cristo em Deus" (Cl 3,3), assim discretamente: se estais mortos com Ele e ressuscitados com Ele, então vossa vida está escondida com Cristo no Pai celeste.

Agora devemos examinar quais as pessoas que assim moram em Deus.

Nas pessoas, um sinal de que são ardorosas é que nelas não há indolência, desgosto e depressão para as obras divinas. É assim que as águas não esfriam quando brotam na fonte. Isso é porque o sol puxa a água do fundo da montanha e puxa-a para o topo da montanha e puxa-a para fora da montanha, para que escorra. E por isso, porque o calor atua, é quente e viva em seu brotar. E quanto mais longe escorre, tanto mais impura e fria torna-se. Assim é também com o homem: quanto mais longe de Deus, tanto mais doente, frio e insosso. Ambrósio[2] ensina em um livro, a saber, sobre a fuga da alegria do mundo e suas configurações [...][3] e deve procurar Deus em Deus. O homem está embaixo e Deus está no alto. Por isso, o homem

---

1. Segundo o missal romano, o texto da Escritura foi tirado do Evangelho do *Commune unius martyris tempore paschali* (do Comum de um Mártir no Tempo Pascal).

2. Ambrósio, *De fuga saeculi* 1,4, CSEL XXXII 2 (ed. Schenkl, p. 165,12-15): "Por isso, quem quer ser salvo sobe acima do mundo, busca o verbo junto de Deus, foge deste mundo, abandona terras; não se pode, pois, perceber o que é e é sempre, se antes não fugir daqui!"

3. Há aqui uma lacuna, mas que se refere ao texto de Ambrósio.

deve puxar-se para o alto, acima do mundo, no amor divino; assim o amor irrompe para dentro de Deus e conduz a alma para a cercania de Deus e nele revela-lhe todas as coisas. O tanto que a alma é capaz de compreender ou de conceber é o tanto que ela atrai a força do amor ao mais elevado que há em Deus; isto é, a bondade, e com a bondade flui com Deus para todas as obras divinas, e na bondade Deus cria céu e terra. Por isso, também Nosso Senhor diz: "Quem encontra um servo fiel e sábio, que é tão fiel que não procura seu proveito, mas apenas a glória de Deus?" (Mt 24,45). Aquele servo que permanecer servindo ali na benevolência, a ele quero prometer isto: tudo que Deus é e pode, isso recebe verdadeiramente o homem.

A outra é o que diz Nosso Senhor: "Quem mora em mim e eu nele".

São Bernardo pensa ser muito mais grandioso Deus estar em nós do que nós em Deus[4]. Que Deus plante seu ser em nós, se mova e viva em nós, isso é o mesmo que a alma plantar sua vida seguindo Deus (cf. At 17,28; Rm 11,36), seguindo a eternidade e imutabilidade de Deus (cf. 1Tm 1,17); portanto, atua e vive segundo Deus, como Deus nela se alarga e se doa.

Mas eu coloco o terceiro sentido nisso, que Deus é inteiramente ser e vida de todas as almas, e que, em todos os seus movimentos e obras, todas elas não sentem nenhum gosto a não ser somente em Deus. Um sinal seguro de que Deus habita em tal grau na alma é que a alma esteja em repouso. E afirmo que, em todas as suas obras, Deus só procura repouso. Portanto, também a alma em nada pode ser-lhe amável, a não ser no repouso. A alma também em nada pode igualar-se tanto a Ele como no repouso, que ela se mantenha em repouso (Eclo 24,11).

A terceira é a que diz Nosso Senhor: "Quem habita em mim e eu nele, esse produz grandes frutos" (Jo 15,5). Se eu quisesse falar o que seja o fruto, não saberia; de que não sei, disso eu sei muito bem. Um mestre diz: Quem, pois, conhece ao Deus tão distanciado que é incognoscível a todas as criaturas, esse mais do que todos conhece a Deus. E quem conhece limpidamente que não se pode conhecer a Deus, esse conhece a Deus o mais plenamente que todos[5]. Assim também ninguém pode conhecer completamente o fruto prometido por Deus, a não ser por certos sinais.

Podem-se notar ali seis sinais:

---

4. Bernardo de Claraval, *Sermones in Cantica Canticorum* 71 n. 10 (ed. Cist., t. II, p. 221,18-22).

5. *Liber XXIV philosophorum* XXIII, CCSL Cont. Med. CXLII A (ed. Hudry, p. 31,1-2).

O primeiro, que na falta de virtudes a alma se torna caidiça, como uma casa velha começa a cair quando é mexida; um sinal de que se quer construí-la de novo é: quem a destrói já possui o local e o montante dos custos. Portanto, a alma se doa integralmente a Deus, com todas as suas forças, para as obras dele.

O outro sinal é que as virtudes verdadeiras se iniciam na alma quando a firmeza, a segurança e a liberdade acompanham a autoevidência.

O terceiro sinal é que a raiz das coisas divinas entra no coração com força, portanto, que o gosto do homem já não sente sabor nem prazer a não ser em coisas divinas.

O quarto sinal é que tudo que havia secado pelos pecados e quebraduras, reumedece, verdeja e cresce pela graça.

O quinto sinal é que todas as forças da alma são iluminadas, de modo que ali não resta nenhuma mancha de pecado nem de ignorância, se a alma, por inteira, se tornar uma luz. Mas a luz divina não entra na alma de portas abertas, mas secreta e sorrateiramente, de modo que a alma quase não sabe quando Deus vem ou quando dela parte; e foi por sua bondade que Deus fez sua presença tão secreta e tão velada e sorrateira. Se Deus entrasse abertamente na alma, ela não poderia suportar, e de amor e de alegria derreteria e tudo desfaria. Se, de igual modo, dela se retirasse abertamente, tampouco isso ela poderia suportar, e o sofrimento faria mais do que desestruturá-la, a faria morrer; pois a luz e o prazer divinos são tão superiores em força que a alma não poderia suportar a ambos se não fossem refletidos, como o olho não pode suportar a luz do sol se não for envolvida no ar.

O sexto sinal é que tudo que na alma e no corpo foi destruído e congelado é recolhido em Deus e inteiramente abrasado pelo amor divino.

Sermão 98

Nisi granum frumenti cadens in terram mortuum fuerit [Se o grão de trigo, que cai na terra, não morrer] (Jo 12,24)

"*Nisi granum frumenti cadens in terram mortuum fuerit, ipsum solum manet*"[1].

Os mestres[2] dizem que o grão de trigo morre de tal modo que deixa sua figura, sua cor e seu ser. Ali, a natureza do grão é como a natureza da pedra, ali não resta mais do que uma receptividade. Assim, a alma deve morrer se quiser tornar-se capaz de conceber um outro ser. É necessário que, diante de todas as coisas que acontecem, nos portemos como se estivéssemos mortos. De outro modo, Deus jamais se tornará inteiramente teu ser. É claro que Ele concede certos dons, luz e consolo, que consideramos grandes e que também são grandes; mas Deus jamais se doará a ti inteiramente se não te entregares inteiramente. Na medida em que a alma morre nela mesma, nessa medida Deus se torna totalmente seu ser, e de tal modo que ali nada mais resta a não ser *um* ser, como meu corpo e minha alma não são mais do que *um* ser.

Então diz Nosso Senhor: "Quem odeia sua alma, este a guarda". A palavra "alma" não pertence à natureza da alma. Para a natureza da alma podem-se encontrar tão poucos nomes como para Deus. A alma também não envelhece. Ainda mais: enquanto a alma possui um espreitar para fora, para o corpo, e um olhar para dentro, isso deve ser odiado, pois assim ela é nominável. Por isso, no Cântico a alma diz: "Filhas de Jerusalém, não reparai de eu ser morena. Duas coisas me tornaram assim. Uma: o sol queimou-me. A outra: os filhos de minha mãe lutaram contra mim" (Ct 1,4-5). Tudo que é temporal e que o sol um dia iluminou, a isso eu tive um amor fora de ordem. Assim, são "os filhos de minha mãe que lutaram contra mim", e não

1. O texto da Escritura é do Evangelho *In communi unius martyris* (Comum de um mártir).

2. Alberto Magno, *Enarrationes in Joannem* (Jo 12,24) (ed. Borgnet, XXIV, p. 483); Tomás de Aquino, *Commentum in Matthaeum et Joannem evangelistas* (ed. Parma, 1861, t. X, p. 512b).

os de meu pai, pois esses são bem-ordenados. "Por isso, não dizem que eu sou morena. Em minha natureza eu sou bela e nobre e sou bem atraente."

"Aquele que odeia sua alma" neste mundo, "este a guarda." Agostinho[3] fala de dois mundos e chama à alma de um mundo, e em cada um dos anjos há um mundo espiritual; pois, em cada um dos anjos, tudo que Deus criou foi formado muito mais nobre do que seria em si mesmo; pois nele isso não tem matéria. Nisso há verdade, pois nos anjos há verdade, no entanto, ante a verdade primeira, torna-se como a ponta de uma agulha.

Então diz Nosso Senhor: "Quem quiser servir-me que me siga" (Jo 12,26), nada mais que o seguimento, pois certas pessoas seguem enquanto a coisa lhes vai bem.

Assim, gostaríamos de dizer: Nosso Senhor exige muito. Ele nada mais quer a não ser poder se nos comunicar. Pois conforme o amor, é também o dom: pois para aquele a quem "Deus é o amor" (1Jo 4,16), Deus se doa inteiramente. Pelo fato de nela possuir uma imagem natural, por isso a alma está em cada membro e em cada um inteiramente. Pois quando foi criada, a alma foi doada ao fundo do ser; por isso ela pode operar em todos os membros de uma vez e em cada um separadamente.

Então gostaríamos de perguntar: O que tem em mente Nosso Senhor quando diz "onde eu estou, ali deve estar comigo meu servo"? Talvez Ele se refira a que o Deus dos deuses queria guardar segredo do que Ele queria comunicar à alma? Na primeira irrupção, em que o Filho espreita para fora do Pai permanecendo todavia imanente, ali dentro – antes de ter sido gerado como o Filho – Ele quer comunicar-se a ela, permanecendo ali dentro, ali onde Ele jamais olhou para fora, ali ela se glorifica com o Filho[4]. Gerar é, portanto, o mesmo que tornar-se; o tornar-se da alma está na geração eterna. Ali ela torna-se tão limpidamente um que não possui outro ser que o mesmo ser dele, isto é, a alma-ser. Esse ser é um começo de todas as obras que Deus opera no reino do céu e no reino da terra. É um ser originário e um chão de todas as suas obras divinas. A alma perde sua natureza, seu ser e sua vida e é gerada na deidade. Tudo isso é seu devir. Ela torna-se de tal modo um ser, que ali não há mais nenhuma diferença, a não ser que Ele é Deus e ela, alma.

---

3. *Contra academicos* III c. 17 n. 37 (ed. Knöll, CSEL LXIII, p. 76,7-16).

4. Heirich Seuse, *Buch der Wahrheit* c. II (ed. Bihlmeyer, p. 330,15-17); c. III (ed. Sturlese/Blumrich, p. 10,26-29).

Sermão 99

Laetare sterilis, quae non paris[1]
[Alegra-te, ó estéril, que não dás à luz]
(Gl 4,27)

[...] Essa palavra[2] diz: a "que foi deixada". Significa uma alma que foi deixada e que deixou todas as criaturas, como eu disse muitas vezes.

Há uma luz na alma, na qual não entra nem tempo nem lugar. Tudo que um dia já tocou tempo e lugar jamais chega a essa luz. Nessa luz o homem deve estar.

Num outro lugar Nosso Senhor disse: "Um homem lançou sua semente num campo. Enquanto as pessoas dormiam, veio o inimigo e lançou ali sua má semente" (Mt 13,24-25). Deus lançou sua semente na alma. Sua semente é sua palavra, seu Filho, e o deu em meio à alma, no centro da alma.

Antes de perder a Deus, o homem deveria doar e deixar corpo e alma. O coração está no centro do corpo. Os mestres dizem: Deus e a natureza enviaram o coração para o centro do corpo para que, na morte ou na necessidade, o homem ofereça primeiro todos os seus membros antes de perder o coração. Deus colocou sua semente, seu Filho, no centro da alma para que o homem perca tudo que ele pode efetuar, antes de perder a Deus.

Quando criou a alma, então Deus gerou seu Filho primogênito na alma. E talvez, antes que eu diga "quando Deus fez a alma", Ele cria a alma e gera seu Filho Unigênito na alma, ambos conjuntamente em um instante.

Na mesma hora e acima do tempo Ele derramou sua imagem na alma.

1. Cf. Eckhart (2003, p. 253, nota 1). Como título desse sermão, pode-se supor Gálatas 4,27, visto que faltam seu começo e fim (cf. Is 54,1). O texto poderia referir-se à leitura do Quarto Domingo da Quaresma (*laetare*).

2. Essa palavra é "viúva" (*witewe*); cf. Sermão 43. Cf. Isidoro de Sevilha, *Etymologiae* XIV c. 8 n. 31 (ed. Lindsay II).

Nosso Senhor diz: "Um homem lançou sua semente num campo. Enquanto as pessoas dormiam, veio o inimigo e jogou suas sementes ruins entre o trigo" (Mt 13,24-25). [...] Se o homem não quiser se proteger diante do mundo e das pessoas, então podem vir prejuízos.

Por outro lado, quando a alma se encontra na luz, na integralidade e no mais elevado, então é dia na alma, enquanto Deus quer semear sua semente lá dentro.

Os mestres dizem que, em vários pontos referentes ao assunto, é mais nobre o nascimento que se dá de dia do que o que se dá de noite. As pessoas que nascem de dia são mais nobres do que as que nascem de noite. Por isso ele diz que "há muito mais filhos estéreis do que fecundos, pois esse nascimento acontece de dia, na luz, onde nada de tempo jamais pode entrar". Tudo que o sol um dia iluminou ou que o tempo tocou, isso jamais chegará à luz. É por isso que a semente é fecunda nessa luz. Na luz concebe-se a semente. Por isso, o fruto é mais nobre e há mais filhos do que filhas, pois tudo que pode criar impedimento não se tornou filho. Por isso, são filhos. E por isso há mais filhos, pois está acima de tempo e acontece de dia.

O outro motivo por que existem tantos filhos: porque acontece frequentemente de dia, sim, mais de cem vezes e muito mais. Quanto mais fecunda for a alma, tanto mais acontece o nascimento na alma. Por isso, existem mais filhos, porque acontece de dia e muitas vezes no dia.

Em terceiro lugar, existem muitos filhos, porque acontece na eternidade. Que em mais de 2 mil anos os filhos devem tornar-se muitos, isso ela possui justo agora [...], nós lemos na escola. Que em mil horas devem acontecer mil anos, justo agora a eternidade se estende por sobre isso. Que um homem deva ter 30 filhos em 30 anos, e que ele o tivesse todas as vezes, que aconteça a um homem por mil anos ou por 20 mil anos, justo agora a eternidade se estende por sobre isso. O fruto devém, verdeja e amadurece num instante. Por isso existem mais filhos, pois acontece na eternidade.

Em quarto lugar: quando Deus se doa, Ele se doa inteiramente. Ele se doa ou não se doa, na medida em que a alma pode conceber, pois é de obrigação que Deus deveria derramar-se todo de uma vez. Ele estaria fragmentado se não se tivesse derramado todo de uma vez. Porque não havia nenhuma criatura na qual pudesse derramar-se todo de uma vez, por isso Ele gerou um Filho, no qual Ele pudesse derramar-se todo de uma vez. Por isso, o Filho é na eternidade. Um homem que tivesse uma grande alegria, sobre ela não poderia calar-se. Um mestre[3] diz: Quem tivesse estado no sol e na lua, e visse a maravilha que são, se não tivesse ninguém para partilhar isso, não poderia suportá-lo.

Depois, ele disse: "Lança fora a criada e seu filho, pois ele não deve ter herança com o filho livre" (Gn 21,10). Toda oração ou jejum corporal e toda obra exterior não pertencem à herança. E segundo isso: todas as obras espirituais, que operam no espírito, pertencem à herança. Por maior que seja o desejo, "lança fora a criada e seu filho". Mesmo que se colha grande recompensa e incomensurável recompensa na oração e no jejum e nas obras espirituais [...].

---

3. Cícero, *De officcis* I c. 43 n. 153 (ed. Winterbottom, p. 64,10-16).

Sermão 100
Et quaerebat videre Iesum, quis esset [Procurava conhecer de vista Jesus] (Lc 19,3)

São Lucas nos escreve: "Quando Nosso Senhor andou pelo reino da terra em natureza humana, havia um homem rico que queria ver Jesus. Então, como estava atrás da multidão de pessoas não conseguia ver, pois era pequeno" (Lc 19,2-4)[4].

Um santo[5] diz: É propriamente rico aquele que possui muito de Deus e de virtudes. Aquele que muito possui em bens e pouco de Deus é pobre e não é nada rico, pois diante de Deus todas as coisas são como um nada. Sobre isso, disse um senhor, louvado por seus comparsas por possuir muito poder e riquezas. Então disse esse senhor: "Na verdade, em nada me louvaram, pois esqueceram do principal, por que devo ser louvado. Não devo ser louvado por possuir muito poder e riquezas, mas antes: eu devo ser louvado porque tenho poder para ordenar a meu corpo o que eu quero".

"Esse homem que desejava ver Jesus correu à frente da multidão e subiu numa árvore, pois ele queria ver Jesus. Então Nosso Senhor disse: Desce rápido daí que preciso estar hoje em tua casa" (Lc 19,3-5). Quem quiser ver Jesus deve fugir de todas as coisas. O que significa que um homem não foge rapidamente de todas as coisas? Significa que ele não sentiu o sabor de Deus. Se ele tivesse sentido o sabor de Deus, fugiria rapidamente de todas as coisas, não só fugiria, mas antes: espedaçaria todas as criaturas. Quem quisesse deixar seu amor, então que o espedaçasse[6].

---

4. O texto da Escritura foi tirado do Evangelho da Festa *In anniversario dedicationis ecclesiae*.

5. Agostinho, *De civ. Dei* VII c. 12, CCSL XLVII (ed. Dombart-Kalb, p. 196,10-14).

6. Em português se diz: espedaçou meu coração, rompeu comigo...

Que não possamos ver a Deus, isso provém da pequenez dos desejos e da multidão das criaturas. Quem deseja coisas elevadas, este está no alto. Quem quiser contemplar a Deus deve ter desejos elevados. Saiba que desejos sérios e humildade desprendida operam maravilhas. Eu digo que Deus pode todas as coisas: e de modo algum pode recusar algo ao homem humilde e de grandes desejos. E quando eu não consigo obrigar que Deus faça tudo que eu quero, então falhou-me a humildade ou o desejo. E digo isso, colocando meu corpo como testemunho e com certeza de que um homem de desejo poderia chegar a ponto de atravessar o muro de uma parede, como lemos sobre São Pedro, quando viu Jesus, que pelo desejo andou por sobre as águas. E digo pela verdade que seu desejo pôde mudar sua natureza, de tal modo que andou sobre as águas. Agora afirmo: Uma coisa que, ao ser enchida, cresce, jamais ficará cheia; como se alguém tomasse uma vasilha de medida, derramando nela uma medida, se com isso a vasilha crescesse, jamais ficaria cheia. Isso se refere à alma: quanto mais ela deseja, tanto mais lhe é dado; quanto mais ela recebe, tanto mais se amplia seu conceito.

Quem é Jesus? Ele não tem nome. Quando vemos a Deus? Quando não existe nem ontem nem amanhã: quando é um hoje e um agora, então vê-se a Deus. O que é Deus? Um mestre diz: Se for necessário que eu fale de Deus, então eu digo que Deus é algo que nenhum sentido pode alcançar nem conceber; dele nada mais sei.

Um outro mestre diz: Quem conhece que Deus é incognoscível, este conhece a Deus. Então vem Santo Agostinho[7] e se aprofunda no discurso e diz: Deus é a coisa mais sublime e elevada, que é comum a tudo que é útil. Ele quer dizer que Deus é algo no qual necessariamente todas as criaturas devem ser e estar; pois, se decaem da mão da misericórdia de Deus, elas recaem na mão da justiça de Deus. Têm de permanecer sempre nele. O homem deve obrigatoriamente tomar seu ser em Deus e, sim, ter em Deus mesmo sua precisão, se ele quiser. Mas quem não quiser ter a satisfação eterna e sua precisão eterna em Deus mesmo deve tomá-las das coisas, que são tão vis que estão muito abaixo do pano de seus pés, pois é necessário que todas as criaturas tomem seu ser em Deus, e mesmo as condenadas no inferno precisam ficar sobre algo de seu ser. Se não quiserem permanecer em Deus na bem-aventurança, devem permanecer nele contra sua vontade

---

7. *De natura boni* c. 25-26 e Avicena, *Metaph.* VIII c. 6 *circa principium.*

na condenação. Que estultice é isso, não querer ser naquilo sem o qual não se pode ser.

Então diz Santo Agostinho: O que é Deus? É algo do qual não se pode pensar nada de melhor[8]. E eu digo: Deus é melhor do que aquilo que se pode pensar, e digo: Deus é algo, eu não sei o quê, eu não sei verdadeiramente o quê. Ele é tudo que é antes e de modo melhor o ser do que o não-ser, que é melhor ser do que não-ser. Tudo que o desejo pode anelar está muito distante e é muito pequeno frente a Deus. Ele está acima de tudo que os desejos podem anelar. Quando estava pregando em Paris eu disse – e ousei dizê-lo: Com todas as suas artes, todos os de Paris não conseguem conceber o que seja Deus na menor das criaturas, nem sequer em uma mosca. Mas agora digo: Todo esse mundo não pode concebê-lo. Tudo que se pode dizer ou pensar de Deus, isso tudo reunido não é Deus. O que Deus é nele mesmo, a isso ninguém pode chegar se não for elevado para uma luz que é o próprio Deus. O que é Deus nos anjos, isso está muito distante e ninguém o sabe. O que é Deus numa alma que o ama, isso ninguém sabe, a não ser a alma na qual Ele está. O que é Deus nessas coisas inferiores, disso eu sei um pouco, no entanto é muito pouco. Onde Deus incide em conhecimento, ali cai fora toda sensorialidade natural.

Que sejamos e-levados a uma luz que é Deus mesmo e sejamos ali dentro eternamente felizes, a isso ajude-nos Deus. Amém.

---

8. Anselmo de Aosta, *Proslogion*: "Deus é aquilo do qual nada de melhor se pode pensar" (deus est, quo nihil melius excogitari potest); Agostinho, *De doctr. christ.* I c. 11: "O Deus dos deuses é pensado como algo do qual nada é melhor nem mais sublime" (Deorum deus cogitatur ut aliquid, quo nihil sit melius atque sublimius).

Sermão 101

Dum medium silentium tenerent omnia[9]
[Um profundo silêncio envolvia todas as coisas]

Aqui no tempo, nutrimo-nos da geração eterna, que Deus o Pai realizou e realiza sem cessar em eternidade, pois que essa mesma geração nasceu agora no tempo em natureza humana. Santo Agostinho diz: Em que me ajuda que esse nascimento aconteça sempre, se não acontecer em mim?[10] O que importa, porém, é que isso aconteça em mim.

Agora é conveniente que falemos desse nascimento, de como ele acontece em nós e se realiza na alma boa, pois Deus, o Pai, está falando sua palavra eterna na alma perfeita. Pois o que eu digo aqui deve ser compreendido de um homem bom, perfeito, que "andou nos caminhos de Deus e ainda anda" (Dt 8,6), não de um homem natural, sem exercício, pois este está inteiramente distante e não sabe nada de nada desse nascimento.

O homem sábio diz uma palavra: "Quando todas as coisas estavam no meio de um silêncio, então do trono real desceu uma palavra secreta em mim" (Sb 18,14-15). É daqui que deve partir este sermão.

Três coisas devem-se notar aqui.

A primeira é onde Deus, o Pai, diz sua palavra na alma, onde esse nascimento tem lugar e onde ela se torna receptiva para essa obra. Pois isso deve-se dar no mais límpido, no mais nobre e no mais sutil que a alma pode efetuar. Na verdade: se em toda sua onipotência o Pai pudesse doar à alma, em sua natureza, algo mais nobre, e se a alma pudesse receber dele algo mais nobre, Deus, o Pai, estaria obrigado a doar essa mesma nobreza, com

9. Em sua primeira parte, o texto está no introito da missa do domingo depois do Natal.

10. Literalmente, essas frases não se encontram em Agostinho, mas em Orígenes, *Homilia sobre Jeremias* IX (ed. Klostermann, p. 64,7s); *Homilia sobre Lucas* XXII (ed. Rauer, p. 144,12-15); *Homilia sobre o Livro dos Juízes* II (ed. Bährens, p. 473,16-21); cf. Agostinho, *Sermo* 189, in Nat. Dom. 6 c. 3, PL 38,1006; cf. *Conf.* IV c. 12 n. 19, CCSL XXVII (ed. Verheijen, p. 50,19-26).

esse nascimento. Por isso, a alma, na qual deve acontecer esse nascimento, deve manter-se totalmente límpida, viver em plena nobreza, ser plenamente una e interior, não correr para fora pelos cinco sentidos na multiplicidade das criaturas. Antes: deve ser plenamente interiorizada e manter-se una; e estar no mais límpido, pois ali é Seu lugar, algo de menor o desonraria.

A outra parte do sermão trata de como o homem deve portar-se para com essa obra ou como deve portar-se em relação a essa fala interior ou a esse nascimento: se é mais útil que ele colabore com essa obra, alcançando assim e merecendo que esse nascimento nele aconteça e seja gerado, portanto, que o homem crie nele uma imagem em seu intelecto e em seu pensamento, exercitando-se conforme a ela, ponderando assim: Deus é bom, sábio, todo-poderoso, eterno e tudo mais que assim se possa pensar de Deus. Isso serve e favorece mais a esse nascimento paterno? Ou então o que mais favorece a esse nascimento é que a gente se retire, soltando e liberando todos os pensamentos, todas as palavras e obras, todas as imagens e compreensões, mantendo-se inteiramente num límpido sofrer-Deus e, ocioso, deixar que Deus nele opere?[11] Em qual dessas atitudes o homem mais serve a essa geração?

A terceira coisa é saber quão grande é a utilidade presente nesse nascimento.

Agora prestai atenção ao primeiro ponto! Quero demonstrar-vos esse discurso com uma exposição natural, para que vós mesmos possais apreender que é assim, embora eu creia mais na Escritura do que em mim mesmo. Mas compreendereis de modo mais profundo e amplo por meio de discursos demonstrativos.

Agora tomemos a primeira palavra que ele diz: "No meio do silêncio foi-me dita uma palavra secreta". Ó Senhor, onde está o silêncio e onde está o lugar onde essa palavra foi dita? Observai, no entanto, o que eu disse anteriormente: Está no mais límpido que a alma pode efetuar, no mais nobre, no fundo, sim, no ser da alma; isto é, no mais abscôndito da alma. Ali é "o meio silêncio", pois ali nenhuma criatura pode entrar, nenhuma imagem; ali, a própria alma não possui atuação nem compreensão, não sabe de nenhuma imagem, seja de si mesma, seja de qualquer criatura.

---

11. Dionísio Areopagita, *De div. nom.* c. 2,9; PG 3,648 B; PTS 33 (ed. Suchla, p. 134,1s), *Dionisyaca* I, p. 104s.; cf. Alberto Magno, *Super Dionysium de divinis nominibus* c. 2 (ed. Colon., 32, p. 87,66s); Tomás de Aquino, *S.Th.* I q. 1 a. 6 ad; Aristóteles, *De anima* III t. 12, 429 b 25.

Todas as obras feitas pela alma, ela as faz por suas forças; o que compreende, ela o faz pelo entendimento; quando recorda, o faz pela memória; quando ama, o faz pela vontade. E assim atua com as forças e não com o ser. Todo seu atuar para fora inere sempre a algo de intermédio. A força do ver não atua senão através dos olhos e, diversamente, de modo algum pode operar ou proporcionar a visão. E assim é com todos os outros sentidos: todo seu atuar para fora, eles o fazem mediante algo de intermédio. Mas no ser não existe nenhuma operação. Por isso, no ser a alma não possui nenhuma operação. Antes, as forças com as quais opera efluem do fundo do ser. Mas, no fundo, ali é "o meio silêncio", aqui existe somente repouso e um celebrar esse nascimento e essa obra, para que Deus, o Pai, pronuncie ali sua palavra. Pois ali, por natureza, ela nada recebe a não ser somente o ser divino, sem qualquer meio. Deus entra aqui na alma com sua totalidade e não com sua parte. Aqui Deus entra no fundo da alma. Ninguém chega ao fundo da alma a não ser só Deus. As criaturas não conseguem chegar ao fundo da alma. Devem ficar aqui fora, nas forças. Lá no fundo a alma contempla a imagem das criaturas com a qual elas são admitidas e recebem abrigo. Pois, quando as forças da alma tocam as criaturas, então tomam e criam imagens e semelhanças das criaturas e recolhem-nas para dentro de si[12]. E por elas conhecem as criaturas. A criatura não pode chegar mais perto na alma, nem a alma jamais pode aproximar-se de nenhuma criatura, se antes não tiver concebido em si voluntariamente sua imagem. Assim, pelas imagens presentes aproxima-se das criaturas – pois imagem é uma coisa que a alma recolhe das coisas, pelas suas forças, seja uma pedra, um cavalo, um homem ou o que queira conhecer –, e desse modo recolhe a imagem que antes colocara lá dentro, e então pode se unir com a coisa.

Mas quando o homem recebe uma imagem assim, isso deve necessariamente provir de fora para dentro, pelos sentidos[13]. E por isso nada é tão desconhecido para a alma como ela para si mesma. É por isso que um mestre[14] diz que a alma não pode criar nem operar nenhuma imagem de si mesma. E assim, por meio de nada, pode conhecer-se, pois as imagens entram todas pelos sentidos. Por isso não pode ter nenhuma imagem de si

12. Cf. *Liber XXIV philosophorum* XXIII, CCSL Cont. Med. CXLIII A (ed. Hudry, p. 31,4s).

13. Aristóteles, *De memoria et reminiscentia*, 449 b 31.

14. Cícero, *Tusculanae disputationes* I c. 27 n. 67 (ed. Phlenz, p. 251,7-17); cf. Agostinho, *De cognitione varae vitae* c. 33, PL 40,1024; Alberto Magno, *De anima* I tr. 1 c. 5 (ed. Colon. 7,1, p. 9,71-77); Tomás de Aquino, *S.Th.* I q. 87 a. 1.

mesma. E assim ela sabe todas as outras coisas e desconhece a si mesma. De nenhuma coisa ela sabe tão pouco como de si mesma, por causa do meio.

E sabei também que interiormente ela está desocupada e livre de todos os meios e de todas as imagens. E esse é também o motivo por que Deus pode unir-se com ela livremente, sem imagens ou semelhanças. Tu não podes negar: o mesmo poder que atribuis a um mestre, deverias atribuir a Deus além de toda medida. Quanto mais sábio e hábil for um mestre, tanto mais simples e sem mediação acontece sua obra. Em suas obras exteriores o homem precisa de muitos meios. Até que realize as obras que imaginou, é necessária a preparação de muitos materiais. Mas, em seu operar, ou seja, na ação de iluminar, o sol, em sua maestria, fá-lo de maneira rápida. Tão logo ele derrama seu brilho, no mesmo instante todo o mundo está cheio de luz em todos os seus confins. Mas acima dele está o anjo: este, em seu operar, precisa de muito menos meios, possuindo bem menos imagens. Quanto mais elevado for o anjo, tanto menos imagens possui. O serafim mais elevado não possui senão uma única imagem. Tudo que os que estão abaixo dele tomam em multiplicidade, isso ele toma em unidade. Mas Deus não precisa de nenhuma imagem e não possui imagem alguma. Deus opera na alma sem qualquer meio, imagem ou semelhança, sim, no fundo, lá onde jamais adentrou imagem alguma a não ser Ele mesmo com seu próprio ser. Isso nenhuma criatura pode fazer.

Como Deus, o Pai, gera seu Filho no fundo da alma? Como as criaturas fazem, em imagens e semelhanças? Não, de modo algum! Antes, de modo inteiramente igual como Ele o gera na eternidade, nem mais nem menos. Pois bem, mas então como Ele o gera lá? Reparai nisso! Vede, Deus, o Pai, possui em si mesmo uma visão interna plena e um conhecimento abissal e completo de si mesmo por si mesmo, e não por alguma imagem. E assim o Pai gera seu Filho em verdadeira união da natureza divina. Vede, do mesmo modo e de nenhum outro, Deus, o Pai, gera seu filho no fundo da alma e na essência dela, unindo-se assim com ela. Pois se ali houvesse alguma imagem, não haveria nenhuma união. E na verdadeira união encontra-se toda a sua bem-aventurança.

Poderíeis dizer que, por natureza, na alma não há senão imagens. Não, absolutamente! Pois se fosse assim, a alma jamais seria bem-aventurada, uma vez que Deus não poderia fazer nenhuma criatura na qual pudesses alcançar uma bem-aventurança perfeita[15]. De outro modo, Deus não seria a bem-aventurança suprema e o fim último, que sua natureza é, e quer ser, começo e fim de todas as coisas. Se nenhuma criatura pode ser tua bem-aventurança, tampouco pode uma criatura ser aqui tua perfeição, pois a perfeição dessa vida, ou seja, todas as virtudes, seguem a perfeição daquela vida. E, por isso, é necessário que sejas e habites no ser e no fundo. Ali Deus deve tocar-te com seu ser simples sem mediação de imagem alguma. Toda e qualquer imagem não indica nem refere a si mesma. Atrai e indica tudo para aquilo de que é imagem. E visto que não possuímos nenhuma imagem, a não ser daquilo que está fora, e trazido das criaturas, e assimilado pelos sentidos, indicando constantemente para aquilo de que é imagem, seria sempre impossível seres bem-aventurado por meio de alguma imagem. Por isso, ali deve haver um silenciar e uma quietude, e o Pai deve falar ali, gerando seu Filho e operando sua obra sem qualquer imagem.

O segundo ponto é: O que pertence ao homem fazer, com sua obra, para que alcance e conquiste que esse nascimento aconteça e nele se realize? Será melhor que o homem direcione sua obra para isso, como a imaginação e o pensamento voltados para Deus, ou que se mantenha num silêncio, numa quietude e repouso, deixando Deus falar e agir nele, apenas aguardando que Deus nele atue?

Mas eu digo, como disse antes: Essas conversas e essas verdades pertencem somente a pessoas boas e perfeitas, que cultivaram em si e junto de si todo vigor das virtudes, de tal modo que essas virtudes promanam essencialmente delas sem seu esforço, e que antes de todas as coisas vivam nelas a vida condigna e os nobres ensinamentos de Nosso Senhor Jesus Cristo. Esses devem saber que o melhor e o mais nobre de tudo que se pode alcançar nesta vida é: tu deves calar e deixar Deus atuar e falar.

Quando todas as forças forem retiradas de todas as suas obras e de todas as imagens, então essa palavra será pronunciada. Por isso, ele disse: "No meio do silêncio foi-me dita essa palavra secreta". E por isso: quanto mais podes reunir todas as tuas forças no uno, esquecendo todas as coisas e imagens que um dia em ti já absorvestes, e quanto mais te distanciares das criaturas e suas imagens, tanto mais próximo disso estarás e mais receptivo. Se pudesses tornar-te inteiramente ignorante de todas as coisas, sim, se pudesses chegar a uma ignorância de teu próprio corpo e vida, como aconte-

15. Cf. Avicena, *Metaph.* IX c. 7.

ceu a São Paulo, quando disse: "Se me encontrava no corpo ou não, não sei, Deus o sabe" (2Cor 12,2-4); então o espírito teria recolhido em si todas as forças, de tal modo que se esquecera do corpo. Então não operava memória nem compreensão, nem sentidos nem as forças que deveriam influenciar, sustentando e cuidando do corpo. Ele queimava e o calor estava suspenso. E por isso o corpo não diminuiu durante os três dias em que não comeu nem bebeu. O mesmo aconteceu a Moisés quando jejuou 40 dias sobre o monte e nem por isso adoeceu (Ex 24,18; 34,28). No último dia estava tão forte quanto no primeiro. O homem deveria, portanto, soltar todos os seus sentidos e recolher todas as suas forças e chegar num esquecimento de todas as coisas e de si mesmo. Sobre isso um mestre disse à alma[16]: Retira-te da agitação das coisas exteriores. Depois: Foge e esconde-te protegendo-te da tempestade dos pensamentos interiores, pois criam inquietação. Por isso, se Deus tiver de falar sua palavra na alma, esta deve estar em repouso e em paz. E então, sim, Ele pronuncia sua palavra e a si mesmo na alma, e não uma imagem, mas a si mesmo.

São Dionísio[17] disse: Deus não tem nenhuma imagem e nenhuma semelhança de si mesmo, pois Ele é, por essência, todo bem, verdade e ser.

Deus opera todas as suas obras nele mesmo e a partir dele mesmo num só instante. Não imagines que, quando fez céu e terra e todas as coisas, Deus fez uma hoje e outra amanhã. Foi Moisés somente que escreveu desse jeito. Ele sabia disso muito bem, mas ele o fez por causa do povo, o qual não poderia compreender se fosse dito de outro modo. Deus não fez nada mais do que somente querer. Ele falou e elas devieram. Deus opera sem meios e sem imagens. Quanto mais sem imagens és, tanto mais receptivo és de sua atuação interior, e quanto mais recolhido e esquecido, tanto mais próximo a essa atuação.

Sobre isso Dionísio[18] exortou seu discípulo Timóteo, dizendo: "Meu querido filho Timóteo, com os sentidos despreocupados deves ultrapassar a ti mesmo e todas as forças, razão discursiva e intelecto, obra, modo e ser,

---

16. Anselmo, *Proslogion*, c. 1 (St. Anselmi, *Opera omnia*, ed. E.S. Schmitt, vol. 1, 1938, p. 97).

17. Dionísio Areopagita, *De div. nom.* c. 9,6; PG 3,913 C; PTS 33 (ed. Suchla, p. 211,13-18). *Dionisyaca* I, p. 466-468s; Alberto Magno, *Super Dionysium de divinis nominibus* c. 9 (ed. Colon., 37,1, p. 384,79-82).

18. Dionísio Areopagita, *De mystica theologia* c. 1,1; PG 3,997 B; PTS 36 (ed. Heil-Ritter, p. 142,5-11); *Dionysiaca* I, p. 567-569s; Alberto Magno, *Super Dionysii mysticam theologiam* c. 1 (ed. Colon., 37, p. 457,66-70).

para dentro das abscônditas trevas silenciosas, para chegares a um conhecimento do Deus desconhecido e supradivino". Deve-se retirar de todas as coisas. Deus recusa-se a agir em imagens.

Então gostarias de dizer: O que opera Deus sem imagens no fundo e no ser, disso não posso saber, pois as forças não podem apreender senão em imagens, visto que devem tomar e conhecer todas as coisas em suas próprias imagens. Elas não podem conhecer e apreender um cavalo na imagem de um homem. E por isso, como todas as imagens vêm a ela trazidas de fora, por isso é-lhe oculto. E isso é o mais útil para ela. A ignorância cativa-a para um maravilhamento e faz com que ela saia à caça disso, pois sente bem que é, mas não sabe como e o que é. Se o homem sabe a causa das coisas, de pronto torna-se cansado dessa coisa e procura então experimentar e saber outra coisa, fustiga-se e atormenta a si mesmo sempre mais por saber e não tem paragem junto a elas. Por isso, esse conhecimento ignorante é o que a mantém nessa paragem, fazendo com que saia à sua caça.

A respeito desse ponto, diz o homem sábio: "No meio da noite, quando todas as coisas estavam num silêncio e caladas, então foi-me dita uma palavra secreta, isso veio de modo furtivo, como que de um ladrão". Como ele a chamou de uma palavra, visto estar oculta? A natureza da palavra é revelar o que está oculto. Abriu-se e brilhou diante de mim mostrando ser algo revelador. E foi-me anunciado Deus. Por isso chama-se "uma palavra". Mas: era-me oculto o que era. Isso foi sua chegada furtiva, num sussurro e num silêncio, para que pudesse se revelar. Vede, é necessário e deve-se persegui-la porque está escondida. Brilhava e estava escondida. Isso visa a que nos aflijamos e nos atormentemos atrás dela. Nesse ponto São Paulo nos exorta para que a persigamos até experimentá-la e jamais nos detenhamos até tê-la apreendido. Quando ele foi atraído para o terceiro céu na manifestação de Deus e viu todas as coisas, e quando retornou, então de nada esquecera[19]. Ao contrário, isso estava tão distante, internado nas profundezas, que seu intelecto não conseguia chegar lá dentro. Era-lhe encoberto. Desse modo, ele devia perseguir isso nele e não fora dele. É algo inteiramente interior e não está fora, mas totalmente dentro. E porque sabia disso, por isso disse: "Estou seguro de que nem morte nem dificuldade alguma pode me separar disso que encontro em mim" (Rm 8,38-39).

19. Cf. Agostinho, *Conf.* X c. 24 n. 35, CCSL XXVII (ed. Verheijen, p. 174,1-9).

Sobre isso um mestre pagão disse uma bela palavra a um outro mestre: "Percebo algo em mim, que brilha anterior ao meu intelecto. Sinto muito bem que é algo. Mas não posso compreender o que é. Pois parece-me apenas que, se pudesse apreendê-lo, conheceria toda a verdade". Então o outro mestre disse: "Pois então persegue-o! Pois se puderes apreendê-lo, terás o resumo de todos os bens e eterna vida"[20]. Sobre isso também Santo Agostinho falou[21]: "Eu percebo algo em mim, que projeta e brilha anterior à minha alma. Se isso se realizasse e em mim se estabelecesse, deveria ser eterna vida. Esconde-se e no entanto se mostra. Vem de modo furtivo, parecendo querer tomar e roubar todas as coisas da alma. Mas esse fato de mostrar-se e revelar-se como algo, com isso quer cativar a alma e atraí-la para si e roubá-la e retirá-la de si mesma". Sobre isso disse o profeta: "Senhor, toma-lhe seu espírito e doa-lhe novamente teu espírito" (Sl 103,29-30). É o que entendia também a alma amante quando disse: "Minha alma desfaleceu e se desfez quando o amado disse sua palavra" (Ct 5,6). Quando Ele entrou, então eu precisei sair. Foi o que teve em mente também o Cristo quando disse: "Quem deixa algo por mim, deve receber o cêntuplo em troca. E quem quiser ter a mim deverá renunciar a si mesmo e a todas as coisas. E quem quiser servir-me deve me seguir" (Mt 16,24). Ele não deve seguir os sentidos.

Então poderias dizer: Mas então, Senhor, vós quereis inverter o curso natural da alma e agir contra sua natureza. Sua natureza é que ela perceba pelos sentidos e em imagens. Quereis inverter a ordem?

Não! O que sabes tu a respeito da nobreza que Deus colocou na natureza, que ainda não está descrita, mas antes: ainda escondida? Pois aqueles que escreveram sobre a nobreza da alma ainda não haviam chegado mais perto do que aquilo que lhes trouxe sua razão natural. Jamais chegaram ao fundo. Disto muita coisa deve ter-lhes ficado escondida e ter permanecido desconhecida. Por isso disse o profeta: "Quero sentar-me, calar e ouvir o que Deus fala em mim" (Lm 3,28). Pois está muito escondida, e é por isso que essa palavra veio de noite e nas trevas. Sobre isso escreveu São João: "A luz brilhou nas trevas. Veio para dentro de seu próprio, e todos os que a receberam tornaram-se filhos de Deus poderosos: foi-lhes dado poder para tornarem-se filhos de Deus" (Jo 1,5.11-12).

---

20. Steer observa que essa citação não pôde ser identificada (Eckhart, 2003, p. 363, nota 79).

21. Agostinho, *Conf.* X c. 40 n. 65, CCSL XXVII (ed. Verheijen, p. 191,21-23).

Agora examina aqui a utilidade e o fruto da palavra secreta e dessas trevas! Não foi somente o Filho do Pai celeste que nasceu nessas trevas, que é "seu próprio". Antes, tu também serás gerado ali como filho do Pai celeste, e de nenhum outro, e Ele te concede o poder para isso.

Agora repara que utilidade! Toda a verdade que todos os mestres já ensinaram com seu próprio intelecto e compreensão ou que devem ensinar sempre mais até o último dia, todos esses jamais compreenderão o mínimo que seja desse saber e desse fundo. Embora se chame de não-saber e ignorância, possui interiormente mais do que todo saber e conhecimento fora dele. Pois esse não-saber cativa-te e te atrai para fora de todas as coisas sabidas e de ti mesmo. Foi o que teve em mente Cristo quando disse: "Quem não renunciar a si mesmo e não deixar pai e mãe e tudo que é exterior, esse não é digno de mim" (Mt 10,37-38). Ele quer dizer: Quem não deixar toda exterioridade das criaturas, esse não pode ser concebido nem ser gerado nesse divino nascimento. Mas o fato de te roubares de ti mesmo e de tudo que é exterior, na verdade, proporciona-te isso. Na verdade, creio e estou seguro de que esse homem que permanecesse firme aqui dentro jamais poderia ser separado de Deus, por coisa alguma e de modo algum. Eu digo que de modo algum ele poderá cair em pecado mortal. Sofreria a mais vergonhosa morte, antes de cometer o menor pecado mortal, como fizeram os santos. E digo que não poderiam cometer um pecado leve nem com isso consentir voluntariamente, neles mesmos ou em outras pessoas, podendo evitá-lo. Eles são tão fortemente cativados, atraídos e habituados a isso que jamais poderão voltar-se para qualquer outro caminho. Afligem-se e direcionam tudo para lá.

Que Deus nos ajude nesse nascimento, Ele que agora nasceu humano, para que nós, homens doentes, nasçamos nele divinos. Amém.

Sermão 102
Ubi est, qui natus est rex iudeorum?
[Onde está o rei dos judeus, que acaba de nascer?]
(Mt 2,2)

"Onde está aquele que nasceu como o rei dos judeus?" (Mt 2,1-2)[22]. Agora reparai aqui sobre esse nascimento, onde aconteceu. "Onde está aquele que nasceu?" Eu, porém, digo, como já disse várias vezes, que esse nascimento se dá na alma, de igual modo como se deu na eternidade, nem mais nem menos, pois é *um*[23] nascimento. E esse nascimento acontece na essência e no fundo da alma.

Vede, agora surgem perguntas.

Em primeiro lugar: enquanto Deus está em todas as coisas como inteligência e é mais íntimo às coisas do que elas são para si mesmas, e mais natural[24] – e onde Deus está, Ele deve operar e reconhecer a si mesmo e pronunciar sua palavra –, qual pois a propriedade que a alma possui de modo mais próprio que a faz perceber essa ação de Deus antes de outras criaturas espirituais, também nas quais está Deus?

Reparai a explicação! Deus é em todas as coisas essencialmente, atuante e com poder, mas é só na alma que Ele é gerador. Pois todas as criaturas são um vestígio de Deus, mas a alma foi formada naturalmente segundo Deus. Essa imagem deve ser cuidada e levada à plenitude com esse nascimento. Nenhuma criatura pode receber essa obra nem esse nascimento a não ser somente a alma. Na verdade, qualquer perfeição que venha à alma,

---

22. Segundo o antigo missal dominicano, o texto da Escritura foi tirado do Evangelho da Festa da Epifania do Senhor.

23. Aqui *um* não é artigo indefinido, mas se refere à palavra, a mais abissal, do pensamento eckhartiano: *Um*. Trata-se, pois, aqui, do nascimento que é a partir, dentro de e para o Um.

24. Agostinho, *De Trin.* VIII c. 7 n. 11, CCSL L (ed. Mountain, p. 285,38s).

seja luz, graça ou bem-aventurança divinamente conformadas, deve necessariamente advir por esse nascimento na alma e de nenhum outro modo. Espera somente por esse nascimento em ti, então encontras todo bem, toda consolação, toda delícia, essência e verdade. Se perderes esse nascimento, perdes todo bem e toda bem-aventurança. E o que nele vem a ti proporciona uma vigência límpida e solidez. E o que procuras ou amas fora dele, isso perece; tome-o como quiseres ou onde quiseres, isso perecerá. Mas é só esse nascimento que doa ser, todo o restante perece. Nesse nascimento participas da influência divina e de todos os seus dons. Ele não pode ser recebido pelas criaturas nas quais não se encontra a imagem de Deus, pois a imagem da alma pertence exclusivamente a esse nascimento eterno, que acontece própria e exclusivamente na alma e é pelo Pai gerado no fundo e no imo da alma, para dentro, de onde jamais brilhou nenhuma imagem nem força alguma jamais espreitou.

A outra questão é: desde que a obra desse nascimento acontece na essência e no fundo da alma, isso tanto acontece num pecador quanto num homem bom. Qual a graça ou qual a utilidade, então, que se encontra aqui, para mim, uma vez que o fundo da natureza é igual em ambos? Sim, mesmo naqueles que se encontram no inferno permanece eternamente a nobreza da natureza.

Agora atenção para esta explanação! A propriedade desse nascimento é que ele acontece sempre com nova luz. Ele sempre traz grande luz para a alma, pois a natureza da bondade é ter de derramar-se onde ela está. Nesse nascimento Deus se derrama na alma com tal luz que esta torna-se tão grande na essência e no fundo da alma que se projeta para fora e jorra para as forças e também para o homem exterior. Assim aconteceu a São Paulo, quando, no caminho, Deus o tocou com sua luz e lhe falou. Uma semelhança da luz apareceu externamente, de modo que seus companheiros a viram circundando Paulo. Assim eu falo dos bem-aventurados, da superabundância de luz que está no fundo da alma, que jorra para o corpo e assim torna-o totalmente claro. O pecador não pode receber isso, nem é digno para tal, pois está repleto de pecados e maldade, ali chamados de trevas. Por isso a Escritura diz: "As trevas não receberam nem conceberam a luz" (Jo 1,5). Isso é porque os caminhos pelos quais a luz deveria entrar estão entulhados e trancados com falsidade e com trevas, pois luz e trevas não podem coexistir mutuamente, nem Deus e criaturas. Se Deus quiser entrar, a criatura deve incondicionalmente sair. É verdade que essa luz é propiciada ao homem. Quando ele se volta para Deus, imediatamente reluz e brilha nele uma luz e lhe dá a conhecer o que ele deve fazer ou deixar de fazer e muitas boas indicações, das quais anteriormente não sabia nem compreendia. De onde e como sabes tu isso? Vê e repara no seguinte! Teu coração será tocado intensamente e desviado do mundo. Como poderia isso acontecer a não ser pela iluminação? Isso é tão suave e delicioso que tudo que não é Deus ou divino se tornará enfadonho para ti. Ele te atrai para Deus, e te serão propiciadas tantas boas instruções, que nem sabes de onde vêm a ti. A tendência interior de modo algum provém de alguma criatura ou de alguma de suas indicações, pois o que a criatura indica ou em que atua, isso tudo provém de fora. Mas o fundo só é tocado por essa obra. E quanto mais te manténs solto e livre, tanto mais luz, verdade e discernimento encontras. E por isso nenhuma coisa levará o homem a errar, a não ser pelo fato de ele primeiramente ter saído disso e querer buscar demasiado auxílio exterior. É por isso que diz Santo Agostinho[25]: São muitos os que buscaram luz e verdade, mas buscaram todos fora, onde elas não estavam. Por fim, tanto se afastam para fora, ao exterior, que jamais conseguem retornar ao lar nem voltar para dentro. E aí não encontram a verdade, pois a verdade está no interior, no fundo, e não no exterior. Quem agora quer encontrar luz e discernimento de toda a verdade deve aguardar e atender a esse nascimento nele e no fundo, então serão iluminadas todas as forças e o homem exterior. Pois tão logo Deus toca interiormente o fundo, de pronto a luz se projeta nas forças, e o homem pode compreender mais do que alguém poderia ensinar-lhe. Assim diz o profeta: "Compreendi mais do que todos os que jamais me ensinaram" (Sl 118,99). Vede por que essa luz não pode brilhar e iluminar no pecador, por isso é impossível que esse nascimento nele aconteça. Esse nascimento não pode persistir com as trevas do pecado, ele só não acontece nas forças, mas na essência e no fundo da alma.

Agora surge uma questão: Enquanto Deus, o Pai, gera somente na essência e no fundo da alma e não nas forças, o que compete às forças? Para que servem, visto que devem desocupar-se e não atuar? Qual a sua necessidade, uma vez que isso não acontece nas forças? Essa é uma boa questão.

Agora repara esta explanação! Toda e cada uma das criaturas faz suas obras por um fim. O fim é sempre o primeiro na intenção e o último na

---

25. *De vera religione* c. 39 n. 72, CCSL XXXII (ed. Daur, p. 234,12); *Conf.* X c. 27 n. 38, CCSL XXVII (ed. Verheijen, p. 175,2).

obra. Assim, em todas as suas obras, Deus tem em mente um fim venturoso; isto é, a si mesmo; busca levar a alma com todas as suas forças a um fim, que é: para dentro dele mesmo. Por isso Deus opera todas as suas obras; por isso o Pai gera seu Filho na alma, para que todas as forças da alma cheguem a Ele. Ele tem em vista apenas aquilo que está na alma, convidando tudo para essa festa e para essa corte. Mas a alma esparramou-se com as forças e dispersou cada uma em sua obra: a força do ver, no olho; a força do ouvir, no ouvido; a força do falar, na língua; e assim a obra de sua atuação interna é mais enfermiça, pois cada força esparramada é incompleta. E assim, se quiser atuar interiormente com fortaleza, deve convocar todas as suas forças a retornar ao lar e recolhê-las de todas as coisas esparramadas, num atuar interior. Pois Santo Agostinho diz[26]: "A alma está mais naquilo que ama do que no corpo ao qual dá vida". Uma comparação: havia um mestre pagão[27] que estava recolhido numa arte, que era o cálculo. Devotado a isso com todas as suas forças, estava sentado diante das cinzas, calculava e praticava sua arte. Então um soldado desembainhou a espada. Como não sabia que era o mestre, disse-lhe: "Diga logo quem és ou te mato". Tão concentrado o mestre estava que não viu, não ouviu nem percebeu o que o inimigo lhe dizia, nem sequer pôde expressar-se para poder dizer: "Eu me chamo assim". E como o mestre não respondia às insistentes chamadas, o soldado decepou-lhe a cabeça. E isso aconteceu na aquisição de uma arte natural. Incomparavelmente mais deveríamos nós retirar-nos de todas as coisas e reunir todas as nossas forças para procurar e conhecer a verdade una, incomensurável e eterna! Recolha para isso todas as tuas forças, todos os teus sentidos, todo teu intelecto e toda tua memória: direciona isso tudo para o fundo, onde se encontra escondido teu tesouro. Se isso deve acontecer, então deves sair de todas as obras e chegar a uma ignorância, se quiseres encontrar isso.

Agora surge uma questão: Não seria mais nobre que cada força conservasse sua própria obra, uma não impedindo a outra em suas obras, e que também não impedissem a Deus em sua obra? Será que de modo algum pode haver em mim um saber criatural que não crie impedimentos, ao

---

26. Steer anota que o autor dessa sentença é propriamente Bernardo de Claraval, *De praecepto et dispensatione* c. XX n. 60 (ed. Cist. t. III, p. 292,24s) (Eckhart, 2003, p. 416, 84, nota 25).

27. Trata-se de Arquimedes. Cf. Valerius Maximus, *Facta et dicta memorabilia* VIII c. 7 ext. 7 (ed. Briscoe II p. 526,163–527,179).

modo como Deus sabe todas as coisas sem impedimento, assim como fazem os bem-aventurados? Essa é uma questão útil.

Agora atenção para esta explanação! Os bem-aventurados contemplam uma imagem em Deus e na imagem conhecem todas as coisas; sim, Deus mesmo vê a si mesmo e nele conhece todas as coisas. Ele não precisa voltar-se de uma para outra, como precisamos fazer nós. Se nesta vida acontecesse de termos sempre diante de nós um espelho, no qual víssemos instantaneamente todas as coisas e as conhecêssemos numa imagem, então nem atuar nem saber seriam impedimentos para nós. Antes, como devemos voltar-nos de uma para outra, por isso não podemos estar numa sem impedimento da outra, pois a alma está tão incondicionalmente ligada às forças que flui com elas para onde elas fluem, pois, em todas as obras que elas fazem, a alma deve estar junto – e com atenção, ou então ela não poderia atuar em nada. Se ela, pois, flui com sua atenção para as obras exteriores, deve necessariamente ser cada vez mais enferma em suas obras interiores, pois que, para esse nascimento, Deus precisa encontrar uma alma desocupada, despreocupada, livre, na qual nada haja a não ser somente Ele, que ela por nada nem por ninguém espere, senão por Ele. Nesse sentido, diz Cristo: "Quem ama qualquer outra coisa além de mim, incluindo pai e mãe, e muitas outras coisas, não é digno de mim. Não vim ao reino da terra para trazer paz, mas a espada, e por causa disso corto todas as coisas e separo a irmã e o irmão, a criança e a mãe, o amigo, que na verdade é teu inimigo" (Mt 10,34-37). Pois o que te é familiar e íntimo é, na verdade, teu inimigo. Se teu olho quiser ver todas as coisas e teu ouvido ouvir todas as coisas e teu coração recordar todas as coisas, na verdade: em todas essas coisas tua alma deve ser dissolvida. Por isso diz um mestre[28]: Se quiser fazer uma obra interior, o homem deve recolher todas as suas forças, como que num canto de sua alma, protegendo-se de todas as imagens e formas, e então, sim, pode atuar. Aqui ele deve chegar num esquecimento e num não-saber. Deve permanecer num silêncio e numa quietude, se quiser ouvir essa palavra. Com nada mais se pode servir a essa palavra além de silêncio e quietude. Então pode-se ouvi-la, e ali é compreendida retamente numa ignorância. Quando não se sabe, então ela se mostra e se revela.

28. Anselmo de Cantuária, *Proslogion* c. 1; St. Anselmi, *Opera omnia* (ed. E.S. Schmitt, vol. 1, 1938, p. 97).

Agora surge uma questão: Vós poderíeis dizer: Senhor, vós colocais toda nossa salvação numa ignorância. Isso soa como uma falha. Deus fez o homem para que saiba, como diz o profeta: "Senhor, faça-os saber" (Tb 13,4). Pois onde há ignorância, ali há falha e há o vazio fútil... um homem animalizado, um macaco e um tolo[29]. Isso é verdade, na medida em que ele permanece na ignorância. Mas, aqui, deve-se chegar a um saber transformado[30]. E essa ignorância não deve provir de ignorância, mas, antes, do saber deve-se chegar a uma ignorância. Aí devemos tornar-nos sábios com o saber divino, e então nossa ignorância será enobrecida e adornada com o saber sobrenatural.

E aqui, nisso em que nos mantemos passivos, somos mais perfeitos do que se atuássemos. Por isso diz um mestre[31] que a força do ouvir é muito mais nobre do que a do ver, pois aprende-se muito mais sabedoria com o ouvir do que com o ver e vive-se aqui mais na sabedoria. De um mestre pagão[32], encontramos: Quando ele jazia à beira da morte, então aconteceu que seus discípulos falaram diante dele com tamanha arte, e ele, moribundo, elevou sua cabeça, ouviu e falou: "Oh, deixai-me aprender ainda essa arte para que me sirva dela eternamente". O ouvir traz mais para dentro, e o olhar remete mais para fora, sim, para a obra do ver nela mesma. E por isso na vida eterna seremos muito mais felizes na força do ouvir do que na força do ver. Pois a obra do ouvir da palavra eterna está em mim e a obra do ver sai de mim. E do ouvir sou passivo, mas do ver sou ativo.

Mas nossa bem-aventurança não se encontra em nossas obras, mas, antes, no fato de sofrermos Deus[33]. Pois o mesmo tanto que Deus é mais nobre do que as criaturas, também a obra de Deus é mais nobre do que a minha. Sim, foi por amor incomensurável que Deus colocou nossa bem-aventurança num sofrer, pois mais sofremos do que agimos e incomparavelmente mais recebemos do que damos. E cada dom prepara a recepção para um novo dom, sim, para um dom maior. Cada dom divino amplia a receptividade e o desejo para receber um dom maior e mais amplo. E por

29. Aristóteles, *Metaph.* I c. 1: "Por natureza, todo homem deseja conhecer".

30. "Deveremos ser transformados na mesma imagem que Ele mesmo é" (2Cor 3,18).

31. Bernardo de Claraval, *Sermones in Cantica Canticorum* 28 n. 5 (ed. Cist., t. I, p. 195,9-18).

32. Trata-se de Sócrates. Cf. Valerius Maximus, *Facta et dicta memorabilia* VIII c. 7 ext. 8 (ed. Biscoe II, p. 527,180-187).

33. Cf. Aristóteles, *De anima* III t. 12 (429 b 25); cf. Eckhart von Gründig, *Traktat von der Seligkeit* (ed. Preger, p. 177,21–178,6).

isso dizem certos mestres que nisso a alma é a Deus comensurada. Pois como Deus é imensurável no doar, também a alma é imensurável no receber e conceber. E como Deus é onipotente no atuar, assim a alma é abissal no sofrer. E por isso ela é transformada com Deus e em Deus[34]. Deus deve atuar e a alma deve sofrer: Ele deve conhecer e amar a si mesmo nela; ela deve conhecer com os conhecimentos dele e amar com o amor dele. E por isso ela é muito mais feliz com o que é dele do que com o que é dela. E assim também há mais bem-aventurança no atuar dele do que no dela.

Os discípulos de São Dionísio perguntaram-lhe certa vez por que Timóteo precedia a todos eles em perfeição. Então Dionísio[35] disse: Timóteo é um homem que sofre Deus. Quem conhecer isso muito bem, este precede a todos os homens.

E assim tua ignorância não é uma falha, mas tua mais elevada perfeição e teu sofrer é, pois, tua mais excelsa obra. E assim, desse modo, deves derribar todas as tuas obras e deves fazer calar todas as tuas forças, se queres na verdade encontrar esse nascimento. Em ti deves encontrar aquele que nasceu. Todo o restante que possas encontrar deves ultrapassar e rechaçar.

Que aquele que se tornou filho do homem para que nos tornemos filhos de Deus nos ajude a ultrapassar e abandonar tudo que não agrada a esse rei nascido.

---

34. Cf. Eckhart von Gründig, *Traktat von der Seligkeit* (ed. Preger, p. 177, 21-178,1; 185,17-19).

35. Dionísio Areopagita, *De div. nom.* c. 2,9; PG 3,648 A; PTS 33 (ed. Suchla, p. 133,13-134-4); *Dionysiaca* I, p. 103-105s; cf. Alberto Magno, *Super Dionysium de divinis nominibus* c. 2 (ed. Colon., 37,1, p. 87,63-68).

Sermão 103

Cum factus esset Iesus annorum duodecim [Quando chegou aos 12 anos] (Lc 2,42)

Lê-se no Evangelho: "Quando atingiu a idade de 12 anos, Nosso Senhor foi com seus pais para Jerusalém, para o templo. E quando eles partiram dali, Jesus permaneceu no templo e eles não se deram conta disso. Quando chegaram em casa e deram falta, procuraram-no entre os conhecidos, entre os parentes e entre a multidão e ali não o encontraram; mas eles o haviam perdido entre a multidão. E por isso precisaram retornar ao local de onde haviam partido. E quando retornaram à origem, no templo, então encontraram-no" (Lc 2,41-52)[1].

Assim, na verdade, se deves encontrar esse nobre nascimento, deves deixar toda multidão e retornar à origem no fundo, de onde provieste. Todas as forças da alma e todas as suas obras, tudo isso é multidão: memória, compreensão e vontade, tudo isso multiplica-te. Por isso, deves deixá-las todas: sensorialidade, imagens e todas as coisas que encontras em ti ou que imaginas ser. E, na verdade, é assim que podes encontrar esse nascimento e de nenhum outro modo. Ele não foi encontrado entre amigos, nem entre parentes, nem entre conhecidos, antes, todos eles abandonaram-no.

Por isso temos aqui uma questão: Pode o homem encontrar algo desse nascimento em certas coisas, que embora sendo divinas são trazidas para dentro pelos sentidos (como certas imagens de Deus, portanto, que Deus é bom, sábio, misericordioso, ou coisas do gênero, que o intelecto delas pode haurir e que, no entanto, são divinas)? A questão, na verdade, é: Nisso tudo se pode encontrar algo desse nascimento? – Na verdade: Não, embora tudo isso seja bom e divino, pois tudo isso foi trazido de fora pelos sentidos.

1. O texto escriturístico foi tirado do Evangelho do domingo depois da Epifania.

Deve-se haurir somente de dentro, de Deus, se quisermos que esse nascimento brilhe ali, de maneira própria e límpida, e se quiseres que todo teu atuar tenha bom termo e todas as tuas forças sirvam a Ele e não a ti. Se essa obra deve ser perfeita, então somente Deus deve atuar e tu deves somente sofrer. Uma vez que tu sais de tua vontade e de teu saber, então Deus entra verdadeiramente e de boa vontade com seu saber e ali brilha claramente. Para que Deus deva saber-se, para isso teu saber não tem consistência nem serventia. Não deves presumir que teu intelecto possa crescer a ponto de poderes conhecer a Deus. Mas se Deus deve brilhar em ti divinamente, então, para isso, tua luz não te é de serventia alguma; antes, deve tornar-se um puro nada e sair inteiramente de si própria; e então, sim, Deus pode entrar com sua luz, trazendo para dentro de ti tudo aquilo do qual saíste e mil vezes mais, acrescido de nova forma tudo contendo em si.

Temos uma comparação disso no Evangelho (cf. Jo 4,3-42), quando, junto ao poço, Nosso Senhor conversou diligentemente e com muito amor com a mulher, e ela largou seu cântaro e correu pela cidade anunciando ao povo que o verdadeiro messias havia chegado. O povo acreditou nela, saíram e viram-no, Ele próprio. Então disseram a ela: "Agora não cremos por tuas palavras, mas, por isso, que nós o vimos, Ele próprio" (Jo 4,42). Na verdade, toda arte das criaturas, tua própria sabedoria e teu saber não podem fazer com que possas saber a Deus divinamente. Se deves saber a Deus divinamente, teu saber deve tornar-se uma ignorância límpida e um esquecimento de ti mesmo e de todas as criaturas[2].

Então poderias dizer: Ah, Senhor, o que deve fazer meu intelecto, uma vez que ele deve ficar absolutamente desocupado, sem qualquer atuação? Será este o modo mais apropriado de eu elevar meu ânimo num conhecimento ignorante, o qual, no entanto, meu intelecto não pode ser? Pois se eu conhecesse isso, então não seria uma ignorância nem estaria desocupado nem vazio. Devo então estar inteiramente numa escuridão? – Sim, seguramente! Jamais poderás estar melhor do que postar-te todo inteiro numa escuridão e numa ignorância.

Ah, Senhor, se tudo deve esvair-se, poderá ser que não haja retorno? Certamente não, ali não poderá haver retorno.

---

2. Cf. Tomás de Aquino, *S.Th.* I q. 12 a. 12.

Mas o que é, pois, a escuridão, como se chama ou como é seu nome? Seu nome não é nada mais do que uma possibilidade receptiva[3], a que não falta ser integral nem sequer é deficiente, mas é somente receptividade potencial na qual deves realizar-te em plenitude. Por isso não há retorno daí. Mas se acontecer de retornares, isso não pode ser por e para nenhuma verdade, deve ser por outra coisa: pelos sentidos ou pelo mundo ou pelo diabo. E se seguisses o retorno, necessariamente cairias em falha, e podes cair tão profundamente de modo a te precipitares na queda eterna. Por isso não há retorno; antes, tudo é um impelir para diante e alcançar e perseguir a possibilidade. Ela jamais descansa até ser realizada com ser pleno. Assim como a matéria jamais descansa até ser realizada com todas as formas que lhe são possíveis; assim também o intelecto jamais descansa até ser realizado com tudo que lhe é possível[4].

Sobre esse ponto diz um mestre pagão[5]: A natureza nada tem que seja mais veloz do que o céu; em seu curso, ele supera e ultrapassa todas as coisas. Mas seguramente o ânimo do homem é incrivelmente mais veloz em seu curso. Se em sua potência permanecesse atual e se mantivesse sem astenia e sem ser fragmentado por coisas inferiores e coisas grosseiras, ele superaria e ultrapassaria o céu mais elevado e jamais sossegaria até chegar ao mais elevado e seria nutrido e conduzido pelo melhor dos bens.

E, por isso, se for útil seguir essa possibilidade e manter-se desocupado e desnudo e propender e perseguir apenas essas trevas e não retornar, então será possível que alcanceis aquele que é todas as coisas. E quanto mais deserto de ti mesmo te manténs, ignorando todas as coisas, tanto mais próximo chegas dele. Sobre esse deserto está escrito: "Quero conduzir minha amiga ao deserto e falar-lhe ao seu coração" (Os 2,14). A verdadeira palavra da eternidade só é dita na solitude, lá onde o homem é desolado e banido de si próprio e de toda multiplicidade. O profeta desejou esse banimento desértico quando disse: "Ah, quem me dará asas como a pomba para que

3. Eckhart (2003, p. 478,48): *mügelich empfenclicheit*. Propriamente a tradução deveria ser: *receptividade possível*, potencial ou potente. Como, em nossa acepção atual, esses adjetivos conotam um modo de ser da possibilidade, no sentido de não ser impossível, de não contradição lógica, a compreensão mais plena e positiva da receptividade ficaria enfraquecida. Não reproduz o que a língua alemã quer dizer com *mügelich*, *möglich* no sentido do verbo, do qual tem a derivação; isto é, *mögen*. *Mögen* significa poder, mas no sentido de gostar, de usufruir a vigência do que é o próprio: o poder receber. Cf. glossário n. 31.

4. Cf. Alberto Magno, *De anima* III tr. 3 c. 11 (ed. Colon., 7,1, p. 221,87-222,84).

5. Aristóteles, *De caelo et mundo* II t. 4 (287 a); Alberto Magno, *De caelo et mundo* II tr. 2 c. 2.

eu possa voar e encontrar repouso?" (Sl 54,7-8). Onde encontra-se repouso e descanso? Encontramos isso verdadeiramente na recusa e no deserto e banimento de todas as criaturas. A esse respeito falou Davi: "Eu prefiro ser rejeitado e desprezado na casa de meu Deus a possuir muitas honras e riquezas no tabernáculo dos pecadores" (Sl 83,11).

Então poderias dizer: Ah, Senhor, será que isso precisa ser sempre assim, ser banido e desolado de todas as coisas, exterior e interiormente, das forças e suas obras, tudo isso deve afastar-se? É uma estância de dor se Deus abandona o homem sem sua sustentação, como diz o profeta: "Ai de mim, meu exílio se prolonga" (Sl 119,5). Se Deus, portanto, prolonga meu exílio, não me iluminando, não me falando nem operando em mim, como vós ensinais e pensais aqui. E uma vez que o homem se encontra num puro nada, não é melhor que ele faça algo que expulse as trevas e a miséria, portanto, que o homem reze ou leia ou ouça pregações ou outra obra, que são, além do mais, virtudes, a fim de que elas nos ajudem? Não! Saiba, na verdade: Estar no mais silencioso e o mais longamente possível é ali o melhor de tudo para ti.

Sem prejuízos, não podes voltar-te a nenhuma criatura, isso é certo. Bem que gostarias de ser preparado e tornar-te disposto, em parte por ti e em outra por Ele, o que absolutamente não pode ser. Antes: jamais podes pensar em ou desejar a preparação de pronto, se antes Deus já não se adianta preparando-te. Que seja então repartido, que a preparação seja tua e a ação ou infusão seja dele – o que é impossível –, então saiba que Deus deve atuar e infundir tão logo Ele te encontre preparado. Não imagines que com Deus se dê como com um carpinteiro, que trabalha com a madeira, que atua ou deixa de atuar quando quer: está em sua vontade, como lhe agrada, atuar ou deixar. Assim não é com Deus; pois onde ou quando te encontra preparado, então Deus deve atuar e infundir-se em ti. Do mesmo modo que quando o vento é límpido e puro, e então o sol deve derramar-se e não pode se deter. Seguramente, seria uma grande falha em Deus se Ele não operasse em ti grandes obras e não derramasse grandes bens em ti, tão logo te encontre desocupado e desnudo.

Assim escrevem os mestres[6]: No mesmo instante pontual quando a matéria da criança está no ponto, disposta no ventre da mãe, Deus nela

---

6. Agostinho, *De Gen. ad litt.* IV c. 12, CSEL XXVIII 1 (ed. Zycha, p. 108,19-22); Pedro Lombardo, *Libri quattuor sententiarum* II d. 18 c. 7 n. 3 (ed. Grottaferrata, l. I e II, p. 421,9-14); Alberto Magno, *De anima* III tr. 3 c. 13 (ed. Colon., 7,1, p. 226,59.74s).

derrama o espírito vivificante, a alma, que é a forma do corpo. Preparar e derramar é um piscar de olhos. Quando a natureza chega ao seu grau mais elevado, Deus concede graça. No mesmo instante em que o espírito está preparado, Deus entra sem demora e sem hesitação. No livro dos arcanos está escrito que Nosso Senhor ordenou ao povo: "Estou junto à porta batendo e aguardando. Quem convida para entrar, com esse quero celebrar uma ceia" (Ap 3,20). Não deves procurá-lo, nem aqui nem acolá; Ele não está mais longe do que diante da porta. Ali Ele se encontra, aguardando e esperando encontrar alguém preparado, que lhe abra a porta e o deixe entrar. Não precisas chamá-lo por muito tempo, Ele quase não pode aguardar para que lhe abras. Ele anseia por ti mil vezes mais do que tu por Ele. O abrir e o entrar não é senão um único instante coincidente.

Então poderias dizer: Como pode ser? Não consigo encontrá-lo.

Agora presta atenção! O encontrar não está em teu poder, mas em seu, como lhe convém. Ele pode mostrar-se quando quiser, e pode esconder-se assim que quiser. Foi o que tinha em mente Nosso Senhor quando disse a Nicodemos: "O espírito sopra onde quer. Ouves sua voz e não sabes de onde ele vem ou aonde vai" (Jo 3,8). Ele fala, por toda parte, e contradiz: ouves e não sabes. Com o ouvir tornamo-nos sabedores. Cristo tinha em mente: no ouvir nós o recebemos e o absorvemos, como se quisesse dizer: tu o recebes e disso não sabes. Saiba: Deus não consegue deixar nada vazio nem vacante. Deus e a natureza não podem suportar que qualquer coisa esteja vacante e vazia[7]. Por isso, embora te pareça não poderes encontrá-lo e estares vazio, isso não é verdade. Pois se algo estivesse vacante sob o céu, seja o que for, pequeno ou grande, ou o céu o atrairia para o alto, para junto de si, ou deveria descer, inclinando-se, e preenchê-lo com ele mesmo. Deus, o mestre da natureza, não suporta que qualquer coisa esteja vacante ou vazia. Por isso, permanece totalmente em silêncio e não foge desse vazio. Isso porque nessa hora podes retirar-te, e jamais retornarás a tal.

Então poderias dizer: Ah, Senhor, vós tendes sempre em mente que deve chegar o dia de dar-se esse nascimento: que o Filho nasça em mim. Pois então será que eu poderia ter um sinal para poder saber comigo se isso aconteceu?

Sim, seguramente! São três os sinais verdadeiros. Desses, quero falar agora sobre um. Perguntam-me frequentemente se o homem pode chegar

---

7. Aristóteles, *De caelo et mundo* I t. 32 (A c. 4 271 a. 33).

a ponto de não sofrer impedimentos pelo tempo, pela multiplicidade e pela matéria. – Sim, na verdade, quando esse nascimento se deu verdadeiramente, então nenhuma criatura poderá impedir-te; antes, todas assinalam para Deus e para seu nascimento, como podemos ver no exemplo do raio. Quando cai, o raio ilumina o que encontra, seja árvore, seja animal, seja homem, com sua passagem ele vira-os para si. E se um homem estivesse virado de costas, no instante ele o vira de frente. Se uma árvore possuísse mil folhas, todas se voltariam, de um golpe, para seu lado direito. Vede, isso acontece a todos aqueles que são tocados e atingidos por esse nascimento: são rapidamente voltados para esse nascimento em cada coisa que está presente. Sim, mesmo sendo muito grosseiro aquilo que antes te era um impedimento, agora isso te auxilia de maneira integral. O rosto volta-se, portanto, totalmente para esse nascimento; sim, tudo que vês ou ouves, seja o que for, e em tudo não podes conceber outra coisa que não seja esse nascimento. Sim, todas as coisas tornam-se para ti limpidamente Deus, pois em todas as coisas então não tens em mente nem amas nada a não ser limpidamente Deus. Como se um homem olhasse longamente para o sol no céu, o que depois disso ele olhasse, ali formar-se-ia o sol. Se a ti sucede de não procurares, não teres em mente e nem amares a Deus em todas as coisas e em cada uma delas, então esse nascimento não te sucede.

E poderias perguntar: O homem que está nessa situação deve fazer alguma penitência, ou será que ele perde algo se não praticar penitência?

Então repara! Toda vida de penitência[8], seja vigília, jejum, choro, disciplinar-se, usar cilícios, dormir em chão de pedra, seja o que for, tudo isso se faz, entre outras coisas, porque o corpo e a carne sempre se contrapõem ao espírito. Muitas vezes ele é mais forte; entre eles há como que uma luta, uma briga eterna. Aqui o corpo é ousado e forte, pois está em seu lar. O mundo ajuda-o, esse reino terrestre é sua pátria, aqui todos os seus parentes ajudam-no: o alimento, a bebida, a comodidade; isso tudo é oposto ao espírito. Pois o espírito aqui é estrangeiro, mas no céu estão todos os seus parentes e toda sua linhagem. No céu ele tem bons amigos se para lá se voltar e ali se familiarizar. E, por isso, devemos vir em auxílio do espírito nesse exílio, enfraquecendo um pouco a carne nessa briga, para que não vença o espírito, por isso coloca-se-lhe o freio da penitência, oprimindo-a para que o espírito possa se defender.

---

8. Cf. Alanus de Insulis, *Summa de arte praedicatoria* c. 32, PL 210,173s.

Isso, no entanto, é feito por causa do aprisionamento; mas se queres capturá-la e detê-la mil vezes mais, então coloca-lhe o freio e o laço do amor. Com o amor, a ultrapassas do modo mais rápido e a capturas do modo mais suave. Por isso Deus não busca nem espera outra coisa de nós a não ser o amor. Pois com o amor acontece o mesmo que com o anzol do pescador. O peixe não pode ser capturado a não ser no anzol. Quando ele se prende no anzol, o pescador está seguro do peixe. Mesmo que o peixe pule de cá para lá, o pescador está seguro do peixe. Assim eu digo que é com o amor. Quem por ele é capturado tem o mais forte dos laços, possui um doce jugo. Quem tomou sobre si esse doce jugo vai mais longe e com isso se aproxima de Deus muito mais do que com todos os exercícios já praticados e todas as dificuldades já suportadas por todos os homens. Ele também pode suportar e sofrer docemente tudo que lhe acontece e o que Deus lhe destina, podendo igualmente perdoar com doçura o que se lhe pratica de maldade. Nenhuma coisa pode te aproximar mais de Deus e fazer com que te apropries dele mais do que esse doce laço do amor. Aquele que já tenha encontrado esse caminho, que não procure outro caminho. Quem foi pego nesse anzol está, portanto, capturado de tal modo que o pé e a mão, a boca e os olhos, o coração e tudo que pertence ao homem deve ser próprio de Deus. E por isso jamais poderás vencer o inimigo, de modo que ele não te prejudique, a não ser com o amor. Por isso está escrito: "O amor é forte como a morte, duro como o inferno" (Ct 8,6). A morte separa a alma do corpo, mas o amor separa todas as coisas da alma. Ele não tolera o que não for Deus ou divino. Quem foi apanhado nesse laço e caminha nesse caminho, seja qual obra ele opere ou deixe de operar, é todo e inteiramente Um; que faça algo ou deixe de fazê-lo, isso absolutamente não importa. No entanto, a mínima obra ou o mínimo exercício desse homem é mais útil e fecundo a ele mesmo e a todos os homens, sendo mais louvável a Deus, do que todos os exercícios de todos os homens que se encontram em menor grau de amor – mesmo que livres de pecado mortal. Seu repouso é mais útil do que qualquer outra atuação. Por isso permanece apenas nesse anzol e então serás capturado no vigor da bem-aventurança e quanto mais capturado tanto mais livre.

Que sejamos assim capturados e libertos, a isso nos ajude aquele que é o próprio amor, Ele mesmo. Amém.

Sermão 104[1]

In his, quae patris mei sunt, oportet me esse [Devo ocupar-me nas coisas de meu Pai] (Lc 2,49)

"É necessário que eu esteja nas coisas que são de meu pai" (Lc 2,49)[2]. Essa palavra nos vem muito a propósito da conversa que vamos ter sobre o nascimento eterno, que se tornou temporal e continua diariamente a nascer no imo da alma e no seu fundo, sem qualquer acaso. A quem quiser ganhar ciência desse nascimento nele, "é necessário, antes de mais nada, que ele esteja nas coisas que são do Pai".

Qual a propriedade do Pai? Se lhe conta o poder[3] ante as outras pessoas. Portanto, nenhum homem pode, com certeza, jamais encontrar esse nascimento, nem dele aproximar-se, a não ser que aconteça com grande poder.

O homem não pode chegar a esse nascimento, a não ser que se retire de todos os seus sentidos em todas as coisas.

"É necessário que eu esteja nas coisas que são de meu pai" (Lc 2,49). Essa palavra é de boa serventia para a conversa que quero propor a respeito do nascimento eterno, que se tornou temporal e nasce diariamente na alma, no seu mais íntimo, no seu fundo sem qualquer acaso. "É necessário, antes de mais nada", a quem quiser ganhar ciência desse nascimento nele, "que esteja nas coisas que são do Pai".

Qual a propriedade do Pai? Se lhe atribui o poder ante as outras pessoas. Portanto, nenhum homem pode jamais encontrar esse nascimento, e seguramente em absoluto alcançá-lo, a não ser que aconteça com grande poder.

O homem não pode progredir, a não ser com grande poder. Ele deve fazer grande violência ao homem exterior, quebrar todos os seus sentidos em todas as coisas.

---

1. O Sermão 104 é apresentado em duas versões: A e B. A respeito da constituição da versão A e versão B, conforme os agrupamentos dos inúmeros manuscritos, seguindo a tradição dos manuscritos, cf. Eckhart (2003, p. 508-560).

2. O texto da Escritura se acha no Evangelho da missa do domingo depois da Epifania.

3. O termo alemão aqui é *gewalt*. Em sua significação, *gewalt* inclui poder, força e violência. Mas essas três acepções são como que diferentes variantes, de algum modo já deficientes, de uma presença da afirmação generosa e vigorosa de imensidão, profundidades abissais da bondade criativa. Cf. glossário n. 31.

E isso deve acontecer com grande poder, de modo a fazer recuar todas as forças e abandonar suas obras.

Deve ser um grande poder, visto que todas as forças devem ser impelidas para trás e ser marteladas, e deve-se sair de suas obras a abandoná-las.

A tudo isso deve-se fazer violência, e sem violência não pode ser feito. Por isso disse Cristo: "O reino do céu sofre violência e os violentos irão tomá-lo de assalto" (Mt 11,12).

A tudo isso reunido deve acontecer violência, de modo que sem violência isso não pode ser feito. A esse respeito Nosso Senhor mesmo disse: "O reino do céu sofre violência e os violentos roubam-no".

Agora surge uma questão sobre o nascimento, sobre o que falamos, se ele acontece sem cessar ou intermitentemente, assim que o homem se conforma, empregando todo seu poder para esquecer todas as coisas, sabendo-se estar somente ali no interior.

Agora surge aqui uma questão sobre o nascimento, sobre o que falamos anteriormente. Se esse nascimento acontece sempre ou às vezes, isso vos digo: Acontece quando o homem se conforma, entregando-se intensamente noite e dia, empregando todo seu poder para esquecer todas as coisas, sabendo estar somente ali no interior.

Agora vê a explanação!
O homem possui um intelecto ativo, um intelecto passivo e um intelecto potencial[4]. O intelecto ativo está continuamente presente e sempre aberto para operar algo, seja em Deus, seja na criatura. Quando o intelecto ativo se exerce intelectivamente nas criaturas, ordenando e reconduzindo a criatura para sua origem, ou quando eleva a si mesmo para a glória divina e para o louvor divino, tudo isso está ainda em seu poder e em seu domínio e ainda chama-se ativo. Mas quando Deus toma para si a obra, então o espírito deve manter-se numa passividade. Mas o intelecto potencial espreita para ambos: o que Deus pode operar e o espírito sofrer, para que isso possa ser alcançado segundo a possibilidade.

Ouve uma explanação sobre essa questão! O homem possui um intelecto ativo, um passivo e um potencial. O ativo está em sua obra sempre com uma presença pronta para atuar.

4. Cf. Aristóteles, *De anima* III, 430 a 25; Avicena, *Liber sextus naturalium* c. I,5 (ed. Van Riet, p. 96); Alexandre de Afrodisias, *De intellectu et intellecto* (ed. Théry Bibl. t. II p. 81,1); Alberto Magno, *De homine* q. 56 a. 3,9 (ed. Borgnet, XXXV, p. 481-2); Tomás de Aquino, *Sum. Cont. Gent.* II c. 78; *S.Th.* I-II q. 51 a. 3.

Mas o potencial tem-no em uma contenção.

Aquilo que um homem disse dez anos atrás, isso ele o possui na memória. Agora não é, nem é tão próximo a ele como aquilo que ele agora pensa e opera.

Uma coisa o espírito possui numa atuação, isto é, de modo que o próprio espírito cultiva a obra. A outra coisa ele possui numa sofrença; isto é, de modo que Deus toma a obra sobre si, e então o espírito deve manter-se em silêncio e deixar Deus atuar. E antes que isso tenha início pelo espírito e seja realizado por Deus, o espírito entrevê isso e tem um conhecimento potencial de que tudo poderá e irá acontecer bem, e este se chama intelecto potencial, a não ser que ele tenha sido muito negligenciado e jamais produza frutos. Mas assim que o espírito se exercita segundo seu poder e com reta fidelidade, então o espírito de Deus toma a ele e a obra sobre si e assim o espírito contempla e sofre a Deus. Mas como o sofrer e o contemplar a Deus são coisas extremamente grandiosas, especialmente neste corpo, por isso Deus, às vezes, se retrai do espírito.

Uma coisa ele possui numa atinência, a outra numa atuação presente. Vê, é retamente assim que se dá com essa.

E é isso que Ele disse: "Um pouco me vereis, e um pouco não me vereis" (Jo 16,16).

Nosso Senhor disse: "Um pouco vós deveis não me ver agora, mas um pouco deveis me ver". Assim, o Deus fiel às vezes se mostra assim e às vezes Ele se esconde assim.

Nosso Senhor levou consigo os três discípulos, em separado, sobre o monte e mostrou a claridade de seu corpo, a qual Ele tinha pela união da deidade e a qual nós deveremos ter após a ressurreição. Tão logo viu esse esplendor, São Pedro teria permanecido, com prazer, sempre ali.

Nosso Senhor estava com os três discípulos sobre o monte e mostrou excepcionalmente a claridade de seu corpo, a qual Ele tinha pela união da deidade e que nós deveremos ter após a ressurreição. Tão logo viu essa claridade, São Pedro teria permanecido, com prazer, sempre ali.

Assim, na verdade: quando encontra o bem, dele por nada o homem pode separar-se, na medida em que o bem é bom. Quando o conhecimento encontra o bem, o amor deve segui-lo, e junto com ele a memória e a alma.

Portanto, na verdade: quando encontra o bem, disso o homem não pode separar-se por nada, na medida em que o bem é bom. Quando o conhecimento encontra o bem, o amor deve seguir – na memória e a esta só e integralmente. Ele não pode separar-se por nada, a não ser que encontre nisso algo de mau.

E Nosso Senhor, sabendo muito bem disso tudo, deve às vezes esconder-se, pois a alma é uma forma simples do corpo. E para onde ela se volta, volta-se inteiramente. Se lhe fosse conhecido o bem, que é Deus, totalmente sem mediação e sem cessar, de modo algum ela poderia voltar-se dali, de modo que não teria nenhuma influência no corpo. Assim aconteceu a São Paulo: se ele tivesse permanecido ali cem anos, quando conheceu o bem, ele jamais teria retornado ao corpo, ele o teria esquecido inteiramente.

E assim, como tudo isso não se conforma com essa vida e nem a ela pertence, por isso o Deus fiel o encobre assim como Ele quer, e o mostra também assim como Ele quer e como sabe, como se Ele fosse um médico dedicado que sabe o que é o mais útil de tudo e que isso se nos conforma do melhor modo.

Esse retrair-se não é teu, mas daquele a quem pertence também a obra. Ele também pode fazer e deixar de fazer o que quiser, pois sabe muito bem quando isso mais se conforma contigo. Em sua mão está o mostrar e o deixar de mostrar, e como Ele sabe que é passível a ti. Pois Deus não é um destruidor da natureza, antes: Ele a leva à realização plena. E isso Deus faz sempre mais e mais, na medida em que tu sempre mais e mais a isso te conformas.

Então poderias dizer: Ah, Senhor, aqui precisamos de um ânimo solto de todas as imagens e de todas as obras, que ademais se encontram por natureza nas forças. Como devemos, nós, proceder com as obras exteriores, que às vezes precisamos fazer, por exemplo, as obras de caridade, as quais se dão totalmente no exterior, como ensinar e consolar os necessitados? Devemo-nos privar daquilo que intensivamente se ocuparam os discípulos de Nosso Senhor, como diz Santo Agostinho[5] de São Paulo, que estava tão empenhado e preocupado com as pessoas, como se ele as houvesse gerado todas elas para o mundo? Deveremos ser despojados desse grande bem para nos exercitarmos em obras virtuosas?

Como Nosso Senhor sabe muito bem disso, deve às vezes esconder-se e encobrir-se, pois a alma é uma forma simples do corpo. E para onde ela se volta, volta-se inteiramente. Quando se lhe tornasse conhecido o bem, ela não poderia voltar-se dali, de modo que não teria nenhuma influência ou auxílio ao corpo. Como São Paulo: Se ele tivesse permanecido ali cem anos, quando conheceu o bem, ele jamais teria retornado ao corpo, e o teria esquecido inteiramente.

E assim, como isso não se conforma com esta vida e nem a ela pertence, por isso o Deus fiel o reconhece como quer e mostra-o quando o quer e quando sabe que é o melhor para nós e que se nos conforma, como faz um médico dedicado para com o doente.

Esse sentir não é teu, mas daquele a quem pertence também essa obra. Ele pode fazer e deixar de fazer quando quer e quando sabe muito bem o momento em que isso melhor se conforma contigo. Em sua mão está o mostrar e o deixar de mostrar, e Ele sabe que é passível a ti. Pois Ele não é um destruidor da natureza. Ele a leva à realização plena; mas excepcionalmente, na medida em que mais e mais te aténs a isso e a isso te conformas.

Então poderias perguntar: Ah, Senhor, posto que aqui precisamos de um ânimo solto de todas as imagens e de todas as obras, que se encontram também, por natureza, nas forças, como deve-se proceder com as obras exteriores, que às vezes precisamos fazer por amor, como ensinar e consolar os necessitados? Nesse caso deve-se ser disso privado, como os discípulos de Nosso Senhor se entregaram intensivamente, segundo escreve Santo Agostinho que São Paulo estava tão firmemente empenhado com as pessoas, como se ele as houvesse trazido todas ao mundo e as houvesse trazido em seu ventre? Deveremos ser privados desse grande bem por causa de um bem menor?

5. Agostinho, *En. Os.* 147 n. 14, CCSL XL (ed. Dekkers/Fraipont, p. 2.149,1-15).

Repara agora a explanação dessa questão! Uma coisa é absolutamente nobre, a outra é muito útil. Maria foi muito louvada por ter escolhido o melhor. Assim também a vida de Marta foi muito útil, pois serviu a Cristo e seus discípulos. Mestre Tomás[6] diz: Ali a vida ativa é melhor do que a vida contemplativa, visto que na atuação se derrama por amor o que se recebeu interiormente na contemplação. Ali não há mais do que um, pois não se toma em nenhum outro lugar, a não ser no mesmo fundamento da contemplação, o que o faz fecundo na atuação; e ali a intenção da contemplação chega à plena realização.

Só se dão movimentos ali onde não há senão um: vem-se de um fim, que é Deus, e desemboca-se novamente nele, como se eu andasse nessa casa de um confim ao outro. Isso bem seria movimento e, no entanto, não seria nada mais do que um em um. Portanto, nessa realidade não temos outra coisa do que uma vigência contemplativa em Deus: uma repousa na outra e leva a outra à realização plena. Pois na unicidade da contemplação Deus visa à fecundidade da atuação. Pois na contemplação serves somente a ti mesmo, mas na atuação das virtudes, ali serves a muitos. A isso nos exorta o Cristo com toda sua vida e com a vida de todos os seus santos, a todos os quais expulsou para que fossem servir a muitos.

Repara aqui!

Uma coisa é bem mais nobre e a outra é mais louvável. Somente Maria foi louvada por ter escolhido o melhor; no entanto, a vida de Marta, numa parte, foi mais útil, pois ela servia a Nosso Senhor e seus discípulos. Mestre Tomás diz que ali a vida ativa é melhor do que a vida contemplativa, visto que na atuação se derrama por amor o que se recebeu interiormente na contemplação. Nisso não há mais do que um, pois não se toma em nada além do que no mesmo fundamento da contemplação, o que o faz fecundo na atuação; ali a intenção da contemplação chega à plena realização. E se ali se dão movimentos, nada mais há do que um: provém de um fim e desemboca novamente nele, como se eu andasse nessa casa de um confim ao outro. Isso estaria em movimento e, no entanto, não seria nada mais do que um em um. Portanto, nessa realidade, não temos antes nem depois a não ser a vigência contemplativa nele: uma toca na outra e leva a outra à realização plena. Pois na unicidade da contemplação Deus visa a essa fulguração luminosa da atuação. Pois ali serves somente a ti, aqui serves a muitos. O fato de que o Cristo o realizou e nos exorta a isso, Ele o demonstrou grandemente em toda a sua vida, e o demonstram todos os seus discípulos e todos os seus santos, os quais Ele despediu a todos para que fossem servir a muitos.

6. Tomás de Aquino, *S.Th.* III q. 40 a. 1 ad 2; ibidem, II-II q. 182 a. 1 ad 3.

São Paulo diz a Timóteo[7]: "Caro amigo Timóteo, deves pregar a palavra". Refere-se ele à palavra exterior que açoita o ar? Não, seguramente. Ele se refere à palavra gerada interiormente e oculta, que se encontra ali encoberta na alma: ele lhe ordena pregar essa palavra, para que ela seja anunciada às forças da alma e estas dela se nutram, e que também o homem exterior se dedique a essa palavra em toda a sua vida exterior, no que o seu próximo dela precisar – que tudo isso seja encontrado em ti, sendo realizado, segundo teu poder.

São Paulo diz a Timóteo: "Caro filho Timóteo, prega essa palavra". Refere-se ele à palavra exterior que açoita o ar? Não, seguramente. Ele se refere à palavra que se dá interiormente, que se encontra ali encoberta na interioridade da alma: ele lhe ordenou pregar essa palavra, para que seja anunciada às forças da alma e estas dela se nutram, e também no homem exterior em todas as demonstrações, doando-se a toda vida exterior, visto que o próximo dela necessita: que se encontre isso em ti, sendo cuidado.

Essa palavra deve estar em ti no pensamento, no intelecto e na vontade, e deve brilhar para fora também nas obras. Assim disse o Cristo: "Vossa luz deve brilhar diante dos povos" (Mt 5,16). Ele se referia às pessoas que observam apenas a contemplação e não cuidam da atuação virtuosa, dizendo que disso não precisam; estão acima disso. Não foi a eles que Cristo se referiu quando disse: "A semente caiu em terreno bom e produziu frutos, cem por um" (Lc 8,8). Antes, são os que Ele tinha em mente quando disse: "A árvore que não produz fruto deve ser arrancada" (Mt 3,10).

Essa palavra deve brilhar no pensamento, no intelecto, na vontade e nos sentidos, como disse Nosso Senhor: "Assim a vossa luz deve brilhar diante dos povos" (Mt 5,16). Isso vai contra certas pessoas que observam apenas a contemplação, sem cuidar da atuação, dizendo que não precisam dos exercícios das virtudes; estão acima disso. Não foi a eles que Nosso Senhor se referiu quando disse: "Quando essa palavra caiu em terreno bom, então produziu frutos, cem por um". E noutro lugar Ele diz: "A árvore que não produz fruto deve ser arrancada".

Agora poderias dizer: Ah, Senhor, o que será feito do silêncio e quietude do qual nos tendes falado tanto? Pois aqui no nosso caso são necessárias tantas imagens, visto que cada obra deve acontecer em sua própria imagem, seja uma obra interior ou exterior, seja que eu ensine a este ou console aquele, empreenda isto ou aquilo. Qual a quietude que eu posso ter ali? Pois assim que o intelecto conheça e formule, que a vontade queira e que a memória se atenha a algo, tudo isso não são imagens?

Agora poderias dizer: Senhor, o que será feito do silêncio, da quietude, da qual nos tendes falado? Pois para isso são necessárias tantas imagens, visto que cada obra deve acontecer em sua própria imagem, seja interior ou exterior, seja que eu ensine a este ou console aquele, faça isso ou aquilo. Qual a quietude que posso ter então? Pois quando o intelecto conhece, a vontade quer e a memória pensa em algo, tudo isso são imagens.

7. Dionísio Areopagita, *De mystica theologica* c. 11; PG 3,997 B; PTS 36 (ed. Heil-Ritter, p. 142,5); *Dionysiaca* I, p. 567; Alberto Magno, *Super Dionysii mysticam theologiam* c. 1 (ed. Colon., 37,2, p. 457,66).

Reparai agora! Antes falamos de um intelecto ativo e de um passivo. O intelecto ativo retira as imagens das coisas exteriores, despe-as da matéria e dos acidentes, colocando-as no intelecto passivo, e este gera-lhe imagens espirituais em si. E assim que o intelecto passivo está prenhe do ativo[8], então ele retém e conhece a coisa com a ajuda do intelecto ativo[9]. Mas o intelecto passivo ainda não pode manter a coisa no conhecimento, pois o ativo deve iluminá-la novamente. Vede, tudo o que o intelecto ativo faz num homem natural, o mesmo e muito mais faz Deus num homem desprendido. Deus retira aqui o intelecto ativo, colocando a si mesmo em seu lugar, e opera Ele mesmo o que o intelecto ativo deveria operar. Ora, quando o homem de si se desprende inteiramente e o intelecto ativo é vencido, então Deus deve necessariamente tomar sobre si a obra e deve Ele mesmo ser ali o mestre de obras, doando-se a si mesmo para dentro do intelecto passivo.

Compreendei isto! Os mestres escrevem sobre um intelecto ativo e um passivo. O ativo contempla as imagens das coisas exteriores, despe-as da matéria e dos acidentes, colocando-as no intelecto passivo e este gera-lhe imagens nele criadas. Quando pois o intelecto passivo está prenhe do ativo, então ele mantém-no e conhece a coisa que o intelecto ativo trouxe para dentro. Mas ele ainda não pode conhecer a coisa, pois o ativo deve iluminá-la de outra forma, derramando sobre ela sua luz de novo. Vede, tudo que o intelecto ativo faz aqui num homem natural, o mesmo faz Deus num homem desprendido. Ele retira aqui o intelecto ativo, coloca a si mesmo em seu lugar e por si mesmo opera o que o intelecto ativo deveria operar. Pois esse homem deixou a si mesmo e venceu nele o intelecto ativo, por isso é de necessidade que Deus tome sobre si a obra, devendo Ele mesmo ser ali o mestre de obras, doando-se no intelecto passivo.

8. Cf. Konrad von Megenberg, *Buch der Natur* I, 1 (ed. Pfeiffer, p. 4,22-5,2); Tomás de Cantimpré, *Liber de natura rerum* I, 2 (ed. Boese, p. 13,6-13).

9. Cf. Guilherme de Auvergne, *De anima* c. 7, parte 8 (*Opera omnia* II, p. 214).

Observa então se não é assim. O intelecto passivo não pode dar o que não possui, nem pode ter duas imagens juntas. Ele bem possui uma antes e outra depois. É verdade que o ar e a luz mostram muitas imagens e muitas cores juntas, no entanto não podes ver nem conhecer, a não ser uma após a outra. Assim faz o intelecto ativo, pois ele também é assim. Mas tão logo opere no lugar do intelecto ativo, Deus gera muitas imagens juntas num ponto. Pois quando Deus te move para uma boa obra, logo oferecem-se todas as tuas forças para todas as boas obras: por esse concurso teu ânimo se encaminha para todo o bem. O que podes de bem forma-se e apresenta-se totalmente junto, num instante e num ponto. Por certo, isso demonstra e comprova que não é obra do intelecto, pois ele não possui essa nobreza nem essa riqueza; antes, ele é obra de e é gerado por aquilo que possui todas as imagens juntas em si mesmo.

Assim falou o nobre Paulo: "Posso todas as coisas naquele que me fortalece" (Fl 4,13). Nele não posso apenas isso ou aquilo, mas todas as coisas, e nele de modo indistinto. Aqui deves saber que as imagens dessas obras não são tuas nem da natureza; antes, são do mestre de obras da natureza[10], o qual colocou a obra e a imagem ali dentro. Não te apegues a elas, pois são suas e não tuas. Na temporalidade, apenas são concebidas por ti; porém são geradas por Deus e são por Ele doadas acima do tempo, na eternidade, acima de todas as imagens.

Então poderias perguntar: Já que meu intelecto se despojou de sua obra natural e que não possui nenhuma imagem própria, sobre o que, pois, estará sua sustentação? Pois ele deve sempre sustentar-se sobre algo. As forças sempre buscam aderir a algo e operar ali dentro, seja memória, intelecto ou vontade.

Isso podes perceber como é. O intelecto ativo não pode conter duas imagens juntas. Ele tem uma antes e outra depois. Quando o ar mostra a cor, não podes ver senão uma após a outra. Assim faz o intelecto ativo, e assim vês tu também. Pois enquanto Deus gera no lugar do intelecto ativo, gera múltiplas imagens juntas, num ponto. Pois quando Deus te move para uma boa obra, logo oferecem-se ali todas as boas obras: teu ânimo se encaminha com ele, avante, mil vezes mais firme, na direção de todo o bem. O que podes de bem, isso tudo se apresenta e forma-se totalmente junto, num instante e num ponto. Por certo, isso mostra que não é obra do intelecto nem geração sua, pois dele ele não possui nada de nada; antes, é obra daquilo e é gerado por aquilo que possui todas as imagens juntas em si mesmo.

Assim falou o nobre São Paulo: "Posso todas as coisas naquele que me fortalece" (Fl 4,13). Nele não posso apenas isso ou aquilo, mas todas as coisas nele indistintamente. Aqui deves saber que as imagens dessas obras não são tuas nem da natureza; antes, são do mestre da natureza, o qual colocou a obra e a imagem ali dentro. Não te apegues a elas, pois são suas e não tuas. Na temporalidade, são apenas concebidas e tomadas por ti; porém são geradas por Deus e são por Ele doadas acima do tempo, na eternidade, acima de todas as imagens.

Então poderias perguntar: Já que meu intelecto se despojou de sua obra natural e que não possui nenhuma obra própria nem imagem, sobre o que, pois, deve o intelecto, o qual busca sempre ter um esboço e uma pousada, se conter? Será que as forças podem, mesmo assim, aderir a algo e operar ali dentro, seja memória, intelecto ou vontade?

10. Alberto Magno, *De causis et processu universitatis* I tr. 2 c. 8 (ed. Colon., 17,2, p. 34,45-47); *De animalibus* VI tr. 3 c. 3 n. 120 BGPhMA 15 (ed. Stadler, p. 493,10-12); Tomás de Aquino, *De potentia* q. 3 a. 15.

Agora repara essa descrição! O esboço do intelecto e seu conteúdo não é o acidente, mas o ser, isto é, o ser despidamente límpido nele mesmo. Quando o intelecto conhece uma verdade de uma essência, do ser, imediatamente inclina-se para lá e larga-se ali num repouso, e ali, pelo intelecto, pronuncia sua palavra a partir do esboço que ele ali possui. Mas enquanto o intelecto não encontra a verdade da essência, do ser, de modo próprio, e enquanto não tocar o fundo, de modo que pode dizer "isto é isto e é assim e não diverso", ele se mantém inteiro numa busca[11] e numa demora[12], não se inclina nem repousa; antes, ele ainda trabalha tudo e mergulha toda busca numa demora. E assim pode ser que empenhe um ano ou mais no labor de uma verdade natural, do que algo é, sim, e deve trabalhar ainda longo tempo numa inserção no trabalho de remoção daquilo que algo não é. E enquanto isso ele está sem qualquer contenção e nem diz palavra alguma de coisa alguma, enquanto não encontrou o fundo da verdade com conhecimento verdadeiro. Por isso, nesta vida o intelecto jamais toca o fundo da verdade sobrenatural, que é Deus. E é por isso que ele está todo numa demora e num labor. E tudo que ele pode ter aqui de Deus deve ser chamado mais ignorância do que um saber. Nesta vida Deus jamais se revela tanto, a não ser que seja como um nada, diante daquilo que Ele é. Embora esteja no fundo, a verdade, porém, está encoberta e oculta para o intelecto. E porque isso é assim todo o tempo, o intelecto não é contido, de modo que não encontra repouso a não ser num esboço imutável. Ele ainda não repousa; antes, aguarda e continua se preparando para algo que ainda deve ser conhecido e ainda está oculto. O homem, portanto, não pode saber inteiramente o que Deus é; mas há algo que ele certamente sabe: o que Deus não é. E isso mesmo, o homem intelectual distingue totalmente. Por causa disso o intelecto não é contido em nenhum esboço essencial; antes, ele tudo aguarda como a matéria aguarda a forma. Pois assim como a matéria não repousa se não for preenchida por todas as formas, assim também o intelecto

Agora compreende essa descrição! O esboço do intelecto e seu conteúdo não é o acidente, mas o ser, isto é, o ser despidamente límpido nele mesmo. Quando então o intelecto conhece a verdade de uma essência, imediatamente inclina-se para lá e quer repousar ali. Ali, pelo intelecto, ele pronuncia sua palavra, a partir do esboço que ele ali possui. Antes, enquanto o intelecto não encontra, de modo próprio, a verdade da essência, do ser, portanto, não toca o fundo, de tal modo a poder dizer "isto é isto e é assim e não diverso", ele se mantém inteiro numa busca e numa demora e não se inclina nem repousa; antes, ele ainda trabalha tudo e retira toda busca numa demora. E assim pode ser que empenhe um ano ou mais no trabalho de uma verdade natural a respeito do que algo é, sim, e trabalha bem mais longamente numa remoção daquilo que a verdade não é. Tão longamente ele está sem esboço e sem conteúdo e não diz palavra alguma dele, pois esse conhecimento da verdade ainda não tem um fim. Vê, assim, nesta vida, o intelecto jamais fundamenta o fundo da verdade sobrenatural, que Deus é. E é por isso que ele está inteiramente numa demora e num labor, e tudo o que ele pode ter aqui de Deus deve ser mais uma ignorância do que um saber, pois Deus jamais se revela tão firmemente aos seus amigos nesta vida, a não ser que seja como um nada de nada, diante daquilo que Ele é. É claro que a verdade está no fundo, mas está encoberta e oculta para o intelecto. E por causa disso tudo, o intelecto não é contido, de modo a repousar como num esboço. Ele ainda não alcança o fim, mas continua aguardando e preparando-se para algo que ainda deve ser conhecido e ainda está oculto. Portanto, o homem não pode saber inteiramente o que Deus é; mas sabe certamente o que Ele não é, e distingue isso tudo. Assim, o intelecto não é contido num esboço, mas aguarda como a matéria aguarda a forma. Pois assim como a matéria não repousa se

11. Tomás de Aquino, *Commentum in quattuor libros Sententiarum* III d. 27 q. 1 a. 112 (ed. Moos III, p. 855).

12. Eckhart (2003, p. 593,308): *beitenne.*

não repousa a não ser somente na verdade essencial, que incluiu em si todas as coisas. Ele só se satisfaz na essência. E isso Deus lho retira mais e sempre mais, a fim de despertar seu zelo e atraí-lo para que prossiga cada vez mais e persiga mais, concebendo o bem abissal verdadeiro, não o deixando satisfazer-se com coisa alguma; antes, instigando e afligindo a tudo pelo mais excelso de tudo.

Então poderias dizer: Ah, Senhor, muito nos dissestes que nossas forças devem silenciar, e agora colocais todas as coisas numa instigação e num anelo aqui nesse silêncio. Isso seria um imenso clamor e um grande diálogo, dizer que há uma instigação e uma persistência em algo que não se possui. O que acabaria com esse repouso e esse silêncio; seja desejo ou intenção, seja louvor ou agradecimento, seja o que quer que ali dentro se mostrasse ou se formasse. Mas isso não seria nem se chamaria repouso límpido nem pleno silêncio.

De tudo isso, ouvi uma explanação! Se te despojaste inteiramente de ti mesmo, de todas as coisas e de tudo que é próprio, em todos os modos, e se te confiaste inteiramente a Deus, tendo-o apropriado e tendo-te nele abandonado, com toda confiança e pleno amor, o que quer que nasça em ti e se acometa sobre ti, eu digo: Seja exterior ou interiormente, seja desagradável ou agradável, azedo ou doce, isso é inteiramente não-teu; antes, é inteiramente de teu Deus, a quem te abandonaste. Dize-me uma coisa: A palavra que é dita pertence a quem a disse ou a quem a ouve? Ela apenas incide naquele que a ouve, mas é propriamente daquele que a diz ou a gera.

Ouvi uma comparação! O sol lança seu brilho no ar, o ar recebe a luz e a transmite para a terra, e assim nos possibilita que distingamos todas as cores. Embora a luz esteja formalmente no ar, está essencialmente no sol. O brilho procede propriamente do sol e provém do sol e não do ar; antes, é recebido pelo ar e através do ar oferecido adiante a todos aqueles que são capazes de receber luz.

não for preenchida por todas as formas, assim também o intelecto não repousa a não ser na verdade, que incluiu em si todas as coisas. Ele só se satisfaz no ser. E disso Deus o subtrai totalmente, retirando-o dele, a fim de despertar e atrair seu zelo para que prossiga e persiga mais, alcançando assim bens mais grandiosos e verdadeiros, não o deixando satisfazer-se com pequenas coisas, a não ser instigá-lo pelo mais excelso.

Então poderias dizer: Ah, Senhor, há pouco, muito nos dissestes que nossas forças devem silenciar, e agora impondes uma instigação e um anelo a todas as coisas aqui neste silêncio. Isso seria um imenso clamor e diálogo, dizer que há, portanto, uma instigação e uma persistência em algo que não se possui. O que acabaria com esse repouso e esse silêncio; seja intenção ou querer, busca, agradecimento ou louvor, ou o que quer que ali dentro se instaure ou se forme. Mas isso não seria silêncio pleno e verdadeiro.

De tudo isso, ouve uma explanação! Se o homem se esvazia inteiramente de si mesmo e de todas as coisas, com toda propriedade, em todos os modos e em todas as coisas, o que quer que nasça em ti, não é teu, mas pertence inteiramente a teu Deus, a quem te abandonaste. Dize-me: A palavra que é dita pertence a quem a disse ou a quem a ouve? Embora esteja naquele que a ouve, é propriamente daquele que a gera e a diz, e não daquele que a ouve.

Então, ouvi uma comparação! O sol projeta seu brilho no ar, o ar recebe a luz e a transmite para a terra, e nisso mesmo nos possibilita que distingamos todas as cores. Embora a luz esteja formalmente no ar, ela está essencialmente no sol, e provém do sol e não do ar; antes, é recebida no ar e através do ar oferecida adiante a todos aqueles que são capazes de receber a luz.

Desse modo acontece, pois, na alma: Deus gera na alma seu nascimento e sua palavra, e a alma recebe-o e dá-lo adiante às forças, de diversos modos: ora num desejo, ora em boas intenções, ora em obras caritativas, ora em gratidão, ou seja o que for que te toque. É tudo seu e não teu, absolutamente. O que Deus opera ali, recebe-o inteiramente como o seu e não como o teu, como está escrito: "O Espírito Santo intercede com um turbilhão de incontáveis suspiros" (Rm 8,26). É Ele que reza em nós, e não nós. São Paulo diz: "Ninguém pode dizer Senhor Jesus Cristo, a não ser no Espírito Santo" (1Cor 12,3).

É necessário, antes de tudo, que não te apegues a nada; antes, deixa-te inteiramente e deixa Deus operar contigo e em ti o que Ele quiser. Essa obra é sua, essa palavra é sua, esse nascimento é seu, e tudo que és, integralmente. Pois se deixaste a ti mesmo e saíste de tuas forças e as obras dessas tuas forças e do que é próprio de teu ser, então, Deus entrou totalmente em ser e em forças – isso porque tu te despojaste de tudo que é próprio e te tornaste deserto, como está escrito: "A voz clama no deserto" (Is 40,3). Deixa essa eterna voz clamar em ti, como lhe agradar, e mantém a ti mesmo e a todas as coisas no deserto.

Tu, porém, poderias dizer: Ah, Senhor, como deve portar-se o homem que deve esvaziar-se e tornar-se inteiramente deserto de si mesmo e de todas as coisas: o homem deve estar todo o tempo num aguardo da obra de Deus e não atuar, ou ele próprio deve talvez operar alguma coisa como rezar, ler e operar outras obras virtuosas, seja ouvir sermões, seja praticar a escrita? Suposto que esse homem nada deve tomar de fora, mas tomar tudo da interioridade, de seu Deus, e se não faz essa obra, esse homem não omite algo?

É justo assim que acontece, pois, na alma, onde Deus gera a si mesmo com o nascimento de sua graça, e a alma recebe-o, adiante nas forças, de diversos modos: num desejo, em boas intenções, em obras novas e em gratidão, e seja o que for que te toque. É tudo seu e não teu. O que Deus opera ali, recebe-o como o seu e não como o teu, como está escrito: "O Espírito Santo sopra seu espírito num turbilhão de incontáveis modos sutis" (Rm 8,26). Ele não reza em nós, mas nós rezamos nele, como diz São Paulo: "Ninguém pode dizer Senhor Jesus Cristo, a não ser no Espírito Santo" (1Cor 12,3).

É necessário a ti, antes de tudo, que não te apegues a nada; antes, deixa-te inteiramente e deixa Deus operar em ti e fazer sua vontade contigo. Pois essa obra é sua e essa palavra gera sua obra e tudo que a ti pertence. Pois, do fato de que abandonastes a ti mesmo, junto com o surgimento de tuas forças e das obras de tua essência, com o que lhe é próprio, por isso Deus deve entrar em ser e em forças – isso porque tu te despojaste de tudo que é próprio, te tornaste um deserto e te aniquilaste, como está escrito: "A voz clama no deserto" (Is 40,3). Deixa essa eterna voz clamar em ti, como a ela agrada, e mantém-te em guarda em todas as coisas.

Então poderias dizer: Ah, Senhor, como deveria portar-se o homem que fosse esvaziar-se de boa vontade de si mesmo em todas as coisas do deserto: o homem deve estar todo o tempo num aguardo da obra de Deus, permanecendo inteiramente sem atuar, ou ele próprio deve operar alguma coisa como rezar, ler e operar outras obras virtuosas? Suposto que esse homem nada deve tomar de fora, mas tudo de dentro, de seu Deus, e se o homem não faz as obras...

Mas atenção! Todas as obras exteriores são instauradas e ordenadas para que, com isso, o homem exterior seja conduzido para Deus e ordenado a Deus e a uma vida espiritual e a coisas boas; para que ele não fuja de si mesmo para nenhuma desigualdade, para que através disso ele seja disciplinado e não escape de si mesmo em coisas alheias, a fim de que, quando Deus quer operar sua obra, ele encontre o homem preparado, sem precisar retirá-lo novamente de coisas distantes e grosseiras. Pois quanto maior o prazer em coisas exteriores, tanto maior é a dificuldade de afastar-se delas, pois quanto maior o prazer, tanto maior é a dor, quando de uma separação. Vede, por isso, todo operar encontrado que diz respeito aos exercícios de virtude – rezar, ler, cantar, jejuar, vigiar, e seja o que for dos exercícios de virtude – é para que o homem com isso se torne cativo de e contido em coisas alheias e não-divinas. E por isso, quando o homem se dá conta de que o espírito de Deus não opera nele e que o homem interior foi por Deus abandonado, então é absolutamente necessário que o homem exterior se exercite em todas as virtudes, e de maneira excepcional nas que lhe são as mais possíveis de todas, as mais úteis de todas e as mais necessárias, e que de modo algum tudo isso seja próprio para ele mesmo, mas para honra da verdade, para que por isso o homem não seja atraído e descaminhado para coisas grosseiras, mas que antes ele se apegue a Deus, para que Deus o encontre próximo e disposto quando quiser retornar e operar sua obra na alma, e assim para que então Ele não precise procurá-la distante. Mas se o homem se encontrar bem-ordenado, na verdadeira interioridade, então ele deve deixar corajosamente toda exterioridade, mesmo que sejam aqueles exercícios com os quais te comprometeste por votos, dos quais nem papa nem bispo podem desonerar.

Ele não deve deixar para trás as obras exteriores, pois são impostas ao homem por causa de ordenações, para conduzir o homem para Deus, por uma vida espiritual e para coisas boas, que ele não dê a si mesmo um estado mau para nenhuma desigualdade, para que, através disso, ele se exercite e não escape de si mesmo para coisas alheias, a fim de que bem opere para Deus, e, quando este quiser tê-lo, que ele esteja preparado e que Deus não fuja dele, por causa de suas coisas distantes e grosseiras. Pois quanto maior for o prazer das coisas exteriores, tanto mais distante se torna a bem-aventurança do homem, pois quanto maior o prazer, tanto maior e mais pesada é a dor, quando de uma separação. Vede, todo operar é encontrado e pensado com bons exercícios de virtude – como rezar, ler, cantar, jejuar, vigiar, ficar ajoelhado ou seja qual for o exercício de virtude – para que o homem com isso se torne cativo e suspenso em coisas alheias, impróprias e não-divinas. E porque o homem se dá conta de que o espírito de Deus não opera nele e que o homem interior foi abandonado por Deus, não há nada melhor para ele do que exercitar-se em todas as virtudes; e de maneira excepcional naquelas que podem auxiliá-lo da melhor maneira, que sejam para ele a coisa mais útil e a mais necessária de tudo. E que, nele mesmo, não procure nenhuma propriedade que não seja a reta verdade, e assim não seja atraído para coisas grosseiras, mas antes se apegue a Deus em coisas boas, para que Deus o encontre reto quando quiser vir para contemplar sua obra na alma e que então ele não precise procurar muito. Mas se o homem quiser ser encontrado numa interioridade verdadeiramente ordenada, então deve depor de si toda agitação da exterioridade, mesmo aqueles exercícios com os quais te comprometeste por votos, os quais nem papa nem bispo podem desonerar.

Pois os votos que um homem faz a Deus, destes ninguém pode desonerá-lo; mas podem ser transformados noutra coisa, pois todo voto é um compromisso com Deus. Se um homem tivesse feito muitas promessas – oração, jejum, peregrinações –, se, depois disso, entrasse nalguma ordem, então estaria dispensado de todas as promessas, pois na ordem compromete-se com todas as virtudes e com Deus. Retamente, portanto, digo também aqui: Por mais que um homem tenha se comprometido com certas coisas, se chegar retamente na verdadeira interioridade, é livre de todas. O tanto de tempo que durar a interioridade, mesmo que dure uma semana, um mês, um ano, nada desse tempo é perdido, nem por monge nem por monja, pois Deus, por quem foram escolhidos e acolhidos, deve responder por eles. Ainda mais: assim que o homem retorna a si mesmo, retoma os votos no tempo em que ele se acha agora.

Mas a respeito do tempo dispendido ali na interioridade, que imaginas ter perdido, jamais precisas pensar que devas restituí-lo, pois Deus preenche-o, porque foi Ele que te fez inativo.

Tampouco deverias querer que fosse restituído pela obra de todas as criaturas, pois o menor ato de Deus é melhor do que todas as obras de todas as criaturas. Isso foi dito a pessoas instruídas e iluminadas, que foram instruídas e iluminadas por Deus e pelas Escrituras.

Pois quando um homem faz um voto a Deus, disso ninguém pode desonerá-lo; pode ser transformado noutro estado, um estado mais alto. Todo voto é um comprometer-se com Deus. Se um homem fez muitas promessas de rezar, fazer jejum, peregrinações, fica livre de todas se entrar nalguma ordem, pois na ordem compromete-se com todas as virtudes e com Deus. Retamente digo também aqui: Por mais que um homem tenha se comprometido com Deus, para certas coisas, se alcançar retamente a verdadeira caridade na ordem, torna-se dispensado de todas. Nesse tanto de tempo que durar nele a interioridade, mesmo que dure uma semana, um mês, um ano, nem monge nem freira terão perdido tempo algum diante de Deus, a quem estão comprometidos e por quem foram acolhidos; é a Ele que devem responder antes de todas as coisas. Mas assim que retorne para si mesmo, que o homem cumpra o que prometeu no tempo em que se encontra. Mas a respeito do tempo que passou e o que ele dispendeu ali na interioridade, o que lhe parece estar em dívida para com a ordem, não precisa tomar nada disso sobre si nem pensar em fazer algo, pois Deus mesmo preenche-o, porque é Ele que te faz inativo. No entanto não deverias querer que todas as criaturas percebam isso. Ele preenche muito mais. Pois o que se pode fazer para Deus é melhor do que o valor de todas as criaturas. Pois isso foi dito, e a homens instruídos e iluminados, que foram instruídos e iluminados por Deus e pelas Escrituras.

Mas como se dá com um simples leigo que nada sabe nem nada entende a não ser de disciplinas corporais e, no entanto, fez algum voto e tomou-o sobre si, seja oração, seja outra coisa? Eu digo pois: Se ele achar em si mesmo que isso o impede e que, livre dele, ficará mais perto de Deus, então livre-se dele corajosamente, pois qualquer coisa que te aproxime mais de Deus e te coloque dele mais próximo é o melhor de tudo. E foi isso o que pensou São Paulo quando disse: "Quando vier o que é pleno, então desaparecerá o que é pela metade" (1Cor 13,10). São distantes e diferentes entre si: os votos que se faz nas mãos de um sacerdote e os que nós mesmos fazemos a Deus na simplicidade. Quando, pois, alguém faz alguma promessa a Deus, é uma intenção boa, que ele, pois, quer fazer aliança com Deus e tem isso como o melhor durante esse tempo. Mas se acontecer de o homem conhecer algo melhor, que sabe e experimenta que é melhor, então sinta-se desonerado da primeira e em paz. Isso é bem fácil de justificar, pois deve-se considerar mais o fruto e a verdade interior do que a obra exterior. Assim diz São Paulo: "A letra mata" (2Cor 3,6), a saber, todos os exercícios exteriores; "mas o espírito vivifica", ou seja, encontrar interiormente a verdade. Isso deves observar com muita astúcia, e àquilo que te conforma o mais proximamente possível a isso, a isso deves seguir antes de tudo. Deves ter um ânimo elevado, e não um espírito que propende para baixo, mas, antes, ardente, postado numa quietude passiva e

Mas então, como se dá com um simples leigo que nada sabe nem nada entende a não ser de disciplinas corporais e, no entanto, fez alguma promessa e tomou-a sobre si, seja oração, seja outra coisa? Eu digo, pois: se ele achar que isso o impede e que ele a coloca em Deus, então que ele cientemente se desincumba da promessa ou da coisa que ele fez ou prometeu, pois toda coisa ou promessa que pode trazer-te para Deus e pode aproximar-te de Deus, isso deves procurar em Deus, e que isso pareça no teu entender o melhor de tudo, como foi com São Paulo, ao dizer: "Quando vier o que é pleno, então desaparecerá o que é pela metade" (1Cor 13,10). São totalmente distantes e desiguais entre si: os votos que se fazem nas mãos de um sacerdote é o mesmo que o matrimônio ou a aliança de outras coisas. É tanto quanto nós mesmos prometemos a Deus na simplicidade. Pois isso é uma boa promessa e uma intenção boa, o homem querer fazer aliança com Deus e que, durante esse tempo, tenha isso como o melhor. Mas se acontecer que, nele, em sua compreensão, o homem conheça algo melhor, e que ele o experimenta como repreensão a si próprio, e que esse algo melhor lhe venha ao encontro como um bem denso, de tal modo que quer cometer um pecado, e ele pensa pois que isso é contra Deus e contra a salvação de sua alma, isso será então a primeira coisa que te livrará inteiramente disso[13]. E é bem fácil de demonstrar

13. Essa tentação que surge dentro da fidelidade ao voto leva-me a colocar em questão o modo e o sentido do ser que impregnam essa minha impostação. Se ali nessa fidelidade a alma não é limpidamente atinente a Deus e ao seu modo de ser e operar, a tentação, ela mesma, é a primeira possibilidade de me livrar dela como tentação, vendo nela uma aguda e nítida possibilidade de conversão a partir do fundo da alma.

silenciosa. Não precisas dizer a Deus o que desejas ou precisas, Ele sabe tudo antecipadamente, como disse Nosso Senhor a seus discípulos: "Quando orardes, não precisais de muitas palavras em vossa oração, como os fariseus, que imaginam ser ouvidos pelo seu muito falar" (Mt 6,7-8).

que através disso podes procurar por um caminho seguro que possa levar-te para a alegria eterna, pois deve-se considerar mais o fruto e a verdade interior do que a obra exterior. Por isso diz São Paulo: "A letra mata" (2Cor 3,6), a saber, todos os exercícios exteriores do corpo; "mas o espírito vivifica-os", ou seja, é um encontrar interiormente a reta verdade. Isso deves observar com muito zelo em ti, e àquilo que com mais proximidade pode conformar-te a isso, a isso deves seguir antes de tudo. Deves ter um ânimo elevado, e não um espírito que propende para baixo, mas, antes, ardente, postado numa quietude silenciosa e desocupada. Não precisas dizer a Deus o que desejas ou precisas, Ele sabe tudo antecipadamente, como disse Nosso Senhor Jesus Cristo a seus queridos discípulos: "Quando orardes, não precisais de muitas palavras, e não deveis fazer como faziam os fariseus, que queriam sempre ser ouvidos pelo seu muito falar" (Mt 6,7-8); faziam isso para Deus, por suas palavras, e no entanto estavam contra Deus.

Para que sigamos aqui esse repouso e esse silêncio interior de modo que a palavra eterna seja pronunciada em nós e compreendida, que nos tornemos um com Ele, a isso nos ajude o Pai e a própria Palavra e o Espírito de ambos. Amém.

E para que persigamos aqui esse repouso e esse silêncio interior, de modo que concebamos em nós a palavra eterna, junto com a palavra que o Espírito Santo pronuncia dentro de nós e que nos tornemos um com Ele e Ele conosco, a isso nos ajude Deus. Amém.

Sermão 105[1]

Eu disse num sermão

<table>
<tr><td>Eu disse, num sermão, que queria ensinar ao homem que tivesse feito boas obras enquanto estava em pecado mortal como elas podem ressuscitar vivas junto com o tempo no qual foram feitas. E quero demonstrar isso agora, como é na verdade, pois foi-me solicitado que eu esclareça o sentido. E eu quero fazê-lo, mesmo que isso se contraponha a todos os mestres que vivem atualmente.</td><td>Eu disse, num sermão, que queria ensinar ao homem que tivesse feito boas obras enquanto estava em pecado mortal como elas podem ressuscitar vivas junto com o tempo no qual foram feitas. E quero demonstrar isso, como é na verdade, pois foi-me solicitado que eu corrija o sentido. E eu quero fazê-lo, mesmo que isso se contraponha a todos os mestres que vivem atualmente.</td></tr>
<tr><td>Os mestres dizem também, todos em comum: Enquanto o homem se encontra na graça, as obras que faz são dignas de recompensa eterna. E isso é verdade, pois Deus faz as obras na graça. E estou de acordo com eles. Os mestres dizem também, todos em comum:</td><td>Todos os mestres dizem:</td></tr>
<tr><td>Se o homem cai em pecado mortal, todas as obras que ele pratica enquanto estiver em pecado mortal estão inteiramente mortas, como ele mesmo está morto, e não são dignas da recompensa eterna, pois ele não vive na graça[2]. E nesse sentido é verdade. E também eu confirmo isso.</td><td>Se o homem cai em pecado mortal, todas as obras que ele pratica ali estão todas mortas, como ele mesmo está morto, e tampouco elas são dignas da vida eterna, pois ele não vive na graça. E nesse sentido é verdade. E estou de acordo com eles.</td></tr>
</table>

1. Este texto não é propriamente um sermão, mas uma "*quaestio disputata*". A questão em jogo é buscar saber se as boas obras realizadas por alguém em estado de pecado mortal e também o tempo em que se está nesse estado estão perdidos para sempre. A resposta de Eckhart para essa questão é toda própria e difere das soluções dadas por outros teólogos, seus contemporâneos. Cf. Eckhart (2003, p. 633, nota 1).

2. Tomás de Aquino, *S.Th.* III q. 89 a. 6.

Os mestres dizem: Quando Deus concede novamente a graça ao homem, cujos pecados são veniais, todas as obras que ele já perfez na graça, antes de cair em pecado mortal, ressuscitam inteiramente na nova graça e vivem, como fizeram antes[3]. E isso também eu confirmo.

Os mestres dizem mais: Todas as obras que o homem fez enquanto estava em pecado mortal estão eternamente perdidas e também o tempo no qual aconteceram[4]. Isso eu refuto inteiramente e digo: Todas as boas obras feitas pelo homem enquanto estava em pecado mortal, nenhuma delas está perdida, nem sequer o tempo no qual aconteceram, se ele voltar a receber graça. Vede, isso vai contra todos os mestres que vivem atualmente.

Agora reparai com atenção qual a intenção de minhas palavras; assim podereis compreender o sentido. Digo simplesmente que todas as boas obras que um dia foram feitas e que ainda devem ser feitas, e todo o tempo em que aconteceram e devem acontecer, ambos, obra e tempo, estão inteiramente perdidos, como se jamais tivesse havido nem devesse haver qualquer boa obra – está tudo perdido, obra e tempo conjuntamente, sim, obra como obra, tempo como tempo.

Todos os mestres dizem: Assim que Deus concede novamente a graça ao homem, cujos pecados são veniais, todas as boas obras que ele praticou na graça, antes de cair em pecado mortal, ressuscitam inteiramente na nova graça e vivem, como fizeram antes. E isso eu confirmo.

Mas eles dizem: As obras que o homem fez enquanto estava em pecado mortal estão perdidas: obra e tempo conjuntamente e pela eternidade. E isso eu, Mestre Eckhart, refuto inteiramente e digo: Todas as boas obras que o homem faz enquanto está em pecado mortal, nenhuma delas está inteiramente perdida, nem sequer o tempo em que aconteceram, se ele voltar a receber graça. Vede, isso vai contra todos os mestres que vivem atualmente.

Agora reparai com atenção qual a intenção de minhas palavras; assim podereis compreender o sentido. Digo simplesmente que todas as boas obras que o homem um dia fez e que um dia aconteceram, e o tempo em que aconteceram, estão perdidos, obra e tempo conjuntamente, obra como obra, tempo como tempo.

3. Cf. João Duns Scotus, *Reportata parisiensia* a l. IV, dist. XXII, q. única, schol. II (*Opera omnia* XI, 2, ed. Lyon, 1639, Hildesheim, 1969, p. 769); cf. Tomás de Aquino, *S.Th.* III q. 89 a. 6.

4. Cf. Bruder Berthold, *Rechtssumme* G 70 e G 71 (Eckhart, 2003, p. 1.247,1-12; 1.251,1-15); cf. João de Freiburg, *Summa confessorum* III 34 q. 141 (ed. Hamm-Ulmschneider, p. 385).

E digo ainda mais: Jamais houve nenhuma boa obra, santa nem bem-aventurada, que jamais houve tempo bom, nem santo nem bem-aventurado, nem jamais deverá haver. Um e outro, como poderiam ter sustentação, visto que não são nem bons nem bem-aventurados nem santos? E uma vez que as boas obras e o tempo em que aconteceram estão inteiramente perdidos, como poderiam, pois, sustentar-se as obras que aconteceram em pecado mortal e o tempo em que aconteceram?

E digo ainda mais, que jamais houve nenhuma obra santa nem bem-aventurada. Eu digo também que jamais houve tempo bom, nem santo, nem bem-aventurado, nem nunca deverá haver. Um e outro, como poderiam ter sustentação, visto que não são nem bons nem bem-aventurados nem santos? E uma vez que as boas obras e o tempo em que aconteceram estão inteiramente perdidos, como deveriam, pois, sustentar-se as obras que aconteceram em pecado mortal, e o tempo em que aconteceram?

Eu digo mais: Estão perdidos, obra e tempo conjuntamente; más e boas, obra como obra e tempo como tempo.

Estão perdidas conjuntamente e para a eternidade. Agora surge uma questão: Por que é que se chama uma obra de obra e de boa obra, uma obra santa e bem-aventurada, e também o tempo em que aconteceu a obra?

Eu digo, porém: Estão perdidos, obra e tempo conjuntamente; más e boas, obra como obra, tempo como tempo.

Agora há uma questão: Por que é que se chama uma obra de obra e santa e uma boa obra, e o tempo em que aconteceu a obra?

Observai o que eu disse há pouco: A obra e o tempo em que ela aconteceu não são santos nem bem-aventurados nem bons, pois bondade, santidade e bem-aventurança são nomes acidentais da obra e do tempo, e não seu próprio. Por quê? Uma obra enquanto obra não é de si mesma, tampouco é por e para si mesma; não acontece de si mesma, também não acontece por e para si mesma e tampouco sabe de si mesma. Por isso, não é nem boa nem má por si mesma, nem bem-aventurada nem desventurada. Antes, o espírito a partir do qual acontece a obra livra-se da imagem, e essa jamais retorna para dentro daquela. Pois quando se tornou obra, imediatamente tornou-se nada e também o tempo em que aconteceu, e não está nem aqui nem lá, pois o espírito nada mais tem a ver com a obra. Se ele quiser operar alguma coisa ainda, deve fazê-lo através de outras obras e também noutro tempo.

Observai o que eu disse há pouco: A obra e o tempo em que esta aconteceu não são santos nem bem-aventurados. Bondade, santidade e bem-aventurança são nomes acidentais da obra e do tempo, e não é seu próprio. Por quê? Uma obra enquanto obra não acontece a partir de si mesma, também não é por e para si mesma, tampouco sabe de si mesma. E por isso, não é nem bem-aventurada nem desventurada. Antes, o espírito a partir do qual acontece a obra livra-se da imagem, e essa jamais retorna para dentro daquela. Pois quando aconteceu a obra, ela imediatamente tornou-se em nada e também o tempo em que aconteceu, e não está nem aqui nem lá, pois o espírito nada mais tem a ver com a obra. Se quiser operar, ele deve fazê-lo por outras obras e também noutro tempo.

Por isso, obra e tempo, um e outro, são perdidos, bons e maus. Estão igualmente perdidos, pois não possuem nenhuma permanência no espírito, nem possuem essência ou estância em si mesmos, e Deus não precisa deles para nada. Por isso, em si mesmos, tornam-se nada e estão, portanto, perdidos.

Se uma boa obra acontecer por um homem, com a obra libera-se o homem. E com essa liberação ele se iguala a seu começo e dele se aproxima, mais do que estava antes de acontecer a liberação. E nesse tanto, ele é mais bem-aventurado e melhor do que antes de acontecer a liberação. A partir disso chama-se a obra de boa, santa e bem-aventurada, e também o tempo em que aconteceu. E isso não é verdade, pois a obra não possui essência e tampouco o tempo em que aconteceu, pois se desfaz nele mesmo. Por isso não é bom nem santo nem bem-aventurado; antes, é bem-aventurado o homem em quem o fruto da obra permanece, não como obra ou como tempo, mas como um bom feito[5], que ali é eterno com o espírito, assim como o espírito é eterno, e é o próprio espírito.

Vede, nesse sentido, jamais se perdeu um bom feito nem o tempo em que aconteceu. Não que o bom feito seja contido como obra e como tempo; antes, sem obra e sem tempo, com o feito, no espírito, no qual o feito é eterno como o espírito é eterno nele mesmo.

Por isso, obra e tempo, um e outro, são perdidos, bons e maus. Estão inteiramente perdidos, pois não possuem nenhuma permanência no espírito, nem possuem essência ou estância em si mesmos, e Deus não precisa deles para nada. Por isso, em si mesmos, estão perdidos e tornam-se nada.

Por isso: uma boa obra acontece a um homem, e com a obra libera-se o homem. E com essa liberação ele se iguala a seu começo e dele se aproxima, mais do que estava antes. A partir disso chama-se a obra de boa, santa e bem-aventurada, e também o tempo em que aconteceu, [...] pois se desfaz nele mesmo. Por isso não é boa, nem santa, nem bem-aventurada; antes, é bem-aventurado o homem, em quem os frutos da obra permanecem, não como obra ou como tempo, mas como um feito, que é eternamente com o espírito, como o espírito é eterno nele mesmo e é o próprio espírito.

Vede, nesse sentido, jamais se perdeu uma obra boa nem o tempo em que aconteceu.

---

5. Tomás de Aquino, *S.Th.* III q. 89 a. 5. O termo alemão medieval *getât*, em português, o *feito* ou o *fato* (particípio passado passivo substantivado) vem do verbo *tuon* (*tun*), *fazer*. *Gestât*, o feito, o fato é o que foi feito. Só que a nossa compreensão do fazer (do latim *fatum*, *facio*, *feci*, *factum*, *facere*) tornou-se neutra e vazia do conteúdo pregnante da facticidade da existência medieval cunhada pelo modo de ser todo próprio do fazer artístico-artesanal. Cf. glossário n. 1, 2 e 27.

Vede, agora reparai a respeito das obras que acontecem em pecado mortal, assim como ouvistes os que me compreenderam. Assim, segundo as obras e segundo o tempo, todas as obras que acontecem em pecado mortal estão inteiramente perdidas, obra e tempo conjuntamente.

Eu também disse que obra e tempo, neles mesmos, nada são. Se, pois, obra e tempo, neles mesmos, nada são, vede, então tampouco pode perder alguma coisa aquele que os perde. Isso é verdade. Mas eu o digo e já o disse mais vezes: Obra e tempo não possuem essência, nem lugar nem vida em si mesmos[6]; decaiu realmente do espírito para o tempo. Se o espírito quiser operar mais, deverá necessariamente ser uma outra obra e acontecer em outro tempo. Por isso, jamais poderá chegar ao espírito como era enquanto obra e tempo. Tampouco pode chegar a Deus, de modo algum, pois em Deus não entram tempo nem obras temporais. Por isso, é necessário serem aniquilados e perdidos.

Então eu tenho dito que, de todas as boas obras feitas pelo homem enquanto se encontra em pecado mortal, nenhuma permanece perdida, nem tempo nem obra. E isso é verdade nesse sentido, e eu quero demonstrar-vos. E como já disse, isso vai contra todos os mestres que vivem atualmente.

Agora, resumindo, repara como é na verdade: a obra que o homem faz enquanto está em pecado mortal, ele faz a obra não a partir do pecado mortal. Pois essas obras são boas, e assim pecados mortais são maus. Antes: ele as opera a partir do fundo de seu espírito, que em si mesmo é naturalmente bom, apenas que ele não está na graça. E se as obras não merecem o céu em si mesmas no tempo em que acontecem, não prejudicam, no entanto, o espírito, pois o fruto das obras permanece no espírito sem obra e sem tempo, e é espírito com o espírito e não se aniquila tampouco como não se aniquila a essência do espírito.
Antes, o espírito libera sua essência pelas operações das imagens, que são boas, se na verdade ele as fizesse como se estivesse na graça.

Agora reparai a respeito das obras que acontecem em pecado mortal, como ouvistes os que me compreenderam. Assim, segundo as obras e segundo o tempo, estão inteiramente perdidas todas as obras que acontecem em pecado mortal, obra e tempo conjuntamente.

Agora reparai: Eu disse que obra e tempo, neles mesmos, nada são. Se, pois, obra e tempo, neles mesmos, nada são, vede, ele também nada pode perder.
Eu o tenho dito por mais de uma vez: Obra nem tempo possuem lugar ou essência em si mesmos; decaiu na operação do espírito no tempo. Se o espírito quiser operar mais, isso deverá ser uma outra obra e acontecer em outro tempo. Por isso, jamais poderá alcançar o espírito enquanto era obra e tempo. Tampouco pode, em Deus, de modo algum, pois em Deus não entra nem tempo nem obras temporais.

As obras feitas pelo homem enquanto se encontra em pecado mortal, digo que nenhuma jamais será perdida, nem tempo nem obra. E isso é verdade nesse sentido, e quero demonstrá-lo a vós, como eu disse anteriormente: eles vivem.

Agora, resumindo, repara como é na verdade: se enquanto está em pecado mortal o homem faz boas obras, faz a obra não a partir do pecado mortal. Pois as obras são boas, e assim os pecados mortais são maus.
Ele as opera a partir do fundo de seu espírito, que em si mesmo é naturalmente bom, apenas que ele não está na graça. E as obras em si mesmas não merecem o céu no tempo em que acontecem. Mas não prejudicam o espírito, pois os frutos das obras permanecem no espírito sem obra e sem tempo, e são espírito com o espírito e não se aniquilam tampouco como não se aniquila a essência do espírito. O espírito liberaria sua essência com as operações das imagens, que são boas, se na verdade ele as fizesse como se estivesse na graça.

6. Tomás de Aquino, *S.Th.* III q. 89 a. 6.

E embora ele não receba o reino do céu pelas obras, como seria se ele as fizesse estando na graça, ele, no entanto, faz a mesma preparação para a união e para a igualdade, o tanto que está a seu encargo, como antes, uma vez que obra e tempo para nada servem, a não ser para que o homem opere para fora. E na medida em que o homem se libera e opera para fora, nessa medida aproxima-se de Deus, que é livre nele mesmo. E na medida em que o homem se libera, nessa medida não perde obra nem tempo. E quando retornar à graça, tudo que nele estava por natureza estará nele inteiramente, num instante, pela graça. E na medida em que liberou a si mesmo com boas obras, enquanto estava em pecado mortal, nessa medida ele fez um igual preparativo para se unir com Deus, que, depois, ele não poderia fazer se, antes, não tivesse se liberado com as obras enquanto estava em pecado mortal. E se ele devesse fazê-las agora, deveria empregar tempo para isso. E como se liberou no tempo passado, enquanto estava em pecado mortal, daí resgatou o tempo em que agora se encontra livre. Por isso não está perdido o tempo em que ele agora está livre, pois ganhou esse tempo e nele pode fazer outras obras, que o unam ainda mais estreitamente em Deus. Os frutos das obras que ele fez no espírito permanecem no espírito e são espírito com o espírito. Só se esvaíram o tempo e as obras, e vive, no entanto, o espírito, do qual surgiram, e vive o fruto da obra sem obra e sem tempo, pleno de graça, assim como o espírito é cheio de graça.

Visto que ele realiza a mesma preparação para a união e para a igualdade, onde para nada servem obra e tempo.

E o tanto que o homem se libera, nesse tanto ele não perde obra nem tempo. Pois, na medida em que ele opera para fora e se libera, nessa medida se aproxima de Deus, que é livre em si mesmo. E quando retornar à graça, tudo que nele estava por natureza estará nele num instante pela graça.

E na medida em que se liberou com boas obras, nessa mesma medida será unido com Deus, o que ele não conseguiria fazer se antes não houvesse se liberado, estando em pecado mortal. E se fosse fazê-las agora, deveria empregar tempo para isso. E porque ele se liberou no tempo que precedeu a graça, e ganhou o tempo em que agora se encontra livre, por isso não está perdido o tempo em que agora está livre, pois ganhou esse tempo e nele pode fazer outras obras, que o unam mais estreitamente em Deus. Os frutos das obras que ele fez no espírito [...]. E embora todo o tempo e as obras tenham se esvaído, vivo espírito, do qual surgiram, sem obra, sem tempo e sem fruto das obras, pleno de graça, assim como o espírito é cheio de graça.

Vede, portanto, que demonstramos o sentido, como é verdadeiro na verdade. E estão inteiramente refutados todos que a isso se contraponham; nem sequer um fio de cabelo deles eu respeito. Pois o que eu disse é verdade e a própria verdade o diz.

Demonstramos, portanto, o sentido, como é verdadeiro na verdade. E em absoluto não se deve crer em ninguém que se contraponha a isso. O que eu disse é verdadeiro e a própria verdade o diz.

Se eles compreendessem o que é espírito e de que modo a obra responde ao espírito e o que são em si mesmos obra e tempo, então de modo algum responderiam que todas as boas obras ou feitos sempre seriam ou deveriam ser perdidos; somente a obra se esvai com o tempo e se aniquila. Mas quando responde ao espírito em sua essência, então jamais se aniquila. Pois o responder não é outra coisa do que o fato de o espírito estar liberado pelo feito, que se deu ali nas obras. Essa é a força da obra, pela qual a obra aconteceu[7]. Isso permanece no espírito e jamais sai daí e não pode esvair-se tampouco como o espírito pode esvair-se nele mesmo, pois é ele mesmo.

Se eles compreendessem o que é espírito e de que modo a obra responde ao espírito e o que é nele mesmo obra e tempo, então não responderiam que as boas obras sempre devem se perder, que somente a obra se esvai com o tempo. Mas o responder significa que o espírito é enobrecido pelas obras e pelo feito, que se deu ali na obra. Essa é a força da obra, pelo que isso aconteceu. Isso permanece no espírito e jamais sai daí e não pode aniquilar-se tampouco como o espírito pode esvair sua essência, pois ela é o próprio espírito.

Vede, aquele que compreendesse isso, como poderia dizer que qualquer obra boa estaria para sempre perdida, enquanto o espírito possuir sua essência e viver na nova graça?!

Aquele que compreendesse isso, como poderia dizer que qualquer obra boa estaria para sempre perdida, enquanto o espírito possuir sua essência e viver na nova graça?!

7. Eckhart (2003, p. 653,223-4): *Daz ist diu kraft des werkes, dar umbe es ist geschehen*. Cf. glossário n. 27.

Glossário comentado[1]

1. *Ars*, arte, artesanal; saber poder (*Kunst*, *Können*) [*Kunst*: Arte (em latim *ars* (-*tis*), na acepção de artesanal); *Können*: poder, saber poder]

O adjetivo *artesanal* diz respeito à habilidade ou ao hábito de uma classe de trabalhadores, denominados artesãos, na confecção de um artefato. No pensamento medieval, essa habilidade, no entanto, não se referia primordialmente só à produção do objeto arte-fato. Pois o artefato aqui não era propriamente um *objeto fabricado*, mas sim uma *obra*, em cuja elaboração a própria humanidade do artesão; isto é, o ser do homem, se perfazia, vinha a se tornar cada vez mais ser próprio. A obra não era outra coisa do que o vir à luz, o vir a uma determinada consumação *desse* perfazer-se ou *realização* do próprio ser *dessa* existência vivida e assumida pelo medieval. A habilidade do artesão em latim se diz *ars* (-*tis*). Trata-se, pois, da competência de

---

1. O que segue, com o título de *glossário comentado*, não é propriamente glossário, nem comentário no sentido próprio. Chama-se *glossário* por apresentar verbetes relacionados, direta ou indiretamente, com os sermões alemães de Eckhart. Chama-se *comentário*, embora não seja um comentário propriamente dito, com esclarecimento historiográfico, cultural e científico dos textos de Eckhart, porque apresenta de modo bastante avulso reflexões não objetivas, mas subjetivo-*mentais*, digamos diletantes, acerca dos pensamentos expostos nos sermões alemães de Eckhart. *Diletantes*, porque as reflexões não provêm de um saber competente e abalizado-especialista de um conhecedor de Eckhart e suas obras, mas apenas de um amador, embora muito amante do que Eckhart diz para nós hoje, a partir e dentro de um tempo diferente do nosso. O objetivo de um tal glossário comentado seria, de alguma forma, digamos de qualquer jeito, começar a despertar o gosto e o interesse de ler e entender os textos de Eckhart, cada qual ao seu modo. Por isso, não é prudente ouvir as afirmações desse glossário-comentário, mesmo quando assevera "*o medieval ou o pensamento medieval diz ou pensa isso ou aquilo*", como informações, mas apenas considerá-las como *hipóteses* para um convite à reflexão.
Os verbetes em português seguem ordem alfabética e são enumerados. Embaixo dos respectivos verbetes em português, colocamos os termos alemães usados por Eckhart e ocasionalmente em latim e debaixo desses, entre parênteses, termos afins e possibilidades de suas traduções.

um *agir* todo próprio, cujo modo de ser se caracteriza como um *saber* que está *por dentro de* e capta a dinâmica da *possibilidade de ser*, do *poder ser*. Esse saber no alemão é *Kunst*. *Kunst* vem do verbo *können*, que significa *saber poder*. Na *ars*, na *Kunst* não se trata da potência de uma força natural, mas sim de uma *possibilidade* da concreção humana na habilitação do seu ser, conquistada a duras penas, a partir de um dom natural, e tornada sua segunda natureza, denominada virtude[2]. A um tal *saber poder* se chega mediante o empenho de busca, no uso da inteligência e vontade; isto é, no exercício da liberdade, em contínuo e bem-orientado exercício de aprendizagem. É dom de uma conquista, pois o surgir, crescer e consumar-se na realização desse perfazer-se não são causados simplesmente pelo arbítrio de quem busca, mas salta da total disponibilidade de dar de si o melhor para acolher a possibilidade finita, concedida gratuitamente de antemão à pessoa, que se encontra em busca; e da prontidão cordial em seguir (o seguimento) a condução que lhe vem ao encontro, do fundo dessa própria possibilidade. É desse encontro do *empenho* de total doação de si e do *dom* da possibilidade gratuita que salta a possibilidade do ser inteiramente novo como obra de uma criação, do perfazer-se de si, como obra da perfeição.

2. Artesanal, existência artesanal

O adjetivo *artesanal* indica o modo da *ars* (*-tis*), próprio do artesão, no seu agir e criar obra. Esse modo de ser, no entanto, era a manifestação do que constituía o modo de ser e de se interpretar do homem medieval, na realização da sua humanidade, como gênese, crescimento e estruturação de um mundo, sob o toque de uma determinada possibilidade de ser. Tal abertura da possibilidade de ser se chama *existência*. Assim, o artesanal no medieval não é, propriamente, apenas atributo e qualificação de uma pessoa ou de grupo de pessoas, mas sim *o modo de ser*, que uma vez subsumido pelo sentido do ser denominado *filiação divina* se tornou o característico próprio do ser medieval.

Essa existência artesanal subsumida pelo sentido do ser da filiação divina nos pode levar a crer que todo o pensamento medieval é unilateralmente teológico. Essa constatação é correta. Mas não no sentido de absolutização do teológico, entendido como um ponto de vista parcial, ao lado de outros pontos de vista. O teológico do medieval é antes uma pré-com-

2. Em latim *virtus*; isto é, vigor do varão.

preensão ontológica, isto é, o sentido do ser da existência medieval, o universo da realização da realidade *a priori*, toda própria, cuja lógica do seu ser somente se torna acessível e necessária se nos colocarmos no ponto de salto, a partir e dentro do qual se dá a aberta[3] da eclosão e manifestação do mundo medieval. Nesse sentido, a criação como filiação divina é algo como condição da possibilidade de ser, agir e sentir; portanto, é o ser do *ser-no-mundo medieval*, e não ponto de vista, um aspecto parcial.

3. Conhecer, viver, ser (*intelligere, vivere, esse*)

Nos sermões alemães, Eckhart fala do relacionamento entre os *modos de ser*, denominados, por exemplo, no Sermão 8, de *conhecer* (*intelligere*), *viver* (*vivere*) e *ser* (*esse*). Nessa relação é necessário distinguir *ordo in abstracto* (ordenação em abstrato) e *ordo in concreto* (ordenação em concreto).

a) Ordo in abstrato

Conhecer, *viver* e *ser*, por serem considerados *abstratos*, estão no infinitivo. O infinitivo é modo do verbo no qual se abstrai de suas diferenças modais, para deixar o verbo na sua generalização estática neutra. Verbo é dinâmica, ação. Mas no modo infinitivo a dinâmica da ação é achatada e fixada sob uma classificação generalizante, neutra como *modos de ser.* Aqui o *ser* dos modos já está fixo num sentido do ser bem determinado, chamado *algo* como "acidente", concomitante de uma "substância", de uma "coisa" subsistente em si. Assim temos: 1. a *substância* dos entes simplesmente ocorrentes ou não-vivos (*coisas* físico-materiais, por exemplo, pedra, metal etc. = *espécie* ínfima *substância* que é também *gênero* para a *espécie* superior próxima *vivente*) e o seu modo = *ser* (*esse*); 2. a *substância* dos entes *vivos* (*coisas* vegetais, por exemplo, plantas = *espécie vivente* e ao mesmo tempo *gênero* para *espécie* superior próximo *animal*) e o seu modo = *viver* (*vivere*). Aqui se inclui de *algum modo* a substância dos entes *sensíveis* (*coisas* animais, por exemplo, gatos, pássaros = *espécie animal* e ao mesmo tempo gênero para a espécie superior próxima *homem*) e o seu modo = viver; 3. a *substância* dos entes *racionais* (*coisas* humanas, por exemplo, homens, mulheres, crianças etc. = *espécie* suprema *homem*) e o seu modo = *conhecer*.

---

3. Aqui, na significação de *clareira*, *abertura*; *nesga do céu* que as nuvens, abrindo-se por um instante, deixam ver, e através da qual vislumbramos a imensidão do céu aberto.

Nas três modalidades de "ser" *substância*: substância 1. *coisal*; substância 2. *viva*; substância 3. *racional*, o termo *substância* parece ser "analógico", mas se bem examinado é "unívoco", pois sem as diferenças específicas (adjetivos: não-viva; vivente, sensível, racional) não faz surgir diferença, e se a diferença ali está como *coisa* material, vegetal, animal e racional, subsome a diferença já de antemão como modalidades específicas referidas e acrescentadas à substância, entendida na realidade, tendo como sentido do ser o *esse* (e não *vivere*, nem *intelligere*). Com outras palavras, por viver e conhecer estarem já focalizados a partir de uma prévia pré-compreensão do "ser" (sentido do ser) como a do ser-simplesmente-ocorrente como "coisa-físico-material", os verbos conhecer e viver aparecem na neutralidade do infinitivo como modos, acidentes, atos, certamente diferentes, mas da mesma compreensão da substância. Colocados assim, *ser*, *viver* e *conhecer* aparecem na sua diferença ôntica, mas não na sua diferença *ontológica*. As diferenças ônticas não são concretas, mas abstratas, enquanto são produtos de um enfoque generalizante e neutralizante. Aqui o ontológico é identificado com a compreensão geral, abstrata do ser lógico na sua formalidade neutra. Dentro dessa perspectiva, o *ser*, o *esse* é primeiro, o básico, comum tanto ao viver como ao conhecer, pois primeiro é necessário ser, para ser vivo e racional.

b) Ordo in concreto

Quando, porém, ser, viver e conhecer (*esse*, *vivere*, *intelligere*) vêm ao nosso encontro como verbo na sua dinâmica própria total, no ser da sua dinâmica cada vez diferente, não como modalidades específicas de um gênero, ou individuais de uma espécie, comum e geral, mas como *sendo* todo ele, ele mesmo, portanto no seu "*ser*", na sua diferença *ontológica*, então essa dinâmica diferencial da sua identidade aparece na formulação: *em conhecendo* (*intelligens*), *em vivendo* (*vivens*) e *em sendo* (*ens*), e indica a totalidade na sua *concreção*, portanto é *in concreto*. Por isso diz Eckhart: *in abstrato*, portanto, na ordenação dos modos de ser como *esse*, *vivere* e *intelligere*, *esse* é *perfectius intra tria*; *vivere nobilius intelligere*[4]. Ao passo que *in concreto* no grau supremo está o *intelligens*, seguindo-se o *vivens* e na localização mais baixa está o *ens*. Repetindo o que já foi mencionado antes, como o fundo dessa dupla ordenação *in abstracto* e *in concreto*, temos a

4. O ser é mais perfeito entre os três; viver, mais nobre do que "compreender".

paisagem da escalação dos entes em esfera ou região dos *entes não-vivos* (substância como espécie ínfima e gênero próximo ao vivente = mundo físico-material) = *esse*; região dos *entes vivos ou viventes* (vivente como espécie e gênero próximo para o animal = mundo vegetal <e animal> = *vivere*; "região" dos entes racionais como espécie suprema homem, animal racional). Abarcando as substâncias, da espécie ínfima *substância-coisa* até a espécie suprema *substância-homem*, temos uma grande região do universo, habitada pelos entes chamados *substâncias compostas*. No homem se dá a passagem da dimensão das esferas dos entes-substância compostos para a dimensão das substâncias simples ou espirituais. E enquanto pertencente à dimensão das substâncias simples, embora pertença também à dimensão das substâncias compostas, o homem, o animal ou o ânimo racional no seu vigor essencial vem à presença como *ratio*, *intellectus*, *spiritus*, *mens* (intensidades da *ratio* como níveis de pureza da essencialidade = mundo espiritual) = *intelligere*. E, nessa dimensão, a escalação da intensidade de "ser", aqui qualificada como "espiritual", se gradua em diferentes coros dos anjos até culminar na presença do *ipsum esse*, o *ens a se*[5], Deus. Mas o termo *esse* ou *ser* aqui nessa dimensão das *substâncias simples* não é o *esse* do sentido do ser da substância ínfima da dimensão das substâncias compostas, mas *a plenitude da dinâmica do "ser"* designada pelo termo *conhecer*, *intelligere*. Resumindo o que dissemos até agora: se tomo o sentido do ser-coisa como medida do ser, e o designo pelo termo *esse*, então *esse* vem primeiro, sendo mais "excelente" na sua consistência físico-material do que *vivere* e *intelligere*. Se, porém, entendermos *intelligere*, *vivere* e *esse in concreto* <*intelligens*, *vivens*, *ens*> como concreção do sentido do ser, não mais tendo como núcleo de referência a compreensão coisificada estática do *esse*, mas sim como a vigência essencial da presença concrescida, como a potencialização da intensidade diferenciada em níveis de dinâmica do ser como *em sendo*, então o *em sendo* o mais intenso, mais vasto, mais profundo e originário é a dimensão concreta *intelligens*, a saber, a dimensão que não é mais nem gênero, nem espécie, nem indivíduo, mas sim o sentido do ser vindo à presença como a dinâmica da liberdade que recebe então o nome de espírito ou dimensão espiritual = mundo humano e sua transcendência = mundo espiritual em direção ao mundo divino. Esse *in concreto intelligens*, *vivens*, *ens* é o que propriamente chamaríamos de *ontológico*, mas não mais como

---

5. O ser ele mesmo, o ser a partir de si.

o conceito geral, formalmente o mais comum, abstraído das especificações e individuações diferenciais dentro do horizonte do sentido do ser dos entes coisas, mas sim como dimensões de totalidade da presença do sentido do ser; como intensidades da concentração na totalidade no uno, universal, a totalidade conversa ao uno: *simplex*.

4. Criação e filiação

O sentido do ser dominante no pensamento medieval é expresso em termos como *criação*, *Criador* e *criaturas*; em resumo, *ens creatum* (ente criado). Essa categoria fundamental do pensamento medieval, no entanto, na sua tonância essencial de fundo, diz: *filiação*. Pois é fusão da pré-compreensão do ser da existência artesanal com a pré-compreensão da existência religioso-cristã, em que a última predomina e subsome aquela, transformando-a num sentido do ser todo próprio que se denomina: *filiação divina*. Nesta, tudo que pode ser de alguma forma referido ao ente, inclusive o próprio nada, é apenas *recepção da doação de comunhão com o* Ser, denominado Deus, no qual reside a plenitude do ser, de tal modo que fora dele não há ser, nem atual, nem possível, e isso tão radicalmente que *ser propriamente só é Deus*. Por isso o sentido do ser de Deus deve ser entendido, não a partir do sentido do ser de sejam quais forem os entes, mas *absoluta e exclusivamente a partir dele mesmo*. Por isso *o ser de Deus* é chamado em Eckhart de *Abgeschiedenheit*; isto é, *desprendimento*.

A esse modo de ser que precisamente não é mais modo, mas *simplesmente* ser, ou ser como *plenitude ab-soluta*, a tradição do cristianismo chamou de *Deus quoad se*[6] ou *vida interior* ou *vida íntima de Deus*, formulada como *Mistério da Santíssima Trindade*. E os termos da compreensão dessa *vida*, que é o próprio Deus ou o *próprio seu*, são o *uno* ou *um* e o três como *pessoa* (Pai-Filho-Espírito como dinâmica da gênese da vida divina, resumida nos termos *geração e processão* ou *filiação*). O *a priori* desse sentido do ser, ab-soluto, livre e solto *em* (*in*) e *a partir de si* (*a se*), portanto, do *desprendimento* (*Abgeschiedenheit*) assume o sentido do ente no seu todo como o da existência artesanal medieval, e faz com que a própria compreensão da criação e das criaturas não mais opere a partir e dentro do ser da causação nem do ser da criação artesanal, mas sim a partir e dentro da expansão, da difusão na dinâmica da *geração* da *vida* interna de Deus. Essa

6. Deus enquanto referido a si.

difusão na dinâmica da filiação se expressa como o mistério da encarnação. A causação e a criação são, no fundo, como que repercussão da percussão inicial da filiação divina, repercussão na qual o tom fundamental está sempre ressonante, a se espraiar como eco longínquo da sua dinâmica. Todos os entes referidos à dinâmica da causação e da criação recebem a dinâmica da *filiação divina* da intimidade da vida interna de Deus, na ternura e no vigor da sua *Abgeschiedenheit*.

5. Criação e panteísmo

O sentido do ser do mundo medieval se chama *filiação divina*. Em sua estruturação ontológica se dá a subsunção do ser da existência artesanal medieval pelo sentido do ser da dinâmica *filiação divina*. Se evitarmos rigorosamente entender os termos constitutivos dessa dinâmica como, por exemplo, *pessoa*, *geração* ou *filiação* e tudo que diz respeito à *vida íntima* de Deus, portanto à *Abgeschiedenheit*, a partir e dentro da compreensão que não venha a não ser dela mesma, e se tentarmos entender todas as outras compreensões do ser, a partir da *Abgeschiedenheit*, então o fantasma do panteísmo se esvai. E aparece a sonoridade de fundo, a partir e dentro da qual devemos ouvir a toada universal da presença operativa; isto é, do *wirken*, do *Werk* e da *Wirklicheit* da bondade difusiva do Pai-Filho-Espírito em todos os entes, desde os mais sublimes até os mais insignificantes, como imenso, profundo e originário abismo do encontro no Amor que nos amou e gerou primeiro.

A atuação de Deus, denominada *criação* e considerada apenas ou preferencialmente a partir e dentro do sentido do ser da *existência artesanal*, tem o correlativo agente dessa ação que se denomina *Deus Criador*. Essa consideração, cuja perspectiva não leva em conta a subsunção e transformação desse ser da existência artesanal pelo sentido do ser da *filiação*, denomina uma tal ação de atuação *ad extra* (para fora) de Deus, e aqui Deus é considerado *quoad nos* (referido a nós). Como o sentido do ser operante em uma tal criação e correspondentemente em seu agente, a saber, no Criador, e no seu efeito Criatura, é o sentido do ser do ente simplesmente dado como "coisa", todo o cuidado a ser tomado é para que a aproximação e o contato Deus-Criatura não nos levem a um panteísmo. No momento em que se leva em conta a subsunção e transformação desse sentido do ser da existência artesanal através do sentido do ser da filiação, tudo muda, de tal forma que aqui a possibilidade de um panteísmo só surge se não se guardar com precisão o sentido do ser operante nessa nova concepção de Deus (*Abgeschiedenheit*) e na dinâmica da filiação que de lá eflui. Na leitura dos sermões de Eckhart, é necessário guardar a precisão da ambiguidade, onipresente nos seus textos, proveniente dessa subsunção "ontológica" realizada pelo sentido do ser da *Abgeschiedenheit*, do sentido do ser da criação e da causação.

6. Deidade, Deus (*Gottheit*, *deitas*, *gott*) [*Gottheit*: *deitas* (em latim), deidade]

Na consideração de Deus como *Abgeschiedenheit*, distinguimos Deus e deidade. Portanto, divindade e deidade. Divindade é a qualidade de ser Deus. *Deidade* é, porém, o ser de Deus, o *próprio seu*, digamos a sua "quinta-essência", Ele mesmo nele mesmo, na sua aseidade e inseidade, solto, desprendido de tudo que não é Ele mesmo, pura e simplesmente, portanto Deus-*Abgeschiedenheit*.

Costumamos explicar essa duplicidade do conceito eckhartiano de Deus com o binômio: Deus *quoad nos* e *quoad se*; isto é, Deus referido *a nós criaturas*, e Deus referido *a si mesmo*. Muitas vezes essa dupla referência é interpretada como o modo de conhecer das criaturas; isto é, o nosso modo de conhecer, e o modo de conhecer de Deus, referidos a Deus Ele mesmo. Nesse sentido, Deus *quoad se* nos é inacessível. Tudo que dele podemos conhecer *quoad nos* é o que Ele *não é*. Daí, Eckhart seria um dos grandes representantes da assim chamada *teologia negativa*. Outras vezes, a dupla referência é formulada como Deus virado para fora dele mesmo, na perspectiva do seu relacionar-se para com as suas obras *ad extra*; e Deus virado para dentro dele mesmo, na perspectiva do seu relacionar-se com a sua vida interior, com a sua intimidade *ad intra*. Tanto a primeira maneira de considerar a questão como a segunda, no fundo, parecem não fazer jus à "ideia" da *Abgeschiedenheit*. Pois ambas operam com a preocupação da adequação com o objeto do conhecimento, cujo sentido do ser é o da coisalidade física e de sua adequação. Talvez o inter-esse de Eckhart não esteja primeira e acentuadamente nas questões da teoria do conhecimento de Deus, mas sim nas questões da experiência de identificação com o ser de Deus; isto é, da *Abgeschiedenheit* no mistério da filiação divina. Trata-se, portanto, não propriamente de conhecimento de um objeto chamado

Deus, mas sim do *co-nascimento* de Deus na alma e da alma em Deus, ou, dito de outro modo, do toque de Deus na união de encontro dele conosco, e assim da realidade do co-nascimento com o Filho Unigênito do Pai, na recepção da sua filiação. E isto de tal maneira que esse interesse não é propriamente o aspecto místico-moral-espiritual do ensinamento de Eckhart, místico e pastoralista, em diferenciação ao aspecto especulativo-teórico de Eckhart, teólogo e filósofo, mas sim a fonte e a plenitude dentro da qual ele se acha. É, portanto, a dimensão do seu ser, saber, querer, sentir enquanto realização da realidade chamada mundo da revelação cristã. Isso significa que para entendermos bem de que se trata quando se distingue *Deus* e *deidade*, é necessário aprofundar a compreensão da *Abgeschiedenheit* enquanto a dinâmica do *Mistério da Santíssima Trindade*. Esse aprofundamento, porém, não pode ficar no nível de classificação da *revelação cristã* como o ponto de vista subjetivo e particular *religioso*, *ascético-moral* ou *místico--espiritualista* ao lado de outros pontos de vista, por exemplo, o filosófico[7], mas deve levar em conta o *ser*, *o sentido do ser*, a *essência* da *existência* cristã, a partir e dentro da qual fala Eckhart; isto é, considerar o *ser* da revelação cristã como o *ontologicum*[8] da fala de Eckhart.

7. Deidade, a absoluta liberdade de a plenitude ser

Para Eckhart, o ser, desprendido, solto, na sua ab-soluta liberdade, é direta e imediatamente a *plenitude simplesmente*. A expressão medieval *Deus est ipsum esse*[9] diz o ser como plenitude e quer acenar para o sentido da definição dada pelo próprio Deus a Moisés na sarça ardente: *Sou quem sou*

7. Se o filosófico na sua essência não é outra coisa do que questão; isto é, busca de evidenciação do sentido do ser, então uma colocação que não leva a sério o fato de que o ser da existência cristã é o *ontologicum* do pensamento de Eckhart parece não ser suficientemente filosófica. Toda a questão aqui é como pensar a "relação" entre a totalidade constituída por um determinado sentido do ser e a outra totalidade, constituída por um outro sentido do ser. Por ser cada vez totalidade, não pode haver uma totalidade das totalidades como se fosse gênero, para duas espécies ou comum de dois.

8. Cf. nota 17.

9. A essa plenitude ab-soluta Eckhart dá o nome de *Istikeit* ou *Isticheit*. Em *Istikeit* está *isti* (é); *-keit* ou *cheit* (dade). Quint transcreveu o alemão medieval *Istikeit* para o alemão atual *Ur-Sein*; isto é, Ser-Originário. Sem correspondência de étimos no português, apesar da rudeza, mantivemos *esti-dade*. Poder-se-ia talvez dizer que *Istikeit* é a ab-soluta concentração do ser na plenitude encarnada como totalidade bem-definida na sua concreção como coincidência do máximo universal com o singular. Um outro termo para dizer *Istikeit* é *Wesenheit* (essencialidade) e *Seinheit* (Ser).

(Ex 3,14). Trata-se da absoluta plenitude de ser, na vigência da total soltura da liberdade no inesgotável e insondável abismo da sua gratuidade, como que a tinir na superabundância da sua identidade difusiva. Por isso, transborda como movimento da dinâmica interna, a partir e para dentro da sua mais abissal intimidade como *vida trinitária*. E então a partir dessa erupção trinitária, através do Filho que se encarna e é Jesus Cristo, se difunde como cuidado e disponibilidade da presença generosa da sua doação cordial, gerando e sustentando toda a criação, na presença do seu amor. Por isso o Deus da *Abgeschiedenheit* jamais é um ente supremo na exclusividade da alteridade, isolado e ensimesmado na preciosidade da sua transcendência neutra, meta-física. Um deus assim, exclusivo e isolado um (n. 1), seria apenas um ente gigantesco a modo do "ser-coisa", jamais um Deus vivo. Na interpretação do Deus da *Abgeschiedenheit* podem surgir duas modalidades que não fazem jus ao que nos dizem os sermões alemães de Eckhart acerca do Deus-desprendimento. Uma é entender a *Abgeschiedenheit* como uma radical acentuação da alteridade de Deus, para evitar o panteísmo, de tal sorte que dessa radicalização pode se chegar por fim à conclusão de que de Deus nada podemos saber. Eckhart seria nesse caso um agnóstico! A outra é entender a *Abgeschiedenheit* como a incondicional afirmação de que Deus é ab-soluto, solto, Ele mesmo como o ente supremo e transcendente, na posse exclusiva do ser. Assim, fora dele não há propriamente nenhum ser, a não ser nada, de tal sorte que se algo é, esse algo é prolongamento-pedaço ou parte, é modalidade, é manifestação do próprio Deus. Eckhart seria nesse caso um panteísta. É de grande importância, para uma compreensão mais própria dos sermões alemães de Eckhart, observar que essas duas tendências de interpretação operam a partir e dentro do horizonte de um sentido do ser inteiramente inadequado para compreender a dimensão a partir e dentro da qual os sermões estão falando. Sem podermos entrar mais em detalhes nessa questão do sentido do ser, assinalemos apenas que as interpretações acima mencionadas e similares entendem por ser entidade e entificação a partir e dentro do sentido do ser da coisalidade físico-material, quantitativo. A suspeita do panteísmo e do agnosticismo no fundo vem não tanto do que Eckhart diz, mas sim do ser da coisalidade físico-material, quantitativo projetado para dentro e sobre o ser de uma fala, cuja tonância e ressonância são de origem e pertença inteiramente diferentes. O cuidado do pensamento medieval atuante na mística de alguém como Eckhart, que aparece de um lado como preocupação de distanciar Deus das criaturas e ao mesmo tempo, por outro lado, de impregnar as criaturas com a presença real de Deus, não era o receio do panteísmo nem preocupações "epistemológicas" da teoria de conhecimento acerca de Deus, mas sim de abordar com finura e fidelidade Deus e as criaturas a partir e dentro do sentido do ser, cuja dominância e sonoridade fundamental é da *Minne*[10].

O Deus de Eckhart, cuja deidade se chama vida trinitária, é *Vida* no seu sentido mais pleno, e é denominado por Eckhart de *Minne*. Portanto, para Eckhart *ser* é *plenitude da vida* e *Vida plena* é *Minne*.

8. Desprendimento, desprendido (*Abgeschiedenheit, abgeschieden*) [*Abgeschiedenheit*: desprendimento, retraimento, aseidade; *abgeschieden*: desprendido, livre, solto, à vontade no próprio seu]

Ab-geschieden-heit vem do verbo *abscheiden*. Este é composto de *ab*, que significa *de* (*ab*, em latim; *apo*, em grego), *afastando-se de*; e *scheiden*, separar, cujo particípio passivo é *geschieden*, separado de. Daí: *Abgeschieden + heit*. E *-heit* é um sufixo para indicar a formalidade abstrato-essencial. *Abschied* é despedida; isto é, deixar ser a remissão de cada coisa na unicidade da sua identidade. A tradução para o português de *Abgeschiedenheit* ficou *desprendimento*, acentuando a conotação de *não estar preso a nada*, a não ser a si mesmo; *livre* e *solto*, na *ab-soluta* identidade diferencial de si, a partir e em si, portanto na aseidade e inseidade da plena satisfação e fruição de si *mesmo*. Essa *mesmidade* se chama para Eckhart Deus, *uno e trino*. Deus é pura e limpidamente Ele mesmo, separado de tudo quanto não é Ele mesmo. Uma separação de tudo quanto não é si *mesmo*, a in-sistência na ab-soluta identidade para dentro do abismo da solidão de si *mesmo* é a separação, cuja despedida (*Abschied*) remete a Deus, à unicidade decisiva de si mesmo, livre da contração a si, como diferença do e contra outro. É unicidade solta, à vontade como identidade com tudo, na união com outro, na intimidade abissal de identificação com todos os entes no encontro. Essa unicidade da liberdade, fonte de onde salta o *ser com* e o ser *do e para outro* recebe no pensamento do cristianismo medieval o nome de *pessoa*, e perfaz o núcleo da dinâmica do mistério da Santíssima Trindade, um Deus em três pessoas, Pai, Filho e Espírito Santo. A dinâmica do relacionamento Pai-Filho-Espírito Santo como absoluta soltura da liberdade dele, como *Abgeschiedenheit*, se chama *geração e processão* ou simplesmente *geração*, da qual surge o relacionamento de

10. Cf. glossário n. 13.

Deus com os seres humanos como o da geração, ou melhor, filiação divina, de tal sorte que a criatura-homem é filho de Deus no Filho Unigênito do Pai, no Espírito Santo. E então através do homem, tudo que é e não é, tudo que pode ser, tudo quanto possa surgir dentro de um determinado possível sentido do ser, portanto a imensidão, profundidade e vitalidade criativa do abismo da possibilidade de ser, se torna também recepção da filiação divina, de tal sorte que criação, o seu universo no seu ser, repercute em mil e mil modulações e variações o tônus e a tonância do sentido de ser da filiação divina. Nesse sentido, ser humano é *abgeschieden*, ele mesmo, na finitude; isto é, no bem concreto e definido da sua singularidade única, ab-soluta e livre, pessoa como cada um, filho único e singular na intimidade do *ser com* e do *ser para* do Deus uno e trino. E todos os entes do universo não humano recebem o ser e o sentido do seu ser, a partir e dentro da sonoridade da filiação divina, como caixa de ressonância na recepção da mesmidade dessa imensa sinfonia do encontro do amor de Deus. Essa visão de Deus, o único ser *simpliciter*, e a pregnância da sua presença como universo-criação no fluxo da dinâmica da filiação divina fazem duplicar o conceito de Deus em: *Deus* e *deitas*, *Deus e deidade*, que na tradição teológica medieval recebeu a formulação: *Deus quoad nos* e *Deus quoad se*.

9. Desprendimento, renúncia, desapego

Traduzir *Abgeschiedenheit* por *desprendimento* pode nos levar a entender *desprendimento* na acepção de renúncia, desapego e abnegação. Como usualmente esses termos são ouvidos na acepção ascético-moral, o desprendimento, principalmente quando aplicado às criaturas, pode ser também interpretado a partir de e dentro do sentido ascético-moral. Em Eckhart *desprendimento* diz a essência, o *ser* de Deus, portanto, tem um sentido ontológico. Não se trata aqui, nem em Deus nem na criatura, de renúncia, desapego e abnegação como privar-se de algo, carecer, mas sim da plenitude do ser da liberdade, da plena soltura de ser. A partir e na dimensão dessa plenitude livre de ser é que deveríamos tentar interpretar as categorias ascético-morais de termos como *renúncia*, *abnegação*, *desapego*, *limite*, *finitude*, como possibilidades livres da disposição de ser, onde não há a ideia de privação como falta, lacuna, como vazio, mas há simplesmente plenitude concreta, bem determinada. É a limpidez da nitidez pura, livre e “despojada” de tudo que não é ela mesma.

10. Imagem, figura, forma (*Bild, bilden*) [*Bild*: imagem, figura, forma]

Nos sermões alemães de Eckhart ocorrem frequentes vezes as palavras *Bild* e *bilden* nas suas variantes *abbilden* e *erbilden*.

Bild significa quadro, imagem, figura, configuração, forma; e *bilden*, configurar, formar imagem, figura, tomar forma. *Abbilden*, copiar, *erbilden*, reproduzir a si mesmo, configurando-se a partir do seu próprio originário. Esses termos todos, no entanto, devem ser entendidos na tonância do sentido do ser a partir e dentro da criatividade da existência artesanal, mas subsumida pelo sentido do ser da filiação divina. Como tais devem ser sempre considerados, não como configuração que fixa e encaixa, como fôrma que delimita a modo de cerca, encaixe, moldura, mas sim como plenitude da dinâmica do crescimento, como pique, auge de um empenho, como o concreto; isto é, concrescido, remate de um agir que toma corpo como uma obra. E em todo esse nascer, crescer e se consumar de uma obra, esta aparece como vir à fala do próprio criador da obra como seu prolongamento, sua reduplicação, como o seu perfazer-se. Não se trata, pois, nem da figura, nem da configuração de uma coisa, nem de si como retrato externo, mas sim da sua "cria", da sua reprodução, seu fruto; e isso muito mais e de modo qualitativamente mais rico e único, quando se trata de filiação, de geração divina.

11. Intelecto, razão, conhecer, conhecimento (*Vernünfticheit (Vernunft), Verständniss (das erkennen), Intellekt, Erkenntnis*)

Todos esses termos em Eckhart se orientam para a estruturação da filiação e a dinâmica da sua difusão no mistério da encarnação, na qual o homem enquanto filho no Filho se torna a aberta, a clareira na e através da qual todos os entes do universo na sua ordenação coparticipam do destinar-se da humanidade, como diferentes modulações e repercussões da Vida divina no universo. *Vernünticheit*, *Vernunft*, se refere ao ser do homem, enquanto *dynamis*, potência de recepção (*vernehmen*) dessa sorte de ser-com e ser-para a liberdade da deidade e ser como que pura passagem dessa gratuidade jovial da criatividade da deidade, que se espraia por sobre toda a criação. É dentro dessa perspectiva que todos esses termos indicativos da faculdade de conhecimento, do intelecto querem ser entendidos.

Traduzimos as palavras *Vernünfticheit* e *Vernunft* (que vêm de *vernehmen*), e que no latim correspondem a *mens*, por *Intelecto* e *Verständniss*, que foram vertidas várias vezes em alemão moderno como (*das*) *Erkennen*, *Erkenntnis*, *Vernunft* e em português significam *o conhecer*, *conhecimento*, e também *intelecto*. O uso das palavras *mens*, *intellectus* e *ratio* no pensamento medieval não corresponde sem mais ao uso que fazemos das palavras *intelecto*, *intelectual* e *razão*, *racional*... Para nós, hoje, esses termos são praticamente sinônimos, um ao lado do outro. Ao passo que, no pensamento medieval, *mens* indica o que é o mais próprio do homem, o ápice do ser do homem, onde se dá o toque de contato com deidade (cf. "Itinerarium *mentis* in Deum", de São Boaventura). *Intellectus* e *ratio* devem ser então entendidos a partir da *mens* como uma presença de variação da "intensidade" de ser *mens* como ser do homem, na sua participação do ser de Deus. Hoje, em português, intelecto, *mental* não possui mais o vigor originário do latim *mens*, pois no uso atual conota algo como alienado, subjetivo, irreal. Assim, na nossa tradução, conforme o contexto, para *Vernünticheit*, *Vernunft*, *Verstadnisse* usamos *intelecto* (*intelectual*) e *conhecer*, *conhecimento*, deixando aberta a necessidade de cada vez examinar o que *intelecto* ou *intelectual*, *conhecer* e *conhecimento* querem assinalar.

É também dentro dessa perspectiva que este glossário comentado quer se colocar.

Assim, intelecto, razão, entendimento, o conhecer e o conhecimento não se referem *primeiramente* à faculdade do sujeito homem e seus atos correspondentes. Por isso, não devemos entender esses termos em Eckhart a partir do que comumente entendemos por eles no nosso uso cotidiano, mas antes entender a nossa compreensão usual do que seja intelecto e conhecimento a partir do que conotam esses termos dentro da perspectiva do *sentido do ser* do pensamento eckhartiano. Para isso é necessário primeiro explicar que aqui, neste glossário, quando usamos a expressão *sentido do ser*, não estamos falando da *significação do ser*, *conceito do ser*, *adequação do nosso saber ao objeto*, *representação dentro de nós*, *a saber*, *na nossa mente*, *do objeto*, *diante*, *ao redor*, *fora de nós*. O *ser* entendido como verbo, dinamicamente, sugere de imediato e originariamente *vigir*, *viver*, *animar-se*, *perfazer-se*, *surgir-crescer-consumar-se*, *liberar-se*, *desprender-se*, *soltar-se nasciva*, *espontânea* e *livremente no que é o seu próprio*. E isto, apesar de, no nosso cotidiano, dominar o uso do verbo *ser* na significação de estar ali como algo ocorrente diante de mim, à mão, ali parado, estático, à disposição do uso, ou como objeto-bloco permanente em si, do qual tenho da minha parte subjetiva impressões, sensações, representações etc. A dinâmica da espontaneidade da liberdade do próprio de si mesmo, portanto, o *ser*, é expressa também por *a presença, o vir à fala, o vir à luz, o manifestar-se*. Trata-se, pois, de um movimento no qual há e do qual vem uma condução, um *ductus*, um fio condutor, qual sutil tração do sabor e gosto, da graça e beleza, portanto do fascínio da *coisa ela mesma*, ou melhor, da *causa* da *propriedade de ser*. Esse *ductus* que nos toca, vindo de e nos induzindo à dinâmica do *ser*, se chama *sentido do ser*.

A essência do homem no pensamento medieval é definida como *animal racional* (*homo est animal rationale*). Essa definição é tradução latina da determinação do ser do homem que nos gregos soava: *to zóon logon echon* (vivente ou ânimo atinente a logos; isto é, à colheita do sentido do ser). Essa acepção originariamente grega do ser do homem, como acolhida do *ductus* que o toca, vindo de e o induzindo para a dinâmica da manifestação do ser, silenciada na sua tradução latina *animale rationale*, vem à fala, quando o medieval dentro da esfera da ordenação do ser que representa a dimensão humana distingue e escalona o modo de ser da diferença específica do homem como *ratio*, *intellectus*, *spiritus*, e como que adentrando no ser de Deus, *mens*. Nessa escalação, quanto mais o homem se torna ele mesmo, como filho de Deus, tanto mais se torna in-sistência receptiva; isto é, a pura, límpida e simplesmente *recepção livre e grata* da doação da *Abgeschiedenheit*; isto é, da soltura livre do Um da igualdade na filiação divina. Essa absoluta *receptibilidade*, o ser puro nada do desprendimento na correspondência ao ab-soluto desprendimento da pura doação da deidade, recebe nos sermões alemães de Eckhart o nome de *Vernünfticheit*, *Vernunft*, no qual está o verbo *vernehmen*, que conota as significações de *receber*, *aperceber*, *acolher*, *colher*, *captar*. "Receber" em alemão se diz *empfangen*, mas *empfangen* significa também *conceber*, e *Empfängnis* significa *conceição ou concepção*. E a palavra *conceito* tem a ver com concepção. Isso significa: tudo isso que pensamos ser uma "imagem", uma representação ou "ideia" reprodutiva do objeto real, dentro da "cabeça" do sujeito-homem, e nesse sentido também o *conhecimento*, e o *conhecer* como *ato* do homem, colocado como sujeito e agente da faculdade chamada *razão*, *intelecto* ou *mente*, se o intuirmos a partir e dentro da dinâmica da sua gênese; isto é, antes de se ter fixado e encaixado dentro do sentido do ser entificante da coisalidade físico-material, nos acena para uma referência direta à essência, ou ao ser do homem, a partir e dentro do *ontologicum* "filiação divina", no qual recebe a possibilidade de ser filho de Deus no Filho Unigênito do Pai, caracterizado na dinâmica da vida íntima trinitária como Intelecto.

Assim considerados, termos como *intelecto, intelectual, razão, racional, mente, mental*, em Eckhart, não devem ser entendidos primeiramente como designações de uma das faculdades do sujeito-homem chamada intelecto, razão, mente, em diferenciação com *vontade* e *sentimento*. Indicam antes o grau de intensidade e qualificação do ser-homem enquanto este é existência humana. Assim, intelecto ou razão não exclui, mas inclui vontade, sentimento e inteligência num grau de intensidade e qualificação, o mais excelente do ser da existência-humana.

12. Intelecto, vontade, coração, problema da prioridade

Nos manuais da história da filosofia medieval, há controvérsia sobre a prioridade entre as três faculdades da alma na realização do contato do homem com Deus. Há ali diferença entre a escola tomista (prioridade do Intelecto) e as escolas franciscana boaventuriana (prioridade do sentimento-coração) e escotista (prioridade da vontade). Pelos textos dos sermões alemães de Eckhart, no entanto, se torna um tanto questionável se esse tipo de abordagem das "questões medievais" a partir de uma tal classificação faz jus ao "inter-esse" e à busca toda própria de Mestre Eckhart. Pois uma tal classificação parte da pressuposição de que *intelecto, vontade* e *coração* significam simplesmente as faculdades do homem de conhecer, querer e sentir, seja na acepção psicológica, seja na "gnoseológica", mormente quando se fala do *intelecto* ou *conhecimento*. Aqui em Eckhart, os termos como *intelecto* (*Vernunft, Vernünfticheit*), *razão* (*Verstand*), *intelectual, racional, conhecer, conhecimento*, indicam *primeira e principalmente* o ser-recepção da filiação divina na identificação com o Filho: *conhecer* é co-nascer filho no e com o Filho *Unigênito do Pai*. Portanto, aqui *receber* é ser. Nesse ser há infinitamente mais ação, mais "vontade", mais "amor" e mais "intimidade" do que um conhecer, um saber "epistemológico" que é um captar representativo de uma realidade, sem participar no seu ser, ou um "amar" psicológico que é uma espécie de ação pela qual eu, seguindo uma representação minha da realidade (aqui Deus), entro nessa "realidade", digamos virtual, segundo a minha imagem e semelhança. Um tal operar e um tal devir são, provavelmente, para Eckhart, como operar e devir de madeira ensopada na água que ao ser atingida pelo fogo da divina paixão, se satisfaz com fumaças e vapores levantados pela rejeição do fogo, por não ser igual ao fogo.

Eckhart, por exemplo, no Sermão 26, fala do Intelecto *como a mais alta realização das forças pertencentes à parte suprema da alma, a saber, vontade e intelecto*. Vontade e intelecto (*Vernünfticheit*), como forças efluentes da parte suprema da alma, não têm muito a ver com a nossa maneira psicoantropológica usual de entender *vontade* e *intelecto*. Por isso, na discussão tomistas *versus* escotistas (intelecto *versus* vontade), tomistas *versus* boaventurianos (cabeça *versus* coração), como nós muitas vezes abordamos a questão numa compreensão superficial, ela adquire um nível de penetração pouco adequado. Em Eckhart é necessário sempre de novo observar que a questão de *intelecto e vontade* diz respeito à suprema parte da alma, à centelha, à luz divina na sua "estruturação" interna. Como os termos como *razão* e *intelecto* para nós hodiernos já estão contaminados pela compreensão psicoantropológica usual, traduzir a *vernünfticheit* ou mesmo *Vernunft* é difícil. No latim haveria o termo *mens* para indicar *o intelecto* enquanto força que emana da centelha, como a força "superior" na estruturação interna da dinâmica da própria *centelha*. Mas em português *mente* e *mental* implicam o mesmo problema da perda do sentido mais vigorosamente especulativo desses termos. Na orientação dessa questão da prioridade entre *intelecto* e *vontade*, é necessário com precisão guardar a diferença de acuidade de observação que a reflexão especulativa de Eckhart mantém, quando fala do relacionamento de *intelecto e vontade* como de momentos constitutivos estruturais da *centelha*, portanto quando fala de intelecto e vontade e de seu relacionamento mútuo, referidos à *face superior da alma*; e quando fala do relacionamento de *intelecto e vontade* e de seu relacionamento mútuo, referidos à face inferior da alma. Se agora tomo o termo *intelecto* referido à face inferior da alma que olha um tanto para baixo e dirige os sentidos e identifico sem mais com *intelecto* referido à face superior da alma que contempla todo o tempo a Deus, e, ainda por cima dessa generalização neutra dos termos, introduzo a questão do relacionamento *intelecto* versus *vontade* ou *sentimento* no nível dos problemas psicoantropológicos, então se torna muito difícil entender a Eckhart quando ele fala de *prioridade do intelecto sobre a vontade*.

13. *Minne* (*charitas, dilectio, agapé*) [Caridade, amor]

Seguindo a grande tradição cristã, Eckhart define a essência, o âmago visceral de Deus, a deidade, como amor. O termo usado no alemão medieval de Eckhart para *Liebe* (amor) é *Minne*. A palavra *Minne* possui parentesco com o grego *menos* (sentido), *mimneskein* (recordar-se), com o latim *memini* (lembrar-se), *mens* (mente), *monere* (admoestar). A raiz indo-germânica *men*, que está em todas essas palavras, significa *pensar*. Pensar, aqui, é estar suspenso, solto-disposto na espera, de vivo coração. Nessa acepção do termo *pensar* como a liberdade de disposição da cordial jovialidade, *Minne* conota o ter presente viva e amorosamente na mente[11], sem cessar, recordar; isto é, avivar de novo no e do âmago do ser a cordialidade amorosa. Ceia íntima, recordando e comemorando um encontro amoroso se diz em alemão *Minne trinken* (beber a *Minne*)[12]. Originariamente *Minne* designava amor misericordioso, de diligente cuidado; isto é, o amor de predileção e benevolência interpessoal de tu para tu. Assim, *Minne* era uma palavra boa para indicar a intimidade do nobre enamoramento em total doação ardente de corpo e alma no encontro entre homem e mulher: o amor esponsal. E dali *Minne* começou a ser usada na "mística" dos cavaleiros medievais dos séculos XII e XIII para indicar o protótipo da paixão nobre de dedicação no amor de um cavaleiro para com a mulher amada, a sua dama. Era o mais intenso móvel de busca para um cavaleiro medieval a incentivá-lo a realizar atos heroicos a serviço e para a honra da sua senhora, a quem doava a vida e o ser como à sua Rainha e Senhora[13]. A partir dessa acepção cavaleiresca do amor, a palavra *Minne* entra no uso da mística medieval cristã, numa acepção ainda mais radicalizada de doação, nobreza, intimidade, paixão e finura como *Gottesminne*[14] e se tornou a tonância de fundo da assim chamada *Brautmystik* (a mística esponsal)[15].

---

11. *Mens* (*-tis*), *nous*, mente, é o nível de liberdade, o mais alto no ser humano, o seu ápice, no e através do qual o ser humano é tocado por Deus e penetra para dentro de Deus. Cf. *Itinerarium mentis in Deum*, de São Boaventura.

12. Em grego é *agapé*, a ceia do encontro de amor, termo assumido pelo cristianismo para indicar o amor de doação livre e cheio de bem-querença de si de Deus (em latim *charitas* e *dilectio*) e lembra a Última Ceia de Jesus no Novo Testamento, na qual Ele lavou os pés dos apóstolos.

13. As gestas e as canções de gesta.

14. *Gottesminne*, o *Amor de Deus*, primeiramente no sentido do genitivo subjetivo e depois no do genitivo objetivo; isto é, amor que Deus tem para conosco e do amor que nós temos, tendo como "objeto" a Deus.

15. Cf. São Francisco de Assis e o seu esponsal com a Senhora Pobreza; cf. São Bernardo de Claraval.

14. *Minne* como ato puro[16]: o *ontologicum*[17] do mundo medieval

A grande dificuldade de entender o próprio de Deus em Eckhart como *Abgeschiedenheit*, e isto como *Minne*, é ater-se limpidamente à evidência de que *Minne* não é isto ou aquilo, não é nem atividade de uma faculdade chamada vontade, intelecto ou sentimento, mas ser, *tout court*, como tal, simplesmente ato puro, cuja vigência dá, mantém e consuma o sentido do ser de todo e qualquer ente, possível e atual. Com outras palavras, *Minne* é a presença de pura e límpida atuação da livre-doação de si, como condição da possibilidade de o ente ser. *Minne* é, pois, o *ontologicum* do ente na sua totalidade. O que significa, porém, mais em detalhes: *Minne* é como ato puro, como a plenitude de ser, o *ontologicum* do ente na sua totalidade? A presença da pura e límpida doação total da *Minne* no todo, na totalidade do ente, do que é e pode ser, atua como *imensidão*, como *profundidade*, e como *originariedade*. Como imensidão *Minne* abraça e assume todos os entes, desde os supremos até os ínfimos, não deixando de fora nenhum ente, nem sequer o próprio nada. É a largueza da generosidade. Como profundidade, atravessa e impregna de cima a baixo todas as dimensões e ordenações do ente, de tal sorte que desce do céu até o inferno, subsome, suporta, faz seus todos os altos e todos os abismos, todas as positividades e todas as negatividades do ente, penetra nos seus mais obscuros e ocultos recantos da maldade, para ali buscar, por mínimos que sejam, vestígios de igualdade com o seu ser-*Minne*, nos fundos dos mais variegados níveis da intensidade de ser. Como originariedade, *Minne* é como que o in-stante do ponto de salto de todo o ente; isto é, de cada ente, cada vez na novidade da primeira e última chance da possibilidade da acolhida do ser, oferecendo-se sempre nova e de novo, como fonte, livre e solta na gratuidade da geração do ente, fazendo-o sua cria, seu filho, como a refundação de si, sem mais nem menos, na igualdade de condição.

Um tal sentido do ser, vivo e livre, não pode mais ser percebido a partir e dentro do sentido do ser atuante no uso corrente de palavras como *ser*

---

16. *Actus purus*, ato puro, é a pura e plena dinâmica de *ser* (verbo) na absoluta plenitude da liberdade no seu límpido desprendimento.

17. Todo e qualquer ente, ao ser cada vez interrogado no seu ser, nos traz à fala um aceno do sentido do ser ali operante. Sentido do ser que assim, de modo oblíquo, indiretamente, se nos manifesta como a tonância de fundo de um mundo constituído do ente, se chama *ontologicum*. Como em Eckhart o *ontologicum* aparece na tonância teológica, poderíamos chamar esse *ontologicum* de *teo-ontológico*.

(ocorrência), *energia*, *impulso*, *força*, *vigor*, *vida*, *vitalidade*, ânimo, *espírito*; ou melhor, não pode ser dito, nem pensado, nem percebido por nada que de algum modo atribuímos ao ente. Mas precisamente para dizer que não pode ser dito, pensado e percebido pelo sentido do ser no qual estamos em uso, Eckhart emprega palavras como *Minne*, *deitas*, *Abgeschiedenheit*. Daí ser considerado como representante típico da assim chamada *teologia negativa*.

15. *Minne* e a teologia negativa

O desprendimento (*Abgeschiedenheit*) afirma a identidade de Deus (uno e trino) como a ab-soluta plenitude de ser, de tal modo absoluto que fora dele não há nenhum ente atual e possível a que se possa atribuir com propriedade a possibilidade de ser. Deus é tudo, e o resto é nada, tão nada que só há Deus. Disso se tira a conclusão: tudo que se sabe, se pode, se tem, se é dele, não é Ele, e por conseguinte, dele nada sabemos a não ser que se sabe que dele nada se sabe, se pode, se tem e se é, a não ser o que Ele não é. E como Ele é a absoluta plenitude do ser, o nosso saber, poder, querer, ter e ser é *nada*. Nesse caso, essa compreensão negativa de Deus é o *a priori* ab-soluto, a partir e dentro do qual toda a nossa referência a Deus recebe o seu sentido.

Talvez, aqui, deixemos escapar a importância decisiva da diferença desse nada "medieval" em referência ao nosso nada usual. Este, como o costumamos entender, não nos conduz a mais nada, nem a si no que ele oculta. Pois marca passo na reedição inócua de um "vazio" prefixado como frustrada lacuna de privação do ser, cujo sentido do ser já está também prefixado como *algo* formal. Talvez esse nada nosso, usual, deva ser libertado dessa prefixação do sentido do ser do algo formal, de tal sorte que nada não mais ou nem sequer seja representado como ausência de algo, para que se desprenda, se solte, se livre o que se oculta no seu bojo. Na realização da realidade, para Eckhart, nada não é nada da negação lógica de algo lógico formal, não é nada de objetivo do ato do conhecer subjetivo da existência lógico-transcendental, mas *recepção* viva, na plena disposição da graça do toque da liberdade desprendida, a modo da plenitude do ser da liberdade-*Minne*. Assim esse nada "medieval" eckhartiano diz bem, em alto som: dele nada sabemos, nada podemos, nada temos e somos, a não ser Ele mesmo, a saber, a plenitude, solta, desprendida, na ab-soluta gratuidade da sua liberdade. Isso equivale a dizer: a plenitude de ser, o ser, é *Minne* na sua acepção mais ab--soluta da doação de si no "ato puro"; isto é, na gratuidade da sua difusão. É por não encontrarmos uma palavra adequada que dissesse de uma vez esse "modo de ser" todo próprio que não é nenhum modo, mas o próprio ser, que simplesmente usamos várias palavras como *Ser*, *Deus*, *desprendimento*, *amor*, *liberdade*, *Minne*, *encontro*, *pessoa*. Só que essa tentativa de "dizer e entender" não é como um ato do sujeito conhecedor, ao lado e juntamente com o ato de vontade e de coração-sentimento, mas – sem ou com todas as inumeráveis notificações que possuímos sobre o homem, já estabelecidas como sujeito e suas faculdades mentais, volitivas e sentimentais – desprendidos; isto é, soltos, de "corpo e alma", ser o que somos na nascividade, a ab-soluta recepção grata da sorte, do destinar-se, da história, do evento denominado por Eckhart *nascimento do Filho na alma e da alma no Filho*, a partir e dentro de cuja filiação somos existência humana, nela contidos todos os entes não humanos, filhos no Filho Unigênito do Pai. Uma tal recepção é ser na *igualdade* dele com Ele: é o Um na liberdade, na "*Gottesminne*". Esse *ser* de corpo e alma, a absoluta, desprendida recepção da filiação é como repercussão de um toque, é como cintilar de uma faísca[18], é o in-stante, o "piscar" de olhos da mira no encontro do Pai no Filho e do Filho no Pai. Ser continuamente, sempre de novo esse cintilar, é a existência cristã, não no sentido confessional ou religioso, mas sim no sentido do ser desprendido no desprendimento da deidade. Nessa existência ser e pensar, ser e querer, ser e amar, é o mesmo. E essa mesmidade é algo como a pura e límpida transparência da disposição grata e obediente da liberdade de ser como Deus na recepção. Essa transparência da recepção na filiação é o intelecto, o conhecimento, o co-nascimento. A expressão *teologia negativa* não acenaria à pura *positividade* de um tal conhecimento ou co-nascimento, *em sendo*? É o que se chamou de *especulação mística*.

16. Nada (*Nichts*)
[*Nichts*: nada, o não ser, a privação, a finitude]

Dizemos que nada é privação do ser. Como tal, nada nem sequer é oposto ao ser. Não há, simplesmente. Talvez, *ens rationis*, ente lógico, se é que não é "fantasma da mente". Se no pensamento medieval Deus é o ser

---

18. Eckhart usa as palavras *Fünklein der Seele* (faiscazinha da alma), *scintilla* (centelha) e *Burg*, *Bürglein der Seele* (burgo, castelo, cidade, cidadela, castelinho da alma).

propriamente dito, todo o ser, o ser em plenitude, e assim, fora de Deus nada é ou é nada, pode haver no pensamento medieval *algo* que não seja Deus? Não ser Deus significa, portanto, não ser? E se atribuímos aos "algos" que não são Deus o "qualificativo" de ente ou ser, Deus não pode ser algo no sentido da entidade num tal modo. Assim, Deus não é ente, pois o ser de Deus tem sentido do ser totalmente diferente ao da entidade *algo*. Em Deus não sendo, isto é, não-ente, podemos dizer que Deus é nada. Numa tal sequência de raciocínio que dá voltas a partir e dentro de um sentido do ser abstrato lógico, de imediato se percebe que nada assim empostado não faz jus à causa ela mesma da fala do nada, dentro do pensamento medieval. Para que, aqui, de alguma forma, possamos nos mover com maior aderência ao pensamento medieval, é necessário colocar a fala acerca do nada na ambiência do início da criação. Ali se diz: Deus criou o universo *ex nihilo sui et subiecti* (do nada de si e do substrato prejacente). Essa niilidade não se refere, portanto, ao ente prejacente "objetivo", nem ao ente previamente "existente" enquanto ente sujeito e agente de uma ação *eficiente*, na produção artesanal de confecção de uma obra a partir de uma dada matéria em vista de um determinado fim (portanto, causa eficiente, final, material e formal), mas sim diz respeito a quê? Podemos dizer: *da niilidade do desprendimento*, da *Abgeschiedenheit*? Com outras palavras, a criação não é outra coisa do que (cf. em Nicolau de Cusa o conceito de *non aliud*) o vir à fala do Deus da *Abgeschiedenheit*, desprendido, ab-soluto, no que há de mais próprio dele mesmo: a pura liberdade da gratuidade, a cordialidade, tomando corpo no mistério da encarnação. A criação é a bela graça do esplendor do corpo de Deus: Pai, Filho Unigênito, no Espírito Santo, na sua unicidade absoluta, feito homem, em Jesus Cristo, e o homem, com toda a sua circunstância, feito filho no Filho, na liberdade dos filhos de Deus. Se isto for de alguma forma viável na interpretação do mundo medieval, então o nada não é privação do ser, não é a possibilidade de não contradição do ser do lógico-matemático-formal, mas sim a presença entranhada da dinâmica intratrinitária, a vida íntima da deidade, como cintilações (*scintilla*) da sua benignidade, na filiação divina, como o mistério da encarnação. Nada então pode significar de um lado a liberdade, o desprendimento, a soltura ab-soluta do sim da doação cordial da deidade, de si mesma na jovialidade decidida da sua liberdade, o deixar-ser, o estar à vontade da sua gratuidade. E o ente criado é também nada, não enquanto privação ou negação da entidade, mas é o *em sendo* concreto, de-finido, portanto bem decidido da grata receptividade e também desprendida, solta, absoluta, partícipe, prenhe da gratuidade desse Deus, cujo ser, cuja deidade se chama o *Um*, o "Uno" desprendido da dinâmica da "geração e processão" trinitária.

Quando se esquece que no pensamento medieval da criação tudo que a ela se refere, em parte e em todo, foi subsumido pelo *ontologicum* da filiação divina, na dinâmica da vida intratrinitária, e que este é o "horizonte" a partir e dentro do qual se pronuncia a fala medieval, se dá a queda de nível na manutenção da limpidez dimensional de interpretação, e surgem problemas como o do panteísmo, dualismo, maniqueísmo, realismo, conceptualismo, idealismo da teoria de conhecimento, projetados para dentro do pensamento medieval; todos eles de alguma forma provenientes da dominação operativa de um determinado sentido do ser, talvez até certo ponto adequado para explicitação do "mundo" de entidades do tipo físico-material, mas insuficiente para o aclaramento da realidade viva, no vigor e na ternura da liberdade.

O medieval denominava o falar da criação como *matéria-prima*, o nada que, no horizonte do ser da criação subsumido pelo *ontologicum* da filiação divina, é expresso na formulação *ex nihilo sui et subiecti*, que por sua vez foi chamado de *potentia oboedientialis*. Aqui a palavra *potentia* se entende não como possibilidade vazia da não contradição lógica do *ens rationis*, mas sim como a vigência, o vigor do gosto e da satisfação da acolhida, da receptibilidade da liberdade geradora de Deus. Essa receptibilidade, por sua vez, ela mesma como e na criatura, já é o dom de Deus, cuja intimidade da interioridade é denominada de *Um*, a se abismar, a se perder de vista para dentro da geração e processão trinitária, isto é, para dentro da sua *Abgeschiedenheit*. Se é assim, então o nada, o *nihil sui et subiecti*, a matéria-prima é propriamente a liberdade, o nada ser, nada ter, nada poder, nada querer, nada saber a não ser toda e inteiramente ser apenas a disponibilidade de e para a liberdade dos filhos de Deus. Em Eckhart nada é a graça de ser. É obediência, isto é, ob-audiência, a ausculta, a receptividade da audição, atenta, dócil e grata da percussão da doação da vida divina.

Eckhart fala também da criatura como nada num outro sentido, quando diz: "As criaturas têm tudo em tudo e mancham, pois são feitas de nada" (Sermão 5). Tudo em tudo (*all in all*) aqui soa estranho. Com o risco de ser totalmente errado e diletante, não poderia "tudo em tudo" (*all in all*) estar insinuando o avesso do modo de ser de Deus? Ele é *tudo em todas as coisas* como *plenitude* da presença, como o ser como tal (*ipsum esse*) e que sustenta o ser de todas as criaturas no seu todo e na concreção de cada ente; ao passo que as criaturas, *esquecidas* de sua identidade agraciada são "tudo em tudo" na sua niilidade. As criaturas só são enquanto suspensas em Deus, sustentadas por Ele; isto é, sem Ele são nada. E enquanto nada, as criaturas são uma presença na totalidade das criaturas, no seu todo e na concreção de cada ente, um *não a modo de tudo em tudo*. As criaturas enquanto no fluxo e na cordialidade difusiva da plenitude do *ens a se* são na alegre positividade da dependência de Deus como filhos de Deus. Aqui não se trata de carência nem da privação, mas absoluta afirmação da bondade do Pai. No momento em que se esquece dessa natureza, ou melhor, dessa nascividade própria do ser criatura, começa-se a se enfocar como nada privativo, carente do infinito, começa-se a rejeitar a propriedade toda positiva de poder ser cada vez na finitude; isto é, na definição concreta de ser algo na doação do próprio Deus, e isso começa a contaminar todas as coisas com o ressentimento de ser imperfeito e privado da infinitude. Assim, contamina-se tudo e em toda parte como *tudo em tudo* do ente ressentido da sua niilidade. Ao passo que não sendo agraciado na plenitude do ser do Filho, e gerado do Pai que é tudo em tudo de todas as coisas criadas, estas deveriam ser a plena de-finição; isto é, finitude de gratidão e louvor à gratuidade do ser.

17. Nascimento (*Geburt*)
[*Geburt*, nascimento, geração, filiação]

Nascimento, geração é diferente da causação, da efetivação, da produção e da criação de uma obra. Em Eckhart, *nascer*, *gerar* se refere primeira e primariamente à *geração e processão* dentro da Santíssima Trindade, ao surgimento do Filho, do Pai no Espírito Santo e à *união que se dá* "entre Deus e alma" enquanto *nascimento de Deus* na alma e *nascimento da alma* em Deus, a modo de vigor e ternura da intimidade unitiva do Pai na geração e no nascimento do Filho no Espírito Santo. O ponto de contato da alma com Deus é o Filho, no qual, pelo qual e por meio do qual o homem é *filho no Filho*. E no homem, pelo homem e através do homem todos os entes criados e criáveis, portanto o universo inteiro, atual e possível, se tornam também "filhos" de Deus.

A dinâmica da *geração e processão*, Pai e Filho no Espírito Santo, não pode ser pensada como relacionamento de três substâncias, primeiro existentes em si, para então se relacionarem entre si mutuamente. O que há ali se dá de modo nascivo e como fonte é a *ação* do gerar e ser gerado, e tanto Pai como Filho como Espírito Santo são concreções ex-plicantes de como é essa ação. Essa ação é *abgeschieden*, isto é, desprendida de toda e qualquer mediação que não seja o mediar-se dela mesma, nela mesma, a partir e dentro dela mesma. É, pois, neste sentido, solto, à vontade, livre, na pura dinâmica do seu *ser*, que devemos cada vez de novo ler as mútuas implicações do Pai no Filho e do Filho no Pai, no Espírito Santo, recebendo, e no receber, dando a si no, pelo e através do outro como outro no outro, como o mesmo no outro, como que num movimento centripetal e centrifugal simultâneo de uma espiral a partir e para dentro da profundidade abissal, em cujo ponto de fuga, qual no olho do furacão, vislumbramos por instante um abismo de unidade, de unicidade único que recebe o nome de *Um*. A condução para dentro desse movimento, na dinâmica do turbilhão trino de *ser com* e *ser em* mutuamente na força unitiva e gerativa do Um, não é especulação, um saber sobre uma realidade em si, mas sim a própria intensidade e vitalidade de participação do *ser com* e *ser em*, do âmago de nós mesmos denominado *alma*, na realização da realidade explicitada na cristidade como a vida íntima de amor gerativa, chamada Pai e Filho, no amor unitivo chamado Espírito Santo, dentro do Mistério do Deus uno e trino. Esse movimento é como percussão de origem que repercute como cadências em diferentes níveis da intensidade de ser, criando diferentes ordenações da totalidade dos entes do uni-verso, em suas dimensões, mais ou menos na seguinte escalação da intensidade do ser: dimensão Deus, dimensão espírito ou anjo (em nove coros), dimensão homem, animal, vegetal e dimensão substância material inanimada. Em cada uma dessas dimensões, de modos diferenciados, cada vez conforme a intensidade de ser das dimensões, se constituem milhares de entidades em variegadas modulações. Todas essas entidades são como repetições de cintilação em diferentes níveis e intensidades do esplendor que salta de e em Deus, como deslanche e eclosão do ser, como que vindo do abismo do seu interior, o mais íntimo e oculto, naquela dinâmica de geração e processão trinitária, que por sua vez se perde para dentro da profundidade unitiva do Um, como foi acima insinuado. Isto significa que a percussão da assim chamada vida íntima do amor trinitário na força da geração é repetida em milhões e milhões de variações, em cadências e toadas de ecos e repercussões, formando as entidades do universo na sua totalidade como criação. É de grande importância para o pensamento medieval observar que o homem, ou melhor, a alma como o núcleo do ser humano, no seu fundo mais profundo, é o lugar do toque da percussão da vida íntima do amor trinitário, onde se dá o nascimento de Deus na alma e o nascimento da alma em Deus, gerada como *filho no Filho* Unigênito do Pai, Deus, que se encarna como Jesus Cristo, Deus feito homem. E através do homem feito Deus, e de todos os homens nele nascidos como filhos de Deus, todos os entes não humanos participam dessa filiação, de tal maneira que a deidade, o próprio de Deus na sua absoluta *Abgeschiedenheit*, na mais pura soltura da sua liberdade, se torna como que também o fundo desprendido (*abgeschieden*) de todos os entes no seu núcleo, na jovialidade da liberdade dos filhos de Deus.

Essa onipresença da deidade como *Abgeschiedenheit* em todos os momentos da cadência, da escalação, da cascata das entificações constitutivas dos entes do universo, as hierarquias dos entes, as diferenças de superioridade e inferioridade, os degraus e as intensidades do ser, não são valorações diferenciais de dominação e poder, mas sim riquezas de prodigalidade e generosidade da doação e recepção da iniciada e sempre novamente retomada de-finição do encontro como concreção da filiação divina. O *Um* como o mistério do retraimento da *Abgeschiedenheit*, a deidade, assim se torna como a condição da possibilidade de todas as coisas, sem jamais aparecer, sem jamais se mostrar, sempre oculto, retraído na humildade e pudor da sua doação incondicional e ilimitada. Esse ser, ou melhor, sentido do ser, é o *ontologicum* do pensamento de fundo dos sermões de Eckhart.

Em referência ao nascimento do Filho, do Pai e nascimento do filho (nós) no Filho; isto é, nascimento do Filho na alma e da alma no Filho, Eckhart usa a expressão *sun nâch der ungebornheit* (*Sohn gemäss der Ungeborenheit = Filho segundo não-nascimento*). *Ungeborenheit* se refere certamente à diferença existente entre o ser *incriado* e ser *incriável*. Ser incriado se refere a Deus enquanto ainda considerado a partir e dentro do sentido do ser da criação, para não dizer causação (embora já subsumido pelo sentido do ser da filiação, mas dele esquecido); portanto, refere-se a deus, e não à deidade. O ser incriável se refere à deidade, ao Um.

Mas aqui há uma certa ambiguidade: a filiação divina, o ser em Deus, parece não somente significar que é Filho Unigênito de Deus na participação da filiação divina, entendendo a Deus como deus, portanto filiação enquanto referida à participação na criação, no ser continuamente engendrado eviternamente de Deus criador, *mas também* ser *igual* ao Filho Unigênito do Pai no mistério da Trindade, participação essa possibilitada pela encarnação. Somos filho no Filho. Mas há ainda um ser "igual" a Deus, digamos mais radicalmente, inteiramente desprendido, livre e solto, no sentido de, sendo filho no Filho, ser igual a Ele na recepção de ser Filho como quando Deus ainda não era; isto é, repousar na deidade, no Um, no abismo do Um unitivo, antes de tudo, como quando ainda não éramos, nem criaturas, nem filhos, nem filhos no Filho, mas Filho Unigênito no Pai. Como tudo isso, toda essa igualdade é a atuação da própria deidade, e atuação na deidade é ser, o verbo *ser* sempre adquire duplo sentido de ser e não ser. Daí a resposta de Eckhart: é filho e não é filho.

18. Nesciência (*Unwissenheit*)

Trata-se não somente da ausência do saber que pode ser eliminada com um saber posterior, mas sim uma espécie de impossibilidade de saber no sentido de total cegueira em referência a certas dimensões. Portanto, trevas. Para saber, aqui devemos ser tocados pela coisa ela mesma. Assim, saber é sabor. Conhecer é receber.

19. Operar, atuar; obra; realidade (*Wirken*, *Werk*, *Wirklichkeit*) [*Wirken*: causar, atuar, efetuar, efetivar, realizar, operar[19], agir, fazer, fazer ação, fazer uma obra, pôr em obra; *Der Werk*: a obra; *die Wirklichkeit*: a realidade, a atuação do realizar-se]

O verbo *wirken* significa *atuar*, *efetuar*, *efetivar*, realizar: mas em todas essas significações conta *a ação de fazer* obra; isto é, produzir[20] a partir e dentro da *existência artesanal*[21]. Trata-se, pois, do agir no *modo de ser* do *trabalho*, da *atitude* e do *perfazer-se humano* na *criatividade da existência*, na qual, sob o toque de uma dimensão anterior e maior do que a ele, o homem se coloca na total disponibilidade de estar a serviço do vir à fala de uma realização criativa como obra, na dinâmica de gênese, crescimen-

19. Em latim é *operari*. O modo passivo nos recorda o modo medial que indica uma ação reduplicativa, a saber, em agindo uma obra, a ação não se esvai no produto, mas redunda no crescimento do agente, que se perfaz.

20. O verbo *produzir* diz *pro-ducir* (em latim *pro-ducere*) e significa *conduzir* e *ser conduzido* sob o toque de um determinado sentido do ser a possibilidade de ser, para que este apareça como fruto diante de quem se perfaz como obra.

21. Cf. glossário n. 1.

to e consumação de uma determinada concreção da possibilidade de ser, oferecida como inspiração. Aqui o homem se perfaz e se consuma como a clareira do surgimento de uma ordenação criativa que se abre como mundo. Existência aqui é entendida como a *aberta*, a partir e dentro da qual o medieval realiza o sentido do ser da realidade, do ser do ente na sua totalidade[22]. Isso significa que as palavras fundamentais do mundo medieval, por exemplo, ser, coisa, substância, causa, matéria-forma, causa final, causa eficiente, de imediato ressoam na sonoridade do sentido do ser, próprio da *experiência do fazer e perfazer-se do fundo*, *artesanal*, herdado da ontologia substancialista dos gregos[23]. Por isso, a relação *Criador-criatura* não pode ser simplesmente reduzida a *causa e efeito* e *criação* a *causação*. Essa realização medieval artesanal da realidade é, por sua vez, subsumida por uma pré-compressão do ser, proveniente da experiência religioso-cristã, que recebe o nome de *filiação divina*.

20. Por e para Deus (*um Gottes willen*)

Costuma-se traduzir a expressão alemã *um Gottes willen* com *por causa de Deus*. Usualmente entendemos esse *um-willen* como causa final a modo de uma meta. Em latim dizemos: *propter Deum*. Aqui a palavra *propter* significa propriamente *prope*; isto é, perto, na cercania, na proximidade, junto a, ao lado de. Se entendemos *propter Deum* como *por causa de Deus* como causa final, colocamos Deus diante de nós como ponto de referência "ideal" e meta do homem enquanto eu-sujeito. Se o entendermos como *junto*, *na cercania*, *ao lado*, parece que o todo da situação se transforma. Deus não está *diante* de nós, como meta, fim a ser alcançado como "utopia" ou "ideal", mas sim *atrás*, atrás de minhas costas como "condição da possibilidade do meu agir e do meu buscar", portanto, como apoio, como fundamento, a partir e sobre o qual sou e ajo; ou melhor, eu, no ser e agir, estou no *medium* da plenitude do ser de Deus, de modo que nessa união dele comigo é Ele que é e age em mim. Para indicar que é dele, da sua proximidade e do perto dele que recebemos a força e possibilidade de tender a Ele, traduzimos *um Gottes willen*: *por e para Deus*.

22. Deus, homem e universo, enquanto regiões da totalidade do mundo medieval.

23. *Poiein*, *prattein*, *pragma* = *on* (*-tos*) = ente.

21. Reto, retidão, justiça (*Recht*, *Gerechtigkeit*) [*Recht*: reto, justo, exato; *Gerechtigkeit*: retidão, justiça]

Justiça (*Gerechtigkeit*) diz respeito à retidão, pois contém a palavra *recht*, que significa *reto*, direito, no sentido de ereto. Portanto, sem curvas, torturas e torneios, sem desvios, sem senões e titubeios, de alguém que está aberto na fidelidade da sua identidade ao que é da identidade do outro. O justo é quem sabe corresponder à identidade do outro, plenamente, deixando-o ser. Essa conotação da precisão na fidelidade da identidade sua e do outro faz-nos entender o reto como *justo*, afeito à precisão da medida própria de cada ente. Ser reto, ereto, conota o *estar de pé*, cabeça erguida, não na empáfia da pretensão orgulhosa, mas no erguer-se, no identificar-se com, no levantar-se a partir da sua nascividade, da sua natureza. Quem é natural assim é o filho, livre, com direito à herança, que se move no clã como quem está em casa, e não como escravo, encurvado debaixo de um poder a ele inadequado, imposto de fora. O homem *justo*, isto é, *reto*, *ereto*, está na medida verdadeira; isto é, *ajustada* na identidade do seu ser. E o ser do homem, na sua essência é *igualdade* com Deus, ser filho no Filho de Deus, na filiação divina. Estar solto, livre, sem nada, nada tendo nem acima nem abaixo, nem à direita nem à esquerda, estar assim à vontade, em casa, no ser filho de Deus é a liberdade. Esse modo de ser livre é a *retidão*, a *Gerechtigkeit*, a justiça.

22. Um, uno, unitivo; igual, igualar-se, igualdade, comparação ((*das*) *Eins*, (*das*) *Eine*, (*das*) *Einige*; *Gleich*, *gleichen*, *Gleichheit*, *Gleichnis*) [*Das Ein(s)*: o um; *das Eine*: o uno; *das Einige*: o unitivo; *gleich*: igual, *gleichen*: igualar, *die Gleichheit*: igualdade; *das Gleichnis*: a equação ou a comparação]

Nos sermões alemães de Eckhart, os termos *um*, *uno*, *unitivo*, *igual*, *igualar-se*, *igualdade* são usados frequentemente, quando se fala da *geração e processão* e da *filiação*, dentro do mistério da Santíssima Trindade, portanto, do "relacionamento" "entre" as *pessoas intratrinitárias*, Pai, Filho e Espírito Santo; mas também quando se trata da união da *alma* com *Deus*. Em referência a esses termos, também aqui devemos observar o que dissemos da *Abgeschiedenheit*, a saber, que eles devem ser entendidos neles mesmos, não a partir e dentro da acepção do que usualmente entendemos por *um*, *uno*, *igual*, mas a partir e dentro do que se sucede na dinâmica da *geração e processão* das pessoas da Santíssima Trindade e, então, a partir dali compreender o que usualmente entendemos por *um*, *uno* e *igual*.

Usualmente *um* indica o número 1 ou o demonstrativo indefinido. *Uno* diz o todo do conjunto de elementos, unificados sob um denominador comum; *igual* dizemos de duas ou mais coisas que coincidem, ora sob um determinado ora sob todos os aspectos, exceto no seu existir ocorrente. Igualdade pode ser de atribuição de um determinado aspecto (por exemplo, este lápis é igualmente azul como aquele lápis) ou de proporção (2 + 2 = 4; 1/2 = 2/4; [2 + 3] = [10 - 5]). Aqui, numa tal igualdade, uma coisa jamais se torna outra, jamais é a mesma; cada qual guarda a sua individualidade numérica como este um e aquele um. Nesse sentido, nessa acepção *usual da igualdade* de duas coisas ocorrentes como entes físicos, se representamos a Deus como uma entidade e as criaturas como outras entidades, jamais se dá a fusão de mesmidade "Deus e criaturas", de sorte que por mais que se queira fundir esses diferentes entes, disso nunca resultaria o panteísmo. Se aqui, nesse modo de entender a igualdade, observarmos bem o sentido do ser operante, haveremos de perceber que se refere aos entes físicos materiais e diz respeito ao seu aspecto quantitativo. O aspecto do todo muda completamente quando estamos diante de uma sentença como: "*Eu* e *o Pai* somos um", "*todos* unidos num único *coração*"; "*Deus* uno e trino". Aqui *Eu*, *Pai*, *todos*, *coração*, *Deus* não são entes de *coisalidade físico-quantitativa*. São *pessoas*, cuja *coisalidade* (leia-se causalidade; causa é o âmago, o coração do que me toca, me atinge) é a *realidade* denominada *liberdade*. Aqui nessa *realidade*, toda e qualquer realização requer mais, muito mais e qualitativamente mais do que a equiparação igualitária de "igualação" em aspectos ou em atributos ou em proporcionalidade. União, ser um, ser uno, portanto ser *igual* significa aqui *ser total*, *inteiramente*, *absolutamente outro* num "modo de ser todo próprio", de intensidade e comprometimento radical que na falta de recurso de linguagem denominamos de *identificação*. Portanto, o *igual* no sentido usual jamais é o *mesmo*; *igualdade*, jamais *mesmidade*, *identidade*; *igualar-se*, jamais *identificar-se*.

No entanto, se dissemos: "A criatura humana é *igual* a Deus", nesse uso corrente do termo *igual*, ouvimos de imediato uma identificação total com Deus, de tal modo que aqui não mais existem dois entes, mas um único ente, dando-se uma fusão de dois num só ente, como se ente criatura e ente Deus fossem dois pedaços de ferro que se fundem num. Essa é a representação que opera no panteísmo. Nesse caso, e em casos similares, o medo do panteísmo faz com que evitemos os termos *igual* e *igualdade*, para substituí-los por *mesmo*, e *mesmidade*, ou *identidade*. Com isso guardamos a diferença entre o ente Deus e o ente criatura, e conservamos o relacionamento de união entre dois entes. E, no entanto, não percebemos que aqui *igual* e *igualdade* correspondem a uma relação entre um ente e outro, cujo sentido do ser se refere a uma comparação entre uma coisa material física e outra coisa também material física, vistas a partir de fora por um observador que as enfoca sob um determinado aspecto comum de dois. E esse aspecto comum é sempre de algum modo quantitativo. Nesse nível da realização da realidade, não há união, não há propriamente relacionamento, sim, nem sequer relação entre uma "coisa" e "outra", pois o que chamamos aqui de relação é produto da comparação do sujeito observador que se relaciona com objetos, no interesse de medição sob uma determinada medida pré-moldada. *Relacionar-se*, *unir-se*, *identificar-se*, *o contato*, *o toque*, *tornar-se outro*, somente é possível a partir e dentro do sentido do ser da dimensão *pessoa*. O problema do uso dos termos *igual*, *igualdade*, *igualar-se*, que pode insinuar o panteísmo, não está no fato de eles fundirem Deus e criatura numa só coisa e confundirem a diferença de Deus e a da criatura, mas sim de operar no sentido do ser que coloca tanto a Deus como a criatura como dois objetos entes, cujo modo de ser é o de coisa físico-material, de tal modo que aqui o sentido do ser operante, na qualificação e na intensidade da realização da realidade, está abaixo do exigido pela realidade como a que é tratada nos sermões e nos tratados de Eckhart.

Eckhart, em tudo que fala, diz a partir e dentro do sentido do ser próprio da dimensão *pessoa*, pois o seu inter-esse é dizer a dinâmica da presença do Deus no seu ser e na sua atuação na humanidade e através dela em todo o universo, como é proposta pela cristidade no assim chamado *mistério da encarnação*. Neste não se trata de *equiparação*, de *divinização*, mas sim de *geração*, de *filiação*, na qual o homem é realmente *filho de Deus no Filho Unigênito do Pai*, na identificação e união tão profunda, intensa e íntima que *igualação a modo panteísta* sabe a palha, insípida, neutra e coisal, diante da paixão de união e de identificação que se dá numa tal realidade do que, na falta de outra palavra, chamamos de *encontro*. Como Eckhart fala a partir e dentro da dimensão *pessoa* e *do encontro*, usa as palavras *igual*, *igualar-se*, *igualdade*, para indicar o ser *um*, o ser *uno*, na união identificadora do encontro, face a face, mano a mano, tu a tu, pois se se permanecer limpidamente na lógica dessa dimensão, o fantasma do panteísmo se esvai como ilusão de uma inadequada colocação do sentido do ser, alheia e deficiente para a realização da realidade Deus e ser-humano. Portanto, o sentido do ser da *unidade*, do *um*, do *uno* e do *igual*, do *igualar-se* e da *igualdade* deve ser rastreado, interrogando-se os entes, constituídos a partir e dentro da dimensão *pessoa* e do *encontro*, no seu ser, evitando-se ter como o interrogado, o ente, cujo sentido do ser é a coisalidade físico-material, alheia à vida e à liberdade. Nesse sentido, quando nos sermões se fala ora de *igualdade* ora de *ser Um*, se entendo *igualdade*, *igual* como semelhança de equiparação comparativa, então *igualdade* não é *ser-Um*. Nesse caso é possível dizer que *unidade*, *união*, *identificação* exclui a *igualdade*. É de interesse precisar que a exclusão aqui se dá não por medo de na *igualdade* misturar panteisticamente Deus e criatura, mas porque uma tal *igualdade* é de uma realidade e intensidade inadequada, indigna, sim, "coisal" demais para satisfazer e honrar o grande desejo do Pai de ser-um com a alma e a alma um com o Pai, no Um abissal silenciado como em doação absoluta da deidade-*Minne*. Se, porém, "intuirmos" a igualdade, seja ela em que nível for, mesmo no nível "deficiente" da igualdade coisal, a partir do desprendimento da doação absoluta da deidade-*Minne* como Um, a unidade não exclui, mas inclui a igualdade.

23. Ser um, uno e trino e a multiplicidade dos entes

Para o pensamento medieval, o único ente que é ser propriamente (Deus) é a onipresença. A saber, está presente em todos os entes, sem se imiscuir nem se fundir com eles, guardando intacto o seu absoluto e infinito desprendimento; portanto, sem jamais diminuir na sua identidade, mas ao mesmo tempo sem liquidar a realidade dos entes, sem reduzi-los à pura ilusão da entificação mental, a *ens rationis*. Nessa questão encontramos nos sermões alemães de Eckhart um duplo aspecto. O relacionamento de Deus (Criador) para com suas criaturas e a referência do Um (a liberdade desprendida da deidade na dinâmica *Una e trina*) ao conjunto Deus Criador e suas criaturas.

Essa questão é usualmente abordada, distinguindo-se em Deus um duplo aspecto: *Deus ad intra* (referido para dentro) ou *quoad se* (enquanto a si Ele mesmo) e *Deus ad extra* (referido para fora) ou *Deus quoad nos* (enquanto a nós), Deus sob o aspecto referido a Ele mesmo; isto é, enquanto a vida interior una e trina, e Deus sob o aspecto de relacionamento para conosco, criaturas; isto é, Deus para fora. Dentro dessa esquematização formal, a tentação é de dizer que a *deidade* em Eckhart se refere ao primeiro aspecto, ao passo que *Deus* diz respeito ao segundo aspecto. Nesse sentido, a unidade na dinâmica trina da geração ou processão interpessoal da vida interna (*quoad se, ad intra*) de Deus possui a sua unidade própria que não coincide *tout court* com a unidade do Deus *quoad nos*, na sua ação *ad extra* na criação e manutenção do universo. Portanto, em Eckhart, há algo assinalado por ele com o termo *Um*, para além e dentro, como que se adentrando a própria dinâmica da processão, não propriamente como uma substância ou natureza una, "responsável" pela ação *ad extra* como Criador, como causador da criação, mas "algo" como uma presença que vem à fala no movimento de inter-processão trina das três pessoas, como que se expandindo na dinâmica centrifugal de doação total e ao mesmo tempo como que se recolhendo, na dinâmica centripetal, num retraimento abissal de contínuo desprendimento de si, como que a desaparecer na modéstia e na humildade do seu ocultamento. Portanto, *Um-Nada* onipresente, envolvendo tudo e cada coisa com cuidado infinito, tão cuidadoso a ponto de não *marcar a presença* com importância, mas como que a se manter na discrição de um pudor, cheio de benevolência e disponibilidade. Não poderia ser que a divisão *Deus quoad se* e *Deus quoad nos*, no fundo, criasse essa perspectiva, pela preocupação de explicar a natureza; isto é, a substância divina, Deus como único ser (substância-algo), presente em cada ente criado, sem que o ser dos entes criados seja confundido com o ser de Deus, de cuja con-fusão resultaria o panteísmo? E que esta pré-ocupação está ao mesmo tempo imbricada com o problema do conhecimento real de Deus, que pergunta como o infinito, inacessível ao nosso limitado intelecto humano, finito, pode ser realmente conhecido por nós? Não seria possível experimentar uma hipótese, na qual se tentasse entender a diferença eckhartiana entre Deus e deidade não como uma insistência na inacessibilidade do desprendimento, como se desprendimento conotasse o afastamento de Deus do ente criado, mas como afirmação livre, desimpedida, na qual ser não é outra coisa do que *Gottesminne* na plenitude da doação de si, na liberdade absoluta da sua identidade? Da sua identidade que inunda como o abismo do mar, na sua imensidão, profundidade e criatividade, todos os entes possíveis e atuais, desde os mais sublimes até os mais insignificantes, nada excluindo? Da sua identidade que é cada vez como presença única, nova, no frescor nascivo de ser, recolhido, cada vez todo inteiro no singular retraimento e pudor, digamos, um nada de importância? Da sua identidade que se faz junto aos entes, é ser-com os entes, silenciosamente, absolutamente, é humilde e modesto, sempre ali disposto na doação? Essa mesmidade é Um.

24. Universal, comum, geral (*allgemein*) [*Allgemein*: comum, geral, universal; gênero e espécie]

Allgemein, aqui em Eckhart, se traduziu quase sempre por *universal*. Em Eckhart, parece ser mais preciso entender o *universal* não a partir do usual *comum*, *geral*, mas entender o usual *comum* e o *geral* como *uni-versal* (em latim: *universalis,-e*). Geralmente estamos no uso dos termos *comum* e *geral* para indicar classificação, sempre mais abrangente extensionalmente e sempre mais abstrata ou vazia de conteúdo e concreção. Trata-se, pois, de uma classificação lógico-generalizante dos indivíduos, dos particulares. No pensamento medieval, no seu modo mais originário, *universal* indica *essência*, portanto *species* (espécie) e *genus* (gênero). Como hoje usamos os termos *espécie* e *gênero* como classificação lógico-generalizante, temos dificuldade de entender o *universal* medieval e também a *species* e o *genus* como intensidade do ser, portanto, como consumação optimal, como excelência do conteúdo e contenção no ser. À intensificação do e no ser chamamos de *essencialização*. O *universal* medieval como *essencialização* aparece, quando escutamos o termo *species* como graça e beleza que esplende na face de uma pessoa, como *aspecto*; e *genus* referido à geração, ao nascimento, à nascividade do surgir e assentar-se da vida. Trata-se da intensidade da presença, *sui generis*, na sua manifestação, cada vez no frescor nascivo da gênese, coesa, sem fragmentação nem parcialização. É o todo vivo, a totalidade dinâmica, cada vez uno, na plenitude do ser: é obra que se perfaz como universo. Nessa tendência interpretativa, o termo *universal* significa literalmente vertido, virado ao uno. Essa uni-versalidade não significa tanto o caráter de ser centrado num ponto-algo, cuja identificação se faz enumerando 1 + 1 + 1 etc., mas designa antes o *ser* da presença cada vez virada, voltada, em voltas com, a partir, dentro de e para o uno. O uno se diz em latim *simplex* (simples) e significa: uma dobra, ou melhor, sem dobras, inteiriço, intacto, pura e inteiramente ele mesmo, nada de alheio a ele mesmo; isto é, solto e livremente ele mesmo em ab-soluto, portanto *abgeschieden*, desprendido. Se aqui entendermos o *uno* como o *Um*, segundo o que foi sugerido neste glossário, podemos intuir que o *problema* dos *universais* no fundo do pensamento medieval não se refere em primeiro lugar nem substancialmente aos temas da disciplina chamada Teoria do Conhecimento, mas sim à questão ontológica da estruturação interna do ente na sua totalidade, vislumbrada a partir e dentro do que na interpretação do pensamento medieval aparece em Eckhart como desprendimento, isto é, *Abgeschiedenheit* da deidade.

Aqui, quanto mais próximo, quanto mais às voltas com e na cercania do Um, tanto mais ser, e quanto mais longe dele, tanto menos ser. O que significa, pois, aqui, menos ser, se, como foi sugerido no nosso glossário, o Um é onipresente, como a possibilidade da percussão primeira do ser do ente, como deslanche da condição da possibilidade do ente ser?

No *universal*, falar de *menos e mais* não é adequado, pois tal fala conota quantidade dentro do sentido do ser na entificação da coisalidade-material físico-corporal. Na escalação da ordenação do pensamento medieval, esse "nível" constitui a esfera de pouca intensidade universal. É nesse nível que se dá o uso do termo "universal", na nossa acepção corrente, na qual o binômio *particular-geral* (ou individual-comum) opera no sentido do ser da classificação lógico-formal. Aqui, o indivíduo indica o elemento indiviso, numericamente 1, que serve como átomo, que entra na conjuntura de classificação segundo maior ou menor nível de quantificação. Se projetamos essa acepção da generalização como medida inicial e fundamental das ordenações do ser do mundo medieval, desfocamos e neutralizamos inteiramente a complexidade e riqueza dimensional das outras esferas ou ordens da escalação do sentido do ser do universo medieval, nominadamente dimensão-vida (mundo vegetal), dimensão-sensibilidade ou ânimo sensível (mundo animal), dimensão-humana (animal – ou "ânimo e ânima"; isto é, "alma" – racional) na escalação de potencialização da intensidade do ser, principalmente no nível qualificado de humano-*espiritual*: portanto, dos níveis *ratio* (razão), *intellectus* (intelecto ou inteligência), *spiritus* (espírito) e *mens* (mente), este último adentrando na "dimensão" Deus; e dimensão-espíritos puros (anjos em diferentes níveis como coros de anjos).

Essa escalação da intensidade de ser é como a escada de Jacó. É um único movimento simultaneamente descendente e ascendente, no qual os anjos, mensageiros portadores da vida divina, descem e sobem, formando a dinâmica do encontro do Céu e da Terra. Mantendo-se a simultaneidade do movimento descendente e ascendente, é útil, para melhor compreensão, tematizar o movimento na intensidade de ser, como descendente. No movimento de descida dessa intensidade descendente, não se deve deixar conduzir-se pelo aspecto da diminuição da intensidade, mas sim pela jovialidade do derrame da doação pródiga de si, do ser pela excelência, do ser absolutamente simples, do único ser, portanto de Deus, no qual o ser é todo o ser, plena e inteiramente. A descida, o movimento descendente significa, pois, primeiramente intensidade da alegria e do gosto de ser derramado numa cascata de difusão, constituindo de modo diferente, cada vez próprio, as acima mencionadas dimensões de ser e seus níveis e seus entes, como *comunicação* da prodigalidade de doação de si, atuante no seio do ser de Deus, e que como fonte da possibilidade de ser, insondável e inesgotável, brota do abismo da vida íntima trinitária da sua deidade[24].

Essa comunicação de Deus aparece ao mesmo tempo como *participação*, ou melhor, *recepção* do ser de Deus, da deidade, do ser único e propriamente ser, pelos entes na sua ascensão entificante, cada vez na sua dimensionalidade própria, como alegria e gosto do retorno à sua origem. Na dinâmica desse retorno, quanto mais o ente está às voltas na cercania da origem, tanto mais universal, simples, total na imensidão e profundidade como na nascividade de ser, e quanto mais universal, tanto mais partícipe do *ser-pessoa*, à imagem e semelhança da plena liberdade de ser de Deus na união íntima com a vida interpessoal trinitária. Aqui, portanto, o *ser-pessoa* ou *pessoal* não deve jamais ser entendido como referido ao *sujeito*, ou ao *subjetivo*, humano. Refere-se estritamente à realidade realíssima, toda própria, do sentido do ser, próprio da deidade do Deus uno e trino, denominada por Eckhart de desprendimento, de *Abgeschiedenheit*.

Essa escada de Jacó no seu simultâneo *descenso* e *ascenso* está indicada no binômio usado por Eckhart: *inwendic* (voltado para dentro ou esotérico) e *ûzwendic* (voltado para fora ou exotérico). Aqui, *dentro* e *fora* não se referem à interioridade ou exterioridade a modo do binômio subjetividade--objetividade, aplicado ao homem e a Deus, mas sim à vigência da imanência da limpidez (*Lauterkeit*)[25] sempre una e cada vez nova da percussão *dia-ferente*[26] da deidade-*Minne*, na jovialidade da sua liberdade.

---

24. A vida da deidade na intimidade trinitária, que por assim dizer se abisma a perder-se no seu retraimento, é denominada por Eckhart de *Um*, e acena para o pudor, a modéstia, a humildade dessa extrema doação que não se faz senhor e dominador, mas sempre de novo *Minne*, "virgem", "mãe" e "serva".

25. A palavra *lauter* significa puro, mero. Conota, porém, a limpidez sonora do clangor de um instrumento metálico de sopro.

26. Recurso academicamente inválido, e até errôneo, de insinuar que *diferença* pode ser escutada como composto de dia + ferente (*diá* = através; *ferente* – proveniente de *ferre* = carregar). Tudo isso para insinuar que a diferença dos entes não consiste em cada ente ser isto e aquilo como bloco a-tômico de pontualização coisificante, mas sim de variações cada vez originárias das repercussões da uma-mesma percussão que atravessa do início ao fim a totalidade sinfônica.

25. Vazio, solto, livre (*Leer, ledig, frei*) [*Leer*: vazio; *ledig*: solteiro]

A palavra *ledig*, frequente nos sermões de Eckhart, significa *vazio*. Só que para nós, hoje, vazio conota privação, carência. Como tal, não entoa com precisão a sonoridade em que vibra a palavra *ledig* como quando é usada nos sermões de Eckhart. Aqui *ledig* não indica em primeiro lugar lacuna, algo como buraco vazio, onde somente há o vácuo, onde não há nada. Diz antes o espaço livre a modo de uma vasilha pronta para receber o líquido. Refere-se, pois, ao *modo de ser*, todo próprio, "positivo", digamos, *solto*, na dinâmica de relaxe; portanto, livre, sem obstáculos, à vontade, espontâneo. É o modo de ser des-prendido, isento de impedimentos, sem preocupação. Daí, *ledig* conota também a acepção de ocioso[27]. Hoje, no uso cotidiano do alemão moderno, *ledig* significa antes de tudo *solteiro*, portanto livre de compromisso e da amarração do casamento. Parece ser de importância decisiva, para compreender o pensamento de Eckhart, precisar esse modo de ser *ledig*; isto é, do *des-prendimento*, numa "*positividade*" toda própria, bem destacada na sua dinâmica. Aqui, como também nas palavras *Abgeschiedenheit*, *abgeschieden* (desprendimento, desprendido), traduzidas muitas vezes em referência à renúncia, abnegação, pode-se deformar o sentido próprio desses termos, se de antemão são colocados no *medium* da espiritualidade de privação, de sacrificação. O que sói acontecer quando traduzimos *ledig* por vazio, livre de impedimentos, pois com isso já entendemos a *soltura da plenitude da identidade, nela mesma* a partir do que a prende. Na nossa tradução, por falta de recurso, traduzimos *ledig* como *solto*, mas conforme o contexto como *vazio, livre, desprendido, isento*, e muitas vezes como *virgem, virginal*. O *disposto*, a *disposição* e *disponibilidade*, vistos como fenômenos vivos, nos fazem ouvir o termo *ledig* na sonoridade da pura e límpida disponibilidade e disposição cordial da existência humana, na doação e recepção no amor. É a partir dali que, por exemplo, o vazio de um cálice afeito a receber o precioso vinho da hospitalidade pode nos acenar para o que é a afeição pura da cordial recepção grata do ser humano no seu ser todo próprio da existência, sempre na soltura dela mesma, isto é, ser cada vez livre.

---

27. Ocioso aqui não significa preguiçoso, inerte, mas referido a *otium* no sentido de não estar preso a negócio (*nec-otium*), portanto à disposição de uma ação livre, que tem o móvel de sua ação a partir e dentro de si mesma.

26. Virgem, moça, mulher, serva (*Jungfrau*, *Weib*, *Magd*) [*Jungfrau*: moça, virgem; *Weib*: mulher; *Magd*: serva]

Em alemão *Jungfrau* significa literalmente jovem (*jung*) mulher (*Frau*), portanto, moça. Significa também pessoa, tanto masculina como feminina, tanto jovem como velha, que, por opção religiosa, faz os votos da virgindade[28]. *Weib* significa mulher e designa mulher de mais idade, com maior experiência de vida, calejada nas vicissitudes da vida. Designa, embora não exclusivamente, mulher casada. A palavra alemã para dizer menina é *Mädchen*. Surgiu nos meados do século XVII, da palavra *Mägdchen*. *Mägd-chen* é diminutivo de *Magd*. E *Magd* significa criada, a servente, a serviçal. A criadinha é, pois, *Mägdchen*, *Mädchen*; isto é, menina ou menininha serviçal. *Mägdlich* significaria, portanto, *serviçal* a modo da *menina*, disposta no serviço. Indica, pois, a disposição dócil e generosa, o frescor de boa vontade, em se doar ao serviço, diligente e aplicadamente livre, solta, na jovialidade da virgem; isto é, da jovem mulher "solteira", *ledig*: límpida e pura liberdade de ser intacta como fonte da vida, sempre prestes a ser doação-mãe. Tudo isso pode estar associado à Maria, *virgem e mãe*, a *serva* do Senhor. Esse modo de ser desprendido como *virgem*, mãe e serva tinha muito ou tudo a ver com a compreensão de Deus como *Minne*, cuja doação difusiva de si também como a de *virgem*, *mãe e serva* constituía a senhoria, o poder e domínio da sua atuação.

27. Fazer, perfazer, perfazer-se (*opus facere*, *operare*, *operari*); obra, operar, o fato (*Werk*, *Wirken*, *Wirklichkeit*, *verbum*)

O universo medieval caracteriza-se pelo modo de ser da existência artesanal. A ação do modo de ser da existência artesanal se diz em latim *opus facere*, fazer a obra, *operare*, ou melhor, *operari*[29]. O que surge dessa ação se chama *opus*, obra. Em português temos o verbo *operar*.

O que significa propriamente *opus facere*, fazer obra?

---

28. É uso, na mundividência cristão-católica, pensar assim de "imediato", quando se usa a palavra *virgem* para as *religiosas* (vulgo *freiras*). A isso se associa logo a *castidade* e muitas vezes a assim chamada *supervalorização* da castidade física pela mentalidade clerical etc. Em Eckhart, termos como *Jungfrau*, *jungfräulich*, virgem, virginal dizem respeito primária e essencialmente *ao modo de ser da alma na dinâmica e na lógica do desprendimento*.

29. *Operari* é a forma passiva de *operare* (ativo). Só que a significação da forma "*passiva*" do *operari* corresponde à forma *medial* e indica a "dinâmica" de uma "realização" anterior à forma ativa e passiva. Trata-se da força da vigência, incandescência, presentificação do ser; é a densidade e intensificação da potência do poder ser.

a) Obra

De imediato e num sentido bem geral, entende-se por obra o produto de um fazer concebido como "fabricar"[30]. Quando se qualifica e se torna mais próprio ou se apropria e toma a forma especial de manufaturar, pautado num cuidado e numa habilidade exercitada em longa aprendizagem bem orientada, um tal fabricar chama-se fazer artesanal. *O modo* desse fazer, que "qualifica" tanto quem "fabrica" como o que é "fabricado", chamou-se de *ars*, *-tis*, primeiro no sentido de "arte-fazer" o artefato, e depois numa modificação qualitativa desse modo no sentido de criação artística e/ou estética. O "pro-ducto", o que con-cresce e se torna presente, diante de quem faz e do próprio fazer, é a *obra*, *opus*, *-eris*; quem faz é o *artista* (de artefato e/ou de obra de arte artística e/ou estética); é esse fazer que se chama *operar*, em latim *operare* ou *operari*. *Operari* significa, pois, perfazer um processo e nesse perfazer perfazer-se; isto é, *ser* a dinâmica do surgir, do crescer e do consumar-se de um toque da possibilidade de ser. O que desse proceder salta e se firma em si é obra.

A existência medieval surge totalmente impregnada e ocupada com o modo de ser aqui denominado *operari*, a ação de *opus facere*.

b) Fazer

A ação chamada *opus facere*, *operare*, ou melhor, *operari* é uma ação toda própria. Não pode ser captada na acepção usual do fazer como o modo ativo e/ou passivo da operação, como dinâmica do ser ou ser da dinâmica. *Opus facere* é um *verbum* que não corresponde à voz[31] ativa nem à passiva nem à reflexiva. Na compreensão usual hodierna, se algo não é ativo nem passivo nem reflexivo, é neutro. Neutro na acepção de indiferença, um fato na sua factualidade opaca.

Para Eckhart, no entanto, essa neutralidade é aquilo que aparece como a "materialidade" da obra. Não uma materialidade da indiferença neutro-opaca, mas a discrição, a *Bescheidenheit*, a modéstia e o pudor da plenitude da possibilidade ou da potência do ser que se chama *igualdade*. É o que

30. *Fabricar*, aqui, ainda não possui a acepção da fabricação industrial, no sentido de uma produção sistemática em série; significa, antes, de um modo ainda bastante indeterminado, criar, dar origem, causar, efetivar, produzir.

31. Por *voz* entendemos aqui o *medium*, a ambiência, a tonância, o per-meio, a atinência da possibilidade: o *verbo ser*.

caracteriza a "maneira"[32] da *Abgeschiedenheit*, do desprendimento de "ser", a soltura e a liberdade de ser. Na dimensão das coisas corpóreas "sem vida", essa liberdade de ser aparece como receptividade da matéria; na dimensão dos viventes-vegetais, como vida; na das animações ou animais sensíveis, como alma; na das almas racionais (ou ânimos racionais ou animais racionais); isto é, os intelectos encarnados (conhecimento e vontade), como espírito; na dos espíritos puros; isto é, dos anjos aparece como conhecimento-ação; na do espírito supremo-deus, como criação; e na da deidade, como filiação. É a potência estruturante da *Minne*[33] como *Trindade*, como *Deus criador*. *Oparari*, enquanto *criatura*, aparece nas ordenações da criação, desde a pura matéria-prima (*potentia oboedientialis*) até o ato puro no vigor da presença e do retraimento da difusão generosa da bondade e da possibilidade da recepção. Esse movimento, esse processo, se expressa na voz medial do verbo *operari*: é o *fazer* do *opus facere*: o *medium* do ser da existência artesanal medieval.

c) **Opus facere** ***como operar***

Implícita na significação do verbo *operar* está também, de maneira intensa, a expressão *trabalho de parto*. A mãe é a personificação do trabalho de parir. Ou melhor, o trabalho do parto é a própria mãe, "em pessoa", corpo, alma e espírito, na vigência do seu ser, como doação da vida: concepção, gestação, mútua assimilação do corpo da mãe e da criança que vem crescendo, enjoo, peso; e, no parto, contração dos músculos, tendões e nervos, contorções do corpo, gritos, choros, lágrimas, suores e sangue, angústia e dores, num empenho do labor "corpo a corpo", "pele a pele", de "*full contact*" para lançar à luz o precioso fruto, carne de sua carne, osso de seu osso, de quem cuidou com toda dedicação por nove meses. Observe-se que foi propositadamente que se disse: a mãe é a personificação do trabalho-parir, para depois "corrigir" por: o trabalho do parto é a própria mãe em pessoa. No primeiro caso, a mãe é uma espécie de metáfora. A realidade é o trabalho físico considerado, sem a mescla dos elementos subjetivos do ser humano. O sujeito do fazer é considerado como uma "coisa" ocorrente em si. Um dos diversos acidentes que compõem o sujeito seria o fazer, enquanto um ato

32. *Maneira* é *como* negacear, gingar, oscilar suave e humildemente, com graça, pelos interstícios das "coisas" "fazendo"-as surgir, viver e consumar-se como tudo e nada.

33. Cf. glossário n. 13.

passageiro ao lado e entre outros atos. Aqui o sujeito e o ato não são o mesmo. O sujeito como coisa ocorrente e o ato de fazer como acidente também ocorrente e passageiro são considerados sob o enfoque de algo, de coisa, simplesmente dados. No segundo caso, porém, mãe e tudo que implica o trabalho de parto são considerados dentro do horizonte da dimensão própria do ser humano, na sua essencialização, e isso de tal forma que a própria "coisa" como ocorrente e simplesmente dada recebe a tonância da essência humana. O que no primeiro caso do horizonte da coisa simplesmente dada e ocorrente eram entidades e coisas, uma ao lado da outra, uma dentro da outra, cada vez como entidade em si, por exemplo, corpo, atos, qualidades do corpo, alma, espírito, numa espécie de "composição", aqui no horizonte da essencialização humana se caracteriza como "*em pessoa*"; isto é, unidade viva, a modo de presença, onde as diferentes dimensões e diferentes "entidades" dessas dimensões constituem momentos, densidades, nitidez do todo vivo na unidade da dinâmica presente: é isso que se chama *trabalho de parto*, como acima foi insinuado: *a mãe em pessoa*.

Pode-se ver de imediato que esse modo de fazer, aqui denominado *operar*, possui uma qualificação de ser que não possuem nem podem possuir os outros tipos de *fazer*, como o fazer qualquer em geral, fabricar, produzir em série. Trata-se, portanto, de um *fazer crias*, gerar um ser vivo. É o homem como empenho, doação de corpo e alma, no modo de total entrega sem reserva, onde todas as fibras do seu ser em diferentes e diversas dimensões são uma unidade ordenada, unificada como simbiose de uma única presença na criação da vida. Fazer aqui é fazer crias, criar.

d) Criação

O modo de ser do fazer como operar, na acepção acima indicada de fazer crias, pode se orientar em duas direções: para a criação da criatividade da arte e para a criação no sentido religioso e dali para a filiação. O processo de filiação, por seu lado, implica a cruz e a dor.

d1) Criação como o fazer obra, no sentido da criatividade da arte

Como já foi dito, o termo *arte* aqui é duplamente ambíguo. Pode significar: o modo de ser da habilidade artesanal no fazer o artefato. É o fabricar. Também pode significar o artesanal e este indica a imbricação "fabricante--produto", o que recebe o nome de *fazer fruto*, frutificar e sugere a direção para a criatividade do *fazer crias* e ao mesmo tempo a criatividade das artes plásticas. E, porém, tanto direcionada para *fazer crias* como para a *criatividade das artes plásticas*, a imbricação "fabricante-producto" não se volta para o modo de ser do vitalismo orgânico nem para a estética. Volta-se, sim, para a técnica artesanal, inclinando-se não tanto para o poder da habilidade do saber fazer, mas para o trabalho optimal de elaborar a matéria para a disponibilidade adequada na capacidade de receber o móvel da causa final. Quando esse momento e essa inclinação não são levados em consideração, a *ars* medieval é interpretada incorretamente como início ou estado ainda caseiro e primitivo da tecnologia moderna. E essa arte ou habilidade de preparar a disponibilidade de receber, o medieval aprendia e exercitava na dinâmica da ordenação e estruturação do ente no perfazer-se do seu ser. É o que se apresentava comumente sob os binômios *matéria-forma* e *potência-ato*. No âmbito religioso, esse saber fazer a disponibilidade de receber chama-se de fazer fruto na *virtude* ou *frutificar na perfeição da virtude*. Em seu modo de ser todo próprio, o modo de ser técnico, enquanto perfazer-se na disposição de receber, poderia ter afinidade com o modo de ser da arte no sentido da criação, digamos, poético-artística, mas não no nosso sentido da estética. A *ars* medieval e sua existência artesanal, no entanto, não se desdobraram na direção do veio poético-artístico, mas na direção da vigência e do vigor da religião. Esse desdobramento desemboca naquilo que vem expresso na palavra *criação* (*creatio*, *Creator*, *ens creatum*).

d2) Criação e filiação

Sobre esse verbete, confira glossário n. 4. Diga-se, porém, que a absoluta dependência das criaturas do seu Criador, compreendida como relacionamento entre Absoluto e contingente, Infinito e finito, Causa e efeito, Ser e ente, Tudo e nada, na medida em que não é pensada a partir e dentro do que se disse no acima mencionado n. 4 do glossário, transforma-se numa estéril especulação formal do tipo "escolástico". A esterilidade da assim chamada especulação escolástica, no entanto, não passa de uma imagem distorcida do pensamento medieval, gerada e nutrida pelo atual ocular moderno de-cadente. Por estar esquecido da grandeza de fundo dos tempos modernos, esse ocular permanece na superfície de um saber ora "realista" coisal, pensar substancialista esvaziado do seu ser próprio, ora do pensar funcionalista formal, ensimesmado e de tipo logicista, cientificista e escolasticista, ainda preso ao pensar substancialista decadente acima mencionado. A escolástica da especulação mística de Mestre Eckhart abre a paisagem de uma outra grandeza, profundidade e criatividade livre, nascidas na experiência da Fé; isto é, da cristidade, e que sabe a origem do pensar substancialista antigo. Na liberdade e soltura jovial dessa cristidade de Eckhart, o modo de ser corpo a corpo, que descrevemos como fazer cria, trabalhar o parto, operar como criação, na crueza puramente carnal, é subsumido para dentro da imensidão, profundidade e liberalidade do *ontologicum* do pensamento medieval, chamado *filiação* (cf. glossário n. 13 e 14). É o in-stante da concreta realização do mistério da encarnação: o universo "Deus**e**Homem", a concreta obra da filiação divina no toque da graça; isto é, à sombra da Deidade, da *Abgeschiedenheit* (cf. glossário n. 6, 7 e 8). Essa simbiose estabelece o que denominamos de união do céu e da terra, união da luz e da sombra, do alto e do baixo, do infinito e do finito, do absoluto e do contingente, do divino e do humano, como a escada de Jacó. Na escada de Jacó tudo é passível de ser considerado a partir e dentro de duas perspectivas, que são na realidade a mesmidade, ou na fala eckartiana, a *igualdade* con-creta da dinâmica das *gerações* ou *processões pessoais* Pai ↔ Filho ↔ Espírito Santo: Um. A qualificação "*pessoais*" evoca o "modo" próprio de ser já acenado na descrição do *fazer cria*, criação, obra e *operar*. Indica a "*maneira*" da *Minne*, o amor de Deus ou da Deidade no pudor do seu retraimento, derramada sobre todas as criaturas, vertida sobre os filhos de Deus. Nesse conjunto ou paisagem, o que parece ser ponto de vista, a saber, a mirada de alto para baixo e de baixo para o alto, não passa de mera projeção linear[34] de repetições coordenadas sintônicas da mesma percussão em mil e uma variantes do mesmo e sempre de novo renovado toque em repercussões. É esse o uni-verso da *Minne*, da *Abgeschiedenheit*, vigorando como criação, no seu trabalho de "parto", na filiação.

d3) Sofrimento, dor, contradições no processo da filiação

Dentro dessa paisagem do universo da *Minne*-deidade-*Abge-schiedenheit*, o ponto nevrálgico, aquilo que constitui o princípio, o meio e o fim do todo, da parte e de cada momento desse universo é o *Um*. Por ser o *in se* e o *a se* de todos os entes, o Um não coincide com nenhum deles, mas

34. Projeção é representação do todo ou das partes de um corpo redondo tridimensional em plano, isto é, em superfície (bidimensional) ou linha (unidimensional).

constitui a vida, a possibilidade de ser; é o íntimo abismo de cada "criatura", sua alma, seu coração, seu espírito: seu "corpo" a "corpo". Como tal, é a interioridade mais interna de cada ente; é mais íntima do que este a si mesmo. Para poder ser assim, no entanto, o Um não pode mostrar-se como isso ou aquilo. Com pudor e cuidado, com modéstia e ternura, deve manter sempre de novo seu retraimento, sua presença ausente e sua ausência presente, em favor e a serviço de todas as criaturas. No modo de dizer pautado na projeção linear, esse retraimento todo próprio e único do Um se expressa como: supremo, alto, onipotente, onisciente, onipresente, sublime etc. Mas o modo mais adequado de dizer o que é próprio desse retraimento ab-soluto aparece no mistério da encarnação em pessoa, Jesus Cristo, o Crucificado. Assim, a cruz é o ponto central da essência de todas as coisas nessa paisagem ontológica do pensamento medieval. É como uma fenda que entrecruza todo e qualquer movimento, onde se processa e procede a ordenação das esferas dos entes na sua totalidade como dimensão ou como densidade de ser. É o ponto de contato entre a totalidade da repercussão de cada percussão como o encontro de diferentes mundos ou repercussões, constituindo cada vez o mesmo *Um* uni-verso. Enquanto fenda, interstício entre mundos, a cruz (os sofrimentos, as dores, as dificuldades etc.) é o in-stante da saída e entrada simultâneas de uma totalidade ou de um nível da densidade de ser para outro. É o momento da viragem de transformação de uma dimensão para outra. Essa passagem se chama conversão ou retorno. Dito de outro modo, no movimento do *operari*, no surgir, crescer e consumar-se da obra, há sempre de novo o toque transformador da cruz. Esse movimento de contínua conversão pode ser comparado a uma porta basculante. Vira para dentro e para fora do mesmo modo. Ou melhor, a saída é ao mesmo tempo entrada: igual e simultaneamente. Significa dizer que toda e qualquer transformação faz repercutir todos os lugares e recantos do uni-verso em cordialidade, cuidado e alvoroço pelo surgimento, crescimento e consumação da vida na ab-soluta soltura da liberdade da criação na afiliação divina. Assim, nos sermões, ao falar das diversas dimensões do ser humano, da dimensão física, na dimensão da carne sensível, da alma, do espírito, do sofrimento e da alegria, da boa sorte e da desgraça, do que é agradável e desagradável, disso e daquilo etc., Eckhart quer sempre de novo acentuar que em tudo se deve fluir conforme a vontade de Deus. Para isso, é necessário ter, como fundo de cena, essa paisagem ontológica do *operari*, da obra, da criação-filiação.

28. Representação, imagem, esboço e realidade

Quando se fala de representação, imagem e esboço, vêm logo à mente diferentes tipos de re-presentação da realidade existente em si, diante de nós. A representação, a imagem e o esboço, porém, estão "dentro" de nós, são subjetivos; a realidade em si está "fora" de nós, por e para si, independe de nossa existência, é objetiva. Fora e dentro referem-se ao meu corpo. E na medida em que representamos a alma e o espírito no modo "do corpo", colocando-os como se fossem "algos" etéreos ou abstratos dentro do corpo, consideramos a realidade também fora da alma e do espírito. Essa explanação do tema "corpo-alma-espírito e sua referência à realidade em si" é bastante caricatural e simplista. Ler os sermões de Mestre Eckhart confundindo essas dimensões torna muito difícil a compreensão do que ele está dizendo. A explanação esquemática que aborda a realidade como "dentro e fora de mim", "representação e objeto em si diante de mim", pertence à teoria do conhecimento. A realidade para o pensamento medieval possui um outro cunho. Em certas interpretações do pensamento medieval chama-se esse cunho de "ontológico"; nele, corpo, alma e espírito não são propriamente entidades, mas densidades de ser. Se a matéria pura é a mais diminuta densidade de ser, a partir dela se sucede uma escalação ascendente de densificação de ser nas graduações: corpo-coisa sem vida (coisa física), vivente vegetal (planta), animal ou ânimo sensível (o bruto); o homem (= a alma psíquica, alma racional, intelectual, espiritual); espíritos puros (anjos); espírito divino (Deus). Cada uma dessas densidades de ser é totalidade, esfera. As outras esferas podem ser reduzidas a uma dessas esferas-totalidades, cada vez de modo próprio, conforme a diferença de densidade. A esfera da densidade superior não pode se tornar presente na inferior a não ser reduzida ao nível da inferior; a inferior pode ser subsumida pela superior, de modo a se transformar num momento *concreto* da esfera superior. Isso é possível porque quanto menos densidade de ser, tanto mais possibilidade de receber. É por isso que a matéria-prima, a pura matéria, é a pura receptividade, o nada de si e do seu projeto, a *potentia oboedientialis*. Sem mais poder e querer adentrar essa questão da ontologia medieval e sua bem-refinada estruturação, observe-se apenas que ela aparece no pensamento de Eckhart toda vez que ele fala, por exemplo, de parte inferior da alma (vigência sensitiva) e parte superior da alma (vigência racional-espiritual), quando diz que a parte inferior da alma tem a tendência de se virar e se apegar às obras exteriores ou às criaturas etc.

Na perspectiva dessa escalação da densidade de ser como esferas-totalidades, a representação, por exemplo, pertence à esfera da alma psíquica; a imagem, à racional, mas ainda não totalmente limpa da tendência de apego à esfera inferior; o esboço é o que está mais próximo da esfera-totalidade onde reina o puro espírito. Ele como que assume e subsome as esferas inferiores como momentos encarnados da responsabilidade de ser etc. Essa límpida densidade de ser é dita numa linguagem "negativa": sem imagem, puro "nada". Trata-se aqui da coincidência da plenitude da doação e da plenitude da recepção: Deus-Homem, a maravilha da filiação divina[35].

29. Manual, *Handbuch* (*Hantbuoch*)

Manual tem a ver com a mão. Em língua alemã, manual se diz: livro de mão (*Handbuch*). *Handbuch*, porém, pode ser lido como livro à mão, livro à disposição do alcance da mão para quem dele necessite para o uso. Nessa acepção há manual e manual. Hoje, usualmente, o manual é um livro, relativamente menos volumoso, que se entrega na mão dos estudantes, principalmente os iniciantes, onde, do modo mais didático possível, resumido e simplificado, está o que deve ser aprendido e assimilado num determinado tempo de aulas. Em sentido mais sistemático, sobretudo nos séculos precedentes e em uso ainda hoje, *Handbuch* refere-se à enciclopédia especializada numa determinada área do saber, onde de modo sucinto e bem preciso está armazenado todo acervo de informações do que numa ciência se conquistou até então. Nesse caso, pode ter vários tomos bem volumosos. Trata-se de obra de consulta.

Handbuch, porém, pode ser lido também como *livro de mão*. Mas em que sentido "da mão"? No sentido de ensinar a trabalhar, agarrar com as duas mãos o modo da manufatura da existência artesanal. Dito de outro modo, trata-se de um livro que contém indicações que ensinam como fazer uma obra. Não se trata, porém, de um livro que ensina a aplicação prática de uma teoria. Seu conteúdo é a transmissão de dicas de como entrar e adestrar-se no uso da experiência de uma ação humana bem-feita.

35. O que foi dito aqui pode ser aplicado quando queremos ver a diferença entre a expressão: "*Esse conhecimento se iguala aos anjos*" e "esse conhecimento se iguala ao dos anjos". O primeiro caso é bem medieval. "Anjo(s)" aqui indica densidade de ser, uma esfera dimensional, modo qualitativo de ser. O mesmo vale para o termo *conhecimento*. O segundo caso é mais familiar a nós hoje, em que anjo(s) indica o sujeito e agente do ato chamado conhecimento.

30. Pena, *pîn* (*Pein*), *poena*, *poenitentia*

Pena significa castigo, mas também comiseração, "peninha". Significa igualmente esforço penoso, sofrido ("valeu a pena!"). Isso pode ser aplicado igualmente para o termo alemão *Pein* (pîn) e para o latim *poena*. A palavra "*poena*" está contida também no termo *poenitentia*, o arrependimento, a penitência, o penar pela falta cometida, a expiação.

Em todas essas significações há, porém, uma significação de fundo que se retrai e desaparece quando se traduz *pîn*, *Pein*, *poena* por castigo, pagamento ou mesmo por esforço penoso e sofrido. Essa significação de fundo se inclina mais para o significado de pena como comiseração, num sentido todo próprio. Quando magoo, causo dano a ou humilho uma pessoa que me ama profundamente com toda a sua dedicação silenciosa e a mim oculta, e depois descubro o seu amor e minha falta de sensibilidade para com tal benevolência gratuita, pode surgir em mim uma dor profunda, que me toca no âmago de mim mesmo, e sinto um profundo arrependimento de não ter amado como a pessoa merecia. Sinto necessidade de reparar essa falta, não por causa de um sentimento de justiça moral, mas por me sentir amado de modo tão puro e generoso. Essa dor do fundo da alma por não amar a quem tudo me deu, por não amar a quem deu a si mesmo, inteira e incondicionalmente, é pena, *poena*, *pîn*, *Pein*. É para esse modo de dor e sofrimento que nos podem conduzir todas as negatividades da nossa existência finita. Acima, no n. 27 d3, na descrição do fenômeno da cruz, caracterizamos essa experiência como *sofrimento*, *dor*, *contradições no processo da filiação*.

31. Poder, força (*Gewalt*, *Macht*, *Herrschaft*)

Os termos alemães *Gewalt*, *Macht*, *Herrschaft* podem ser traduzidos por violência, poder e dominação. Todos eles assim traduzidos nos soam como que contendo um poder no sentido de dominação indevida e impositiva, prepotente. Nos sermões alemães de Eckhart, quando referidos a Deus, esses termos conotam uma presença toda própria, cuja característica poderíamos chamar de *senhorio*. Em alemão, senhor chama-se *Herr*. Daí a *Herrschaft*. Um adjetivo derivado de *Herr* é *herrlich*, a saber, magnífico, esplêndido, majestoso. Senhorio, *Herrschft* conota assim grandeza, nobreza, vigência regente. Regente, rei, majestoso insinua domínio, dominação. Mas domínio e dominação em que sentido? Em primeiro lugar, no sentido de ter-se a si mesmo inteiramente, de estar bem assentado na autoidentidade, no uso e no gozo de si mesmo, e de estar de pé, ereto sobre si mesmo, não no sentido de uma autossuficiência pretensiosa, mas na satisfação magnânima, na plenitude livre da doação e recepção plenas de si mesmo. Em segundo lugar, no sentido da efusão generosa da sua satisfação na partilha de doação de si a todos que estão a seu redor. Essa efusão se manifesta como um cuidado, como um diligente estar-junto-de, provendo, abastecendo, ordenando, gerindo, com outras palavras, servindo a todas as coisas. Por isso o significado inicial da palavra latina *Dominus* (cf. *domus* = casa) significa *pai de família*. Em terceiro lugar, no sentido de uma presença imensa, profunda, solta e livre na serenidade de transparência da onipresença retraída e discreta, como paz e serenidade de um entardecer ou de um amanhecer espraiando-se quase imperceptivelmente, em fina e tênue neblina, por sobre a imensidão de um campo aberto.

Esse terceiro momento da dominação caracteriza a autoridade do poder; isto é, a plenitude do aumento (*auctoritas*, de *augeri*) que pode o que pode no ab-soluto desprendimento, na soltura de si mesmo na cordial satisfação de si. Essa plenitude, onde tudo é doação livre que emana de si, a partir de si, nela mesma, não tem nada de jactância, de autopromoção, não faz barulho ao redor de si, é silenciosa, retraída, não se apossa de nada para si, é comedida e modesta. Esse modo de ser aparece nos sermões de Eckhart sob o termo *bescheidenheit*, discrição.

Referências

CAVALCANTE SCHUBACK, M.S. O medieval e o saber de abnegação. *Scintilla: Revista de Filosofia e Mística Medieval*, Curitiba, vol. 1, n. 1, p. 35-50, 2004.

DENIFLE, H. Meister Eckehards lateinische Schriften und die Grundanschauung seiner Lehre. *In*: *Archiv für Literatur- und Kirchengeschichte des Mittelalters*. Berlim: Weidmann, 1886. vol. 2.

DERRIDA, J. *On cosmopolitanism and forgiveness*. Londres: Routledge, 2001.

ECKHART, M. *Predigten*. Edição e tradução de Joseph Quint. Stuttgart: Kohlhammer, 1958. vol. 1.

ECKHART, M. *Deutsche Predigten und Traktate*. Edição de Joseph Quint. Munique: Hanser, 1963a.

ECKHART, M. *Traktate*. Edição e tradução de Joseph Quint. Stuttgart: Kohlhammer, 1963b.

ECKHART, M. *Predigten*. Edição e tradução de Joseph Quint. Stuttgart: Kohlhammer, 1968. vol. 2.

ECKHART, M. *Predigten*. Edição e tradução de Joseph Quint. Stuttgart: Kohlhammer, 1973. vol. 3.

ECKHART, M. *L'étincelle de l'âme*. Sermões I a XXX. Tradução e apresentação de Gwendoline Jarczyk e Pierre-Jean Labarrière. Paris: Albin Michel, 1998.

ECKHART, M. *Dieu au-delá de dieu*. Sermões XXXI a LX. Tradução e apresentação de Gwendoline Jarczyk e Pierre-Jean Labarrière. Paris: Albin Michel, 1999.

ECKHART, M. *Et ce néant était dieu...* Sermões LXI a XC. Tradução e apresentação de Gwendoline Jarczyk e Pierre-Jean Labarrière. Paris: Albin Michel, 2000.

ECKHART, M. *I sermoni*. Edição de Marco Vannini. Milão: Paoline, 2002.

ECKHART, M. *Predigten*. Edição de Georg Steer com colaboração de W. Klimanek e F. Löser. Stuttgart: Kohlhammer, 2003. vol. 4,1.

ECKHART, M. *Verteidigungsschrift*. Disponível em: http://www.eckhart.de/. Acesso em: 10 mar. 2007.

HEGEL, G.F.W. *Vorlesungen über die Philosophie der Religion*. Parte 1: Der Begriff der Religion. Hamburgo: Felix Meiner, 1983. (Verlesungen, 3).

KOCH, J. *Cusanus-Texte I*. Predigten 2/5. Vier Predigten im Geiste Eckharts. Si. Ber. der Heidelberger Ak. D. Wiss. Phil.-Hist. Kl. Jg. 1936-1937, 2. Tratado.

MITZKA, W. (ed.). *Trübners deutsches Wörterbuch*. Berlim: Walter de Gruyter, 1956. vol. 7.

MITZKA, W.; GOTZE, A. (eds.). *Trübners deutsches Wörterbuch*. Berlim: Walter de Gruyter, 1954. vol. 5.

PELSTER, F. Ein Gutachten aus dem Eckehart-Prozess in Avignon. *In*: *Aus der Geisteswelt des Mittelalters, Beiträge zur Geschichte der Philosophie und Theologie des Mittelalters*. Studien und Texte, M. Grabmann zur Vollendung des 60. Lebensjahres von Freunden und Schülern gewidmet. Münster i.W.: Aschendorff, 1935. p. 1.099-1.124. Suplemento 3.

PSEUDO-ORÍGENES. *Homilia super*: "Maria stabat ad monumentum foris plorans". Opera lat. Basileia, 1571. t. 2.

ROMBACH, H. *Substanz, System, Struktur*: die Ontologie des Funktionalismus und der philosophische Hintergrund der modernen Wissenschaft. Freiburg: Karl Alber, 1965. vol. 1.

RUH, S. *Meister Eckhart*: Theologe, Prediger, Mistiker. Munique: Beck, 1989. Disponível em: http://www.eckhart.de/. Acesso em: 10 mar. 2007.

SILESIUS, A. *Le pèlerin chérubinique*. Tradução de Camile Jordens. Paris: Le Cerf, 1994.

SUZUKI, D.T.; FROMM, E.; MARTINO, R. de (orgs.). Zen-budismo e psicanálise. São Paulo: Cultrix, 1960.

THÉRY, G. *Edition critique des pièces relatives au procés d'Eckhart contenues dans le manuscrit 33b de la bibliothéque de Soest*. Archives d'Histoire Doctrinale et Littéraire du Moyen Age, 1926. t. 1, p. 129-268. Disponível em: http://www.eckhart.de/. Acesso em: 10 mar. 2007.

VETTER, F. (ed.). *Die Predigten Taulers*. Berlim: Weidmann, 1910. (Deutsche Texte des Mittelalters, vol. 11).

WALDE, A. *Lateinisches etymologisches Wörterbuch*. Heidelberg: Car Winter Universitätsverlag, 1965. vol. 1.

EDITORA VOZES LTDA.
Rua Frei Luís, 100 – Centro – Cep 25689-900 – Petrópolis, RJ
Tel.: (24) 2233-9000 – E-mail: vendas@vozes.com.br